제일어학

초판1쇄 인쇄 **2008년 7월 15일**
초판2쇄 발행 **2009년 8월 30일**

지은이 | **韓日言語硏究院**
펴낸인 | **이순희**
펴낸곳 | **제일법규(제일어학)**
　　　　www.jeilbnl.com

주소　　| **서울시 서초구 서초동 1512-5호**
전화　　| **02-523-1657, 597-1088**
팩스　　| **02-597-6464**
대체　　| **국민 084-25-0012-739**
출판등록 | **1993년 4월 1일 제 21-429호**

잘못 만들어진 책은 바꿔 드립니다
ISBN 978-89-5621-060-5　　13730

あ		아	저
あ		아	아!, 오!
ああ		아-	저렇게, 아아, 오호
アーモンド	[almond]	아-몬도	아몬드
あい	[愛]	아이	사랑する♡
あいかわらず	[相変わらず]	아이까와라즈	여전히, 변함 없이
あいがん	[哀願]	아이가ㄴ	애원する♡
あいきょう	[愛敬]	아이꾜-	애교, 아양
あいこく	[愛国]	아이꼬꾸	애국
アイコン	[icon]	아이꼬ㄴ	아이콘
あいさつ	[挨拶]	아이사츠	인사, 인사말する♡
アイシャドー	[eye shadow]	아이샤도-	아이섀도우
あいじょう	[愛情]	아이죠-	애정, 사랑
あいじん	[愛人]	아이지ㄴ	불륜상대, 정부
あいず	[合図]	아이즈	신호する♡
アイスクリーム	[ice cream]	아이스꾸리-무	아이스크림
アイスコーヒ	[ice coffee]	아이스꼬-히	아이스커피, 냉커피
アイススケート	[ice skate]	아이스스께-또	아이스스케이트
アイスティー	[ice tea]	아이스띠-	아이스티
あいせき	[相席]	아이세끼	합석, 동석
あいそ	[愛想]	아이소	붙임성, 정
あいだ	[間]	아이다	사이, 틈새
あいだがら	[間柄]	아이다가라	관계, 사이
あいちけん	[愛知県]	아이치께ㄴ	아이치현
あいちゃく	[愛着]	아이챠꾸	애착
あいづち	[相槌]	아이즈치	맞장구
あいて	[相手]	아이떼	상대방
アイディー	[ID]	아이디-	아이디
アイディア	[idea]	아이디아	아이디어, 착상
あいどく	[愛読]	아이도꾸	애독する♡
あいにく		아이니꾸	마침, 공교롭게
あいま	[合間]	아이마	사이, 틈
あいまい	[曖昧]	아이마이	애매함, 모호함

アイライナー	[eyeliner]	아이라이나-	아이라이너
あいらしい	[愛らしい]	아이라시이	사랑스럽다, 귀엽다
アイロニー	[irony]	아이로니-	아이러니
アイロン	[iron]	아이로ㄴ	다리미
あう	[会う]	아우	만나다
あう	[合う]	아우	맞다, 합쳐지다
あえて	[敢えて]	아에떼	감히, 굳이, 결코
あえる	[和える]	아에루	무치다, 버무리다
あえん	[亜鉛]	아에ㄴ	아연
あお	[青]	아오	파란색, 파랑
あおい	[青い]	아오이	파랗다, 푸르다
あおがえる	[青蛙]	아오가에루	청개구리
あおぐ	[仰ぐ]	아오구	올려다보다, 우러러보다
あおざめる	[青ざめる]	아오자메루	파래지다, 새파래지다
あおしんごう	[青信号]	아오시ㅇ고-	청신호
あおぞら	[青空]	아오조라	푸른 하늘, 창공
あおのり	[青のり]	아오노리	파래
あおむく	[仰向く]	아오무꾸	위를 보다, 위를 향하다
あおもりけん	[青森県]	아오모리께ㄴ	아오모리현
あか	[赤]	아까	빨간색, 빨강
あかい	[赤い]	아까이	빨갛다, 붉다
あかご	[赤子]	아까고	갓난아이, 젖먹이
あかじ	[赤字]	아까지	적자
アカシア	[acacia]	아까시아	아카시아
あかす	[明かす]	아까스	밝히다, 지새우다
あかちゃん	[赤ちゃん]	아까짜ㅇ	갓난아기
あかつき	[暁]	아까츠끼	새벽, 여명
アカデミー	[academy]	아까데미-	아카데미
あかとんぼ	[赤とんぼ]	아까또ㅁ보	고추잠자리
あがめる	[崇める]	아가메루	숭상하다, 우러르다
あかり	[明かり]	아까리	빛, 불빛
あがる	[上がる]	아가루	오르다, 올라가다
あがる	[揚がる]	아가루	튀겨지다, 높이 걸리다
あかるい	[明るい]	아까루이	밝다, 환하다
あかワイン	[赤ワイン]	아까와이ㄴ	적포도주
あかんぼう	[赤ん坊]	아까ㅁ보-	갓난아기
あき	[秋]	아끼	가을
あきす	[空巣]	아끼스	빈 둥지, 빈집
あきすねらい	[空巣狙い]	아끼스네라이	빈집털이
あきたけん	[秋田県]	아끼따께ㄴ	아키타현

あきち	[空き地]	아끼치	공터, 빈터
あきない	[商い]	아끼나이	장사
あきなう	[商う]	아끼나우	장사하다, 매매하다
あきばれ	[秋晴れ]	아끼바레	화창한 가을 날씨
あきべや	[空き部屋]	아끼베야	빈 방
あきらか	[明らか]	아끼라까	분명함, 뚜렷함
あきらめる	[諦める]	아끼라메루	포기하다, 체념하다
あきる	[飽きる]	아끼루	질리다, 물리다
あきれる	[呆れる]	아끼레루	기막히다, 아연해지다
あく	[悪]	아꾸	악
あく	[開く]	아꾸	열리다
あくい	[悪意]	아꾸이	악의
あくうん	[悪運]	아꾸우ㄴ	악운
あくえん	[悪縁]	아꾸에ㄴ	악연
あくしゅ	[握手]	아ㄱ슈	악수하다 v
アクション	[action]	아ㄱ쇼ㄴ	액션
アクセサリー	[accessory]	아ㄱ세사리-	액세서리
アクセル	[accelerator]	아ㄱ세루	액셀러레이터
アクセント	[accent]	아ㄱ센또	악센트
あくにん	[悪人]	아꾸니ㄴ	악인
あくび		아꾸비	하품
あくま	[悪魔]	아꾸마	악마
あくまでも		아꾸마데모	어디까지나
あくむ	[悪夢]	아꾸무	악몽
あくやく	[悪役]	아꾸야꾸	악역
あくよう	[悪用]	아꾸요-	악용
あぐら		아구라	책상다리
アクリル	[acrylic]	아꾸리루	아크릴
あけがた	[明け方]	아께가따	새벽녘, 동틀 녘
あげく	[挙げ句]	아게꾸	~한 나머지, ~한 결과
あけくれ	[明け暮れ]	아께꾸레	아침저녁, 나날
あげパン	[揚げパン]	아게빠ㅇ	도넛
あけぼの	[曙]	아께보노	새벽, 여명
あける	[開ける]	아께루	열다
あける	[明ける]	아께루	밝아지다, 날이 새다
あげる	[上げる]	아게루	올리다
あげる	[揚げる]	아게루	게양하다, 튀기다
あげる		아게루	드리다
あご	[顎]	아고	턱
アコーディオン	[accordion]	아꼬-데오ㄴ	아코디언

あこがれる	[憧れる]	아꼬가레루	동경하다
あさ	[朝]	아사	아침
あさ	[麻]	아사	삼베
あざ	[痣]	아자	피부반점, 멍
あさい	[浅い]	아사이	얕다, 세월이 짧다
あさがお	[朝顔]	아사가오	나팔꽃
あさがた	[朝方]	아사가따	해뜰 무렵, 아침결
あさごはん	[朝御飯]	아사고하ㄴ	아침밥
あさせ	[浅瀬]	아사세	얕은 여울
あさって	[明後日]	아사ㅅ떼	모레
あさつゆ	[朝露]	아사츠유	아침이슬
あさねぼう	[朝寝坊]	아사네	늦잠, 늦잠꾸러기
あさばん	[朝晩]	아사바ㄴ	아침저녁, 조석으로
あさひ	[朝日]	아사히	아침해, 아침 햇살
あさましい	[浅ましい]	아사마시이	비열하다, 딱하다
あざみ		아자미	엉겅퀴
あざむく	[欺く]	아자무꾸	속이다, 기만하다
あさめし	[朝飯]	아사메시	아침밥, 조반
あざやか	[鮮やか]	아자야까	선명함, 산뜻함
あさゆう	[朝夕]	아사유-	조석, 늘, 항상
あざらし	[海豹]	아자라시	바다표범
あさり		아사리	바지락, 모시조개
あざわらう	[嘲笑う]	아자와라우	비웃다, 조소하다
あし	[足]	아시	발
あし	[脚]	아시	다리
あし	[芦]	아시	갈대
あじ	[味]	아지	맛
あじ	[鯵]	아지	전갱이
アジア	[Asia]	아지아	아시아
あしあと	[足跡]	아시아또	발자국, 발자취
あしおと	[足音]	아시오또	발소리
あしくび	[足首]	아시꾸비	발목
あじさい	[紫陽花]	아지사이	수국
あした	[明日]	아시따	내일
あしなみ	[足並み]	아시나미	보조
あしのゆび	[足の指]	아시노유비	발가락
あしば	[足場]	아시바	발판, 토대
あしぶみ	[足踏み]	아시부미	제자리걸음, 답보 する
あじみ	[味見]	아지미	맛을 봄, 간을 봄 する
あじみする	[味見する]	아지미스루	맛을 보다

あしらう		아시라우	다루다, 대하다
あじわう	[味わう]	아지와우	맛보다, 음미하다
あす	[明日]	아스	내일, 앞날
あずかる	[預かる]	아즈까루	맡다, 보관하다
あずき	[小豆]	아즈끼	팥
あずけいれ	[預け入れ]	아즈께이레	예입
あずける	[預ける]	아즈께루	맡기다, 보관시키다
アスパラガス	[asparagus]	아스빠라가스	아스파라거스
アスファルト	[asphalt]	아스화루또	아스팔트
あせ	[汗]	아세	땀
あせも	[汗疹]	아세모	땀띠
あせる	[焦る]	아세루	안달하다, 조급하게 굴다
あそこ		아소꼬	저기, 저곳
あそび	[遊び]	아소비	놀이
あそびば	[遊び場]	아소비바	놀이터
あそぶ	[遊ぶ]	아소부	놀다
あだ	[仇]	아다	원수
あたえる	[与える]	아따에루	주다
あたかも	[恰も]	아따까모	마치, 흡사
あたたかい	[暖かい]	아따따까이	따뜻하다, 따스하다
あたたかい	[温かい]	아따따까이	따뜻하다, 다정하다
あたたまる	[暖まる]	아따따마루	따뜻해지다
あたためる	[暖める]	아따따메루	따뜻하게 하다
あたためる	[温める]	아따따메루	데우다, 덥히다
あだっぽい	[婀娜っぽい]	아다ㅂ뽀이	요염하다
あたふた		아따후따	허둥지둥, 허겁지겁
あたま	[頭]	아따마	머리, 고개
あたらしい	[新しい]	아따라시이	새롭다
あたり	[辺り]	아따리	부근, 근처
あたりまえ	[当り前]	아따리마에	당연함
あたる	[当る]	아따루	맞다, 부딪치다
あちこち		아치꼬치	여기저기
あちら		아치라	저쪽
あちらがわ	[あちら側]	아치라가와	저쪽 편
あちらこちら		아치라꼬치라	이쪽저쪽
あっ		아ㅅ	앗
あつい	[暑い]	아츠이	덥다
あつい	[熱い]	아츠이	뜨겁다
あつい	[厚い]	아츠이	두껍다
あっか	[悪化]	아ㄱ까	악화

			あしらう ～ あなたたち
あつかう	[扱う]	아츠까우	다루다, 취급하다
あつかましい	[厚かましい]	아츠까마시이	뻔뻔스럽다
あつがりや	[暑がり屋]	아츠가리야	더위를 잘 타는 사람
あつくるしい	[暑苦しい]	아츠꾸루시이	무덥다, 후텁지근하다
あっけ	[呆気]	아ㄱ께	어리둥절함, 어이없어 함
あっさり		아ㅅ사리	산뜻하게, 선선히
あっさりしている		아ㅅ사리시떼이루	산뜻하다
あっち		아ㅅ치	저기, 저쪽
あっとう	[圧倒]	아ㅅ또-	압도
アットマーク	[at mark]	아ㅅ또마-꾸	골뱅이
あっぱく	[圧迫]	아ㅂ빠꾸	압박
アピール	[appeal]	아삐-루	어필する
アップロード	[up load]	아ㅂ뿌로-도	업로드
あつまり	[集まり]	아츠마리	모임, 회합
あつまる	[集まる]	아츠마루	모이다
あつめる	[集める]	아츠메루	모으다
あつらえむき	[あつらえ向き]	아츠라에무끼	안성맞춤임
あつらえる	[誂える]	아츠라에루	맞추다, 주문하다
あつりょくなべ	[圧力鍋]	아츠료꾸나베	압력솥
あてさき	[宛先]	아떼사끼	수신인, 수신처
あてな	[宛名]	아떼나	수신자명
あてはずれ	[当て外れ]	아떼하즈레	기대에 어긋남
あと	[後]	아또	나중, 뒤
あとかた	[跡形]	아또까따	자취, 흔적
あとかたづけ	[後片付け]	아또까따즈께	뒤치다꺼리
あとしまつ	[後始末]	아또시마츠	뒤치다꺼리, 마무리する
あとつぎ	[跡継ぎ]	아또츠기	집안의 대를 이음, 후사
あとで	[後で]	아또데	나중에
アドバイス	[advice]	아도바이스	조언, 충고する
あとばらい	[後払い]	아또바라이	후불
あとまわし	[後回し]	아또마와시	뒤로 미룸, 뒤로 돌림
あとめ	[跡目]	아또메	상속인, 후계자
アトリエ	[atelier]	아또리에	아뜰리에, 화실
アドレスブック	[address book]	아도레스부ㄱ꾸	주소록
あな	[穴]	아나	구멍
アナウンサー	[announcer]	아나우ㄴ사-	아나운서
あなご	[海鰻]	아나고	붕장어
あなた	[貴方]	아나따	당신
あなたがた	[あなた方]	아나따가따	당신들
あなたたち		아나따다치	당신들

일본어	한자	발음	뜻
あなどる	[侮る]	아나도루	깔보다, 얕보다
あに	[兄]	아니	형, 오빠
アニメ	[animation]	아니메	애니메이션, TV만화
あによめ	[兄嫁]	아니요메	형수
あね	[姉]	아네	누나, 언니
あの		아노	저, 그
あのかた	[この方]	아노가따	저 분
あのね		아노네	이것 봐
あのよ	[あの世]	아노요	저승, 저 세상
アパート	[apartment]	아빠ー또	맨션
あばく	[暴く]	아바꾸	폭로하다, 파헤치다
あばらぼね	[あばら骨]	아바라보네	늑골, 갈비뼈
あばれる	[暴れる]	아바레루	날뛰다, 난폭하게 굴다
あひる	[家鴨]	아히루	집오리
あびる	[浴びる]	아비루	뒤집어쓰다
アフターサービス	[after-service]	아후따ー사ー비스	애프터서비스
あぶない	[危ない]	아부나이	위험하다, 위태롭다
あぶら	[油]	아부라	기름
あぶらあげ	[油揚げ]	아부라아게	유부
あぶらえ	[油絵]	아부라에	유화
あぶらげ	[油揚]	아부라게	유부
あぶらしょう	[油性]	아부라쇼ー	지성 체질
あぶらしょうはだ	[油性肌]	아부라쇼ー하다	지성피부
あぶらっこい	[脂っこい]	아부라ㄱ꼬이	느끼하다, 기름기 많다
あぶらな	[油菜]	아부라나	유채
アフリカ	[Africa]	아후리까	아프리카
あふれる	[溢れる]	아후레루	넘치다
あべこべ		아베꼬베	반대, 뒤바뀜
あほ	[阿呆]	아호	바보, 천치
アボカド		아보까도	아보카도
あま	[尼]	아마	여승, 비구니
あま	[海女]	아마	해녀
あまい	[甘い]	아마이	달다, 달콤하다
あまえる	[甘える]	아마에루	응석부리다, 어리광 부리다
あまがえる	[雨蛙]	아마가에루	청개구리
あまぐ	[雨具]	아마구	우비
あまぐも	[雨雲]	아마구모	비구름
あまざけ	[甘酒]	아마자께	단술
あます	[余す]	아마스	남기다
あまだれ	[雨垂れ]	아마다레	낙숫물

アマチュア	[amateur]	아마츄아	아마추어
あまのがわ	[天の川]	아마노가와	은하수
あまり		아마리	그다지, 너무나
あまる	[余る]	아마루	남다
あみ	[網]	아미	그물, 망
あみもの	[編み物]	아미모노	뜨개질
あむ	[編む]	아무	뜨다, 엮다
あめ	[雨]	아메	비
あめ	[飴]	아메	엿
アメリカ	[America]	아메리까	미국
アメリカじん	[America人]	아메리까지ㄴ	미국인
あやしい	[怪しい]	아야시이	수상하다, 야릇하다
あやす		아야스	달래다, 어르다
あやつる	[操る]	아야츠루	조종하다
あやまり	[謝り]	아야마리	사과, 사죄
あやまり	[誤り]	아야마리	잘못, 실수
あやまる	[謝る]	아야마루	빌다, 사과하다
あやまる	[誤る]	아야마루	잘못하다, 실수하다
あやめ	[菖蒲]	아야메	붓꽃
あゆ	[鮎]	아유	은어
あゆみ	[歩み]	아유미	걸음, 보조
あら		아라	어머, 어머나
あらい	[荒い]	아라이	거칠다, 사납다
あらう	[洗う]	아라우	씻다, 빨다
あらかじめ	[予め]	아라까지메	미리, 사전에
あらかた	[粗方]	아라까따	대강, 대략
あらし	[嵐]	아라시	폭풍
あらすじ	[粗筋]	아라스지	줄거리, 개요
あらそい	[争い]	아라소이	다툼, 언쟁
あらそう	[争う]	아라소우	다투다, 겨루다
あらた	[新た]	아라따	새로움
あらためて	[改めて]	아라따메떼	다른 기회에, 새삼스럽게
あらためる	[改める]	아라따메루	고치다, 바로 하다
あらっぽい	[荒ぽい]	아라ㅂ뽀이	거칠다, 난폭하다
あらなみ	[荒波]	아라나미	거친 파도, 격랑
アラブ	[Arab]	아라부	아랍
あらまあ		아라마-	어머나!
あらまし		아라마시	개요, 대강, 대충
あられ	[霰]	아라레	싸라기눈
あらわす	[表す]	아라와스	나타내다, 표현하다

あらわす	[現す]	아라와스	나타내다
あらわれる	[表れる]	아라와레루	나타나다
あらわれる	[現れる]	아라와레루	나타나다
あり	[蟻]	아리	개미
ありあまる	[有り余る]	아리아마루	남아돌다
ありがたい		아리가따이	고맙다, 반갑다
ありさま	[有様]	아리사마	모양, 상태
ありのまま		아리노마마	있는 그대로, 사실대로임
アリバイ	[alibi]	아리바이	알리바이
ある		아루	있다
ある	[或]	아루	어느, 어떤
あるいは	[或いは]	아루이와	혹은, 또는
アルカリせい	[alkali性]	아루까리세-	알칼리성
あるく	[歩く]	아루꾸	걷다
アルト	[alto]	아루또	알토
アルバイト	[Arbeit]	아루바이또	아르바이트
アルミニウム	[aluminium]	아루미니우무	알루미늄
アルミホイル	[aluminium foil]	아루미호이루	알루미늄 호일
あれ		아레	저것
あれ		아레	어, 어머나
あれこれ		아레꼬레	이것저것, 여러 가지
アレルギー	[Allergie]	아레루기-	알레르기
アロエ	[aloe]	아로에	알로에
あわ	[粟]	아와	조, 좁쌀
あわ	[泡]	아와	거품, 기포
あわせる	[合わせる]	아와세루	맞추다, 모으다
あわただしい	[慌ただしい]	아와따다시이	바쁘다, 어수선하다
あわだてき	[泡立て器]	아와다떼끼	거품기
あわてふためく	[慌てふためく]	아와떼후따메꾸	허둥지둥하다
あわび	[鮑]	아와비	전복
あわれ	[哀れ]	아와레	동정심, 불쌍함, 가련함
あわれむ	[哀れむ]	아와레무	동정하다, 불쌍히 여기다
あんうん	[暗雲]	아ㅇ우ㄴ	먹구름, 암운
あんがい	[案外]	아ㅇ가이	의외로, 뜻밖임
あんき	[暗記]	아ㅇ끼	암기하다⊗
アンケート	[enquete]	아ㅇ께-또	앙케트
あんけん	[案件]	아ㅇ께ㄴ	안건
あんこ	[餡こ]	아ㅇ꼬	팥소
あんごう	[暗号]	아ㅇ고-	암호
アンコール	[encore]	아ㅇ꼬-루	앙코르

あらわす ～ あんらく

あんこく	[暗黒]	앙꼬꾸	암흑
あんさつ	[暗殺]	안사츠	암살する
あんざん	[暗算]	안자ㄴ	암산する
あんじ	[暗示]	안지	암시する
あんしつ	[暗室]	안시츠	암실
あんしょうばんごう	[暗証番号]	안쇼-바ㅇ고-	비밀번호
あんしん	[安心]	안시ㄴ	안심する
あんず	[杏子]	안즈	살구
あんずる	[案ずる]	안즈루	염려하다, 근심하다
あんせい	[安静]	안세-	안정
あんぜん	[安全]	안제ㄴ	안전
あんだ	[安打]	안다	안타
あんてい	[安定]	안떼-	안정する
アンテナ	[antenna]	안떼나	안테나
あんど	[安堵]	안도	안도する
あんな		안나	저런, 저러한
あんない	[案内]	안나이	안내する
あんないじょ	[案内所]	안나이쇼	안내소
あんのじょう	[案の定]	안노죠-	짐작대로, 아니나다를까
あんぴ	[安否]	아ㅁ삐	안부
あんまり		아ㅁ마리	그다지, 별로, 너무
あんみん	[安眠]	아ㅁ미ㄴ	안면
あんよ		아ㅇ요	갓난아이의 발, 걸음마
あんらく	[安楽]	안라꾸	안락

い	[胃]	이	위
いあん	[慰安]	이아ㄴ	위안するⓥ
いい		이이	좋다, 된다
いいあらそい	[言い争い]	이이아라소이	말다툼
いいあらそう	[言い争う]	이이아라소우	말다툼하다
いいあらわす	[言い表わす]	이이아라와스	말로 나타내다, 표현하다
いいえ		이이에	아니오
いいかげん	[いい加減]	이이까게ㄴ	적당함, 알맞음, 적당히
いいかた	[言い方]	이이까따	말투, 말씨
いいきかせる	[言い聞かせる]	이이끼까세루	타이르다, 훈계하다
いいつける	[言い付ける]	이이츠께루	시키다, 명령하다
イーメール	[E-mail]	이-메-루	이메일
いいわけ	[言い訳]	이이와께	변명, 핑계するⓥ
いいん	[委員]	이이ㄴ	의원
いいんかい	[委員会]	이이ㅇ까이	의원회
いう	[言う]	이우	말하다
いえ	[家]	이에	집, 가정
いえいえ		이에이에	뭘요
いえがら	[家柄]	이에가라	가문, 집안
イエス	[Jesus]	이에스	예수
いえで	[家出]	이에데	가출するⓥ
いえん	[胃炎]	이에ㄴ	위염
いか		이까	오징어
いがい	[意外]	이가이	의외, 뜻밖
いがい	[以外]	이가이	이외
いかいよう	[胃潰瘍]	이까이요-	위궤양
いかが		이까가	어떻게
いがく	[医学]	이가꾸	의학
いかす	[生かす]	이까스	살리다
いかす	[活かす]	이까스	살리다, 발휘하다
いかん	[遺憾]	이까ㄴ	유감
いがん	[胃癌]	이가ㄴ	위암
いき	[息]	이끼	숨, 호흡

いぎ	[異議]	이기	이의
いぎ	[意義]	이기	의의, 가치
いきさつ	[経緯]	이끼사츠	경위, 자초지종
いきどおり	[憤り]	이끼도-리	노여움, 분노
いきなり		이끼나리	갑자기, 별안간
いきぬく	[生き抜く]	이끼누꾸	꿋꿋이 살아가다
いきのこる	[生き残る]	이끼노꼬루	살아남다
いきのね	[息の根]	이끼노네	숨통
いきもの	[生き物]	이끼모노	생물
イギリス	[Engles]	이기리스	영국
いきる	[生きる]	이끼루	살다
いく	[行く]	이꾸	가다
イグアナ	[iguana]	이구아나	이구아나
いくじ	[育児]	이꾸지	육아
いくつ	[幾つ]	이꾸츠	몇 개, 몇 살
いくら		이꾸라	얼마
いけ	[池]	이께	연못, 못
いけない		이께나이	해서는 안 된다, 바람직하지 않다
いけばな	[生け花]	이께바나	꽃꽂이
いけん	[意見]	이께ㄴ	의견, 훈계 するⓥ
いげん	[威厳]	이게ㄴ	위엄
いご	[囲碁]	이고	바둑
いご	[以後]	이고	이후
いこう	[以降]	이꼬-	이후
いこく	[異国]	이꼬꾸	이국
いざかや	[居酒屋]	이자까야	선술집, 민속주점
いさぎよい	[潔い]	이사기요이	맑고 깨끗하다
いざこざ		이자고자	갈등, 분규
いささか	[些か]	이사사까	조금, 약간, 조금도
いさましい	[勇ましい]	이사마시이	용감하다, 씩씩하다
いさめる	[諫める]	이사메루	타이르다, 충고하다
いさん	[遺産]	이사ㄴ	유산
いし	[医師]	이시	의사
いし	[石]	이시	돌
いし	[意思]	이시	의지
いじ	[維持]	이지	유지 するⓥ
いじ	[意地]	이지	고집, 심술
いしがき	[石垣]	이시가끼	돌담
いしかわけん	[石川県]	이시까와께ㄴ	이시카와현
いしき	[意識]	이시끼	의식

いしきふめい	[意識不明]	이시끼후메-	의식불명
いしころ	[石ころ]	이시꼬로	돌멩이
いしだい	[石鯛]	이시다이	돌돔
いしだん	[石段]	이시단	돌계단, 돌층계
いしばし	[石橋]	이시바시	돌다리
いしぶみ	[碑]	이시부미	비석, 비문
いじめられる		이지메라레루	왕따를 당하다
いじめる		이지메루	괴롭히다, 못살게 굴다
いしゃ	[医者]	이샤	의사
いしょ	[遺書]	이쇼	유서
いしょう	[衣装]	이쇼-	의상
いじょう	[以上]	이죠-	이상
いじょう	[異常]	이죠-	이상
いじらしい		이지라시이	애처롭다, 가련하다
いじわる	[意地悪]	이지와루	심술, 심술쟁이
いす	[椅子]	이스	의자
いずみ	[泉]	이즈미	샘
イスラムきょう	[Islam教]	이스라무꾜-	이슬람교
いずれ		이즈레	어차피, 머지않아, 조만간
いせい	[異性]	이세-	이성
いせき	[遺跡]	이세끼	유적
いぜん	[以前]	이젠	이전
いそがしい	[忙しい]	이소가시이	바쁘다, 분주하다
いそぐ	[急ぐ]	이소구	서두르다
いぞく	[遺族]	이조꾸	유족
いた	[板]	이따	판자, 널빤지
いたい	[痛い]	이따이	아프다
いだい	[偉大]	이다이	위대
いたく	[委託]	이따꾸	위탁
いたす	[致す]	이따스	하다(겸양어)
いたずら	[悪戯]	이따즈라	못된 장난
いたずらでんわ	[いたずら電話]	이따즈라데ㅇ와	장난전화
いただき	[頂]	이따다끼	꼭대기, 정상
いただく	[頂く]	이따다꾸	받다
いたち	[鼬]	이따치	족제비
いたみどめ	[痛み止め]	이따미도메	진통제
いたむ	[悼む]	이따무	애도하다
いたむ	[痛む]	이따무	아프다
いためる	[炒める]	이따메루	볶다
いためる	[痛める]	이따메루	아프게 하다, 상하다

イタリア	[Italia]	이따리아	이탈리아
イタリアりょうり	[Italia料理]	이따리아료-리	이태리요리
いたるところ	[至る所]	이따루도꼬로	도처, 온갖 곳
いたわる	[労る]	이따와루	노고를 치하하다
いち	[一]	이치	1, 하나
いち	[位置]	이치	위치
いちおう	[一応]	이치오-	우선, 일단
いちがつ	[一月]	이치가츠	1월
いちご		이치고	딸기
いちじく	[無花果]	이치지꾸	무화과
いちじさんぎょう	[一次産業]	이치지사ㅇ교-	1차산업
いちじるしい	[著しい]	이치지루시이	현저하다, 뚜렷하다
いちず	[一途]	이치즈	외곬, 한결같음
いちぜろよん	[104]	이치제로요ㄴ	전화안내국
いちだん	[一段]	이치다ㄴ	한 단계, 더욱
いちど	[一度]	이치도	한 번
いちどう	[一同]	이치도-	일동
いちにち	[一日]	이치니치	하루
いちにちじゅう	[一日中]	이치니치쥬-	하루종일
いちねん	[一年]	이치네ㄴ	일년
いちねん	[一念]	이치네ㄴ	일념
いちねんじゅう	[一年中]	이치네ㄴ쥬-	일년 내내
いちば	[市場]	이치바	시장
いちはやく	[逸早く]	이치하야꾸	재빨리, 날쌔게
いちばん	[一番]	이치바ㄴ	1번, 첫 번째
いちばん	[一番]	이치바ㄴ	가장, 제일
いちぶ	[一部]	이치부	일부
いちめん	[一面]	이치메ㄴ	일면, 한 면, 전체
いちょう		이쵸-	은행나무
いちょう	[胃腸]	이쵸-	위장
いちょうのき	[いちょうの木]	이쵸-노끼	은행나무
いちょうやく	[胃腸薬]	이쵸-야꾸	위장약
いちりゅう	[一流]	이치류-	일류
いつ		이츠	언제, 어느때
いつか		이츠까	언젠가
いつか	[五日]	이츠까	5일
いっかつばらい	[一括払い]	이ㄱ까츠바라이	일시불
いつから		이츠까라	언제부터
いっきに	[一気に]	이ㄱ끼니	단숨에, 단번에
いっきのみ	[一気飲み]	이ㄱ끼노미	원샷

いっこう	[一向]	이ㄱ꼬-	전혀, 조금도
いっこだて	[一戸建て]	이ㄱ꼬다떼	단독주택
いっさい	[一切]	이ㅅ사이	일체, 전부
いつしか		이츠시까	어느새, 어느덧
いっしゅ	[一種]	이ㅅ슈	일종
いっしゅうかん	[一週間]	이ㅅ슈-까ㄴ	일주일
いっしょう	[一生]	이ㅅ쇼-	일생
いっしょうけんめい	[一生懸命]	이ㅅ쇼-께ㅁ메-	열심히
いっしょに	[一緒に]	이ㅅ쇼니	같이, 함께
いっせいに	[一斉に]	이ㅅ세-니	일제히
いっそ		이ㅅ소	차라리, 오히려
いっそう	[一層]	이ㅅ소-	더욱, 한층
いったい	[一体]	이ㅅ따이	도대체, 원래
いっち	[一致]	이ㅅ치	일치
いつつ	[五つ]	이츠츠	다섯 개, 다섯 살
いってい	[一定]	이ㅅ떼-	일정
いつでも		이츠데모	언제라도
いっぱい	[一杯]	이ㅂ빠이	한 잔, 가득, 잔뜩
いっぱく	[一泊]	이ㅂ빠꾸	일박
いっぽう	[一方]	이ㅂ뽀-	한편, 한쪽
いっぽうつうこう	[一方通行]	이ㅂ뽀-츠-꼬-	일방통행
いつまで		이츠마데	언제까지
いつも		이츠모	항상, 늘
イデオロギー	[Ideologie]	이데오로기-	이데올로기, 주의
いでん	[遺伝]	이데ㄴ	유전する ⓥ
いでんがく	[遺伝学]	이데ㅇ가꾸	유전학
いと	[糸]	이또	실
いと	[意図]	이또	의도
いど	[緯度]	이도	위도
いど	[井戸]	이도	우물
いどう	[移動]	이도-	이동する ⓥ
いとぐち	[糸口]	이또구치	실마리, 단서
いとこ	[従兄弟]	이또꼬	사촌
いとなむ	[営む]	이또나무	영위하다
いとま	[暇]	이또마	짬, 틈, 여가
いどむ	[挑む]	이도무	도전하다
いない	[以内]	이나이	이내
いなか	[田舎]	이나까	시골
いなご	[蝗]	이나고	메뚜기
いなさく	[稲作]	이나사꾸	벼농사

いなずま	[稲妻]	이나즈마	번개
いなびかり	[稲光]	이나비까리	번개
イニシャル	[initial]	이니샤루	이니셜
いにん	[委任]	이닝	위임する
いぬ	[犬]	이누	개
いぬどし	[犬年]	이누도시	개띠
いね	[稲]	이네	벼
いねむり	[居眠り]	이네무리	앉아서 졸음, 말뚝잠する
いのしし	[猪]	이노시시	멧돼지
いのししどし	[猪年]	이노시시도시	돼지띠
いのち	[命]	이노치	생명, 목숨
いのり	[祈り]	이노리	기도, 기원
いのる	[祈る]	이노루	기도하다
いばら	[茨]	이바라	가시나무
いばらきけん	[茨城県]	이바라끼께ㄴ	이바라키현
いばる	[威張る]	이바루	뽐내다, 으스대다
いはん	[違反]	이하ㄴ	위반する
いびき		이비끼	코고는 소리를 냄
いへん	[異変]	이헤ㄴ	이변
いぼ	[疣]	이보	사마귀
いほう	[違法]	이호-	위법
いま	[今]	이마	지금
いま	[居間]	이마	거실
いまいましい	[忌々しい]	이마이마시이	분하다, 짜증스럽다
いまから	[今から]	이마까라	지금부터
いまごろ	[今頃]	이마고로	지금쯤
いまさら	[今更]	이마사라	새삼스럽게, 이제 와서
いましめる	[戒める]	이마시메루	타이르다, 훈계하다
いまだ	[未だ]	이마다	아직
いまや	[今や]	이마야	바야흐로
いみ	[意味]	이미	의미
イミテーション	[imitation]	이미테-쇼ㄴ	이미테이션
いみん	[移民]	이미ㄴ	이민する
いも	[芋]	이모	감자류, 마
いもうと	[妹]	이모-또	여동생
いや		이야	아니
いや		이야	야
いや	[嫌]	이야	싫음
いやがる	[嫌がる]	이야가루	싫어하다
いやけ	[嫌気]	이야께	싫증

いやしい	[卑しい]	이야시이	천하다, 저속하다
イヤフォン	[earphone]	이야호ㄴ	이어폰
いやらしい	[嫌らしい]	이야라시이	징그럽다, 불쾌하다
イヤリング	[earring]	이야리ㅇ구	귀걸이
いよいよ		이요이요	점점, 더욱더, 드디어
いらい	[依頼]	이라이	의뢰する
いらい	[以来]	이라이	이래
いらいら		이라이라	안달, 조마조마する
イラク	[Iraq]	이라꾸	이라크
いらっしゃる		이라ㅅ샤루	계시다
イラン	[Iran]	이라ㄴ	이란
いりぐち	[入口]	이리구치	입구
いりょう	[医療]	이료-	의료
いりょうほけん	[医療保険]	이료-호께ㄴ	의료보험
いる	[居る]	이루	있다
いる	[要る]	이루	필요하다
いる	[射る]	이루	쏘다
いるい	[衣類]	이루이	의류
いるか		이루까	돌고래
いれずみ	[入れ墨]	이레즈미	문신
いれもの	[入れ物]	이레모노	그릇, 용기
いれる	[入れる]	이레루	넣다
いろ	[色]	이로	색깔
いろいろ	[色々]	이로이로	여러 가지
いろう	[慰労]	이로-	위로する
いろえんぴつ	[色鉛筆]	이로에ㅁ삐츠	색연필
いろがみ	[色紙]	이로가미	색종이
いろけ	[色気]	이로께	성적매력
いろっぽい	[色っぽい]	이로ㅂ뽀이	요염하다, 섹시하다
いろどる	[彩る]	이로도루	채색하다, 물들이다
いろめがね	[色眼鏡]	이로메가네	색안경
いろん	[異論]	이로ㄴ	이론
いろんな	[色んな]	이로ㄴ나	여러 가지
いわ	[岩]	이와	바위
いわう	[祝う]	이와우	축하하다
いわし	[鰯]	이와시	정어리
いわてけん	[岩手県]	이와떼께ㄴ	이와테현
いわば	[言わば]	이와바	말하자면, 이를테면
いわゆる		이와유루	이른바, 소위
いんが	[因果]	이ㅇ가	인과

いやしい ~ いんりょく

いんかん	[印鑑]	이ㅇ까ㄴ	인감
インク	[ink]	이ㅇ꾸	잉크
いんげんまめ	[いんげん豆]	이ㅇ게ㅁ마메	강낭콩
インコ		이ㅇ꼬	잉꼬
いんさつ	[印刷]	이ㄴ사츠	인쇄する⊕
いんし	[印紙]	이ㄴ시	인지
いんしゅうんてん	[飲酒運転]	이ㄴ슈-우ㄴ떼ㄴ	음주운전する⊕
いんしょう	[印象]	이ㄴ쇼-	인상
インスタント	[instant]	이ㄴ스따ㄴ또	인스턴트
インスタントコーヒー	[instant coffee]	이ㄴ스따ㄴ또꼬-히-	인스턴트커피
インスタントしょくひん	[instant食品]	이ㄴ스따ㄴ또쇼꾸히ㄴ	인스턴트식품
インストール	[install]	이ㄴ스또-루	인스톨, 설치
いんせい	[陰性]	이ㄴ세-	음성
いんそつ	[引率]	이ㄴ소츠	인솔する⊕
インターネット	[Internet]	이ㄴ따-네ㅅ또	인터넷
インターネット・カフェ	[Internet cafe]	이ㄴ따-네ㅅ또까훼	피시방
インターホン	[interphone]	이ㄴ따-호ㄴ	인터폰
インターン	[intern]	이ㄴ따-ㄴ	인턴
インタビュー	[interview]	이ㄴ따뷰-	인터뷰
いんちき		이ㄴ치끼	엉터리, 가짜
インテリ	[intelligentsia]	이ㄴ떼리	인텔리
インテリア	[interior]	이ㄴ떼리아	인테리어
インド	[India]	이ㄴ도	인도
イントネーション	[intonation]	이ㄴ또네-쇼ㄴ	억양
インドネシア	[Indonesia]	이ㄴ도네시아	인도네시아
インフルエンザ	[influenza]	이ㄴ후루에ㄴ자	독감
インフレ	[inflation]	이ㄴ후레	인플레이션
いんぼう	[陰謀]	이ㅁ보-	음모
いんよう	[引用]	이ㄴ요-	인용する⊕
いんりょく	[引力]	이ㄴ료꾸	인력

ウイスキー	[whiskey]	우이스끼-	위스키
ウイルス	[virus]	우이루스	바이러스
ウインカー	[winker]	우이ㅇ까-	깜빡이
ウインク	[wink]	우이ㅇ꾸	윙크
ウインドー	[window]	우이ㄴ도-	윈도우
ウインドーショッピング	[window shopping]	우이ㄴ도-쇼ㅂ삐ㅇ구	윈도우쇼핑
ウーマン	[woman]	우-마ㄴ	우먼
ウール	[wool]	우-루	울
ウーロンちゃ	[ウーロン茶]	우-로ㄴ챠	우롱차
うえ	[上]	우에	위
うえ	[飢え]	우에	굶주림
ウェーター	[waiter]	웨-따-	웨이터
ウェートレス	[waitress]	웨-또레스	웨이트리스
うえき	[植木]	우에끼	정원수, 분재
うえきばち	[植木鉢]	우에끼바치	화분
ウエディング	[wedding]	우에디ㅇ구	웨딩
ウェブ	[Web]	웨부	웹
ウェブサイト	[web site]	웨부사이또	웹사이트
うえる	[植える]	우에루	심다
うえる	[飢える]	우에루	굶주리다
ウェルダン	[well-done]	웨루다ㄴ	푹 익힌 것
うおいちば	[魚市場]	우오이치바	생선시장
ウォーキング	[walking]	워-끼ㅇ구	워킹
うおざ	[魚座]	우오자	물고기자리
ウォン		워ㄴ	원
うがい		우가이	양치, 양치질する⑨
うかがう	[伺う]	우까가우	듣다, 여쭙다, 찾아뵙다
うかつ	[迂闊]	우까츠	경솔하고 멍청함
うかぶ	[浮かぶ]	우까부	뜨다
うかべる	[浮かべる]	우까베루	띄우다
うき	[雨期]	우끼	우기
うきぐも	[浮雲]	우끼구모	뜬구름
うきよえ	[浮世絵]	우끼요에	풍속화

うく	[浮く]	우꾸	뜨다
うぐいす		우구이스	꾀꼬리
うけあい	[請け合い]	우께아이	보증
うけあう	[請け合う]	우께아우	떠맡다, 보증하다
うけいれる	[受け入れる]	우께이레루	받아들이다
うけおい	[請負]	우께오이	청부, 도급
うけつけ	[受付]	우께츠께	접수, 접수처하다
うけとりにん	[受取人]	우께또리닌	수취인
うけとる	[受け取る]	우께또루	받다
うけもつ	[受け持つ]	우께모츠	맡다, 담당하다
うける	[受ける]	우께루	받다
うごかす	[動かす]	우고까스	움직이다
うごく	[動く]	우고꾸	움직이다
うごめく		우고메꾸	우글거리다, 꿈틀거리다
うさぎ	[兎]	우사기	토끼
うさぎどし	[兎年]	우사기도시	토끼띠
うし	[牛]	우시	소
うじ		우지	구더기
うしどし	[牛年]	우시도시	소띠
うしなう	[失う]	우시나우	잃다, 잃어버리다
うしろ	[後ろ]	우시로	뒤, 뒤쪽
うしろすがた	[後ろ姿]	우시로스가따	뒷모습
うしろめたい	[後ろめたい]	우시로메따이	꺼림칙하다
うす	[臼]	우스	절구
うすい	[薄い]	우스이	엷다, 얇다, 연하다
うすうす	[薄々]	우스우스	어렴풋이, 어슴푸레하게
うすぐらい	[薄暗い]	우스구라이	어두컴컴하다
うすげしょう	[薄化粧]	우스게쇼-	엷은 화장
うずまき	[渦巻き]	우즈마끼	소용돌이
うずまる	[埋まる]	우즈마루	묻히다, 파묻히다
うずめる	[埋める]	우즈메루	묻다, 파묻다
うずら		우즈라	메추라기
うせつ	[右折]	우세츠	우회전하다
うそ	[嘘]	우소	거짓말
うそつき	[嘘つき]	우소츠끼	거짓말쟁이
うた	[歌]	우따	노래
うたう	[歌う]	우따우	노래하다
うたがい	[疑い]	우따가이	의심, 의문
うたがう	[疑う]	우따가우	의심하다
うたがわしい	[疑わしい]	우따가와시이	의심스럽다, 수상쩍다

うたばんぐみ	[歌番組]	우따바ㅇ구미	음악프로
うち	[家]	우치	집
うち	[内]	우치	안, 속
うち		우치	중
うちあげ	[打ち上げ]	우치아게	종료, 종강
うちあける	[打ち明ける]	우치아께루	털어놓다, 고백하다
うちあわせ	[打ち合わせ]	우치아와세	협의, 상의する♡
うちがわ	[内側]	우치가와	안쪽
うちき	[内気]	우치끼	내성적임
うちきる	[打ち切る]	우치끼루	중단하다
うちけす	[打ち消す]	우치께스	부정하다
うちやぶる	[打ち破る]	우치야부루	타파하다, 쳐부수다
うちゅう	[宇宙]	우츄-	우주
うちゅうじん	[宇宙人]	우츄-지ㅇ	외계인
うちゅうひこうし	[宇宙飛行士]	우츄-히꼬-시	우주비행사
うちゅうりょこう	[宇宙旅行]	우츄-료꼬-	우주여행
うちょうてん	[有頂天]	우쵸-떼ㄴ	기뻐서 어쩔 줄 모름
うちわ	[団扇]	우치와	부채
うつ	[撃つ]	우츠	공격하다
うつ	[打つ]	우츠	치다
うっかり		우ㄱ까리	깜빡, 무심코
うつくしい	[美しい]	우츠꾸시이	아름답다
うつす	[写す]	우츠스	베끼다
うつす	[映す]	우츠스	비추다
うつす	[移す]	우츠스	옮기다
うったえる	[訴える]	우ㅅ따에루	고소하다, 호소하다
うってつけ	[打って付け]	우ㅅ떼츠께	걸맞음, 안성맞춤
うっとうしい		우ㅅ또-시이	울적하다, 음울하다
うっとり		우ㅅ또리	넋없이, 넋을 잃고
うつむく	[俯く]	우츠무꾸	고개를 숙이다
うつらうつら		우츠라우츠라	꾸벅꾸벅
うつる	[写る]	우츠루	비치다
うつる	[映る]	우츠루	비치다
うつる	[移る]	우츠루	옮아가다, 바뀌다
うつわ	[器]	우츠와	그릇, 용기
うで	[腕]	우데	팔
うできき	[腕利き]	우데끼끼	수완가, 솜씨가 뛰어난 사람
うでくび	[腕首]	우데구비	팔목
うでぐみ	[腕組み]	우데구미	팔짱
うでどけい	[腕時計]	우데도께-	손목시계

うでまえ	[腕前]	우데마에	솜씨, 기량
うでわ	[腕輪]	우데와	팔찌
うてん	[雨天]	우떼ㄴ	비오는 날씨, 우천
うど		우도	두릅
うとい	[疎い]	우또이	소원하다
うとうと		우또우또	꾸벅꾸벅
うどん		우도ㅇ	우동
うながす	[促す]	우나가스	재촉하다, 촉구하다
うなぎ	[鰻]	우나기	뱀장어
うなじ	[項]	우나지	목덜미
うなずく		우나즈꾸	끄덕이다, 수긍하다
うなだれる		우나다레루	고개를 떨구다
うなる	[唸る]	우나루	끙끙거리다
うに		우니	성게
うぬぼれる	[己惚れる]	우누보레루	자만하다, 자부하다
うばう	[奪う]	우바우	빼앗다
うばわれる	[奪われる]	우바와레루	빼앗기다
うま	[馬]	우마	말
うまい	[旨い]	우마이	맛있다, 잘하다
うまどし	[馬年]	우마도시	말띠
うまれ	[生まれ]	우마레	태생
うまれつき	[生まれつき]	우마레츠끼	천성
うまれる	[生まれる]	우마레루	태어나다
うみ	[海]	우미	바다
うみ	[膿]	우미	고름
うみがわ	[海側]	우미가와	바닷가 쪽
うみのひ	[海の日]	우미노히	해양의 날
うみべ	[海辺]	우미베	해변, 바닷가
うむ	[有無]	우무	유무
うむ	[産む]	우무	낳다
うむ	[膿む]	우무	곪다
うめ	[梅]	우메	매화
うめあわせ	[埋め合わせ]	우메아와세	보충, 벌충
うめあわせる	[埋め合わせる]	우메아와세루	보충하다, 벌충하다
うめしゅ	[梅酒]	우메슈	매실주
うめのき	[梅の木]	우메노끼	매화나무
うめぼし	[梅干し]	우메보시	매실장아찌
うめる	[埋める]	우메루	묻다, 메우다
うやまう	[敬う]	우야마우	공경하다, 존경하다
うやむや	[有耶無耶]	우야무야	유야무야

うようよ		우요우요	우글우글, 득실득실
うら	[裏]	우라	뒷면, 이면
うらがき	[裏書]	우라가끼	이서
うらがわ	[裏側]	우라가와	뒤쪽, 안쪽, 이면
うらぎられる	[裏切られる]	우라기라레루	배신 당하다
うらぎる	[裏切る]	우라기루	배신하다, 배반하다
うらじ	[裏地]	우라지	안감
うらづけ	[裏付け]	우라즈께	뒷받침する
うらづける	[裏付ける]	우라즈께루	뒷받침하다, 입증하다
うらどおり	[裏通り]	우라도ー리	뒷골목
うらない	[占い]	우라나이	점
うらにわ	[裏庭]	우라니와	뒤뜰
うらむ	[恨む]	우라무	원망하다
うらめしい	[恨めしい]	우라메시이	원망스럽다, 유감스럽다
うらやましい	[羨ましい]	우라야마시이	부럽다
うらやむ	[羨む]	우라야무	부러워하다, 선망하다
うららか	[麗らか]	우라라까	화창함
うりあげ	[売り上げ]	우리아게	매상
うりきれ	[売り切れ]	우리끼레	매진
うりて	[売り手]	우리떼	파는 사람
うりば	[売り場]	우리바	매장
うりもの	[売り物]	우리모노	파는 물건
うる	[売る]	우루	팔다
うるうどし	[うるう年]	우루ー도시	윤년
うるさい		우루사이	시끄럽다, 소란스럽다
うるし	[漆]	우루시	옻
うれしい	[嬉しい]	우레시이	기쁘다
うれっこ	[売れっこ]	우레ㄱ꼬	인기인
うれゆき	[売れ行き]	우레유끼	팔림새
うれる	[熟れる]	우레루	익다, 무르익다
うれる	[売れる]	우레루	팔리다
うろうろ		우로우로	어정어정する
うろこ	[鱗]	우로꼬	비늘
うろたえる	[狼狽える]	우로따에루	허둥대다, 당황하다
うろちょろ		우로쵸로	졸랑졸랑, 촐랑촐랑する
うろつく	[彷徨く]	우로츠꾸	떠돌다, 서성대다
うわき	[浮気]	우와끼	바람기する
うわぎ	[上着]	우와기	상의
うわきもの	[浮気者]	우와끼모노	바람둥이
うわごと	[うわ言]	우와고또	헛소리, 허튼 소리

うわさ	[噂]	우와사	소문する⊙
うわのそら	[上の空]	우와노소라	건성
うわべ	[上辺]	우와베	겉, 표면
うわやく	[上役]	우와야꾸	상사, 상관
うん	[運]	우ㄴ	운
うん		우ㅇ	응
うんえい	[運営]	우ㅇ에-	운영する⊙
うんが	[運河]	우ㅇ가	운하
うんこう	[運行]	우ㅇ꼬-	운행する⊙
うんざり		우ㄴ자리	지긋지긋함, 싫증남する⊙
うんそう	[運送]	우ㄴ소-	운송する⊙
うんち		우ㄴ치	똥
うんちん	[運賃]	우ㄴ치ㄴ	운임, 차비
うんてん	[運転]	우ㄴ떼ㄴ	운전する⊙
うんてんしゅ	[運転手]	우ㄴ떼ㄴ슈	운전사
うんどう	[運動]	우ㄴ도-	운동する⊙
うんどうかい	[運動会]	우ㄴ도-까이	운동회
うんどうぐつ	[運動靴]	우ㄴ도-구츠	운동화
うんぱん	[運搬]	우ㅁ빠ㄴ	운반する⊙
うんめい	[運命]	우ㅁ메-	운명
うんゆ	[運輸]	우ㅇ유	운수
うんゆぎょう	[運輸業]	우ㅇ유교-	운수업

え	[絵]	에	그림
エアコン	[air conditioner]	에아꼬ㄴ	냉난방기
エアポート	[airport]	에아뽀ー또	공항
エアメール	[airmail]	에아메ー루	항공우편
エアロビクス	[aerobics]	에아로비ㄱ스	에어로빅
えい		에ー	가오리
えいえん	[永遠]	에ー에ㄴ	영원
えいが	[映画]	에ー가	영화
えいがかん	[映画館]	에ー가까ㄴ	영화관
えいがかんしょう	[映画鑑賞]	에ー가까ㄴ쇼ー	영화감상
えいきゅう	[永久]	에ー뀨ー	영구
えいきょう	[影響]	에ー꾜ー	영향する⊙
えいぎょう	[営業]	에ー교ー	영업する⊙
えいぎょうがかり	[営業係]	에ー교ー가까리	영업담당
えいぎょうじかん	[営業時間]	에ー교ー지까ㄴ	영업시간
えいぎょうちゅう	[営業中]	에ー교ー쮸ー	영업중
えいぎょうぶ	[営業部]	에ー교ー부	영업부
えいご	[英語]	에ー고	영어
えいこく	[英国]	에ー꼬꾸	영국
えいさい	[英才]	에ー사이	영재
エージェンシー	[agency]	에ー제ㄴ시ー	에이전시
エージェント	[agent]	에ー제ㄴ또	에이전트
えいじゅう	[永住]	에ー쥬ー	영주する⊙
エイズ	[AIDS]	에이즈	에이즈
えいせい	[衛星]	에ー세ー	위성
えいせい	[衛生]	에ー세ー	위생
えいせいほうそう	[衛星放送]	에ー세ー호ー소ー	위성방송
えいぞう	[映像]	에ー조ー	영상, 화상
えいぞく	[永続]	에ー조꾸	영속する⊙
えいち	[叡知]	에ー치	예지
えいびん	[鋭敏]	에ー비ㄴ	예민
えいぶん	[英文]	에ー부ㄴ	영문
えいぶんがく	[英文学]	에ー부ㅇ가꾸	영문학

えいべいぶんがく	[英米文学]	에-베-부ㅇ가꾸	영미문학
えいみん	[永眠]	에-미ㄴ	영면する
えいやく	[英訳]	에-야꾸	영역する
えいゆう	[英雄]	에-유-	영웅
えいよう	[栄養]	에-요-	영양
えいり	[営利]	에-리	영리
ええ		에-	예
ええ		에-	에?
ええと		에-또	저, 그러니까
えがお	[笑顔]	에가오	웃는 얼굴
えがく	[描く]	에가꾸	그리다
えき	[駅]	에끼	역
えきいん	[駅員]	에끼이ㄴ	역무원
えきしゃ	[易者]	에끼샤	점쟁이
えきしょう	[液晶]	에끼쇼-	액정
エキストラ	[extra]	에끼스또라	엑스트라
えきたい	[液体]	에끼따이	액체
えきちょう	[駅長]	에끼쵸-	역장
えきべん	[駅弁]	에끼베ㄴ	역도시락
えきまえ	[駅前]	에끼마에	역 앞, 역전
えくぼ		에꾸보	보조개
エコノミー	[economy]	에꼬노미-	이코노미, 경제
エコノミークラス	[economy class]	에꼬노미-꾸라스	이코노미클래스
えごま	[荏胡麻]	에고마	들깨
えさ	[餌]	에사	먹이
えじき	[餌食]	에지끼	먹이, 희생물
えしゃく	[会釈]	에샤꾸	머리를 살짝 숙이는 인사する
エスカレーター	[escalator]	에스까레-타-	에스컬레이터
エスコート	[escort]	에스꼬-또	에스코트する
エステ	[esthetique]	에스떼	얼굴마사지, 피부관리
エスプレッソ	[espresso]	에스뿌레ㅅ소	에스프레스
えだ	[枝]	에다	가지, 나뭇가지
エチケット	[etiquette]	에치께ㅅ또	에티켓
えっ		에ㅅ	응?
エッセイ	[essay]	에ㅅ세이	에세이, 수필
えと	[干支]	에또	간지, 띠
えとく	[会得]	에또꾸	터득する
エネルギー	[energy]	에네루기-	에너지
エノキダケ		에노끼다께	팽나무버섯
えのぐ	[絵の具]	에노구	물감

えはがき	[絵葉書]	에하가끼	그림엽서
えび	[海老]	에비	새우
エピソード	[episode]	에삐소-도	에피소드
エビフライ	[エビfry]	에비후라이	새우튀김
えひめけん	[愛媛県]	에히메께ㄴ	에히메현
エピローグ	[epilogue]	에삐로-구	에필로그
エプロン	[apron]	에뿌로ㄴ	앞치마
えほん	[絵本]	에호ㄴ	그림책
エメラルド	[emerald]	에메라루도	에메랄드
えらい	[偉い]	에라이	훌륭하다, 위대하다
えらぶ	[選ぶ]	에라부	고르다, 택하다
えり	[襟]	에리	깃
えりあし	[襟足]	에리아시	목덜미
エリート	[elite]	에리-또	엘리트
えりくび	[襟首]	에리꾸비	목덜미
えりぬく	[選り抜く]	에리누꾸	선발하다, 골라 뽑다
えりまき	[襟巻き]	에리마끼	목도리
エリンギ		에리ㅇ기	새송이버섯
える	[得る]	에루	얻다
エレガンス	[elegance]	에레가ㄴ스	엘레강스
エレベーター	[elevator]	에레베-따-	엘리베이터
えん	[円]	에ㅇ	엔
えんか	[演歌]	에ㅇ까	엔카
えんがわ	[縁側]	에ㅇ가와	툇마루
えんき	[延期]	에ㅇ끼	연기する
えんぎ	[演技]	에ㅇ기	연기する
えんぎ	[縁起]	에ㅇ기	재수
えんぐみ	[縁組み]	에ㅇ구미	결연
えんけい	[円形]	에ㅇ께-	원형
えんげい	[園芸]	에ㅇ게-	원예
えんげき	[演劇]	에ㅇ게끼	연극
エンジニア	[engineer]	에ㄴ지니아	기술자
えんしゅつ	[演出]	에ㄴ슈츠	연출する
えんじょ	[援助]	에ㄴ죠	원조する
えんしょう	[炎症]	에ㄴ쇼-	염증
エンジン	[engine]	에ㄴ지ㄴ	엔진
えんせい	[遠征]	에ㄴ세-	원정する
えんぜつ	[演説]	에ㄴ제츠	연설する
エンゼル	[angel]	에ㄴ제루	천사
えんそう	[演奏]	에ㄴ소-	연주する

えんそく	[遠足]	에ㄴ소꾸	소풍
えんだか	[円高]	에ㄴ다까	엔고
えんだん	[縁談]	에ㄴ다ㄴ	혼담
えんちゃく	[延着]	에ㄴ차꾸	연착する⊙
えんちょう	[延長]	에ㄴ쵸-	연장する⊙
えんちょうせん	[延長戦]	에ㄴ쵸-세ㄴ	연장전
えんどう	[沿道]	에ㄴ도-	길가, 연도
えんどう	[豌豆]	에ㄴ도-	완두
えんどうまめ	[豌豆豆]	에ㄴ도-마메	완두콩
えんとつ	[煙突]	에ㄴ또츠	굴뚝
えんぴつ	[鉛筆]	에ㅁ삐츠	연필
えんまん	[円満]	에ㅁ마ㄴ	원만
えんやす	[円安]	에ㅇ야스	엔저
えんよう	[遠洋]	에ㅇ요-	원양
えんりょ	[遠慮]	에ㄴ료	사양, 겸손する⊙

オアシス	[oasis]	오아시스	오아시스
おい		오이	이봐
おい	[甥]	오이	남자조카
おいかける	[追いかける]	오이까께루	쫓아가다
おいこし	[追い越し]	오이꼬시	추월
おいこす	[追い越す]	오이꼬스	앞지르다, 추월하다
おいしい		오이시이	맛있다
おいしげる	[生い茂る]	오이시게루	초목이 무성하다
おいだす	[追い出す]	오이다스	내쫓다, 몰아내다
おいつく	[追い付く]	오이츠꾸	따라붙다
おいっこ		오이ㄱ꼬	남자조카
おいつめる	[追い詰める]	오이츠메루	몰아넣다, 추궁하다
おいでになる		오이데니나루	오시다
おいる	[老いる]	오이루	늙다
おう	[王]	오-	왕
おう	[負う]	오우	짊어지다, 업다
おう	[追う]	오우	쫓다, 따르다
おうい	[王位]	오-이	왕위
おうえん	[応援]	오-에ㄴ	응원する
おうか	[謳歌]	오-까	구가する
おうかん	[王冠]	오-까ㄴ	왕관
おうぎ	[扇]	오-기	부채
おうきゅう	[応急]	오-뀨-	응급
おうきゅうしょち	[応急処置]	오-뀨-쇼치	응급처치
おうこく	[王国]	오-꼬꾸	왕국
おうごん	[黄金]	오-고ㄴ	황금
おうざ	[王座]	오-자	왕좌
おうさま	[王様]	오-사마	임금님
おうじ	[王子]	오-지	왕자
おうしざ	[牡牛座]	오우시자	황소자리
おうしゅう	[押収]	오-슈-	압수する
おうじる	[応じる]	오-지루	응하다
おうしん	[往診]	오-시ㄴ	왕진する

おうせい	[旺盛]	오-세-	왕성
おうせつま	[応接間]	오-세츠마	응접실
おうぞく	[王族]	오-조꾸	왕족
おうだん	[横断]	오-단	횡단する
おうだんきんし	[横断禁止]	오-단끼ㄴ시	횡단금지
おうだんほどう	[横断歩道]	오-단호도-	횡단보도
おうと	[嘔吐]	오-또	구토する
おうふく	[往復]	오-후꾸	왕복する
おうべい	[欧米]	오-베-	구미
オウム		오-무	앵무새
おうよう	[応用]	오-요-	응용
おえる	[終える]	오에루	끝내다, 마치다
おお		오-	그래
おお		오-	아이쿠
おおあたり	[大当り]	오-아따리	적중함, 딱 들어맞음
おおあめ	[大雨]	오-아메	큰비
おおい	[多い]	오오이	많다
おおいたけん	[大分県]	오-이따께ㄴ	오이타현
おおう	[覆う]	오오우	덮다
オーエル	[office lady]	오-에루	여회사원
おおがかり	[大掛かり]	오-가까리	대규모, 대대적임
おおかた	[大方]	오-까따	대략, 대충
おおかみ	[狼]	오-까미	이리, 늑대
おおきい	[大きい]	오오끼이	크다
おおきさ	[大きさ]	오오끼사	크기
おおきな	[大きな]	오오끼나	큰
おおぐち	[大口]	오-구치	큰소리, 호언장담
おおげさ	[大げさ]	오-게사	과장됨, 야단스러움
オーケストラ	[orchestra]	오-께스또라	오케스트라
おおげんか	[大喧嘩]	오-게ㅇ까	큰 싸움
おおさか	[大阪]	오-사까	오사카
おおさかふ	[大阪府]	오-사까후	오사카부
おおざっぱ		오-자ㅂ빠	조잡함, 엉성함
オーストラリア	[Australia]	오-스또라리아	호주
おおぜい	[大勢]	오-제-	많은 사람
オーダー	[order]	오-다-	주문
オーダーメイド	[order-made]	오-다-메-도	주문제작
おおっぴら	[大っぴら]	오오ㅂ삐라	공공연함
おおどおり	[大通り]	오-도-리	대로, 큰길
オートバイ	[auto bicycle]	오-또바이	오토바이

オートマチックしゃ	[オートマチック車]	오-또마치ㄱ샤	오토매틱차
オートメーション	[automation]	오-또메-쇼ㄴ	자동화
オーナー	[owner]	오-나-	오너, 소유자
オーバー	[overcoat]	오-바-	오버코트
オーブン	[oven]	오-부ㄴ	오븐
オープン	[open]	오-뿌ㄴ	오픈
オーブントースター	[oven toaster]	오-부ㄴ또-스따-	오븐토스트
おおまじめ	[大真面目]	오-마지메	매우 진지함, 고지식함
おおみそか	[大晦日]	오-미소까	섣달 그믐날
おおやさん	[大家さん]	오오야사ㅇ	집주인
おおよそ	[大凡]	오-요소	대략, 대강
おか	[丘]	오까	언덕, 구릉
おかあさん	[お母さん]	오까-사ㅇ	어머니
おかげ		오까게	덕분, 덕택
おかし	[お菓子]	오까시	과자
おかしい	[可笑しい]	오까시이	이상하다, 우습다
おかす	[犯す]	오까스	범하다, 침범하다
おかず		오까즈	반찬
おかね	[お金]	오까네	돈
おかま	[お釜]	오까마	솥
おがむ	[拝む]	오가무	절하다, 배례하다
おかやまけん	[岡山県]	오까야마께ㄴ	오카야마현
おかゆ	[お粥]	오까유	죽
おがわ	[小川]	오가와	시내, 개울
おかん	[悪寒]	오까ㄴ	오한, 한기
おき	[沖]	오끼	먼바다
おきて	[掟]	오끼떼	규정, 규칙
おぎなう	[補う]	오기나우	메우다, 보충하다
おきなわ	[沖縄]	오끼나와	오키나와
おきなわけん	[沖縄県]	오끼나와께ㄴ	오키나와현
おきる	[起きる]	오끼루	일어나다
おきわすれる	[置き忘れる]	오끼와스레루	잊어버리고 두고 오다
おく	[億]	오꾸	억
おく	[奥]	오꾸	속, 안
おく	[置く]	오꾸	두다, 놓다
おくがい	[屋外]	오꾸가이	옥외
おくさま	[奥様]	오ㄱ사마	부인, 사모님
おくさん	[奥さん]	오ㄱ사ㅇ	부인, 사모님
おくじょう	[屋上]	오꾸죠-	옥상
おくち	[奥地]	오꾸치	오지, 두메

オートマチックしゃ ～ おしつける

おくない	[屋内]	오꾸나이	집 안, 옥내
おくば	[奥歯]	오꾸바	어금니
おくびょう	[臆病]	오꾸뵤-	겁쟁이, 겁 많음
おくまん	[億万]	오꾸마ㄴ	억만
おくゆかしい	[奥床しい]	오꾸유까시이	그윽하다, 고상하다
おくる	[送る]	오꾸루	보내다, 부치다
おくる	[贈る]	오꾸루	보내다, 선물하다
おくれる	[遅れる]	오꾸레루	늦어지다, 뒤쳐지다
おけ	[桶]	오께	통, 나무통
おこげ		오꼬게	누룽지
おこさん	[お子さん]	오꼬사ㅇ	자제분
おこす	[起こす]	오꼬스	깨우다, 일으키다
おこたる	[怠る]	오꼬따루	게을리 하다, 태만히 하다
おこなう	[行う]	오꼬나우	행하다
おこのみやき	[お好み焼き]	오꼬노미야끼	오꼬노미야끼
おこりっぽい	[怒りっぽい]	오꼬리ㅂ뽀이	툭하면 화내는 성격이다
おこる	[怒る]	오꼬루	화내다, 노하다
おごる		오고루	한턱내다
おさえる	[押さえる]	오사에루	누르다
おさけ	[お酒]	오사께	술
おさない	[幼い]	오사나이	어리다
おさななじみ	[幼なじみ]	오사나나지미	소꿉친구
おさめる	[納める]	오사메루	납부하다
おさら	[皿]	오사라	접시
おさらあらい	[お皿洗い]	오사라아라이	설거지
おじ	[伯父]	오지	큰 아버지, 큰 삼촌
おじ	[叔父]	오지	작은 아버지, 작은 삼촌
おしい	[惜しい]	오시이	아깝다, 아끼다
おじいさん	[お祖父さん]	오지-사ㅇ	할아버지
おしいれ	[押し入れ]	오시이레	벽장, 반침
おしうり	[押売り]	오시우리	강매する⒱
おしえご	[教え子]	오시에고	제자
おしえる	[教える]	오시에루	가르치다
おしかり	[お叱り]	오시까리	꾸지람
おじぎ	[お辞儀]	오지기	절する⒱
おじさん		오지사ㅇ	아저씨
おじさん	[伯父さん]	오지사ㅇ	큰 아버지, 큰 삼촌
おじさん	[叔父さん]	오지사ㅇ	작은 아버지, 작은 삼촌
おしすすめる	[押し進める]	오시스스메루	밀고 나가다
おしつける	[押し付ける]	오시츠께루	강요하다, 억누르다

おしっこ		오시ㄱ꼬	오줌
おしどり	[鴛鴦]	오시도리	원앙새
おしはかる	[推し量る]	오시하까루	헤하리다, 추측하다
おしまい	[お仕舞い]	오시마이	끝, 마지막
おしゃべり		오샤베리	수다, 수다스러움, 수다쟁이する⒱
おじゃまする	[お邪魔する]	오쟈마스루	방문하다
おしゃれ		오샤레	멋쟁이, 멋을 냄する⒱
おしょうがつ	[お正月]	오쇼-가츠	정월
おじょうさん	[お嬢さん]	오죠-사ㅇ	아가씨, 따님
おしよせる	[押し寄せる]	오시요세루	몰려들다, 쳐들어오다
おしろい	[白粉]	오시로이	분, 가루분
おす	[押す]	오스	밀다, 누르다
おす	[雄]	오스	수컷
おずおず		오즈오즈	조심조심, 주뼛주뼛する⒱
おすすめりょうり	[お勧め料理]	오스스메료-리	추천요리
オセアニア	[Oceania]	오세아니아	오세아니아
おせじ	[お世辞]	오세지	겉치레 말, 발림말
おせっかい	[お節介]	오세ㄱ까이	참견
おぜん	[お膳]	오젠	밥상
おそい	[遅い]	오소이	늦다, 느리다
おそう	[襲う]	오소우	덮치다, 습격하다
おそらく	[恐らく]	오소라꾸	아마, 필시
おそるおそる		오소루오소루	조심조심, 흠칫흠칫
おそるべき	[恐るべき]	오소루베끼	무시무시한, 가공할
おそれ	[恐れ]	오소레	두려움
おそれおおい	[恐れ多い]	오소레오오이	송구하다, 황공하다
おそれる	[恐れる]	오소레루	무서워하다, 두려워하다
おそろしい	[恐ろしい]	오소로시이	무섭다, 두렵다, 겁나다
おそわれる		오소와레루	악몽에 시달리다, 가위눌리다
おぞんそう	[ozone層]	오조ㄴ소-	오존층
おたく	[お宅]	오따꾸	댁
おだてる	[煽てる]	오다떼루	부추기다, 치켜세우다
おたふくかぜ		오따후꾸까제	볼거리
おたま	[お玉]	오따마	국자
おたまじゃくし	[お玉杓子]	오따마쟈ㄱ시	올챙이
おだやか	[穏やか]	오다야까	온화함, 평온함
おちいる	[陥る]	오치이루	빠지다, 함락하다
おちつき	[落ち着き]	오치츠끼	침착성
おちつく	[落ち着く]	오치츠꾸	차분해지다
おちど	[落度]	오치도	잘못, 실수

おちば	[落ち葉]	오치바	낙엽
おちゃ	[お茶]	오쨔	차
おちる	[落ちる]	오치루	떨어지다
おつきみ	[お月見]	오츠끼미	달구경(9월)
おっしゃる		오ㅅ샤루	말씀하시다
おっちょこちょい		오ㅅ쵸꼬쵸이	경박함, 덜렁이
おっと	[夫]	오ㅅ또	남편
おっと		오ㅅ또	이크
おっぱい		오ㅂ빠이	젖
おっぱらう	[追っ払う]	오ㅂ빠라우	쫓아버리다, 몰아내다
おつまみ		오츠마미	술안주
おつゆ	[お汁]	오츠유	국, 국물
おつり	[お釣り]	오츠리	거스름돈
おてあげ	[お手上げ]	오떼아게	속수무책
おてあらい	[お手洗い]	오떼아라이	화장실
おでき	[お出来]	오데끼	부스럼, 종기
おてら	[お寺]	오떼라	절
おでん		오뎅	오뎅
おてんば	[お転婆]	오뗀ㅁ바	말괄량이
おと	[音]	오또	소리
おとうさん	[お父さん]	오또-사ㅇ	아버지
おとうと	[弟]	오또-또	남동생
おとぎばなし	[お伽話]	오또기바나시	옛날이야기
おとくいさん	[お得意さん]	오또꾸이사ㅇ	단골손님
おとこ	[男]	오또꼬	남자, 사나이
おとこのこ	[男の子]	오또꼬노꼬	남자아이
おとこのひと	[男の人]	오꼬꼬노히또	남자
おとこらしい	[男らしい]	오또꼬라시이	남자답다
おとしあな	[落し穴]	오또시아나	함정
おとしいれる	[陥れる]	오또시이레루	빠뜨리다
おとしだま	[お年玉]	오또시다마	세뱃돈, 새해 선물
おとしもの	[落し物]	오또시모노	분실물
おとしより	[お年寄り]	오또시요리	노인
おとす	[落とす]	오또스	떨어뜨리다
おとずれる	[訪れる]	오또즈레루	방문하다, 찾아오다
おととい	[一昨日]	오또또이	그저께
おととし	[一昨年]	오또또시	재작년
おとな	[大人]	오또나	어른, 성인
おとなしい		오또나시이	얌전하다, 점잖다
おとめ	[乙女]	오또메	처녀, 소녀

おとめざ	[乙女座]	오또메자	처녀자리
おどりこ	[踊り子]	오도리꼬	무희
おどりば	[踊り場]	오도리바	무도장
おとる	[劣る]	오또루	뒤떨어지다
おどる	[踊る]	오도루	춤추다
おとろえる	[衰える]	오또로에루	쇠약해지다
おどろかす	[驚かす]	오도로까스	놀라게 하다
おどろく	[驚く]	오도로꾸	놀라다
おなか	[お腹]	오나까	배
おなじ	[同じ]	오나지	같음, 동일함, 똑같음
おなじく	[同じく]	오나지꾸	같이, 마찬가지로
おなら	[屁]	오나라	방귀
おに	[鬼]	오니	귀신, 도깨비
おにいさん	[お兄さん]	오니-상	형, 오빠
おにぎり		오니기리	주먹밥
おにく	[お肉]	오니꾸	고기
おにごっこ	[鬼ごっこ]	오니곡꼬	술래잡기
おねえさん	[お姉さん]	오네-상	누나, 언니
おの	[斧]	오노	도끼
おのおの	[各々]	오노오노	각각, 각기
おのずから	[自ずから]	오노즈까라	저절로, 스스로
おば	[伯母]	오바	큰 고모, 큰 이모
おば	[叔母]	오바	고모, 이모
おばあさん	[お祖母さん]	오바-상	할머니
おばさん	[伯母さん]	오바상	큰 고모, 큰 이모
おばさん	[叔母さん]	오바상	고모, 이모
おばさん		오바상	아주머니
おはだ	[お肌]	오하다	피부, 살결
おはらい	[お祓い]	오하라이	굿
おび	[帯]	오비	띠, 허리띠
おびえる	[脅える]	오비에루	벌벌 떨다
おびただしい		오비따다시이	수량이 엄청나다, 매우 많다
おひつじざ	[牡羊座]	오히츠지자	양자리
おひや	[お冷や]	오히야	찬물, 냉수
おびやかす	[脅かす]	오비야까스	위협하다
おびる	[帯びる]	오비루	띠다
オファー	[offer]	오화-	오퍼, 신청する⒱
オフィス	[office]	오휘스	오피스, 사무실
おふろ	[お風呂]	오후로	목욕, 욕조
おべっか		오벡까	아부, 아첨

おとめざ ～ おもわず

オペラ	[opera]	오뻬라	오페라
おべんとう	[お弁当]	오벤또-	도시락
おぼうさん	[お坊さん]	오보-사ㅇ	스님
おぼえる	[覚える]	오보에루	외우다, 암기하다
おぼれる	[溺れる]	오보레루	물에 빠지다
おぼん	[お盆]	오보ㅇ	우란분재, 백중맞이
おぼん	[お盆]	오보ㅇ	쟁반
おまえ	[お前]	오마에	너
おまえたち	[お前たち]	오마에따치	너희들
おまけ		오마께	덤
おまけに		오마께니	게다가, 그 위에
おまわり	[巡り]	오마와리	순경, 경찰
おまわりさん	[お巡りさん]	오마와리사ㅇ	경찰
おみあい	[お見合い]	오미아이	중매する♡
おみまい	[お見舞い]	오미마이	문병
おみやげ	[お土産]	오미야게	토산품, 선물
おむつ		오무츠	기저귀
オムライス	[ome rice]	오무라이스	오므라이스
おめでたい		오메데따이	경사스럽다
おも	[主]	오모	주됨, 주요함
おもい	[思い]	오모이	생각
おもい	[重い]	오모이	무겁다
おもいきり	[思い切り]	오모이끼리	마음껏, 힘껏
おもいだす	[思い出す]	오모이다스	생각나다, 생각해내다
おもいつき	[思いつき]	오모이츠끼	착상
おもいで	[思い出]	오모이데	추억
おもいやり	[思いやり]	오모이야리	동정, 동정심
おもう	[思う]	오모우	생각하다
おもかげ	[面影]	오모까게	모습
おもさ	[重さ]	오모사	무게
おもしろい	[面白い]	오모시로이	재미있다, 우습다
おもたい	[重たい]	오모따이	묵직하다
おもちゃ	[玩具]	오모쨔	장난감
おもちゃや	[玩具屋]	오모쨔야	완구점
おもて	[表]	오모떼	겉, 바깥
おもてむき	[表向き]	오모떼무끼	표면상, 표면화함
おもに	[主に]	오모니	주로
おもむき	[趣]	오모무끼	정취
おもむろに	[徐に]	오모무로니	천천히
おもわず	[思わず]	오모와즈	엉겁결에, 무의식중에

おもんじる	[重んじる]	오모ㄴ지루	중요시하다, 존중하다
おや	[親]	오야	부모
おや		오야	어머!
おやこ	[親子]	오야꼬	부모 자식
おやつ		오야츠	오후의 간식
おやぶん	[親分]	오야부ㅇ	두목
おやゆび	[親指]	오야유비	엄지손가락
おゆ	[お湯]	오유	뜨거운 물, 끓인 물
およぐ	[泳ぐ]	오요구	헤엄치다, 수영하다
およそ	[凡そ]	오요소	대체로, 대략
および	[及び]	오요비	및
およぶ	[及ぶ]	오요부	미치다, 이르다
オランダ	[Olanda]	오라ㄴ다	네덜란드
オリーブオイル	[olive oil]	오리-부오이루	올리브유
おりから	[折から]	오리까라	때마침, 마침
オリジナル	[original]	오리지나루	오리지널
おりたたみがさ	[折り畳み傘]	오리따따미가사	접이식 우산
おりる	[下りる]	오리루	내리다, 내려오다
おりる	[降りる]	오리루	내리다
オリンピック	[Olympic]	오리ㅁ삐ㄱ꾸	올림픽
おる		오루	있다
おる	[折る]	오루	꺾다, 접다
おれ	[俺]	오레	나
おれい	[お礼]	오레-	사례, 감사인사
おれる	[折れる]	오레루	꺾이다, 접히다, 부러지다
オレンジ	[orange]	오레ㄴ지	오렌지
オレンジいろ	[オレンジ色]	오레ㄴ지이로	오렌지색
オレンジジュース	[orange juice]	오레ㄴ지쥬-스	오렌지주스
おろし	[下ろし]	오로시	강판
おろしうり	[卸売り]	오로시우리	도매するⓥ
おろしがね	[下ろし金]	오로시가네	강판
おろす	[下ろす]	오로스	내리다, 내리게 하다
おろそか	[疎か]	오로소까	소홀함
おわらいばんぐみ	[お笑い番組]	오와라이바ㅇ구미	개그프로
おわり	[終わり]	오와리	끝
おわる	[終わる]	오와루	끝나다, 마치다
おわん	[お椀]	오와ㅇ	국그릇
おん	[恩]	오ㅇ	은혜
おんがく	[音楽]	오ㅇ가꾸	음악
おんがくかんしょう	[音楽鑑賞]	오ㅇ가꾸까ㄴ쇼-	음악감상

おんがくしつ	[音楽室]	오o가ㄱ시츠	음악실
おんしつ	[温室]	오ㄴ시츠	온실
おんじん	[恩人]	오ㄴ지ㄴ	은인
おんせん	[温泉]	오ㄴ세ㄴ	온천
おんだん	[温暖]	오ㄴ다ㄴ	온난
おんど	[温度]	오ㄴ도	온도
おんな	[女]	오ㄴ나	여자, 계집
おんなのこ	[女の子]	오ㄴ나노꼬	여자아이
おんなのひと	[女の人]	오ㄴ나노히또	여자
おんならしい	[女らしい]	오ㄴ나라시이	여자답다
おんぶ		오ㅁ부	어부바する⊚
おんわ	[穏和]	오o와	온화

か

か	[課]	가	과
か	[蚊]	가	모기
か		가	~까?
か		가	~가, ~지
が		가	~이, ~가
が		가	~인데, ~지만
カー	[car]	카ー	카, 차
カーカー		카ー까ー	까악까악(까마귀)
カーキいろ	[カーキ色]	카ー끼이로	카키색
カーソル	[cursor]	카ー소루	커서
カーディガン	[cardigan]	카ー디가ㄴ	카디건
カーテン	[curtain]	카ー떼ㄴ	커튼
ガーデン	[garden]	가ー데ㄴ	가든, 정원
カート	[cart]	카ー또	카트
カード	[card]	카ー도	카드
カーネーション	[carnation]	카ー네ー쇼ㄴ	카네이션
カーブ	[cub]	카ー부	커브する⊙
カーペット	[carpet]	카ー뻬ㅅ또	카펫
ガール	[girl]	가ー루	걸, 소녀
ガールフレンド	[girl friend]	가ー루후레ㄴ도	여자친구
かい	[階]	가이	~층
かい	[回]	가이	~회, ~번
かい	[貝]	가이	조개
かい	[甲斐]	가이	보람, 효과
かいいれる	[買い入れる]	가이이레루	사들이다
かいいん	[会員]	가이이ㄴ	회원
かいおうせい	[海王星]	가이오ー세ー	해왕성
かいか	[開花]	가이까	개화する⊙
かいが	[絵画]	가이가	그림
がいか	[外貨]	가이까	외화
かいがい	[海外]	가이가이	해외
かいがいりょこう	[海外旅行]	가이가이료꼬ー	해외여행
かいがいりょこうほけん	[海外旅行保険]	가이가이료꼬ー호께ㄴ	해외여행보험

かいかく	[改革]	가이까꾸	개혁する
かいかつ	[快活]	가이까츠	쾌활
かいがら	[貝殻]	가이가라	조개껍질
かいかん	[快感]	가이까ㄴ	쾌감
かいがん	[海岸]	가이가ㄴ	해안
がいかん	[外観]	가이까ㄴ	외관
かいき	[怪奇]	가이끼	괴기
かいき	[会期]	가이끼	회기
かいぎ	[会議]	가이기	회의する
かいきゅう	[階級]	가이뀨-	계급
かいきょう	[海峡]	가이꾜-	해협
かいぎょう	[開業]	가이교-	개업する
かいきん	[皆勤]	가이끼ㄴ	개근する
がいきん	[外勤]	가이끼ㄴ	외근する
かいぐん	[海軍]	가이구ㄴ	해군
かいけい	[会計]	가이께-	계산, 회계
かいけいし	[会計士]	가이께-시	회계사
かいけつ	[解決]	가이께츠	해결する
かいけん	[会見]	가이께ㄴ	회견する
がいけん	[外見]	가이께ㄴ	외모
かいこ	[解雇]	가이꼬	해고する
かいこ	[蚕]	가이꼬	누에
かいこう	[開校]	가이꼬-	개교する
かいこう	[開港]	가이꼬-	개항する
かいごう	[会合]	가이고-	회합する
がいこう	[外交]	가이꼬-	외교
がいこうかん	[外交官]	가이꼬-까ㄴ	외교관
がいこく	[外国]	가이꼬꾸	외국
がいこくご	[外国語]	가이꼬꾸고	외국어
かいこん	[開墾]	가이꼬ㄴ	개간する
かいさい	[開催]	가이사이	개최する
かいさつぐち	[改札口]	가이사츠구치	개찰구
かいさん	[解散]	가이사ㄴ	해산する
かいし	[開始]	가이시	개시する
かいしめる	[買い占める]	가이시메루	매점하다
かいしゃ	[会社]	가이샤	회사
かいしゃいん	[会社員]	가이샤이ㅇ	회사원
かいしゃく	[解釈]	가이샤꾸	해석する
かいしゅう	[回収]	가이슈-	회수する
かいじゅう	[怪獣]	가이쥬-	괴수

がいしゅつ	[外出]	가이슈츠	외출する
かいじょ	[解除]	가이죠	해제する
かいしょう	[解消]	가이쇼-	해소する
かいじょう	[会場]	가이죠-	회장
かいじょう	[海上]	가이죠-	해상
がいしょく	[外食]	가이쇼꾸	외식する
かいしん	[回診]	가이시ㄴ	회진する
がいしん	[外信]	가이시ㄴ	외신
がいじん	[外人]	가이지ㄴ	외국인
かいすいよく	[海水浴]	가이스이요꾸	해수욕
かいすいよくじょう	[海水浴場]	가이스이요꾸죠-	해수욕장
かいせい	[改正]	가이세-	개정する
かいせつ	[解説]	가이세츠	해설する
かいせつ	[開設]	가이세츠	개설する
かいせん	[海戦]	가이세ㄴ	해전
かいぜん	[改善]	가이제ㄴ	개선する
かいそう	[海藻]	가이소-	해초
かいぞく	[海賊]	가이조꾸	해적
かいたい	[解体]	가이따이	해체する
かいたく	[開拓]	가이따꾸	개척する
かいだん	[階段]	가이다ㄴ	계단
かいだん	[会談]	가이다ㅁ	회담
がいちゅう	[害虫]	가이츄-	해충する
がいちゅう	[外注]	가이츄-	외주
かいちゅうでんとう	[懐中電灯]	가이츄-데ㄴ또-	손전등
かいちょう	[会長]	가이쵸-	회장
かいつう	[開通]	가이츠-	개통する
かいて	[買い手]	가이떼	사는 사람
かいてい	[改訂]	가이떼-	개정する
かいてき	[快適]	가이떼끼	쾌적
かいてん	[開店]	가이떼ㄴ	개점する
かいてん	[回転]	가이떼ㄴ	회전する
ガイド	[guide]	가이도	가이드, 안내자する
かいとう	[回答]	가이또-	회답する
かいどう	[街道]	가이도-	가도, 큰길
がいとう	[外套]	가이또-	외투
がいとう	[街灯]	가이또-	가로등
かいにゅう	[介入]	가이뉴-	개입する
がいねん	[概念]	가이네ㄴ	개념
かいはつ	[開発]	가이하츠	개발する

かいばつ	[海抜]	가이바츠	해발
かいひ	[会費]	가이히	회비
かいひょう	[開票]	가이효-	개표する
がいぶ	[外部]	가이부	외부
かいふく	[回復]	가이후꾸	회복する
かいぶつ	[怪物]	가이부츠	괴물
がいぶん	[外聞]	가이부ㄴ	세상소문
かいへん	[改編]	가니헤ㄴ	개편する
かいほう	[開放]	가이호-	개방する
かいほう	[解放]	가이호-	해방する
かいほう	[介抱]	가이호-	간호, 병구완する
かいぼう	[解剖]	가이보-	해부する
かいめい	[解明]	가이메-	해명する
かいめつ	[壊滅]	가이메츠	괴멸, 궤멸する
がいめん	[外面]	가이메ㄴ	외면
かいもの	[買い物]	가이모노	장보기, 쇼핑する
かいやく	[解約]	가이야꾸	해약する
かいよう	[潰瘍]	가이요-	궤양
がいらいご	[外来語]	가이라이고	외래어
かいらく	[快楽]	가이라꾸	쾌락
かいらん	[回覧]	가이라ㄴ	회람する
かいりき	[怪力]	가이리끼	괴력
かいりょう	[改良]	가이료-	개량する
がいろじゅ	[街路樹]	가이로쥬	가로수
かいわ	[会話]	가이와	회화する
カイワレだいこん	[カイワレ大根]	가이와레다이꼬ㅇ	무순
かう	[買う]	가우	사다
ガウン	[gown]	가우ㄴ	가운
カウンター	[counter]	가우ㄴ따-	카운터
かえす	[帰す]	가에스	돌아가게 하다
かえす	[返す]	가에스	되돌리다
かえって	[反って]	가에ㅅ떼	오히려, 도리어
かえで	[楓]	가에데	단풍나무
かえる	[帰る]	가에루	돌아가다
かえる	[変える]	가에루	바꾸다
かえる	[蛙]	가에루	개구리
かお	[顔]	가오	얼굴
かおいろ	[顔色]	가오이로	안색
ガオー		가오-	어흥(사자)
かおく	[家屋]	가오꾸	가옥

かおつき	[顔付き]	가오츠끼	얼굴 생김새, 표정
かおなじみ	[顔馴染み]	가오나지미	낯익은 얼굴, 친한 사이
かおり	[香り]	가오리	향기
がか	[画家]	가까	화가
かがい	[加害]	가가이	가해
かかえる	[抱える]	가까에루	안다, 껴안다
かかく	[価格]	가까꾸	가격
かがく	[科学]	가가꾸	과학
かがく	[化学]	가가꾸	화학
かがくしつ	[科学室]	가가ㄱ시츠	과학실
かがくしゃ	[科学者]	가가ㄱ샤	과학자
かがくしゃ	[化学者]	가가ㄱ샤	화학자
かがくせんい	[化学繊維]	가가꾸세이이	화학섬유
かかげる	[掲げる]	가까게루	내걸다
かかし	[案山子]	가까시	허수아비
かかと	[踵]	가까또	발꿈치, 발뒤꿈치
かがみ	[鏡]	가가미	거울
かがめる	[屈める]	가가메루	구부리다, 굽히다
かがやく	[輝く]	가가야꾸	빛나다, 반짝이다
かかり	[係り]	가까리	담당, 계
かかりちょう	[係長]	가까리쵸-	계장
かかる	[係る]	가까루	관계되다
かかる	[掛る]	가까루	걸리다
かがわけん	[香川県]	가가와께ㄴ	가가와현
かかわらず	[関わらず]	가까와라즈	불구하고
かき	[柿]	가끼	감
かき		가끼	굴
かき	[垣]	가끼	담
かぎ	[鍵]	가기	열쇠
カキーン		가끼-ㄴ	딱
かきごおり	[かき氷]	가끼고-리	빙수
かきことば	[書き言葉]	가끼꼬또바	문장체
かきとめ	[書留]	가끼또메	등기
かきね	[垣根]	가끼네	울타리
かきまぜる	[掻き交ぜる]	가끼마제루	뒤섞다
かきまわす	[かき回す]	가끼마와스	휘젓다
かぎり	[限り]	가기리	~한
かく	[書く]	가꾸	쓰다, 적다
かく	[描く]	가꾸	그리다
かく	[掻く]	가꾸	긁다

かぐ	[家具]	가구	가구
かぐ	[嗅ぐ]	가구	냄새 맡다
がくい	[学位]	가꾸이	학위
がくいん	[学院]	가꾸이ㅇ	학원
かくえきれっしゃ	[各駅列車]	가꾸에끼레ㅅ샤	각역열차
がくえん	[学園]	가꾸에ㄴ	학원
かくげん	[格言]	가꾸게ㄴ	격언
かくご	[覚悟]	가꾸고	각오
かくざとう	[角砂糖]	가꾸자또-	각설탕
がくし	[学士]	가꾸시	학사
かくしご	[隠し子]	가꾸시고	사생아
かくじつ	[確実]	가꾸지츠	확실
がくしゃ	[学者]	가ㄱ샤	학자
がくしゅう	[学習]	가ㄱ슈-	학습
がくしゅうしゃ	[学習者]	가ㄱ슈-샤	학습자, 학생
がくしゅうじゅく	[学習塾]	가ㄱ슈-쥬꾸	보습학원
がくじゅつ	[学術]	가꾸쥬츠	학술
かくしん	[革新]	가ㄱ시ㄴ	혁신する
かくしん	[確信]	가ㄱ시ㄴ	확신する
かくしん	[核心]	가ㄱ시ㄴ	핵심
かくす	[隠す]	가꾸스	숨기다, 감추다
がくせい	[学生]	가ㄱ세-	학생
がくせつ	[学説]	가ㄱ세츠	학설
かくだい	[拡大]	가꾸다이	확대する
かくだん	[格段]	다꾸다ㄴ	각별히
かくちょう	[拡張]	가꾸쵸-	확장する
かくてい	[確定]	가ㄱ떼-	확정する
カクテル	[cocktail]	가ㄱ떼루	칵테일
かくど	[角度]	가꾸도	각도
かくとう	[格闘]	가ㄱ또-	격투する
かくとく	[獲得]	가ㄱ또꾸	획득する
がくひ	[学費]	가꾸히	학비
がくぶち	[額縁]	가꾸부치	액자
かくべつ	[格別]	가꾸베츠	각별, 특별
かくほ	[確保]	가꾸호	확보する
かくめい	[革命]	가꾸메-	혁명
がくめん	[額面]	가꾸메ㄴ	액면
がくもん	[学問]	가꾸모ㄴ	학문
がくようひん	[学用品]	가꾸요-히ㄴ	학용품
かくりつ	[確率]	가꾸리츠	확률

かくりつ	[確立]	가꾸리츠	확립する
がくれき	[学歴]	가꾸레끼	학력
かくれる	[隠れる]	가꾸레루	숨다
かくれんぼう	[隠れん坊]	가꾸레ㅁ보	숨바꼭질
かぐや	[家具屋]	가구야	가구점
かくん	[家訓]	가꾸ㄴ	가훈
かけ	[賭け]	가께	내기, 도박
かげ	[影]	가게	그림자
かげ	[陰]	가게	그늘
がけ	[崖]	가께	벼랑, 절벽, 낭떠러지
かけあし	[駆け足]	가께아시	달음박질する
かけい	[家計]	가께ー	가계
かけいぼ	[家計簿]	가께ー보	가계부
かげき	[歌劇]	가게끼	가극
かげき	[過激]	가게끼	과격
かげぐち	[陰口]	가게구치	험담
かけざん	[かけ算]	가께자ㄴ	곱셈
かけじく	[掛け軸]	가께지꾸	족자
かけつ	[可決]	가께츠	가결する
かげつ	[か月]	가게츠	~개월
かけっこ	[駆けっこ]	가께ㄱ꼬	달리기, 경주する
かけはなれる	[掛け離れる]	가께하나레루	동떨어지다
かけひき	[駆引き]	가께히끼	흥정する
かけぶとん	[掛け布団]	가께부또ㄴ	이불
かけもの	[掛け物]	가께모노	족자
かける	[掛ける]	가께루	걸다, 곱하다
かける	[欠ける]	가께루	결여되다, 이지러지다
かける		가께루	뿌리다
かける	[駆ける]	가께루	뛰다
かげろう	[陽炎]	가게로ー	아지랑이
かげん	[加減]	가게ㄴ	정도, 상태
かこ	[過去]	가꼬	과거
かご	[籠]	가고	바구니
かこう	[加工]	가꼬ー	가공する
かこうしょくひん	[加工食品]	가꼬ー쇼꾸히ㄴ	가공식품
かごしまけん	[鹿児島県]	가고시마께ㄴ	가고시마현
かこむ	[囲む]	가꼬무	둘러싸다, 에워싸다
かさ	[傘]	가사	우산
かさ	[笠]	가사	삿갓
かさかさ		가사까사	바삭바삭, 버석버석する

かささぎ		가사사기	까치
かさなる	[重なる]	가사나루	겹쳐지다, 포개지다
かさねる	[重ねる]	가사네루	겹치다, 포개다
かざり	[飾り]	가자리	장식
かざりもの	[飾り物]	가자리모노	장식물
かざる	[飾る]	가자루	장식하다, 꾸미다
かざん	[火山]	가자ㄴ	화산
かし	[歌詞]	가시	가사
かし	[菓子]	가시	과자
かし	[樫]	가시	떡갈나무
かじ	[火事]	가지	화재, 불
かじ	[家事]	가지	집안일
かしきり	[貸切り]	가시끼리	전세, 대절
かしこい	[賢い]	가시꼬이	현명하다, 영리하다
かしだし	[貸出し]	가시다시	대출
かしつ	[過失]	가시츠	잘못, 과실
がしつ	[画室]	가시츠	화실
かしつけ	[貸付け]	가시츠께	대부
カジノ	[casino]	가지노	카지노
かしや	[貸家]	가시야	셋집
かしゅ	[歌手]	가슈	가수
カジュアル	[casual]	가쥬아루	캐주얼
かじゅえん	[果樹園]	가쥬에ㄴ	과수원
かじょう	[過剰]	가죠-	과잉
かしら		가시라	~ㄹ까, ~ㄴ지 몰라
かしらもじ	[頭文字]	가시라모지	머리글자
かじる		가지루	갉다, 갉아먹다
かしわ	[柏]	가시와	떡갈나무
かす	[貸す]	가스	빌려주다
かず	[数]	가즈	숫자
ガス	[gas]	가스	가스
かすか	[微か]	가스까	희미함, 어렴풋함
ガスだい	[ガス代]	가스다이	가스요금
ガスのひ	[ガスの火]	가스노히	가스 불
かすみ	[霞]	가스미	봄 안개
かすむ	[霞む]	가스무	안개가 끼다
ガスレンジ	[gas range]	가스레ㄴ지	가스레인지
かぜ	[風]	가제	바람
かぜ	[風邪]	가제	감기
かせい	[火星]	가세-	화성

かぜい	[課税]	가제-	과세する⊙
かせき	[化石]	가세끼	화석
かせぐ	[稼ぐ]	가세구	벌다
かぜぐすり	[風邪薬]	가제구스리	감기약
かせつ	[仮説]	가세츠	가설する⊙
カセット	[cassette]	가세ㅅ또	카세트
かせん	[化繊]	가세ㄴ	화학섬유
かそう	[火葬]	가소-	화장する⊙
がぞう	[画像]	가조-	화상, 이미지
かぞえどし	[数え年]	가조에도시	세는 나이
かぞえる	[数える]	가조에루	세다
かそく	[加速]	가소꾸	과속する⊙
かぞく	[家族]	가조꾸	가족
ガソリン	[gasoline]	가소리ㄴ	휘발유
ガソリンスタンド	[gas station]	가소리ㄴ스따ㄴ도	주유소
かた	[肩]	가따	어깨
かた	[方]	가따	분
かたい	[固い]	가따이	단단하다
かたい	[堅い]	가따이	견고하다
かたい	[硬い]	가따이	딱딱하다
かだい	[課題]	가다이	과제
かたいじ	[片意地]	가따이지	외고집, 옹고집
かたおもい	[片想い]	가따오모이	짝사랑
かたがき	[肩書き]	가따가끼	직함
がたがた		가따가따	덜커덩덜커덩する⊙
かたかな	[片仮名]	가따까나	가타카나
かたがわ	[片側]	가따가와	한쪽, 측면
かたき	[敵]	가따끼	적, 원수
かたぎ	[堅気]	가따기	기질, 기풍
かたくりこ	[片栗粉]	가따꾸리꼬	전분
かたぐるま	[肩車]	가따구루마	목말
かたこと	[片言]	가따꼬또	서투른 말씨
かたち	[形]	가따치	모양, 형태
かたづける	[片付ける]	가따즈께루	치우다, 정리하다
かたつむり		가따츠무리	달팽이
かたどる	[象る]	가따도루	본뜨다
かたな	[刀]	가따나	칼
かたまり	[塊]	가따마리	덩어리
かたまる	[固まる]	가따마루	굳어지다
かたみ	[形見]	가따미	유물, 유품

かたみ	[肩身]	가따미	면목, 체면
かたみち	[片道]	가따미치	편도
かたむく	[傾く]	가따무꾸	기울다
かたむける	[傾ける]	가따무께루	기울이다
かため	[片目]	가따메	한쪽 눈
かためる	[固める]	가따메루	굳히다
かたゆで	[固茹で]	까따유데	완숙
かたよる	[偏る]	가따요루	치우치다, 기울어지다
かたりて	[語り手]	가따리떼	말하는 사람
かたる	[語る]	가따루	말하다, 이야기하다
カタログ	[catalogue]	가따로구	카탈로그
かたわら	[傍ら]	가따와라	곁, 옆
かだん	[花壇]	가다ㄴ	화단
かち	[価値]	가치	값어치, 가치
かちかち		가치까치	재깍재깍
かちく	[家畜]	가치꾸	가축
がちゃん		가쨔o	쨍그랑
かちょう	[課長]	가쵸-	과장
がちょう	[鵞鳥]	가쵸-	거위
かつ	[勝つ]	가츠	이기다
かつ	[且つ]	가츠	또한, 그리고
がつ	[月]	가츠	~월
かつお	[鰹]	가츠오	다랑어
かつおぶし	[鰹節]	가츠오부시	다랑어포
がっか	[学科]	가ㄱ까	학과
がっかい	[学界]	가ㄱ까이	학계
がっかい	[学会]	가ㄱ까이	학회
がつがつ		가츠가츠	우적우적, 게걸게걸する⊙
がっかりする		가ㄱ까리스루	낙심하다
がっき	[学期]	가ㄱ끼	학기
がっき	[楽器]	가ㄱ끼	악기
がっきゅう	[学級]	가ㄱ뀨-	학급
かつぐ	[担ぐ]	가츠구	메다, 둘러메다
かっこ	[括弧]	가ㄱ꼬	괄호
かっこ	[確固]	가ㄱ꼬	확고
がっこう	[学校]	가ㄱ꼬-	학교
かっこういい		가ㄱ꼬-이이	멋있다
かっこく	[各国]	가ㄱ꼬꾸	각국
かっさい	[喝采]	가ㅅ사이	갈채する⊙
かつじ	[活字]	가츠지	활자

がっしゅく	[合宿]	가ㅅ슈꾸	합숙する
がっしょう	[合唱]	가ㅅ쇼-	합창する
がっしりしている		가ㅅ시리시떼이루	다부지다
カッター	[cutter]	가ㅅ따-	칼
かっちり		가ㅅ치리	딱, 꼭する
かつて		가츠떼	일찍이, 전에
かって	[勝手]	가ㅅ떼	제멋대로임, 마음대로임
カット	[cut]	가ㅅ또	커트
かつどう	[活動]	가츠도-	활동する
かつどん	[カツ丼]	가츠도o	포크커틀릿덮밥
かっぱ		가ㅂ빠	비옷
かっぱつ	[活発]	가ㅂ빠츠	활발
カップ	[cup]	가ㅂ뿌	손잡이 달린 컵
カップヌードル	[cup noodle]	가ㅂ뿌누-도루	컵라면
カップラーメン	[cupラーメン]	가ㅂ뿌라-메ㄴ	컵라면
カップル	[couple]	가ㅂ뿌루	커플
かつもく	[刮目]	가츠모꾸	괄목する
かつやく	[活躍]	가츠야꾸	활약する
かつよう	[活用]	가츠요-	활용する
かつら	[鬘]	가츠라	가발
かつりょく	[活力]	가츠료꾸	활력
かてい	[家庭]	가떼-	가정
かてい	[仮定]	가떼-	가정する
かてい	[過程]	가떼-	과정
かてい	[課程]	가떼-	과정
かていさいばんしょ	[家庭裁判所]	가떼-사이바ㄴ쇼	가정법원
がてら		가떼라	～하는 김에, 겸하여
かど	[角]	가도	모서리, 모퉁이
かどだつ	[角立つ]	가도다츠	모나다
カトリック	[Catholic]	가또리ㄱ꾸	천주교
カトリックきょう	[Catholic教]	가또리ㄱ꾸꾜-	천주교
かない	[家内]	가나이	아내
かながわけん	[神奈川県]	가나가와께ㄴ	가나가와현
かなしい	[悲しい]	가나시이	슬프다
かなしむ	[悲しむ]	가나시무	슬퍼하다
かなた	[彼方]	가나따	저기, 저쪽, 저편
カナダ	[Canada]	가나다	캐나다
かなづち	[金づち]	가나즈치	망치
かなでる	[奏でる]	가나데루	연주하다
かなものや	[金物屋]	가나모노야	철물점

かならず	[必ず]	가나라즈	반드시, 꼭
かならずしも	[必ずしも]	가나라즈시모	반드시
かなり		가나리	꽤, 제법
カナリア	[canaria]	가나리아	카나리아
かに	[蟹]	가니	게
かにざ	[蟹座]	가니자	게자리
かね	[鐘]	가네	종
かねがね	[予々]	가네가네	전부터
かねつ	[過熱]	가네츠	과열하다
かねて	[予て]	가네떼	미리, 전부터
かねもうけ	[金儲け]	가네모우께	돈벌이하다
かねもち	[金持ち]	가네모치	부자
かねる	[兼ねる]	가네루	겸하다
かのう	[可能]	가노-	가능
かのじょ	[彼女]	가노죠	그녀, 여자친구
かば		가바	하마
カバー	[cover]	가바-	커버
かばう	[庇う]	가바우	감싸다, 비호하다
かばん	[鞄]	가바ㅇ	가방
かはんしん	[下半身]	가하ㄴ시ㄴ	하반신
かび	[黴]	가비	곰팡이
かびくさい	[黴臭い]	가비꾸사이	곰팡내 나다, 케케묵다
がびょう	[画びょう]	가뵤-	압정
かびん	[花瓶]	가비ㄴ	꽃병
かぶ	[株]	가부	그루터기
カブ	[蕪]	가부	순무
カフェ	[cafe]	가훼	카페
カフェオレ	[cafe au lait]	가훼오레	카페오레
かぶき	[歌舞伎]	가부끼	가부키
かぶしき	[株式]	가부시끼	주식
かぶせる	[被せる]	가부세루	씌우다, 덮다
カプセル	[capsule]	가뿌세루	캡슐
かぶと	[兜]	가부또	투구
かぶとむし	[かぶと虫]	가부또무시	딱정벌레, 장수풍뎅이
かぶぬし	[株主]	가부누시	주주
かぶる	[被る]	가부루	모자를 쓰다
かふん	[花粉]	가후ㄴ	꽃가루
かふんしょう	[花粉症]	가후ㄴ쇼-	꽃가루알레르기
かべ	[壁]	가베	벽
かへい	[貨幣]	가헤-	화폐

かぼちゃ		가보쨔	호박
かま	[釜]	가마	솥
かま	[鎌]	가마	낫
かまきり		가마끼리	사마귀
かまど	[竈]	가마도	아궁이
かまぼこ	[蒲鉾]	가마보꼬	생선묵, 어묵
がまん	[我慢]	가마ㅇ	참음
がまんづよい	[我慢強い]	가마ㄴ즈요이	참을성이 있다
かみ	[神]	가미	신
かみ	[紙]	가미	종이
かみ	[髪]	가미	머리카락
かみきれ	[紙切れ]	가미끼레	종이조각
かみくず	[紙屑]	가미꾸즈	휴지
かみさま	[神様]	가미사마	하느님
かみしめる	[噛みしめる]	가미시메루	악물다, 힘껏 깨물다
かみそり	[剃刀]	가미소리	여성용 면도기, 면도칼
かみだな	[神棚]	가미다나	신단
かみなり	[雷]	가미나리	천둥, 벼락
かみのけ	[髪の毛]	가미노께	머리카락
かみぶくろ	[紙袋]	가미부꾸로	종이 봉지, 봉투
かみわざ	[神業]	가미와자	신의 조화
かむ	[噛む]	가무	씹다, 물다, 깨물다
ガム	[gum]	가무	껌
かめ	[亀]	가메	거북
かめい	[仮名]	가메-	가명
カメラ	[camera]	가메라	카메라
カメレオン	[chameleon]	가메레오ㄴ	카멜레온
かめん	[仮面]	가메ㄴ	가면
がめん	[画面]	가메ㄴ	화면
かも		가모	오리
かもく	[科目]	가모꾸	과목
かもつ	[貨物]	가모츠	화물
かもつれっしゃ	[貨物列車]	가모츠레ㅅ샤	화물열차
かもめ	[鴎]	가모메	갈매기
かもん	[家門]	가모ㄴ	가문
かや	[蚊屋]	가야	모기장
がやがや		가야가야	와글와글, 왁자글するⓥ
かゆ	[粥]	가유	죽
かゆい	[痒い]	가유이	가렵다
かよう	[歌謡]	가요-	가요

かよう	[通う]	가요우	다니다
かようきょく	[歌謡曲]	가요-꾜꾸	가요
がようし	[画用紙]	가요-시	도화지
かようび	[火曜日]	가요-비	화요일
かよわい	[か弱い]	가요와이	가냘프다, 연약하다
から	[空]	가라	텅 빔, 거짓
から	[殻]	가라	껍질, 껍데기
から		가라	~에서, ~부터
から		가라	~니까, ~때문에
がら	[柄]	가라	무늬
がら	[柄]	가라	몸집, 체격
カラー	[color]	가라-	컬러, 색채
カラーリング	[coloring]	가라-리ㅇ구	염색하다
からい	[辛い]	가라이	맵다
カラオケ	[空orchestra]	가라오께	가라오케
カラオケボックス	[空orchestra box]	가라오께보ㄱ꾸스	노래방
からかう		가라까우	조롱하다, 놀리다
からから		가라까라	껄껄
がらがら		가라가라	텅텅하다
がらくた		가라꾸따	잡동사니
からし	[芥子]	가라시	겨자
からしな	[芥子菜]	가라시나	갓
からす	[烏]	가라스	까마귀
ガラス	[glass]	가라스	유리
からだ	[体]	가라다	몸
からだつき	[体付き]	가라다츠끼	몸매, 체격
からだのふじゆうなひと	[体の不自由な人]	가라다노후지유-나히또	장애인
からっぽ	[空っぽ]	가라ㅂ뽀	텅 빔, 아무 것도 없음
からて	[空手]	가라떼	당수, 빈손
からまる	[絡まる]	가라마루	뒤엉키다
からまわり	[空回り]	가라마와리	공전, 헛돎하다
かり	[狩り]	가리	사냥, 수렵
かりあげ	[刈り上げ]	가리아게	깎은 머리, 깎아 올림
かりいれ	[刈り入れ]	가리이레	추수
カリウム	[Kalium]	가리우무	칼륨
かりけいやく	[仮契約]	가리께-야꾸	가계약하다
かりに	[仮に]	가리니	가령, 임시로
かりぬい	[仮縫い]	가리누이	가봉하다
かりゅう	[下流]	가류-	하류
かりる	[借りる]	가리루	빌리다, 꾸다

일본어	한자	발음	뜻
カリン		가리ㄴ	모과
かる	[刈る]	가루	베다
かるい	[軽い]	가루이	가볍다
かるがる	[軽々]	가루가루	아주 가볍게, 거뜬히
カルシウム	[calcium]	가루시우무	칼슘
カルテ	[Karte]	가루떼	진료기록부, 진료카드
カルビ		가루비	갈비
かれ	[彼]	가레	그, 남자 친구
かれい	[鰈]	가레-	가자미
カレー	[curry]	가레-	카레
ガレージ	[garage]	가레-지	차고
かれき	[枯れ木]	가레끼	마른 나무, 고목
かれこれ		가레꼬레	이러쿵저러쿵, 대충
かれし	[彼氏]	가레시	남자친구
かれは	[枯葉]	가레하	마른 잎, 고엽
かれら	[彼等]	가레라	그들
かれる	[枯れる]	가레루	초목이 시들다
カレンダー	[calender]	가레ㄴ다-	캘린더
かろう	[過労]	가로-	과로
カロリー	[calorie]	가로리-	칼로리
かわ	[川]	가와	강
かわ	[皮]	가와	껍질
かわ	[革]	가와	가죽
かわいい	[可愛い]	가와이이	예쁘다, 귀엽다
かわいそう	[可愛そう]	가와이소-	불쌍함, 가엾음, 딱함
かわいらしい	[可愛らしい]	가와이라시이	귀엽다, 사랑스럽다
かわうそ	[川獺]	가와우소	수달
かわかす	[乾かす]	가와까스	말리다
かわく	[渇く]	가와꾸	목마르다, 갈증나다
かわく	[乾く]	가와꾸	마르다, 건조하다
かわせ	[為替]	가와세	환
かわせレート	[為替rate]	가와세레-또	환율
かわべ	[川辺]	가와베	냇가, 강변
かわら	[瓦]	가와라	기와
かわり	[代わり]	가와리	대신, 대용
かわりもの	[変わり者]	가와리모노	괴짜
かわる	[代わる]	가와루	대신하다
かわる	[変わる]	가와루	바뀌다, 변하다
かわるがわる	[代わる代わる]	가와루가와루	번갈아 가며, 교대로
がん	[癌]	가ㄴ	암

がん	[雁]	가ㄴ	기러기
かんえん	[肝炎]	가ㅇ에ㄴ	간염
かんか	[感化]	가ㅇ까	감화する
がんか	[眼科]	가ㅇ까	안과
かんがい	[感慨]	가ㅇ가이	감개
かんがえる	[考える]	가ㅇ가에루	생각하다
かんかく	[感覚]	가ㅇ까꾸	감각
カンガルー	[kangaroo]	가ㅇ가루-	캥거루
かんかん		가ㅇ까ㅇ	쨍쨍, 땅땅
がんがん		가ㅇ가ㅇ	욱신욱신, 땡땡
かんき	[乾期]	가ㄴ끼	건기
かんきせん	[換気扇]	가ㅇ끼세ㄴ	환풍기
かんきゃく	[観客]	가ㅇ꺄꾸	관객
かんきょう	[環境]	가ㅇ꾜-	환경
かんきり	[缶切り]	가ㅇ끼리	깡통따개
かんきん	[監禁]	가ㅇ끼ㄴ	감금する
がんぐ	[玩具]	가ㅇ구	완구
かんけい	[関係]	가ㅇ께-	관계する
かんげい	[歓迎]	가ㅇ게-	환영する
かんげいかい	[歓迎会]	가ㅇ게-까이	환영회
かんげき	[感激]	가ㅇ게끼	감격する
かんけつ	[簡潔]	가ㅇ께츠	간결
かんけつ	[完結]	가ㅇ께츠	완결する
かんげんがく	[管弦楽]	가ㅇ게ㅇ가꾸	관현악
かんこ	[歓呼]	가ㅇ꼬	환호する
がんこ	[頑固]	가ㅇ꼬	완고
かんこう	[観光]	가ㅇ꼬-	관광
かんこうあんないじょ	[観光案内所]	가ㅇ꼬-아ㄴ나이죠	관광안내소
かんこうコース	[観光course]	가ㅇ꼬-꼬-스	관광코스
かんこうち	[観光地]	가ㅇ꼬-치	관광지
かんこく	[韓国]	가ㅇ꼬꾸	한국
かんごく	[監獄]	가ㅇ고꾸	감옥
かんこくご	[韓国語]	가ㅇ꼬꾸고	한국어
かんこくじん	[韓国人]	가ㅇ꼬꾸지ㄴ	한국인
かんこくりょうり	[韓国料理]	가ㅇ꼬꾸료-리	한국음식
かんごし	[看護師]	가ㅇ고시	간호사
かんさつ	[観察]	가ㄴ사츠	관찰する
かんし	[監視]	가ㄴ시	감시する
かんじ	[感じ]	가ㄴ지	느낌
かんじ	[漢字]	가ㄴ지	한자

がんじつ	[元日]	가ㄴ지츠	설날
かんしゃ	[感謝]	가ㄴ샤	감사하는
かんじゃ	[患者]	가ㄴ쟈	환자
かんしょう	[鑑賞]	가ㄴ쇼-	감상하는
かんしょう	[干渉]	가ㄴ쇼-	간섭하는
かんじょう	[感情]	가ㄴ죠-	감정
かんじょう	[勘定]	가ㄴ죠-	계산하는
かんしょく	[間食]	가ㄴ쇼꾸	간식
かんじる	[感じる]	가ㄴ지루	느끼다
かんしん	[感心]	가ㄴ시ㄴ	감탄하는
かんしん	[関心]	가ㄴ시ㄴ	관심하는
かんせい	[完成]	가ㄴ세-	완성하는
かんぜい	[関税]	가ㄴ제-	관세
かんせつ	[関節]	가ㄴ세츠	관절
かんせつえん	[関節炎]	가ㄴ게츠에ㄴ	관절염
かんせん	[観戦]	가ㄴ세ㄴ	관전하는
かんぜん	[完全]	가ㄴ제ㄴ	완전
がんそ	[元祖]	가ㄴ소	원조
かんそう	[感想]	가ㄴ소-	감상
かんそう	[乾燥]	가ㄴ소-	건조하는
かんぞう	[肝臓]	가ㄴ조-	간장
かんそうはだ	[乾燥肌]	가ㄴ소-하다	건성피부
かんそく	[観測]	가ㄴ소꾸	관측하는
かんたい	[艦隊]	가ㄴ따이	함대
かんたい	[寒帯]	가ㄴ따이	한대
かんだい	[寛大]	가ㄴ다이	관대
かんだかい	[甲高い]	가ㄴ다까이	목소리가 새되다
かんたん	[簡単]	가ㄴ따ㄴ	간단
かんたん	[感嘆]	가ㄴ따ㄴ	감탄하는
がんたん	[元旦]	가ㄴ따ㄴ	정월초하루(1월 1일)
かんちがい	[勘違い]	가ㄴ치가이	착각하는
かんつう	[貫通]	가ㄴ츠-	관통하는
かんつう	[姦通]	가ㄴ츠-	간통하는
かんづめ	[缶詰]	가ㄴ즈메	통조림
かんてい	[鑑定]	가ㄴ떼	감정하는
かんていしょく	[韓定食]	가ㄴ떼-쇼꾸	한정식
かんてん	[観点]	가ㄴ떼ㄴ	관점
かんでんち	[乾電池]	가ㄴ데ㄴ치	건전지
かんどう	[感動]	가ㄴ도-	감동하는
かんとうちほう	[関東地方]	가ㄴ또-치호-	관동지방

かんとく	[監督]	간ㄴ또꾸	감독
かんにん	[堪忍]	간ㄴ니ㄴ	참고 견딤, 인내, 용서하다
カンニング	[cunning]	간ㄴ니ㅇ구	커닝하다
かんねん	[観念]	간ㄴ네ㄴ	관념하다
かんのん	[観音]	간ㄴ노ㄴ	관음, 관세음
かんぱ	[寒波]	가ㅁ빠	한파
かんぱい	[乾杯]	가ㅁ빠이	건배하다
カンパニー	[company]	가ㅁ빠니-	회사
がんばる	[頑張る]	가ㅁ바루	노력하다, 분발하다
かんばん	[看板]	가ㅁ바ㄴ	간판
かんびょう	[看病]	가ㅁ뵤-	간병
かんぶん	[漢文]	가ㅁ부ㄴ	한문
かんぺき	[完璧]	가ㅁ뻬끼	완벽
かんべん	[勘弁]	가ㅁ베ㄴ	용서하다
かんぽう	[漢方]	가ㅁ뽀-	한방
かんぽうい	[漢方医]	가ㅁ뽀-이	한의사
かんぽうやく	[漢方薬]	가ㅁ뽀-야꾸	한약
かんめい	[感銘]	가ㅁ메-	감명하다
かんもん	[関門]	가ㅁ모ㄴ	관문
かんようく	[慣用句]	가ㅇ요-꾸	관용구
かんようしょくぶつ	[観葉植物]	가ㅇ요-쇼꾸부츠	관엽식물
がんらい	[元来]	가ㄴ라이	원래
かんらん	[観覧]	가ㄴ라ㅁ	관람하다
かんり	[管理]	가ㄴ리	관리
かんりしょく	[管理職]	가ㄴ리쇼꾸	관리직
かんりゅう	[寒流]	가ㄴ류-	한류
かんりょう	[官僚]	가ㄴ료-	관료
かんれい	[慣例]	가ㄴ레-	관례
かんれき	[還暦]	가ㄴ레끼	환갑
かんれん	[関連]	가ㄴ레ㄴ	관련하다

き	[木]	기	나무
きあつ	[気圧]	기아츠	기압
きい	[奇異]	기이	기이
キー	[key]	키-	키, 열쇠
キーボード	[keyboard]	키-보-도	키보드
キーホルダー	[key holder]	키-호루다-	열쇠고리
きいろ	[黄色]	기이로	노란색, 노랑
きいろい	[黄色い]	기이로이	노랗다
ぎいん	[議員]	기이ㄴ	의원
キウイ	[kiwi]	키우이	키위
きえる	[消える]	키에루	없어지다, 사라지다
きおく	[記憶]	키오꾸	기억する⊙
きおくれ	[気後れ]	키오꾸레	기가 죽음, 주눅する⊙
きおん	[気温]	키오ㄴ	기온
きか	[帰化]	키까	귀화する⊙
きが	[飢餓]	키가	기아
きかい	[機会]	키까이	기회
きかい	[機械]	키까이	기계
きかい	[奇怪]	키까이	기괴
ぎかい	[議会]	기까이	의회
きがえる	[着替える]	키가에루	갈아입다
きがかり	[気掛かり]	키가까리	염려, 근심
きかく	[企画]	키까꾸	기획する⊙
きかく	[規格]	키까꾸	규격
きかせる	[聞かせる]	키까세루	들려주다
きがる	[気軽]	키가루	부담 없음
きかん	[期間]	키까ㄴ	기간
きかん	[機関]	키까ㄴ	기관
きかん	[帰還]	키까ㄴ	귀환する⊙
きがん	[祈願]	키가ㄴ	기원する⊙
きかんし	[気管支]	키까ㄴ시	기관지
きき	[危機]	키끼	위기
ききて	[聞き手]	키끼떼	듣는 사람, 청자

ききめ	[効き目]	기끼메	효과, 효능, 효험
ききよい	[聞き善い]	기끼요이	듣기 좋다
きぎょう	[企業]	기교-	기업
ききょうのね	[ききょうの根]	기꼬-노네	도라지
ぎきょく	[戯曲]	기꼬꾸	희극
ききん	[基金]	기끼ㄴ	기금
ききん	[飢饉]	기끼ㄴ	기근
きく	[菊]	기꾸	국화
きく	[聞く]	기꾸	듣다, 묻다
きく	[聴く]	기꾸	청취하다
きく	[効く]	기꾸	효과가 있다
きく	[利く]	기꾸	효과가 있다, 듣다
きぐ	[器具]	기구	기구
きくな	[菊菜]	기꾸나	쑥갓
きくらげ	[木耳]	기꾸라게	목이버섯
ぎくり		기구리	움찔, 덜컥
きけつ	[既決]	기께츠	기결する⒱
きけん	[危険]	기께ㄴ	위험
きげん	[期限]	기게ㄴ	기한
きげん	[機嫌]	기게ㄴ	기분, 비위
きげん	[紀元]	기게ㄴ	기원
きげんぜん	[紀元前]	기게ㄴ제ㄴ	기원전
きこう	[気候]	기꼬-	기후
きこう	[紀行]	기꼬-	기행
きこう	[寄稿]	기꼬-	기고する⒱
きこう	[機構]	기꼬-	기구
きこう	[寄港]	기꼬-	기항する⒱
きごう	[記号]	기고-	기호
ぎこう	[技巧]	기꼬-	기공
きこえる	[聞こえる]	기꼬에루	들리다
きこく	[帰国]	기꼬꾸	귀국する⒱
ぎごちない		기고치나이	어색하다
きこん	[既婚]	기꼬ㄴ	기혼
きさい	[記載]	기사이	기재する⒱
きさい	[鬼才]	기사이	귀재
ぎざぎざ		기자기자	까칠까칠, 깔쭉깔쭉
きざし	[兆し]	기자시	조짐, 징조
きざむ	[刻む]	기자무	새기다
きざわり	[気障り]	기자와리	비위에 거슬림
きし	[岸]	기시	물가

きじ	[記事]	기지	기사
きじ	[生地]	기지	옷감, 천
きじ	[雉]	기지	꿩
ぎしき	[儀式]	기시끼	의식
きじつ	[期日]	기지츠	기일
きしむ	[軋む]	기시무	삐걱거리다
きしゃ	[記者]	기샤	기자
きしゃ	[汽車]	기샤	기차
きしゃかいけん	[記者会見]	기샤까이께ㄴ	기자회견
きしゅ	[騎手]	기슈	기수
きしゅ	[機種]	기슈	기종
きじゅ	[喜寿]	기쥬	희수(77살)
きしゅう	[奇襲]	기슈-	기습する⒱
ぎじゅつ	[技術]	기쥬츠	기술
きじゅん	[基準]	기쥬ㄴ	기준
きしょう	[気性]	기쇼-	기질, 성미
きしょう	[起床]	기쇼-	기상
きしょう	[気象]	기쇼-	기상
きじょう	[気丈]	기죠-	다부짐
キス	[kiss]	기스	키스, 입맞춤
きず	[傷]	기즈	상처
きすう	[基数]	기스-	홀수
きずく	[築く]	기즈꾸	쌓다, 구축하다
きずつく	[傷付く]	기즈츠꾸	상처 입다, 다치다
きずつける	[傷付ける]	기즈츠께루	상처 주다
きずな	[絆]	기즈나	인연, 고삐
きずもの	[傷物]	기즈모노	흠이 있는 것
きせい	[規制]	기세-	규제する⒱
きせい	[帰省]	기세-	귀성する⒱
ぎせい	[犠牲]	기세-	희생
きせいちゅう	[寄生虫]	기세-츄-	기생충
きせいふく	[既製服]	기세-후꾸	기성복
きせき	[奇跡]	기세끼	기적
きせつ	[季節]	기세츠	계절
きぜつ	[気絶]	기제츠	기절する⒱
きせつのかわりめ	[季節の変わり目]	기세츠노까와리메	환절기
きせる	[着せる]	기세루	입히다
キセル		기세루	부정 승차
きせん	[汽船]	기세ㄴ	기선
きそ	[基礎]	기소	기초

일본어	한자/원어	발음	뜻
きそ	[起訴]	기소	기소する
きぞう	[寄贈]	기조-	기증する
ぎそう	[偽装]	기소-	위장する
きそく	[規則]	기소꾸	규칙
ぎそく	[義足]	기소꾸	의족
きた	[北]	기따	북, 북쪽
ギター	[guitar]	기따-	기타
きたアメリカ	[北アメリカ]	기따아메리까	북미
きたい	[期待]	기따이	기대する
きたい	[気体]	기따이	기체
きたえる	[鍛える]	기따에루	단련하다
きたく	[帰宅]	기따꾸	귀가する
きたく	[寄託]	기따꾸	기탁する
きたちょうせん	[北朝鮮]	기따쵸-세ㄴ	북한
きだて	[気立て]	기다떼	마음씨
きたない	[汚い]	기따나이	더럽다
きたはんきゅう	[北半球]	기따하ㄴ뀨-	북반구
きち	[基地]	기치	기지
きち	[機智]	기치	기지, 재치
きちがい	[気違い]	기치가이	미치광이
きちょうひん	[貴重品]	기쵸-히ㄴ	귀중품
きちょうめん	[几帳面]	기쵸-메ㄴ	착실하고 꼼꼼함
きちんと		기치ㄴ또	제대로, 정확히する
きつい		기츠이	심하다, 고되다
きつえん	[喫煙]	기츠에ㄴ	흡연する
きつえんしつ	[喫煙室]	기츠에ㄴ시츠	흡연실
きっかり		기ㄱ까리	꼭, 딱, 두드러지게
きづく	[気づく]	기즈꾸	깨닫다, 눈치채다
きっさてん	[喫茶店]	기ㅅ사떼ㅇ	찻집
ぎっしり		기ㅅ시리	잔뜩, 빽빽, 가득
キッチン	[kitchen]	기ㅅ치ㄴ	키친, 주방
きつつき		기츠츠끼	딱따구리
きって	[切手]	기ㅅ떼	우표
きってあつめ	[切手集め]	기ㅅ떼아츠메	우표수집
きってコレクション	[切手collection]	기ㅅ떼꼬레ㄱ쇼ㄴ	우표수집
きっと		기ㅅ또	꼭, 반드시
きつね	[狐]	기츠네	여우
きっぱり		기ㅂ빠리	단호히, 딱 잘라
きっぷ	[切符]	기ㅂ뿌	표
きっぷうりば	[切符売り場]	기ㅂ뿌우리바	매표소

きてい	[規定]	기떼-	규정
きてい	[既定]	기떼-	기정する
きてき	[汽笛]	기떼끼	기적
きと	[企図]	기또	기도する
きどう	[軌道]	기도-	궤도
きとく	[危篤]	기또꾸	위독
きどる	[気取る]	기도루	뽐내다, 허세부리다
きないあずけにもつ	[機内預け荷物]	기나이아즈께니모츠	기내위탁수하물
きないしょく	[機内食]	기나이쇼꾸	기내식
きないはんばい	[機内販売]	기나이하ㅁ바이	기내판매
きながに	[気長に]	기나가니	느긋하게
きにゅう	[記入]	기뉴-	기입する
きぬ	[絹]	기누	비단, 실크
きねん	[記念]	기네ㄴ	기념する
きねんしゃしん	[記念写真]	기네ㄴ샤시ㄴ	기념사진
きのう	[昨日]	기노-	어제
ぎのう	[技能]	기노-	기능
きのう	[機能]	기노-	기능する
きのこ	[茸]	기노꼬	버섯
きのどく	[気の毒]	기노도꾸	가엾음, 딱함
きのみき	[木の幹]	기노미끼	줄기
きのり	[気乗り]	기노리	마음이 내킴する
きば	[牙]	기바	짐승 어금니
きば	[騎馬]	기바	기마
きはく	[気魄]	기하꾸	기백
きばつ	[奇抜]	기바츠	기발
きばらし	[気晴らし]	기바라시	기분전환, 기분풀이する
きばん	[基盤]	기바ㄴ	기반
きひ	[忌避]	기히	기피する
きび	[黍]	기비	기장
きびきび		기비기비	시원스러운 모양
きびしい	[厳しい]	기비시이	엄하다
きふ	[寄付]	기후	기부する
ぎふけん	[岐阜県]	기후께ㄴ	기후현
ギプス	[Gips]	기부스	깁스, 석고붕대
きぶん	[気分]	기부ㄴ	기분, 심정
きべら	[木べら]	기베라	나무주걱
きぼ	[規模]	기보	규모
きぼう	[希望]	기보-	희망する
きほん	[基本]	기호ㄴ	기본

きまえ	[気前]	기마에	기질, 시원스런 성미
きまぐれ	[気紛れ]	기마구레	변덕
きまずい	[気まずい]	기마즈이	서먹서먹하다
きまま	[気まま]	기마마	제멋대로 굶
きまりもんく	[決まり文句]	기마리모ㅇ꾸	틀에 박힌 말, 상투어
きまる	[決まる]	기마루	정해지다
ぎまん	[欺瞞]	기마ㄴ	기만する
きみ	[君]	기미	너
きみたち	[君たち]	기미따치	너희들
きみつ	[機密]	기미츠	기밀
きみどりいろ	[黄緑色]	기미도리이로	연두색
きみょう	[奇妙]	기묘-	기묘
きみわるい	[気味悪い]	기미와루이	어쩐지 기분이 나쁘다
ぎむ	[義務]	기무	의무
きむずかしい	[気難しい]	기무즈까시이	성미가 까다롭다
キムチ		기무치	김치
きめる	[決める]	기메루	정하다
きも	[肝]	기모	간
きもち	[気持ち]	기모치	기분, 감정
きもの	[着物]	기모노	기모노, 옷
ぎもん	[疑問]	기모ㄴ	의문
きゃく	[客]	갸꾸	손님
きゃくあつかい	[客扱い]	갸꾸아츠까이	손님접대する
ぎゃくこうか	[逆効果]	갸ㄱ꼬-까	역효과
ぎゃくさつ	[虐殺]	갸ㄱ사츠	학살する
きゃくしつ	[客室]	갸ㄱ시츠	객실
きゃくしつじょうむいん	[客室乗務員]	갸ㄱ시츠죠-무이ㅇ	객실승무원
きゃくしゃ	[客車]	갸ㄱ샤	객차
ぎゃくせつ	[逆接]	갸ㄱ세츠	역접
ぎゃくせつ	[逆説]	갸ㄱ세츠	역설
きゃくせん	[客船]	갸ㄱ세ㄴ	객선
きゃくせんび	[脚線美]	갸ㄱ세ㅁ비	각선미
ぎゃくたい	[虐待]	갸ㄱ따이	학대する
ぎゃくてん	[逆転]	갸ㄱ떼ㄴ	역전する
きゃくほん	[脚本]	갸꾸호ㄴ	각본
きゃくま	[客間]	갸꾸마	객실, 응접실
ぎゃくもどり	[逆戻り]	갸꾸모도리	제자리로 되돌아감する
ぎゃくりゅう	[逆流]	갸꾸류-	역류する
きゃっか	[却下]	갸ㄱ까	각하する
きゃっかんてき	[客観的]	갸ㄱ까ㄴ떼끼	객관적

일본어	한자/원어	발음	뜻
きゃっこう	[脚光]	꺄ㄱ꼬-	각광
キャッシュカード	[cash card]	꺄ㅅ슈까-도	현금카드
キャバレー	[cabaret]	꺄바레-	카바레
キャビネット	[cabinet]	꺄비네ㅅ또	캐비닛
キャベツ	[cabbage]	꺄베츠	양배추
キャラクター	[character]	꺄라ㄱ따-	캐릭터
キャラメル	[caramel]	꺄라메루	캐러멜
ギャラリー	[gallery]	꺄라리-	갤러리, 화랑
キャリア	[career]	꺄리아	캐리어
きゃんきゃん		꺄ㅇ꺄ㅇ	깽깽(강아지)
キャンセル	[cancel]	꺄ㄴ세루	캔슬, 취소する
キャンディー	[candy]	꺄ㄴ디-	캔디, 사탕
キャンバス	[canvas]	꺄ㅁ바스	캔버스
キャンプ	[camp]	꺄ㅁ뿌	캠프する
ギャンブル	[gamble]	꺄ㅁ부루	노름
キャンペーン	[campaign]	꺄ㅁ뻬-ㄴ	캠페인
きゅう	[九]	큐-	9, 아홉
きゅう	[灸]	큐-	뜸
きゅう	[急]	큐-	긴급, 갑작스러움
きゅうえん	[救援]	큐-에ㄴ	구원する
きゅうか	[休暇]	큐-까	휴가
きゅうがく	[休学]	큐-가꾸	휴학する
きゅうきゅうしつ	[救急室]	큐-뀨-시츠	응급실
きゅうきゅうしゃ	[救急車]	큐-뀨-샤	응급차, 구급차
きゅうぎょう	[休業]	큐-교-	휴업する
きゅうくつ	[窮屈]	큐-꾸츠	답답함, 갑갑함
きゅうけいじょ	[休憩所]	큐-께-죠	휴게실
きゅうげき	[急激]	큐-게끼	급격
きゅうこう	[急行]	큐-꼬-	급행
きゅうこうれっしゃ	[急行列車]	큐-꼬-레ㅅ샤	급행열차
きゅうこん	[求婚]	큐-꼬ㄴ	구혼する
きゅうしき	[旧式]	큐-시끼	구식
きゅうじつ	[休日]	큐-지츠	휴일
きゅうしゅう	[吸収]	큐-슈-	흡수する
きゅうしゅうちほう	[九州地方]	큐-슈-치호-	규슈지역
きゅうしゅつ	[救出]	큐-슈츠	구출する
きゅうしょ	[急所]	큐-쇼	급소
きゅうじょ	[救助]	큐-죠	구조する
きゅうしょく	[給食]	큐-쇼꾸	급식
きゅうしん	[休診]	큐-시ㄴ	휴진する

きゅうせい	[急性]	규-세-	급성
きゅうせいしゅ	[救世主]	규-세-슈	구세주
きゅうせき	[旧跡]	규-세끼	고적
きゅうせん	[休戦]	규-세ㄴ	휴전する
きゅうそく	[休息]	규-소꾸	휴식する
きゅうち	[窮地]	규-치	궁지
きゅうてい	[宮廷]	규-떼-	궁정
きゅうでん	[宮殿]	규-데ㄴ	궁전
ぎゅうどん	[牛丼]	규-도ㄴ	소고기덮밥
きゅうに	[急に]	규-니	갑자기
ぎゅうにく	[牛肉]	규-니꾸	쇠고기, 소고기
ぎゅうにゅう	[牛乳]	규-뉴-	우유
きゅうば	[急場]	규-바	위급한 경우, 급한 고비
きゅうへん	[急変]	규-헤ㄴ	급변する
きゅうめい	[糾明]	규-메-	규명する
きゅうめい	[救命]	규-메-	구명する
きゅうやく	[旧約]	규-야꾸	구약
きゅうゆう	[級友]	규-유-	급우
きゅうよう	[急用]	규-요-	급한 일, 급한 용무
きゅうり		규-리	오이
きゅうりょう	[給料]	규-료-	월급, 급료
きゅうれき	[旧暦]	규-레끼	음력
きょう	[今日]	교우	오늘
きよう	[器用]	기요-	잔재주가 있음
きょうあく	[凶悪]	교-아꾸	흉악
きゅうめいどうい	[救命胴衣]	규-메-도-이	구명조끼
きょうい	[驚異]	교-이	경이
きょういく	[教育]	교-이꾸	교육
きょういくがく	[教育学]	교-이꾸가꾸	교육학
きょういん	[教員]	교-이ㄴ	교원
きょういんしつ	[教員室]	교-이ㄴ시츠	교무실
きょうか	[強化]	교-까	강화する
きょうかい	[協会]	교-까이	협회
きょうかい	[教会]	교-까이	교회
きょうかい	[境界]	교-까이	경계
ぎょうかい	[業界]	교-까이	업계
きょうがく	[驚愕]	교-가꾸	경악する
きょうかしょ	[教科書]	교-까쇼	교과서
きょうかん	[共感]	교-까ㄴ	공감する
きょうぎ	[競技]	교-기	경기する

ぎょうぎ	[行儀]	교-기	예의범절, 행실
きょうぎじょう	[競技場]	교-기죠-	경기장
きょうきゅう	[供給]	교-뀨-	공급する
きょうくん	[教訓]	교-꾸ㄴ	교훈する
きょうげん	[狂言]	교-게ㄴ	일본 희극 교겐
きょうこう	[恐慌]	교-꼬-	공황
ギョーザ	[餃子]	교-자	만두
きょうざい	[教材]	교-자이	교재
きょうさんしゅぎ	[共産主義]	교-사ㄴ슈기	공산주의
きょうし	[教師]	교-시	교사
ぎょうじ	[行事]	교-지	행사
きょうしつ	[教室]	교-시츠	교실
きょうじゅ	[教授]	교-쥬	교수
ぎょうしゅ	[業種]	교-슈	업종
きょうしゅく	[恐縮]	교-슈꾸	죄송함, 황송함, 송구함する
きょうじょ	[共助]	교-죠	공조する
きょうしょう	[協商]	교-쇼-	협상する
きょうじん	[狂人]	교-지ㄴ	미친 사람, 광인
きょうせい	[矯正]	교-세-	교정する
きょうせい	[強制]	교-세-	강제する
ぎょうせい	[行政]	교-세-	행정
きょうそう	[競争]	교-소-	경쟁する
きょうそう	[競走]	교-소-	경주する
きょうだい	[兄弟]	교-다이	형제, 남매
きょうだい	[鏡台]	교-다이	경대
きょうちょう	[強調]	교-쵸-	강조する
きょうつう	[共通]	교-츠-	공통する
きょうてい	[協定]	교-떼-	협정する
きょうてん	[経典]	교-떼ㄴ	경전
ぎょうてん	[仰天]	교-떼ㄴ	몹시 놀람, 놀라 자빠짐する
きょうと	[京都]	교-또	교토
きょうどう	[協同]	교-도-	협동する
きょうどう	[共同]	교-도-	공동
きょうどりょうり	[郷土料理]	교-도료-리	향토요리
きょうばい	[競売]	교-바이	경매する
きょうはく	[脅迫]	교-하꾸	협박する
きょうはん	[共犯]	교-하ㄴ	공범
きょうふ	[恐怖]	교-후	공포
きょうぼう	[共謀]	교-보-	공모する
きょうみ	[興味]	교-미	흥미

ぎょうむ	[業務]	교-무	업무
きょうめい	[共鳴]	교-메-	공명する
きょうよう	[共用]	교-요-	공용する
きょうよう	[強要]	교-요-	강요する
きょうよう	[教養]	교-요-	교양
きょうらん	[狂乱]	교-라ㄴ	광란する
きょうり	[教理]	교-리	교리
きょうりゅう	[恐竜]	교-류-	공룡
きょうりょく	[協力]	교-료꾸	협력する
ぎょうれつ	[行列]	교-레츠	행렬
きょうわこく	[共和国]	교-와꼬꾸	공화국
きょえい	[虚栄]	교에-	허영
きょか	[許可]	교까	허가する
ぎょかいるい	[魚介類]	교까이루이	어패류
きょがく	[巨額]	교가꾸	거액
ぎょぎょう	[漁業]	교교-	어업
きょく	[曲]	교꾸	곡
ぎょく	[玉]	교꾸	옥
きょくげい	[曲芸]	교꾸게-	곡예
きょくげん	[極限]	교꾸게ㄴ	극한
ぎょくせき	[玉石]	교ㄱ세끼	옥석
きょくせん	[曲線]	교ㄱ세ㄴ	곡선
きょくたん	[極端]	교ㄱ따ㄴ	극단
きょくち	[局地]	교ㄱ치	국지
きょくど	[極度]	교꾸도	극도
きょくめん	[局面]	교꾸메ㄴ	국면
きょじん	[巨人]	교지ㄴ	거인
きょせい	[巨星]	교세-	거성
きょぜつ	[拒絶]	교제츠	거절する
ぎょせん	[漁船]	교세ㄴ	어선
ぎょそん	[漁村]	교소ㄴ	어촌
きょどう	[挙動]	교도-	거동
きょねん	[去年]	교네ㄴ	작년
ぎょふ	[漁夫]	교후	어부
きょぼく	[巨木]	교보꾸	거목
きょむ	[虚無]	교무	허무
きょり	[距離]	교리	거리
ぎょるい	[魚類]	교류이	어류
きょろきょろ		교로꾜로	두리번두리번する
きらい	[嫌い]	기라이	싫음, 싫어함

きらう	[嫌う]	기라우	싫어하다
きらきら		기라끼라	반짝반짝する♡
ぎらぎら		기라기라	쨍쨍する♡
きらく	[気楽]	기라꾸	마음 편함, 홀가분함
きらめく		기라메꾸	빛나다, 번쩍이다
きり	[霧]	기리	안개
きり	[錐]	기리	송곳
きり		기리	~뿐
ぎり	[義理]	기리	의리
きりかぶ	[切り株]	기리까부	그루터기
きりきり		기리끼리	쿡쿡
ぎりぎり		기리기리	빠듯함
きりぎりす		기리기리스	여치
きりくち	[切り口]	기리꾸치	베인 상처
きりさめ	[霧雨]	기리사메	이슬비, 가랑비
ギリシャ	[Grecia]	기리샤	그리스
キリストきょう	[キリスト教]	기리스또꾜-	기독교
きりつ	[規律]	기리츠	규율
きりつ	[起立]	기리츠	기립
きりつける	[切り付ける]	기리츠께루	칼로 베려고 대들다
きりとる	[切り取る]	기리또루	잘라내다
きりぬき	[切り抜き]	기리누끼	오려낸 것
ぎりのちち	[義理の父]	기리노치치	시아버지, 장인
ぎりのはは	[義理の母]	기리노하하	시어머니, 장모
きりょう	[器量]	기료-	기량
きりょく	[気力]	기료꾸	기력
キリン		기린	기린
きる	[切る]	기루	자르다, 베다, 끊다
きる	[着る]	기루	입다
きれい		기레이	깨끗함, 예쁨, 고움
きれる	[切れる]	기레루	끊어지다, 잘리다
きろく	[記録]	기로꾸	기록する♡
キログラム	[kilogram]	기로구라무	킬로그램
キロメートル	[kilometre]	기로메-또루	킬로미터
きわめて	[極めて]	기와메떼	지극히, 극히
きん	[金]	긴	금
ぎん	[銀]	긴	은
きんいろ	[金色]	기0이로	금색
ぎんいろ	[銀色]	기0이로	은색
きんえん	[禁煙]	기0엔	금연

ぎんが	[銀河]	기으가	은하
きんがく	[金額]	기으가꾸	금액
ぎんがけい	[銀河系]	기으가께-	은하계
きんきちほう	[近畿地方]	기ㄴ끼치호-	긴키지역
きんきゅう	[緊急]	기으뀨-	긴급
きんこ	[金庫]	기으꼬	금고
きんこう	[近郊]	기ㄴ고-	근교
ぎんこう	[銀行]	기으꼬-	은행
ぎんこういん	[銀行員]	기으꼬-이으	은행원
きんし	[禁止]	기ㄴ시	금지する
きんし	[近視]	기ㄴ시	근시
きんしゅ	[禁酒]	기ㄴ슈	금주する
きんじょ	[近所]	기ㄴ쬬	근처
きんじる	[禁じる]	기ㄴ지루	금지하다
きんせい	[近世]	기ㄴ세-	근세
きんせい	[金星]	기ㄴ세-	금성
きんせん	[金銭]	기ㄴ세ㄴ	금전
きんぞく	[金属]	기ㄴ조꾸	금속
きんぞくせい	[金属製]	기ㄴ조ㄱ세-	금속제
きんだい	[近代]	기ㄴ다이	근대
きんちょう	[緊張]	기ㄴ쬬-	긴장する
きんとう	[均等]	기ㄴ또-	균등
きんにく	[筋肉]	기ㄴ니꾸	근육
きんねん	[近年]	기ㄴ네ㄴ	근년, 최근, 근래
ぎんぱつ	[銀髪]	기ㅁ빠츠	은발
きんぴん	[金品]	기ㅁ삐ㄴ	금품
ぎんまく	[銀幕]	기ㅁ마꾸	은막
ぎんみ	[吟味]	기ㅁ미	음미する
きんみつ	[緊密]	기ㅁ미츠	긴밀
きんむ	[勤務]	기ㅁ무	근무
きんむじかん	[勤務時間]	기ㅁ무지까ㄴ	근무시간
きんもつ	[禁物]	기ㅁ모츠	금물
きんゆう	[金融]	기으유-	금융
きんゆうぎょう	[金融業]	기으유-교-	금융업
きんようび	[金曜日]	기으요-비	금요일
きんよく	[禁欲]	기으요꾸	금욕する
きんらい	[近来]	기ㄴ라이	근래
きんり	[金利]	기ㄴ리	금리
きんろう	[勤労]	기ㄴ로-	근로する
きんろうかんしゃのひ	[勤労感謝の日]	기ㄴ로-까ㄴ샤노히	근로감사의 날

く	[区]	구	구
ぐあい	[具合]	구아이	상태, 형편
グアバ	[guava]	구아바	그와바
グアム	[Guam]	구아무	괌
くい	[杭]	구이	말뚝
クイーン	[queen]	구이―ㄴ	퀸, 여왕
くいき	[区域]	구이끼	구역
クイズ	[quiz]	구이즈	퀴즈
クイズばんぐみ	[クイズ番組]	구이즈바ㅇ구미	퀴즈프로
くいちがう	[食い違う]	구이치가우	어긋나다, 엇갈리다
くいる	[悔いる]	구이루	뉘우치다, 후회하다
くう	[食う]	구우	먹다
くうかん	[空間]	구―까ㄴ	공간
くうき	[空気]	구―끼	공기
ぐうぐう		구―구―	쿨쿨, 드르렁드르렁
くうぐん	[空軍]	구―구ㄴ	공군
くうこう	[空港]	구―꼬―	공항
くうしつ	[空室]	구―시츠	공실
くうしゅう	[空襲]	구―슈―	공습
ぐうすう	[偶数]	구―스―	짝수
くうせき	[空席]	구―세끼	공석
ぐうぜん	[偶然]	구―제ㄴ	우연히
くうそう	[空想]	구―소―	공상する⊚
ぐうぞう	[偶像]	구―조―	우상
くうてん	[空転]	구―떼ㄴ	공전
くうはく	[空白]	구―하꾸	공백
ぐうはつ	[偶発]	구―하츠	우발する⊚
クーポン	[coupon]	구―뽀ㄴ	쿠폰
くうゆ	[空輸]	구―유	공수する⊚
クーラー	[cooler]	구―라―	에어컨
ぐうわ	[寓話]	구―와	우화
くがく	[苦学]	구가꾸	고학する⊚
くがつ	[九月]	구가츠	9月

일본어	한자	발음	뜻
くかん	[区間]	구까ㄴ	구간
くき	[茎]	구끼	줄기
くぎ	[釘]	구기	못
くぎょう	[苦行]	구교-	고행するⓥ
くぎる	[区切る]	구기루	구분하다, 일단락 짓다
くく	[九九]	구꾸	구구단
くぐる	[潜る]	구구루	빠져나가다, 잠수하다
くさ	[草]	구사	풀
くさい	[臭い]	구사이	고약한 냄새가 나다
くさいろ	[草色]	구사이로	초록색
くさかり	[草刈り]	구사까리	풀베기
くさき	[草木]	구사끼	초목
くさのくき	[草の茎]	구사노꾸끼	줄기
くさばな	[草花]	구사바나	화초
くさはら	[草原]	구사하라	초원
くさり	[鎖]	구사리	쇠사슬, 사슬
ぐさりと		구사리또	푹
くさる	[腐る]	구사루	썩다, 부패하다
くされえん	[腐れ縁]	구사레에ㄴ	악연
くし	[櫛]	구시	빗
くし	[串]	구시	꼬치, 꼬챙이
くじ	[籤]	구지	제비추첨
くじく	[挫く]	구지꾸	삐다, 접질리다
くじびき	[籤引き]	구지비끼	제비뽑기
くじゃく	[孔雀]	구자꾸	공작
くしゃくしゃ		구샤꾸샤	쭈글쭈글
くしゃみ		구샤미	재채기
くしょう	[苦笑]	구쇼-	쓴웃음するⓥ
くじょう	[苦情]	구죠-	불평, 불만
くじら	[鯨]	구지라	고래
くしん	[苦心]	구시ㄴ	고심, 고생するⓥ
くず	[葛]	구즈	칡
くすくす		구스꾸스	킥킥
ぐずぐず		구즈구즈	우물우물, 우물쭈물するⓥ
くすぐる	[擽る]	구스구루	간질이다
くずす	[崩す]	구즈스	무너뜨리다
ぐずつく		구즈츠꾸	꾸물대다
くすぶる		구스부루	그을다
くすり	[薬]	구스리	약
くすりや	[薬屋]	구스리야	약국

くすりゆび	[薬指]	구스리유비	약지
くずれる	[崩れる]	구즈레루	무너지다
くせ	[癖]	구세	버릇, 습관
くせに		구세니	주제에
くせもの	[曲者]	구세모노	성깔이 있는 사람, 수상한 자
くそ	[糞]	구소	똥
ぐたいてき	[具体的]	구따이떼끼	구체적
くだく	[砕く]	구다꾸	부수다, 깨다
くたくた		구따꾸따	피곤해서 녹초가 됨
くだける	[砕ける]	구다께루	부서지다, 깨지다
くださる	[下さる]	구다사루	주시다
くたばる		구따바루	녹초가 되다, 죽다
くたびれる	[草臥れる]	구따비레루	지치다, 낡아빠지다
くだもの	[果物]	구다모노	과일
くだものや	[果物屋]	구다모노야	과일가게
くだらない		구다라나이	시시하다, 하찮다
くだりざか	[下り坂]	구다리자까	내리막길
くだる	[下る]	구다루	내리다, 내려가다
くち	[口]	구치	입
ぐち	[愚痴]	구치	푸념
くちいれ	[口入れ]	구치이레	말참견する♡
くちぐせ	[口癖]	구치구세	말버릇, 입버릇
くちぐちに	[口々に]	구치구치니	저마다
くちごたえ	[口答え]	구치고따에	말대꾸する♡
くちごもる	[口籠もる]	구치고모루	우물거리다
くちずさむ	[口ずさむ]	구치즈사무	읊조리다
くちばし	[嘴]	구치바시	부리, 주둥이
くちびる	[唇]	구치비루	입술
くちぶえ	[口笛]	구치부에	휘파람
くちべた	[口下手]	구치베따	말주변 없음
くちべに	[口紅]	구비베니	립스틱
くちゃくちゃ		구챠꾸챠	꼬깃꼬깃, 짝짝, 쩝쩝
くちょう	[口調]	구쵸-	어조, 말투
くちる	[朽ちる]	구치루	나무가 썩다
くつ	[靴]	구츠	신발, 구두
くつう	[苦痛]	구츠-	고통
くつがえす	[覆す]	구츠가에스	뒤집다, 뒤엎다
くつがえる	[覆る]	구츠가에루	뒤집히다, 전복되다
クッキー	[cookie]	구ㄱ끼-	쿠키
クッキング	[cooking]	구ㄱ끼ㅇ구	쿠킹, 요리

くした	[靴下]	구츠시따	양말
くつじょく	[屈辱]	구츠죠꾸	굴욕
クッション	[cushion]	구ㅅ쇼ㄴ	쿠션
ぐっすり		구ㅅ스리	푹, 깊이 잠이 든 모양
くっせつ	[屈折]	구ㅅ세츠	굴절する
ぐったり		구ㅅ따리	축, 지쳐서 축 늘어진 모양
くっつく		구ㅅ츠꾸	달라붙다, 붙다
くっつける	[くっ付ける]	구ㅅ츠께루	갖다 붙이다
ぐっと		구ㅅ또	힘주어 단숨에 하는 모양
クッパ		구ㅂ빠	국밥
くつばこ	[靴箱]	구츠바꼬	신발장
くつべら	[靴べら]	구츠베라	구두주걱
くつや	[靴屋]	구츠야	신발가게
くつろぐ	[寛ぐ]	구츠로구	편히 지내다
くどい	[諄い]	구도이	끈덕지다
くどく	[口説く]	구도꾸	하소연하다, 설득하다
くどくどしい		구도구도시이	장황하다
くなん	[苦難]	구나ㄴ	고난
くに	[国]	구니	나라
くにばんごう	[国番号]	구니바ㅇ고-	나라국번
ぐにゃぐにゃ		구냐구냐	흐물흐물する
くねくね		구네꾸네	구불구불する
くのう	[苦悩]	구노-	고뇌する
くばる	[配る]	구바루	나누어 주다, 배부하다
くび	[首]	구비	목
くびかざり	[首飾り]	구비까자리	목걸이
くびすじ	[首筋]	구비스지	목덜미
くびまき	[首巻き]	구비마끼	목도리
くびわ	[首輪]	구비와	목걸이
くふう	[工夫]	구후-	궁리함, 고안함する
くぶん	[区分]	구부ㄴ	구분する
くべつ	[区別]	구베츠	구별する
くぼむ	[窪む]	구보무	움푹 들어가다, 움푹 패다
くま	[熊]	구마	곰
くまで	[熊手]	구마떼	갈퀴, 갈고랑이
くまもとけん	[熊本県]	구마모또께ㄴ	구마모토현
くみ	[組]	구미	~반
くみあい	[組合]	구미아이	조합
くみあわせ	[組み合わせ]	구미아와세	짜맞춤, 짝지음
くみたて	[組み立て]	구미따떼	조립

くみたてる	[組み立てる]	구미다떼루	조립하다
くむ	[汲む]	구무	푸다, 퍼올리다
くも	[雲]	구모	구름
くも	[蜘蛛]	구모	거미
くもり	[曇り]	구모리	흐림
くもる	[曇る]	구모루	흐리다
くやしい	[悔しい]	구야시이	분하다, 억울하다
くやしまぎれ	[悔し紛れ]	구야시마기레	홧김에
くらい	[暗い]	구라이	어둡다
くらい	[位]	구라이	지위, 계급
くらい, ぐらい		구라이	~정도, ~쯤, ~가량
クライマックス	[climax]	구라이마ㄱㄱ스	클라이맥스, 최고조
グラウンド	[ground]	구라우ㄴ도	운동장
クラクション	[klaxon]	구라ㄱ쇼ㄴ	경적
くらくら		구라꾸라	부글부글
ぐらぐら		구라구라	흔들흔들
クラシック	[classic]	구라시ㄱ꾸	클래식
くらす	[暮らす]	구라스	살다, 날을 보내다
クラス	[class]	구라스	클래스, 반
グラス	[glass]	구라스	잔, 글라스
クラスメート	[classmate]	구라스메-또	반친구
ぐらつく		구라츠꾸	흔들리다, 동요하다
クラブ	[club]	구라부	클럽
グラフ	[graph]	구라후	그래프
グラフィック	[graphic]	구라휘ㄱ꾸	그래픽
クラブかつどう	[クラブ活動]	구라부까쓰도-	클럽활동
くらべる	[比べる]	구라베루	비교하다, 견주다
グラム	[gram]	구라무	그램
くらやみ	[暗闇]	구라야미	어둠
クラリネット	[clarinet]	구라리네ㅅ또	클라리넷
くり	[栗]	구리	밤
くりあげる	[繰り上げる]	구리아게루	앞당기다
クリーニングや	[cleaning屋]	구리-니ㅇ구	세탁소
クリーム	[cream]	구리-무	크림
クリームいろ	[cream色]	구리-무이로	크림색
グリーン	[green]	구리-ㄴ	그린, 녹색
くりかえす	[繰り返す]	구리까에스	되풀이하다, 반복하다
クリスマス	[Christmas]	구리스마스	크리스마스
クリック	[click]	구리ㄱ꾸	클릭
クリップ	[clip]	구리ㅂ뿌	클립

クリニック		구리니ㄱ꾸	클리닉, 진료소
くりのき	[栗の木]	구리노끼	밤나무
グリル	[grill]	구리루	그릴
くる	[来る]	구루	오다
ぐる		구루	한 패
くるう	[狂う]	구루우	미치다, 돌다
グループ	[group]	구루-뿌	그룹
ぐるぐる		구루구루	빙글빙글
くるしい	[苦しい]	구루시이	괴롭다, 고통스럽다
くるしむ	[苦しむ]	구루시무	괴로워하다
くるしめる	[苦しめる]	구루시메루	괴롭히다
ぐるになる		구루니나루	한패가 되다, 공모하다
くるぶし	[踝]	구루부시	복사뼈
くるま	[車]	구루마	차
くるまだい	[車代]	구루마다이	차비
くるまよい	[車酔い]	구루마요이	차멀미する
くるみ	[胡桃]	구루미	호두
グルメ	[gourmet]	구루메	미식
くるめる		구루메루	하나로 뭉뚱그리다
グレー	[gray]	구레-	회색
グレープフルーツ	[grapefruit]	구레-뿌후루-츠	자몽
クレーム	[claim]	구레-무	클레임
くれぐれ		구레구레	부디, 제발
クレジットカード	[credit card]	구레지ㅅ또까-도	신용카드
くれない	[紅]	구레나이	주홍색
クレヨン	[crayon]	구레요ㅇ	크레파스
くれる		구레루	주다
くれる	[暮れる]	구레루	저물다
クレンジング	[cleansing cream]	구레ㄴ지ㅇ구	클린징
くろ	[黒]	구로	검은색, 검정
くろい	[黒い]	구로이	검다, 까맣다
くろう	[苦労]	구로-	고생, 노고する
クローゼット	[closet]	구로-제ㅅ또	옷장
グローバル	[global]	구로-바루	전세계적인
くろざとう	[黒砂糖]	구로자또-	흑설탕
くろじ	[黒字]	구로지	흑자
グロス	[gross]	구로스	립글로스
くろまく	[黒幕]	구로마꾸	흑막
くわ	[桑]	구와	뽕나무
くわ	[鍬]	구와	괭이

くわえる	[加える]	구와에루	가하다, 보태다
くわがたむし		구와가따무시	사슴벌레
くわしい	[詳しい]	구와시이	상세하다, 자세하다
くわのき	[桑の木]	구와노끼	뽕나무
ぐんか	[軍歌]	구ㅇ까	군가
ぐんかん	[軍艦]	구ㅇ까ㄴ	군함
ぐんき	[軍紀]	구ㅇ끼	군기
くんじ	[訓示]	구ㄴ지	훈시する
くんしゅ	[君主]	구ㄴ슈	군주
ぐんしゅう	[群衆]	구ㄴ슈-	군중
ぐんしゅく	[軍縮]	구ㄴ슈꾸	군축
くんしょう	[勲章]	구ㄴ쇼-	훈장
ぐんじん	[軍人]	구ㄴ지ㄴ	군인
ぐんせい	[軍政]	구ㄴ세-	군정
ぐんぞう	[群像]	구ㄴ조-	군상
ぐんたい	[軍隊]	구ㄴ따이	군대
ぐんと		구ㄴ또	힘껏, 꾹
ぐんとう	[群島]	구ㄴ또-	군도
ぐんび	[軍備]	구ㅁ비	군비
ぐんぷく	[軍服]	구ㅁ뿌꾸	군복
ぐんぽう	[軍法]	구ㅁ뽀-	군법
ぐんまけん	[群馬県]	구ㅁ마께ㄴ	군마현
ぐんよう	[軍用]	구ㄴ요-	군용
くんりん	[君臨]	구ㄴ리ㄴ	군림する
くんれん	[訓練]	구ㄴ레ㄴ	훈련する

け	[毛]	게	털
けいい	[経緯]	게-이	경위
けいい	[敬意]	게-이	경의
けいえい	[経営]	게-에-	경영する
けいえいがく	[経営学]	게-에-가꾸	경영학
けいか	[経過]	게-까	경과する
けいかい	[警戒]	게-까이	경계する
けいかい	[軽快]	게-까이	경쾌
けいかく	[計画]	게-까꾸	계획する
けいかん	[警官]	게-까ㄴ	경관
けいき	[景気]	게-끼	경기
けいき	[契機]	게-끼	계기
けいき	[刑期]	게-끼	형기
けいけん	[経験]	게-께ㄴ	경험する
けいこ	[稽古]	게-꼬	예능 학습, 레슨, 연습する
けいご	[敬語]	게-고	경어
けいご	[警護]	게-고	경호する
けいこう	[傾向]	게-꼬-	경향
けいこうしょく	[蛍光色]	게-꼬-쇼꾸	형광색
けいこうとう	[蛍光灯]	게-꼬-또-	형광등
けいこく	[渓谷]	게-꼬꾸	계곡
けいこく	[警告]	게-꼬꾸	경고
けいさい	[掲載]	게-사이	게재する
けいざい	[経済]	게-자이	경제
けいざいがく	[経済学]	게-자이가꾸	경제학
けいさつ	[警察]	게-사츠	경찰
けいさつかん	[警察官]	게-사츠까ㄴ	경찰
けいさつしょ	[警察署]	게-사츠쇼	경찰서
けいさん	[計算]	게-사ㄴ	계산する
けいじ	[刑事]	게-지	형사
けいじ	[掲示]	게-지	게시する
けいしき	[形式]	게-시끼	형식
けいじばん	[掲示板]	게-지바ㄴ	게시판

げいしゃ	[芸者]	게이샤	기생
げいじゅつ	[芸術]	게-쥬츠	예술
けいしょう	[軽傷]	게-쇼-	경상
けいしょう	[継承]	게-쇼-	계승する
けいず	[系図]	게-즈	족보, 가계도
けいせい	[形成]	게-세-	형성する
けいせいげか	[形成外科]	게-세-게까	성형외과
けいぞく	[継続]	게-조꾸	계속する
けいそつ	[軽率]	게-소츠	경솔
けいたい	[形態]	게-따이	형태
けいたい	[携帯]	게-따이	휴대전화する
けいたいでんわ	[携帯電話]	게-따이데ㅇ와	휴대전화
けいてき	[警笛]	게-떼끼	경적
けいと	[毛糸]	게이또	털실
けいど	[経度]	게-도	경도
けいとう	[系統]	게-또-	계통
げいにん	[芸人]	게-니ㄴ	개그맨
げいのう	[芸能]	게-노-	예능
げいのうじん	[芸能人]	게-노-지ㄴ	연예인
けいば	[競馬]	게-바	경마
けいばつ	[刑罰]	게-바츠	형벌
けいひ	[経費]	게-히	경비
けいび	[警備]	게-비	경비する
けいひん	[景品]	게-히ㅇ	경품
けいべつ	[軽蔑]	게-베츠	경멸
けいほう	[警報]	게-호-	경보
けいほう	[刑法]	게-호-	형법
けいむしょ	[刑務所]	게-무쇼	교도소, 형무소
けいもう	[啓蒙]	게-모-	계몽する
けいやく	[契約]	게-야꾸	계약する
けいやくしゃいん	[契約社員]	게-야ㄱ샤이ㅇ	계약사원
けいゆ	[経由]	게-유	경유する
けいり	[経理]	게-리	경리
けいりか	[経理課]	게-리까	경리과
けいりぶ	[経理部]	게-리부	경리부
けいりゃく	[計略]	게-랴꾸	계략
けいりん	[競輪]	게-리ㄴ	경륜
けいれい	[敬礼]	게-레-	경례する
けいれき	[経歴]	게-레끼	경력
けいれつ	[系列]	게-레츠	계열

けいれん	[痙攣]	게-레ㄴ	경련する⊙
けいろ	[経路]	게-로	경로
けいろうのひ	[敬老の日]	게-로-노히	경로의 날
ケーキ	[cake]	게-끼	케이크
ケーキや	[ケーキ屋]	게-끼야	케이크가게
ケース	[case]	게-스	케이스
ケータイメール	[携帯message]	게-따이메-루	문자 메시지
ゲート	[gate]	게-또	게이트
ケーブルカー	[cable car]	게-부루까-	케이블카
ゲーム	[game]	게-무	게임
ゲームセンター	[game center]	게-무세ㄴ따	오락실
けが	[怪我]	게가	부상
げか	[外科]	게까	외과
げかい	[外科医]	게까이	외과의사
けがす	[汚す]	게가스	더럽히다, 훼손시키다
けがにん	[けが人]	게가니ㄴ	부상자
けがわ	[毛皮]	게가와	모피, 털가죽
げき	[劇]	게끼	극, 연극
げきさっか	[劇作家]	게끼사ㄱ까	극작가
げきじょう	[劇場]	게끼죠-	극장
げきたい	[撃退]	게끼따이	격퇴する⊙
げきちん	[撃沈]	게끼치ㄴ	격침する⊙
げきてき	[劇的]	게끼떼끼	극적
げきど	[激怒]	게끼도	격노する⊙
げきとつ	[激突]	게끼또츠	격돌する⊙
げきれい	[激励]	게끼레-	격려する⊙
げこう	[下校]	게꼬-	하교する⊙
けさ	[今朝]	게사	오늘 아침
げし	[夏至]	게시	하지
けしいん	[消印]	게시이ㄴ	소인, 스탬프
けしき	[景色]	게시끼	경치
けしゴム	[消しゴム]	게시고무	지우개
げしゃ	[下車]	게샤	하차する⊙
げしゅく	[下宿]	게슈꾸	하숙する⊙
げじゅん	[下旬]	게쥬ㄴ	하순
けしょう	[化粧]	게쇼-	화장する⊙
けしょうすい	[化粧水]	게쇼-스이	스킨
けしょうせっけん	[化粧石鹸]	게쇼-세ㄱ께ㄴ	화장비누
けしょうだい	[化粧台]	게쇼-다이	화장대
けしょうひん	[化粧品]	게쇼-히ㄴ	화장품

けしょうひんてん	[化粧品店]	케쇼-힝떼ㄴ	화장품가게
けす	[消す]	케스	끄다, 지우다
げすい	[下水]	게스이	하수
ゲスト	[guest]	게스또	게스트, 손님
けずる	[削る]	케즈루	깎다, 삭제하다
げた	[下駄]	게따	게다, 나막신
けだかい	[気高い]	케다까이	고상하다, 품격이 높다
けたたましい		케따따마시이	요란하다, 소란하다
けたちがい	[桁違い]	케따치가이	단수가 틀림, 차원이 다름
げたばこ	[下駄箱]	게따바꼬	신발장
けだるい	[気だるい]	케다루이	노곤하다
けち		케치	인색함
ケチャップ	[ketchup]	케챠ㅂ뿌	케첩
けちんぼう	[けちん坊]	케치ㅁ보-	구두쇠
けつあつ	[血圧]	케츠아츠	혈압
けつい	[決意]	케츠이	결의
けつえき	[血液]	케츠에끼	혈액
けつえきがた	[血液型]	케츠에끼가따	혈액형
けつえん	[血縁]	케츠에ㄴ	혈연
けっか	[結果]	케ㄱ까	결과
けっかく	[結核]	케ㄱ까꾸	결핵
けっかん	[血管]	케ㄱ까ㄴ	혈관
けっかん	[欠陥]	케ㄱ까ㄴ	결함
げっかん	[月刊]	게ㄱ까ㄴ	월간
げっかんし	[月刊誌]	게ㄱ까ㄴ시	월간지
けっき	[血気]	케ㄱ끼	혈기
けっきゅう	[血球]	케ㄱ뀨-	혈구
げっきゅう	[月給]	게ㄱ뀨-	월급
けっきょく	[結局]	케ㄱ꾜꾸	결국
けっきん	[欠勤]	케ㄱ끼ㄴ	결근する v
げっけい	[月経]	게ㄱ께-	월경
げっけいかん	[月桂冠]	게ㄱ께-까ㄴ	월계관
けっこう	[結構]	케ㄱ꼬-	제법, 훌륭함, 충분함
けつごう	[結合]	케츠고-	결합
けっこん	[結婚]	케ㄱ꼬ㄴ	결혼する v
けっこんしき	[結婚式]	케ㄱ꼬ㄴ시끼	결혼식
けっこんしきじょう	[結婚式場]	케ㄱ꼬ㄴ시끼죠-	예식장
けっさい	[決済]	케ㅅ사이	결제する v
けっさい	[決裁]	케ㅅ사이	결재する v
けっさく	[傑作]	케ㅅ사꾸	걸작

82

けっさん	[決算]	게ㅅ사ㄴ	결산する☑
けつじつ	[結実]	게츠지츠	결실する☑
けっして	[決して]	게ㅅ시떼	결코, 절대로
けつじょ	[欠如]	게츠죠	결여する☑
けっしょう	[決勝]	게ㅅ쇼-	결승
けっしょく	[血色]	게ㅅ쇼꾸	혈색
けっしん	[決心]	게ㅅ시ㄴ	결심する☑
けっせい	[結成]	게ㅅ세-	결성
けっせき	[欠席]	게ㅅ세끼	결석する☑
けっせん	[決戦]	게ㅅ세ㄴ	결전する☑
けっせん	[血栓]	게ㅅ세ㄴ	혈전
けつぞく	[血族]	게츠조꾸	혈족
けつだん	[決断]	게츠다ㄴ	결단する☑
けってい	[決定]	게ㅅ떼-	결정する☑
けってん	[欠点]	게ㅅ떼ㄴ	결점
けっとう	[血統]	게ㅅ또-	혈통
けっとう	[決闘]	게ㅅ또-	결투
げっぷ	[月賦]	게ㅂ뿌	월부
げっぷ		게ㅂ뿌	트림
けっぺき	[潔癖]	게ㅂ뻬끼	결벽
けつぼう	[欠乏]	게츠보-	결핍する☑
けつまつ	[結末]	게츠마츠	결말
げつまつ	[月末]	게츠마츠	월말
げつようび	[月曜日]	게츠요-비	월요일
けつれつ	[決裂]	게츠레츠	결렬する☑
けつろん	[結論]	게츠로ㄴ	결론
けど		게도	~는데, ~하지만
けど		게도	그러나, 그렇지만, 하지만
げどく	[解毒]	게도꾸	해독
けなす	[貶す]	게나스	헐뜯다
けなみ	[毛並み]	게나미	혈통, 출신성분
げねつざい	[解熱剤]	게네츠자이	해열제
けねん	[懸念]	게네ㄴ	염려, 괘념する☑
けはい	[気配]	게하이	기색, 김새
けびょう	[仮病]	게뵤-	꾀병
げひん	[下品]	게히ㄴ	천함, 천박함
けむい	[煙い]	게무이	냅다, 매캐하다
けむたい	[煙たい]	게무따이	냅다, 매캐하다
けむり	[煙]	게무리	연기
けもの	[獣]	게모노	짐승

けやき	[欅]	케야끼	느티나무
けやきのき	[けやきの木]	케야끼노끼	느티나무
けらい	[家来]	케라이	가신
げらく	[下落]	게라꾸	하락する
げらげら		게라게라	껄껄
げり	[下痢]	게리	설사
げりどめ	[下痢止め]	게리도메	지사제
ゲリラ	[guerrilla]	게리라	게릴라, 유격대
ける	[蹴る]	케루	차다, 걷어차다
けれど		케레도	~는데, ~하지만
けれど		케레도	그러나, 그렇지만, 하지만
けれども		케레도모	~는데, ~하지만
けれども		케레도모	그러나, 그렇지만, 하지만
けろけろ		케로께로	개굴개굴(개구리)
けわしい	[険しい]	케와시이	험하다, 날카롭다
けん	[軒]	켄	~채
けんい	[権威]	켕이	권위
げんいん	[原因]	겡인	원인
げんえい	[幻影]	겡에-	환영
けんえき	[検疫]	켕에끼	검역する
げんえき	[現役]	겡에끼	현역
けんえつ	[検閲]	켕에츠	검열する
けんお	[嫌悪]	켕오	혐오する
けんか	[喧嘩]	켕까	싸움する
げんか	[原価]	겡까	원가
けんかい	[見解]	켕까이	견해
けんがい	[圏外]	켕가이	통화권 밖
げんかい	[限界]	겡까이	한계
けんがく	[見学]	켕가꾸	견학する
げんかく	[厳格]	겡까꾸	엄격
げんかん	[玄関]	겡까ㄴ	현관
けんぎ	[嫌疑]	켕기	혐의
げんき	[元気]	겡끼	원기, 건강함
けんきゅう	[研究]	켕뀨-	연구する
げんきゅう	[言及]	겡뀨-	언급する
けんきょ	[謙虚]	켕쿄	겸허
けんきょ	[検挙]	켕쿄	검거する
けんきん	[献金]	켕낀	헌금する
げんきん	[現金]	겡끼ㄴ	현금
けんご	[堅固]	켕고	견고

げんご	[言語]	게o고	언어
けんこう	[健康]	게o꼬-	건강
げんこう	[原稿]	게o꼬-	원고
けんこうしょくひん	[健康食品]	게o꼬-쇼꾸히ㄴ	건강식품
けんこうしんだん	[健康診断]	게o꼬-시ㄴ다ㄴ	건강진단
けんこく	[建国]	게o꼬꾸	건국する
げんこく	[原告]	게o꼬꾸	원고
けんこくきねんび	[建国記念日]	게o꼬꾸끼네ㅁ비	건국기념일
げんこつ	[拳骨]	게o꼬츠	주먹
けんさ	[検査]	게ㄴ사	검사する
げんざい	[現在]	게ㄴ자이	현재
けんさく	[検索]	게ㄴ사꾸	검색する
げんさく	[原作]	게ㄴ사꾸	원작
けんさつ	[検察]	게ㄴ사츠	검찰
げんさんち	[原産地]	게ㄴ사ㄴ치	원산지
けんじ	[検事]	게ㄴ지	검사
げんし	[原子]	게ㄴ시	원자
げんしじん	[原始人]	게ㄴ시지ㄴ	원시인
げんじつ	[現実]	게ㄴ지츠	현실
げんしゅ	[厳守]	게ㄴ슈	엄수
けんしゅう	[研修]	게ㄴ슈-	연수する
げんしゅく	[厳粛]	게ㄴ슈꾸	엄숙
けんしゅつ	[検出]	게ㄴ슈츠	검출する
けんじゅつ	[剣術]	게ㄴ쥬츠	검술
げんしょ	[原書]	게ㄴ쇼	원서, 원본
けんしょう	[検証]	게ㄴ쇼-	검증する
けんしょう	[懸賞]	게ㄴ쇼-	현상
けんしょう	[健勝]	게ㄴ쇼-	건승
けんじょう	[謙譲]	게ㄴ죠-	겸양
げんしょう	[現象]	게ㄴ쇼-	현상
げんしょう	[減少]	게ㄴ쇼-	감소する
げんじょう	[現状]	게ㄴ죠-	현상
げんしょく	[原色]	게ㄴ쇼꾸	원색
けんせい	[牽制]	게ㄴ세-	견제する
けんせつ	[建設]	게ㄴ세츠	건설する
けんぜん	[健全]	게ㄴ제ㄴ	건전
げんそう	[幻想]	게ㄴ소-	환상する
げんそく	[原則]	게ㄴ소꾸	원칙
けんそん	[謙遜]	게ㄴ소ㄴ	겸손する
けんたい	[倦怠]	게ㄴ따이	권태

げんだい	[現代]	게ㄴ다이	현대
げんち	[現地]	게ㄴ치	현지
けんちく	[建築]	게ㄴ치꾸	건축する
けんちくか	[建築家]	게ㄴ치꾸까	건축가
けんちくぎょう	[建築業]	게ㄴ치꾸교-	건축업
けんちくし	[建築士]	게ㄴ치꾸시	건축사
げんてい	[限定]	게ㄴ떼-	한정する
けんとう	[検討]	게ㄴ또-	검토する
けんとう	[見当]	게ㄴ또-	짐작
けんどう	[剣道]	게ㄴ도-	검도
げんば	[現場]	게ㅁ바	현장
けんばん	[鍵盤]	게ㅁ바ㄴ	건반
けんびきょう	[顕微鏡]	게ㅁ비꾜-	현미경
けんぶつ	[見物]	게ㅁ부츠	구경する
けんぺい	[憲兵]	게ㅁ뻬-	헌병
けんぽう	[憲法]	게ㅁ뽀-	헌법
けんぽうきねんび	[憲法記念日]	게ㅁ뽀-끼네ㅁ비	제헌절
げんぼく	[原木]	게ㅁ보꾸	원목
げんまい	[玄米]	게ㅁ마이	현미
けんめい	[賢明]	게ㅁ메-	현명
げんめつ	[幻滅]	게ㅁ메츠	환멸する
げんゆ	[原油]	게ㅇ유	원유
けんり	[権利]	게ㄴ리	권리
げんり	[原理]	게ㄴ리	원리
げんりょう	[原料]	게ㄴ료-	원료
けんりょく	[権力]	게ㄴ료꾸	권력
げんろん	[言論]	게ㄴ로ㄴ	언론

こ		고	이
こ	[個]	고	~개
ご	[五]	고	5, 다섯
コアラ	[koala]	고아라	코알라
こい	[恋]	고이	사랑
こい	[鯉]	고이	잉어
こい	[濃い]	고이	진하다, 짙다
こいし	[小岩]	고이시	잔돌, 자갈
こいしい	[恋しい]	고이시이	그립다
こいぬ	[子犬]	고이누	강아지
こいびと	[恋人]	고이비또	애인, 연인
コイン	[coin]	고이ㄴ	코인, 동전
コインランドリー	[coin laundry]	고이ㄴ라ㄴ도리-	빨래방
コインロッカー	[coin locker]	고이ㄴ로ㄱ까-	코인로커
こう	[孝]	고-	효
こうあん	[考案]	고-아ㄴ	고안する⊙
こうい	[行為]	고-이	행위
こうい	[好意]	고-이	호의
ごうい	[合意]	고-이	합의する⊙
こういしょう	[後遺症]	고-이쇼-	후유증
こういってん	[紅一点]	고-이ㅅ떼ㄴ	홍일점
こうう	[降雨]	고-우	강우
ごうう	[豪雨]	고-우	호우
こううん	[幸運]	고-우ㄴ	행운
こうえい	[光栄]	고-에-	영광
こうえい	[公営]	고-에-	공영
こうえん	[公演]	고-에ㄴ	공연
こうえん	[公園]	고-에ㄴ	공원
こうえん	[講演]	고-에ㄴ	강연する⊙
こうか	[効果]	고-까	효과
こうか	[硬貨]	고-까	동전
こうか	[高価]	고-까	고가
ごうか	[豪華]	고-까	호화

こうかい	[公開]	고-까이	공개する
こうかい	[後悔]	고-까이	후회する
こうがい	[郊外]	고-가이	교외
こうがい	[公害]	고-가이	공해
ごうがい	[号外]	고-가이	호외
こうがく	[工学]	고-가꾸	공학
ごうかく	[合格]	고-까꾸	합격する
こうかん	[交換]	고-까ㄴ	교환する
ごうかん	[強姦]	고-까ㄴ	강간する
こうぎ	[講義]	고-기	강의する
こうぎ	[抗議]	고-기	항의する
こうきあつ	[高気圧]	고-끼아츠	고기압
こうきしん	[好奇心]	고-끼시ㄴ	호기심
こうきゅう	[高級]	고-뀨-	고급
こうぎょう	[工業]	고-교-	공업
こうぎょう	[鉱業]	고-교-	광업
こうぎょう	[興行]	고-교-	흥행
こうくう	[航空]	고-꾸-	항공
こうくうがいしゃ	[航空会社]	고-꾸-가이샤	항공회사
こうくうけん	[航空券]	고-꾸-께ㄴ	항공권
こうくうびん	[航空便]	고-꾸-비ㅇ	항공편
こうけい	[光景]	고-께-	광경
ごうけい	[合計]	고-께-	합계する
こうげい	[工芸]	고-게-	공예
こうげき	[攻撃]	고-게끼	공격する
こうけつあつ	[高血圧]	고-께츠아츠	고혈압
こうげん	[高原]	고-게ㄴ	고원
こうげん	[広言]	고-게ㄴ	큰소리, 호언장담する
こうご	[交互]	고-고	번갈아
こうこう	[孝行]	고-꼬-	효도する
こうこう	[高校]	고-꼬-	고등학교
こうこうせい	[高校生]	고-꼬-세-	고등학생
こうこがく	[考古学]	고-꼬가꾸	고고학
こうこく	[広告]	고-꼬꾸	광고する
こうこつ	[恍惚]	고-꼬츠	황홀
ごうコン	[合コン]	고-꼬ㅇ	미팅
こうさ	[考査]	고-사	고사する
こうざ	[口座]	고-자	계좌
こうざ	[講座]	고-자	강좌
こうさい	[交際]	고-사이	교제する

こうさく	[耕作]	고-사꾸	경작する
こうさつ	[考察]	고-사츠	고찰する
こうさてん	[交差点]	고-사떼ㄴ	교차점
こうざばんごう	[口座番号]	고-자바ㅇ고-	계좌번호
こうさん	[降参]	고-사ㄴ	항복する
こうざん	[鉱山]	고-자ㄴ	광산
こうし	[講師]	고-시	강사
こうし	[子牛]	고우시	송아지
こうじ	[工事]	고-지	공사する
こうしき	[公式]	고-시끼	공식
こうじちゅう	[工事中]	고-지쥬-	공사중
こうしつ	[皇室]	고-시츠	황실
こうじつ	[口実]	고-지츠	구실, 핑계
~ごうしつ	[号室]	고-시츠	~호차
こうしゅう	[公衆]	고-슈-	공중
こうしゅう	[講習]	고-슈-	강습する
こうしゅうでんわ	[公衆電話]	고-슈-데ㅇ와	공중전화
こうしょう	[交渉]	고-쇼-	교섭する
こうしょう	[公証]	고-쇼-	공증
こうじょう	[工場]	고-죠-	공장
こうじょう	[向上]	고-죠-	향상する
ごうじょう	[強情]	고-죠-	고집, 고집이 셈
こうしょく	[公職]	고-쇼꾸	공직
こうしょく	[好色]	고-쇼꾸	호색
こうしん	[行進]	고-시ㄴ	행진する
こうしん	[更新]	고-시ㄴ	갱신する
こうしんこく	[後進国]	고-시ㅇ꼬꾸	후진국
こうしんじょ	[興信所]	고-시ㄴ죠	흥신소
こうしんりょう	[香辛料]	고-시ㄴ료-	향신료
こうすい	[香水]	고-스이	향수
こうずい	[洪水]	고-즈이	홍수
こうせい	[公正]	고-세-	공정
こうせい	[校正]	고-세-	교정する
こうせい	[構成]	고-세-	구성する
こうせい	[更生]	고-세-	갱생する
ごうせい	[合成]	고-세-	합성する
こうせいぶっしつ	[抗生物質]	고-세-부ㅅ시츠	항생물질
こうせき	[功績]	고-세끼	공적
こうせん	[光線]	고-세ㄴ	광선
こうそう	[高層]	고-소-	고층

こうそう	[構想]	고-소-	구상する
こうぞう	[構造]	고-조-	구조
こうそく	[高速]	고-소꾸	고속
こうそくどうろ	[高速道路]	고-소꾸도-로	고속도로
こうたい	[交替]	고-따이	교체, 교대する
こうたい	[後退]	고-따이	후퇴する
こうたく	[光沢]	고-따꾸	광택
こうち	[耕地]	고-치	경지
こうちけん	[高知県]	고우치께ㄴ	고우치현
こうちゃ	[紅茶]	고-짜	홍차
こうちょう	[校長]	고-쵸-	교장
こうつう	[交通]	고-츠-	교통
こうつうじこ	[交通事故]	고-츠-지꼬	교통사고
こうつうじゅうたい	[交通渋滞]	고-츠-쥬-따이	교통정체
こうつうルール	[交通ルール]	고-츠-루-루	교통법규
こうつごう	[好都合]	고-츠고-	형편이 좋음, 알맞음
こうてい	[高低]	고-떼-	고저
こうてい	[工程]	고-떼-	공정
こうてい	[肯定]	고-떼-	긍정する
こうてい	[校庭]	고-떼-	교정
こうてい	[皇帝]	고-떼-	황제
こうてつ	[鋼鉄]	고-떼츠	강철
こうてつ	[更迭]	고-떼츠	경질する
こうど	[高度]	고-도	고도
こうとう	[高等]	고-또-	고등
こうどう	[講堂]	고-도-	강당
ごうとう	[強盗]	고-또-	강도
ごうどう	[合同]	고-도-	합동
こうとうがっこう	[高等学校]	고-또-가ㄱ꼬-	고등학교
こうどく	[購読]	고-도꾸	구독する
こうない	[構内]	고-나이	구내
こうない	[港内]	고-나이	항내
こうにゅう	[購入]	고-뉴-	구입する
こうにん	[公認]	고-니ㄴ	공인する
こうねつ	[高熱]	고-네츠	고열
こうねつひ	[光熱費]	고-네츠히	전기세
こうねんき	[更年期]	고-네ㅇ끼	갱년기
こうば	[工場]	고-바	공장
こうはい	[後輩]	고-하이	후배
こうばい	[購買]	고-바이	구매する

こうばん	[交番]	고-바ㄴ	파출소
こうび	[交尾]	고-비	교미する
こうひょう	[好評]	고-효-	호평
こうひょう	[公表]	고-효-	공포する
こうふく	[降伏]	고-후꾸	항복する
こうふく	[幸福]	고-후꾸	행복
こうぶつ	[鉱物]	고-부츠	광물
こうぶつ	[好物]	고-부츠	즐기는 음식
こうふん	[興奮]	고-후ㄴ	흥분する
こうべ	[神戸]	고-베	고베
こうへい	[公平]	고-헤-	공평
こうほ	[候補]	고-호	후보
こうほう	[広報]	고-호-	홍보
こうぼう	[興亡]	고-보-	흥망
こうほしゃ	[候補者]	고-호-샤	후보자
こうま	[子馬]	고우마	망아지
こうみゃく	[鉱脈]	고-먀꾸	광맥
こうみょう	[巧妙]	고-묘-	교묘함
こうむいん	[公務員]	고-무이ㅇ	공무원
こうもく	[項目]	고-모꾸	항목
こうもり	[蝙蝠]	고-모리	박쥐
こうもん	[校門]	고-모ㄴ	교문
こうもん	[肛門]	고-모ㄴ	항문
ごうもん	[拷問]	고-모ㄴ	고문する
こうや	[広野]	고-야	광야
こうやく	[公約]	고-야꾸	공약
こうよう	[紅葉]	고-요-	단풍
こうら	[甲羅]	고-라	거북의 등딱지
こうらいにんじん	[高麗人参]	고-라이니ㄴ지ㅇ	인삼
こうり	[小売り]	고우리	소매する
こうりつ	[公立]	고-리츠	공립
ごうりてき	[合理的]	고-리떼끼	합리적
こうりゃく	[攻略]	고-랴꾸	공략する
こうりゅう	[交流]	고-류-	교류する
こうりゅう	[拘留]	고-류-	구류する
ごうれい	[号令]	고-레-	호령する
こうわん	[港湾]	고-와ㄴ	항만
こえ	[声]	고에	목소리
こえる	[越える]	고에루	넘다
コース	[course]	고-스	코스

コースりょうり	[コース料理]	고-스료-리	코스요리
コーチ	[coach]	고-치	코치
コート	[coat]	고-또	코트
コード	[code]	고-도	코드
コーナー	[corner]	고-나-	코너
コーヒー	[coffee]	고-히-	커피
コーヒーポット	[coffeepot]	고-히-뽀ㅅ또	커피포트
コーヒーメーカー	[coffee maker]	고-히-메-까-	커피메이커
コーラ	[cola]	고-라	콜라
コーラス	[chorus]	고-라스	코러스, 합창
こおり	[氷]	고-리	얼음
こおる	[凍る]	고오루	얼다
ゴールデン・ウィーク	[golden week]	고-루데ㄴ위-꾸	골든위크(5월)
こおろぎ		고-로기	귀뚜라미
ゴーンゴーン		고-ㄴ고-ㄴ	땡땡
ごかい	[誤解]	고까이	오해하다
ごがく	[語学]	고가꾸	어학
ごがくじゅく	[語学塾]	고가꾸쥬꾸	어학원
こがたな	[小刀]	고가따나	작은 칼
ごがつ	[五月]	고가츠	5월
こがねむし	[黄金虫]	고가네무시	풍뎅이
こがら	[小柄]	고가라	몸집이 작음
こがらし	[木枯し]	고가라시	초겨울의 찬바람
こき	[古希]	고끼	70살(고희)
こき	[子機]	고끼	무선전화기
こぎって	[小切手]	고기ㅅ떼	수표
ごきぶり		고끼부리	바퀴벌레
こきゃく	[顧客]	고꺄꾸	고객
こきゅう	[呼吸]	고뀨-	호흡하다
こきょう	[故郷]	고꾜-	고향
こぎれい	[小綺麗]	고기레이	깔끔함, 말쑥함
こぐ	[漕ぐ]	고구	노를 젓다
ごく	[極]	고꾸	극히, 매우
ごく	[語句]	고구	어구
こくう	[虚空]	고꾸-	허공
こくおう	[国王]	고꾸오-	국왕
こくご	[国語]	고꾸고	국어
ごくごく		고꾸고꾸	꿀꺽꿀꺽, 벌컥벌컥
こくさい	[国際]	고ㄱ사이	국제
こくさいせん	[国際線]	고ㄱ사이세ㄴ	국제선

こくさいでんわ	[国際電話]	고ㄱ사이데ㅇ와	국제전화
こくさいゆうびん	[国際郵便]	고ㄱ사이유-비ㅇ	국제우편
こくさん	[国産]	고ㄱ사ㄴ	국산
こくし	[国史]	고ㄱ시	국사
こくじ	[告示]	고꾸지	고시
こくせき	[国籍]	고ㄱ세끼	국적
こくそ	[告訴]	고ㄱ소	고소する⊙
こくそう	[穀倉]	고ㄱ소-	곡창
こくち	[告知]	고ㄱ치	고지
こくてつ	[国鉄]	고ㄱ떼츠	국철
こくてん	[黒点]	고ㄱ떼ㄴ	흑점
こくど	[国土]	고꾸도	국토
こくどう	[国道]	고꾸도-	국도
こくない	[国内]	고꾸나이	국내
こくないせん	[国内線]	고꾸나이세ㄴ	국내선
こくないでんわ	[国内電話]	고꾸나이데ㅇ와	국내전화
こくないりょこう	[国内旅行]	고꾸나이료꼬-	국내여행
こくなん	[国難]	고꾸나ㄴ	국난
こくはく	[告白]	고꾸하꾸	고백する⊙
こくはつ	[告発]	고꾸하츠	고발する⊙
こくばん	[黒板]	고꾸바ㄴ	칠판
こくひ	[国費]	고꾸히	국비
こくふく	[克服]	고꾸후꾸	극복する⊙
こくぶん	[国文]	고꾸부ㄴ	국문
こくぶんがく	[国文学]	고꾸부ㅇ가꾸	국문학
こくほう	[国宝]	고꾸호-	국보
こくほう	[国法]	고꾸호-	국법
こくぼう	[国防]	고꾸보-	국방
こくみん	[国民]	고꾸미ㄴ	국민
こくみんのしゅくじつ	[国民の祝日]	고꾸미ㄴ노슈꾸지츠	공휴일
こくもつ	[穀物]	고꾸모츠	곡물, 곡식
ごくらく	[極楽]	고꾸라꾸	극락
こくりつ	[国立]	고꾸리츠	국립
こくりょく	[国力]	고꾸료꾸	국력
こけ		고께	이끼
コケコッコー		고께고ㄱ꼬-	꼬꼬댁(수탉)
こげる	[焦げる]	고게루	눋다, 타서 까맣게 되다
ここ		고꼬	여기, 이곳
ごご	[午後]	고고	오후
ココア	[cocoa]	고꼬아	코코아

こごと	[小言]	고고또	잔소리, 꾸중
ココナッツ	[coconut]	고꼬나ㅅ츠	코코넛
ここのか	[九日]	고꼬노까	9일
ここのつ	[九つ]	고꼬노츠	아홉 개, 아홉 살
こころ	[心]	고꼬로	마음
こころあたり	[心当り]	고꼬로아따리	짐작
こころがかり	[心掛り]	고꼬로가까리	걱정, 염려
こころがけ	[心掛け]	고꼬로가께	마음가짐
こころがまえ	[心構え]	고꼬로가마에	각오, 마음준비
こころがわり	[心変わり]	고꼬로가와리	변심, 변덕 する
こころざす	[志す]	고꼬로자스	뜻하다, 뜻을 두다
こころづかい	[心遣い]	고꼬로즈까이	배려, 심려
こころづよい	[心強い]	고꼬로즈요이	마음 든든하다
こころね	[心根]	고꼬로네	마음씨
こころのこり	[心残り]	고꼬로노꼬리	미련
こころぼそい	[心細い]	고꼬로보소이	허전하다, 불안하다
こころみる	[試みる]	고꼬로미루	시도하다
こころもち	[心持ち]	고꼬로모치	기분, 느낌
こころよい	[快い]	고꼬로요이	상쾌하다
こころよわい	[心弱い]	고꼬로요와이	마음이 약하다
ここん	[古今]	고꼰	고금
ござ		고자	돗자리
こざっぱり		고자ㅂ빠리	깔끔함
こさめ	[小雨]	고사메	가랑비, 보슬비
こし	[腰]	고시	허리
こじ	[孤児]	고지	고아
こじ	[誇示]	고지	과시
こしかけ	[腰掛け]	고시까께	걸상
こしかける	[腰掛ける]	고시까께루	걸터앉다
こじき	[乞食]	고지끼	거지
こじき	[古事記]	고지끼	일본에서 가장 오래된 역사서
ごしごし		고시고시	싹싹, 박박
ゴシップ	[gossip]	고시ㅂ뿌	가십, 소문
こしぬけ	[腰抜け]	고시누께	겁쟁이
こじゅうと	[小姑]	고쥬-또	시누
ごしゅじん	[ご主人]	고슈지ㄴ	남편분
こしょう	[胡椒]	고쇼-	후추
こしょう	[故障]	고쇼-	고장 する
こしらえる	[拵える]	고시라에루	마련하다, 만들다
こじん	[個人]	고지ㄴ	개인

こじん	[故人]	고지ㄴ	고인
こす	[越す]	고스	넘기다
コスト	[cost]	고스또	비용, 원가
コスモス	[cosmos]	고스모스	코스모스
こする	[擦る]	고스루	문지르다, 비비다
こせい	[個性]	고세-	개성
こせき	[戸籍]	고세끼	호적
こぜに	[小銭]	고제니	잔돈
ごぜん	[午前]	고제ㄴ	오전
ごぜんちゅう	[午前中]	고제ㄴ츄-	오전중
こそ		고소	~야말로
こそこそ		고소꼬소	살금살금
こそどろ	[こそ泥]	고소도로	좀도둑
こたい	[固体]	고따이	고체
こだい	[古代]	고다이	고대
こたえ	[答え]	고따에	대답
こたえる	[答える]	고따에루	대답하다
こだち	[木立]	고다치	나무숲
こだま	[木霊]	고다마	메아리, 산울림する⊙
ごちそう	[御馳走]	고치소-	진수성찬する⊙
ごちゃごちゃ		고챠고챠	어수선하게する⊙
コチュジャン		고츄쟈ㅇ	고추장
こちょう	[誇張]	고쵸-	과장する⊙
こちら		고치라	이 분, 이쪽
こつ		고츠	요령
こっか	[国家]	고ㄱ까	국가
こっかい	[国会]	고ㄱ까이	국회
こづかい	[小遣い]	고즈까이	용돈
こっかいぎいん	[国会議員]	고ㄱ까이기이ㅇ	국회의원
こっかいぎじどう	[国会議事堂]	고ㄱ까이기지도-	국회의사당
こっき	[国旗]	고ㄱ끼	국기
こっきょう	[国境]	고ㄱ꾜-	국경
コック	[cook]	고ㄱ꾸	요리사
こっけい	[滑稽]	고ㄱ께-	익살스러움, 우스꽝스러움
こつこつ		고츠꼬츠	꾸준히, 꾸준하게
ごつごつ		고츠고츠	울퉁불퉁
コッコッコッ		고ㄱ꼬ㄱ꼬ㅅ	구구(암닭)
こっせつ	[骨折]	고ㅅ세츠	골절する⊙
こつぜん	[忽然]	고츠제ㄴ	홀연
こっそり		고ㅅ소리	살짝, 살그머니, 몰래

こっち		고ㅅ치	이쪽
こづつみ	[小包]	고즈츠미	소포
こってりしている		고ㅅ떼리시떼이루	진하다
こっとうひん	[骨董品]	고ㅅ또-힝	골동품
こっとうひんてん	[骨董品店]	고ㅅ또-힝떼ㄴ	골동품가게
こつばん	[骨盤]	고츠바ㄴ	골반
コップ	[cup]	고ㅂ뿌	손잡이 없는 컵
こてい	[固定]	고떼-	고정する
こてん	[古典]	고떼ㄴ	고전
こと	[古都]	고또	고도
こと		고또	것, 일
ことう	[孤島]	고또-	고도
こどく	[孤独]	고도꾸	고독
ことこと		고또꼬또	보글보글
ことごとく	[悉く]	고또고또꾸	모조리, 몽땅
ことし	[今年]	고또시	올해
ことづて	[言伝]	고또즈떼	전언, 전갈
ことに	[殊に]	고또니	특히, 각별히
ことのほか	[殊の外]	고또노호까	의외로, 더한층
ことば	[言葉]	고또바	말, 언어
ことばつき	[言葉付き]	고또바츠끼	말투, 말씨
こども	[子供]	고도모	어린이, 아이
こどもたち	[子供たち]	고도모따치	아이들
こどもっぽい	[子供っぽい]	고도모ㅂ뽀이	유치하다
こどものひ	[こどもの日]	고도모노히	어린이날
ことり	[小鳥]	고또리	작은 새
ことわざ	[諺]	고또와자	속담
こな	[粉]	고나	가루, 분말
こなぐすり	[粉薬]	고나구스리	가루약
こなとうがらし	[粉唐辛子]	고나또-가라시	실고추
こなミルク	[粉ミルク]	고나미루꾸	분유
こにもつ	[小荷物]	고니모츠	작은 짐
コニャック	[cognac]	고냐ㄱ꾸	코냑
ごにん	[誤認]	고니ㄴ	오인する
こねこ	[子猫]	고네꼬	새끼고양이
こねる		고네루	반죽하다
この		고노	이
このごろ	[この頃]	고노고로	요즘
このは	[木の葉]	고노하	나뭇잎
このひと	[この人]	고노히또	이 사람

일본어	한자	발음	뜻
このへん	[この辺]	고노헤ㄴ	이 근처
このまま		고노마마	이대로
このみ	[好み]	고노미	취향
このむ	[好む]	고노무	좋아하다, 즐기다
こばむ	[拒む]	고바무	거절하다, 거부하다
ごはん	[御飯]	고하ㅇ	밥
ごはん	[誤判]	고하ㄴ	오판
コピー	[copy]	고삐-	복사
コピーき	[コピー機]	고삐-끼	복사기
こひつじ	[子羊]	고히츠지	어린 양, 새끼 양
こびりつく		고비리츠꾸	달라붙다
こびる	[媚びる]	고비루	아양떨다
こぶ	[瘤]	고부	혹
ごぶさた	[御無沙汰]	고부사따	격조する♡
こぶし	[拳]	고부시	주먹
コブラ	[cobra]	고부라	코브라
こふん	[古墳]	고후ㄴ	고분
こぶん	[子分]	고부ㄴ	부하
こべつ	[個別]	고베츠	개별
ごぼう	[牛蒡]	고보-	우엉
こぼす	[零す]	고보스	엎지르다, 흘리다, 쏟다
こぼれる	[零れる]	고보레루	넘치다, 넘쳐흐르다
こま	[駒]	고마	팽이
ごま	[胡麻]	고마	참깨, 깨
コマーシャル	[commercial]	고마-샤루	방송광고, 선전
ごまあぶら	[胡麻油]	고마아부라	참기름
こまいぬ	[狛犬]	고마이누	해태
こまかい	[細かい]	고마까이	자세하다, 잘다
ごまかし	[誤魔化し]	고마까시	속임수
ごまかす	[誤魔化す]	고마까스	속이다
ごまごま		고마고마	자질구레한
ごましお	[ごま塩]	고마시오	깨소금
こままわし	[駒回し]	고마마와시	팽이치기
こまる	[困る]	고마루	곤란하다, 난처해지다
ごみ	[塵]	고미	쓰레기, 먼지
コミッション	[commission]	고미ㅅ쇼ㄴ	수수료
ごみのひ	[塵の日]	고미노히	쓰레기 버리는 날
ごみばこ	[ごみ箱]	고미바꼬	쓰레기통
コミュニケーション	[communication]	고뮤니께-쇼ㄴ	커뮤니케이션
こむ	[込む]	고무	혼잡하다, 붐비다

ゴム	[gom]	고무	고무
こむぎ	[小麦]	고무기	밀
こむすめ	[小娘]	고무스메	계집아이
コムタン		고무따ㅇ	곰탕
こめ	[米]	고메	쌀
こめかみ	[蟀谷]	고메까미	관자놀이
こめつぶ	[米粒]	고메츠부	쌀알
コメディー	[comedy]	고메디-	코미디
コメディアン	[comedian]	고메디아ㄴ	코미디언
こもりうた	[子守唄]	고모리우따	자장가
こもん	[顧問]	고모ㄴ	고문
こや	[小屋]	고야	오두막집
こゆう	[固有]	고유-	고유
こゆび	[小指]	고유비	새끼손가락
こよう	[雇用]	고요-	고용する
こよみ	[暦]	고요미	달력
こら		고라	이놈!, 이봐!
こらえる	[堪える]	고라에루	참다, 견디다
ごらく	[娯楽]	고라꾸	오락
こらしめる	[懲らしめる]	고라시메루	혼내주다, 징계하다
ごらんになる	[ご覧になる]	고라ㄴ니나루	보시다
ごりごり		고리고리	지긋지긋함, 넌더리남する
こりつ	[孤立]	고리츠	고립する
ゴリラ	[gorilla]	고리라	고릴라
こりる	[懲りる]	고리루	질리다, 넌더리나다
ゴルフ	[golf]	고루후	골프
ゴルフじょう	[ゴルフ場]	고루후죠-	골프장
これ		고레	이것
これ		고레	야
これから		고레까라	앞으로
コレクション	[collection]	고레ㄱ쇼ㄴ	컬렉션, 수집
コレクトコール	[collect call]	고레ㄱ또꼬-루	콜렉트콜
これほど		고레호도	이 정도, 이토록, 이처럼
コレラ	[cholera]	고레라	콜레라
ころ	[頃]	고로	즈음
ころがる	[転がる]	고로가루	구르다, 넘어지다
ころころ		고로꼬로	대굴대굴
ごろごろ		고로고로	우르르する
ころす	[殺す]	고로스	죽이다
ころぶ	[転ぶ]	고로부	넘어지다, 구르다

ころも	[衣]	고로모	옷, 의복
こわい	[怖い]	고와이	무섭다, 두렵다
こわがり	[怖がり]	고와가리	무서움을 잘 타는 사람
こわがる	[怖がる]	고와가루	무서워하다, 두려워하다
こわごわ		고와고와	조심조심
こわす	[壊す]	고와스	부수다, 깨뜨리다, 망치다
こわれる	[壊れる]	고와레루	깨지다, 고장나다
こんいろ	[紺色]	고ㅇ이로	감색
こんがらがる		고ㅇ가라가루	뒤얽히다
こんがり		고ㅇ가리	노릇노릇
こんかん	[根幹]	고ㅇ까ㄴ	근간
こんき	[根気]	고ㅇ끼	끈기
こんきょ	[根拠]	고ㅇ꾜	근거
こんげつ	[今月]	고ㅇ게츠	이번 달
こんご	[今後]	고ㅇ고	앞으로, 이후
こんごう	[混合]	고ㅇ고-	혼합する⊙
こんごうはだ	[混合肌]	고ㅇ고-하다	복합성피부
こんこん		고ㅇ꼬ㅇ	똑똑
コンサート	[concert]	고ㄴ사-또	콘서트
こんざつ	[混雑]	고ㄴ자츠	혼잡する⊙
コンサルタント	[consultant]	고ㄴ사루따ㄴ또	컨설턴트
こんじき	[金色]	고ㄴ지끼	금빛
こんしゅう	[今週]	고ㄴ슈-	이번 주
こんじょう	[根性]	고ㄴ죠-	근성, 기질
こんせん	[混線]	고ㄴ세ㄴ	혼선する⊙
コンソメ	[consomme]	고ㄴ소메	콩소메, 맑은 수프
コンダクター	[conductor]	고ㄴ다ㄱ따-	지휘자
コンタクトレンズ	[contact lens]	고ㄴ따ㄱ또레ㄴ즈	콘택트렌즈
こんだてひょう	[献立表]	고ㄴ다떼효-	메뉴판
こんちゅう	[昆虫]	고ㄴ츄-	곤충
コンディショナー	[conditioner]	고ㄴ디쇼나-	컨디셔너
コンディション	[condition]	고ㄴ디쇼ㄴ	컨디션
コンテスト	[contest]	고ㄴ떼스또	콘테스트
こんど	[今度]	고ㄴ도	이번, 다음 번
こんどう	[混同]	고-도-	혼동する⊙
コントロール	[control]	고ㄴ또로-루	컨트롤
こんなん	[困難]	고ㄴ나ㄴ	곤란する⊙
こんにち	[今日]	고ㄴ니치	오늘, 오늘날
こんにゃく	[蒟蒻]	고ㄴ냐꾸	곤약
こんねん	[今年]	고ㄴ네ㄴ	올해, 금년

コンパス	[compass]	고ㅁ빠스	컴퍼스
こんばん	[今晩]	고ㅁ바ㄴ	오늘밤
コンビ	[combination]	고ㅁ비	콤비, 짝
コンビニ	[convenience store]	고ㅁ비니	편의점
コンピューター	[computer]	고ㅁ쀼-따-	컴퓨터
こんぶ	[昆布]	고ㅁ부	다시마
コンプレックス	[complex]	고ㅁ뿌레ㄱㄱ스	콤플렉스
こんぽん	[根本]	고ㅁ뽀ㄴ	근본
こんもり		고ㅁ모리	울창하게
こんや	[今夜]	고ㅇ야	오늘밤
こんやく	[婚約]	고ㅇ야꾸	약혼する
こんやくしゃ	[婚約者]	고ㅇ야ㄱ샤	약혼자
こんよう	[混用]	고ㅇ요-	혼용する
こんらん	[混乱]	고ㄴ라ㄴ	혼란する
こんろ	[焜爐]	고ㄴ로	풍로
こんわく	[困惑]	고ㅇ와꾸	곤혹する

さ		사	~이야
さあ		사—	자, 글쎄
サーカス	[circus]	사—까스	서커스
サークル	[circle]	사—꾸루	서클, 동호회
ざあざあ		자—자—	쏴아쏴아
サービス	[service]	사—비스	서비스する
サービスエリア	[service area]	사—비스에리아	휴게소
サービスぎょう	[service業]	사—비스교—	서비스업
サーフィン	[surfing]	사—휘ㄴ	서핑
サーモン	[salmon]	사—모ㄴ	연어
さい	[差異]	사이	차이
さい	[歳]	사이	~세, ~살
さいあく	[最悪]	사이아꾸	최악
ざいあく	[罪悪]	자이아꾸	죄악
さいえん	[才媛]	사이에ㄴ	재원
さいかい	[再会]	사이까이	재회する
さいがい	[災害]	사이가이	재해
ざいがく	[在学]	자이가꾸	재학する
さいき	[再起]	사이끼	재기する
さいきん	[最近]	사이끼ㄴ	최근
さいきん	[細菌]	사이끼ㄴ	세균
サイクル	[cycle]	사이꾸루	사이클, 주기
さいけつ	[採血]	사이께츠	채혈する
さいげつ	[歳月]	사이게츠	세월
さいけん	[再建]	사이께ㄴ	재건する
さいけん	[債権]	사이께ㄴ	채권
さいご	[最後]	사이고	마지막
ざいこ	[在庫]	자이꼬	재고
さいこう	[最高]	사이꼬—	최고
さいこうさいばんしょ	[最高裁判所]	사이꼬—사이바ㄴ쇼	대법원
さいころ		사이꼬로	주사위
さいこん	[再婚]	사이꼬ㄴ	재혼する
ざいさん	[財産]	자이사ㄴ	재산

さいし	[妻子]	사이시	처자
さいしゅう	[最終]	사이슈-	최종, 최후
さいしゅう	[採集]	사이슈-	채집する
ざいじゅう	[在住]	자이쥬-	거주する
さいしょ	[最初]	사이쇼	처음, 최초
さいしょう	[最小]	사이쇼-	최소
さいじょう	[最上]	사이죠-	최상
さいしょく	[菜食]	사이쇼꾸	채식
ざいしょく	[在職]	자이쇼꾸	재직する
さいしん	[最新]	사이시ㄴ	최신
サイズ	[size]	사이즈	사이즈
さいせい	[再生]	사이세-	재생する
ざいせい	[財政]	자이세-	재정
さいぜん	[最善]	사이제ㄴ	최선
さいそく	[催促]	사이소꾸	재촉, 독촉する
サイダー	[cider]	사이다-	사이다
さいだい	[最大]	사이다이	최대
ざいたく	[在宅]	자이따꾸	재택
さいたまけん	[埼玉県]	사이따마께ㄴ	사이타마현
ざいだん	[財団]	자이다ㄴ	재단
さいちゅう	[最中]	사이츄-	한창인 때
さいてい	[最低]	사이떼-	최저, 최소한
サイト	[site]	사이또	사이트
サイド	[side]	사이도	사이드, 옆
サイドミラー	[side-view mirror]	사이도미라-	사이드미러
さいなん	[災難]	사이나ㄴ	재난
ざいにん	[在任]	자이니ㄴ	재임する
ざいにん	[罪人]	자이니ㄴ	죄인
さいのう	[才能]	사이노-	재능
さいばい	[栽培]	사이바이	재배する
ざいばつ	[財閥]	자이바츠	재벌
さいはん	[再版]	사이하ㄴ	재판する
さいばん	[裁判]	사이바ㄴ	재판する
さいばんかん	[裁判官]	사이바ㅇ까ㄴ	재판관, 법관
さいばんしょ	[裁判所]	사이바ㄴ쇼	법원
さいふ	[財布]	사이후	지갑
さいぼう	[細胞]	사이보-	세포
さいみんじゅつ	[催眠術]	사이미ㄴ쥬츠	최면술
さいむ	[債務]	사이무	채무
ざいもく	[材木]	자이모꾸	재목

さいよう	[採用]	사이요-	채용する⊙
ざいりょう	[材料]	자이료-	재료
ざいりょく	[財力]	자이료꾸	재력
サイレン	[siren]	사이레ㄴ	사이렌
さいわい	[幸い]	사이와이	다행, 요행
サイン	[sign]	사이ㄴ	사인
サウナ	[sauna]	사우나	사우나
さえ		사에	~조차, ~마저
さえぎる	[遮る]	사에기루	가리다, 가로막다
さえずる	[囀る]	사에즈루	지저귀다
さお	[竿]	사오	장대
さか	[坂]	사까	비탈
さがけん	[佐賀県]	사가께ㄴ	사가현
さかさま	[逆様]	사까사마	거꾸로 매달린 상태
さがす	[探す]	사가스	찾다
さがす	[捜す]	사가스	찾다
さかずき	[杯]	사까즈끼	술잔
さかだい	[酒代]	사까다이	술값
さかだち	[逆立ち]	사까다치	물구나무서기
さかな	[魚]	사까나	생선, 물고기
さかなや	[魚屋]	사까나야	생선가게
さかなりょうり	[魚料理]	사까나료-리	생선요리
さかのぼる	[遡る]	사까노보루	거슬러 올라가다
さかみち	[坂道]	사까미치	비탈길
さかば	[酒場]	사까바	술집
さかや	[酒屋]	사까야	주류판매점
さからう	[逆らう]	사까라우	거스르다, 거역하다
さがる	[下がる]	사가루	내려가다, 떨어지다
さかん	[盛ん]	사까ㄴ	왕성함, 번성함
さき	[先]	사끼	앞, 선두, 끝
さぎ	[詐欺]	사기	사기
さきごろ	[先頃]	사끼고로	일전, 요전
さきだつ	[先立つ]	사끼다츠	앞서다
さきに	[先に]	사끼니	먼저, 앞서
さきばらい	[先払い]	사끼바라이	선불
さきほど	[先程]	사끼호도	조금 전
さぎょう	[作業]	사교-	작업
さく	[咲く]	사꾸	꽃이 피다
さくご	[錯誤]	사꾸고	착오
さくし	[作詞]	사ㄱ시	작사

さくじつ	[昨日]	사꾸지츠	어제
さくしゃ	[作者]	사ㄱ샤	작자
さくじょ	[削除]	사꾸죠	삭제する
さくせい	[作成]	사ㄱ세-	작성する
さくせん	[作戦]	사ㄱ세ㄴ	작전
さくねん	[昨年]	사꾸네ㄴ	작년
さくばん	[昨晩]	사꾸바ㄴ	어젯밤
さくひん	[作品]	사꾸히ㄴ	작품
さくぶん	[作文]	사꾸부ㄴ	작문
さくや	[昨夜]	사꾸야	어젯밤
さくら	[桜]	사꾸라	벚꽃
さくらのき	[桜の木]	사꾸라노끼	벚나무
さくらんぼ		사꾸라ㅁ보	버찌
さくりゃく	[策略]	사꾸랴꾸	책략
さぐる	[探る]	사구루	뒤지다, 찾다
ざくろ	[柘榴]	자꾸로	석류
さけ	[酒]	사께	술, 요리술
さけ	[鮭]	사께	연어
さげすむ	[蔑む]	사게스무	멸시하다, 경멸하다
さけぶ	[叫ぶ]	사께부	외치다, 부르짖다
さける	[裂ける]	사께루	찢어지다, 터지다
さける	[避ける]	사께루	피하다
さげる	[下げる]	사게루	내리다
ざこ	[雑魚]	자꼬	잡어, 송사리
ささえる	[支える]	사사에루	지탱하다, 떠받치다
ささげる	[捧げる]	사사게루	바치다
さざなみ	[さざ波]	사자나미	잔물결
ささやか	[細やか]	사사야까	자그마함, 조촐함
ささやく	[囁く]	사사야꾸	속삭이다
さじ	[匙]	사지	숟가락, 수저
さしあげる	[差し上げる]	사시아게루	드리다
さしあたり	[差し当り]	사시아따리	당장, 당분간
さしおさえ	[差し押さえ]	사시오사에	차압
ざしき	[座敷]	자시끼	객실
さしずめ		사시즈메	우선, 결국
さしつかえ	[差し支え]	사시츠까에	지장
さしみ	[刺身]	사시미	생선회
さしょう	[査証]	사쇼-	사증する
さす	[差す]	사스	가리다
さす	[刺す]	사스	찌르다

さす	[指す]	사스	가리키다
さす	[挿す]	사스	꽂다
さすが		사스가	과연, 역시
さすらい	[流離い]	사스라이	방랑, 유랑
さすらう	[流離う]	사스라우	방랑하다, 유랑하다
ざせき	[座席]	자세끼	좌석
させつ	[左折]	사세츠	좌회전する
ざせつ	[挫折]	자세츠	좌절する
さそう	[誘う]	사소우	꾀다, 유혹하다
さだまる	[定まる]	사다마루	정해지다
さだめる	[定める]	사다메루	정하다
ざだんかい	[座談会]	자다ㅇ까이	좌담회
さつ	[冊]	사츠	~권
さついれ	[札入れ]	사츠이레	지갑
さつえい	[撮影]	사츠에-	촬영する
さつえいきんし	[撮影禁止]	사츠에-끼ㄴ시	촬영금지
ざつおん	[雑音]	자츠오ㄴ	잡음
さっか	[作家]	사ㄱ까	작가
サッカー	[soccer]	사ㄱ까-	축구
さつがい	[殺害]	사츠가이	살해する
さっかく	[錯覚]	사ㄱ까꾸	착각する
ざっかてん	[雑貨店]	자ㄱ까떼ㄴ	잡화점
さっき		사ㄱ끼	아까, 앞서
さっきょく	[作曲]	사ㄱ꾜꾸	작곡する
さっきょくか	[作曲家]	사ㄱ꾜ㄱ까	작곡가
さっさと		사사사또	서둘러, 척척
ざっし	[雑誌]	자ㅅ시	잡지
サッシ	[sash]	사ㅅ시	새시, 창틀
さつじん	[殺人]	사츠지ㄴ	살인する
ざっそう	[雑草]	자ㅅ소-	잡초
さっそく	[早速]	사ㅅ소꾸	즉시, 곧
さつたば	[札束]	사츠따바	지폐뭉치
ざつだん	[雑談]	자츠다ㄴ	잡담する
さっとう	[殺到]	사ㅅ또-	쇄도する
ざつねん	[雑念]	자츠네ㄴ	잡념
さっぱりしている		사ㅂ빠리시떼이루	산뜻하다
ざっぴ	[雑費]	자ㅂ삐	잡비
さっぽろ	[札幌]	사ㅂ뽀로	삿포로
さつまいも	[さつま芋]	사츠마이모	고구마
さて		사떼	그런데, 그러면

さといも	[里芋]	사또이모	토란
さとう	[砂糖]	사또-	설탕
さどう	[茶道]	사도-	다도
さとり	[悟り]	사또리	깨달음
さとる	[悟る]	사또루	깨닫다
さながら		사나가라	마치, 영락없이
さなぎ	[蛹]	사나기	번데기
さば	[鯖]	사바	고등어
さばく	[砂漠]	사바꾸	사막
さび	[錆]	사비	녹
さび		사비	예스러운 정취
さびしい	[寂しい]	사비시이	외롭다, 쓸쓸하다
さびる	[錆びる]	사비루	녹슬다
サファイア	[sapphire]	사화이아	사파이어
ざぶとん	[座布団]	자부또ㄴ	방석
さべつ	[差別]	사베츠	차별する v
さほう	[作法]	사호-	예의범절
サボテン		사보떼ㄴ	선인장
さほど		사호도	과히, 그리
サボる		사보루	수업을 빼먹다
さまざま	[様々]	사마자마	가지각색, 여러 가지
さまたげる	[妨げる]	사마따게루	방해하다, 지장을 주다
さまよう	[さ迷う]	사마요우	헤매다, 떠돌다
さむい	[寒い]	사무이	춥다
さむがりや	[寒がり屋]	사무가리야	추위를 잘 타는 사람
サムゲタン		사무게따ㅇ	삼계탕
さむけ	[寒気]	사무께	한기, 오한
さむらい	[侍]	사무라이	사무라이
さめ	[鮫]	사메	상어
さめる	[冷める]	사메루	식다
さめる	[覚める]	사메루	깨다
さゆう	[左右]	사유-	좌우する v
さよう	[作用]	사요-	작용する v
さようなら		사요-나라	안녕히 계세요, 안녕히 가세요
さら	[皿]	사라	접시
さらあらい	[皿洗い]	사라아라이	설거지
さらいげつ	[再来月]	사라이게츠	다음 다음달
さらいしゅう	[再来週]	사라이슈-	다음 다음주
さらいねん	[再来年]	사라이네ㄴ	내후년
さらう	[攫う]	사라우	낚아채다, 휩쓸다

さらけだす	[さらけ出す]	사라께다스	드러내다
ざらざら		자라자라	거칠거칠, 까칠까칠
サラダ	[salad]	사라다	샐러드
サラダゆ	[サラダ油]	사라다유	식용유
さらに		사라니	더욱더, 그 위에
サラリーマン	[salaried man]	사라리-마ㄴ	샐러리맨, 월급쟁이
さる	[猿]	사루	원숭이
さる	[去る]	사루	떠나다, 사라지다
ざる		자루	소쿠리
さるすべり	[百日紅]	사루스베리	백일홍
さるどし	[猿年]	사루도시	원숭이띠
ざりがに		자리가니	가재
さわがしい	[騒がしい]	사와가시이	시끄럽다, 성가시다
さわぎだてる	[騒ぎ立てる]	사와기다떼루	떠들어대다
さわぐ	[騒ぐ]	사와구	떠들다
ざわめく		자와메꾸	와글거리다
さわやか	[爽やか]	사와야까	상쾌함, 산뜻함
さわる	[触る]	사와루	만지다, 닿다
さん	[三]	사ㄴ	3, 셋
さんか	[参加]	사ㅇ까	참가する
さんかく	[三角]	사ㅇ까꾸	삼각, 세모
さんかくかんけい	[三角関係]	사ㅇ까ㄱ까ㅇ께-	삼각관계
さんがつ	[三月]	사ㅇ가츠	3월
さんかっけい	[三角形]	사ㅇ까ㄱ께-	삼각형
さんぎいん	[参議院]	사ㅇ기이ㄴ	참의원
さんぎょう	[産業]	사ㅇ교-	산업
ざんぎょう	[残業]	자ㅇ교-	잔업する
ざんきん	[残金]	자ㅇ끼ㄴ	잔금
サングラス	[sunglasses]	사ㅇ구라스	선글라스
ざんげ	[懺悔]	자ㅇ게	참회する
さんけんぶんりつ	[三権分立]	사ㅇ께ㅁ부ㄴ리츠	삼권분립
さんご	[珊瑚]	사ㅇ고	산호
さんこうしょ	[参考書]	사ㅇ꼬-쇼	참고서
ざんこく	[残酷]	자ㅇ꼬꾸	잔혹
さんざん		사ㄴ자ㄴ	호되게, 마구
さんじゅ	[傘寿]	사ㄴ쥬	80살
さんじゅう	[三十]	사ㄴ쥬-	30
さんじゅうにち	[三十日]	사ㄴ쥬-니치	30일
さんしゅつ	[算出]	사ㄴ슈츠	산출する
ざんしょみまい	[残暑見舞い]	자ㄴ쇼미마이	잔쇼미마이(8월)

さんすう	[算数]	산스-	산수
さんすいが	[山水画]	산스이가	산수화
さんせい	[酸性]	산세-	산성
さんせい	[賛成]	산세-	찬성하다
さんそ	[酸素]	산소	산소
さんそう	[山荘]	산소-	산장
さんぞく	[山賊]	산조꾸	산적
ざんだか	[残高]	잔다까	잔고
サンダル	[sandal]	산다루	샌들
さんたん	[惨憺]	산딴	참담
さんち	[産地]	산치	산지
サンチュ		사츄	상추
サンドイッチ	[sandwich]	산도이ㅅ치	샌드위치
ざんにん	[残忍]	잔닌	잔인
ざんねん	[残念]	잔넨	유감
さんばし	[桟橋]	삼바시	선창, 부두
さんぱつ	[散髪]	삼빠츠	산발하다
さんびか	[賛美歌]	삼비까	찬송가
さんぷく	[山腹]	삼뿌꾸	산허리
さんふじんか	[産婦人科]	산후지ㅇ까	산부인과
さんぶつ	[産物]	삼부츠	산물
サンプル	[sample]	삼뿌루	샘플
さんぽ	[散歩]	삼뽀	산책하다
さんま		삼마	꽁치
さんみゃく	[山脈]	삼먀꾸	산맥
さんりん	[山林]	산린	산림

し	[四]	시	4, 넷
し	[詩]	시	시
し	[市]	시	시
し	[死]	시	죽음
し		시	~고
じ	[時]	지	~시
しあい	[試合]	시아이	시합する♡
じあい	[慈愛]	지아이	자애
しあげ	[仕上げ]	시아게	마무리
しあげる	[仕上げる]	시아게루	완성시키다, 마무리하다
しあさって	[明明後日]	시아사ㅅ떼	글피
しあわせ	[幸せ]	시아와세	행복
しあん	[思案]	시아ㄴ	궁리する♡
しい	[思惟]	시이	사유する♡
じい	[自慰]	지이	자위する♡
じい	[示威]	지이	시위, 데모する♡
しいく	[飼育]	시이꾸	사육する♡
ジージャン	[Gジャン]	지-쟈ㄴ	청재킷
シーズン	[season]	시-즈ㄴ	시즌, 계절
シーソー	[seesaw]	시-소-	시소
しいたけ	[椎茸]	시-따께	표고버섯
シーツ	[sheet]	시-츠	침대시트
しいて	[強いて]	시이떼	억지로, 굳이, 구태여
CDデッキ	[CD deck]	시-디-데ㄱ끼	CD플레이어
シート	[sheet]	시-또	시트, 넓은 천
シートベルト	[seat belt]	시-또베루또	안전벨트
ジーパン	[Gパン]	지-빠ㄴ	청바지
シーフード	[seafood]	시-후-도	해물
しいる	[強いる]	시이루	강요하다
しいれる	[仕入れる]	시이레루	사들이다, 매입하다
シーン	[scene]	시-ㄴ	신, 장면
じいん	[寺院]	지이ㄴ	사원, 절
しうち	[仕打ち]	시우치	처사

じえいぎょうしゃ	[自営業者]	지에-교-샤	자영업자
じえいたい	[自衛隊]	지에-따이	자위대
シェービングクリーム	[shaving cream]	세-비ㅇ구꾸리-무	세이빙크림
ジェットコースター	[jet coaster]	제ㅅ또꼬-스따-	제트코스터
ジェル	[gel]	제루	젤
しえん	[支援]	시에ㄴ	지원する
しお	[塩]	시오	소금
しおからい	[塩辛い]	시오까라이	짜다
しおけ	[塩気]	시오께	소금기, 염분
しおしお		시오시오	맥없이, 풀이 죽어서
しおみず	[塩水]	시오미즈	소금물
しおれる	[萎れる]	시오레루	시들다, 풀이 죽다
しか	[歯科]	시까	치과
しか	[鹿]	시까	사슴
しか		시까	~밖에
じが	[自我]	지가	자아
しかい	[歯科医]	시까이	치과의사
しかい	[司会]	시까이	사회
しがい	[市街]	시가이	시가
しがい	[死骸]	시가이	시체
じがい	[自害]	지가이	자해する
しがいせん	[紫外線]	시가이세ㄴ	자외선
しがいつうわ	[市外通話]	시가이츠-와	시외통화
しかえし	[仕返し]	시까에시	보복, 복수する
しかく	[四角]	시까꾸	사각, 네모
しかく	[資格]	시까꾸	자격
しかく	[視覚]	시까꾸	시각
しかくい	[四角い]	시까꾸이	네모지다, 네모나다
しかけ	[仕掛け]	시까께	장치, 속임수
しがけん	[滋賀県]	시가께ㄴ	시가현
しかし		시까시	그러나, 그렇지만
しかしながら		시까시나가라	그렇지만, 그러나
しかた	[仕方]	시까따	방도, 수단
しがつ	[四月]	시가츠	4월
しかめる	[顰める]	시까메루	찌푸리다
しかも		시까모	더구나, 게다가
しかる	[叱る]	시까루	혼내다, 꾸짖다
しがん	[志願]	시가ㄴ	지원する
じかん	[時間]	지까ㄴ	시간
しき	[四季]	시끼	사계절

しき	[指揮]	시끼	지휘する
じき	[時期]	지끼	시기
しきい	[敷居]	시끼이	문턱, 문지방
しききん	[敷金]	시끼끼ㄴ	보증금
しきさい	[色彩]	시끼사이	색채
しきしゃ	[指揮者]	시끼샤	지휘자
しきそ	[色素]	시끼소	색소
しきち	[敷地]	시끼치	부지
じきに	[直に]	지끼니	곧, 바로
しきぶとん	[敷き布団]	시끼부또ㄴ	요
しきべつ	[識別]	시끼베츠	식별する
しきもう	[色盲]	시끼모-	색맹
しきもの	[敷物]	시끼모노	깔개
しきゅう	[子宮]	시뀨-	자궁
しきゅう	[支給]	시뀨-	지급する
じぎょう	[事業]	지교-	사업する
しきり	[仕切り]	시끼리	칸막이
しきりに	[頻りに]	시끼리니	연달아, 자꾸만
しきん	[資金]	시끼ㄴ	자금
しく	[敷く]	시꾸	깔다
しぐさ	[仕草]	시구사	처사, 짓
しくしく		시꾸시꾸	훌쩍훌쩍
しくじる		시꾸지루	실수하다, 망치다
シグナル	[signal]	시구나루	시그널, 신호기
しけい	[死刑]	시께-	사형
しげき	[史劇]	시게끼	사극
しげき	[刺激]	시게끼	자극する
じけつ	[自決]	지께츠	자결する
しげる	[茂る]	시게루	무성하다, 우거지다
しけん	[試験]	시께ㄴ	시험
しげん	[資源]	시게ㄴ	자원
じけん	[事件]	지께ㄴ	사건
じげん	[次元]	지게ㄴ	차원
しけんかん	[試験管]	시께ㅇ까ㄴ	시험관
じこ	[事故]	지꼬	사고
じこ	[自己]	지꼬	자기
しこう	[嗜好]	시꼬-	기호
しこう	[思考]	시꼬-	사고する
しこう	[施行]	시꼬-	시행する
じこう	[事項]	지꼬-	사항

じこく	[時刻]	지꼬꾸	시각
じごく	[地獄]	지고꾸	지옥
しこくちほう	[四国地方]	시꼬꾸치호-	시코쿠지역
じこくひょう	[時刻表]	지꼬꾸효-	시간표
しごと	[仕事]	시고또	일
じさ	[時差]	지사	시차
しさく	[施策]	시사꾸	시책
じさつ	[自殺]	지사츠	자살する
じさんきん	[持参金]	지사ㅇ끼ㄴ	지참금
しし	[獅子]	시시	사자
しじ	[指示]	시지	지시する
しじ	[支持]	시지	지지する
ししざ	[獅子座]	시시자	사자자리
じじつ	[事実]	지지츠	사실
ししゃ	[支社]	시샤	지사
じしゃく	[磁石]	지샤꾸	자석
じしゅ	[自主]	지슈	자주
ししゅう	[刺繡]	시슈-	자수する
しじゅう	[始終]	시쥬-	줄곧, 시종
じしゅう	[自習]	지슈-	자습する
ししゅつ	[支出]	시슈츠	지출する
ししゅんき	[思春期]	시슈ㅇ끼	사춘기
じしょ	[辞書]	지쇼	사전
じじょ	[次女]	지죠	차녀
ししょう	[師匠]	시쇼-	스승
しじょう	[市場]	시죠-	시장
じじょう	[事情]	지죠-	사정
ししょく	[試食]	시쇼꾸	시식する
じしょく	[辞職]	지쇼꾸	사직する
じじょでん	[自叙伝]	지죠떼ㄴ	자서전
しじん	[詩人]	시지ㄴ	시인
じしん	[地震]	지시ㄴ	지진
じしん	[自身]	지시ㄴ	자신
じすい	[自炊]	지스이	자취する
しずおかけん	[静岡県]	시즈오까께ㄴ	시즈오카현
しずか	[静か]	시즈까	조용함, 고요함
しずく	[滴]	시즈꾸	물방울
システム	[system]	시스떼무	시스템
しずまる	[静まる]	시즈마루	조용해지다, 진정되다
しずむ	[沈む]	시즈무	가라앉다

しずめる	[沈める]	시즈메루	가라앉히다
しせい	[姿勢]	시세-	자세
じせい	[自制]	지세-	자제する
じせい	[自生]	지세-	자생する
じせい	[自省]	지세-	자성する
しせいじ	[私生児]	시세-지	사생아
しせつ	[施設]	시세츠	시설
しせん	[視線]	시세ㄴ	시선
しぜん	[自然]	시제ㄴ	자연
じぜん	[事前]	지제ㄴ	사전
じぜん	[慈善]	지제ㄴ	자선
しぜんかがく	[自然科学]	시제ㅇ까가꾸	자연과학
しそ	[紫蘇]	시소	차조기
しそう	[思想]	시소-	사상
じそく	[時速]	지소꾸	시속
じぞく	[持続]	지조꾸	지속する
しそん	[子孫]	시소ㄴ	자손
した	[下]	시따	아래, 밑
した	[舌]	시따	혀
じたい	[事態]	지따이	사태
じだい	[時代]	지다이	시대, 시절
しだいに	[次第に]	시다이니	차츰, 점차
したう	[慕う]	시따우	사모하다, 그리워하다
したうけ	[下請け]	시따우께	하청する
したうち	[舌打ち]	시따우치	혀를 참する
したがう	[従う]	시따가우	따르다
したがき	[下書き]	시따가끼	초고, 초안
したがって	[従って]	시따가ㅅ떼	따라서, 그러므로
したぎ	[下着]	시따기	속옷
したく	[支度]	시따꾸	준비, 채비する
じたく	[自宅]	지따꾸	자택
したごころ	[下心]	시따고꼬로	본심, 속셈
したごしらえ	[下ごしらえ]	시따고시라에	미리 준비함, 사전 준비する
したじ	[下地]	시따지	메이컵베이스
したしい	[親しい]	시따시이	친하다, 친숙하다
したじき	[下敷]	시따지끼	책받침
したしらべ	[下調べ]	시따시라베	예비조사する
したたる	[滴る]	시따따루	방울져 떨어지다
したつづみ	[舌鼓]	시따츠즈미	입맛을 다심
したまわる	[下回る]	시따마와루	밑돌다

したやく	[下役]	시따야꾸	하급관리
しち	[七]	시치	7, 일곱
じち	[自治]	지치	자치
しちがつ	[七月]	시치가츠	7월
しちごさん	[七五三]	시치고사ㄴ	시치고산
じちたい	[自治体]	지치따이	자치 단체
しちめんちょう	[七面鳥]	시치메ㄴ쵸-	칠면조
しちや	[質屋]	시치야	전당포
しちゃく	[試着]	시챠꾸	시착, 입어봄する
シチュー	[stew]	시츄-	스튜
しちょう	[市長]	시쵸-	시장
しちょう	[視聴]	시쵸-	시청する
じちょう	[次長]	지쵸-	차장
しちょうりつ	[視聴率]	시쵸-리츠	시청률
じっか	[実家]	지ㄱ까	친정, 본가
しっかり		시ㄱ까리	꼭, 꽉, 단단히する
しつぎょう	[失業]	시츠교-	실업する
じっくり		지ㄱ꾸리	곰곰이, 차분히
しっけい	[失敬]	시ㄱ께-	실례する
しつげん	[失言]	시츠게ㄴ	실언する
じっけん	[実験]	지ㄱ께ㄴ	실험する
じつげん	[実現]	지츠게ㄴ	실현する
じっけんしつ	[実験室]	지ㄱ께ㄴ시츠	실험실
しつこい		시츠꼬이	끈질기다, 끈덕지다, 집요하다
しっこう	[執行]	시ㄱ꼬-	집행する
じっこう	[実行]	지ㄱ꼬-	실행する
じっさい	[実際]	지ㅅ사이	실제
じっし	[実施]	지ㅅ시	실시する
じっしゅう	[実習]	지ㅅ슈-	실습する
じつじょう	[実情]	지츠죠-	실정
じっせき	[実績]	지ㅅ세끼	실적
じっせん	[実践]	지ㅅ세ㄴ	실천する
しっそ	[質素]	시ㅅ소	검소
しっそう	[失踪]	시ㅅ소-	실종する
しっそう	[疾走]	시ㅅ소-	질주する
しった	[叱咤]	시ㅅ따	질타する
じったい	[実態]	지ㅅ따이	실태
じったい	[実体]	지ㅅ따이	실체
しっと	[嫉妬]	시ㅅ또	질투する
しつど	[湿度]	시츠도	습도

しっとう	[執刀]	시ㅅ또-	집도する
しっとり		시ㅅ또리	촉촉이
しつない	[室内]	시츠나이	실내
じつに	[実に]	지츠니	실로, 참으로
ジッパー	[zipper]	지ㅂ빠-	지퍼
しっぱい	[失敗]	시ㅂ빠이	실패する
しっぴつ	[執筆]	시ㅂ삐츠	집필する
しっぷ	[湿布]	시ㅂ뿌	파스, 찜질する
しっぽ	[尻尾]	시ㅂ뽀	꼬리
しつぼう	[失望]	시츠보-	실망する
しっぽり		시ㅂ뽀리	흠뻑, 촉촉이
しつめい	[失明]	시츠메-	실명する
しつもん	[質問]	시츠모ㄴ	질문する
しつよう	[執拗]	시츠요-	집요
じつよう	[実用]	지츠요-	실용
じつりょく	[実力]	지츠료꾸	실력
しつれい	[失礼]	시츠레-	실례する
しつれん	[失恋]	시츠레ㄴ	실연する
じつわ	[実話]	지츠와	실화
してい	[指定]	시떼-	지정する
していせき	[指定席]	시떼-세끼	지정석
しでかす		시데까스	저지르다, 해버리다
してき	[指摘]	시떼끼	지적する
してき	[私的]	시떼끼	사적
してん	[支店]	시떼ㄴ	지점
じてん	[辞典]	지떼ㄴ	사전
じてん	[時点]	지떼ㄴ	시점
じてんしゃ	[自転車]	지떼ㄴ샤	자전거
しどう	[指導]	시도-	지도する
じどう	[児童]	지도-	아동
じどう	[自動]	지도-	자동
じどうしゃ	[自動車]	지도-샤	자동차
じどうはんばいき	[自動販売機]	지도-하ㅁ바이끼	자동판매기
しとしと		시또시또	부슬부슬
しない	[市内]	시나이	시내
しないつうわ	[市内通話]	시나이츠-와	시내통화
しなぎれ	[品切れ]	시나기레	품절
しなびる	[萎びる]	시나비루	시들다
しなもの	[品物]	시나모노	물건
しなやか		시나야까	나긋나긋함, 유연함

じなん	[次男]	지나ㅇ	차남
しぬ	[死ぬ]	시누	죽다
しのぶ	[忍ぶ]	시노부	모르게 하다, 견디다, 참다
しのぶ	[偲ぶ]	시노부	그리워하다, 사모하다
しはい	[支配]	시하이	지배하다
しばい	[芝居]	시바이	연극
じはく	[自白]	지하꾸	자백하다
しばしば		시바시바	종종, 자주
しばたく	[瞬く]	시바따꾸	깜빡거리다
しはつれっしゃ	[始発列車]	시하츠레ㅅ샤	첫 열차
しばふ	[芝生]	시바후	잔디
しはらい	[支払い]	시하라이	지불하다
しはらう	[支払う]	시하라우	지불하다
しばらく		시바라꾸	잠깐, 잠시, 당분간
しばる	[縛る]	시바루	묶다, 매다
しはん	[師範]	시하ㄴ	사범
しはん	[市販]	시하ㄴ	시판하다
じばん	[地盤]	지바ㄴ	지반
じひ	[慈悲]	지히	자비
じびか	[耳鼻科]	지비까	이비인후과
じびき	[字引き]	지비끼	옥편
じひょう	[辞表]	지효-	사표
じびょう	[持病]	지뵤-	지병
しびれる	[痺れる]	시비레루	저리다, 마비되다
しぶい	[渋い]	시부이	떫다, 수수하다
しぶき	[飛沫]	시부끼	물보라
ジプシー	[Gypsy]	지뿌시-	집시
しぶしぶ		시부시부	마지못해, 할 수 없이
じぶん	[自分]	지부ㄴ	자신, 자기
しへい	[紙幣]	시헤-	지폐
じべた	[地べた]	지베따	땅바닥, 지면
しほう	[司法]	시호-	사법
しほう	[四方]	시호-	사방
しぼう	[脂肪]	시보-	지방
しぼう	[死亡]	시보-	사망하다
しぼむ	[萎む]	시보무	시들다, 오므라들다
しぼり	[絞り]	시보리	물수건
しぼる	[絞る]	시보루	쥐어짜다
しほん	[資本]	시호ㄴ	자본
しほんしゅぎ	[資本主義]	시호ㄴ슈기	자본주의

しま	[島]	시마	섬
しま	[縞]	시마	줄무늬
しまい	[姉妹]	시마이	자매
しまう	[終う]	시마우	끝나다, 끝마치다
しまう	[仕舞う]	시마우	끝내다, 간수하다
しまうま	[縞馬]	시마우마	얼룩말
じまえ	[~時前]	지마에	~시 전
じまく	[字幕]	지마꾸	자막
しまぐに	[島国]	시마구니	섬나라
しましま		시마시마	스트라이프
しまつしょ	[始末書]	시마츠쇼	시말서
しまねけん	[島根県]	시마네껜	시마네현
しまもよう	[縞模様]	시마모요-	얼룩말무늬, 줄무늬
しまる	[閉まる]	시마루	닫히다
しまる	[締まる]	시마루	죄이다
しみ		시미	기미
しみ	[染み]	시미	얼룩
じみ	[地味]	지미	수수함, 검소함
しみず	[清水]	시미즈	맑은 물
しみじみ		시미지미	절실히, 곰곰이
しみる	[染みる]	시미루	스며들다, 배다
しみん	[市民]	시미ㄴ	시민
じむ	[事務]	지무	사무하다
じむいん	[事務員]	지무이ㅇ	사무원
じむしょ	[事務所]	지무쇼	사무실
しめい	[使命]	시메-	사명
しめい	[氏名]	시메-	성명
しめい	[指名]	시메-	지명하다
しめきり	[閉め切り]	시메끼리	마감
じめじめ		지메지메	축축, 눅눅하다
しめす	[示す]	시메스	나타내다
じめつ	[自滅]	지메츠	자멸하다
しめっぽい	[湿っぽい]	시메ㅂ뽀이	축축하다, 눅눅하다
しめる	[閉める]	시메루	닫다
しめる	[湿る]	시메루	습기가 차다, 눅눅해지다
しめる	[占める]	시메루	차지하다
しめる	[締める]	시메루	죄다, 매다
しも	[霜]	시모	서리
じもとりょうり	[地元料理]	지모또료-리	향토요리
しもやけ	[霜焼け]	시모야께	동상

しもん	[指紋]	시모ㄴ	지문
しもん	[諮問]	시모ㄴ	자문する
しや	[視野]	시야	시야
じゃあ		쟈-	그러면, 그럼
ジャーナリスト	[journalist]	쟈-나리스또	저널리스트
シャープペン	[sharp pencil]	샤-뿌뻬ㄴ	샤프
シャープペンシル	[sharp pencil]	샤-뿌뻬ㄴ시루	샤프펜슬
しゃいん	[社員]	샤이ㄴ	사원
しゃおく	[社屋]	샤오꾸	사옥
しゃか	[釈迦]	샤ㄱ까	석가
しゃかい	[社会]	샤까이	사회
しゃかいかがく	[社会科学]	샤까이까가꾸	사회과학
しゃかいがく	[社会学]	샤까이가꾸	사회학
しゃかいしゅぎ	[社会主義]	샤까이슈기	사회주의
じゃがいも	[じゃが芋]	쟈가이모	감자
しゃがむ		샤가무	쪼그리고 앉다, 웅크리다
しゃくし	[杓子]	샤ㄱ시	국자
しやくしょ	[市役所]	시야ㄱ쇼	시청
じゃぐち	[蛇口]	쟈구치	수도꼭지
じゃくてん	[弱点]	쟈ㄱ떼ㄴ	약점
しゃくど	[尺度]	샤꾸도	척도, 치수
しゃくはち	[尺八]	샤꾸하치	퉁소
しゃくほう	[釈放]	샤꾸호-	석방する
しゃくや	[借家]	샤꾸야	셋집
しゃくよう	[借用]	샤꾸요-	차용する
しゃげき	[射撃]	샤게끼	사격する
ジャケット	[jacket]	쟈께ㅅ또	재킷
しゃこ	[車庫]	샤꼬	차고
しゃこう	[社交]	샤꼬-	사교
しゃこうてき	[社交的]	샤꼬-떼끼	사교적
しゃしょう	[車掌]	샤쇼-	차장
しゃしん	[写真]	샤시ㄴ	사진
ジャズ	[jazz]	쟈즈	재즈
ジャスミン	[jasmine]	쟈스미ㄴ	재스민
しゃせつ	[社説]	샤세츠	사설
しゃそう	[車窓]	샤소-	차창
しゃだん	[遮断]	샤다ㄴ	차단する
しゃちょう	[社長]	샤쵸-	사장
シャツ	[shirts]	샤츠	셔츠
しゃっかん	[借款]	샤ㄱ까ㄴ	차관

じゃっかん	[若干]	쟈ㄱ까ㄴ	약간
しゃっきん	[借金]	샤ㄱ끼ㄴ	빚하다
しゃっくり		샤ㄱ꾸리	딸꾹질하다
シャッター	[shutter]	샤ㅅ따-	셔터
しゃどう	[車道]	샤도-	차도
しゃない	[社内]	샤나이	사내
しゃぶしゃぶ		샤부샤부	샤부샤부
しゃべる	[喋る]	샤베루	지껄이다, 수다를 떨다
シャベル	[shovel]	샤베루	삽
シャボン	[sabao]	샤보ㄴ	비누
じゃま	[邪魔]	쟈마	방해, 실례
ジャム	[jam]	쟈무	잼
しゃめん	[斜面]	샤메ㄴ	사면
しゃもじ		샤모지	주걱
しゃよう	[社用]	샤요-	회사의 용무
しゃよう	[斜陽]	샤요-	석양
しゃり	[舎利]	샤리	스시의 밥, 사리
じゃり	[砂利]	쟈리	자갈
しゃりん	[車輪]	샤리ㄴ	바퀴, 수레바퀴
しゃれ	[洒落]	샤레	익살, 멋을 부림
シャワー	[shower]	샤와-	샤워하다
ジャングル	[jungle]	쟈ㅇ구루	정글, 밀림
じゃんけん		쟈ㅇ께ㄴ	가위바위보
シャンソン	[chanson]	샤ㄴ소ㅇ	샹송
シャンデリア	[chandelier]	샤ㅇ데리아	샹들리에
ジャンパー	[jumper]	쟈ㅁ빠-	점퍼
シャンハイ	[上海]	샤ㅇ하이	상해
ジャンプ	[jump]	쟈ㅁ뿌-	점프
シャンプー	[shampoo]	샤ㅁ뿌-	샴푸
シャンペン	[champagne]	샤ㅁ뻬ㄴ	샴페인
ジャンボ	[jumbo]	쟈ㅁ보	점보, 거대함
ジャンル	[genre]	쟈ㅇ루	장르
しゅ	[主]	슈	주
しゅいろ	[朱色]	슈이로	주홍색
しゆう	[私有]	시유-	사유
しゅう	[週]	슈-	주
じゆう	[自由]	지유-	자유
じゅう	[十]	쥬-	10
じゅう	[銃]	쥬-	총
しゅうあく	[醜悪]	슈-아꾸	추악

しゅうい	[周囲]	슈-이	주위
じゅういち	[十一]	쥬-이치	11
じゅういちがつ	[十一月]	쥬-이치가츠	11월
じゅうおく	[十億]	쥬-오꾸	10억
しゅうかい	[集会]	슈-까이	집회, 모임する⒱
しゅうかく	[収穫]	슈-까꾸	수확する⒱
しゅうがくりょこう	[修学旅行]	슈-가꾸료꼬-	수학여행
じゅうがつ	[十月]	쥬-가츠	10월
しゅうかん	[習慣]	슈-까ㄴ	습관
しゅうかん	[週刊]	슈-까ㄴ	주간
しゅうかんし	[週刊誌]	슈-까ㄴ시	주간지
しゅうぎいん	[衆議院]	슈-기이ㄴ	중의원
じゅうきょ	[住居]	쥬-꾜	주거
しゅうきょう	[宗教]	슈-꾜-	종교
じゅうぎょういん	[従業員]	쥬-교-이ㄴ	종업원
しゅうきん	[集金]	슈-끼ㄴ	수금する⒱
シュークリーム	[chou a lacreme]	슈-꾸리-무	슈크림
じゅうげき	[銃撃]	쥬-게끼	총격する⒱
しゅうけつ	[終結]	슈-께츠	종결する⒱
じゅうけつ	[充血]	쥬-께츠	충혈する⒱
しゅうごう	[集合]	슈-고-	집합する⒱
しゅうさい	[秀才]	슈-사이	수재
しゅうさく	[習作]	슈-사꾸	습작する⒱
しゅうし	[修士]	슈-시	석사
じゅうし	[重視]	쥬-시	중시する⒱
じゅうじ	[従事]	쥬-지	종사する⒱
じゅうじか	[十字架]	쥬-지까	십자가
しゅうしふ	[終止符]	슈-시후	종지부
しゅうじょ	[修女]	슈-죠	수녀
じゅうしょ	[住所]	쥬-쇼	주소
じゅうしょう	[重傷]	쥬-쇼-	중상
じゅうしょう	[重症]	쥬-쇼-	중증
しゅうしょく	[就職]	슈-쇼꾸	취직する⒱
じゅうじろ	[十字路]	쥬-지로	십자로, 네거리
ジュース	[juice]	쥬-스	주스
しゅうせい	[習性]	슈-세-	습성
しゅうせい	[修正]	슈-세-	수정する⒱
じゅうせい	[銃声]	쥬-세-	총성
しゅうせいえき	[修正液]	슈-세-에끼	수정액
じゅうせき	[重責]	쥬-세끼	중책

しゅうせん	[終戦]	슈-세ㄴ	종전
しゅうたい	[醜態]	슈-따이	추태
じゅうだい	[重大]	쥬-다이	중대
じゅうだい	[十代]	쥬-다이	십대
しゅうたいせい	[集大成]	슈-따이세-	집대성
じゅうたく	[住宅]	쥬-따꾸	주택
じゅうたん		쥬-따ㄴ	융단, 카펫
しゅうだん	[集団]	슈-다ㄴ	집단
しゅうちゅう	[集中]	슈-츄-	집중する
しゅうてん	[終点]	슈-떼ㄴ	종점
じゅうてん	[重点]	쥬-떼ㄴ	중점
じゅうでん	[充電]	쥬-데ㄴ	충전する
しゅうと	[舅]	슈-또	시아버지, 장인
じゅうどう	[柔道]	쥬-도-	유도
しゅうとく	[習得]	슈-또꾸	습득する
しゅうとめ	[姑]	슈-또메	시어머니, 장모
じゅうなん	[柔軟]	쥬-나ㄴ	유연
じゅうなんざい	[柔軟剤]	쥬-나ㄴ자이	섬유유연제
じゅうに	[十二]	쥬-니	12
じゅうにがつ	[十二月]	쥬-니가츠	12월
じゅうにしちょう	[十二指腸]	쥬-니시쵸-	십이지장
しゅうにゅう	[収入]	슈-뉴-	수입
しゅうにん	[就任]	슈-니ㄴ	취임する
じゅうはちばん	[十八番]	쥬-하치바ㄴ	장기
じゅうふく	[重複]	쥬-후꾸	중복
じゅうぶん	[充分]	쥬-부ㄴ	충분
しゅうぶんのひ	[秋分の日]	슈-부ㄴ노히	추분
しゅうまつ	[週末]	슈-마츠	주말
じゅうみん	[住民]	쥬-미ㄴ	주민
じゅうやく	[重役]	쥬-야꾸	중역
じゅうよう	[重要]	쥬-요-	중요
じゅうよっか	[十四日]	쥬-요ㄱ까	14일
じゅうらい	[従来]	쥬-라이	종래
しゅうり	[修理]	슈-리	수리する
しゅうりょう	[終了]	슈-료-	종료する
しゅうりょう	[修了]	슈-료-	수료する
じゅうりょう	[重量]	쥬-료-	중량
じゅうりょく	[重力]	쥬-료꾸	중력
しゅえい	[守衛]	슈에-	수위
しゅかん	[主観]	슈까ㄴ	주관

しゅがん	[主眼]	슈가ㄴ	주안
しゅき	[手記]	슈끼	수기
しゅぎ	[主義]	슈기	주의
じゅきょう	[儒教]	쥬교-	유교
じゅぎょう	[授業]	쥬교-	수업する
じゅぎょうりょう	[授業料]	쥬교-료-	수업료
しゅぎょく	[珠玉]	슈교꾸	주옥
じゅく	[塾]	쥬꾸	학원
じゅくご	[熟語]	쥬꾸고	숙어
しゅくじつ	[祝日]	슈꾸지츠	축제일
しゅくしゃ	[宿舎]	슈ㄱ샤	숙사, 숙소
しゅくじょ	[淑女]	슈꾸죠	숙녀
しゅくしょう	[縮小]	슈ㄱ쇼-	축소する
じゅくする	[熟する]	쥬ㄱ스루	익다, 무르익다
しゅくだい	[宿題]	슈꾸다이	숙제する
しゅくちょく	[宿直]	슈ㄱ쵸꾸	숙직する
しゅくてき	[宿敵]	슈ㄱ떼끼	숙적
しゅくでん	[祝電]	슈꾸데ㄴ	축전
しゅくはい	[祝杯]	슈꾸하이	축배
しゅくはく	[宿泊]	슈꾸하꾸	숙박する
しゅくふく	[祝福]	슈꾸후꾸	축복する
しゅくぼう	[宿望]	슈꾸보-	숙망
しゅくめい	[宿命]	슈꾸메-	숙명
じゅくれん	[熟練]	쥬꾸레ㄴ	숙련する
しゅげい	[手芸]	슈게-	수예
しゅけん	[主権]	슈께ㄴ	주권
じゅけん	[受験]	쥬께ㄴ	수험する
しゅご	[主語]	슈고	주어
しゅご	[守護]	슈고	수호する
しゅこう	[手工]	슈꼬-	수공
しゅさい	[主催]	슈사이	주최する
しゅざい	[取材]	슈자이	취재する
しゅし	[種子]	슈시	종자
しゅじい	[主治医]	슈지이	주치의
しゅじゅつ	[手術]	슈쥬츠	수술する
しゅしょう	[首相]	슈쇼-	수상
じゅしょう	[受賞]	쥬쇼-	수상する
じゅしん	[受信]	쥬시ㄴ	수신する
しゅじん	[主人]	슈지ㄴ	남편
しゅじんこう	[主人公]	슈지ㅇ꼬-	주인공

じゅず	[数珠]	쥬즈	염주
しゅせき	[首席]	슈세끼	수석
しゅぞく	[種族]	슈조꾸	종족
しゅだい	[主題]	슈다이	주제
じゅたい	[受胎]	쥬따이	수태する
じゅだく	[受諾]	쥬다꾸	수락する
しゅだん	[手段]	슈단	수단
しゅちょう	[主張]	슈쵸-	주장する
しゅつえん	[出演]	슈츠에ㄴ	출연する
しゅっか	[出荷]	슈ㄱ까	출하する
しゅっきん	[出勤]	슈ㄱ끼ㄴ	출근する
しゅっけ	[出家]	슈ㄱ께	출가する
しゅっけつ	[出血]	슈ㄱ께츠	출혈する
しゅつげん	[出現]	슈츠게ㄴ	출현する
しゅっこ	[出庫]	슈ㄱ꼬	출고する
じゅつご	[述語]	쥬츠고	술어
しゅっこう	[出航]	슈ㄱ꼬-	출항する
しゅっこく	[出国]	슈ㄱ꼬꾸	출국する
しゅつごく	[出獄]	슈츠고꾸	출옥する
しゅっこくてつづき	[出国手続き]	슈ㄱ꼬꾸떼츠즈끼	출국수속
しゅっさん	[出産]	슈ㅅ사ㄴ	출산する
しゅっし	[出資]	슈ㅅ시	출자する
しゅつじん	[出陣]	슈츠지ㄴ	출진する
しゅっしゃ	[出社]	슈ㅅ샤	출근する
しゅっせ	[出世]	슈ㅅ세	출세する
しゅっせい	[出生]	슈ㅅ세-	출생する
しゅっせき	[出席]	슈ㅅ세끼	출석する
しゅっちょう	[出張]	슈ㅅ쵸-	출장する
しゅつどう	[出動]	슈츠도-	출동する
しゅつにゅうこくカード	[出入国カード]	슈츠뉴-꼬꾸까-도	출입국카드
しゅつば	[出馬]	슈츠바	출마する
しゅっぱつ	[出発]	슈ㅂ빠츠	출발する
しゅっぱつじかん	[出発時間]	슈ㅂ빠츠지까ㄴ	출발시간
しゅっぱつち	[出発地]	슈ㅂ빠츠치	출발지
しゅっぱん	[出版]	슈ㅂ빠ㄴ	출판する
しゅっぱん	[出帆]	슈ㅂ빠ㄴ	출범する
しゅっぱんしゃ	[出版社]	슈ㅂ빠ㄴ샤	출판사
しゅつりょく	[出力]	슈츠료꾸	출력する
しゅと	[首都]	슈또	수도
じゅどう	[受動]	쥬도-	수동

じゅなん	[受難]	쥬나ㄴ	수난
ジュニア	[junior]	쥬니아	주니어, 연소자
しゅにく	[朱肉]	슈니꾸	인주
じゅにゅう	[授乳]	쥬뉴-	수유
しゅにん	[主任]	슈니ㄴ	주임
しゅのう	[首脳]	슈노-	수뇌
じゅのう	[受納]	쥬노-	수납する
しゅはん	[主犯]	슈하ㄴ	주범
しゅび	[守備]	슈비	수비する
しゅふ	[主婦]	슈후	주부
しゅほう	[手法]	슈호-	수법
しゅみ	[趣味]	슈미	취미
じゅみょう	[寿命]	쥬묘-	수명
しゅもく	[種目]	슈모꾸	종목
しゅやく	[主役]	슈야꾸	주역
じゅよ	[授与]	쥬요	수여する
じゅよう	[需要]	쥬요-	수요
じゅりつ	[樹立]	쥬리츠	수립する
しゅりゅう	[主流]	슈류-	주류
じゅりょう	[受領]	쥬료-	수령する
しゅりょく	[主力]	슈료꾸	주력する
しゅるい	[種類]	슈루이	종류
じゅわき	[受話器]	쥬와끼	수화기
しゅわん	[手腕]	슈와ㄴ	수완
じゅんおう	[順応]	쥬ㅇ오-	순응する
じゅんかい	[巡回]	쥬ㅇ까이	순회する
しゅんかん	[瞬間]	슈ㅇ까ㄴ	순간
じゅんかん	[循環]	쥬ㅇ까ㄴ	순환する
しゅんぎく	[春菊]	슈ㅇ기꾸	쑥갓
じゅんけつ	[純潔]	쥬ㅇ께츠	순혈
じゅんさ	[巡査]	쥬ㄴ사	순경
じゅんじょ	[順序]	쥬ㄴ죠	순서, 차례
じゅんじょう	[純情]	쥬ㄴ죠-	순정
じゅんすい	[純粋]	쥬ㄴ스이	순수
じゅんちょう	[順調]	쥬ㄴ쵸-	순조
じゅんばん	[順番]	쥬ㅁ바ㄴ	순서, 차례
じゅんび	[準備]	쥬ㅁ비	준비する
じゅんびちゅう	[準備中]	쥬ㅁ비츄-	준비중(폐점중)
しゅんぶんのひ	[春分の日]	슈ㅁ부ㄴ노히	춘분
じゅんぽう	[遵法]	쥬ㅁ뽀-	준법

じゅんれい	[巡礼]	쥰ㄴ레-	순례하다
じょい	[女医]	죠이	여의사
しよう	[使用]	시요-	사용하다
しよう	[仕様]	시요-	도리, 방도
ショー	[show]	쇼-	쇼
じょう	[錠]	죠-	자물쇠
ショーウィンドー	[show window]	쇼-윈ㄴ도-	쇼윈도
じょうえい	[上映]	죠-에-	상영하다
じょうえん	[上演]	죠-에ㄴ	상연하다
しょうか	[消化]	쇼-까	소화하다
しょうか	[消火]	쇼-까	소화하다
しょうか	[唱歌]	쇼-까	창가
しょうが	[生姜]	쇼-가	생강
しょうかい	[紹介]	쇼-까이	소개하다
しょうがい	[障害]	쇼-가이	장해
しょうがい	[生涯]	쇼-가이	생애
しょうがくせい	[小学生]	쇼-가ㄱ세-	초등학생
しょうかき	[消火器]	쇼-까끼	소화기
しょうがつ	[正月]	쇼-가츠	정월
しょうがっこう	[小学校]	쇼-가ㄱ꼬-	초등학교
じょうかん	[上官]	죠-까ㄴ	상관
しょうき	[正気]	쇼-끼	제정신, 본심
しょうぎ	[将棋]	쇼-기	장기
じょうぎ	[定規]	죠-기	자
じょうき	[蒸気]	죠-끼	증기
じょうきげん	[上機嫌]	죠-끼게ㄴ	기분이 매우 좋음
じょうきゃく	[乗客]	죠-까꾸	승객
じょうきゅう	[上級]	죠-뀨-	상급
じょうきゅうせい	[上級生]	죠-뀨-세-	상급생
しょうきょ	[消去]	쇼-꾜	삭제하다
しょうぎょう	[商業]	쇼-교-	상업하다
じょうきょう	[状況]	죠-꾜-	상황
しょうきょくてき	[消極的]	쇼-꾜ㄱ떼끼	소극적
しょうきん	[賞金]	쇼-끼ㄴ	상금
ジョーク	[joke]	죠-꾸	조크하다
しょうぐん	[将軍]	쇼-구ㄴ	장군
じょうげ	[上下]	죠-게	상하하다
しょうげき	[衝撃]	쇼-게끼	충격
しょうけん	[証券]	쇼-께ㄴ	증권
しょうげん	[証言]	쇼-게ㄴ	증언하다

じょうけん	[条件]	쵸-께ㄴ	조건
しょうこ	[証拠]	쇼-꼬	증거
しょうご	[正午]	쇼-고	정오
じょうご	[上戸]	쵸-고	술꾼
しょうこう	[将校]	쇼-꼬-	장교
しょうこん	[商魂]	쇼-꼬ㄴ	상혼
しょうさい	[詳細]	쇼-사이	상세
じょうざい	[錠剤]	쵸-자이	정제, 알약
しょうじ	[障子]	쇼-지	장지
しょうじ	[商事]	쇼-지	상사
じょうし	[上司]	쵸-시	상사
しょうじき	[正直]	쇼-지끼	정직
じょうしき	[常識]	쵸-시끼	상식
しょうしゃ	[商社]	쇼-샤	상사
じょうじゅ	[成就]	쵸-쥬	성취する
しょうしゅう	[招集]	쇼-슈-	소집する
じょうじゅん	[上旬]	쵸-쥬ㄴ	상순
しょうじょ	[少女]	쇼-죠	소녀
しょうしょう	[少々]	쇼-쇼-	잠시만, 잠깐
しょうじょう	[症状]	쇼-죠-	증상
じょうしょう	[上昇]	쵸-쇼-	상승する
しょうじる	[生じる]	쇼-지루	생기다, 발생하다
しょうしん	[昇進]	쇼-시ㄴ	승진する
じょうず	[上手]	쵸-즈	잘함, 능숙함
しょうすう	[少数]	쇼-스-	소수
しょうする	[称する]	쇼-스루	칭하다
じょうせい	[情勢]	쵸-세-	정세
しょうせつ	[小説]	쇼-세츠	소설
しょうせつか	[小説家]	쇼-세츠까	소설가
しょうぞうが	[肖像画]	쇼-조-가	초상화
しょうたい	[招待]	쇼-따이	초대する
しょうたい	[正体]	쇼-따이	정체
じょうたい	[状態]	쵸-따이	상태
しょうだく	[承諾]	쇼-다꾸	승낙する
じょうたつ	[上達]	쵸-따츠	숙달, 향상する
しょうだん	[商談]	쇼-다ㄴ	비즈니스상담
じょうだん	[冗談]	쵸-다ㄴ	농담する
しょうち	[承知]	쇼-치	알아들음, 승낙함する
しょうちゅう	[焼酎]	쇼-츄-	소주
じょうちょ	[情緒]	쵸-쵸	정서

しょうちょう	[小腸]	쇼-쵸-	소장
しょうちょう	[象徴]	쇼-쵸-	상징하다
しょうてん	[商店]	쇼-뗴ㄴ	상점
しょうてんがい	[商店街]	쇼-뗴ㅇ가이	상가, 상점가
じょうと	[譲渡]	죠-또	양도하다
じょうど	[浄土]	죠-도	극락, 정토
しょうどう	[衝動]	쇼-도-	충동
じょうとう	[上等]	죠-또-	고급, 훌륭함
しょうどく	[消毒]	쇼-도꾸	소독하다
しょうとつ	[衝突]	쇼-또츠	충돌하다
しょうとつじこ	[衝突事故]	쇼-또츠지꼬	충돌사고
ショードヘア	[short hair]	쇼-또헤아	짧은 머리
しょうに	[小児]	쇼-니	소아
しょうにか	[小児科]	쇼-니까	소아과
しょうにん	[証人]	쇼-니ㄴ	증인
しょうにん	[承認]	쇼-니ㄴ	승인하다
じょうねつ	[情熱]	죠-네츠	정열
しょうねん	[少年]	쇼-네ㄴ	소년
しょうねんじだい	[少年時代]	쇼-네ㄴ지다이	어린 시절
じょうば	[乗馬]	죠-바	승마하다
しょうはい	[勝敗]	쇼-하이	승패
しょうばい	[商売]	쇼-바이	장사하다
じょうはつ	[蒸発]	죠-하츠	증발하다
じょうはんしん	[上半身]	죠-하ㄴ시ㄴ	상반신
しょうひ	[消費]	쇼-히	소비하다
しょうひしゃ	[消費者]	쇼-히샤	소비자
しょうひん	[商品]	쇼-히ㄴ	상품
しょうひん	[賞品]	쇼-히ㄴ	상품
じょうひん	[上品]	죠-히ㄴ	고상함, 품위가 있음
しょうぶ	[勝負]	쇼-부	승부
しょうぶ	[菖蒲]	쇼-부	창포
じょうふ	[情婦]	죠-후	정부
じょうぶ	[丈夫]	죠-부	건강함, 튼튼함
しょうべん	[小便]	쇼-베ㄴ	소변하다
しょうぼう	[消防]	쇼-보-	소방
じょうほう	[情報]	죠-호-	정보
しょうぼうし	[消防士]	쇼-보-시	소방관
しょうぼうしゃ	[消防車]	쇼-보-샤	소방차
しょうぼうしょ	[消防署]	쇼-보-쇼	소방서
じょうほうつうしん	[情報通信]	죠-호-츠-시ㄴ	정보통신

しょうみ	[正味]	쇼-미	알맹이, 실제
しょうみきげん	[賞味期限]	쇼-미끼겐	유통기한
じょうみゃく	[静脈]	죠-먀꾸	정맥
しょうめい	[照明]	쇼-메-	조명する
しょうめい	[証明]	쇼-메-	증명する
しょうめん	[正面]	쇼-멘	정면
しょうもう	[消耗]	쇼-모-	소모する
じょうやく	[条約]	죠-야꾸	조약する
しょうゆ	[醤油]	쇼-유	간장
しょうよう	[商用]	쇼-요-	상용
じょうよう	[常用]	죠-요-	상용する
じょうよく	[情欲]	죠-요꾸	정욕
しょうらい	[将来]	쇼-라이	장래
しょうり	[勝利]	쇼-리	승리する
じょうりく	[上陸]	죠-리꾸	상륙する
しょうりゃく	[省略]	쇼-랴꾸	생략する
じょうりゅう	[上流]	죠-류-	상류
しょうれい	[奨励]	쇼-레-	장려する
じょうれん	[常連]	죠-렌	단골손님
じょうろ		죠-로	물뿌리개
じょえん	[助演]	죠엔	조연する
じょおう	[女王]	죠오-	여왕
じょがい	[除外]	죠가이	제외, 예외する
しょき	[初期]	쇼끼	초기
しょき	[書記]	쇼끼	서기
しょきゅう	[初級]	쇼뀨-	초급
じょきょ	[除去]	죠꾜	제거する
しょぎょう	[所業]	쇼교-	나쁜 소행
じょきょく	[序曲]	죠꾜꾸	서곡
しょくあたり	[食中り]	쇼꾸아따리	식중독
しょくいんしつ	[職員室]	쇼꾸인시츠	교무실
しょくぎょう	[職業]	쇼꾸교-	직업
しょくご	[食後]	쇼꾸고	식후
しょくじ	[食事]	쇼꾸지	식사する
しょくだい	[燭台]	쇼꾸다이	촛대
しょくたく	[食卓]	쇼ㄱ따꾸	식탁
しょくちゅうどく	[食中毒]	쇼ㄱ츄-도꾸	식중독
しょくどう	[食堂]	쇼꾸도-	식당
しょくどうしゃ	[食堂車]	쇼꾸도-샤	식당차
しょくば	[職場]	쇼꾸바	직장

しょくパン	[食パン]	쇼ㄱ빠ㄴ	식빵
しょくひん	[食品]	쇼꾸히ㄴ	식품
しょくぶつ	[植物]	쇼꾸부츠	식물
しょくぶつえん	[植物園]	쇼꾸부츠에ㄴ	식물원
しょくぶつにんげん	[植物人間]	쇼꾸부츠니ㄴ게ㄴ	식물인간
しょくむ	[職務]	쇼꾸무	직무, 일
しょくもつ	[食物]	쇼꾸모츠	식품, 음식
しょくよう	[食用]	쇼꾸요-	식용する⑨
しょくよく	[食欲]	쇼꾸요꾸	식욕
しょくりょう	[食糧]	쇼꾸료-	식량
しょくりょうひん	[食料品]	쇼꾸료-히ㄴ	식료품
しょけい	[処刑]	쇼께-	처형する⑨
しょげる		쇼게루	풀이 죽다, 기가 죽다
しょけん	[所見]	쇼께ㄴ	소견
じょげん	[助言]	죠게ㄴ	조언する⑨
しょさい	[書斎]	쇼사이	서재
じょし	[女子]	죠시	여자
じょし	[女史]	죠시	여사
じょし	[助詞]	죠시	조사
じょじ	[女児]	죠지	여아
じょしだい	[女子大]	죠시다이	여자대학
しょじひん	[所持品]	쇼지히ㄴ	소지품
じょしゅ	[助手]	죠슈	조수, 조교
しょじゅん	[初旬]	쇼쥬ㄴ	초순
じょじょに	[徐々に]	죠죠니	서서히, 천천히
しょしん	[所信]	쇼시ㄴ	소신
じょせい	[女性]	죠세-	여성
じょせいし	[女性誌]	죠세-시	여성잡지
しょせき	[書籍]	쇼세끼	서적
しょせん	[所詮]	쇼세ㄴ	어차피, 아무래도
しょぞく	[所属]	쇼조꾸	소속する⑨
しょたい	[所帯]	쇼따이	세대, 가구
しょたい	[書体]	쇼따이	서체
しょたいめん	[初対面]	쇼따이메ㄴ	초면
しょち	[処置]	쇼치	처치, 조치する⑨
しょっきあらいき	[食器洗い機]	쇼ㄱ끼아라이끼	식기세척기
しょっきだな	[食器棚]	쇼ㄱ끼다나	찬장
ショック	[shock]	쇼ㄱ꾸	쇼크
しょっちゅう		쇼ㅅ츄-	늘, 언제나
しょっぱい		쇼ㅂ빠이	짜다

일본어	한자	발음	한국어
ショッピングセンター	[shopping center]	쇼삐ㅇ구세ㄴ따-	쇼핑센터
しょてん	[書店]	쇼떼ㄴ	서점
しょどう	[書道]	쇼도-	서예
しょとく	[所得]	쇼또꾸	소득
しょばつ	[処罰]	쇼바츠	처벌する
しょぶん	[処分]	쇼부ㄴ	처분する
しょほ	[初歩]	쇼호	초보
しょほう	[処方]	쇼호-	처방する
しょほうせん	[処方箋]	쇼호-세ㄴ	처방전
じょまく	[除幕]	죠마꾸	제막する
しょめい	[署名]	쇼메-	서명する
じょめい	[除名]	죠메-	제명する
しょもつ	[書物]	쇼모츠	서적
しょや	[初夜]	쇼야	첫날밤
じょやく	[助役]	죠야꾸	조역
しょゆう	[所有]	쇼유-	소유する
じょゆう	[女優]	죠유-	여배우
しょり	[処理]	쇼리	처리する
しょるい	[書類]	쇼루이	서류
しょんぼり		쇼ㅁ보리	멍하니, 쓸쓸히
しらが	[白髪]	시라가	흰머리, 백발
しらかば	[白樺]	시라까바	자작나무
しらす	[知らす]	시라스	알리다
じらす	[焦らす]	지라스	애태우다, 약올리다
しらずしらず	[知らず知らず]	시라즈시라즈	자기도 모르게, 부지중에
しらせる	[知らせる]	시라세루	알리다
しらなみ	[白波]	시라나미	흰 파도
しらばくれる		시라바꾸레루	시치미 떼다
しらべる	[調べる]	시라베루	조사하다, 알아보다
しらみつぶし	[虱つぶし]	시라미츠부시	샅샅이
しられる	[知られる]	시라레루	알려지다
しり	[尻]	시리	엉덩이
しりあい	[知り合い]	시리아이	아는 사람, 지인
シリーズ	[series]	시리-즈	시리즈
じりき	[自力]	지리끼	자력
しりごみ	[尻込み]	시리고미	뒷걸음질침, 꽁무니를 뺌
じりじり		지리지리	서서히, 조금씩
しりぞく	[退く]	시리조꾸	물러나다, 물러가다
しりぞける	[退ける]	시리조께루	물리치다, 후퇴시키다
しりつ	[私立]	시리츠	사립

일본어	한자	발음	의미
しりつ	[市立]	시리츠	시립
じりつ	[自立]	지리츠	자립する
しりぬぐい	[尻拭い]	시리누구이	남의 뒤치다꺼리, 뒷수습
しりもち	[尻餅]	시리모치	엉덩방아
しりょう	[資料]	시료-	자료
しりょう	[飼料]	시료-	사료
しりょく	[視力]	시료꾸	시력
しる	[汁]	시루	국, 국물
しる	[知る]	시루	알다
シルク	[silk]	시루꾸	실크
しるし	[印]	시루시	표, 표시
しるす	[記す]	시루스	기록하다
しるす	[印す]	시루스	표시하다
しるべ	[標]	시루베	길잡이, 길라잡이, 길안내
しれい	[指令]	시레-	지령する
じれったい	[焦れったい]	지레ㅅ따이	애타다, 안타깝다
しれん	[試練]	시레ㄴ	시련
ジレンマ	[dilemma]	지레ㅁ마	딜레마
しろ	[白]	시로	흰색, 하양
しろ	[城]	시로	성
しろい	[白い]	시로이	희다, 하얗다
しろうと	[素人]	시로-또	초심자, 아마추어
しろくろ	[白黒]	시로꾸로	흑백
しろざとう	[白砂糖]	시로자또-	백설탕
じろじろ		지로지로	뚫어지게, 빤히
シロップ	[syrup]	시로ㅂ뿌	시럽
じろりと		지로리또	힐끗, 흘깃
しろワイン	[白ワイン]	시로와이ㄴ	백포도주
しわ	[皺]	시와	주름
しわざ	[仕業]	시와자	짓, 소행
しわす	[師走]	시와스	섣달
しわむ	[皺む]	시와무	구겨지다, 주름지다
しん	[芯]	시ㄴ	심지
ジン	[gin]	지ㄴ	진
しんあい	[親愛]	시ㄴ아이	친애
じんいん	[人員]	지ㄴ이ㄴ	인원
しんえい	[新鋭]	시ㄴ에-	신예
しんか	[臣下]	시ㄴ까	신하
しんか	[進化]	시ㄴ까	진화する
しんがい	[心外]	시ㄴ가이	뜻밖, 의외

しんがい	[侵害]	시ㅇ가이	침해する
しんがく	[進学]	시ㅇ가꾸	진학する
しんがく	[神学]	시ㅇ가꾸	신학
じんかく	[人格]	지ㅇ까꾸	인격
しんがくじゅく	[進学塾]	시ㅇ가꾸쥬꾸	진학학원
しんがた	[新型]	시ㅇ가따	신형
しんかん	[新刊]	시ㅇ까ㄴ	신간
しんき	[新規]	시ㅇ끼	신규
しんぎ	[審議]	시ㅇ기	심의する
しんきょう	[心境]	시ㅇ꾜-	심경
しんきょく	[新曲]	시ㅇ꾜꾸	신곡
しんきろう	[蜃気楼]	시ㅇ끼로-	신기루
シンク	[sink]	시ㅇ꾸	싱크대
しんくう	[真空]	시ㅇ꾸-	진공
シングル	[single]	시ㅇ구루	싱글
シングルベッド	[single bed]	시ㅇ구루베ㅅ도	싱글침대
シングルルーム	[single room]	시ㅇ구루루-무	싱글룸
しんぐん	[進軍]	시ㅇ구ㄴ	진군する
しんけい	[神経]	시ㅇ께-	신경
しんけいしつ	[神経質]	시ㅇ께-시츠	신경질적
しんけいつう	[神経痛]	시ㅇ께-츠-	신경통
しんけつ	[心血]	시ㅇ께츠	심혈
しんけん	[真剣]	시ㅇ께ㄴ	진지함
じんけん	[人権]	지ㅇ께ㄴ	인권
しんこう	[信仰]	시ㅇ꼬-	신앙
しんこう	[進行]	시ㅇ꼬-	진행する
しんこう	[侵攻]	시ㅇ꼬-	침공する
しんごう	[信号]	시ㅇ고-	신호등
じんこう	[人口]	지ㅇ꼬-	인구
じんこう	[人工]	지ㅇ꼬-	인공
じんこうえいせい	[人工衛星]	지ㅇ꼬-에-세-	인공위성
しんごうき	[信号機]	시ㅇ고-끼	신호기
しんごうむし	[信号無視]	시ㅇ고-무시	신호무시
しんこく	[申告]	시ㅇ꼬꾸	신고する
しんこく	[深刻]	시ㅇ꼬꾸	심각
しんこん	[新婚]	시ㅇ꼬ㄴ	신혼
しんこんりょこう	[新婚旅行]	시ㅇ꼬ㄴ료꼬-	신혼여행
しんさ	[審査]	시ㄴ사	심사する
じんさい	[人災]	지ㄴ사이	인재
じんざい	[人材]	지ㄴ자이	인재

しんさつ	[診察]	시ㄴ사츠	진찰する
しんし	[紳士]	시ㄴ시	신사
じんじ	[人事]	지ㄴ지	인사
じんじか	[人事課]	지ㄴ지까	인사과
しんしつ	[寝室]	시ㄴ시츠	침실
しんじつ	[真実]	시ㄴ지츠	진실
しんじゃ	[信者]	시ㄴ쟈	신자
じんじゃ	[神社]	지ㄴ쟈	신사
しんじゅ	[真珠]	시ㄴ쥬	진주
じんしゅ	[人種]	지ㄴ슈	인종
しんしゅつ	[進出]	시ㄴ슈츠	진출する
しんじょう	[信条]	시ㄴ죠-	신조
じんじょう	[尋常]	지ㄴ죠-	보통, 예사로움
じんじぶ	[人事部]	지ㄴ지부	인사부
しんしふく	[紳士服]	시ㄴ시후꾸	신사복
しんじる	[信じる]	시ㄴ지루	믿다
しんじん	[新人]	시ㄴ지ㄴ	신인
じんしんじこ	[人身事故]	지ㄴ시ㄴ지꼬	인사사고
しんせい	[神聖]	시ㄴ세-	신성
しんせい	[申請]	시ㄴ세-	신청する
じんせい	[人生]	지ㄴ세-	인생
しんせき	[親戚]	시ㄴ세끼	친척
しんせつ	[親切]	시ㄴ세츠	친절
しんせつ	[新設]	시ㄴ세츠	신설する
しんせん	[新鮮]	시ㄴ세ㄴ	신선
しんそう	[真相]	시ㄴ소-	진상
しんぞう	[心臓]	시ㄴ조-	심장
じんぞう	[腎臓]	지ㄴ조-	신장
しんぞうびょう	[心臓病]	시ㄴ조-뵤-	심장병
じんそく	[迅速]	지ㄴ소꾸	신속
しんたい	[身体]	시ㄴ따이	신체
しんたい	[進退]	시ㄴ따이	진퇴する
じんたい	[人体]	지ㄴ따이	인체
しんだい	[寝台]	시ㄴ다이	침대
しんだいしゃ	[寝台車]	시ㄴ다이샤	침대차
しんたく	[信託]	시ㄴ따꾸	신탁する
しんだん	[診断]	시ㄴ다ㄴ	진단する
しんだんしょ	[診断書]	시ㄴ다ㄴ쇼	진단서
しんちく	[新築]	시ㄴ치꾸	신축する
しんちゅう	[心中]	시ㄴ츄-	마음 속, 심중

しんちょう	[身長]	시ㄴ쵸-	신장
シンデレラ	[Cinderella]	시ㄴ데레라	신데렐라
しんでん	[神殿]	시ㄴ데ㄴ	신전
しんど	[震度]	시ㄴ도	진도
しんとう	[神道]	시ㄴ또-	일본 종교 신토
しんどう	[神童]	시ㄴ도-	신동
しんどう	[振動]	시ㄴ도-	진동する
しんにゅう	[侵入]	시ㄴ뉴-	침입する
しんねん	[新年]	시ㄴ네ㄴ	새해, 신년
しんぱい	[心配]	시ㅁ빠이	걱정, 근심する
しんぱん	[審判]	시ㅁ빠ㄴ	심판する
しんぴ	[神秘]	시ㅁ삐	신비
しんぴん	[新品]	시ㅁ삐ㄴ	신품
しんぷ	[神父]	시ㅁ뿌	신부
シンフォニー	[symphony]	시ㅁ훠니-	심포니, 교향곡
しんぶつ	[神仏]	시ㅁ부츠	신불
じんぶつ	[人物]	지ㅁ부츠	인물
しんぶん	[新聞]	시ㅁ부ㄴ	신문
じんぶん	[人文]	지ㅁ부ㄴ	인문
じんぶんかがく	[人文科学]	지ㅁ부ㅇ까가꾸	인문과학
じんぶんがく	[人文学]	지ㅁ부ㅇ가꾸	인문학
しんぶんしゃ	[新聞社]	시ㅁ부ㄴ샤	신문사
しんぽ	[進歩]	시ㅁ뽀	진보する
しんぼう	[辛抱]	시ㅁ보-	참을성, 인내する
しんぼく	[親睦]	시ㅁ보꾸	친목
シンボル	[symbol]	시ㅁ보루	심벌, 상징
しんまい	[新米]	시ㅁ마이	신참, 풋내기
しんみつ	[親密]	시ㅁ미츠	친밀
しんみょう	[神妙]	시ㅁ묘-	온순하고 얌전함, 기특함
じんみん	[人民]	지ㅁ미ㄴ	인민
じんもん	[尋問]	지ㅁ모ㄴ	심문する
しんや	[深夜]	시ㅇ야	심야
しんゆう	[親友]	시ㅇ유-	친한 친구
しんよう	[信用]	시ㅇ요-	신용する
しんようじょう	[信用状]	시ㅇ요-죠-	신용장
しんらい	[信頼]	시ㄴ라이	신뢰する
しんらつ	[辛辣]	시ㄴ라츠	신랄
しんり	[真理]	시ㄴ리	진리
しんり	[心理]	시ㄴ리	심리
しんりがく	[心理学]	시ㄴ리가꾸	심리학

しんりゃく	[侵略]	시ㄴ랴꾸	침략する
しんりょく	[新緑]	시ㄴ료꾸	신록
じんりょく	[尽力]	지ㄴ료꾸	진력する
しんりん	[森林]	시ㅇ리ㄴ	삼림
じんりん	[人倫]	지ㄴ리ㄴ	인륜
しんるい	[親類]	시ㄴ루이	친척
じんるい	[人類]	지ㄴ루이	인류
じんるいがく	[人類学]	지ㄴ루이가꾸	인류학
しんれき	[新暦]	시ㄴ레끼	양력
しんろ	[進路]	시ㄴ로	진로
しんろう	[新郎]	시ㄴ로-	신랑
しんろう	[心労]	시ㄴ로-	심려する
しんわ	[神話]	시ㅇ와	신화

す	[酢]	스	식초
す	[巣]	스	둥지
すあし	[素足]	스아시	맨발
ずあん	[図案]	즈아ㄴ	도안
すいえい	[水泳]	스이에-	수영する
すいえいきょうしつ	[水泳教室]	스이에-꾜-시츠	수영학원
すいおん	[水温]	스이오ㄴ	수온
すいか	[西瓜]	스이까	수박
すいがら	[吸殻]	스이가라	담배꽁초
すいこう	[遂行]	스이꼬-	수행する
すいさいが	[水彩画]	스이사이가	수채화
すいさんぎょう	[水産業]	스이사ㅇ교-	수산업
すいさんぶつ	[水産物]	스이사ㅁ부츠	수산물
すいじ	[炊事]	스이지	취사する
すいじゃく	[衰弱]	스이쟈꾸	쇠약する
すいじゅん	[水準]	스이쥬ㄴ	수준
すいしょう	[水晶]	스이쇼-	수정
すいじょう	[水上]	스이죠-	수상
すいしん	[推進]	스이시ㄴ	추진する
スイス	[Swiss]	스이스	스위스
すいせい	[彗星]	스이세-	혜성
すいせい	[水星]	스이세-	수성
すいせん	[水仙]	스이세ㄴ	수선화
すいせん	[推薦]	스이세ㄴ	추천する
すいそ	[水素]	스이소	수소
すいぞう	[すい臓]	스이조-	췌장
すいそく	[推測]	스이소꾸	추측する
すいぞくかん	[水族館]	스이조꾸까ㄴ	수족관
すいちゅう	[水中]	스이츄-	수중
すいちょく	[垂直]	스이쵸꾸	수직
スイッチ	[switch]	스이ㅅ치	스위치
すいてい	[推定]	스이떼-	추정する
すいとう	[出納]	스이또-	출납する

すいどう	[水道]	스이도-	수도
すいどうだい	[水道代]	스이도-다이	수도요금
すいはんジャー	[炊飯jar]	스이하ㄴ쟈-	전기밥솥
ずいひつ	[随筆]	즈이히츠	수필
ずいぶん		즈이부ㄴ	아주, 몹시
すいへいせん	[水平線]	스이헤-세ㄴ	수평선
すいぼくが	[水墨画]	스이보꾸가	수묵화
すいみん	[睡眠]	스이미ㄴ	수면する♡
スイミング	[swimming]	스이미ㅇ구	수영する♡
すいみんざい	[睡眠剤]	스이미ㄴ자이	수면제
すいめん	[水面]	스이메ㄴ	수면
すいようび	[水曜日]	스이요-비	수요일
すいり	[推理]	스이리	추리する♡
すいりょく	[水力]	스이료꾸	수력
すう	[数]	스-	수, 숫자
すう	[吸う]	스우	들이쉬다, 피우다
すうがく	[数学]	스-가꾸	수학
すうこう	[崇高]	스-꼬-	숭고
すうじ	[数字]	스-지	숫자
ずうずうしい	[図々しい]	즈-즈-시이	뻔뻔하다, 교활하다
スーツ	[suit]	스-츠	여성 정장
スーツケース	[suitcase]	스-츠께-스	여행가방
スーパー	[supermarket]	스-빠-	슈퍼마켓
すうはい	[崇拝]	스-하이	숭배する♡
スープ	[soup]	스-뿌	수프, 탕
すうりょう	[数量]	스-료-	수량
すえ	[末]	스에	끝, 마지막
すえずえ	[末々]	스에즈에	내내, 끝내
すえつけ	[据付け]	스에츠께	붙박이
すえっこ	[末っ子]	스에ㄱ꼬	막내
ずが	[図画]	즈가	그림, 도화
スカート	[skirt]	스까-또	스커트, 치마
スカーフ	[scarf]	스까-후	스카프
スカウト	[scout]	스까우또	스카우트する♡
すがすがしい		스가스가시이	상쾌하다, 산뜻하다
すがた	[姿]	스가따	모습, 모양
すがりつく	[縋り付く]	스가리츠꾸	매달리다, 달라붙다
ずかん	[図鑑]	즈까ㄴ	도감
すき	[隙]	스끼	틈, 빈틈
すき	[鋤]	스끼	가래

すき	[好き]	스끼	좋아함
すぎ	[杉]	스기	삼나무
スキー	[ski]	스끼-	스키
スキーじょう	[ski場]	스끼-죠-	스키장
すききらい	[好き嫌い]	스끼끼라이	식성, 선호
ずきずき		즈끼즈끼	욱신욱신 する ⓥ
すぎのき	[杉の木]	스기노끼	삼나무
すきばら	[空き腹]	스끼바라	빈속, 공복
すきま	[隙間]	스끼마	빈틈, 짬
すきやき	[すき焼き]	스끼야끼	전골
スキャンダル	[scandal]	스꺄ㄴ다루	스캔들
スキューバダイビング	[scuba diving]	스뀨-바다이비0구	스쿠버다이빙
すぎる	[過ぎる]	스기루	지나다, 지나가다
スキン	[skin]	스끼ㄴ	스킨, 피부
ずきん	[頭巾]	즈끼ㄴ	두건
スキンケア	[skin care]	스끼ㄴ께아	스킨케어
スキンローション	[skin lotion]	스끼ㄴ로-쇼ㄴ	스킨로션
すく	[空く]	스꾸	비다, 고프다
すく	[透く]	스꾸	틈이 나다
すく	[梳く]	스꾸	빗다
すぐ	[直ぐ]	스구	곧, 당장, 바로
すくいぬし	[救い主]	스꾸이누시	구세주
すくう	[救う]	스꾸우	구하다
スクーター	[scooter]	스꾸-따-	스쿠터
スクール	[school]	스꾸-루	스쿨
すくすく		스꾸스꾸	무럭무럭, 쑥쑥
すくない	[少ない]	스꾸나이	적다
すくなからず	[少なからず]	스꾸나까라즈	적잖이
すくなくとも	[少なくとも]	스꾸나꾸또모	적어도
すくみあがる	[竦み上がる]	스꾸미아가루	움츠러들다
スクラップ	[scrap]	스꾸라ㅂ뿌	스크랩 する ⓥ
スクリーン	[screen]	스꾸리-ㄴ	스크린
すぐれる	[優れる]	스구레루	뛰어나다
スケート	[skate]	스께-또	스케이트 する ⓥ
スケール	[scale]	스께-루	스케일, 규모
スケジュール	[schedule]	스께쥬-루	스케줄, 일정
スケッチ	[sketch]	스께ㅅ치	스케치 する ⓥ
すけべ	[助平]	스께베	호색한
スコア	[score]	스꼬아	스코어, 득점
すごい	[凄い]	스고이	굉장하다, 대단하다

ずこう	[図工]	즈꼬-	공작
すこし	[少し]	스꼬시	조금, 약간
すごす	[過ごす]	스고스	보내다, 지내다
スコッチ	[scotch whiskey]	스꼬ㅅ치	스카치
スコップ	[schop]	스꼬ㅂ뿌	삽
すこぶる	[頗る]	스꼬부루	대단히, 매우
すさまじい	[凄まじい]	스사마지이	무섭다, 굉장하다
すし	[寿司]	스시	생선초밥
すじ	[筋]	스지	힘줄, 조리
すじみち	[筋道]	스지미치	조리, 순서
すじょう	[素姓]	스죠-	태생, 혈통
すず	[錫]	스즈	주석
すすき		스스끼	참억새
すすぐ	[濯ぐ]	스스구	헹구다
すずしい	[涼しい]	스즈시이	시원하다, 서늘하다
すすむ	[進む]	스스무	나아가다
すずめ	[雀]	스즈메	참새
すすめる	[進める]	스스메루	나아가게 하다, 진행시키다
すすめる	[勧める]	스스메루	권하다
すずしい	[涼しい]	스즈시이	선선하다
すずらん	[鈴蘭]	스즈란	은방울꽃
すそ		스소	옷자락
スター	[star]	스따-	스타
スタート	[start]	스따-또	스타트
スタイル	[style]	스따이루	스타일
スタジオ	[studio]	스따지오	스튜디오
すたすた		스따스따	총총히, 바삐
ずたずた		즈따즈따	갈기갈기, 토막토막
すだれ		스다레	발
スタンド	[stand]	스따ㄴ도	스탠드
スタンプ	[stamp]	스따ㅁ뿌	스탬프
スチーム	[steam]	스치-무	스팀
スチュワーデス	[stewardess]	스츄와-데스	스튜어디스
ずつう	[頭痛]	즈쯔-	두통
ずつうやく	[頭痛薬]	즈쯔-야꾸	두통약
すっかり		스ㄱ까리	모두, 죄다, 완전히
すっきり		스ㄱ끼리	산뜻한, 상쾌한, 후련한
ずっと		즈ㅅ또	훨씬, 쭉, 내내
すっぱい	[酸っぱい]	스ㅂ빠이	시다
すっぱだか	[素っ裸]	스ㅂ빠다까	맨몸, 알몸뚱이

すっぱぬく	[すっぱ抜く]	스ㅂ빠누꾸	폭로하다
すっぽり		스ㅂ뽀리	푹, 쑥
すっぽん		스ㅂ뽄	자라
すで	[素手]	스데	맨손
ステーキ	[steak]	스떼-끼	스테이크
ステージ	[stage]	스떼-지	스테이지, 무대
すてき	[素敵]	스떼끼	멋짐, 매우 근사함
ステップ		스떼ㅂ뿌	스텝
すでに	[既に]	스데니	이미, 벌써
すてる	[捨てる]	스떼루	버리다
ステレオ	[stereo]	스떼레오	오디오
ストア	[store]	스또아	스토어, 가게
ストーカー	[stalker]	스또-까-	스토커
ストーブ	[stove]	스또-부	스토브, 난로
ストーリー	[story]	스또-리-	스토리, 이야기
ストッキング	[stocking]	스또ㄱ끼ㅇ구	스타킹
ストップ	[stop]	스또ㅂ뿌	스톱, 정지하다
ストライキ	[strike]	스또라이끼	동맹파업
ストライク	[strike]	스또라이꾸	스트라이크
ストライプ	[stripe]	스또라이뿌	줄무늬
ストレート	[straight]	스또레-또	일직선의, 단도직입적인
ストレス	[stress]	스또레스	스트레스
ずどん		즈돈	탕탕
すな	[砂]	스나	모래
すなお	[素直]	스나오	순수함, 순진함
すなどけい	[砂時計]	스나도께-	모래시계
すなば	[砂場]	스나바	모래밭
すなわち	[即ち]	스나와치	즉, 곧
スニーカー	[sneakers]	스니-까-	스니커
すね	[脛]	스네	정강이
すねる	[拗ねる]	스네루	삐치다, 토라지다
ずのう	[頭脳]	즈노-	두뇌
スノーボード	[snow board]	스노-보-도	스노우보드
スパイ	[spy]	스빠이	간첩
スパゲッティ	[spaghetti]	스빠게ㅅ띠	스파게티
すばしこい		스바시꼬이	재빠르다, 민첩하다
すはだ	[素肌]	스하다	맨몸, 맨살, 알몸
すばやい	[素早い]	스바야이	재빠르다, 날쌔다
すばやく	[素早く]	스바야꾸	냉큼
すばらしい	[素晴らしい]	스바라시이	멋지다, 훌륭하다

スピーカー	[speaker]	스삐-까-	스피커, 확성기
スピーチ	[speech]	스삐-치	스피치, 연설する
スピード	[speed]	스삐-도	스피드, 속도
スピードいはん	[speed違反]	스삐-도이하ㄴ	속도위반
スプーン	[spoon]	스뿌-ㄴ	스푼, 숟가락
すぶた	[酢豚]	스부따	탕수육
ずぶとい	[図太い]	즈부또이	대담하다, 유들유들하다
スプリング	[spring]	스쁘리ㅇ구	스프링, 용수철
スペイン	[Spain]	스뻬이ㄴ	스페인
スペシャル	[special]	스뻬샤루	스페셜
すべすべ		스베스베	매끈매끈, 반질반질
すべて	[全て]	스베떼	모두, 전부
すべりだい	[滑り台]	스베리다이	미끄럼틀
すべる	[滑る]	스베루	미끄러지다
スポーツ	[sports]	스뽀-츠	스포츠, 운동する
スポーツがり	[sports刈り]	스뽀-츠가리	스포츠머리
スポーツせんしゅ	[sports選手]	스뽀-츠세ㄴ슈	운동선수
ずぼし	[図星]	즈보시	핵심, 급소
すぼむ	[窄む]	스보무	오므라지다, 쇠하다
すぼめる	[窄める]	스보메루	오므리다, 움츠리다
スポン		스뽀ㄴ	퐁
ズボン	[jupon]	즈보ㄴ	바지
スポンジ	[sponge]	스뽀ㄴ지	스펀지, 수세미
スマート	[smart]	스마-또	날씬함, 말쑥함
すまい	[住まい]	스마이	주거지
すまない	[済まない]	스마나이	미안하다
すみ	[墨]	스미	먹
すみ	[隅]	스미	구석, 모퉁이, 귀퉁이
すみ	[炭]	스미	숯, 목탄
すみずみまで	[隅々まで]	스미즈미마데	속속들이
すみつく	[住み着く]	스미츠꾸	자리잡고 살다, 정주하다
すみっこ	[隅っこ]	스미ㄱ꼬	구석
すみれ	[菫]	스미레	제비꽃
すむ	[住む]	스무	살다
すむ	[済む]	스무	끝나다, 해결되다
すむ	[澄む]	스무	맑다
ずめん	[図面]	즈메ㄴ	도면
すもう	[相撲]	스모-	일본 씨름 스모
すもも		스모모	자두
すやすや		스야스야	새근새근, 색색

すら		스라	~조차도, ~까지도
すらすら		스라스라	척척, 술술, 거침없이
スランプ	[slump]	스라ㅁ뿌	슬럼프
すり		스리	소매치기
スリーブ	[sleeve]	스리-부	소매
すりおろす	[すり下ろす]	스리오로스	강판에 갈다
スリッパ	[slippers]	스리빠	슬리퍼
スリル	[thrill]	스리루	스릴
する		스루	하다
する	[擦る]	스루	문지르다
ずるい		즈루이	교활하다, 약삭빠르다
ずるずる		즈루즈루	질질
すると		스루또	그러면, 그러자
するどい	[鋭い]	스루도이	날카롭다, 예리하다
すれちがう	[擦れ違う]	스레치가우	스치듯 지나가다
すれる	[擦れる]	스레루	닳다
すわる	[座る]	스와루	앉다
すんなり		스ㄴ나리	날씬한, 매끈한, 수월히
すんぽう	[寸法]	스ㅁ뽀-	치수

せ	[背]	세	키
せい	[性]	세-	성
せい		세-	~탓, ~때문
せいいき	[聖域]	세-이끼	성역
せいいっぱい	[精一杯]	세-이ㅂ빠이	힘껏, 고작
せいうん	[青雲]	세-우ㄴ	푸른 하늘, 청운
せいえき	[精液]	세-에끼	정액
せいおう	[西欧]	세-오-	서구
せいか	[成果]	세-까	성과
せいかい	[政界]	세-까이	정계
せいかい	[正解]	세-까이	정답
せいかく	[性格]	세-까꾸	성격
せいかく	[正確]	세-까꾸	정확
せいがく	[声楽]	세-가꾸	성악
せいかつ	[生活]	세-까츠	생활
ぜいかん	[税関]	제-까ㄴ	세관
ぜいかんしんこくしょ	[税関申告書]	제-까ㄴ시ㅇ꼬ㄱ쇼	세관신고서
せいき	[世紀]	세-끼	세기
せいき	[性器]	세-끼	성기
せいぎ	[正義]	세-기	정의
せいきゅう	[請求]	세-뀨-	청구する◎
せいきゅうしょ	[請求書]	세-뀨-쇼	청구서
せいきょう	[盛況]	세-꾜-	성황
ぜいきん	[税金]	제-끼ㄴ	세금
せいけい	[生計]	세-께-	생계
せいけいげか	[整形外科]	세-께-게까	정형외과
せいけつ	[清潔]	세-께츠	청결
せいけん	[政権]	세-께ㄴ	정권
せいげん	[制限]	세-게ㄴ	제한する◎
せいこう	[成功]	세-꼬-	성공する◎
せいこう	[精巧]	세-꼬-	정교
ぜいこみ	[税込み]	제-꼬미	세금포함
せいざ	[星座]	세-자	별자리

せいさく	[政策]	세-사꾸	정책
せいさく	[制作]	세-사꾸	제작する
せいさく	[製作]	세-사꾸	제작する
せいさん	[生産]	세-사ㄴ	생산する
せいさん	[精算]	세-사ㄴ	정산する
せいさんしゃ	[生産者]	세-사ㄴ샤	생산자
せいさんライン	[生産line]	세-사ㄴ라이ㄴ	생산라인
せいし	[制止]	세-시	제지する
せいし	[精子]	세-시	정자
せいじ	[政治]	세-지	정치する
せいじか	[政治家]	세-지까	정치인
せいじがく	[政治学]	세-지가꾸	정치학
せいしき	[正式]	세-시끼	정식
せいしつ	[性質]	세-시츠	성질
せいじつ	[誠実]	세-지츠	성실
せいしゃいん	[正社員]	세-샤이ㅇ	정사원
せいしゅ	[清酒]	세-슈	청주
せいじゅく	[成熟]	세-쥬꾸	성숙
せいしゅん	[青春]	세-슈ㄴ	청춘
せいしょ	[聖書]	세-쇼	성경
せいじょう	[正常]	세-죠-	정상
せいしょうねん	[青少年]	세-쇼-네ㄴ	청소년
せいしょく	[生殖]	세-쇼꾸	생식する
せいしん	[精神]	세-시ㄴ	정신
せいじん	[成人]	세-지ㄴ	성인
せいじん	[聖人]	세-지ㄴ	성인
せいしんか	[精神科]	세-시ㅇ까	정신과
せいじんしき	[成人式]	세-지ㄴ시끼	성인식
せいじんのひ	[成人の日]	세-지ㄴ노히	성인의 날
せいぜい	[精々]	세-제-	기껏, 고작
せいせき	[成績]	세-세끼	성적
せいせきつうちひょう	[成績通知表]	세-세끼츠-치효-	성적표
せいぞう	[製造]	세-조-	제조する
せいぞうぎょう	[製造業]	세-조-교-	제조업
せいぞん	[生存]	세-조ㄴ	생존する
せいたい	[生態]	세-따이	생태
せいだい	[盛大]	세-다이	성대
せいたいけい	[生態系]	세-따이께-	생태계
ぜいたく	[贅沢]	제-따꾸	사치, 낭비
せいちゅう	[成虫]	세-츄-	성충

せいちょう	[成長]	세-쵸-	성장する
せいと	[生徒]	세-또	학생, 중고생
せいど	[制度]	세-도	제도
せいとう	[政党]	세-또-	정당
せいとう	[正当]	세-또-	정당
せいどう	[聖堂]	세-도-	성당
せいとん	[整頓]	세-또ㄴ	정돈
せいなん	[西南]	세-나ㄴ	서남
せいねん	[青年]	세-네ㄴ	청년
せいねん	[成年]	세-네ㄴ	성년
せいねんがっぴ	[生年月日]	세-네ㅇ가ㅂ삐	생년월일
せいねんじだい	[青年時代]	세-네ㄴ지다이	청년시절
せいのう	[性能]	세-노-	성능
せいばつ	[征伐]	세-바츠	정벌する
せいはつりょう	[整髪料]	세-하츠료-	이발료
せいびょう	[性病]	세-뵤-	성병
せいひん	[製品]	세-히ㄴ	제품
せいふ	[政府]	세-후	정부
せいぶ	[西部]	세-부	서부
せいふく	[制服]	세-후꾸	제복
せいふく	[征服]	세-후꾸	정복する
せいぶつ	[生物]	세-부츠	생물
せいぶつがく	[生物学]	세-부츠가꾸	생물학
せいぶん	[成分]	세-부ㄴ	성분
せいべつ	[性別]	세-베츠	성별
せいほうけい	[正方形]	세-호-께-	정사각형
せいほく	[西北]	세-호꾸	서북
せいほん	[製本]	세-호ㄴ	제본する
せいみつ	[精密]	세-미츠	정밀
ぜいむしょ	[税務署]	제-무쇼	세무서
せいめい	[姓名]	세-메-	성명
せいめい	[声明]	세-메-	성명
せいめい	[生命]	세-메-	생명
せいやく	[制約]	세-야꾸	제약する
せいゆう	[声優]	세-유-	성우
せいよう	[西洋]	세-요-	서양
せいよく	[性欲]	세-요꾸	성욕
せいり	[生理]	세-리	생리
せいり	[整理]	세-리	정리する
せいりがく	[生理学]	세-리가꾸	생리학

せいりつ	[成立]	세-리츠	성립する
せいりようナプキン	[生理用napkin]	세-리요-나뿌끼ㄴ	생리대
せいりようひん	[生理用品]	세-리요-히ㄴ	생리용품
せいりょく	[勢力]	세-료꾸	세력
せいれつ	[整列]	세-레츠	정렬する
セーター	[sweater]	세-따-	스웨터
セーラーふく	[sailor服]	세-라-후꾸	여자교복
セール	[sale]	세-루	세일する
セールス	[sales]	세-루스	세일즈, 판매
せおう	[背負う]	세오우	업다
せかい	[世界]	세까이	세계
せかいいさん	[世界遺産]	세까이이사ㄴ	세계유산
せかいし	[世界史]	세까이시	세계사
せかいじゅう	[世界中]	세까이쥬-	온 세계
せかせか		세까세까	성급한 모양する
せがむ		세가무	조르다
せき	[席]	세끼	자리, 좌석
せき	[咳]	세끼	기침
せきがいせん	[赤外線]	세끼가이세ㄴ	적외선
せきじゅうじ	[赤十字]	세끼쥬-지	적십자
せきたてる	[急き立てる]	세끼따떼루	다그치다
せきたん	[石炭]	세끼따ㄴ	석탄
せきつい	[脊椎]	세끼츠이	척추
せきどう	[赤道]	세끼도-	적도
せきどめ	[咳止め]	세끼도메	진해제
せきにん	[責任]	세끼니ㄴ	책임
せきはん	[赤飯]	세끼하ㄴ	팥찰밥
せきゆ	[石油]	세끼유	석유
セキュリティーけんさ	[security検査]	세규리띠-께ㄴ사	보안검사
せきらら	[赤裸々]	세끼라라	적나라
せきり	[赤痢]	세끼리	이질
セクシー	[sexy]	세ㄱ시-	섹시
せけん	[世間]	세께ㄴ	세상
せけんてい	[世間体]	세께ㄴ떼-	체면, 이목
せすじ	[背筋]	세스지	등골
せだい	[世代]	세다이	세대
せたけ	[背丈]	세따께	키, 신장
せっかい	[節介]	세ㄱ까이	참견, 간섭
せっかく	[折角]	세ㄱ까꾸	모처럼, 애써
せっかち		세ㄱ까치	성급함

せっき	[石器]	세ㄱ끼	석기
せっきょう	[説教]	세ㄱ꾜-	설교する⊙
せっきょく	[積極]	세ㄱ꾜꾸	적극
せっきょくてき	[積極的]	세ㄱ꾜ㄱ떼끼	적극적
セックス	[sex]	세ㄱㄱ스	섹스する⊙
せっけい	[設計]	세ㄱ께-	설계する⊙
せっけん	[石鹸]	세ㄱ께ㄴ	비누
ぜっこう	[絶交]	제ㄱ꼬-	절교する⊙
せっこついん	[接骨院]	세ㄱ꼬츠이ㅇ	접골원
せっし	[摂氏]	세ㅅ시	섭씨
せつじつ	[切実]	세츠지츠	절실
せっしゅ	[接種]	세ㅅ슈	접종する⊙
せっしゅ	[摂取]	세ㅅ슈	섭취する⊙
せっしょう	[折衝]	세ㅅ쇼-	절충する⊙
せっしょう	[殺生]	세ㅅ쇼-	살생する⊙
せっしょく	[接触]	세ㅅ쇼꾸	접촉する⊙
せっせと		세ㅅ세또	부지런히
せつぞく	[接続]	세츠조꾸	접속する⊙
せったい	[接待]	세ㅅ따이	접대する⊙
ぜったい	[絶対]	제ㅅ따이	절대
ぜったいに	[絶対に]	제ㅅ따이니	절대로
せつだん	[切断]	세츠다ㄴ	절단する⊙
ぜっちょう	[絶頂]	제ㅅ쵸-	절정
せってい	[設定]	세ㅅ떼-	설정する⊙
セット	[set]	세ㅅ또	세팅
せっとう	[窃盗]	세ㅅ또-	절도する⊙
せっとく	[説得]	세ㅅ또꾸	설득する⊙
セットメニュー	[set menu]	세ㅅ또메뉴-	세트메뉴
せつな	[刹那]	세츠나	찰나
せつない	[切ない]	세츠나이	안타깝다, 애달프다
せっぱつまる	[切羽詰まる]	세ㅂ빠츠마루	궁지에 몰리다
せつび	[設備]	세츠비	설비する⊙
せつぶん	[節分]	세츠부ㄴ	일본 절기 세츠분
ぜっぺき	[絶壁]	제ㅂ뻬끼	절벽
ぜつぼう	[絶望]	제츠보-	절망する⊙
ぜつみょう	[絶妙]	제츠묘-	절묘
せつめい	[説明]	세츠메-	설명する⊙
ぜつめい	[絶命]	제츠메-	절명する⊙
せつもん	[設問]	세츠모ㄴ	설문する⊙
せつやく	[節約]	세츠야꾸	절약する⊙

せつり	[摂理]	세츠리	섭리
せつりつ	[設立]	세츠리츠	설립する⊙
せとぎわ	[瀬戸際]	세또기와	운명의 갈림길
せともの	[瀬戸物]	세또모노	도자기
せなか	[背中]	세나까	등
ぜに	[銭]	제니	엽전
ぜにん	[是認]	제니ㄴ	시인する⊙
せのび	[背伸び]	세노비	발돋움함する⊙
せばめる	[狭める]	세바메루	좁히다
ぜひ	[是非]	제히	제발, 꼭, 아무쪼록
せびろ	[背広]	세비로	양복, 남성 정장
せまい	[狭い]	세마이	좁다, 협소하다
せまる	[迫る]	세마루	다가오다, 닥쳐오다
せみ	[蝉]	세미	매미
ゼミ	[seminar]	제미	세미나
せめて		세메떼	최소한, 적어도
せめよせる	[攻め寄せる]	세메요세루	쳐들어가다, 공략하다
せめる	[攻める]	세메루	공격하다
せめる	[責める]	세메루	꾸짖다, 나무라다
セメント	[cement]	세메ㄴ또	시멘트
せり	[芹]	세리	미나리
せりふ	[台詞]	세리후	대사
セルフサービス	[self-service]	세루후사-비스	셀프서비스
ゼロ	[zero]	제로	제로, 영
セロテープ	[cellotape]	세로떼-뿌	셀로판테이프
セロリ	[celery]	세로리	셀러리
せわ	[世話]	세와	신세, 도움, 수고する⊙
せわをする	[世話をする]	세와오스루	돌보다
せん	[千]	세ㄴ	천
せん	[線]	세ㄴ	선
せん	[栓]	세ㄴ	병마개
ぜん	[禅]	제ㄴ	선
ぜんあく	[善悪]	제ㅇ아꾸	선악
せんい	[繊維]	세ㅇ이	섬유
せんいん	[船員]	세ㅇ이ㄴ	선원
ぜんいん	[全員]	제ㅇ이ㄴ	전원
せんかい	[旋回]	세ㅇ까이	선회する⊙
ぜんかい	[全快]	제ㅇ까이	전쾌する⊙
ぜんがく	[全額]	제ㅇ가꾸	전액
せんかん	[戦艦]	세ㅇ까ㄴ	전함

せんがん	[洗顔]	세°가ㄴ	세수하다
せんがんざい	[洗顔剤]	세°가ㄴ자이	세안제
せんがんフォーム	[洗顔form]	세°가ㅁ풔-무	세안폼
せんきょ	[選挙]	세°꾜	선거하다
せんきょうんどう	[選挙運動]	세ㄴ꾜-우ㄴ도-	선거운동
せんきょけん	[選挙権]	세ㄴ꾜께ㄴ	선거권
せんぎりにする	[千切りにする]	세ㄴ기리니스루	채 썰다
せんげつ	[先月]	세°게츠	지난달
せんげん	[宣言]	세°게ㄴ	선언하다
ぜんご	[前後]	제°고	전후
せんこう	[専攻]	세°꼬-	전공하다
せんこう	[線香]	세°꼬-	향
せんこう	[閃光]	세°꼬-	섬광
せんこく	[宣告]	세°꼬꾸	선고하다
ぜんこく	[全国]	제°꼬꾸	전국
せんざい	[洗剤]	세ㄴ자이	세제
ぜんさい	[前菜]	제ㄴ사이	전채
せんし	[先史]	세ㄴ시	선사
せんし	[戦死]	세ㄴ시	전사하다
せんじつ	[先日]	세ㄴ지츠	전날, 전번, 일전
せんしゃ	[洗車]	세ㄴ샤	세차
せんしゅ	[選手]	세ㄴ슈	선수
せんしゅう	[先週]	세ㄴ슈-	지난주
ぜんしゅう	[全集]	제ㄴ슈-	전집
せんしゅつ	[選出]	세ㄴ슈츠	선출
せんじゅつ	[戦術]	세ㄴ쥬츠	전술
せんしょく	[染色]	세ㄴ쇼꾸	염색
せんしんこく	[先進国]	세ㄴ시°꼬꾸	선진국
せんす	[扇子]	세ㄴ스	부채
センス	[sense]	세ㄴ스	센스
せんすい	[潜水]	세ㄴ스이	잠수하다
せんすいかん	[潜水艦]	세ㄴ스이까ㄴ	잠수함
せんせい	[先生]	세ㄴ세-	선생님
ぜんせい	[全盛]	제ㄴ세-	전성
ぜんぜん	[全然]	제ㄴ제ㄴ	전혀, 전연
せんせんげつ	[先々月]	세ㄴ세°게츠	지지난달
せんせんしゅう	[先々週]	세ㄴ세ㄴ슈-	지지난주
せんぞ	[先祖]	세ㄴ조	조상, 선조
せんそう	[戦争]	세ㄴ소-	전쟁하다
せんぞく	[専属]	세ㄴ조꾸	전속하다

ぜんそく	[喘息]	젠ㄴ소꾸	천식
センター	[center]	세ㄴ따-	센터, 중앙
ぜんたい	[全体]	젠ㄴ따이	전체
せんたく	[選択]	세ㄴ따꾸	선택する⊙
せんたく	[洗濯]	세ㄴ따꾸	세탁, 빨래する⊙
せんたくき	[洗濯機]	세ㄴ따꾸ㄱ끼	세탁기
せんたくばさみ	[洗濯ばさみ]	세ㄴ따꾸바사미	빨래집게
せんたくひも	[洗濯ひも]	세ㄴ따꾸히모	빨랫줄
せんたくもの	[洗濯物]	세ㄴ따꾸모노	세탁물
せんだって	[先達て]	세ㄴ다ㅅ떼	일전에, 얼마 전에
せんたん	[尖端]	세ㄴ따ㄴ	첨단
センチ	[centi]	세ㄴ치	센티
ぜんち	[全治]	제ㄴ치	전치
センチメートル	[centimeter]	세ㄴ치메-또루	센티미터
せんちょう	[船長]	세ㄴ쬬-	선장
せんてい	[選定]	세ㄴ떼-	선정する⊙
ぜんてい	[前提]	제ㄴ떼-	전제
せんでん	[宣伝]	세ㄴ데ㄴ	선전する⊙
ぜんと	[前途]	제ㄴ또	전도
せんとう	[銭湯]	세ㄴ또-	대중목욕탕
せんとう	[戦闘]	세ㄴ또-	전투する⊙
せんとう	[先頭]	세ㄴ또-	선두
せんどう	[扇動]	세ㄴ도-	선동する⊙
せんにん	[仙人]	세ㄴ니ㄴ	선인, 호인
せんにん	[選任]	세ㄴ니ㄴ	선임
せんねん	[専念]	세ㄴ네ㄴ	전념する⊙
せんぬき	[栓抜き]	세ㄴ누끼	병따개
ぜんのう	[全能]	제ㄴ노-	전능
せんぱい	[先輩]	세ㅁ빠이	선배
せんばい	[専売]	세ㅁ바이	전매する⊙
せんばつ	[選抜]	세ㅁ바츠	선발する⊙
ぜんぱんてき	[全般的]	제ㅁ빠ㄴ떼끼	전반적
せんぷ	[宣布]	세ㅁ뿌	선포する⊙
ぜんぶ	[全部]	제ㅁ부	전부
せんぷう	[旋風]	세ㅁ뿌-	선풍
せんぷうき	[扇風機]	세ㅁ뿌-끼	선풍기
せんべい	[煎餅]	세ㅁ베-	전병
せんべつ	[選別]	세ㅁ베츠	선별する⊙
ぜんぺん	[前編]	제ㅁ뻬ㄴ	전편
せんぼう	[羨望]	세ㅁ보-	선망する⊙

せんぽう	[先方]	세ㅁ뽀-	전방, 상대편
ぜんぼう	[全貌]	제ㅁ보-	전모
ぜんぽう	[前方]	제ㅁ뽀-	전방
ぜんまい		제ㅁ마이	고비
せんむ	[専務]	세ㅁ무	전무
せんめい	[鮮明]	세ㅁ메-	선명
ぜんめつ	[全滅]	제ㅁ메츠	전멸するⓥ
せんめん	[洗面]	세ㅁ메ㄴ	세면するⓥ
せんめんき	[洗面器]	세ㅁ메ㅇ끼	세면기
せんめんだい	[洗面台]	세ㅁ메ㄴ다이	세면대
せんもん	[専門]	세ㅁ모ㄴ	전문
せんもんがっこう	[専門学校]	세ㅁ모ㅇ가ㄱ꼬-	전문학원
せんゆう	[戦友]	세ㅇ유-	전우
せんよう	[専用]	세ㅇ요-	전용するⓥ
ぜんら	[全裸]	제ㄴ라	전라
せんりつ	[旋律]	세ㄴ리츠	선율
せんりつ	[戦慄]	세ㄴ리츠	전율するⓥ
せんりゃく	[戦略]	세ㄴ랴꾸	전략
せんりょう	[占領]	세ㄴ료-	점령するⓥ
せんりょく	[戦力]	세ㄴ료꾸	전력
せんれい	[洗礼]	세ㄴ레-	세례
せんれん	[洗練]	세ㄴ레ㄴ	세련するⓥ
せんろ	[線路]	세ㄴ로	선로

そ		소	그
ぞ		조	~하군, ~테다!
そう		소우	그렇게
ぞう	[象]	조-	코끼리
そうあん	[創案]	소-아ㄴ	창안する♥
そういん	[総員]	소-이ㄴ	총원
ぞういん	[増員]	조-이ㄴ	증인
ぞうお	[憎悪]	조-오	증오する♥
そうおん	[騒音]	소-오ㄴ	소음
ぞうか	[増加]	조-까	증가する♥
ぞうか	[造花]	조-까	조화
そうかい	[総会]	소-까이	총회
そうかい	[爽快]	소-까이	상쾌
そうがく	[総額]	소-가꾸	총액
ぞうがく	[増額]	조-가꾸	증액する♥
そうかん	[創刊]	소-까ㄴ	창간する♥
そうかん	[送還]	소-까ㄴ	송환する♥
そうぎょう	[創業]	소-교-	창업する♥
そうきん	[送金]	소-끼ㄴ	송금する♥
ぞうきん	[雑巾]	조-끼ㄴ	걸레
そうけ	[宗家]	소-께	종가, 큰 집
ぞうげ	[象牙]	조-게	상아
そうけい	[総計]	소-께-	총계
ぞうけい	[造詣]	조-께-	조예
ぞうけい	[造形]	조-께-	조형
そうげん	[草原]	소-게ㄴ	초원
そうこ	[倉庫]	소-꼬	창고
そうご	[相互]	소-고	상호
そうごう	[総合]	소-고-	종합
そうごうだいがく	[総合大学]	소-고-다이가꾸	종합대학
そうさ	[捜査]	소-사	수사する♥
ぞうさ	[造作]	조-사	조작する♥
そうさい	[総裁]	소-사이	총재

そうさい	[相殺]	소-사이	상쇄する
そうざい	[総菜]	소-자이	반찬
そうさく	[創作]	소-사꾸	창작する
そうざん	[早産]	소-자ㄴ	조산する
そうじ	[掃除]	소-지	청소する
そうしき	[葬式]	소-시끼	장례식
そうじき	[掃除機]	소-지끼	청소기
そうしつ	[喪失]	소-시츠	상실する
そうじゅう	[操縦]	소-쥬-	조종する
そうじゅうし	[操縦士]	소-쥬-시	조종사
そうじゅく	[早熟]	소-쥬꾸	조숙
ぞうしょ	[蔵書]	조-쇼	장서
そうしょく	[装飾]	소-쇼꾸	장식する
そうしん	[送信]	소-시ㄴ	송신する
ぞうしん	[増進]	조-시ㄴ	증진する
ぞうせい	[造成]	조-세-	조성する
そうせつ	[創設]	소-세츠	창설する
そうぞう	[創造]	소-조-	창조する
そうぞう	[想像]	소-조-	상상する
そうぞうしい	[騒々しい]	소-조-시이	시끄럽다, 소란하다
そうぞく	[相続]	소-조꾸	상속する
そうたい	[早退]	소-따이	조퇴する
そうだん	[相談]	소-다ㄴ	상담, 상의, 의논する
そうち	[装置]	소-치	장치する
そうちょう	[早朝]	소-쵸-	이른 아침
ぞうてい	[贈呈]	조-떼-	증정する
そうとう	[相当]	소-또-	상당히, 해당
そうどう	[騒動]	소-도-	소동
そうなん	[遭難]	소-나ㄴ	조난する
ぞうに	[雑煮]	조-니	떡국
そうば	[相場]	소-바	상장
そうはく	[蒼白]	소-하꾸	창백
そうび	[装備]	소-비	장비
そうべつかい	[送別会]	소-베츠까이	송별회
そうむ	[総務]	소-무	총무
そうむか	[総務課]	소-무까	총무과
そうむがかり	[総務係]	소-무가까리	총무담당
そうむぶ	[総務部]	소-무부	총무부
そうり	[総理]	소-리	총리
ぞうり	[草履]	조-리	일본 짚신

そうりつ	[創立]	소-리츠	창립する
そうりょ	[僧侶]	소-료	승려
そうりょく	[総力]	소-료꾸	총력
ソウル		소우루	서울
そえる	[添える]	소에루	곁들이다
ソース	[sauce]	소-스	소스
ソーセージ	[sausage]	소-세-지	소시지
そがい	[疎外]	소가이	소외する
そく	[足]	소꾸	~켤레
そくい	[即位]	소꾸이	즉위する
ぞくご	[俗語]	조꾸고	속어
そくざ	[即座]	소꾸자	당장, 즉석
そくし	[即死]	소ㄱ시	즉사する
ぞくしゅつ	[続出]	조ㄱ슈츠	속출する
そくしん	[促進]	소ㄱ시ㄴ	촉진する
ぞくする	[属する]	조ㄱ스루	속하다
そくせい	[速成]	소ㄱ세-	속성
ぞくせい	[属性]	조ㄱ세-	속성
ぞくぞく	[続々]	조꾸조꾸	속속, 잇달아
そくたつ	[速達]	소ㄱ따츠	속달する
そくだん	[速断]	소꾸다ㄴ	속단する
ぞくっぽい	[俗っぽい]	조꾸ㅂ뽀이	속되다
そくてい	[測定]	소ㄱ떼-	측정する
そくど	[速度]	소꾸도	속도
ぞくに	[俗に]	조꾸니	흔히, 일반적으로
そくばく	[束縛]	소꾸바꾸	속박する
そくめん	[側面]	소꾸메ㄴ	측면
そくりょう	[測量]	소꾸료-	측량する
そくりょく	[速力]	소꾸료꾸	속력
そこ		소꼬	거기, 그곳
そこ	[底]	소꼬	바닥
そこく	[祖国]	소꼬꾸	조국
そこなう	[損なう]	소꼬나우	그르치다, 파손하다
そこぬけ	[底抜け]	소꼬누께	얼간이
そし	[阻止]	소시	저지する
そしき	[組織]	소시끼	조직する
そして		소시떼	그리고
そしょう	[訴訟]	소쇼-	소송する
そしる	[謗る]	소시루	비방하다
そせい	[蘇生]	소세-	소생する

そせん	[祖先]	소세ㄴ	조상
そそぐ	[注ぐ]	소소구	따르다, 붓다
そそっかしい		소소ㄱ까시이	덜렁대다, 경솔하다
そそのかす	[唆す]	소소노까스	부추기다, 꼬드기다
そそる		소소루	돋구다, 자아내다
そだつ	[育つ]	소다쯔	자라다
そだてる	[育てる]	소다떼루	기르다, 키우다
そちら		소치라	그쪽, 그곳
そっき	[速記]	소ㄱ끼	속기する
そつぎょう	[卒業]	소츠교-	졸업する
そつぎょうしき	[卒業式]	소츠교-시끼	졸업식
そっきん	[側近]	소ㄱ끼ㄴ	측근
そっくり		소ㄱ꾸리	전부, 그대로, 꼭 닮음
そっけない		소ㄱ께나이	퉁명스럽다, 매몰차다
ぞっこん		조ㄱ꼬ㄴ	홀딱
そっち		소ㅅ치	그쪽, 거기
そっちのけ	[そっち退け]	소ㅅ치노께	뒷전으로 돌림
そっちょく	[率直]	소ㅅ쵸꾸	솔직
そっと		소ㅅ또	살짝, 조용히
ぞっと		조ㅅ또	오싹する
そで	[袖]	소데	소매
そと	[外]	소또	밖, 바깥
そとづら	[外面]	소또즈라	외면, 겉모양
そなえる	[備える]	소나에루	대비하다
そなわる	[備わる]	소나와루	갖추어지다
その		소노	그
そのうえ	[その上]	소노우에	그 위에, 게다가
そのうえに	[その上に]	소노우에니	더군다나
そのかわり	[その代わり]	소노까와리	그 대신
そのくせ	[その癖]	소노꾸세	그런데도, 그럼에도
そのひと	[その人]	소노히또	그 사람
そのまま		소노마마	그대로, 바로
そば	[蕎麦]	소바	메밀, 메밀국수
そば	[側]	소바	곁, 옆
そばかす	[雀斑]	소바까스	주근깨
そびえる	[聳える]	소비에루	우뚝 솟다, 치솟다
そふ	[祖父]	소후	할아버지
ソファー	[sofa]	소화-	소파
ソフトウェア	[software]	소후또웨아	소프트웨어
ソフトクリーム	[soft cream]	소후또꾸리-무	소프트크림

ソフトドリンク	[soft drink]	소후또도리ㅇ꾸	소프트드링크
ソプラノ	[soprano]	소뿌라노	소프라노
そぶり	[素振り]	소부리	거동, 기색
そぼ	[祖母]	소보	할머니, 조모
そぼく	[素朴]	소보꾸	소박함
そまつ	[粗末]	소마츠	허술
そまる	[染まる]	소마루	물들다
そむく	[背く]	소무꾸	등지다, 배반하다
そめる	[染める]	소메루	물들이다, 염색하다
そもそも		소모소모	무릇
そよかぜ	[微風]	소요까제	산들바람
そよそよ		소요소요	산들산들, 살랑살랑
そら	[空]	소라	하늘
そら		소라	아, 봐라
そらごと	[空言]	소라고또	헛소리
そらぞらしい	[空々しい]	소라조라시이	새침하다
そらに	[空似]	소라니	얼굴생김새가 꼭 닮음
そらまめ	[蚕豆]	소라마메	누에콩, 마마콩
そらみみ	[空耳]	소라미미	잘못 들음, 헛들음
そらもよう	[空模様]	소라모요-	날씨
そり	[橇]	소리	썰매
そる	[剃る]	소루	깎다
それ		소레	그것
それ		소레	야!
それから		소레까라	그리고, 그리고 나서
それきり		소레끼리	그뿐, 그만
それこそ		소레꼬소	그야말로
それぞれ		소레조레	각자, 각기
それで		소레데	그래서
それでは		소레데와	그러면, 그렇다면
それでも		소레데모	그래도
それとも		소레또모	그렇지 않으면
それなのに		소레나노니	그런데도, 그럼에도 불구하고
それなら		소레나라	그러면, 그렇다면
それなりに		소레나리니	그런대로
それに		소레니	게다가, 더욱이
それほど	[それ程]	소레호도	그만큼, 그처럼, 그토록
そろう	[揃う]	소로우	갖추어지다, 구비되다
そろえる	[備える]	소로에루	고루 갖추다, 가지런히 하다
そろそろ		소로소로	슬슬, 이제 곧

そろばん		소로바ㄴ	주판
そわそわ		소와소와	안절부절, 들썽들썽
そんがい	[損害]	소ㅇ가이	손해
ソング	[song]	소ㅇ구	송, 노래
そんけい	[尊敬]	소ㅇ께-	존경する⊙
そんざい	[存在]	소ㄴ자이	존재する⊙
ぞんざい		조ㄴ자이	함부로 함, 소홀함
そんしつ	[損失]	소ㄴ시츠	손실
そんする	[損する]	소ㄴ스루	밑지다
そんだい	[尊大]	소ㄴ다이	거만함, 건방짐
そんちょう	[尊重]	소ㄴ쵸-	존중する⊙
そんな		소ㄴ나	그런
ぞんぶん	[存分]	조ㅁ부ㄴ	마음껏, 실컷
そんりつ	[存立]	소ㄴ리츠	존립する⊙

た	[田]	다	논
ダース	[dozen]	다-스	다스, 12개
ターミナル	[terminal]	다-미나루	터미널
たい	[鯛]	다이	도미
タイ	[Thailand]	다이	태국
だい	[題]	다이	표제, 제목, 주제
だい	[台]	다이	~대
だいあん	[代案]	다이아ㄴ	대안
たいいく	[体育]	다이이꾸	체육
たいいくかん	[体育館]	다이이꾸까ㄴ	체육관
たいいくのひ	[体育の日]	다이이꾸노히	체육의 날
だいいち	[第一]	다이이치	제일, 첫째
たいいん	[退院]	다이이ㄴ	퇴원する⑰
たいいん	[隊員]	다이이ㄴ	대원
たいえき	[退役]	다이에끼	퇴역する⑰
たいおう	[対応]	다이오-	대응
たいおん	[体温]	다이오ㄴ	체온
たいか	[退化]	다이까	퇴화する⑰
たいが	[大河]	다이가	대하
だいか	[代価]	다이까	대가
タイガー	[taiga]	다이가-	타이거, 호랑이
たいかい	[大会]	다이까이	대회
たいがい	[大概]	다이가이	대개, 대략
たいかく	[体格]	다이까꾸	체격
たいがく	[退学]	다이가꾸	퇴학する⑰
だいがく	[大学]	다이가꾸	대학교
だいがくいん	[大学院]	다이가꾸이ㄴ	대학원
だいがくじだい	[大学時代]	다이가꾸지다이	대학시절
だいがくせい	[大学生]	다이가ㄱ세-	대학생
たいかくせん	[対角線]	다이가ㄱ세ㄴ	대각선
たいき	[待機]	다이끼	대기する⑰
たいきけん	[大気圏]	다이끼께ㄴ	대기권
だいぎし	[代議士]	다이기시	국회의원

だいきぼ	[大規模]	다이끼보	대규모
たいきゃく	[退却]	다이꺄꾸	퇴각する
だいきらい	[大嫌い]	다이끼라이	아주 싫음, 아주 질색임
たいきん	[退勤]	다이끼ㄴ	퇴근する
たいきん	[大金]	다이끼ㄴ	대금
だいきん	[代金]	다이끼ㄴ	대금
だいく	[大工]	다이꾸	목수
たいぐう	[待遇]	다이구-	대우, 접대する
たいくつ	[退屈]	다이꾸쯔	지루함, 무료함, 따분함
たいけい	[体系]	다이께-	체계
たいけつ	[対決]	다이께쯔	대결する
たいけん	[体験]	다이께ㄴ	체험する
たいこ	[太鼓]	다이꼬	북
たいこう	[対抗]	다이꼬-	대항する
だいこん	[大根]	다이꼬ㅇ	무
たいさ	[大差]	다이사	큰 차이, 대차
たいさ	[大佐]	다이사	대령
たいざい	[滞在]	다이자이	체재, 체류する
たいさく	[対策]	다이사꾸	대책
たいさん	[退散]	다이사ㄴ	피해서 물러남する
たいし	[大使]	다이시	대사
たいじ	[胎児]	다이지	태아
たいじ	[退治]	다이지	퇴치する
だいじ	[大事]	다이지	중요함
たいしかん	[大使館]	다이시까ㄴ	대사관
たいした	[大した]	다이시따	대단한, 별, 큰
たいしつ	[体質]	다이시쯔	체질
たいしゃ	[退社]	다이샤	퇴근, 퇴사する
たいしゅう	[大衆]	다이슈-	대중
たいじゅう	[体重]	다이쥬-	몸무게, 체중
たいしゅつ	[退出]	다이슈쯔	퇴출する
たいしょう	[対象]	다이쇼-	대상
たいしょう	[対照]	다이쇼-	대조する
たいじょう	[退場]	다이죠-	퇴장する
だいじょうぶ	[大丈夫]	다이죠-부	괜찮음, 틀림없음
たいしょく	[退職]	다이쇼꾸	퇴직する
だいじん	[大臣]	다이지ㄴ	장관
だいず	[大豆]	다이즈	대두, 콩
だいすき	[大好き]	다이스끼	매우 좋아함
たいせい	[体制]	다이세-	체제

たいせい	[態勢]	다이세-	태세
たいせいよう	[大西洋]	다이세-요-	대서양
たいせつ	[大切]	다이세츠	중요함, 소중함
たいせん	[大戦]	다이센	대전
たいそう	[体操]	다이소-	체조する
たいそう	[大層]	다이소-	매우, 대단히
だいたい	[大体]	다이따이	대체로, 대부분
だいたん	[大胆]	다이딴	대담
だいち	[大地]	다이치	대지
だいちょう	[大腸]	다이쵸-	대장
たいてい	[大抵]	다이떼-	대강, 대개
たいど	[態度]	다이도	태도
だいとうりょう	[大統領]	다이또-료-	대통령
だいどころ	[台所]	다이도꼬로	부엌
タイトル	[title]	다이또루	타이틀, 표제
たいない	[体内]	다이나이	체내
だいなし	[台無し]	다이나시	엉망이 됨, 형편없이 됨
たいにん	[退任]	다이닌	퇴임する
たいねつ	[耐熱]	다이네츠	내열
たいのう	[滞納]	다이노-	체납する
たいはん	[大半]	다이한	태반
たいばん	[胎盤]	다이반	태반
たいひ	[対比]	다이히	대비する
たいびょう	[大病]	다이뵤-	중병
だいひょう	[代表]	다이효-	대표する
ダイビング	[diving]	다이비ㅇ구	다이빙
だいぶ	[大分]	다이부	꽤, 상당히
たいふう	[台風]	다이후-	태풍
だいぶぶん	[大部分]	다이부분	대부분
たいへいよう	[太平洋]	다이헤-요-	태평양
たいへん	[大変]	다이헨	매우, 대단히, 큰일
だいべん	[大便]	다이벤	대변
たいほ	[逮捕]	다이호	체포する
たいほう	[大砲]	다이호-	대포
たいぼう	[耐乏]	다이보-	내핍する
たいぼう	[大望]	다이보-	대망
たいぼく	[大木]	다이보꾸	큰 나무
だいほん	[台本]	다이혼	대본
たいまつ	[松明]	다이마츠	횃불
たいまん	[怠慢]	다이만	태만

タイミング	[timing]	다이미으구	타이밍
タイムカード	[time card]	다이무까-도	타임카드
だいめい	[題名]	다이메-	제목
たいめん	[体面]	다이메ㄴ	체면
だいもく	[題目]	다이모꾸	제목, 주제
タイヤ	[tire]	다이야	타이어
ダイヤ	[dia]	다이야	다이아
だいやく	[代役]	다이야꾸	대역
ダイヤモンド	[diamond]	다이야모ㄴ도	다이아몬드
ダイヤル	[dial]	다이야루	다이얼
たいよう	[太陽]	다이요-	태양
たいよう	[大洋]	다이요-	대양
たいようけい	[太陽系]	다이요-께-	태양계
だいようひん	[代用品]	다이요-히ㄴ	대용품
たいようれき	[太陽暦]	다이요-레끼	양력
たいら	[平ら]	다이라	평평함, 평탄함
たいらげる	[平らげる]	다이라게루	먹어치우다
だいり	[代理]	다이리	대리
たいりく	[大陸]	다이리꾸	대륙
だいりせき	[大理石]	다이리세끼	대리석
たいりつ	[対立]	다이리츠	대립する
たいりゅう	[滞留]	다이류-	체류する
たいりょう	[大量]	다이료-	대량
たいりょく	[体力]	다이료꾸	체력
たいわ	[対話]	다이와	대화する
たいわん	[台湾]	다이와ㄴ	대만
たいわんじん	[台湾人]	다이와ㄴ지ㄴ	대만인
たうえ	[田植え]	다우에	모내기
ダウンロード	[download]	다우ㄴ로-도	다운로드
だえき	[唾液]	다에끼	타액
たえず	[絶えず]	다에즈	끊임없이, 항상
たえる	[堪える]	다에루	참고 견디다
だえんけい	[楕円形]	다에ㅇ께-	타원형
たおす	[倒す]	다오스	넘어뜨리다, 쓰러뜨리다
タオル	[towel]	다오루	타월
たおれる	[倒れる]	다오레루	넘어지다, 쓰러지다
たか	[鷹]	다까	독수리, 매
だが		다가	그러나
たかい	[他界]	다까이	타계
たかい	[高い]	다까이	높다, 비싸다

だかい	[打開]	다까이	타개する
たがいに	[互いに]	다가이니	서로, 상호
たがく	[多額]	다가꾸	다액
たかさ	[高さ]	다까사	높이
たかね	[高値]	다까네	비싼 값
たがやす	[耕す]	다가야스	경작하다, 갈다
だから		다까라	그러니까
たからもの	[宝物]	다까라모노	보물
たかる		다까루	꼬여들다
たき	[滝]	다끼	폭포
たきぎ	[薪]	다끼기	장작, 땔나무
だきしめる	[抱き締める]	다끼시메루	껴안다, 부둥켜안다
たきび	[焚火]	다끼비	모닥불
だきょう	[妥協]	다꾜-	타협する
たく	[焚く]	다꾸	피우다
たく	[炊く]	다꾸	밥을 짓다
だく	[抱く]	다꾸	안다, 품다
たくあん	[沢庵]	다꾸아ㅇ	단무지
たぐい	[類]	다구이	같은 무리, 같은 부류
たくえつ	[卓越]	다꾸에츠	탁월する
だくおん	[濁音]	다꾸오ㅇ	탁음
たくさん		다ㄱ사ㅇ	많이, 많음, 충분함
タクシー	[taxi]	다ㄱ시-	택시
タクシーのりば	[タクシー乗り場]	다ㄱ시-노리바	택시승강장
たくじしょ	[託児所]	다꾸지쇼	탁아소
たくじょう	[卓上]	다꾸죠-	탁상
たくする	[託する]	다ㄱ스루	부탁하다, 맡기다
たくはい	[宅配]	다꾸하이	택배する
たくましい	[逞しい]	다꾸마시이	늠름하다, 다부지다
たくみ	[巧み]	다꾸미	정교함, 교묘함
たくらむ	[企む]	다꾸라무	일을 꾸미다, 꾀하다
だくりゅう	[濁流]	다꾸류-	탁류
たぐる	[手繰る]	다구루	양손으로 끌어당기다, 감아올리다
たくわえる	[蓄える]	다꾸와에루	저축하다
たけ	[竹]	다께	대나무
たけ	[丈]	다께	키
だけ		다께	~만, ~뿐
だげき	[打撃]	다게끼	타격
たけくらべ	[丈比べ]	다께구라베	키재기
だけど		다께도	그러나

たけのこ	[竹の子]	다께노꼬	죽순
たこ	[蛸]	다꼬	문어, 낙지
たこ	[凧]	다꼬	연
たこあげ	[凧揚げ]	다꼬아게	연날리기
たこく	[他国]	다꼬꾸	타국
ダサい		다사이	촌스럽다
たさつ	[他殺]	다사츠	타살
ださん	[打算]	다사ㄴ	타산
だし		다시	양념국물
たしか	[確か]	다시까	확실함, 정확함
たしかめる	[確かめる]	다시까메루	확인하다
たしざん	[足し算]	다시자ㄴ	덧셈
たしなみ	[嗜み]	다시나미	소질, 기호
たしなめる	[窘める]	다시나메루	나무라다, 타이르다
だしぬけ	[出し抜け]	다시누께	불의에, 불시에, 느닷없이
たしょう	[多少]	다쇼-	다소
だしん	[打診]	다시ㄴ	타진する ⓥ
たす	[足す]	다스	더하다
だす	[出す]	다스	꺼내다, 내다
たすう	[多数]	다스-	다수
たすかる	[助かる]	다스까루	살아나다
たすける	[助ける]	다스께루	살리다
たずさえる	[携える]	다즈사에루	지니다, 휴대하다
たずねる	[尋ねる]	다즈네루	묻다, 찾다
たずねる	[訪ねる]	다즈네루	방문하다
だせい	[惰性]	다세-	타성
たそがれ	[黄昏]	다소가레	황혼, 해질 녘
だそく	[蛇足]	다소꾸	사족, 군더더기
ただ	[只]	다다	공짜
ただ		다다	다만
ただいま	[只今]	다다이마	방금, 지금
たたかい	[戦い]	다따까이	싸움
たたかう	[戦う]	다따까우	싸우다
たたきうり	[叩き売り]	다따끼우리	덤핑판매
たたきつける	[叩き付ける]	다따끼츠께루	세게 내리치다, 내던지다
たたく	[叩く]	다따꾸	두드리다, 치다
ただごと	[只事]	다다고또	예삿일
ただし	[但し]	다다시	단, 그러나
ただしい	[正しい]	다다시이	올바르다, 바르다, 맞다
ただす	[正す]	다다스	바로잡다, 고치다

일본어	한자	발음	의미
たたずむ	[佇む]	다따즈무	멈추어서다, 잠시 머무르다
ただちに	[直ちに]	다다치니	즉시, 곧
ただなか	[直中]	다다나까	한복판, 한창때
ただならぬ	[徒ならぬ]	다다나라누	심상치 않은
たたみ	[畳]	다따미	일본식 돗자리
たたむ	[畳む]	다따무	접다, 개다
ただよう	[漂う]	다다요우	떠돌다, 표류하다
ただれる	[爛れる]	다다레루	짓무르다, 문드러지다
たちあい	[立ち会い]	다치아이	입회
たちあがる	[立ち上がる]	다치아가루	일어서다
たちうお	[太刀魚]	다치우오	갈치
たちぎき	[立ち聞き]	다치기끼	엿들음する
たちぐい	[立ち食い]	다치구이	서서 먹는 것
たちすくむ	[立ち竦む]	다치스꾸무	선 채로 꼼짝 못하다
たちどまる	[立ち止まる]	다치도마루	멈추어서다
たちば	[立場]	다치바	입장, 처지
たちまち	[忽ち]	다치마치	순식간에, 갑자기
たちよる	[立ち寄る]	다치요루	다가서다, 들르다
だちん	[駄賃]	다치ㄴ	심부름값
たつ	[辰]	다츠	용
たつ	[立つ]	다츠	서다
たつ	[建つ]	다츠	세워지다
たつ	[断つ]	다츠	자르다
たつ	[絶つ]	다츠	끊다
たつ	[発つ]	다츠	떠나다
たつ	[経つ]	다츠	시간이 지나다
だっかん	[奪還]	다ㄱ까ㄴ	탈환する
たっきゅう	[卓球]	다ㄱ뀨-	탁구
だつごく	[脱獄]	다츠고꾸	탈옥する
たっしゃ	[達者]	다ㅅ샤	능숙함, 뛰어남
だっしゅつ	[脱出]	다ㅅ슈츠	탈출する
たつじん	[達人]	다츠지ㄴ	달인
たっする	[達する]	다ㅅ스루	도달하다, 이르다
たっせい	[達成]	다ㅅ세-	달성
だつぜい	[脱税]	다츠제-	탈세する
だっせん	[脱線]	다ㅅ세ㄴ	탈선する
だっそう	[脱走]	다ㅅ소-	탈주する
たった		다ㅅ따	겨우, 고작
だったい	[脱退]	다ㅅ따이	탈퇴する
タッチ	[touch]	다ㅅ치	터치する

たたずむ ～ たのしむ

だって		닷떼	~라도, ~조차도
だって		닷떼	그렇긴 하지만
たつどし	[辰年]	다쯔도시	용띠
たづな	[手綱]	다즈나	고삐
たっぷり		닷뿌리	듬뿍, 잔뜩
だつぼう	[脱帽]	다츠보-	탈모する
たつまき	[竜巻]	다츠마끼	회오리바람
だつもう	[脱毛]	다츠모-	탈모する
だつらく	[脱落]	다츠라꾸	탈락する
たて	[縦]	다떼	세로
たてこもる	[立て籠る]	다떼꼬모루	틀어박히다
たてじま	[縦縞]	다떼지마	세로줄무늬
たてつづけ	[立て続け]	다떼츠즈께	잇달아
たてつぼ	[建坪]	다떼츠보	건평
たてまえ	[建前]	다떼마에	방침, 주의
たてもの	[建物]	다떼모노	건물
たてる	[建てる]	다떼루	세우다, 짓다
たてる	[立てる]	다떼루	세우다
だでん	[打電]	다덴	타전する
だとう	[妥当]	다또-	타당する
たとえ		다또에	설령, 비록
たとえば	[例えば]	다또에바	예를 들면, 이를테면
たどりつく	[辿り着く]	다도리츠꾸	간신히 도착하다
たどる	[辿る]	다도루	더듬어가다, 더듬다
たな	[棚]	다나	선반
たなあげ	[棚上げ]	다나아게	보류する
たなばた	[七夕]	다나바따	칠석
たなびく		다나비꾸	안개가 길게 뻗치다
たに	[谷]	다니	골짜기
だに		다니	진드기
たにま	[谷間]	다니마	골짜기, 산골짜기
たにん	[他人]	다닝	타인, 남
たにんどうし	[他人同士]	다닌도-시	남남
たぬき	[狸]	다누끼	너구리
たね	[種]	다네	씨, 씨앗
たねぎれ	[種切れ]	다네기레	재료가 떨어짐
たねん	[他念]	다넹	다른 생각, 딴 생각
たのしい	[楽しい]	다노시이	즐겁다
たのしみ	[楽しみ]	다노시미	즐거움
たのしむ	[楽しむ]	다노시무	즐기다

165

たのみ	[頼み]	다노미	부탁, 청
たのむ	[頼む]	다노무	부탁하다
たのもしい	[頼もしい]	다노모시이	믿음직하다, 듬직하다
たば	[束]	다바	~다발
たばこ	[煙草]	다바꼬	담배
たはた	[田畑]	다하따	논밭
たばねる	[束ねる]	다바네루	다발로 묶다
たび	[旅]	다비	여행するⓥ
たび	[足袋]	다비	일본식 버선
たびかさなる	[度重なる]	다비까사나루	거듭되다
たびさき	[旅先]	다비사끼	여행지, 행선지
たびじ	[旅路]	다비지	나그넷길, 여로
たびだつ	[旅立つ]	다비다츠	여행을 떠나다
たびたび	[度々]	다비따비	여러 번, 자주
たびに	[度に]	다비니	~마다
たびびと	[旅人]	다비비또	나그네
たぶらかす		다부라까스	속이다
ダブル	[double]	다부루	더블
ダブルルーム	[double room]	다부루루-무	더블룸
たぶん	[多分]	다분	아마, 아마도
たべすぎ	[食べ過ぎ]	다베스기	과식
たべほうだい	[食べ放題]	다베호-다이	뷔페
たべもの	[食べ物]	다베모노	음식
たべる	[食べる]	다베루	먹다
たほう	[他方]	다호-	다른 한쪽, 그러는 한 편
たぼう	[多忙]	다보-	다망
たま	[玉]	다마	구슬, 옥
たまげる	[魂消る]	다마게루	혼쭐나다
たまご	[卵]	다마고	달걀, 계란, 알
たまごやき	[卵焼き]	다마고야끼	계란말이
だまされる	[騙される]	다마사레루	속다
たましい	[魂]	다마시이	영혼, 넋
だます	[騙す]	다마스	속이다
たまたま		다마따마	가끔, 우연히
たまに		다마니	가끔, 가끔씩
たまねぎ	[玉ねぎ]	다마네기	양파
たまらない	[堪らない]	다마라나이	견딜 수 없다, 참을 수 없다
たまる	[溜まる]	다마루	모이다, 쌓이다
だまる	[黙る]	다마루	침묵하다
たみ	[民]	다미	백성

ダム	[dam]	다무	댐
ため	[為]	다메	~때문, ~위함
だめ	[駄目]	다메	소용없음, 불가능
ためいき	[ため息]	다메이끼	한숨
ためす	[試す]	다메스	시험하다
ために	[為に]	다메니	~때문에, ~위해서
ためらう	[躊躇う]	다메라우	주저하다, 망설이다
ためる	[貯める]	다메루	모으다
たもつ	[保つ]	다모츠	유지하다, 지키다
たやすい	[容易い]	다야스이	쉽다, 손쉽다
たより	[便り]	다요리	소식, 기별
たよりない	[頼りない]	다요리나이	의지할 곳이 없다
たよる	[頼る]	다요루	의지하다
たら	[鱈]	다라	대구
たらい	[盥]	다라이	대야
だらく	[堕落]	다라꾸	타락する♡
だらけ		다라께	~투성이
だらしない		다라시나이	칠칠치 못하다, 야무지지 않다
たらす	[垂らす]	다라스	드리우다
だらだら		다라다라	꾸물꾸물, 지루하게, 줄줄する♡
たり,だり		다리	~하기도 하고
たりない	[足りない]	다리나이	모자라다
たりょう	[多量]	다료-	다량
たりる	[足りる]	다리루	족하다, 충분하다
たる	[樽]	다루	술통, 나무통
だるい		다루이	나른하다
だるま	[達磨]	다루마	달마대사, 오뚝이
たるむ	[弛む]	다루무	느슨해지다, 해이해지다
だれ	[誰]	다레	누구
だれか	[誰か]	다레까	누군가
たれまく	[垂れ幕]	다레마꾸	현수막
たれる	[垂れる]	다레루	드리워지다, 처지다
タレント	[talent]	다레ㄴ또	탤런트
タワー	[tower]	다와-	타워, 탑
たわし		다와시	수세미
たわむれる	[戯れる]	다와무레루	장난치다, 노닥거리다
たわら	[俵]	다와라	쌀가마니
たん		다ㄴ	가래
だんあん	[断案]	다ㄴ아ㄴ	단안
たんい	[単位]	다ㄴ이	단위, 학점

たんか	[短歌]	단카	일본 시 단카
だんかい	[段階]	단카이	단계
だんがい	[弾劾]	단가이	탄핵する⌵
だんがん	[弾丸]	단간	탄환
たんき	[短気]	단키	성급함
たんきだいがく	[短期大学]	단키다이가꾸	전문대학
たんきゅう	[探求]	단큐-	탐구する⌵
タンク	[tank]	단쿠	탱크
だんけつ	[団結]	단께츠	단결する⌵
たんけん	[探検]	단껜	탐험する⌵
だんげん	[断言]	단겐	단언する⌵
たんご	[単語]	단고	단어, 낱말
だんこ	[断固]	단꼬	단호
だんご	[団子]	단고	경단
たんこう	[炭鉱]	단코-	탄광
だんこう	[断交]	단코-	단교する⌵
だんこう	[断行]	단코-	단행する⌵
だんごう	[談合]	단고-	담합する⌵
たんこうぼん	[単行本]	단코-본	단행본
たんごのせっく	[端午の節句]	단고노섹꾸	단오절
だんこん	[男根]	단꼰	남근
ダンサー	[dancer]	단사-	댄서, 무용수
だんし	[男子]	단시	남자
だんじ	[男児]	단지	남아
だんじき	[断食]	단지끼	단식する⌵
だんじて	[断じて]	단지떼	절대로
たんしゅく	[短縮]	단슈꾸	단축する⌵
たんじゅん	[単純]	단쥰	단순
たんしょ	[短所]	단쇼	단점
たんしょ	[端緒]	단쇼	단서, 실마리
だんじょ	[男女]	단죠	남녀
たんじょう	[誕生]	단죠-	탄생する⌵
たんじょうび	[誕生日]	단죠-비	생일
たんじょうびパーティー	[誕生日パーティー]	단죠-비빠-띠-	생일파티
たんす	[箪笥]	단스	서랍장
ダンス	[dance]	단스	댄스, 춤
だんすい	[断水]	단스이	단수
たんせい	[端正]	단세-	단정, 단정함
だんせい	[男性]	단세-	남성
だんぜつ	[断絶]	단제츠	단절する⌵

だんぜん	[断然]	단젠	단연
たんそ	[炭素]	단소	탄소
だんそう	[断層]	단소-	단층
たんだい	[短大]	단다이	전문대학
だんたい	[団体]	단따이	단체
だんだん	[段々]	단단	점점, 차츰
だんち	[団地]	단치	단지
たんちょう	[単調]	단쵸-	단조
だんちょう	[団長]	단쵸-	단장
たんてい	[探偵]	단떼이	탐정
だんてい	[断定]	단떼-	단정する
たんとう	[担当]	단또-	담당する
だんとう	[暖冬]	단또-	난동
たんとうい	[担当医]	단또-이	담당의사
たんどく	[単独]	단도꾸	단독
だんどり	[段取り]	단도리	준비, 순서, 절차
だんな	[旦那]	단나	남편
たんなる	[単なる]	단나루	단순한
たんにん	[担任]	단닌	담임する
たんねん	[丹念]	단넨	단념する
たんのう	[胆のう]	단노-	담낭
たんぱく	[淡白]	담빠꾸	담백
たんぱくしつ	[蛋白質]	담빠ㄱ시츠	단백질
だんぱん	[談判]	담빤	담판する
ダンピング	[dumping]	담삐ㅇ구	덤핑
たんぺん	[短編]	담뻰	단편
たんぼ	[田んぼ]	담보	논
だんぼう	[暖房]	담보-	난방する
だんボール	[段board]	담보-루	박스
たんぽぽ		담뽀뽀	민들레
だんまり		담마리	듬뿍, 많이
だんめん	[断面]	담메ㄴ	단면
だんらく	[段落]	단라꾸	단락
だんらん	[団欒]	단란	단란する
だんりゅう	[暖流]	단류-	난류
たんれん	[鍛練]	단렌	단련する
だんわ	[談話]	단와	담화する

ち	[血]	치	피
ちあん	[治安]	치아ㄴ	치안
ちい	[地位]	치이	지위
ちいき	[地域]	치이끼	지역
ちいさい	[小さい]	치이사이	작다
チーズ	[cheese]	치-즈	치즈
チーム	[team]	치-무	팀, 한패
ちえ	[知恵]	치에	지혜
チェーン	[chain]	체-ㄴ	체인
チェーンてん	[チェーン店]	체-ㄴ떼ㄴ	체인점
チェック	[check]	체ㄱ꾸	체크
チェックアウト	[check-out]	체ㄱ꾸아우또	체크아웃
チェックイン	[check-in]	체ㄱ꾸이ㄴ	체크인
チェックがら	[チェック柄]	체ㄱ꾸가라	체크무늬
ちえぶくろ	[知恵袋]	치에부꾸로	신지식
チェロ	[cello]	체로	첼로
ちえん	[遅延]	치에ㄴ	지연する♡
ちか	[地下]	치까	지하
ちかい	[近い]	치까이	가깝다
ちかい	[誓い]	치까이	맹세
ちかう	[誓う]	치까우	맹세하다, 다짐하다
ちがう	[違う]	치가우	다르다, 틀리다
ちかく	[近く]	치까꾸	근처
ちかごろ	[近頃]	치까고로	최근
ちかしつ	[地下室]	치까시츠	지하실
ちかちか		치까치까	반짝반짝
ちかづく	[近付く]	치까즈꾸	접근하다, 다가가다
ちかてつ	[地下鉄]	치까떼츠	지하철
ちかどう	[地下道]	치까도-	지하도
ちかみち	[近道]	치까미치	지름길する♡
ちかよる	[近寄る]	치까요루	접근하다
ちから	[力]	치까라	힘
ちからいっぱい	[力一杯]	치까라이ㅂ빠이	힘껏

ちからもち	[力持ち]	치까라모치	힘이 센 사람, 장사
ちかん	[痴漢]	치까ㄴ	치한
ちきゅう	[地球]	치큐-	지구
ちきゅうかがく	[地球化学]	치큐까가꾸	지구과학
ちぎる	[千切る]	치기루	비틀어 뜯다, 잘라 떼다
ちぎれる	[千切れる]	치기레루	끊기어 떨어지다
チキン	[chicken]	치끼ㄴ	치킨
チキンスープ	[chicken soup]	치끼ㄴ스-뿌	닭고기수프
ちくさん	[畜産]	치ㄱ사ㄴ	축산
ちくさんぎょう	[畜産業]	치ㄱ사ㄴ교-	축산업
ちくしょう	[畜生]	치ㄱ쇼-	짐승, 개새끼
ちくちく		치꾸치꾸	콕콕, 따끔따끔 する ⓥ
ちぐはぐ		치구하구	짝짝이, 뒤죽박죽
ちくび	[乳首]	치꾸비	젖꼭지
チゲ		치게	찌개
チケット	[ticket]	치께ㅅ또	티켓
ちこく	[遅刻]	치꼬꾸	지각 する ⓥ
ちじ	[知事]	치지	지사
ちしき	[知識]	치시끼	지식
ちしつがく	[地質学]	치시츠가꾸	지질학
ちじょう	[地上]	치죠-	지상
ちず	[地図]	치즈	지도
ちすじ	[血筋]	치스지	혈통, 핏줄
ちせい	[知性]	치세-	지성
ちたい	[地帯]	치따이	지대
ちち	[父]	치치	아버지
ちち	[乳]	치치	젖
ちちうえ	[父上]	치치우에	아버님
ちちおや	[父親]	치치오야	부친
ちちくさい	[乳臭い]	치치꾸사이	젖비린내 나다, 유치하다
ちちのひ	[父の日]	치치노히	아버지날
ちぢまる	[縮まる]	치지마루	줄다, 오그라들다
チヂミ		치지미	부침개
ちぢむ	[縮む]	치지무	줄다, 오그라들다
ちぢめる	[縮める]	치지메루	줄이다, 움츠리다
ちちゅうかい	[地中海]	치츄-까이	지중해
ちちゅうかいりょうり	[地中海料理]	치츄-까이료-리	지중해요리
ちぢれげ	[縮れ毛]	치지레게	곱슬머리
ちつじょ	[秩序]	치츠조	질서
ちっそく	[窒息]	치ㅅ소꾸	질식 する ⓥ

일본어	한자	발음	의미
ちつづき	[血続き]	치츠즈끼	일가 친척, 혈족 관계
ちっとも		치ㅅ또모	조금도
チップ	[tip]	치ㅂ뿌	팁
ちてき	[知的]	치떼끼	지적
ちてん	[地点]	치떼ㄴ	지점
ちどめ	[血止め]	치도메	지혈
ちどり	[千鳥]	치도리	물떼새
ちなまぐさい	[血腥い]	치나마구사이	피비린내 나다
ちのう	[知能]	치노-	지능
ちのけ	[血の気]	치노께	핏기
ちばけん	[千葉県]	치바께ㄴ	치바현
ちび		치비	꼬마
ちびちび		치비치비	홀짝홀짝, 찔끔찔끔
ちぶさ	[乳房]	치부사	유방
ちへいせん	[地平線]	치헤-세ㄴ	지평선
ちほう	[地方]	치호-	지방
ちほう	[痴呆]	치호-	치매
ちほうじちたい	[地方自治体]	치호-지치따이	지방자치단체
ちまなこ	[血眼]	치마나꼬	혈안
ちみつ	[緻密]	치미츠	치밀
ちめい	[地名]	치메-	지명
ちめいしょう	[致命傷]	치메-쇼-	치명상
ちゃ	[茶]	챠	차
チャート	[chart]	챠-또	차트
チャーミング	[charming]	챠-미ㅇ구	매혹적, 매력적
チャーハン		챠-하ㄴ	볶음밥
ちゃいろ	[茶色]	챠이로	갈색
ちゃく	[着]	챠꾸	~벌
ちゃくがん	[着眼]	챠꾸가ㄴ	착안する⊙
ちゃくじつ	[着実]	챠꾸지츠	착실
ちゃくしゅ	[着手]	챠ㄱ슈	착수する⊙
ちゃくせき	[着席]	챠ㄱ세끼	착석する⊙
ちゃくそう	[着想]	챠ㄱ소-	착상する⊙
ちゃくメロ	[着メロ]	챠꾸메로	착신멜로디
ちゃくよう	[着用]	챠꾸요-	착용する⊙
ちゃくりく	[着陸]	챠꾸리꾸	착륙する⊙
ちゃだんす	[茶箪笥]	챠다ㄴ스	찬장
ちゃっこう	[着工]	챠ㄱ꼬-	착공する⊙
チャット	[chat]	챠ㅅ또	채팅
ちゃみせ	[茶店]	챠미세	찻집

チャリンコ		챠리ㅇ꼬	자전거
ちゃわん	[茶碗]	챠와ㅇ	밥그릇, 밥공기
チャンス	[chance]	챠ㄴ스	찬스, 기회
ちゃんと		챠ㄴ또	정확히, 분명히する
チャンネル	[channel]	챠ㄴ네루	채널
チャンピオン	[champion]	챠ㅁ삐오ㄴ	챔피언
ちゃんぽん		챠ㅁ뽀ㅇ	혼합, 한데 섞음
ちゆ	[治癒]	치유	치유する
ちゅう	[忠]	츄-	충
ちゅうい	[注意]	츄-이	주의する
ちゅうおう	[中央]	츄-오-	중앙
ちゅうおうアジア	[中央アジア]	츄-오-아지아	중앙아시아
ちゅうかい	[仲介]	츄-까이	중개する
ちゅうがえり	[宙返り]	츄-가에리	공중제비する
ちゅうがくせい	[中学生]	츄-가ㄱ세-	중학생
ちゅうがっこう	[中学校]	츄-가ㄱ꼬-	중학교
ちゅうかりょうり	[中華料理]	츄-까료-리	중화요리
ちゅうかん	[中間]	츄-까ㄴ	중간
ちゅうけん	[中堅]	츄-께ㄴ	중견
ちゅうげん	[中元]	츄-게ㄴ	백중날, 음력 7월 보름, 선물
ちゅうげん	[忠言]	츄-게ㄴ	충언する
ちゅうこ	[中古]	츄-꼬	중고
ちゅうこく	[忠告]	츄-꼬꾸	충고する
ちゅうごく	[中国]	츄-고꾸	중국
ちゅうごくじん	[中国人]	츄-고꾸지ㄴ	중국인
ちゅうごくちほう	[中国地方]	츄고꾸치호-	츄고쿠지역
ちゅうさい	[仲裁]	츄-사이	중재する
ちゅうし	[中止]	츄-시	중지する
ちゅうじつ	[忠実]	츄-지츠	충실
ちゅうしゃ	[注射]	츄-샤	주사する
ちゅうしゃ	[駐車]	츄-샤	주차する
ちゅうしゃじょう	[駐車場]	츄-샤죠-	주차장
ちゅうじゅん	[中旬]	츄-쥬ㄴ	중순
ちゅうしょう	[抽象]	츄-쇼-	추상
ちゅうしょう	[中傷]	츄-쇼-	중상
ちゅうしょく	[昼食]	츄-쇼꾸	점심식사
ちゅうしん	[中心]	츄-시ㄴ	중심
ちゅうすう	[中枢]	츄-스-	중추
ちゅうすいえん	[虫垂炎]	츄-스이에ㄴ	중수염
ちゅうせい	[中世]	츄-세-	중세

ちゅうせい	[中性]	츄-세-	중성
ちゅうせい	[忠誠]	츄-세-	충성する
ちゅうぜつ	[中絶]	츄-제츠	중절する
ちゅうせん	[抽選]	츄-세ㄴ	추첨する
ちゅうちゅう		츄-츄-	찍찍(쥐)
ちゅうちょ	[躊躇]	츄-쵸	주저する
ちゅうと	[中途]	츄-또	중도, 도중
ちゅうとう	[中東]	츄-또-	중동
ちゅうどく	[中毒]	츄-도꾸	중독する
ちゅうとはんぱ	[中途半端]	츄-또하ㅁ빠	흐지부지함, 엉거주춤함
ちゅうとん	[駐屯]	츄-또ㄴ	주둔する
ちゅうなんべい	[中南米]	츄-나ㅁ베-	중남미
ちゅうにゅう	[注入]	츄-뉴-	주입する
ちゅうねん	[中年]	츄-네ㄴ	중년
ちゅうハイ	[酎ハイ]	츄-하이	칵테일소주
チューブ	[tube]	츄-부	튜브, 관
ちゅうふう	[中風]	츄-후-	중풍
ちゅうぶちほう	[中部地方]	츄-부치호-	중부지방
ちゅうもく	[注目]	츄-모꾸	주목する
ちゅうもん	[注文]	츄-모ㄴ	주문する
ちゅうゆ	[注油]	츄-유	주유する
チューリップ	[tulip]	츄-리ㅂ뿌	튤립
ちゅんちゅん		츄ㄴ츄ㄴ	짹짹(참새)
ちょう	[腸]	쵸-	장
ちょう	[蝶]	쵸-	나비
ちょう	[兆]	쵸-	조
ちょうえき	[懲役]	쵸-에끼	징역
ちょうえつ	[超越]	쵸-에츠	초월する
ちょうかい	[朝会]	쵸-까이	조회
ちょうかく	[聴覚]	쵸-까꾸	청각
ちょうかん	[朝刊]	쵸-까ㄴ	조간
ちょうきょりつうわ	[長距離通話]	쵸-꾜리츠-와	장거리통화
チョーク	[chalk]	쵸-꾸	분필
ちょうこく	[彫刻]	쵸-꼬꾸	조각する
ちょうこくか	[彫刻家]	쵸-꼬ㄱ까	조각가
ちょうさ	[調査]	쵸-사	조사する
ちょうざい	[調剤]	쵸-자이	조제する
ちょうし	[調子]	쵸-시	가락, 장단, 태도
ちょうじゅ	[長寿]	쵸-쥬	장수する
ちょうしゅう	[徴収]	쵸-슈-	징수する

ちょうしゅう	[聴衆]	쵸-슈-	청중
ちょうしょ	[長所]	쵸-쇼	장점
ちょうじょ	[長女]	쵸-죠	장녀
ちょうしょう	[嘲笑]	쵸-쇼-	조소する⊙
ちょうじょう	[頂上]	쵸-죠-	정상
ちょうしょく	[朝食]	쵸-쇼꾸	아침식사
ちょうしんき	[聴診器]	쵸-시ㅇ끼	청진기
ちょうせい	[調整]	쵸-세-	조정する⊙
ちょうせん	[挑戦]	쵸-세ㄴ	도전する⊙
ちょうだい	[頂戴]	쵸-다이	받음, ~해 주세요
ちょうチフス	[腸チフス]	쵸-치후스	장티푸스
ちょうちん	[提灯]	쵸-치ㄴ	초롱, 초롱불
ちょうど		쵸-도	꼭, 딱
ちょうなん	[長男]	쵸-나ㅇ	장남
ちょうば	[帳場]	쵸-바	계산대
ちょうへん	[長編]	쵸-헤ㄴ	장편
ちょうぼ	[帳簿]	쵸-보	장부
ちょうほうけい	[長方形]	쵸-호-께-	직사각형
ちょうみりょう	[調味料]	쵸-미료-	조미료
ちょうめん	[帳面]	쵸-메ㄴ	장부
ちょうもん	[弔問]	쵸-모ㄴ	조문する⊙
ちょうやく	[跳躍]	쵸-야꾸	도약する⊙
ちょうりしつ	[調理室]	쵸-리시츠	가사실습실
ちょうりだい	[調理台]	쵸-리다이	조리대
ちょうりゅう	[潮流]	쵸-류-	조류
ちょうるい	[鳥類]	쵸-루이	조류
ちょうわ	[調和]	쵸-와	조화する⊙
チョキチョキ		쵸끼쵸끼	싹둑싹둑
ちょきん	[貯金]	쵸끼ㄴ	저금する⊙
ちょくせつ	[直接]	쵸ㄱ세츠	직접
ちょくせん	[直線]	쵸ㄱ세ㄴ	직선
ちょくめん	[直面]	쵸꾸메ㄴ	직면
ちょくやく	[直訳]	쵸꾸야꾸	직역する⊙
ちょこちょこ		쵸꼬쵸꼬	아장아장, 종종걸음으로する⊙
チョコレート	[chocolate]	쵸꼬레-또	초콜릿
ちょさく	[著作]	쵸사꾸	저작する⊙
ちょしゃ	[著者]	쵸샤	저자
ちょじゅつ	[著述]	쵸쥬츠	저술する⊙
ちょしょ	[著書]	쵸쇼	저서
ちょちく	[貯蓄]	쵸치꾸	저축

ちょっかく	[直角]	쵸ㄱ까꾸	직각
ちょっかん	[直感]	쵸ㄱ까ㄴ	직감する
チョッキ	[jaque]	쵸ㄱ끼	조끼
ちょっけい	[直徑]	쵸ㄱ께-	직경
ちょっと		쵸ㅅ또	조금, 잠깐, 여보세요
ちょっぴり		쵸ㅂ삐리	조금, 약간
ちょろちょろ		쵸로쵸로	졸졸する
チョンガー		쵸ㅇ가-	총각
ちょんぎる	[ちょん切る]	쵸ㅇ기루	싹둑 자르다
ちらす	[散らす]	치라스	흩뜨리다, 흩어 놓다
ちらつく		치라츠꾸	흩날리다, 어른거리다
ちらばる	[散らばる]	치라바루	흩어지다, 어지러지다
ちり	[地理]	치리	지리
ちり	[塵]	치리	먼지, 티끌
ちりがみ	[塵紙]	치리가미	휴지
ちりとり	[塵取り]	치리또리	쓰레받기
ちりばこ	[塵箱]	치리바꼬	휴지통, 쓰레기통
ちりょう	[治療]	치료-	치료する
ちる	[散る]	치루	떨어지다, 흩어지다
ちんぎん	[賃金]	치ㅇ기ㄴ	임금
チンゲンさい	[チンゲン菜]	치ㅇ게ㄴ사이	청경채
ちんじゅつ	[陳述]	치ㄴ쥬츠	진술する
ちんつう	[鎭痛]	치ㄴ츠-	진통
ちんつうざい	[鎭痛劑]	치ㄴ츠-자이	진통제
チンパンジー	[chimpanzee]	치ㅁ빠ㄴ지-	침팬지
ちんぴら		치ㅁ삐라	꼬마, 조무래기
ちんぼつ	[沈沒]	치ㅁ보츠	침몰する
ちんもく	[沈默]	치ㅁ모꾸	침묵する
ちんれつ	[陳列]	치ㄴ레츠	진열する

ツアー	[tour]	츠아-	투어, 관광 여행
つい	[対]	츠이	~쌍
ついおく	[追憶]	츠이오꾸	추억する⊙
ついか	[追加]	츠이까	추가する⊙
ついきゅう	[追求]	츠이뀨-	추구する⊙
ついせき	[追跡]	츠이세끼	추적する⊙
ついたち	[一日]	츠이따치	1일, 초하루
ついでに		츠이데니	~하는 김에
ついとう	[追悼]	츠이또-	추도する⊙
ついとつ	[追突]	츠이또츠	추돌する⊙
ついに	[遂に]	츠이니	드디어, 마침내
ついほう	[追放]	츠이호-	추방する⊙
ついやす	[費やす]	츠이야스	소비하다
ついらく	[墜落]	츠이라꾸	추락する⊙
ツイン	[twin]	츠이ㄴ	트윈룸
ツインベッド	[twin bed]	츠이ㄴ베ㅅ도	트윈침대
ツインルーム	[twin room]	츠이ㄴ루-무	트윈룸
つう	[通]	츠-	~통
つういんする	[通院する]	츠-이ㄴ스루	통원하다
つうか	[通貨]	츠-와	통화
つうか	[通過]	츠-까	통과する⊙
つうかい	[痛快]	츠-까이	통쾌
つうがく	[通学]	츠-가꾸	통학する⊙
つうきん	[通勤]	츠-끼ㄴ	통근する⊙
つうきんれっしゃ	[通勤列車]	츠-끼ㄴ레ㅅ샤	통근열차
つうこう	[通行]	츠-꼬-	통행する⊙
つうこうどめ	[通行止め]	츠-꼬-도메	통행금지
つうこく	[通告]	츠-꼬꾸	통고する⊙
つうしょう	[通商]	츠-쇼-	통상する⊙
つうじる	[通じる]	츠-지루	통하다
つうしん	[通信]	츠-시ㄴ	통신する⊙
つうしんはんばい	[通信販売]	츠-시ㄴ하ㅁ바이	통신판매
つうぞく	[通俗]	츠-조꾸	통속

つうち	[通知]	츠-치	통지する♡
つうちょう	[通帳]	츠-쵸-	통장
つうねん	[通念]	츠-네ㄴ	통념
つうほう	[通報]	츠-호-	통보する♡
つうやく	[通訳]	츠-야꾸	통역する♡
つうやくか	[通訳家]	츠-야ㄱ까	통역가
つうよう	[通用]	츠-요-	통용する♡
つうろ	[通路]	츠-로	통로
つうろがわ	[通路側]	츠-로가와	통로 쪽
つうわちゅう	[通話中]	츠-와츄-	통화중
つえ	[杖]	츠에	지팡이
つかい	[使い]	츠까이	심부름
つかいかた	[使い方]	츠까이까따	사용법
つかう	[使う]	츠까우	사용하다
つかえる	[仕える]	츠까에루	섬기다, 모시다, 시중들다
つかさどる	[司る]	츠까사도루	관장하다, 담당하다
つかつか		츠까츠까	성큼성큼, 뚜벅뚜벅
つかのま	[束の間]	츠까노마	잠깐 동안, 순간
つかまえる	[捕まえる]	츠까마에루	잡다, 붙잡다
つかまる	[捕まる]	츠까마루	잡히다, 붙잡히다
つかむ	[掴む]	츠까무	잡다
つかれる	[疲れる]	츠까레루	피곤하다, 피로하다
つき	[月]	츠끼	달
つぎ	[次]	츠기	다음
つきあい	[付き合い]	츠끼아이	교제, 인간관계
つきあう	[付き合う]	츠끼아우	사귀다, 교제하다
つきあたり	[突き当り]	츠끼아따리	막다른 곳
つきかげ	[月影]	츠끼까게	달빛
つきそい	[付添い]	츠끼소이	시중 드는 사람
つぎつぎ	[次々]	츠기츠기	차례차례, 연달아
つきとめる	[突き止める]	츠끼또메루	캐내다, 밝히다
つきなみ	[月並]	츠끼나미	평범함, 진부함
つきみ	[月見]	츠끼미	달구경
つきみそう	[月見草]	츠끼미소-	달맞이꽃
つきやぶる	[突き破る]	츠끼야부루	찢다, 타파하다
つきよ	[月夜]	츠끼요	달밤
つく	[付く]	츠꾸	켜지다, 달라붙다
つく	[着く]	츠꾸	도착하다
つぐ	[注ぐ]	츠구	따르다
つくえ	[机]	츠꾸에	책상

つくづく		츠꾸즈꾸	곰곰이, 절실히
つぐなう	[償う]	츠구나우	갚다, 보상하다
つぐむ	[噤む]	츠구무	입을 다물다
つくりあげる	[作り上げる]	츠꾸리아게루	만들어내다, 완성하다
つくりだす	[作り出す]	츠꾸리다스	만들어내다
つくる	[作る]	츠꾸루	만들다
つくろう	[繕う]	츠꾸로우	꿰매다, 수선하다
つげぐち	[告げ口]	츠게구치	고자질する♡
つけくわえる	[付け加える]	츠께꾸와에루	덧붙이다
つけび	[付け火]	츠께비	방화
つけもの	[漬物]	츠께모노	절임
つける	[付ける]	츠께루	붙이다, 달다
つける	[漬ける]	츠께루	담그다
つげる	[告げる]	츠게루	고하다
つごう	[都合]	츠고-	형편, 사정
つじ	[辻]	츠지	네거리, 십자로
つた	[蔦]	츠따	담쟁이
つたえる	[伝える]	츠따에루	전하다
つたない	[拙い]	츠따나이	서툴다, 졸렬하다
つたわる	[伝わる]	츠따와루	전해지다
つち	[土]	츠치	땅, 흙
つちけむり	[土煙]	츠치께무리	흙먼지
つつ	[筒]	츠츠	통, 관
つつく	[突く]	츠츠꾸	가볍게 쿡쿡 찌르다
つづく	[続く]	츠즈꾸	계속되다, 지속되다
つづけざま	[続けざま]	츠즈께자마	잇달아, 연달아
つづける	[続ける]	츠즈께루	계속하다
つつじ		츠츠지	진달래
つつしむ	[慎む]	츠츠시무	삼가다, 조심하다
つっぱねる	[突っぱねる]	츠ㅂ빠네루	모질게 뿌리치다
つっぱる	[突っ張る]	츠ㅂ빠루	버티다, 지탱하다
つつむ	[包む]	츠츠무	싸다, 포장하다
つど	[都度]	츠도	그 때마다, 매번
つとめさき	[勤め先]	츠또메사끼	근무처
つとめる	[勤める]	츠또메루	근무하다
つな	[綱]	츠나	밧줄
つながる		츠나가루	이어지다, 연결되다
つなぐ		츠나구	잇다, 연결하다
つなひき	[綱引き]	츠나히끼	줄다리기
つなみ	[津波]	츠나미	해일

つなわたり	[綱渡り]	츠나와따리	줄타기
つねづね	[常々]	츠네즈네	평소, 언제나
つねに	[常に]	츠네니	항상, 늘
つねる	[抓る]	츠네루	꼬집다
つの	[角]	츠노	뿔
つば	[唾]	츠바	침
つばき		츠바끼	동백나무
つばさ	[翼]	츠바사	날개
つばめ	[燕]	츠바메	제비
つぶ	[粒]	츠부	알, 낟알
つぶす	[潰す]	츠부스	으깨다, 뭉개다
つぶやく	[呟く]	츠부야꾸	중얼거리다
つぶれる	[潰れる]	츠부레루	찌부러지다, 뭉개지다
つべこべ		츠베꼬베	이러쿵저러쿵
つぼ	[壷]	츠보	항아리, 독
つぼみ	[蕾]	츠보미	꽃봉오리, 봉오리
つま	[妻]	츠마	아내, 처
つまずく	[躓く]	츠마즈꾸	발이 걸려 넘어지다
つまむ	[抓む]	츠마무	손가락으로 집다
つまみぐい	[摘み食い]	츠마미구이	군것질する♡
つまらない		츠마라나이	재미없다, 시시하다
つまり		츠마리	즉, 결국
つみ	[罪]	츠미	죄
つみあげる	[積み上げる]	츠미아게루	쌓아올리다
つみかさなる	[積み重なる]	츠미까사나루	겹쳐 쌓이다
つみかさねる	[積み重ねる]	츠미까사네루	포개어 쌓다
つみきん	[積金]	츠미낀	적립금
つみたて	[積立て]	츠미따떼	적립
つむ	[摘む]	츠무	손으로 따다
つむ	[積む]	츠무	싣다, 쌓다
つむじかぜ	[旋風]	츠무지까제	회오리바람
つむじまがり	[旋毛曲り]	츠무지마가리	고집불통, 심술꾸러기
つめ	[爪]	츠메	손톱
つめきり	[爪切り]	츠메끼리	손톱깎이
つめくさ	[爪草]	츠메꾸사	클로버
つめたい	[冷たい]	츠메따이	차갑다, 차다
つめる	[詰める]	츠메루	꽉 채우다, 채워 넣다
つもり		츠모리	~작정, ~생각, ~셈
つもる	[積もる]	츠모루	쌓이다
つや	[艶]	츠야	윤기, 광택

つやつや		츠야츠야	반질반질, 반들반들
つゆ	[露]	츠유	이슬
つゆ	[梅雨]	츠유	장마
つよい	[強い]	츠요이	세다, 강하다
つよび	[強火]	츠요비	강한 불
つよみ	[強み]	츠요미	강점
つら	[面]	츠라	낯
つらい	[辛い]	츠라이	괴롭다, 고통스럽다
つらぬく	[貫く]	츠라누꾸	꿰뚫다, 관통하다
つらら		츠라라	고드름
つり	[釣り]	츠리	낚시
つりあい	[釣合]	츠리아이	균형, 조화
つりかわ	[吊革]	츠리까와	가죽손잡이
つりざお	[釣竿]	츠리자오	낚싯대
つりぶね	[釣船]	츠리부네	고기를 잡는 작은 배
つる	[鶴]	츠루	학, 두루미
つる	[蔓]	츠루	덩굴
つる	[釣る]	츠루	낚다
つるす	[吊す]	츠루스	매달다, 달아매다
つるつる		츠루츠루	반들반들, 매끈매끈
つれ	[連れ]	츠레	배우자, 동반자
つれあい	[連合い]	츠레아이	배우자, 일행
つれない		츠레나이	매정하다, 냉정하다
つれる	[連れる]	츠레루	데리고 가다, 데리고 오다
つわり		츠와리	입덧

て	[手]	데	손
て,で		데	~고, ~서, ~니
で		데	~에서
てあし	[手足]	데아시	팔다리, 수족
てあつい	[手厚い]	데아츠이	극진하다
てあて	[手当て]	데아떼	수당, 처치する⒱
ていあん	[提案]	데-아ㄴ	제안する⒱
ティーシャツ	[T-shirts]	디-샤츠	티셔츠
ていえん	[庭園]	데-에ㄴ	정원
ていおう	[帝王]	데-오-	제왕
ていか	[定価]	데-까	정가
ていか	[低下]	데-까	저하する⒱
ていき	[定期]	데-끼	정기
ていきあつ	[低気圧]	데-끼아츠	저기압
ていきいれ	[定期入れ]	데-끼이레	정액권지갑
ていきょう	[提供]	데-꾜-	제공する⒱
ていきよきん	[定期預金]	데-끼요끼ㄴ	정기예금
ていけい	[提携]	데-께-	제휴する⒱
ていけつあつ	[低血圧]	데-께츠아츠	저혈압
ていげん	[提言]	데-게ㄴ	제언する⒱
ていこう	[抵抗]	데-꼬-	저항する⒱
ていこく	[帝国]	데-꼬꾸	제국
ていさい	[体裁]	데-사이	외관, 체면
ていし	[停止]	데-시	정지
ていじ	[提示]	데-지	제시する⒱
ていしゃ	[停車]	데-샤	정차する⒱
ていしゅ	[亭主]	데-슈	주인, 남편
ていしゅつ	[提出]	데-슈츠	제출
ていしょく	[定食]	데-쇼꾸	정식
でいすい	[泥酔]	데-스이	만취する⒱
ディスカウント	[discount]	디스까우ㄴ또	디스카운트, 할인
ディスコ	[disco]	디스꼬	디스코
ティッシュ	[tissue]	디ㅅ슈	티슈

ティッシュペーパー	[tissue paper]	디ㅅ슈뻬-빠-	티슈, 화장지
ていせい	[訂正]	데-세-	정정하다
ていせん	[停戦]	데-세ㄴ	정전하다
ていそう	[貞操]	데-소-	정조
ていぞく	[低俗]	데-조꾸	저속
ていたく	[邸宅]	데-따꾸	저택
ていちゃく	[定着]	데-챠꾸	정착하다
ていでん	[停電]	데-데ㄴ	정전하다
ていど	[程度]	데-도	정도
ていねい	[丁寧]	데-네-	정중함, 예의 바름
ていねん	[定年]	데-네ㄴ	정년
ていはく	[停泊]	데-하꾸	정박하다
ていり	[定理]	데-리	정리
でいり	[出入り]	데이리	출입
でいりする	[出入りする]	데이리스루	드나들다
ていりゅうじょ	[停留所]	데-류-죠	정류장
ていれ	[手入れ]	데이레	손질, 보살핌하다
データ	[data]	데-따	데이터
デート	[date]	데-또	데이트하다
テープ	[tape]	데-뿌	테이프
テーブル	[table]	데-부루	테이블
テーマ	[Thema]	데-마	테마, 주제
ておくれ	[手遅れ]	데오꾸레	때를 놓침
ておち	[手落ち]	데오치	실수, 부주의
てかがみ	[手鏡]	데까가미	손거울
てがかり	[手がかり]	데가까리	단서, 실마리
でかける	[出かける]	데까께루	외출하다
てかげん	[手加減]	데까게ㄴ	손대중, 손어림하다
てがた	[手形]	데가따	어음
てがみ	[手紙]	데가미	편지
てがら	[手柄]	데가라	공로, 공적
てき	[敵]	데끼	적
テキーラ	[tequila]	데끼-라	테킬라
てきおう	[適応]	데끼오-	적응하다
てきき	[手利き]	데끼끼	수완가, 재주꾼
できごと	[出来事]	데끼고또	사건
てきする	[適する]	데끼스루	알맞다, 적당하다
てきちゅう	[的中]	데끼츄-	적중하다
てきとう	[適当]	데끼또-	적당, 적절, 마땅함하다
できもの		데끼모노	종기, 부스럼

てきよう	[適用]	데끼요-	적용する⒱
できる		데끼루	할 수 있다
できる	[出来る]	데끼루	생기다
てぎれ	[手切れ]	데기레	인연을 끊음
てぎれきん	[手切れ金]	데기레끼ㄴ	위자료
てぎわ	[手際]	데기와	솜씨, 수완
でぐち	[出口]	데구치	출구
てくてく		데꾸떼꾸	터벅터벅
テクニック	[technic]	데꾸니ㄱ꾸	테크닉
てくび	[手首]	데꾸비	손목
てこ	[梃]	데꼬	지레
てこずる		데꼬즈루	주체하지 못하다, 애먹다
てごたえ	[手答え]	데고따에	반응
でこぼこ	[凸凹]	데꼬보꼬	울퉁불퉁する⒱
てごわい	[手強い]	데고와이	힘겹다, 벅차다
デザート	[dessert]	데자-또	후식, 디저트
デザイナー	[designer]	데자이나-	디자이너
デザイン	[design]	데자이ㄴ	디자인する⒱
てさげ	[手提げ]	데사게	손가방
でし	[弟子]	데시	제자
デジカメ	[digital camera]	데지까메	디카
デジタルカメラ	[digital camera]	데지따루까메라	디지털카메라
てじな	[手品]	데지나	마술, 요술
でしゃばる		데샤바루	참견하다, 주제넘게 나서다
てじょう	[手錠]	데죠-	수갑
てすうりょう	[手数料]	데스-료-	수수료
ですから		데스까라	그래서, 그러므로
テスト	[test]	데스또	테스트, 시험する⒱
てすり	[手摺]	데스리	난간
でたらめ		데따라메	엉터리, 아무렇게나 함
てちょう	[手帳]	데쵸-	수첩
てつ	[鉄]	데츠	철, 쇠
でっかい		데ㄱ까이	크다
てつがく	[哲学]	데츠가꾸	철학
てっきょう	[鉄橋]	데ㄱ꼬-	철교
てっきり		데ㄱ끼리	틀림없이, 꼭
てっきん	[鉄筋]	데ㄱ끼ㄴ	철근
てづくり	[手作り]	데즈꾸리	수제, 손수 만듦
てっこう	[鉄鋼]	데ㄱ꼬-	철강
てっこく	[敵国]	데ㄱ꼬꾸	적국

일본어	표기	발음	뜻
デッサン	[dessin]	데ㅅ사ㅇ	데생, 소묘하다
てつだい	[手伝い]	데츠다이	심부름
てつだう	[手伝う]	데츠다우	돕다
でっちあげる	[でっち上げる]	데ㅅ치아게루	날조하다
てつづき	[手続き]	데츠즈끼	수속
てってい	[徹底]	데ㅅ떼-	철저하다
てつどう	[鉄道]	데츠도-	철도
てっとりばやい	[手っ取り早い]	데ㅅ또리바야이	민첩하다
てっぺん	[天辺]	데ㅂ뻬ㄴ	꼭대기, 정수리
てっぽう	[鉄砲]	데ㅂ뽀-	총, 소총, 총포
てつぼう	[鉄棒]	데츠보-	철봉
てつや	[徹夜]	데츠야	철야하다
テナー	[tenor]	데나-	테너
てなずける	[手懐ける]	데나즈께루	길들이다
てなれる	[手慣れる]	데나레루	손에 익다
テニス	[tennis]	데니스	테니스, 정구
てにもつ	[手荷物]	데니모츠	수화물
てぬかり	[手抜かり]	데누까리	실수, 미비한 점
てぬぐい	[手ぬぐい]	데누구이	손수건, 수건
てのこう	[手の甲]	데노꼬-	손등
てのひら	[手の平]	데노히라	손바닥
では		데와	그러면
デパート	[department store]	데빠-또	백화점
てはい	[手配]	데하이	수배하다
てはず	[手筈]	데하즈	준비, 계획
てばやい	[手早い]	데바야이	재빠르다, 민첩하다
てびき	[手引き]	데비끼	안내, 입문서
デビュー	[debut]	데뷰-	데뷔하다
てぶくろ	[手袋]	데부꾸로	장갑
てぶら	[手ぶら]	데부라	맨손, 빈손
てぶり	[手振り]	데부리	손짓
デフレ	[deflation]	데후레	디플레이션
デフレーション	[deflation]	데후레-쇼ㄴ	디플레이션
てほん	[手本]	데호ㄴ	모범, 본보기
てま	[手間]	데마	품, 수고
でまえ	[出前]	데마에	주문 요리, 주문 배달
てまどる	[手間取る]	데마도루	품이 들다
てまねき	[手招き]	데마네끼	손짓하여 부름
てまめ	[手まめ]	데마메	부지런함
てむかう	[手向かう]	데무까우	맞서다, 대항하다

でむかえ	[出向かえ]	데무까에	마중
でも		데모	~라도
でも		데모	그렇지만, 하지만
デモ	[demo]	데모	데모
デモクラシー	[democracy]	데모꾸라시-	민주주의, 민주 정치
でもどり	[出戻り]	데모도리	소박 맞음, 소박데기
てら	[寺]	데라	절
てらしあわせ	[照らし合わせる]	데라시아와세루	대조하다
てらす	[照らす]	데라스	비추다, 밝히다
テラス	[terrace]	데라스	테라스, 베란다
デリケート	[delicate]	데리께-또	섬세함, 미묘함
てる	[照る]	데루	비치다
でる	[出る]	데루	나가다, 나오다
てれくさい	[照れ臭い]	데레꾸사이	겸연쩍다, 쑥스럽다
テレビ	[television]	데레비	텔레비전
テレビきょく	[television局]	데레비꼬꾸	텔레비전 방송국
テレビゲーム	[television game]	데레비게-무	비디오게임
テレホンカード	[telephone card]	데레호ㅇ까-도	전화카드
テロ	[terrorism]	데로	테러
てん	[点]	데ㄴ	점
でんあつ	[電圧]	데ㅇ아츠	전압
てんいん	[店員]	데ㅇ이ㄴ	점원
でんえん	[田園]	데ㅇ에ㄴ	전원
てんおうせい	[天王星]	데ㅇ오-세-	천왕성
てんか	[天下]	데ㅇ까	천하
てんか	[添加]	데ㅇ까	첨가する
てんかい	[展開]	데ㅇ까이	전개する
てんかん	[転換]	데ㅇ까ㄴ	전환する
てんき	[天気]	데ㅇ끼	날씨
でんき	[電気]	데ㅇ끼	전기
でんき	[伝記]	데ㅇ끼	전기
てんきあめ	[天気雨]	데ㅇ끼아메	여우비
でんきかみそり	[電気剃刀]	데ㅇ끼까미소리	전기면도기
でんきすいはんき	[電気炊飯器]	데ㅇ끼스이하ㅇ끼	전기밥솥
でんきスタンド	[電気スタンド]	데ㅇ끼스따ㄴ도	전기스탠드
でんきストーブ	[電気ストーブ]	데ㅇ끼스또-부	전기난로
でんきだい	[電気代]	데ㅇ끼다이	전기요금
でんきゅう	[電球]	데ㅇ뀨-	전구
てんきよほう	[天気予報]	데ㅇ끼요호-	일기예보
てんきん	[転勤]	데ㅇ끼ㄴ	전근する

てんごく	[天国]	덴고꾸	천국
でんごん	[伝言]	덴고ㄴ	전언する♡
てんさい	[天才]	덴사이	천재
てんさい	[天災]	덴사이	천재
てんし	[天使]	덴시	천사
でんし	[電子]	덴시	전자
てんじ	[展示]	덴지	전시する♡
てんじかい	[展示会]	덴지까이	전시회
でんしメール	[電子メール]	덴시메-루	전자메일
でんしゃ	[電車]	덴샤	전차, 전철
てんじょう	[天井]	덴죠	천장
てんしょく	[転職]	덴쇼꾸	전직する♡
でんしレンジ	[電子レンジ]	덴시레ㄴ지	전자레인지
でんしんばしら	[電信柱]	덴시ㅁ바시라	전봇대, 전신주
でんせつ	[伝説]	덴세츠	전설
でんせん	[電線]	덴세ㄴ	전선
でんせん	[伝染]	덴세ㄴ	전염する♡
でんせんびょう	[伝染病]	덴세ㅁ뵤-	전염병
てんたい	[天体]	덴따이	천체
でんたく	[電卓]	덴따꾸	전자계산기
でんたつ	[伝達]	덴따츠	전달
てんち	[天地]	덴치	천지
でんち	[電池]	덴치	전지
てんちょう	[店長]	덴쵸-	점장
テント	[tent]	덴또	텐트
でんとう	[電灯]	덴또-	전등
でんとう	[伝統]	덴또-	전통
でんどう	[伝導]	덴도-	전도する♡
てんとうむし	[てんとう虫]	덴또무시	무당벌레
てんどん	[天丼]	덴도ㄴ	새우덮밥
てんにょ	[天女]	덴뇨	천녀
てんねん	[天然]	덴네ㄴ	천연
てんのう	[天皇]	덴노-	천황, 일왕
てんのうたんじょうび	[天皇誕生日]	덴노-따ㄴ죠-비	일왕생일
でんぱ	[電波]	덴빠	전파
でんぴょう	[伝票]	덴뾰-	전표
てんぷ	[添付]	덴뿌	첨부する♡
てんぷく	[転覆]	덴뿌꾸	전복する♡
てんぷファイル	[添付ファイル]	덴뿌화이루	첨부파일
てんぷら	[天ぷら]	덴뿌라	튀김

でんぶん		데ㅁ뿐ㄴ	전분
てんぼう	[展望]	데ㅁ보-	전망する
でんぽう	[電報]	데ㅁ뽀-	전보
てんまく	[天幕]	데ㅁ마꾸	천막
てんめつ	[点滅]	데ㅁ메츠	점멸する
てんもんがく	[天文学]	데ㅁ모ㅇ가꾸	천문학
でんらい	[伝来]	데ㄴ라이	전래する
てんらく	[転落]	데ㄴ라꾸	전락する
てんらんかい	[展覧会]	데ㄴ라ㅇ까이	전시회
でんりゅう	[電流]	데ㄴ류-	전류
でんりょく	[電力]	데ㄴ료꾸	전력
でんわ	[電話]	데ㅇ와	전화する
でんわき	[電話機]	데ㅇ와끼	전화기
でんわだい	[電話代]	데ㅇ와다이	전화요금
でんわちょう	[電話帳]	데ㅇ와쵸-	전화번호부
でんわばんごう	[電話番号]	데ㅇ와바ㅇ고-	전화번호
でんわボックス	[電話box]	데ㅇ와보ㄱㄱ스	전화박스

と	[戸]	도	문
と		도	~면, ~니
と		도	~와, ~과
ど		도	어느
ど	[度]	도	~번, ~도
ドア	[door]	도아	문
といあわせ	[問い合わせ]	도이아와세	문의, 조회
といあわせる	[問い合わせる]	도이아와세루	문의하다
ドイツ	[Deutsch]	도이츠	독일
といつめる	[問い詰める]	도이츠메루	캐묻다, 따지다
トイレ	[toilet]	도이레	화장실
トイレットペーパー	[toilet paper]	도이레ㅅ또뻬-빠-	화장지
とう	[頭]	도-	~마리
とう	[問う]	도우	묻다, 질문하다
どう		도-	어떻게
どう	[銅]	도-	동, 구리
どうい	[同意]	도-이	동의하다ⓥ
とういつ	[統一]	도-이츠	통일하다ⓥ
どういつ	[同一]	도-이츠	동일
どういん	[動員]	도-이ㄴ	동원하다ⓥ
とうか	[投下]	도-까	투하하다ⓥ
どうか	[同化]	도-까	동화하다ⓥ
どうが	[動画]	도-가	동영상
とうがらし	[唐辛子]	도-가라시	고추
とうがらしこ	[唐辛子粉]	도-가라시꼬	고춧가루
とうがらしみそ	[唐辛子味噌]	도-가라시미소	고추장
どうかん	[同感]	도-까ㄴ	동감하다ⓥ
どうがん	[童顔]	도-가ㄴ	동안
とうき	[陶器]	도-끼	도자기
とうき	[投機]	도-끼	투기하다ⓥ
とうぎ	[討議]	도-기	토의하다ⓥ
どうき	[動機]	도-끼	동기
どうきゅうせい	[同級生]	도-뀨-세-	동급생

とうきょう	[東京]	도-쿄-	도쿄
とうきょうと	[東京都]	도-쿄-또	도쿄도
とうきょく	[当局]	도-쿄꾸	당국
どうぐ	[道具]	도-구	도구
どうくつ	[洞窟]	도-꾸츠	동굴
とうげ	[峠]	도-게	고개
とうけい	[統計]	도-께-	통계
とうげい	[陶芸]	도-게-	도예
とうけつ	[凍結]	도-께츠	동결する
とうこう	[登校]	도-꼬-	등교する
とうこう	[投稿]	도-꼬-	투고する
どうこく	[慟哭]	도-꼬꾸	통곡する
どうさ	[動作]	도-사	동작する
とうざい	[東西]	도-자이	동서
とうさん	[倒産]	도-사ㄴ	도산する
とうし	[投資]	도-시	투자する
とうじ	[冬至]	도-지	동지
とうじ	[当時]	도-지	당시
どうし	[動詞]	도-시	동사
どうし	[同士]	도-시	동지, 끼리
どうじ	[同時]	도-지	동시
とうじき	[陶磁器]	도-지끼	도자기
とうじつ	[当日]	도-지츠	당일
どうして		도-시떼	왜, 어째서
とうしゅ	[投手]	도-슈	투수
とうしゅく	[投宿]	도-슈꾸	투숙する
とうじょう	[登場]	도-죠-	등장する
どうじょう	[同情]	도-죠-	동정する
どうじょう	[道場]	도-죠-	도장
とうじょうけん	[搭乗券]	도-죠-께ㄴ	탑승권
とうじょうじんぶつ	[登場人物]	도-죠-지ㅁ부츠	등장인물
どうせ		도-세	어차피, 하여간
とうせい	[統制]	도-세-	통제する
どうせいあい	[同性愛]	도-세-아이	동성애
とうせん	[当選]	도-세ㄴ	당선する
とうぜん	[当然]	도-제ㄴ	당연
どうぞ		도-조	아무쪼록, 부디
とうそう	[闘争]	도-소-	투쟁する
とうそう	[逃走]	도-소-	도주する
どうそう	[同窓]	도-소-	동창

とうきょう ～ とうもろこし

どうぞう	[銅像]	도-조-	동상
どうそうかい	[同窓会]	도-소-까이	동창회
どうぞく	[同族]	도-조꾸	동족
とうそつ	[統率]	도-소츠	통솔하다
とうだい	[灯台]	도-다이	등대
どうたい	[動態]	도-따이	동태
とうたつ	[到達]	도-따츠	도달하다
とうちゃく	[到着]	도-챠꾸	도착하다
とうちょう	[盗聴]	도-쵸-	도청하다
とうてい	[到底]	도-떼-	도저히, 아무리 해도
とうとい	[尊い]	도-또이	귀중하다, 소중하다
とうとう		도-또-	드디어, 마침내
どうどう	[堂々]	도-도-	당당히
どうとく	[道徳]	도-또꾸	도덕
とうとぶ	[尊ぶ]	도-또부	공경하다, 존중하다
とうなん	[東南]	도-나ㄴ	동남
とうなんアジア	[東南アジア]	도-나ㄴ아지아	동남아시아
どうにか		도-니까	그럭저럭, 겨우겨우
とうにゅう	[投入]	도-뉴-	투입하다
どうにゅう	[導入]	도-뉴-	도입하다
とうにょうびょう	[糖尿病]	도-뇨-뵤-	당뇨병
とうにん	[当人]	도-니ㄴ	당사자, 본인
とうねん	[当年]	도-네ㄴ	금년, 당년
とうばん	[当番]	도-바ㄴ	당번
とうひ	[逃避]	도-히	도피하다
とうひょう	[投票]	도-효-	투표하다
とうふ	[豆腐]	도-후	두부
どうぶつ	[動物]	도-부츠	동물
どうぶつえん	[動物園]	도-부츠에ㄴ	동물원
とうぶん	[当分]	도-부ㄴ	당분간
どうほう	[同胞]	도-호-	동포
とうほく	[東北]	도-호꾸	동북
とうほくちほう	[東北地方]	도-호꾸치호-	동북지방
どうみゃく	[動脈]	도-먀꾸	동맥
とうみん	[冬眠]	도-미ㄴ	동면하다
とうめい	[透明]	도-메-	투명
どうめい	[同盟]	도-메-	동맹하다
どうめいこく	[同盟国]	도-메-꼬꾸	동맹국
どうも		도-모	대단히, 아무래도
とうもろこし		도-모로꼬시	옥수수

どうやら		도-야라	그럭저럭, 간신히
とうよう	[東洋]	도-요-	동양
どうよう	[童謠]	도-요-	동요する⊙
どうよう	[同様]	도-요-	마찬가지
とうらい	[到来]	도-라이	도래する⊙
とうらく	[当落]	도-라꾸	당락
どうり	[道理]	도-리	도리
どうりょう	[同僚]	도-료-	동료
トゥルル		도루루	따르릉
どうろ	[道路]	도-로	도로
とうろく	[登錄]	도-로꾸	등록する⊙
とうろん	[討論]	도-론	토론する⊙
どうわ	[童話]	도-와	동화
とうわく	[当惑]	도-와꾸	당혹する⊙
とお	[十]	도-	열 살
とおい	[遠い]	도오이	멀다
とおか	[十日]	도-까	10일
とおからず	[遠からず]	도오까라즈	머지않아서
トークばんぐみ	[トーク番組]	도-꾸바ㅇ구미	토크쇼
とおざかる	[遠ざかる]	도오자까루	멀어지다, 멀어져가다
とおす	[通す]	도오스	통하게 하다
トースター	[toaster]	도-스따-	토스터
トースト	[toast]	도-스또	토스트
ドーナツ	[doughnut]	도-나츠	도넛
とおまわり	[遠回り]	도오마와리	우회, 멀리 돌아감
とおり	[通り]	도-리	대로, 거리
とおり		도-리	~대로
とおる	[通る]	도오루	통과하다
ドーン		도-ㄴ	뻥
とか		도까	~라든지, ~든지
とかい	[都会]	도까이	도시, 도회
とかく		도까꾸	이럭저럭, 자칫, 아무튼
とかげ	[蜥蜴]	도까게	도마뱀
とかす	[溶かす]	도까스	녹이다
どかた	[土方]	도까따	막노동, 막벌이꾼
とがめる	[咎める]	도가메루	나무라다, 책망하다
ドカン		도까ㄴ	쾅
とき	[時]	도끼	때
ときおり	[時折]	도끼오리	때때로, 이따금
ときたま	[時たま]	도끼따마	가끔, 때로

どうやら ～ どくりつ

ときどき	[時々]	도끼도끼	때때로, 가끔
どきどき		도끼도끼	두근두근する
ときには		도끼니와	때로는
ドキュメンタリー	[documentary]	도뀨메ㄴ따리	다큐멘터리
どきょう	[度胸]	도꼬-	배짱
とぎれとぎれ		도기레또기레	띄엄띄엄
とく	[解く]	도꾸	풀다
とくい	[得意]	도꾸이	만족, 단골, 잘함
とくい	[特異]	도꾸이	특이
どくがく	[独学]	도꾸가꾸	독학する
とくぎ	[特技]	도꾸기	특기
どくさい	[独裁]	도ㄱ사이	독재する
とくしまけん	[徳島県]	도꾸시마께ㄴ	도쿠시마현
どくしゃ	[読者]	도ㄱ샤	독자
とくしゅ	[特殊]	도ㄱ슈	특수
とくしゅう	[特集]	도ㄱ슈-	특집
どくしょ	[読書]	도ㄱ쇼	독서する
どくしょう	[独唱]	도ㄱ쇼-	독창する
とくしょく	[特色]	도ㄱ쇼꾸	특색
どくしん	[独身]	도ㄱ시ㄴ	독신
とくせい	[特性]	도ㄱ세-	특성
どくせん	[独占]	도ㄱ세ㄴ	독점する
どくそう	[独奏]	도ㄱ소-	독주する
ドクター	[doctor]	도ㄱ따-	의사, 박사
とくだね	[特種]	도꾸다네	특종
どくだん	[独断]	도꾸다ㄴ	독단
とくちょう	[特徴]	도ㄱ쬬-	특징
とくてい	[特定]	도ㄱ떼-	특정
とくてん	[得点]	도ㄱ떼ㄴ	득점する
どくとく	[独特]	도ㄱ또꾸	독특
とくに	[特に]	도꾸니	특히
どくはく	[独白]	도꾸하꾸	독백する
とくべつ	[特別]	도꾸베츠	특별
とくべつりょうり	[特別料理]	도꾸베츠료-리	특별요리
どくへび	[毒蛇]	도꾸헤비	독사
どくほん	[読本]	도꾸호ㄴ	독본する
とくめい	[特命]	도꾸메-	특명
どくやく	[毒薬]	도꾸야꾸	독약
とくゆう	[特有]	도꾸유-	특유
どくりつ	[独立]	도꾸리츠	독립する

とげ	[刺]	도게	가시
とけい	[時計]	도께-	시계
とけつ	[吐血]	도께츠	토혈, 피를 토함 する ⓥ
とける	[溶ける]	도께루	녹다
とける	[解ける]	도께루	풀리다
とげる	[遂げる]	도게루	이루다
どこ		도꼬	어디
とこや	[床屋]	도꼬야	이발소
ところ	[所]	도꼬로	곳, 데
ところ		도꼬로	~참, ~바
ところで		도꼬로데	그런데, 그것은 그렇고
ところどころ	[所々]	도꼬로도꼬로	여기저기, 군데군데
とし	[年]	도시	해, 나이
とし	[都市]	도시	도시
とじ	[途次]	도지	가는 도중
としうえ	[年上]	도시우에	연상
としご	[年子]	도시고	연년생
とじこめる	[閉じ込める]	도지꼬메루	가두다
とじこもる	[閉じこもる]	도지꼬모루	틀어박히다
としごろ	[年頃]	도시고로	적령, 혼기
としした	[年下]	도시시따	연하
どしゃぶり	[土砂降り]	도샤부리	장대비
としょ	[図書]	도쇼	도서
どじょう	[泥鰌]	도죠-	미꾸라지
としょかん	[図書館]	도쇼까ㄴ	도서관
としょしつ	[図書室]	도쇼시츠	도서실
としより	[年寄り]	도시요리	노인, 늙은이
とじる	[閉じる]	도지루	닫다
どすう	[度数]	도스-	도수
どせい	[土星]	도세-	토성
どだい	[土台]	도다이	토대
とだな	[戸棚]	도다나	찬장
とたん	[途端]	도따ㄴ	찰나, 바로 그 순간
どたんば	[土壇場]	도따ㅁ바	마지막 고비, 막판
とち	[土地]	도치	토지
とちぎけん	[栃木県]	도치기께ㄴ	도치기현
とちゅう	[途中]	도츄-	도중, 중도
どちら		도치라	어느 쪽, 어느 것
どちらさま	[どちら様]	도치라사마	어느 분
とっきゅう	[特急]	도ㄱ뀨-	특급

とっきゅう	[特級]	도ㄱ뀨-	특급
とっきゅうれっしゃ	[特急列車]	도ㄱ뀨-레ㅅ샤	특급열차
とっきょ	[特許]	도ㄱ꾜	특허
とつぐ	[嫁ぐ]	도츠구	시집을 가다, 출가하다
とっけん	[特権]	도ㄱ께ㄴ	특권
とっこう	[特講]	도ㄱ꼬-	특강
とっさ	[咄嗟]	도ㅅ사	순식간, 눈 깜짝할 사이
どっさり		도ㅅ사리	듬뿍, 많이
とっしゅつ	[突出]	도ㅅ슈츠	돌출する
とつじょ	[突如]	도츠죠	별안간, 갑자기
とっしん	[突進]	도ㅅ시ㄴ	돌진する
とつぜん	[突然]	도츠제ㄴ	갑자기, 돌연
どっち		도ㅅ치	어느 쪽, 어디
どっちみち		도ㅅ치미치	어떻든, 어차피
ドット	[dot]	도ㅅ또	닷
とっとりけん	[鳥取県]	도ㅅ또리께ㄴ	돗토리현
とつにゅう	[突入]	도츠뉴-	돌입する
とっぱ	[突破]	도ㅂ빠	돌파
とっぴ	[突飛]	도ㅂ삐	엉뚱함, 야릇함
どっぷり		도ㅂ뿌리	완전히, 듬뿍, 푹
トッポギ		도ㅂ뽀기	떡볶이
どて	[土手]	도떼	둑, 제방
とても		도떼모	매우, 아주, 대단히
とどく	[届く]	도도꾸	닿다, 도달하다
とどけで	[届出]	도도께데	신고
とどける	[届ける]	도도께루	닿게 하다, 신고하다
とどまる	[止まる]	도도마루	멈추다, 머물다
どなた		도나따	어느 분
ととのう	[整う]	도또노우	가지런하다, 정돈되다
ととのえる	[整える]	도또노에루	가지런히 하다, 정돈하다
とどろく	[轟く]	도도로꾸	울려 퍼지다
となり	[隣]	도나리	옆, 이웃
どなる	[怒鳴る]	도나루	고함치다, 소리치다
とにかく		도니까꾸	어쨌든, 여하튼
どの		도노	어느
どのかた	[どの方]	도노까따	어느 분
とばく	[賭博]	도바꾸	도박, 노름する
とばす	[飛ばす]	도바스	날리다
とび	[鳶]	도비	솔개
とびあがる	[飛び上がる]	도비아가루	날아오르다

とびいろ	[鳶色]	도비이로	다갈색
とびかかる	[飛びかかる]	도비까까루	덤벼들다, 뛰어들다
とびきり	[飛び切り]	도비끼리	월등함, 월등하게
とびこむ	[飛び込む]	도비꼬무	뛰어들다
とびら	[扉]	도비라	문, 문짝
どぶ	[溝]	도부	도랑, 시궁창
とぶ	[飛ぶ]	도부	날다, 뛰다
どぶろく		도부로꾸	막걸리
とほう	[途方]	도호-	수단, 방도
どぼく	[土木]	도보꾸	토목
とぼける	[恍ける]	도보께루	시치미 떼다
とぼしい	[乏しい]	도보시이	부족하다, 모자라다
とぼとぼ		도보또보	터벅터벅 する ⓥ
トマト	[tomato]	도마또	토마토
とまる	[泊まる]	도마루	묵다
とまる	[止まる]	도마루	서다, 멎다
とまれ	[止まれ]	도마레	정지
とみ	[富]	도미	부, 재산
とめる	[止める]	도메루	세우다, 멈추다, 말리다
とも	[友]	도모	벗, 친구
とも		도모	~고말고
ともかく		도모까꾸	어쨌든, 여하튼
ともかせぎ	[共稼ぎ]	도모까세기	맞벌이
ともしび	[灯火]	도모시비	등불
ともすれば		도모스레바	걸핏하면
ともだおれ	[共倒れ]	도모다오레	함께 쓰러짐, 양쪽이 모두 망함 する ⓥ
ともだち	[友達]	도모다치	친구, 동무
ともなう	[伴う]	도모나우	함께 하다, 수반하다
ともに	[共に]	도모니	함께, 더불어
どもる	[吃る]	도모루	말을 더듬다
とやまけん	[富山県]	도야마께ㄴ	도야마현
どようび	[土曜日]	도요-비	토요일
とら	[虎]	도라	호랑이
ドライクリーニング	[dry cleaning]	도라이꾸리-니ㅇ구	드라이클리닝
ドライバー	[driver]	도라이바-	드라이버
ドライブ	[drive]	도라이부	드라이브 する ⓥ
ドライヤー	[drier]	도라이야-	드라이어
とらえる	[捕らえる]	도라에루	잡다, 붙들다, 붙잡다
トラック	[truck]	도라ㄱ꾸	트럭
ドラッグストア	[drugstore]	도라ㄱ구스또아	약국

일본어	한자/원어	발음	뜻
とらどし	[虎年]	도라도시	호랑이띠
トラブル	[trouble]	도라부루	트러블
トラベラーズチェック	[traveler's check]	도라베라-즈제ㄱ꾸	여행자수표
ドラマ	[drama]	도라마	드라마
トランク	[trunk]	도라ㅇ꾸	트렁크
トランプ	[trump]	도라ㅁ뿌	트럼프, 카드놀이
トランペット	[trumpet]	도라ㅁ뻬ㅅ또	트럼펫
とり	[鳥]	도리	새
とりあえず	[取り敢えず]	도리아에즈	우선, 먼저
とりあつかい	[取り扱い]	도리아츠까이	취급
とりあつかう	[取り扱う]	도리아츠까우	다루다, 취급하다
トリートメント	[treatment]	도리-또메ㄴ또	트리트먼트
とりえ	[取り柄]	도리에	장점, 쓸모
とりかえす	[取り返す]	도리까에스	되찾다, 만회하다
とりかえる	[取り替える]	도리까에루	바꾸다, 교환하다
とりかご	[鳥籠]	도리까고	새장, 조롱
とりかこむ	[取り囲む]	도리까꼬무	둘러싸다, 에워싸다
とりきめる	[取り決める]	도리끼메루	정하다, 결정하다
とりくむ	[取り組む]	도리꾸무	맞붙다, 대전하다
とりけし	[取消し]	도리께시	취소, 해약
とりけす	[取消す]	도리께스	취소하다
とりこ	[虜]	도리꼬	포로
とりしまり	[取り締まり]	도리시마리	단속
とりしまりやく	[取締役]	도리시마리야꾸	이사
とりしまる	[取り締まる]	도리시마루	단속하다, 관리하다
とりしらべ	[取り調べ]	도리시라베	취조, 조사
とりしらべる	[取り調べる]	도리시라베루	취조하다, 조사하다
とりすがる	[取り縋る]	도리스가루	매달리다
とりだす	[取り出す]	도리다스	꺼내다, 내놓다
トリック	[trick]	도리ㄱ꾸	계략, 책략, 속임수
とりつけ	[取付け]	도리츠께	장치, 설치
とりつける	[取り付ける]	도리츠께루	장치하다
とりどし	[鳥年]	도리도시	닭띠
とりにく	[鶏肉]	도리니꾸	닭고기
とりのぞく	[取り除く]	도리노조꾸	없애다, 제거하다
とりはからい	[取計らい]	도리하까라이	조치, 조처, 배려
とりはだ	[鳥肌]	도리하다	소름
とりひき	[取引]	도리히끼	거래する
とりひきさき	[取引先]	도리히끼사끼	거래처
とりまく	[取り巻く]	도리마꾸	둘러싸다, 에워싸다

일본어	한자	발음	뜻
とりめ	[鳥目]	도리메	야맹증
とりもどす	[取り戻す]	도리모도스	되찾다
どりょく	[努力]	도료꾸	노력 する⊙
とりわけ		도리와께	특히, 유난히
ドリンクざい	[ドリンク剤]	도리o꾸자이	드링크제
とる	[取る]	도루	잡다, 취하다
とる	[執る]	도루	맡다
とる	[撮る]	도루	사진을 찍다
とる	[捕る]	도루	동물을 잡다
ドル	[dollar]	도루	달러
トルコ	[Turco]	도루꼬	터키
どれ		도레	어느 것, 어느 쪽
どれい	[奴隷]	도레	노예
トレーナー	[trainer]	도레-나-	운동복
ドレス	[dress]	도레스	드레스
ドレッサー	[dresser]	도레ㅅ사-	화장대
ドレッシング	[dressing]	도레ㅅ시o구	드레싱
ドルだか	[ドル高]	도루다까	달러 강세
ドルやす	[ドル安]	도루야스	달러 약세
どろ	[泥]	도로	진흙
どろどろ		도로도로	걸쭉
トロフィー	[trophy]	도로휘-	트로피
どろぼう	[泥棒]	도로보-	도둑
どろまみれ	[泥まみれ]	도로마미레	흙투성이
どろみず	[泥水]	도로미즈	흙탕물
トン	[ton]	도ㄴ	톤
とんカツ	[豚カツ]	도o까츠	포크커틀릿
どんぐり	[団栗]	도o구리	도토리
どんぞこ	[どん底]	도ㄴ조꼬	밑바닥
とんとん		도ㄴ또ㄴ	똑똑, 툭툭
どんどん		도ㄴ도ㄴ	둥둥, 탕탕
どんな		도ㄴ나	어떤, 어떠한
トンネル	[tunnel]	도ㄴ네루	터널
どんぶり	[丼]	도ㅁ부리	덮밥
とんぼ		도ㅁ보	잠자리
とんま	[頓馬]	도ㅁ마	얼간이, 멍청함
とんや	[問屋]	도o야	도매상
どんよく	[貪欲]	도o요꾸	탐욕

な		나	~지 말아
な(あ)		나(아)	~군, ~걸
なあ		나-	여보게
ない		나이	없다
ないか	[内科]	나이까	내과
ないかい	[内科医]	나이까이	내과의사
ないがい	[内外]	나이가이	내외
ないかく	[内閣]	나이까꾸	내각
ないし	[乃至]	나이시	내지, 또는
ないじゅ	[内需]	나이쥬	내수
ないしょ	[内緒]	나이쇼	비밀
ないじょ	[内助]	나이죠	내조
ないしょく	[内職]	나이쇼꾸	부업하다ⓥ
ないせん	[内線]	나이세ㄴ	내선
ないせん	[内戦]	나이세ㄴ	내전
ないぞう	[内臓]	나이조-	내장
ナイター	[night game]	나이따-	야간경기
ないてい	[内定]	나이떼-	내정하다ⓥ
ナイトクラブ	[night club]	나이또꾸라부	나이트클럽
ナイフ	[knife]	나이후	칼
ないぶ	[内部]	나이부	내부
ないめん	[内面]	나이메ㄴ	내면
ないよう	[内容]	나이요-	내용
ないりく	[内陸]	나이리꾸	내륙
ナイロン	[nylon]	나이로ㄴ	나일론
なえ	[苗]	나에	모종
なえぎ	[苗木]	나에기	묘목
なお		나오	역시, 더욱
なおさら	[尚更]	나오사라	더욱더, 더더욱, 더한층
なおす	[直す]	나오스	고치다, 바로잡다
なおす	[治す]	나오스	치료하다
なおる	[直る]	나오루	고쳐지다
なおる	[治る]	나오루	치료되다

なか	[中]	나까	안
なか	[仲]	나까	사이
ながあめ	[長雨]	나가아메	장마
ながい	[長い]	나가이	길다
ながいあいだ	[長い間]	나가이아이다	오랫동안
ながいき	[長生き]	나가이끼	장수する
ながいす	[長椅子]	나가이스	긴 의자
ながぐつ	[長靴]	나가구츠	장화
ながさ	[長さ]	나가사	길이
ながさきけん	[長崎県]	나가사끼께ㄴ	나가사키현
ながし	[流し]	나가시	개수대
ながしめ	[流し目]	나가시메	추파, 윙크
なかす	[泣かす]	나까스	울리다
ながす	[流す]	나가스	흘리다
ながそで	[長袖]	나가소데	긴소매
ながたらしい	[長たらしい]	나가따라시이	장황하다
なかなおり	[仲直り]	나까나오리	화해する
なかなか		나까나까	상당히, 좀처럼
ながのけん	[長野県]	나가노께ㄴ	나가노현
なかば	[半ば]	나까바	절반, 중간
ながびく	[長引く]	나가비꾸	오래 끌다
なかま	[仲間]	나까마	동료, 친구
なかまはずれ	[仲間外れ]	나까마하즈레	따돌림
なかみ	[中身]	나까미	알맹이, 내용
ながめる	[眺める]	나가메루	바라보다
ながや	[長屋]	나가야	연립주택
なかゆび	[中指]	나까유비	가운뎃손가락
なかよし	[仲良し]	나까요시	단짝친구, 사이가 좋음
ながら		나가라	~면서, ~으나
ながれぼし	[流れ星]	나가레보시	유성
ながれる	[流れる]	나가레루	흐르다
なぎ	[凪]	나기	물결이 잔잔해짐
なきがお	[泣き顔]	나끼가오	우는 얼굴, 울상
なきごえ	[鳴き声]	나끼고에	짐승의 울음소리
なきごと	[泣き言]	나끼고또	우는 소리, 넋두리
なきつら	[泣き面]	나끼츠라	우는 얼굴, 울상
なきむし	[泣き虫]	나끼무시	울보
なく	[鳴く]	나꾸	짐승이 울다
なく	[泣く]	나꾸	울다
なぐさめる	[慰める]	나구사메루	위로하다

なくす	[失くす]	나꾸스	잃어버리다
なくす	[亡くす]	나꾸스	여의다
なくす	[無くす]	나꾸스	없애다
なくなる	[亡くなる]	나꾸나루	죽다, 돌아가다
なくなる	[無くなる]	나꾸나루	없어지다
なぐる	[殴る]	나구루	세게 치다, 때리다
なげうり	[投売り]	나게우리	덤핑판매する◎
なげかわしい	[嘆かわしい]	나게까와시이	한심스럽다, 한탄스럽다
なげく	[嘆く]	나게꾸	한탄하다, 슬퍼하다
なげすてる	[投げ捨てる]	나게스떼루	내던지다, 내버리다
なげつける	[投げ付ける]	나게츠께루	내던지다
なげる	[投げる]	나게루	던지다
なこうど	[仲人]	나꼬-도	중매인, 중매쟁이
なごや	[名古屋]	나고야	나고야
なごやか	[和やか]	나고야까	온화함, 화기애애함
なごり	[名残]	나고리	흔적, 자취
なごりおしい	[名残惜しい]	나고리오시이	섭섭하다, 서운하다, 아쉽다
なさけない	[情けない]	나사께나이	몰인정하다, 한심스럽다
なさる		나사루	하시다
なし	[梨]	나시	배
なじみ	[馴染み]	나지미	잘 아는 사람, 낯익은 사이
なす	[茄子]	나스	가지
なぜ	[何故]	나제	왜, 어째서
なぜならば		나제나라바	왜냐하면
なぞ	[謎]	나조	수수께끼
なだかい	[名高い]	나다까이	유명하다
なだめる	[宥める]	나다메루	달래다
なだれ	[雪崩れ]	나다레	눈사태
なつ	[夏]	나츠	여름
なついん	[捺印]	나츠이ㄴ	날인する◎
なつかしい	[懐かしい]	나츠까시이	그립다
なつがれ	[夏枯れ]	나츠가레	여름철 불경기
なつく	[懐く]	나츠꾸	따르다
なっとう	[納豆]	나ㅅ또-	일본 청국장
なっとく	[納得]	나ㅅ또꾸	납득する◎
なつばて	[夏ばて]	나츠바떼	여름을 탐, 더위를 먹음する◎
なつめ	[棗]	나츠메	대추
なつやすみ	[夏休み]	나츠야스미	여름방학
なでしこ	[撫子]	나데시꼬	패랭이꽃
なでる	[撫でる]	나데루	쓰다듬다, 어루만지다

など		나도	~등, ~따위
ナトリウム	[Natrium]	나또리우무	나트륨
なな	[七]	나나	7, 일곱
ななつ	[七つ]	나나츠	일곱 개, 일곱 살
ななめ	[斜め]	나나메	기울어짐, 비스듬함, 경사
なに	[何]	나니	무엇
なにか	[何か]	나니까	무언가
なにしろ	[何しろ]	나니시로	어쨌든, 아무튼
なにどし	[何年]	나니도시	무슨 띠
なにとぞ	[何卒]	나니또조	부디, 제발
なにもかも	[何もかも]	나니모까모	모조리
なによりも	[何よりも]	나니요리모	무엇보다도
なのか	[七日]	나노까	7일
なのる	[名乗る]	나노루	이름을 대다, 칭하다
なびく	[靡く]	나비꾸	나부끼다, 복종하다
ナプキン	[napkin]	나뿌끼ㄴ	냅킨
なふだ	[名札]	나후다	이름표, 명찰
なべ	[鍋]	나베	냄비
なべしき	[鍋しき]	나베지끼	냄비받침
なべつかみ	[鍋つかみ]	나베츠까미	냄비장갑
なべづる	[鍋鶴]	나베즈루	흑두루미
なま	[生]	나마	날 것, 생것
なまいき	[生意気]	나마이끼	건방짐
なまえ	[名前]	나마에	이름
なまがし	[生菓子]	나마가시	생과자
なまぐさい	[生臭い]	나마구사이	비린내가 나다
なまけもの	[怠け者]	나마께모노	게으름쟁이
なまける	[怠ける]	나마께루	게으름 피우다, 태만하다
なまこ		나마꼬	해삼
なまじっか		나마지ㄱ까	어설픔, 어중간함
なまず	[鯰]	나마즈	메기
なまつば	[生唾]	나마츠바	군침
なまなましい	[生々しい]	나마나마시이	생생하다
なまぬるい	[生温い]	나마누루이	미지근하다
なまはんか	[生半可]	나마하ㅇ까	어설픔, 어중간함
なまビール	[生ビール]	나마비-루	생맥주
なまへんじ	[生返事]	나마헤ㄴ지	건성으로 하는 대답
なまほうそう	[生放送]	나마호-소-	생방송
なまみず	[生水]	나마미즈	냉수
なまめかしい	[艶かしい]	나마메까시이	요염하다

なに ～ なんきょく

なまもの	[生物]	나마모노	날것, 생것
なまやさしい	[生易しい]	나마야사시이	손쉽다, 간단하다
なまり	[鉛]	나마리	납
なまり	[訛り]	나마리	사투리, 강한 억양
なみ	[波]	나미	파도
なみき	[並木]	나미끼	가로수
なみきみち	[並木道]	나미끼미치	가로수길
なみだ	[涙]	나미다	눈물
なみだぐましい	[涙ぐましい]	나미다구마시이	눈물겹다
なみだぐむ	[涙ぐむ]	나미다구무	눈물짓다
なみはずれ	[並外れ]	나미하즈레	보통을 벗어남, 특별함
ナムル		나무루	나물
なめこ		나메꼬	맛버섯
なめらか	[滑らか]	나메라까	매끈매끈함, 순조로움
なめる	[嘗める]	나메루	핥다
なやみ	[悩み]	나야미	고민
なやむ	[悩む]	나야무	고민하다, 괴로워하다
ならう	[習う]	나라우	배우다, 익히다
ならく	[奈落]	나라꾸	나락
ならけん	[奈良県]	나라께ㄴ	나라현
ならす	[鳴らす]	나라스	소리를 내다, 울리다
ならびに	[並びに]	나라비니	및, 또한
ならぶ	[並ぶ]	나라부	나란히 하다, 줄서다, 늘어서다
ならべる	[並べる]	나라베루	나란히 세우다
なり		나리	～라도, ～든지
なりきん	[成金]	나리끼ㄴ	벼락부자, 졸부
なりゆき	[成り行き]	나리유끼	경과, 경위
なる	[成る]	나루	되다
なる	[鳴る]	나루	울다
なるべく		나루베꾸	되도록, 될 수 있는 대로
なるほど		나루호도	과연, 참으로
ナレーション	[narration]	나레-쇼ㄴ	내레이션
ナレーター	[narrator]	나레-따-	내레이터
なれなれしい	[馴れ馴れしい]	나레나레시이	허물없다
なれる	[慣れる]	나레루	익숙해지다, 길들다
なわとび	[縄跳び]	나와또비	줄넘기
なわばり	[縄張り]	나와바리	세력권
なん	[何]	나ㄴ	무엇
なんかん	[難関]	나ㅇ까ㄴ	난관
なんきょく	[南極]	나ㅇ꾜꾸	남극

なんこう	[軟膏]	나o꼬-	연고
なんさい	[何歳]	나ㄴ사이	몇 살
なんじ	[何時]	나ㄴ지	몇 시
なんしょく	[難色]	나ㄴ쇼꾸	난색
ナンセンス	[nonsense]	나ㄴ세ㄴ스	난센스
なんだか	[何だか]	나ㄴ다까	어쩐지, 왠지
なんとなく	[何となく]	나ㄴ또나꾸	어쩐지
ナンバー	[number]	나ㅁ바-	넘버
なんようび	[何曜日]	나o요-비	무슨 요일

に	[二]	니	2, 이
に		니	~에, ~로, ~에게
にあう	[似合う]	니아우	어울리다, 잘 맞다
にいがたけん	[新潟県]	니이가따께ㄴ	니이가타현
におい	[匂い]	니오이	냄새, 향기
におい	[臭い]	니오이	냄새, 악취
におう	[匂う]	니오우	냄새가 나다
にがい	[苦い]	니가이	쓰다
にかいだて	[二階建て]	니까이다떼	이층집
にがす	[逃がす]	니가스	놓치다, 놓아주다
にがつ	[二月]	니가츠	2월
にがて	[苦手]	니가떼	서투름, 질색
にがみ	[苦味]	니가미	쓴 맛
にがわらい	[苦笑い]	니가와라이	쓴웃음
にきび	[面皰]	니끼비	여드름
にぎやか	[賑やか]	니기야까	북적거림, 번화함
にぎりめし	[握り飯]	니기리메시	주먹밥
にぎる	[握る]	니기루	쥐다
にく	[肉]	니꾸	살
にくい	[憎い]	니꾸이	밉다, 밉살스럽다
にくがん	[肉眼]	니꾸가ㄴ	육안
にくしみ	[憎しみ]	니꾸시미	미움
にくしょく	[肉食]	니ㄱ쇼꾸	육식する⊙
にくしん	[肉親]	니ㄱ시ㄴ	육친
にくせい	[肉声]	니ㄱ세-	육성
にくたい	[肉体]	니ㄱ따이	육체
にくにくしい	[憎々しい]	니꾸니꾸시이	몹시 밉살스럽다
にくむ	[憎む]	니꾸무	미워하다, 증오하다
にくや	[肉屋]	니꾸야	정육점
にくらしい	[憎らしい]	니꾸라시이	얄밉다, 밉살스럽다
にくりょうり	[肉料理]	니꾸료-리	고기요리
にぐるま	[荷車]	니구루마	짐수레
にげる	[逃げる]	니게루	도망가다, 달아나다

ニコチン	[nicotine]	니꼬치ㄴ	니코틴
にこにこ		니꼬니꼬	싱글싱글, 싱글벙글
にこむ	[煮込む]	니꼬무	푹 삶다, 푹 익히다
にごる	[濁る]	니고루	흐려지다, 탁해지다
にし	[西]	니시	서, 서쪽
にじ	[虹]	니지	무지개
にじかい	[二次会]	니지까이	2차회
にしき	[錦]	니시끼	비단
にじさんぎょう	[二次産業]	니지사ㅇ교-	2차산업
にじむ	[滲む]	니지무	스미다, 번지다
にじゅう	[二十]	니쥬-	20
にじゅうよっか	[二十四日]	니쥬-요ㄱ까	24일
にしん	[鯡]	니시ㄴ	청어
にせもの	[偽物]	니세모노	가짜 물건
にそう	[尼僧]	니소-	여승, 비구니
にたにた		니따니따	히죽히죽する⒱
にだんベッド	[二段ベッド]	니다ㄴ베ㅅ도	2층침대
にち	[日]	니치	일
にちじょう	[日常]	니치죠-	일상
にちぼつ	[日没]	니치보츠	일몰
にちようび	[日曜日]	니치요-비	일요일
にちようひん	[日用品]	니치요-히ㄴ	일용품
にっか	[日課]	니ㄱ까	일과
にっかん	[日刊]	니ㄱ까ㄴ	일간
にっき	[日記]	니ㄱ끼	일기
にづくり	[荷造り]	니즈꾸리	짐을 꾸림, 포장する⒱
にっこう	[日光]	니ㄱ꼬-	일광
にっこり		니ㄱ꼬리	생긋, 방긋
にってい	[日程]	니ㅅ떼-	일정
につめる	[煮詰める]	니츠메루	조리다
になう	[担う]	니나우	짊어지다, 떠맡다
にのつぎ	[二の次]	니노츠기	뒤로 미룸
にはくみっか	[二泊三日]	니하꾸미ㄱ까	이박삼일
にひゃく	[二百]	니햐꾸	200
にぶい	[鈍い]	니부이	무디다, 둔하다
にふだ	[荷札]	니후다	꼬리표
にぶる	[鈍る]	니부루	무디어지다, 둔해지다
にぼし		니보시	멸치
にほん	[日本]	니호ㄴ	일본
にほんが	[日本画]	니호ㅇ가	일본그림

일본어	한자	발음	뜻
にほんご	[日本語]	니호ㅇ고	일본어
にほんし	[日本史]	니호ㄴ시	일본사
にほんしゅ	[日本酒]	니호ㄴ슈	일본술, 청주
にほんじん	[日本人]	니호ㄴ지ㅇ	일본인
にほんたいしかん	[日本大使館]	니호ㄴ따이시까ㄴ	일본대사관
にほんていえん	[日本庭園]	니호ㄴ떼-에ㄴ	일본정원
にほんぶよう	[日本舞踊]	니호ㅁ부요-	일본무용
にほんりょうじかん	[日本領事館]	니호ㄴ료-지까ㄴ	일본영사관
にまいじた	[二枚舌]	니마이지따	거짓말, 일구이언
にもつ	[荷物]	니모츠	짐
ニャーニャー		냐-냐-	나옹냐옹(고양이)
にやにや		니야니야	히죽히죽
ニュアンス	[nuance]	뉴아ㄴ스	뉘앙스
にゅういん	[入院]	뉴-이ㄴ	입원する
にゅうえき	[乳液]	뉴-에끼	로션
にゅうがく	[入学]	뉴-가꾸	입학する
にゅうがくしき	[入学式]	뉴-가꾸시끼	입학식
にゅうきん	[入金]	뉴-끼ㄴ	입금する
にゅうこ	[入庫]	뉴-꼬	입고する
にゅうこう	[入港]	뉴-꼬-	입항する
にゅうこく	[入国]	뉴-꼬꾸	입국する
にゅうこくしんさ	[入国審査]	뉴-꼬꾸시ㄴ사	입국심사
にゅうさつ	[入札]	뉴-사츠	입찰する
にゅうし	[入試]	뉴-시	입시
ニュージーランド	[New Zealand]	뉴-지-라ㄴ도	뉴질랜드
にゅうしゃ	[入社]	뉴-샤	입사する
にゅうしょう	[入賞]	뉴-쇼-	입상する
にゅうじょう	[入場]	뉴-죠-	입장する
にゅうじょうりょう	[入場料]	뉴-죠-료-	입장료
ニュース	[news]	뉴-스	뉴스
にゅうねん	[入念]	뉴-네ㄴ	공을 들임, 꼼꼼하게 함
にゅうもん	[入門]	뉴-모ㄴ	입문する
にゅうよう	[入用]	뉴-요-	소용됨, 필요함
ニューヨーク	[New York]	뉴-요-꾸	뉴욕
にゅうよく	[入浴]	뉴-요꾸	입욕する
にゅうりょく	[入力]	뉴-료꾸	입력する
にょうぼう	[女房]	뇨-보-	마누라
にょろにょろ		뇨로뇨로	꿈틀꿈틀
にら	[韮]	니라	부추
にらむ	[睨む]	니라무	노려보다, 쏘아보다

にる	[煮る]	니루	삶다, 익히다, 끓이다
にる	[似る]	니루	닮다
にわ	[庭]	니와	마당, 뜰
にわかあめ	[俄か雨]	니와까아메	소나기
にわかに	[俄に]	니와까니	갑자기, 불현듯이
にわし	[庭師]	니와시	정원사
にわとり	[鶏]	니와또리	닭
にん	[人]	닝	~명
にんか	[認可]	닝까	인가する
にんき	[人気]	닝끼	인기
にんき	[任期]	닝끼	임기
にんぎょう	[人形]	닝교-	인형
にんぎょうあそび	[人形遊び]	닝교-아소비	인형놀이
にんぎょうげき	[人形劇]	닝교-게끼	인형극
にんぎょうじょうるり	[人形浄瑠璃]	닝교-죠-루리	인형극
にんげん	[人間]	닝겐	인간
にんしき	[認識]	닌시끼	인식する
にんじょう	[人情]	닌죠-	인정
にんしん	[妊娠]	닌신	임신する
にんじん	[人参]	닌진	당근
にんそう	[人相]	닌소-	인상
にんたい	[忍耐]	닌따이	인내する
にんてい	[認定]	닌떼-	인정する
にんにく	[大蒜]	닌니꾸	마늘
にんぷ	[妊婦]	님뿌	임신부, 임부
にんむ	[任務]	님무	임무
にんめい	[任命]	님메-	임명する
にんよう	[任用]	닝요-	임용する

ぬいもの	[縫い物]	누이모노	바느질
ぬう	[縫う]	누우	꿰매다, 깁다
ヌード	[nude]	누-도	누드
ぬか	[糠]	누까	쌀겨, 겨
ぬかす	[抜かす]	누까스	빠뜨리다, 건너뛰다
ぬかり	[抜かり]	누까리	실수, 빠뜨림
ぬかるみ	[泥濘]	누까루미	수렁
ぬく	[抜く]	누꾸	뽑다, 빼다
ぬぐ	[脱ぐ]	누구	벗다
ぬぐう	[拭う]	누구우	닦다
ぬくみ	[温み]	누꾸미	온기
ぬくめる	[温める]	누꾸메루	따뜻하게 하다, 데우다
ぬくもり	[温もり]	누꾸모리	온기
ぬけあな	[抜け穴]	누께아나	도망칠 구멍
ぬけがけする	[抜け駆けする]	누께가께스루	애인을 빼앗다
ぬけがら	[抜け殻]	누께가라	빈 껍질, 허물
ぬけだす	[抜け出す]	누께다스	빠져나오다
ぬけぬけ		누께누께	뻔뻔스럽게, 태연히
ぬけめ	[抜け目]	누께메	빈틈, 허점
ぬける	[抜ける]	누께루	빠지다
ぬげる	[脱げる]	누게루	벗겨지다
ぬし	[主]	누시	주인
ぬすびと	[盗人]	누스비또	도둑
ぬすみ	[盗み]	누스미	도둑질
ぬすみぎき	[盗み聞き]	누스미기끼	몰래 엿들음する♡
ぬすみきく	[盗み聞く]	누스미끼꾸	엿듣다
ぬすみぐい	[盗み食い]	누스미구이	몰래 먹음する♡
ぬすみみ	[盗み見]	누스미미	몰래 봄する♡
ぬすむ	[盗む]	누스무	훔치다
ぬの	[布]	누노	천, 무명
ぬのぎれ	[布切れ]	누노기레	헝겊
ぬのじ	[布地]	누노지	천, 옷감
ぬま	[沼]	누마	늪

ぬらす	[濡らす]	누라스	적시다
ぬりぐすり	[塗り薬]	누리구스리	바르는 약
ぬりつぶす	[塗り潰す]	누리츠부스	빈틈없이 칠하다
ぬる	[塗る]	누루	바르다, 칠하다
ぬるい	[温い]	누루이	미지근하다
ぬるぬる		누루누루	미끈미끈する♡
ぬるまゆ	[微温湯]	누루마유	미지근한 물
ぬれぎぬ	[濡れ衣]	누레기누	누명
ぬれる	[濡れる]	누레루	젖다

ね	[根]	네	뿌리
ねあげ	[値上げ]	네아게	인상하다 ⓥ
ねうち	[値打ち]	네우치	값어치, 가치
ねえ		네-	저기요
ね(え)		네(에)	～군요!
ねえさん	[姉さん]	네-사ㅇ	누나, 언니
ネーティブ	[native]	네-띠브	모국의, 자국의
ネーティブスピーカー	[native speaker]	네-띠브스삐-까-	원어민
ネーム	[name]	네-무	네임, 이름
ネオンサイン	[neon sign]	네오ㄴ사이ㄴ	네온사인
ねがい	[願い]	네가이	소원
ねがう	[願う]	네가우	바라다, 기원하다
ねがお	[寝顔]	네가오	잠자는 얼굴
ねかす	[寝かす]	네까스	재우다, 쓰러뜨리다
ねぎ	[葱]	네기	파
ねぎらう	[労う]	네기라우	수고를 위로하다, 치하하다
ねぎる	[値切る]	네기루	값을 깎다
ねぐせ	[寝癖]	네구세	잠버릇
ネクタイ	[necktie]	네ㄱ따이	넥타이
ネクタイピン	[necktie pin]	네ㄱ따이삐ㄴ	넥타이핀
ねぐるしい	[寝苦しい]	네구루시이	잠들기 어렵다, 푹 잘 수 없다
ねこ	[猫]	네꼬	고양이
ねごと	[寝言]	네고또	잠꼬대
ねごろ	[値頃]	네고로	적당한 값
ねさげ	[値下げ]	네사게	인하하다 ⓥ
ねじ	[捻子]	네지	나사
ねじる	[捩る]	네지루	비틀다, 뒤틀다
ねずみ	[鼠]	네즈미	쥐
ねずみどし	[鼠年]	네즈미도시	쥐띠
ねそべる	[寝そべる]	네소베루	엎드려 눕다
ねたむ	[妬む]	네따무	질투하다
ねだる		네다루	조르다, 떼쓰다
ねだん	[値段]	네다ㄴ	값, 가격

ねつ	[熱]	네츠	열
ねつあい	[熱愛]	네츠아이	열애する
ねつえん	[熱演]	네츠에ㄴ	열연する
ねっきょう	[熱狂]	네ㄱ꾜-	열광する
ネックレス	[necklace]	네ㄱ꾸레스	목걸이
ねつじょう	[熱情]	네츠죠-	열정
ねっしん	[熱心]	네ㅅ시ㄴ	열심
ねつぞう	[捏造]	네츠조-	날조する
ねったい	[熱帯]	네ㅅ따이	열대
ねっちゅう	[熱中]	네ㅅ츄-	열중する
ネットワーク	[network]	네ㅅ또와-꾸	네트워크
ねつびょう	[熱病]	네츠뵤-	열병
ねつりょう	[熱量]	네츠료-	열량
ねどこ	[寝床]	네도꼬	잠자리
ねとねと		네또네또	끈적끈적する
ねばりけ	[粘り気]	네바리께	찰기, 끈기
ねばりっこい	[粘りっこい]	네바리ㄱ꼬이	끈끈하다
ねばりづよい	[粘り強い]	네바리즈요이	꾸준하다
ねばる	[粘る]	네바루	달라붙다, 끈덕지게 버티다
ねびき	[値引き]	네비끼	할인する
ねぶそく	[寝不足]	네부소꾸	수면부족
ねぼう	[寝坊]	네보-	늦잠을 잠, 잠꾸러기する
ねまき	[寝巻き]	네마끼	잠옷
ねむい	[眠い]	네무이	졸리다
ねむけ	[眠気]	네무께	졸음
ねむたい	[眠たい]	네무따이	졸리다
ねむり	[眠り]	네무리	잠
ねむりぐすり	[眠り薬]	네무리구스리	수면제
ねむる	[眠る]	네무루	자다, 잠들다
ねもと	[根本]	네모또	근본, 뿌리
ねらい	[狙い]	네라이	목적, 겨냥
ねらう	[狙う]	네라우	겨누다, 노리다
ねる	[寝る]	네루	자다
ねん	[年]	네ㄴ	년
ねんいり	[念入り]	네ㅇ이리	정성들임, 공들임
~ねんうまれ	[年生まれ]	네ㅇ우마레	~년생
ねんおし	[念押し]	네ㅇ오시	다짐する
ねんがじょう	[年賀状]	네ㅇ가죠-	연하장
ねんかん	[年間]	네ㅇ까ㄴ	연간
ねんがん	[念願]	네ㅇ가ㄴ	염원する

ねんきん	[年金]	넨끼ㅇ	연금
ねんげつ	[年月]	넨게츠	연월, 세월
ねんざ	[捻挫]	넨자	염좌する
ねんしょう	[燃焼]	넨쇼-	연소する
ねんだい	[年代]	넨다이	연대
ねんちゅうぎょうじ	[年中行事]	넨츄-교-지	연중행사
ねんど	[年度]	넨도	연도
ねんど	[粘土]	넨도	찰흙, 점토
ねんのため	[念のため]	넨노따메	만약을 위해
ねんぱい	[年配]	넴빠이	지긋한 나이
ねんぶつ	[念仏]	넴부츠	염불する
ねんぽう	[年俸]	넴뽀-	연봉
ねんぽうせい	[年俸制]	넴뽀-세-	연봉제
ねんまつ	[年末]	넴마츠	연말
ねんりょう	[燃料]	넨료-	연료
ねんりん	[年輪]	넨린	나이테
ねんれい	[年齢]	넨레-	연령

の

の		노	것
の		노	~의
の		노	~요
の		노	~니?
ノイローゼ	[Neurose]	노이로-제	노이로제
のう	[脳]	노-	뇌
のう	[能]	노-	일본 고전 예능
のうえん	[脳炎]	노-에ㄴ	뇌염
のうか	[農家]	노-까	농가
のうがく	[能楽]	노-가꾸	일본의 가면 음악극
のうき	[納期]	노-끼	납기 する ⓥ
のうぎょう	[農業]	노-교-	농업, 농사
のうこう	[濃厚]	노-꼬-	농후
のうこうそく	[脳硬塞]	노-꼬-소꾸	뇌경색
のうさつ	[悩殺]	노-사츠	뇌쇄 する ⓥ
のうさんぶつ	[農産物]	노-사ㅁ부츠	농산물
のうしゅっけつ	[脳出血]	노-슈ㄱ께츠	뇌출혈
のうじょう	[農場]	노-죠-	농장
のうぜい	[納税]	노-제-	납세 する ⓥ
のうそっちゅう	[脳卒中]	노-소ㅅ츄-	뇌졸중
のうそん	[農村]	노-소ㄴ	농촌
のうど	[濃度]	노-도	농도
のうはんき	[農繁期]	노-하ㅇ끼	농번기
のうひん	[納品]	노-히ㄴ	납품 する ⓥ
のうふ	[納付]	노-후	납부 する ⓥ
のうふ	[農夫]	노-후	농민, 농부
のうみん	[農民]	노-미ㄴ	농민
のうやく	[農薬]	노-야꾸	농약
のうり	[脳裏]	노-리	뇌리
のうりつ	[能率]	노-리츠	능률
のうりょう	[納涼]	노-료-	납량
のうりょく	[能力]	노-료꾸	능력
ノート	[note]	노-또	노트, 공책

ノートがたパソコン	[ノート型personal computer]	노-또가따빠소꼬ㄴ	노트북
ノートブック	[notebook]	노-또부ㄱ꾸	노트북
ノーハウ	[know-how]	노-하우	노하우
ノーベルしょう	[ノーベル賞]	노-베루쇼-	노벨상
のがす	[逃す]	노가스	놓치다
のがれる	[逃れる]	노가레루	벗어나다, 피하다
のき	[軒]	노끼	처마
のぎく	[野菊]	노기꾸	들국화
のく	[退く]	노꾸	비키다
のこぎり	[鋸]	노꼬기리	톱
のこす	[残す]	노꼬스	남기다
のこらず	[残らず]	노꼬라즈	남김없이, 모조리
のこり	[残り]	노꼬리	나머지
のこる	[残る]	노꼬루	남다
ノスタルジア	[nostalgia]	노스따루지아	향수
のせる	[乗せる]	노세루	태우다
のせる	[載せる]	노세루	싣다, 얹다
のぞきみる	[覗き見る]	노조끼미루	엿보다
のぞく	[除く]	노조꾸	제거하다
のぞく	[覗く]	노조꾸	안을 들여다보다
のそのそ		노소노소	느릿느릿하다♡
のぞましい	[望ましい]	노조마시이	바람직하다
のぞみ	[望み]	노조미	바람
のぞむ	[望む]	노조무	바라다, 원하다
ノック	[knock]	노ㄱ꾸	노크하다♡
ので		노데	~므로, ~때문에
のど	[喉]	노도	목, 목구멍
のどか	[長閑]	노도까	한가로움
のどじまん	[喉自慢]	노도지마ㄴ	노래자랑
のに		노니	~지만, ~데도
ののしる	[罵る]	노노시루	욕하다, 매도하다
のばす	[伸ばす]	노바스	길게 하다, 펴다
のばす	[延ばす]	노바스	연장하다, 미루다
のはら	[野原]	노하라	들, 들판
のびる	[伸びる]	노비루	펴지다, 자라다
のびる	[延びる]	노비루	연장되다, 길어지다
のべつ		노베츠	쉴 새 없이, 줄곧
のべつぼ	[延べ坪]	노베츠보	연건평
のべる	[述べる]	노베루	말하다, 진술하다
のぼりざか	[登り坂]	노보리자까	오르막

のぼる	[上る]	노보루	오르다, 올라가다
のぼる	[昇る]	노보루	떠오르다, 높이 오르다
のぼる	[登る]	노보루	오르다
のみ	[蚤]	노미	벼룩
のみ		노미	~만, ~뿐
のみかい	[飲み会]	노미까이	술자리모임
のみぐすり	[飲み薬]	노미구스리	내복약
のみこみ	[呑込み]	노미꼬미	이해, 납득
のみこむ	[飲み込む]	노미꼬무	삼키다
のみすぎ	[飲み過ぎ]	노미스기	과음
のみともだち	[飲み友達]	노미또모다치	술친구
のみならず		노미나라즈	~뿐만 아니라
のみもの	[飲み物]	노미모노	음료수, 마실 것
のみや	[飲み屋]	노미야	술집
のむ	[飲む]	노무	마시다
のら	[野良]	노라	들, 논밭
のり	[糊]	노리	풀
のり	[海苔]	노리	김
のりあい	[乗合い]	노리아이	합승
のりおくれる	[乗り遅れる]	노리오꾸레루	차를 놓치다
のりかえ	[乗り換え]	노리까에	환승
のりかえる	[乗り換える]	노리까에루	갈아타다
のりき	[乗り気]	노리끼	마음이 내킴
のりきる	[乗り切る]	노리끼루	헤쳐나가다, 극복하다
のりこえる	[乗り越える]	노리꼬에루	극복하다, 타고 넘다
のりこむ	[乗り込む]	노리꼬무	올라타다
のりだす	[乗り出す]	노리다스	타고 나가다, 출범하다
のりば	[乗り場]	노리바	승차장, 승강장
のりまき	[のり巻き]	노리마끼	김밥
のりもの	[乗り物]	노리모노	탈것, 교통기관
のる	[乗る]	노루	타다
ノルウェー	[Norway]	노루웨-	노르웨이
のれん	[暖簾]	노레느	포렴, 상점 입구에 치는 발
のろ		노로	노루
のろい	[呪い]	노로이	저주
のろい	[鈍い]	노로이	느리다, 둔하다
のろう	[呪う]	노로우	저주하다
のろのろ		노로노로	느릿느릿 するⓥ
のろま	[鈍間]	노로마	굼벵이, 아둔함
のんき	[呑気]	노O끼	느긋함, 태평함

ノンストップ	[nonstop]	노ㄴ스또ㅂ뿌	논스톱
のんびり		노ㅁ비리	느긋함, 한가로움, 유유히 する⊙
ノンフィクション	[nonfiction]	노ㅁ휘ㄱ쇼ㄴ	논픽션

は

は	[葉]	하	잎
は	[歯]	하	이, 치아
は		와	~은, ~는
ば		바	~면
はあ		하-	예
ばあい	[場合]	바아이	경우
パーキング	[parking]	파-끼ㅇ구	파킹, 주차
はあく	[把握]	하아꾸	파악する
バーゲンセール	[bargain sale]	바-게ㄴ세-루	바겐세일
パーセント	[percent]	파-세ㄴ또	퍼센트
パーティー	[party]	파-띠-	파티
パート	[part]	파-또	파트, 부분
ハードカバー	[hardcover]	하-도까바-	양장
ハードディスク	[hard disk]	하-도디스꾸	하드디스크
パートナー	[partner]	파-또나-	파트너
ハーブ	[herb]	하-부	허브
ハーブティー	[herb tea]	하-부띠-	허브티
バーベキュー	[barbecue]	바-베뀨-	바비큐
パーマ	[permanent]	파-마	파마
ハーモニカ	[harmonica]	하-모니까	하모니카
はい	[肺]	하이	폐
はい	[杯]	하이	~잔
はい	[灰]	하이	재
はい		하이	예, 네
ばい	[倍]	바이	~배
はいあがる	[這い上がる]	하이아가루	기어오르다
はいいろ	[灰色]	하이이로	회색
ばいう	[梅雨]	바이우	장마
はいえん	[肺炎]	하이에ㄴ	폐렴
バイオリン	[violin]	바이오리ㄴ	바이올린
ばいかい	[媒介]	바이까이	배회する
はいがん	[肺癌]	하이가ㄴ	폐암
はいき	[廃棄]	하이끼	폐기する

ばいきゃく	[売却]	바이꺄꾸	매각する
はいきゅう	[配給]	하이뀨-	배급する
はいきょ	[廃墟]	하이꾜	폐허
はいぎょう	[廃業]	하이교-	폐업する
ハイキング	[hiking]	하이끼ㅇ구	하이킹する
バイキング	[Viking]	바이끼ㅇ구	뷔페, 바이킹
はいく	[俳句]	하이꾸	일본 정형시
バイク	[bike]	바이꾸	오토바이
はいけい	[背景]	하이께-	배경
はいけい	[拝啓]	하이께-	삼가 아룁니다
はいご	[背後]	하이고	배후
はいごう	[配合]	하이고-	배합する
ばいこく	[売国]	바이꼬꾸	매국
はいざら	[灰皿]	하이자라	재떨이
はいし	[廃止]	하이시	폐지する
はいしゃ	[歯医者]	하이샤	치과의사
はいしゃさん	[歯医者さん]	하이샤사ㅇ	치과의사
ばいしゅう	[買収]	바이슈-	매수する
はいしゅつ	[排出]	하이슈츠	배출する
ばいしゅん	[売春]	바이슈ㄴ	매춘する
はいじょ	[排除]	하이죠	배제する
ばいしょう	[賠償]	바이쇼-	배상する
はいじん	[廃人]	하이시ㄴ	폐인
ばいしんいん	[陪審員]	바이시ㅇ이ㄴ	배심원
はいすい	[排水]	하이스이	배수する
はいせき	[排斥]	하이세끼	배척する
はいせつ	[排泄]	하이세츠	배설する
はいせん	[敗戦]	하이세ㄴ	패전する
はいせんこく	[敗戦国]	하이세ㅇ꼬꾸	패전국
はいた	[歯痛]	하이따	치통
はいたつ	[配達]	하이따츠	배달する
はいち	[配置]	하이치	배치する
ばいてん	[売店]	바이떼ㄴ	매점
はいとう	[配当]	하이또-	배당する
パイナップル	[pineapple]	파이나ㅂ뿌루	파인애플
ばいばい	[売買]	바이바이	매매する
ハイヒール	[high-heeled shoes]	하이히-루	하이힐
はいびょう	[肺病]	하이뵤-	폐병
はいふ	[配布]	하이후	배포する
パイプ	[pipe]	파이뿌	파이프

일본어	한자	발음	뜻
バイブル	[bible]	바이부루	바이블, 성경
はいぼう	[敗亡]	하이보-	패망する
はいぼく	[敗北]	하이보꾸	패배する
バイヤー	[buyer]	바이야-	바이어
はいやく	[配役]	하이야꾸	배역
はいゆう	[俳優]	하이유-	배우
ばいよう	[培養]	바이요-	배양する
はいる	[入る]	하이루	들어가다
はいれつ	[配列]	하이레츠	배열する
パイロット	[pilot]	파이로ㅅ또	파일럿, 조종사
はう	[這う]	하우	기다, 기어가다
はえ	[蠅]	하에	파리
はえる	[生える]	하에루	나다, 돋아나다
パオーン		파오-ㄴ	코끼리 소리
はおる	[羽織る]	하오루	겉옷을 걸쳐 입다
はか	[墓]	하까	묘, 무덤
ばか	[馬鹿]	바까	바보, 천치
はかい	[破壊]	하까이	파괴する
はがき	[葉書]	하가끼	엽서
はかく	[破格]	하까꾸	파격
はがす	[剥がす]	하가스	벗기다, 떼어 내다
はかせ	[博士]	하까세	박사
はかどる	[捗る]	하까도루	진척되다
はかない	[儚い]	하까나이	허무하다, 덧없다
ばかばかしい		바까바까시이	어리석다, 어처구니없다
はかまいり	[墓参り]	하까마이리	성묘する
はがゆい	[歯痒い]	하가유이	안타깝다, 답답하다
ばからしい	[馬鹿らしい]	바까라시이	어리석다, 바보스럽다
はかり	[秤]	하까리	저울
ばかり		바까리	~뿐, ~정도
はかる	[量る]	하까루	재다
はかる	[計る]	하까루	측정하다, 꾀하다
はかる	[図る]	하까루	도모하다
はきけ	[吐き気]	하끼께	구역질
はぎしり	[歯軋り]	하기시리	이를 갊する
はきはき		하끼하끼	시원시원, 또렷또렷する
はきもの	[履物]	하끼모노	신, 신발
はきょく	[破局]	하꾜꾸	파국
はく	[履く]	하꾸	신다
はく	[掃く]	하꾸	쓸다

はく	[吐く]	하꾸	토하다
はくがい	[迫害]	하꾸가이	박해する
はぐき	[歯茎]	하구끼	잇몸
ばくげき	[爆撃]	바꾸게끼	폭격する
はくさい	[白菜]	하ㄱ사이	배추
はくし	[博士]	하꾸시	박사
はくし	[白紙]	하ㄱ시	백지
はくしゃ	[拍車]	하ㄱ샤	박차
はくしゅ	[拍手]	하ㄱ슈	박수する
はくじゅ	[白寿]	하꾸쥬	99살
はくじょう	[白状]	하꾸죠	자백する
はくじょう	[薄情]	하꾸죠-	박정함
はくじん	[白人]	하꾸지ㄴ	백인
ばくぜん	[漠然]	바꾸제ㄴ	막연함
ばくぜんと	[漠然と]	바꾸제ㄴ또	막연히
ばくだい	[莫大]	바꾸다이	막대, 막대함
ばくだん	[爆弾]	바꾸다ㄴ	폭탄
ばくち	[博打]	바꾸치	도박, 노름
はくちょう	[白鳥]	하ㄱ쵸-	백조
バクテリア	[bacteria]	바ㄱ떼리아	박테리아
はくば	[白馬]	하꾸바	백마
ばくは	[爆破]	바꾸하	폭파する
ぱくぱく		파꾸빠꾸	뻐끔뻐끔, 덥석덥석する
ばくはつ	[爆発]	바꾸하츠	폭발する
はくぶつかん	[博物館]	하꾸부츠까ㄴ	박물관
はくまい	[白米]	하꾸마이	백미
はくらんかい	[博覧会]	하꾸라ㅇ까이	박람회
ぱくり		파꾸리	덥석
はくりょく	[迫力]	하꾸료꾸	박력
はぐるま	[歯車]	하구루마	톱니바퀴
ばくろ	[暴露]	바꾸로	폭로する
はげ	[禿げ]	하게	머리털이 빠짐, 대머리
はげあたま	[禿げ頭]	하게아따마	대머리
はげしい	[激しい]	하게시이	세차다
バケツ	[bucket]	바께츠	양동이
はげます	[励ます]	하게마스	북돋다, 격려하다
はげむ	[励む]	하게무	힘쓰다
ばけもの	[化け物]	바께모노	도깨비
はげる	[剥げる]	하게루	벗겨지다
ばける	[化ける]	바께루	둔갑하다

はけん	[派遣]	하께ㄴ	파견する♡
はけんしゃいん	[派遣社員]	하께ㄴ샤이ㅇ	파견사원
はこ	[箱]	하꼬	상자
はごたえ	[歯応え]	하고따에	씹는 맛, 반응
はこぶ	[運ぶ]	하꼬부	옮기다, 나르다
バザー	[bazaar]	바자ー	바자회
ばさばさ		바사바사	퍼석퍼석する♡
はさまる	[挟まる]	하사마루	끼이다, 끼다
はさみ	[挟み]	하사미	가위
はさむ	[挟む]	하사무	끼우다, 끼다
はさん	[破産]	하사ㄴ	파산する♡
はし	[箸]	하시	젓가락
はし	[橋]	하시	다리
はし	[端]	하시	끝
はじ	[恥]	하지	부끄러움, 수치, 창피
はしか	[麻疹]	하시까	홍역
はしくれ	[端くれ]	하시꾸레	토막, 부스러기
はじける	[弾ける]	하지께루	터지다
はしご	[梯子]	하시고	사닥다리
はしござけ	[梯子酒]	하시고자께	술집순례
はじまる	[始まる]	하지마루	시작되다
はじめ	[始め]	하지메	처음, 시작
はじめて	[初めて]	하지메떼	처음으로, 비로소
はじめる	[始める]	하지메루	시작하다
ばしゃ	[馬車]	바샤	마차
はしゃぐ		하샤구	들떠서 떠들어대다, 졸랑대다
ばしょ	[場所]	바쇼	장소
はしら	[柱]	하시라	기둥
はじらい	[羞じらい]	하지라이	수줍음
はじらう	[恥じらう]	하지라우	수줍어하다, 부끄러워하다
はしらどけい	[柱時計]	하시라도께ー	괘종시계
はしる	[走る]	하시루	달리다
はじる	[恥じる]	하지루	부끄러워하다
パジャマ	[pajamas]	파쟈마	파자마
はす	[蓮]	하스	연꽃
はず		하즈	~터, ~리
バス	[bus]	바스	버스
パス	[pass]	파스	패스
はずかしい	[恥ずかしい]	하즈까시이	부끄럽다, 창피하다
バスケットボール	[basketball]	바스께ㅅ또보ー루	농구

はずす	[外す]	하즈스	떼다
バスつき	[バス付き]	바스츠끼	욕실이 딸림
バスてい	[バス停]	바스떼-	버스정류장
パスポート	[passport]	파스뽀-또	패스포트
パズル	[puzzle]	파즈루	퍼즐
バスルーム	[bathroom]	바스루-무	욕실
はずれる	[外れる]	하즈레루	빠지다
パスワード	[password]	파스와-도	패스워드, 비밀번호
はせい	[派生]	하세-	파생する ⓥ
パセリ	[parsley]	파세리	파슬리
パソコン	[personal computer]	파소꼬ㄴ	개인용 컴퓨터
はた	[旗]	하따	기, 깃발
はだ	[肌]	하다	피부, 결, 살갗
バター	[butter]	바따-	버터
パターン	[pattern]	파따-ㄴ	패턴, 유형
はだいろ	[肌色]	하다이로	살색
はだか	[裸]	하다까	발가숭이, 알몸
はたき		하따끼	먼지떨이
はだぎ	[肌着]	하다기	속옷, 내의
はたく	[叩く]	하따꾸	떨어내다, 털다
はたけ	[畑]	하따께	밭
はたけちがい	[畑違い]	하따께치가이	전문분야가 다름
はださわり	[肌触り]	하다자와리	촉감
はだし	[裸足]	하다시	맨발
はたして	[果して]	하따시떼	과연
はたす	[果たす]	하따스	다하다, 완수하다
はたち	[二十歳]	하따치	20살, 스무 살
ばたつく		바따츠꾸	버둥거리다, 발버둥치다
はため	[傍目]	하따메	곁에서 남이 봄, 남의 눈
はためく		하따메꾸	펄럭이다, 나부끼다
はたらきて	[働き手]	하따라끼떼	일꾼, 집안의 일하는 사람
はたらく	[働く]	하따라꾸	일하다
はたん	[破綻]	하따ㄴ	파탄する ⓥ
ばたん		바따ㄴ	꽝
はち	[八]	하치	8, 여덟
はち	[蜂]	하치	벌
はち	[鉢]	하치	사발, 주발
ばちあたり	[罰当り]	바치아따리	천벌을 받음
ばちがい	[場違い]	바치가이	장소에 어울리지 않음
はちがつ	[八月]	하치가츠	8월

パチパチ		파치빠치	짝짝
はちまき	[鉢巻]	하치마끼	머리띠
はちみつ	[蜂蜜]	하치미츠	벌꿀
はちゅうるい	[爬虫類]	하츄-루이	파충류
パチンコ		파치o꼬	파칭코
はつ	[発]	하츠	~발
ばつ	[罰]	바츠	벌
はつあき	[初秋]	하츠아끼	초가을
はついく	[発育]	하츠이꾸	발육する◎
はつおん	[発音]	하츠오ㄴ	발음する◎
はつか	[二十日]	하츠까	20일
ハッカー	[hacker]	하ㄱ까-	해커, 컴퓨터 침입자
はっかく	[発覚]	하ㄱ까꾸	발각する◎
はっかん	[発刊]	하ㄱ까ㄴ	발간する◎
はっき	[発揮]	하ㄱ끼	발휘する◎
はっきり		하ㄱ끼리	분명히する◎
ばっきん	[罰金]	바ㄱ끼ㄴ	벌금
バッグ	[bag]	바ㄱ구	백, 가방
パック	[pack]	파ㄱ꾸	팩
はっくつ	[発掘]	하ㄱ꾸츠	발굴する◎
バックミラー	[back mirror]	바ㄱ꾸미라-	백미러, 후사경
はっけん	[発見]	하ㄱ께ㄴ	발견する◎
はつげん	[発言]	하츠게ㄴ	발언する◎
はつこい	[初恋]	하츠꼬이	첫사랑
はっこう	[発行]	하ㄱ꼬-	발행する◎
はっしゃ	[発射]	하ㅅ샤	발사する◎
はっしゃ	[発車]	하ㅅ샤	발차する◎
はっしん	[発疹]	하ㅅ시ㄴ	발진する◎
はっせい	[発生]	하ㅅ세-	발생する◎
はっそう	[発送]	하ㅅ소-	발송する◎
はっそう	[発想]	하ㅅ소-	발상
ばっそく	[罰則]	바ㅅ소꾸	벌칙
ばった		바ㅅ따	메뚜기
バッター	[batter]	바ㅅ따-	타자
はったつ	[発達]	하ㅅ따츠	발달する◎
ばったり		바ㅅ따리	픽, 털썩
はっちゅう	[発注]	하ㅅ츄-	발주する◎
ぱっちり		파ㅅ치리	반짝반짝, 또렷또렷する◎
ばってき	[抜擢]	바ㅅ떼끼	발탁する◎
バッテリー	[battery]	바ㅅ떼리-	배터리

はってん	[発展]	하ㅅ떼ㄴ	발전하다⊙
はつでん	[発電]	하츠데ㄴ	발전하다⊙
はってんとじょうこく	[発展途上国]	하ㅅ떼ㄴ쪼-꼬꾸	개발도상국
はっと		하ㅅ또	문득, 언뜻하다⊙
はつねつ	[発熱]	하츠네츠	발열하다⊙
はっぱ	[葉っぱ]	하ㅂ빠	잎사귀
はつばい	[発売]	하츠바이	발매하다⊙
ハッピーマンデー	[happy Monday]	하ㅂ삐-마ㄴ데-	해피먼데이
はっぴゃく	[八百]	하ㅂ빠꾸	800
はっぴょう	[発表]	하ㅂ뽀-	발표하다⊙.
はっぽう	[八方]	하ㅂ뽀-	모든 방향, 여기저기
はつみみ	[初耳]	하츠미미	금시초문
はつめい	[発明]	하츠메-	발명하다⊙
はつもうで	[初詣]	하츠모-데	새해 첫 참배하다⊙
はつゆき	[初雪]	하츠유끼	첫눈
はつらつ	[潑剌]	하츠라츠	발랄
はつれい	[発令]	하츠레-	발령하다⊙
はで	[派手]	하데	화려함
はと	[鳩]	하또	비둘기
パトカー	[patrol car]	파또까-	경찰차
はとば	[波止場]	하또바	부두, 선창
バドミントン	[badminton]	바도미ㄴ또ㄴ	배드민턴
はとむぎ	[鳩麦]	하또무기	율무
はとむね	[鳩胸]	하또무네	새가슴
パトロール	[patrol]	파또로-루	순찰, 순회
パトロールカー	[patrol car]	파또로-루까-	순찰차
はな	[花]	하나	꽃
はな	[鼻]	하나	코
はなうた	[鼻歌]	하나우따	콧노래
はなかご	[花籠]	하나까고	꽃바구니
はながら	[花柄]	하나가라	꽃무늬
はなくそ	[鼻糞]	하나꾸소	코딱지
はなことば	[花言葉]	하나꼬또바	꽃말
はなし	[話]	하나시	이야기
はなしあい	[話し合い]	하나시아이	교섭
はなしことば	[話し言葉]	하나시꼬또바	회화체
はなしちゅう	[話し中]	하나시쮸-	통화중
はなして	[話し手]	하나시떼	말하는 사람
はなす	[話す]	하나스	이야기하다
はなす	[離す]	하나스	떼다, 거리를 두다

はなす	[放す]	하나스	놓아주다
はなぞの	[花園]	하나조노	꽃동산, 화원
はなたば	[花束]	하나따바	꽃다발
はなぢ	[花血]	하나지	코피
バナナ	[banana]	바나나	바나나
はなはだ	[甚だ]	하나하다	매우, 몹시
はなばたけ	[花畑]	하나바따께	꽃밭
はなはだしい	[甚だしい]	하나하다시이	심하다
はなび	[花火]	하나비	불꽃, 폭죽
はなびら	[花びら]	하나비라	꽃잎
はなふだ	[花札]	하나후다	화투
はなみ	[花見]	하나미	꽃구경
はなみず	[鼻水]	하나미즈	콧물
はなむこ	[花婿]	하나무꼬	신랑
はなや	[花屋]	하나야	꽃집
はなやか	[華やか]	하나야까	화려함, 화사함
はなよめ	[花嫁]	하나요메	신부, 새색시
はなれじま	[離れ島]	하나레지마	외딴 섬
はなればなれ	[離れ離れ]	하나레바나레	따로따로 떨어짐
はなれる	[離れる]	하나레루	떨어지다, 떠나다
はなわ	[花輪]	하나와	화환
はにかむ		하니까무	수줍어하다
はね	[羽]	하네	날개
ばね		바네	용수철
はねつける	[撥ね付ける]	하네츠께루	거절하다
はねのける	[撥ね除ける]	하네노께루	밀어 제치다, 제거하다
はねる	[跳ねる]	하네루	뛰어오르다
パノラマ	[panorama]	파노라마	파노라마
はは	[母]	하하	어머니
はば	[幅]	하바	폭, 넓이
パパ	[papa]	파빠	아빠
ははうえ	[母上]	하하우에	어머님
パパイア	[papaya]	파빠이아	파파야
ははおや	[母親]	하하오야	모친, 어머니
はばかる	[憚る]	하바까루	꺼리다, 주저하다
はばたく	[羽ばたく]	하바따꾸	날개를 치다, 홰치다
ははのひ	[母の日]	하하노히	어머니날
はびこる	[蔓延る]	하비꼬루	만연하다, 널리 퍼지다
パフェ	[parfait]	파훼	파르페
はぶく	[省く]	하부꾸	줄이다, 생략하다

はブラシ	[歯ブラシ]	하부라시	칫솔
はへい	[派兵]	하헤-	파병する
はま	[浜]	하마	물가
はまぐり	[蛤]	하마구리	대합
はまべ	[浜辺]	하마베	바닷가
はみがき	[歯磨き]	하미가끼	양치
はみがきこ	[歯磨き粉]	하미가끼꼬	치약
はみだす	[はみ出す]	하미다스	비어져 나오다, 불거져 나오다
ハム	[ham]	하무	햄
はめつ	[破滅]	하메츠	파멸する
はめる	[嵌める]	하메루	끼우다, 채우다
ばめん	[場面]	바메ㄴ	장면
はもん	[波紋]	하모ㄴ	파문
はやい	[速い]	하야이	빠르다
はやい	[早い]	하야이	이르다
はやおき	[早起き]	하야오끼	일찍 일어남する
はやし	[林]	하야시	수풀, 숲
はやびき	[早引き]	하야비끼	빨리 찾을 수 있음する
はやぶさ	[隼]	하야부사	매
はやめ	[早め]	하야메	일찌감치
はやる	[流行る]	하야루	유행하다
はら	[腹]	하라	배
ばら	[薔薇]	바라	장미
はらいせ	[腹癒せ]	하라이세	화풀이를 함
はらいもどし	[払戻し]	하라이모도시	환불する
はらう	[払う]	하라우	지불하다, 치르다
バラエティー	[variety]	바라에티-	버라이어티
はらぐろい	[腹黒い]	하라구로이	음흉하다, 음험하다
はらごしらえ	[腹拵え]	하라고시라에	미리 배를 채워둠
ばらす		바라스	들추어내다, 폭로하다
パラダイス	[paradise]	파라다이스	낙원
はらちがい	[腹違い]	하라치가이	배다른 형제 자매
はらはら		하라하라	아슬아슬, 팔랑팔랑
ばらばら		바라바라	뿔뿔이, 드문드문, 산산조각
ぱらぱら		파라빠라	후둑후둑, 훌훌
ばらまく	[ばら蒔く]	바라마꾸	흩뿌리다
はらむ	[孕む]	하라무	잉태하다
はらわた	[腸]	하라와따	장, 창자
はらん	[波瀾]	하라ㄴ	파란
バランス	[balance]	바라ㄴ스	밸런스, 균형

はり	[針]	하리	바늘
はり	[鍼]	하리	침
パリ	[Paris]	파리	파리
はりがね	[針金]	하리가네	철사
はりきる	[張り切る]	하리끼루	긴장하다
バリケード	[barricade]	바리께-또	바리케이드
バリトン	[baritone]	바리또ㄴ	바리톤
はりねずみ	[針鼠]	하리네즈미	고슴도치
ぱりぱり		파리빠리	팔팔한, 말쑥한
はる	[春]	하루	봄
はる	[貼る]	하루	붙이다
はるか	[遥か]	하루까	아득함, 훨씬
バルコニー	[balcony]	바루꼬니-	발코니
はるさめ	[春雨]	하루사메	봄비
はるばる	[遥々]	하루바루	저 멀리
パルプ	[pulp]	파루뿌	펄프
はるやすみ	[春休み]	하루야스미	봄방학
はれ	[晴れ]	하레	맑음, 갬
バレー	[ballet]	바레-	발레, 무용극
バレーボール	[volleyball]	바레-보-루	배구
はれぎ	[晴れ着]	하레기	나들이옷
はれつ	[破裂]	하레츠	파열する ⓥ
パレット	[palette]	파레ㅅ또	팔레트
はれもの	[腫れ物]	하레모노	종기, 부스럼
はれる	[晴れる]	하레루	개다, 맑다
はれる	[腫れる]	하레루	붓다
ばれる		바레루	발각되다, 들키다, 탄로 나다
バレンタインデー	[Valentine's Day]	바레ㄴ따이ㄴ데-	발렌타인데이
パワー	[power]	파와-	파워
ハワイ	[Hawaii]	하와이	하와이
はん	[半]	하ㄴ	반
ばん	[番]	바ㄴ	~번
ばん	[晩]	바ㅇ	밤
パン	[pao]	파ㅇ	빵
はんい	[範囲]	하ㅇ이	범위
はんえい	[繁栄]	하ㅇ에-	번영する ⓥ
はんえい	[反映]	하ㅇ에-	반영する ⓥ
はんが	[版画]	하ㅇ가	판화
ハンガー	[hanger]	하ㅇ가-	옷걸이
ばんかい	[挽回]	바ㅇ까이	만회する ⓥ

はんかがい	[繁華街]	항까가이	번화가
はんがく	[半額]	항가꾸	반액
ハンカチ	[handkerchief]	항까치	손수건
はんかん	[反感]	항깐	반감
はんぎゃく	[反逆]	항갸꾸	반역する
はんきょう	[反響]	항꾜-	반향する
パンク	[puncture]	팡꾸	펑크
ばんぐみ	[番組]	방구미	프로그램
はんけい	[半徑]	항께-	반경
はんけつ	[判決]	항께츠	판결する
はんげつ	[半月]	항게츠	반달
はんけん	[版権]	항껜	판권
はんこ	[判子]	항꼬	도장
はんこう	[犯行]	항꼬-	범행する
ばんごう	[番号]	방고-	번호
ばんごうあんない	[番号案内]	방고-안나이	번호안내
はんこうき	[反抗期]	항꼬-끼	반항기
ばんごはん	[晩御飯]	방고항	저녁밥, 저녁식사
ばんこん	[晩婚]	방꼰	만혼
はんざい	[犯罪]	한자이	범죄する
ばんざい	[万歳]	반자이	만세する
ハンサム	[handsome]	한사무	핸섬
ばんさん	[晩餐]	반산	만찬
ばんさんかい	[晩餐会]	반상까이	만찬회
はんじ	[判事]	한지	판사
ばんじ	[万事]	반지	만사
はんしゃ	[反射]	한샤	반사する
はんじゅく	[半熟]	한쥬꾸	반숙
ばんしゅん	[晩春]	반슌	만춘
はんじょう	[繁盛]	한죠-	번성する
はんすう	[反芻]	한스이	반추, 되새김する
はんせい	[反省]	한세-	반성する
ばんぜん	[万全]	반젠	만전
ばんそう	[伴奏]	한소-	반주する
ばんそうこう	[絆創膏]	반소-꼬-	반창고
はんそく	[反則]	한소꾸	반칙する
はんそで	[半袖]	한소데	반소매
パンダ	[panda]	판다	판다
はんたい	[反対]	한따이	반대する
はんだん	[判断]	한단	판단する

ばんち	[番地]	바ㄴ치	번지
パンチ	[punch]	파ㄴ치	펀치する
はんちょう	[班長]	하ㄴ쵸-	반장
パンツ	[pants]	파ㄴ츠	팬티, 바지
はんてい	[判定]	하ㄴ떼-	판정する
ハンディキャップ	[handicap]	하ㄴ디꺄ㅂ뿌	핸디캡
はんてん	[斑点]	하ㄴ떼ㄴ	반점
はんとう	[半島]	하ㄴ또-	반도
ばんとう	[番頭]	바ㄴ또-	지배인
はんとし	[半年]	하ㄴ또시	반년
ハンドバック	[handbag]	하ㄴ도바ㄱ꾸	핸드백
ハンドル	[handle]	하ㄴ도루	핸들
はんにち	[半日]	하ㄴ니치	한나절, 반일
はんにゅう	[搬入]	하ㄴ뉴-	반입する
はんにん	[犯人]	하ㄴ니ㄴ	범인
はんね	[半値]	하ㄴ네	반값
はんねん	[半年]	하ㄴ네ㄴ	반년
ばんねん	[晩年]	바ㄴ네ㄴ	만년
はんのう	[反応]	하ㄴ노-	반응する
ばんのう	[万能]	바ㄴ노-	만능
はんぱ	[半端]	하ㅁ빠	우수리, 자투리, 어중간함
ハンバーガー	[hamburger]	하ㅁ바-가-	햄버거
ハンバーグ	[hamburg steak]	하ㅁ바-구	함박스테이크
はんばい	[販売]	하ㅁ바이	판매する
はんぴれい	[反比例]	하ㅁ삐레-	반비례する
はんぷく	[反復]	하ㅁ뿌꾸	반복する
パンフレット	[pamphlet]	파ㅁ후레ㅅ또	팜플릿
はんぶん	[半分]	하ㅁ부ㄴ	반, 절반
はんべつ	[判別]	하ㅁ베츠	판별する
ハンマー	[hammer]	하ㅁ마-	해머, 망치
はんめい	[判明]	하ㅁ메-	판명する
はんめん	[反面]	하ㅁ메ㄴ	반면
パンや	[パン屋]	파ㅇ야	빵집
はんらん	[反乱]	하ㄴ라ㄴ	반란する
はんらん	[氾濫]	하ㄴ라ㄴ	범람する
はんりょ	[伴侶]	하ㄴ료	반려, 동반자
はんろん	[反論]	하ㄴ로ㄴ	반론する

ひ	[日]	히	해, 날
ひ	[火]	히	불
ひあい	[悲哀]	히아이	비애
ピアス	[pierce]	피아스	귀걸이
ひあたり	[日当り]	히아따리	채광
ピアニスト	[pianist]	피아니스또	피아니스트
ピアノ	[piano]	피아노	피아노
ピーク	[peak]	피-꾸	피크, 최고조
ヒーター	[heater]	히-따-	히터, 난방 장치
ピーチクパーチク		피-치꾸빠-치꾸	짹짹
ひいでる	[秀でる]	히이데루	빼어나다
ピーナッツ	[peanut]	피-나ㅅ츠	피너츠, 땅콩
ビーフステーキ	[beefsteak]	비-후스떼-끼	비프스테이크
ピーマン	[piment]	피-마ㅇ	피망
ビール	[beer]	비-루	맥주
ひえる	[冷える]	히에루	식다, 차가워지다
ビオラ	[viola]	비오라	비올라
ひがい	[被害]	히가이	피해
ひがいしゃ	[被害者]	히가이샤	피해자
ひがえり	[日帰り]	히가에리	당일치기
ひがえりりょこう	[日帰り旅行]	히가에리료꼬-	당일치기여행
ひかく	[比較]	히까꾸	비교する⊙
ひかげ	[日陰]	히까게	그늘, 응달
ひがさ	[日傘]	히가사	양산
ひがし	[東]	히가시	동, 동쪽
ひがた	[干潟]	히가따	개펄
ぴかぴか		피까삐까	번쩍번쩍する⊙
ひからびる		히까라비루	메마르다, 바싹 마르다
ひかり	[光]	히까리	빛
ひかる	[光る]	히까루	빛나다
ひがわりりょうり	[日変わり料理]	히가와리료-리	오늘의 요리
ひかん	[悲観]	히까ㄴ	비관する⊙
ひがん	[彼岸]	히가ㄴ	춘분, 추분 전후 3일씩 7일

ひき	[匹]	히끼	~마리
ひきあげる	[引き上げる]	히끼아게루	끌어올리다, 인상하다, 철수하다
ひきあわせ	[引き合わせ]	히끼아와세	소개, 비교
ひきいる	[率いる]	히끼이루	거느리다, 인솔하다
ひきうけ	[引き受け]	히끼우께	인수, 보증
ひきうける	[引き受ける]	히끼우께루	떠맡다, 보증하다
ヒキガエル		히끼가에루	두꺼비
ひきがね	[引き金]	히끼가네	방아쇠
ひきざん	[引き算]	히끼자ㄴ	뺄셈
ひきしお	[引き潮]	히끼시오	썰물
ひきしめる	[引き締める]	히끼시메루	졸라매다, 단단히 죄다
ひきずる	[引きずる]	히끼즈루	질질 끌다
ひきだし	[引き出し]	히끼다시	서랍, 인출
ひきつける	[引き付ける]	히끼츠께루	끌어당기다, 잡아끌다
ひきつる	[引き攣る]	히끼츠루	피부가 죄어들다, 쥐가 나다
ひきて	[弾き手]	히끼떼	연주자
ひきでもの	[引き出物]	히끼데모노	결혼식 답례품
ひきとめる	[引き止める]	히끼또메루	만류하다, 말리다
ひきとる	[引き取る]	히끼또루	인수하다, 거두다
ひきにく	[挽き肉]	히끼니꾸	다진 고기
ひきにげ	[轢き逃げ]	히끼니게	뺑소니する◎
ひきぬく	[引き抜く]	히끼누꾸	뽑아내다
ひきもどす	[引き戻す]	히끼모도스	끌어당겨 되돌리다
ひきょう	[卑怯]	히꾜-	비겁
ひきわけ	[引き分け]	히끼와께	비김, 무승부
ひきわける	[引き分ける]	히끼와께루	비기다
ひきわたし	[引き渡し]	히끼와따시	인도
ひく	[引く]	히꾸	당기다, 끌다
ひく	[弾く]	히꾸	켜다
ひくい	[低い]	히꾸이	낮다
びくとも		비꾸또모	꿈쩍도
ピクニック	[picnic]	피꾸니ㄱ꾸	피크닉, 소풍
びくびく		비꾸비꾸	벌벌, 흠칫する◎
ひぐれ	[日暮れ]	히구레	해질 무렵, 일몰
ひげ	[髭]	히게	수염
ひげき	[悲劇]	히게끼	비극
ひげそり	[髭剃り]	히게소리	면도, 남성용 면도기
ひけつ	[秘訣]	히께츠	비결
ひけめ	[引け目]	히께메	열등감, 약점
びこう	[備考]	비꼬-	비고

びこう	[尾行]	비꼬-	미행する⊙
ひこうき	[飛行機]	히꼬-끼	비행기
ひこうきよい	[飛行機酔い]	히꼬-끼요이	비행기멀미
ひこく	[被告]	히꼬꾸	피고
ひこくにん	[被告人]	히꼬꾸니ㅇ	피고인
ひごと	[日毎]	히고또	매일, 날마다
ひごろ	[日頃]	히고로	평소
ひざ	[膝]	히자	무릎
ビザ	[visa]	비자	비자
ピザ	[pizza]	피자	피자
ひさし	[庇]	히사시	차양
ひざし	[日差し]	히자시	햇살, 햇볕
ひさしぶり	[久しぶり]	히사시부리	오래간만, 오랜만임
ひざまずく	[跪く]	히자마즈꾸	무릎을 꿇다
ひじ	[肘]	히지	팔꿈치
ひしがた	[菱形]	히시가따	마름모꼴
ビジネス	[business]	비지네스	비즈니스
ひしひし		히시히시	오싹오싹
ひじまくら	[肘枕]	히지마꾸라	팔베개
ひしめく	[犇めく]	히시메꾸	웅성대다, 삐걱거리다
ぴしゃり		피샤리	찰싹, 탁
ひじゅう	[比重]	히쥬-	비중
びじゅつ	[美術]	비쥬츠	미술
びじゅつか	[美術家]	비쥬츠까	미술가
びじゅつかん	[美術館]	비쥬츠까ㄴ	미술관
ひしょ	[秘書]	히쇼	비서
ひしょ	[避暑]	히쇼	피서
びじょ	[美女]	비죠	미녀
びしょう	[微笑]	비쇼-	미소
ひじょうぐち	[非常口]	히죠-구치	비상구
ひじょうしき	[非常識]	히죠-시끼	비상식적
ひじょうに	[非常に]	히죠-니	굉장히, 대단히
びしょぬれ	[びしょ濡れ]	비쇼누레	흠뻑 젖음
ビジョン	[vision]	비죠ㄴ	비전
びじん	[美人]	비지ㄴ	미인
ビスケット	[biscuit]	비스께ㅅ또	비스킷
ヒステリー	[Hysterie]	히스떼리-	히스테리
びせいぶつ	[微生物]	비세-부츠	미생물
ひそか	[密か]	히소까	은밀함, 은근함
ひそひそ		히소히소	소곤소곤

ひそめる	[顰める]	히소메루	찌푸리다
ひだ	[襞]	히다	옷 주름
ひたい	[額]	히따이	이마
ひたす	[浸す]	히따스	담그다, 적시다
ひたすら	[只管]	히따스라	오직, 오로지
ビタミン	[vitamin]	비따미ㄴ	비타민
ひだり	[左]	히다리	왼쪽
ぴたり		피따리	갑자기 뚝
ひだりがわ	[左側]	히다리가와	왼쪽
ひだりきき	[左利き]	히다리끼끼	왼손잡이
ひだりて	[左手]	히다리떼	왼손
ぴちゃぴちゃ		피챠삐챠	철벅철벅, 철썩철썩
ひっかかる	[引っ掛かる]	히ㄱ까까루	걸리다
ひっかく	[引っ掻く]	히ㄱ까꾸	할퀴다
ひっき	[筆記]	히ㄱ끼	필기するⓥ
ひっきようぐ	[筆記用具]	히ㄱ끼요-구	필기도구
ひっきりなし	[引っ切り無し]	히ㄱ끼리나시	쉴 새 없음, 끊임없음
びっくり		비ㄱ꾸리	깜짝 놀람するⓥ
ひっくりかえる	[引っくり返る]	히ㄱ꾸리까에루	뒤집히다
ひっくるめる	[引っくるめる]	히ㄱ꾸루메루	뭉뚱그리다, 일괄하다
ひづけ	[日付]	히즈께	날짜
びっこ	[跛]	비ㄱ꼬	절뚝거림, 절름발이
ひっこし	[引っ越し]	히ㄱ꼬시	이사
ひっこす	[引っ越す]	히ㄱ꼬스	이사하다
ひっこめる	[引っ込める]	히ㄱ꼬메루	움츠리다, 오므리다
ひっし	[必死]	히ㅅ시	필사
ひつじ	[羊]	히츠지	양
ひつじどし	[羊年]	히츠지도시	양띠
ひっしゃ	[筆者]	히ㅅ샤	필자
ひっしゅうかもく	[必修科目]	히ㅅ슈-까모꾸	필수과목
びっしょり		비ㅅ쇼리	흠뻑
ひっす	[必須]	히ㅅ스	필수
ひっせき	[筆跡]	히ㅅ세끼	필적
ひっそり		히ㅅ소리	조용히, 쥐 죽은 듯이
ひったくり	[引ったくり]	히ㅅ따꾸리	날치기
ひったくる	[引ったくる]	히ㅅ따꾸루	낚아채다, 강탈하다
ぴったり		삐ㅅ따리	꼭, 꽉するⓥ
ピッチャー	[pitcher]	피차-	투수
ひってき	[匹敵]	히ㅅ떼끼	필적するⓥ
ヒット	[hit]	히ㅅ또	히트するⓥ

ひつどく	[必読]	히츠도꾸	필독するⓥ
ひっぱる	[引っ張る]	히ㅂ빠루	잡아끌다, 잡아당기다
ひつめい	[筆名]	히츠메-	필명
ひつよう	[必要]	히츠요-	필요
ひてい	[否定]	히떼-	부정するⓥ
ビデオ	[video]	비데오	비디오
ビデオカメラ	[video camera]	비데오까메라	비디오카메라
ビデオショップ	[video shop]	비데오쇼ㅂ뿌	비디오가게
ビデオテープ	[video tape]	비데오떼-뿌	비디오테이프
ビデオデッキ	[video deck]	비데오데ㄱ끼	비디오덱
ひでり	[日照り]	히데리	가뭄, 기근
ひと	[人]	히또	사람
ひどい		히도이	심하다, 가혹하다, 너무하다
ひとえ	[一重]	히또에	홑겹, 외겹
ひとえに		히또에니	오로지, 일심으로
ひとがら	[人柄]	히또가라	인품, 됨됨이
ひときわ	[一際]	히또끼와	한층 더, 유달리
びとく	[美徳]	비또꾸	미덕
ひとこと	[一言]	히또꼬또	한마디 말
ひとごみ	[人込み]	히또고미	혼잡, 북새통
ひところ	[一頃]	히또꼬로	한때
ひとさしゆび	[人指し指]	히또사시유비	둘째손가락
ひとしい	[等しい]	히또시이	같다, 동일하다
ひとしお	[一入]	히또시오	한층 더, 한결
ひとしきり	[一頻り]	히또시끼리	한차례, 한동안
ひとじち	[人質]	히또지치	인질
ひとだかり	[人だかり]	히또다까리	많은 사람들이 모임, 모인 군중
ひとたび	[一度]	히또따비	한 번, 일단
ひとつ	[一つ]	히또츠	한 개, 한 살
ひとづて	[人伝]	히또즈떼	인편
ひとづま	[人妻]	히또즈마	유부녀
ひとで	[人手]	히또데	사람의 손씨, 일손
ひとで	[海星]	히또데	불가사리
ひととおり	[一通り]	히또또-리	대충, 대강
ひとどおり	[人通り]	히또도-리	사람의 왕래
ひととき	[一時]	히또또끼	한때, 한동안
ひととなり	[人となり]	히또또나리	됨됨이
ひとなみ	[人波]	히또나미	인파
ひとなみ	[人並み]	히또나미	보통사람 정도
ひとばん	[一晩]	히또바ㅇ	하룻밤

ひとばんじゅう	[一晩中]	히또바ㄴ쥬-	밤새도록
ひとびと	[人々]	히또비또	사람들
ひとまね	[人真似]	히또마네	남의 흉내, 모방
ひとみ	[瞳]	히또미	눈동자
ひとみしり	[人見知り]	히또미시리	낯가림する
ひとめ	[人目]	히또메	남의 눈, 이목
ひとめぼれ	[一目惚れ]	히또메보레	첫눈에 반함する
ひとよし	[人好し]	히또요시	호인
ひとり	[一人]	히또리	혼자, 한 사람
ひとり	[独り]	히또리	홀로
ひとりぐらし	[独り暮らし]	히또리구라시	독신생활
ひとりごと	[独り言]	히또리고또	혼잣말, 독백
ひとりじめ	[独り占め]	히또리지메	독점, 독차지する
ひとりたび	[一人旅]	히또리따비	배낭여행
ひとりっこ	[一人っ子]	히또리ㄱ꼬	외동딸
ひとりでに	[独りでに]	히또리데니	저절로, 자연히
ひとりぼっち	[一人ぼっち]	히또리보ㅅ치	외톨이
ひとりもの	[独者]	히또리모노	독신자
ひとりよがり	[独り善がり]	히또리요가리	독선, 독선적
ひな	[雛]	히나	새끼, 병아리
ひなまつり	[雛祭り]	히나마츠리	히나마츠리
ひなん	[避難]	히나ㄴ	피난する
ひなん	[非難]	히나ㄴ	비난する
びなん	[美男]	비나ㄴ	미남
ビニール	[vinyl]	비니-루	비닐
ひにく	[皮肉]	히니꾸	빈정거림, 비꼼
ひにち	[日にち]	히니치	날짜
ひにん	[避妊]	히니ㄴ	피임する
ひねくれる		히네꾸레루	비뚤어지다
びねつ	[微熱]	비네츠	미열
ひねる	[捻る]	히네루	비틀다, 돌리다
ひのき	[桧]	히노끼	노송나무
ひので	[日の出]	히노데	일출, 해돋이
ひのまる	[日の丸]	히노마루	일장기, 일본 국기
ひばり	[雲雀]	히바리	종달새, 종다리
ひはん	[批判]	히하ㄴ	비판する
ひばん	[非番]	히바ㄴ	비번
ひび		히비	그릇 등에 생긴 금
ひび	[日々]	히비	나날
ヒヒーン		히히-ㄴ	히히잉(말)

ひびく	[響く]	히비꾸	울리다, 울려 퍼지다
ひひょう	[批評]	히효-	비평する
ビビンパ		비비ㅁ빠	비빔밥
ひふ	[皮膚]	히후	피부
びふう	[微風]	비후-	미풍
ひふか	[皮膚科]	히후까	피부과
ひほう	[秘法]	히호-	비법
びぼう	[美貌]	비보-	미모
ひぼん	[非凡]	히보ㄴ	비범
ひま	[暇]	히마	틈, 짬, 한가함
ひまつぶし	[暇潰し]	히마츠부시	심심풀이
ひまわり	[向日葵]	히마와리	해바라기
ひまん	[肥満]	히마ㄴ	비만
ひみつ	[秘密]	히미츠	비밀
びみょう	[微妙]	비묘-	미묘
ひめ	[姫]	히메	공주
ひめい	[悲鳴]	히메-	비명する
ひも	[紐]	히모	끈
ひもぎれ	[紐切れ]	히모기레	끄나풀
ひもの	[干物]	히모노	건어물
ひやあせ	[冷や汗]	히야아세	식은 땀
ひやかし	[冷やかし]	히야까시	놀림
ひやかす	[冷やかす]	히야까스	조롱하다
ひやく	[飛躍]	히야꾸	비약する
ひゃく	[百]	햐꾸	100, 백
ひゃくしょう	[百姓]	햐ㄱ쇼-	농민
ひゃくまん	[百万]	햐꾸마ㄴ	백만
ひやけどめ	[日焼け止め]	히야께도메	썬크림
ひやす	[冷やす]	히야스	차게 하다, 식이다
ひやひや		히야히야	조마조마する
ビヤホール	[beer hall]	비야호-루	호프집
ひやめし	[冷や飯]	히야메시	찬밥
ひややか	[冷ややか]	히야야까	싸늘함
ひゆ	[比喩]	히유	비유
ヒューズ	[fuse]	휴-즈	두꺼비집
ビュービュー		뷰-뷰-	윙윙
ヒューマニズム	[humanism]	휴-마니즈무	휴머니즘
ひよう	[費用]	히요-	비용
ひょう		효-	우박
ひょう	[豹]	효-	표범

びょう	[秒]	뵤-	초
びよういん	[美容院]	비요-이ㅇ	미용실, 미장원
びょういん	[病院]	뵤-이ㅇ	병원
びようえき	[美容液]	비요-에끼	에센스
ひょうか	[評価]	효-까	평가する
ひょうが	[氷河]	효-가	빙하
ひょうき	[表記]	효-끼	표기する
びょうき	[病気]	뵤-끼	병, 질병
ひょうげん	[表現]	효-게ㄴ	표현する
ひょうご	[標語]	효-고	표어
ひょうごけん	[兵庫県]	효-고께ㄴ	효고현
ひょうさつ	[表札]	효-사츠	문패
ひょうざん	[氷山]	효-자ㄴ	빙산
ひょうし	[表紙]	효-시	표지
ひょうし	[拍子]	효-시	박자
びようし	[美容師]	비요-시	미용사
びようしつ	[美容室]	비요-시츠	미용실
びょうしつ	[病室]	뵤-시츠	병실
びょうしゃ	[描写]	뵤-샤	묘사する
ひょうじゅん	[標準]	효-쥬ㄴ	표준
ひょうじゅんご	[標準語]	효-쥬ㅇ고	표준어
ひょうじょう	[表情]	효-죠-	표정
ひょうたん	[瓢箪]	효-따ㄴ	호리병박, 조롱박
ひょうてん	[氷点]	효-떼ㄴ	빙점
ひょうてんか	[氷点下]	효-떼ㅇ까	영하
びょうとう	[病棟]	뵤-또-	병동
びょうどう	[平等]	뵤-도-	평등
びょうにん	[病人]	뵤-니ㄴ	환자, 병자
ひょうはく	[漂白]	효-하꾸	표백する
ひょうはくざい	[漂白剤]	효-하꾸자이	표백제
ひょうばん	[評判]	효-바ㄴ	평판
びょうぶ	[屏風]	뵤-부	병풍
ひょうほん	[標本]	효-호ㄴ	표본
ひょうめい	[表明]	효-메-	표명する
ひょうめん	[表面]	효-메ㄴ	표면
ひょうろん	[評論]	효-로ㄴ	평론する
ひよこ	[雛]	히요꼬	병아리
ひょっと		효ㅅ또	뜻밖에, 만약
ひょっとすると		효ㅅ또스루또	어쩌면, 혹시
ぴよぴよ		피요삐요	삐약삐약

ひより	[日和]	히요리	맑게 갠 날씨
ひょろひょろ		효로효로	비틀비틀, 비실비실하다
ひらがな	[平仮名]	히라가나	히라가나
ひらく	[開く]	히라꾸	열다, 열리다
ひらける	[開ける]	히라께루	열리다
ひらしゃいん	[平社員]	히라샤이ㅇ	평사원
ひらたけ		히라따께	느타리버섯
ひらて	[平手]	히라떼	손바닥
ひらひら		히라히라	펄럭펄럭, 팔랑팔랑
ピラミッド	[pyramid]	피라미ㅅ도	피라미드
ひらめ	[平目]	히라메	넙치, 광어
ひらめく	[閃く]	히라메꾸	번쩍이다, 번뜩이다
びり		비리	꼴지, 꼴등
ひりつ	[比率]	히리츠	비율
ひりひり		히리히리	얼얼, 따끔따끔하다
びりびり		비리비리	북북, 드르르하다
ぴりぴり		피리삐리	날카로운, 신경이 곤두선하다
ビリヤード	[billiards]	비리야-도	당구
ひりょう	[肥料]	히료-	비료
ひる	[昼]	히루	낮, 점심
ひる	[蛭]	히루	거머리
ビル	[building]	비루	빌딩
ひるごはん	[昼御飯]	히루고하ㅇ	점심밥
ひるすぎ	[昼過ぎ]	히루스기	오후
ビルディング	[building]	비루디ㅇ구	빌딩
ひるね	[昼寝]	히루네	낮잠하다
ひるま	[昼間]	히루마	점심, 주간, 낮 동안
ひるやすみ	[昼休み]	히루야스미	점심시간
ひれ	[鰭]	히레	지느러미
ひれい	[比例]	히레-	비례하다
ひれつ	[卑劣]	히레츠	비열
ひれん	[悲恋]	히레ㄴ	비련
ひろい	[広い]	히로이	넓다
ひろう	[拾う]	히로우	줍다
ひろうえん	[披露宴]	히로-에ㄴ	피로연
ひろがる	[広がる]	히로가루	넓어지다, 퍼지다
ひろげる	[広げる]	히로게루	넓히다, 펼치다, 펴다
ひろさ	[広さ]	히로사	넓이
ひろしまけん	[広島県]	히로시마께ㄴ	히로시마현
ひろば	[広場]	히로바	광장

ひろまる	[広まる]	히로마루	넓어지다, 퍼뜨리다
ひろめる	[広める]	히로메루	넓히다
びん	[瓶]	비ㅇ	병
びん	[便]	비ㅇ	~편
びんかんはだ	[敏感肌]	비ㅇ까ㅁ하다	민감성피부
ピンク	[pink]	피ㅇ꾸	핑크색
ピンクいろ	[pink色]	피ㅇ꾸이로	핑크색
ひんけつ	[貧血]	히ㅇ께츠	빈혈
ひんこう	[品行]	히ㅇ꼬-	품행
ひんこん	[貧困]	히ㅇ꼬ㄴ	빈곤
ひんし	[品詞]	히ㄴ시	품사
ひんし	[瀕死]	히ㄴ시	빈사する⊙
ひんしつ	[品質]	히ㄴ시츠	품질
ひんじゃく	[貧弱]	히ㄴ쟈꾸	빈약
ひんしゅ	[品種]	히ㄴ슈	품종
びんしょう	[敏捷]	비ㄴ쇼-	민첩
ヒンズーきょう	[ヒンズー教]	히ㄴ즈-꾜	힌두교
ピンセット	[pincette]	피ㄴ세ㅅ또	핀셋
びんせん	[便箋]	비ㄴ세ㄴ	편지지
ひんぱんに	[頻繁に]	히ㅁ빠ㄴ니	빈번히
ピンポン	[ping-pong]	피ㅁ뽀ㅇ	탁구, 딩동
ひんもく	[品目]	히ㅁ모꾸	품목

ぶ	[部]	부	～부
ファーストクラス	[first class]	화-스또꾸라스	퍼스트클래스
ぶあいそう	[無愛想]	부아이소-	무뚝뚝함
ファイル	[file]	화이루	파일, 서류철
ファストフード	[fast food]	화스또후-도	패스트푸드
ファックス	[fax]	확끄스	팩시밀리
ファッション	[fashion]	화ㅅ쇼ㄴ	패션
ふあん	[不安]	후아ㄴ	불안
ファン	[fan]	화ㄴ	팬, 열혈 애호가
ファンデーション	[foundation]	화ㄴ데-쇼ㄴ	파운데이션
ふいうち	[不意打]	후이우치	기습, 불의의 습격
ふいちょう	[吹聴]	후이쵸-	말을 퍼뜨리고 다님
フィリピン	[Philippines]	휘리삐ㄴ	필리핀
フィルム	[film]	휘루무	필름
ふううん	[風雲]	후-우ㄴ	풍운
ふうがわり	[風変り]	후-가와리	별남, 색다름
ふうぎり	[封切]	후-기리	개봉
ふうけい	[風景]	후-께-	풍경
ブーケ	[bouquet]	부-께	부케
ふうし	[風刺]	후-시	풍자 する♡
ふうしゅう	[風習]	후-슈-	풍습
ふうしょ	[封書]	후-쇼	봉한 편지
ふうせん	[風船]	후-세ㄴ	풍선
ふうぞく	[風俗]	후-조꾸	풍속
ブーツ	[boots]	부-츠	부츠
ふうど	[風土]	후-도	풍토
ふうとう	[封筒]	후-또-	봉투
フードプロセッサー	[food processor]	후-도뿌로세ㅅ사-	푸드 프로세서, 믹서기
ふうふ	[夫婦]	후-후	부부
ふうふう		후-후-	헐떡헐떡, 허덕허덕
ぶうぶう		부-부-	꿀꿀
ブーム	[boom]	부-무	붐
プール	[pool]	푸-루	풀장

ふうん	[不運]	후우ㄴ	불운
ふえ	[笛]	후에	피리
ふえる	[増える]	후에루	늘다, 늘어나다
ぶえんりょ	[無遠慮]	부에ㄴ료	버릇없음, 멋대로 행동함
フォーク	[fork]	훠-꾸	포크
フォルダ	[folder]	훠루다	폴더
ふか	[賦課]	후까	부과する⊙
ふか	[鱶]	후까	상어
ぶか	[部下]	부까	부하
ふかい	[不快]	후까이	불쾌
ふかい	[深い]	후까이	깊다
ふかく	[不覚]	후까꾸	어리석음, 생각이 모자람
ふかさ	[深さ]	후까사	깊이
ふかす	[蒸す]	후까스	찌다
ふかで	[深手]	후까데	중상
ふかのう	[不可能]	후까노-	불가능
ふかふか		후까후까	말랑말랑, 폭신폭신
ぶかぶか		부까부까	헐렁헐렁
ふかまる	[深まる]	후까마루	깊어지다
ふかんぜん	[不完全]	후까ㄴ제ㄴ	불완전
ふき	[蕗]	후끼	머위
ぶき	[武器]	부끼	무기
ふきげん	[不機嫌]	후끼게ㄴ	기분이 언짢음
ふきだす	[吹き出す]	후끼다스	내뿜다
ふきつける	[吹き付ける]	후끼츠께루	마구 불어오다
ふきまくる	[吹きまくる]	후끼마꾸루	바람이 휘몰아치다
ぶきみ	[不気味]	부끼미	기분이 나쁨
ふきょう	[不況]	후꾜-	불황
ぶきりょう	[無器量]	부끼료-	못생김, 재능이 없음
ふきん	[布巾]	후끼ㄴ	행주
ふきん	[付近]	후끼ㄴ	부근
ふく	[服]	후꾸	옷
ふく	[拭く]	후꾸	닦다, 훔치다
ふく	[吹く]	후꾸	불다
ふぐ	[河豚]	후구	복어
ふくいけん	[福井県]	후꾸이께ㄴ	후쿠이현
ふくいん	[福音]	후꾸이ㄴ	복음
ふくおか	[福岡]	후꾸오까	후쿠오카
ふくおかけん	[福岡県]	후꾸오까께ㄴ	후쿠오카현
ふくごう	[複合]	후꾸고-	복합

ふくざつ	[複雑]	후꾸자츠	복잡
ふくしまけん	[福島県]	후꾸시마께ㄴ	후쿠시마현
ふくしゃちょう	[副社長]	후꾸샤쵸-	부사장
ふくしゅう	[復讐]	후ㄱ슈-	복수する⊙
ふくしゅう	[復習]	후ㄱ슈-	복습する⊙
ふくじゅう	[服従]	후꾸쥬-	복종する⊙
ふくすう	[複数]	후ㄱ스-	복수
ふくせい	[複製]	후ㄱ세-	복제する⊙
ふくせん	[複線]	후ㄱ세ㄴ	복선
ふくそう	[服装]	후ㄱ소-	복장
ふくそうり	[副総理]	후꾸소-리	부총리
ふくつ	[不屈]	후꾸츠	불굴
ふくつう	[腹痛]	후ㄱ츠-	복통
ぶくぶく		부꾸부꾸	부글부글
ふくまれる	[含まれる]	후꾸마레루	포함되다
ふくむ	[含む]	후꾸무	포함하다
ふくめる	[含める]	후꾸메루	포함시키다
ふくめん	[覆面]	후꾸메ㄴ	복면
ふくよう	[服用]	후꾸요-	복용する⊙
ふくらす	[膨らす]	후꾸라스	부풀리다
ふくらはぎ	[脹ら脛]	후꾸라하기	종아리
ふくらむ	[膨らむ]	후꾸라무	불룩해지다, 부풀어 오르다
ふくれる	[膨れる]	후꾸레루	부풀다, 불룩해지다
ふくろ	[袋]	후꾸로	자루, 주머니
ふくろう	[梟]	후꾸로-	올빼미
ふくろこうじ	[袋小路]	후꾸로꼬-지	막다른 골목
ふくろだたき	[袋叩き]	후꾸로다따끼	뭇매질
ふけ	[髪垢]	후께	비듬
ふけい	[父兄]	후께-	학부형
ふけいき	[不景気]	후께-끼	불경기
ふけつ	[不潔]	후께츠	불결
ふける	[更ける]	후께루	밤이 깊어지다
ふける	[耽る]	후께루	빠지다, 열중하다
ふこう	[不幸]	후꼬-	불행
ふこう	[不孝]	후꼬-	불효
ふごう	[符合]	후고-	부호
ふごう	[富豪]	후고-	부호, 갑부
ブザー	[buzzer]	부자-	버저, 경보기
ふさい	[負債]	후사이	부채
ふさい	[夫妻]	후사이	부부

ふざい	[不在]	후자이	부재
ぶさいく	[不細工]	부사이꾸	솜씨가 서툼, 못생김
ふさがる	[塞がる]	후사가루	막히다
ふさぐ	[塞ぐ]	후사구	막다, 가로막다
ふざける		후자께루	까불다, 장난치다
ぶさほう	[不作法]	부사호-	버릇없음, 무례함
ぶざま	[無様]	부자마	꼴불견, 보기 흉함
ふさわしい	[相応しい]	후사와시이	걸맞다, 어울리다
プサン		푸사ㄴ	부산
ふし	[不死]	후시	불사
ふじ	[藤]	후지	등나무
ふじ	[不治]	후지	불치
ぶし	[武士]	부시	무사
ぶじ	[無事]	부지	무사
ふしあな	[節穴]	후시아나	널빤지 등의 옹이구멍
ふしあわせ	[不仕合せ]	후시아와세	불행
ふしぎ	[不思議]	후시기	불가사의, 이상함
ふじさん	[富士山]	후지사ㄴ	후지산
ふしぜん	[不自然]	후시제ㄴ	부자연스러움
ふしだら		후시다라	단정치 못함
ふしちょう	[不死鳥]	후시쵸-	불사조
ぶしつけ	[不躾]	부시츠께	무례함, 버릇없음
ふじゆう	[不自由]	후지유-	부자유
ふじゅうぶん	[不十分]	후쥬-부ㄴ	불충분
ふじゅん	[不純]	후쥬ㄴ	불순
ぶしょ	[部署]	부쇼	부서
ふしょう	[負傷]	후쇼-	부상する
ぶしょう	[不精]	부쇼-	게으름, 귀찮음
ふしょうち	[不承知]	후쇼-치	불찬성, 반대
ぶじょく	[侮辱]	부죠꾸	모욕する
ふしん	[不信]	후시ㄴ	불신
ふしん	[不審]	후시ㄴ	의심스러움, 미심쩍음
ふしん	[腐心]	후시ㄴ	부심, 고심する
ふじん	[婦人]	후지ㄴ	부인
ふしんせつ	[不親切]	후시ㄴ세츠	불친절
ふじんふく	[婦人服]	후지ㄴ후꾸	여성복, 숙녀복
ふす	[伏す]	후스	엎드리다
ふせい	[不正]	후세-	부정
ふぜい	[風情]	후제-	풍치, 운치
ふせぐ	[防ぐ]	후세구	막다, 방지하다

ぶそう	[武装]	부소-	무장
ふそく	[不足]	후소꾸	부족する
ぶぞく	[部族]	부조꾸	부족
ふた	[蓋]	후따	뚜껑, 덮개
ふだ	[札]	후다	표, 팻말
ぶた	[豚]	부따	돼지
ふたえまぶた	[二重瞼]	후따에마부따	쌍꺼풀
ふたご	[双子]	후따고	쌍둥이
ふたござ	[双子座]	후따고자	쌍둥이자리
ふたたび	[再び]	후따따비	재차, 다시, 또다시
ふたつ	[二つ]	후따쯔	두 개, 두 살
ぶたにく	[豚肉]	부따니꾸	돼지고기
ふたまたをかける		후따마따오까께루	양다리 걸치다
ふたり	[二人]	후따리	두 명, 두 사람
ふたん	[負担]	후땅	부담する
ふだん	[普段]	후당	평소, 평상시
ふち	[縁]	후치	가장자리, 테두리
ふち	[淵]	후치	깊은 못, 소
ぶちまける		부치마께루	모조리 털어놓다
ぶちょう	[部長]	부쵸-	부장
ふちん	[浮沈]	후칭	부침, 흥망성쇠する
ふつう	[不通]	후쯔-	불통
ふつう	[普通]	후쯔-	보통, 대체로
ふつうはだ	[普通肌]	후쯔-하다	중성피부
ふつうれっしゃ	[普通列車]	후쯔-렛샤	보통열차
ふつか	[二日]	후쯔까	2일
ぶっか	[物価]	붓까	물가
ふっかつ	[復活]	훗까쯔	부활する
ふつかよい	[二日酔い]	후쯔까요이	숙취する
ぶつかる		부쯔까루	부딪치다
ふっき	[復帰]	훗끼	복귀する
ぶっきょう	[仏教]	붓꾜-	불교
ぶっきょうと	[仏教徒]	붓꾜-또	불교도
ぶっきらぼう		붓끼라보-	무뚝뚝함, 퉁명스러움
ぶつぎりにする	[ぶつ切りにする]	부쯔기리니스루	크게 토막치다
ふっくら		훗꾸라	포동포동する
ふっこ	[復古]	훗꼬	복고する
ふつごう	[不都合]	후쯔고-	형편이 좋지 못함
ぶっし	[物資]	붓시	물자
ぶっしつ	[物質]	붓시쯔	물질

ぶっそう	[物騒]	부ㅅ소-	뒤숭숭함, 어수선함
ぶつぞう	[仏像]	부츠조-	불상
ブッダ	[仏陀]	부ㅅ다	불타, 부처
ぶったい	[物体]	부ㅅ따이	물체
ぶつだん	[仏壇]	부츠다ㄴ	불전
ぶっちょうづら	[仏頂面]	부ㅅ쵸-즈라	시무룩한 얼굴
ふつつか	[不束]	후츠츠까	변변찮음, 못남
ぶつでん	[仏殿]	부츠데ㄴ	불전
ふっとう	[沸騰]	후ㅅ또	비등, 끓어오름 する⊙
ぶつどう	[仏道]	부츠도-	불도
ぶっとおし	[打っ通し]	부ㅅ또-시	처음부터 끝까지, 줄곧
ぶっぴん	[物品]	부ㅂ삐ㄴ	물품
ぶつぶつ		부츠부츠	투덜투덜, 중얼중얼
ぶつり	[物理]	부츠리	물리
ぶつりがく	[物理学]	부츠리가꾸	물리학
ふで	[筆]	후데	붓
ふてい	[不定]	후떼-	부정
ふてい	[不貞]	후떼-	부정
ふていさい	[不体裁]	후떼-사이	꼴사나움, 볼품없음
ふでいれ	[筆入れ]	후데이레	필통
ふてき	[不敵]	후떼끼	겁이 없음, 대담무쌍함
ふでばこ	[筆箱]	후데바꼬	필통
ふと		후또	문득, 우연히
ふとい	[太い]	후또이	굵다
ぶどう	[葡萄]	부도-	포도
ぶとうかい	[舞踏会]	부또-까이	무도회
ふどうさんや	[不動産屋]	후도-사ㄴ야	부동산중개소
ぶどうしゅ	[葡萄酒]	부도-슈	포도주
ふところ	[懐]	후또꼬로	품, 호주머니
ふとさ	[太さ]	후또사	굵기
ふとどき	[不届き]	후또도끼	괘씸함, 부주의
ふともも	[太股]	후또모모	넓적다리
ふとる	[太る]	후또루	살찌다
ふとん	[布団]	후또ㅇ	이부자리, 이불요
ふな	[鮒]	후나	붕어
ぶな		부나	너도밤나무
ふなづみ	[船積み]	후나즈미	선적 する⊙
ふなのり	[船乗り]	후나노리	선원, 뱃사람
ふなびん	[船便]	후나비ㄴ	배편
ふなよい	[船酔い]	후나요이	뱃멀미

ふなれ	[不馴れ]	후나레	서투름, 익숙하지 않음
ふにん	[赴任]	후니ㄴ	부임
ふにん	[不妊]	후니ㄴ	불임
ふぬけ	[腑抜け]	후누께	얼간이
ふね	[船]	후네	배
ふのう	[不能]	후노-	불능, 무능
ふはい	[腐敗]	후하이	부패する
ふひつよう	[不必要]	후히츠요-	불필요
ふびん	[不敏]	후비ㄴ	부족, 불민
ぶひん	[部品]	부히ㄴ	부품
ふぶき	[吹雪]	후부끼	눈보라
ぶぶん	[部分]	부부ㄴ	부분
ふへい	[不平]	후헤-	불평
ふへん	[普遍]	후헤ㄴ	보편
ふへん	[不変]	후헤ㄴ	불변
ふべん	[不便]	후베ㄴ	불편
ふぼ	[父母]	후보	부모
ふほう	[不法]	후호-	불법
ふまじめ	[不真面目]	후마지메	불성실
ふまん	[不満]	후마ㄴ	불만
ふみ	[文]	후미	글
ふみきり	[踏切]	후미끼리	건널목
ふみだす	[踏み出す]	후미다스	내딛다
ふみつける	[踏み付ける]	후미츠께루	짓밟다, 무시하다
ふみにじる	[踏み躙る]	후미니지루	밟아 뭉개다, 유린하다
ふみん	[不眠]	후미ㄴ	불면
ふむ	[踏む]	후무	밟다
ふむき	[不向き]	후무끼	기호가 맞지 않음
ふめい	[不明]	후메-	불명
ふめいよ	[不名誉]	후메-요	불명예
ふめつ	[不滅]	후메츠	불멸
ふもう	[不毛]	후모-	불모
ふもと	[麓]	후모또	산기슭
ふもん	[不問]	후모ㄴ	불문
ぶもん	[部門]	부모ㄴ	부문
ふやす	[増やす]	후야스	늘리다
ふゆ	[冬]	후유	겨울
ふゆごもり	[冬籠り]	후유고모리	월동, 동면, 겨울잠する
ふゆやすみ	[冬休み]	후유야스미	겨울방학
ふよう	[不要]	후요-	쓰지 않음, 쓸모없음

ぶよう	[舞踊]	부요-	무용
ふようい	[不用意]	후요-이	조심성이 없음, 준비가 안 됨
プライド	[pride]	푸라이도	프라이드, 자존심
フライドチキン	[fried chicken]	후라이도치끼ㄴ	프라이드치킨
プライバシー	[privacy]	푸라이바시-	프라이버시, 사생활
フライパン	[frypan]	후라이빠ㄴ	프라이팬
フライパンがえし	[フライパン返し]	후라이빠ㄴ가에시	뒤집기
フライドポテト	[fried potato]	후라이도뽀떼또	프라이드포테이토
ブラインド	[blind]	부라이ㄴ도	블라인드, 차양
ブラウス	[blouse]	부라우스	블라우스
ぶらく	[部落]	부라꾸	부락
ぶらさがる	[ぶら下がる]	부라사가루	매달리다, 늘어지다
ブラジャー	[brassiere]	부라쟈-	브래지어
ブラジル	[Brazil]	부라지루	브라질
プラチナ	[platinum]	푸라치나	백금
ぶらつく		부라츠꾸	서성거리다, 휘청거리다
ブラック	[black]	부라ㄱ꾸	블랙, 검정
フラッシュ	[flash]	후라ㅅ슈	플래시
ぶらぶら		부라부라	빈둥빈둥, 어슬렁어슬렁する⑨
ブラボー	[bravo]	부라보-	브라보
フラミンゴ	[flamingo]	후라미ㅇ고	홍학
ふられる	[振られる]	후라레루	퇴짜 맞다, 차이다
プラン	[plan]	푸라ㄴ	플랜, 계획
ぶらんこ		부라ㅇ꼬	그네
フランス	[France]	후라ㄴ스	프랑스
フランスじん	[フランス人]	후라ㄴ스지ㄴ	프랑스인
フランスりょうり	[フランス料理]	후라ㄴ스료-리	프랑스요리
ブランデー	[brandy]	부라ㄴ데-	브랜디
ブランド	[brand]	부라ㄴ도	브랜드, 상표
ブランドもの	[ブランド物]	부라ㄴ도모노	브랜드상품
ふり	[不利]	후리	불리
ふり		후리	~체, ~척
ぶり	[鰤]	부리	방어
ぶり		부리	~만
フリーマーケット	[fleamarket]	후리-마-께ㅅ또	벼룩시장
ふりかえきゅうじつ	[振替え休日]	후리까에큐-지츠	대체휴일
ふりかえる	[振り返る]	후리까에루	뒤돌아보다, 돌아보다
ふりかかる	[降り掛かる]	후리까까루	내리쌓이다, 닥치다
ふりかけ	[振り掛け]	후리까께	뿌리는 양념
ふりかざす	[振りかざす]	후리까자스	번쩍 쳐들다

일본어	한자	발음	뜻
ふりがな	[振り仮名]	후리가나	후리가나
ふりこみ	[振込み]	후리꼬미	이체, 납입
ふりこむ	[振り込む]	후리꼬무	불입하다
ふりすてる	[振り捨てる]	후리스떼루	내동댕이치다
ふりだす	[振り出す]	후리다스	내리기 시작하다
ふりほどく	[振り解く]	후리호도꾸	풀다, 뿌리치다
ふりまわす	[振り回す]	후리마와스	휘두르다
ふりむく	[振り向く]	후리무꾸	뒤돌아보다
ふりょう	[不良]	후료-	불량
ふりょうひん	[不良品]	후료-히ㄴ	불량품
ふりん	[不倫]	후리ㄴ	불륜する
プリン	[pudding]	푸리ㄴ	푸딩
プリンター	[printer]	푸리ㄴ따-	프린터
プリント	[print]	푸리ㄴ또	프린트する
ふる	[振る]	후루	흔들다, 뿌리치다
ふる	[降る]	후로	내리다
ふるい	[古い]	후루이	오래되다, 낡다
ブルー	[blue]	부루-	블루, 청색
ブルース	[blues]	부루-스	블루스
フルート	[flute]	후루-또	플루트
ブルーベリー	[blueberry]	부루-베리-	블루베리
ふるえる	[震える]	후루에루	흔들리다, 떨리다, 떨다
ふるぎ	[古着]	후루기	헌옷
ふるくさい	[古くさい]	후루꾸사이	심히 낡다, 케케묵다
フルコース	[full-course]	후루꼬-스	풀코스
プルコギ		푸루고기	불고기
ふるさと	[故郷]	후루사또	고향
ぶるぶる		부루부루	벌벌, 덜덜する
ふるほん	[古本]	후루호ㄴ	고서
ふるほんや	[古本屋]	후루호ㅇ야	헌책방
ふるまい	[振舞]	후루마이	행동, 거동
ふるもの	[古物]	후루모노	고물
ぶれい	[無礼]	부레-	무례
プレー	[play]	푸레-	플레이する
ブレーカー	[breaker]	부레-까-	전류 차단기
ブレーキ	[brake]	부레-끼	브레이크
ブレーン	[brain]	부레-ㄴ	브레인, 두뇌
ブレスレット	[bracelet]	부레스레ㅅ또	팔찌
プレゼンテーション	[presentation]	푸레제ㄴ떼-쇼ㄴ	프레젠테이션
プレゼント	[present]	푸레제ㄴ또	선물する

ふれる	[触れる]	후레루	닿다, 접촉하다
ふろ	[風呂]	후로	목욕, 목욕물
プロ	[professional]	푸로	프로
ふろう	[不老]	후로-	불로
ブロー	[blow]	부로-	드라이
ブローチ	[brooch]	부로-치	브로치
ふろく	[付録]	후로꾸	부록
ブログ	[blog]	부로구	블로그
プログラム	[program]	푸로구라무	프로그램
プロジェクト	[project]	푸로제ㄱ또	프로젝트
ふろしき	[風呂敷]	후로시끼	보자기
ブロッコリー	[broccoli]	부로ㄱ꼬리-	브로콜리
プロテスタント	[protestant]	푸로떼스따ㄴ또	개신교, 신교도
プロデューサー	[producer]	프로듀-사-	프로듀서
プロフィール	[profile]	푸로휘-루	프로필
プロポーズ	[propose]	푸로뽀-즈	프로포즈
プロローグ	[prologue]	푸로로-구	프롤로그, 서막
フロント	[front]	후로ㄴ또	프런트
ふわたり	[不渡り]	후와따리	부도
ふわふわ		후와후와	둥실둥실 する⊙
ふわりと		후와리또	둥실둥실, 너풀너풀
ふん	[分]	후ㄴ	분
ふんいき	[雰囲気]	후ㅇ이끼	분위기
ぶんか	[文化]	부ㅇ까	문화
ぶんかい	[分解]	부ㅇ까이	분해 する⊙
ぶんがく	[文学]	부ㅇ가꾸	문학
ぶんかさい	[文化祭]	부ㅇ까사이	문화축제
ぶんかつ	[分割]	부ㅇ까츠	분할 する⊙
ぶんかつばらい	[分割払い]	부ㅇ까츠바라이	할부
ぶんかのひ	[文化の日]	부ㅇ까노히	문화의 날
ぶんけ	[分家]	부ㅇ께	분가
ぶんけん	[文献]	부ㅇ께ㄴ	문헌
ぶんこ	[文庫]	부ㅇ꼬	문고
ぶんこう	[分校]	부ㅇ꼬-	분교
ぶんごう	[文豪]	부ㅇ고-	문호
ぶんこぼん	[文庫本]	부ㅇ꼬보ㄴ	문고본
ぶんざい	[分際]	부ㄴ자이	분수, 주제
ぶんさん	[分散]	부ㄴ사ㄴ	분산 する⊙
ぶんし	[分子]	부ㄴ시	분자
ふんしつ	[紛失]	후ㄴ시츠	분실 する⊙

ふんしつとどけ	[紛失届]	훈시츠또도께	분실신고
ぶんしょう	[文章]	분쇼-	문장
ぶんじょう	[分譲]	분죠-	분양하다
ぶんしん	[分身]	분신	분신
ふんすい	[噴水]	훈스이	분수
ぶんすう	[分数]	분스-	분수
ぶんせき	[分析]	분세끼	분석하다
ふんそう	[紛争]	훈소-	분쟁하다
ふんそう	[扮装]	훈소-	분장하다
ふんだくる		훈다꾸루	강제로 빼앗다
ぶんたん	[分担]	분딴	분담하다
ぶんだん	[文壇]	분단	문단
ぶんどき	[分度器]	분도끼	각도기
ぶんぱ	[分派]	붐빠	분파하다
ぶんぱい	[分配]	붐빠이	분배하다
ぶんぴ	[分泌]	붐삐	분비하다
ぶんぷ	[分布]	붐뿌	분포하다
ぶんべつ	[分別]	붐베츠	분별하다
ぶんべん	[分娩]	붐벤	분만하다
ぶんぽう	[文法]	붐뽀-	문법
ぶんぼうぐ	[文房具]	붐보-구	문구
ぶんぼうぐや	[文房具屋]	붐보-구야	문방구
ふんまつ	[粉末]	훔마츠	분말
ぶんめい	[文明]	붐메-	문명
ぶんや	[分野]	붕야	분야
ぶんらく	[文楽]	분라꾸	일본 전통 인형극
ぶんり	[分離]	분리	분리하다
ぶんりつ	[分立]	분리츠	분립하다
ぶんりょう	[分量]	분료-	분량
ぶんるい	[分類]	분루이	분류하다
ぶんれつ	[分裂]	분레츠	분열하다
ふんわり		훙와리	푹신푹신, 사뿐히하다

へ	[屁]	헤	방귀
へ		에	~로, ~에
ヘアスタイル	[hair style]	헤아스따이루	헤어스타일
ヘアピン	[hairpin]	헤아삐ㄴ	머리핀
ヘアブラシ	[hairbrush]	헤아부라시	헤어브러시
ヘアマニキュア	[hair manicure]	헤아마니큐아	헤어코팅
へい	[塀]	헤-	담
へいえき	[兵役]	헤-에끼	병역
へいおん	[平穏]	헤-오ㄴ	평온
へいか	[陛下]	헤-까	폐하
へいき	[平気]	헤-끼	태연함, 끄떡없음
へいきん	[平均]	헤-끼ㄴ	평균
へいこう	[平行]	헤-꼬-	평행する⊙
へいこうせん	[平行線]	헤-꼬-세ㄴ	평행선
へいさ	[閉鎖]	헤-사	폐쇄する⊙
へいじつ	[平日]	헤-지츠	평일
べいじゅ	[米寿]	베-쥬	미수(88살)
へいたい	[兵隊]	헤-따이	군인, 병정
へいてん	[閉店]	헤-떼ㄴ	폐점する⊙
へいねん	[平年]	헤-네ㄴ	평년
へいふく	[平伏]	헤-후꾸	엎드려 절함する⊙
へいほうメートル	[平方meter]	헤-호-메-또루	평방미터
へいぼん	[平凡]	헤-보ㅇ	평범
へいまく	[閉幕]	헤-마꾸	폐막
へいや	[平野]	헤-야	평야
へいよう	[併用]	헤-요-	병용する⊙
へいりょく	[兵力]	헤-료꾸	병력
へいわ	[平和]	헤-와	평화
ベーコン	[bacon]	베-꼬ㄴ	베이컨
ページ	[page]	페-지	페이지
ベージュ	[beige]	베-쥬	베이지색
へきが	[壁画]	헤끼가	벽화
ペキン	[北京]	페끼ㄴ	북경

ヘクタール	[hectare]	헤ㄱ따-루	헥타르
へこたれる		헤꼬따레루	녹초가 되다
ぺこぺこ		페꼬뻬꼬	몹시 배고픈 모양する▽
へこむ	[凹む]	헤꼬무	움푹 들어가다
ベスト	[vest]	베스또	조끼
ベストセラー	[best seller]	베스또세라-	베스트셀러
へそ		헤소	배꼽
べそ		베소	울상
へそくり	[臍繰り]	헤소꾸리	비상금, 몰래 모아둔 돈
へた		헤따	꼭지
へた	[下手]	헤따	솜씨가 서툼
へだてる	[隔てる]	헤다떼루	사이에 두다, 가로막다
べたべた		베따베따	끈적끈적, 덕지덕지する▽
ペダル	[pedal]	페다루	페달
ぺちゃくちゃ		페챠꾸챠	재잘재잘
ぺちゃんこ		페챠ㅇ꼬	납작해짐, 꼼짝 못함
べっきょ	[別居]	베ㄱ꾜	별거する▽
べっそう	[別荘]	베ㅅ소-	별장
べつだん	[別段]	베츠단ㄴ	별로, 별반
ベッド	[bed]	베ㅅ도	침대
ペット	[pet]	페ㅅ또	애완동물
ヘッドホン	[headphone]	헤ㅅ도호ㄴ	헤드폰
ヘッドライト	[headlight]	헤ㅅ도라이또	헤드라이트
べつに	[別に]	베츠니	별로, 특별히
べつべつ	[別々]	베츠베츠	따로따로
へつらう	[諂う]	헤츠라우	아첨하다
ベテラン		베떼라ㅇ	베테랑
へど	[反吐]	헤도	구역질, 토함
ベトナム	[Vietnam]	베또나무	베트남
べとべと		베또베또	끈적끈적, 더덕더덕する▽
へなへな		헤나헤나	비실비실, 맥없이する▽
べにいろ	[紅色]	베니이로	주홍색
へばりつく		헤바리츠꾸	찰싹 달라붙다, 들러붙다
へび	[蛇]	헤비	뱀
ベビー		베비-	베이비, 아기
へびどし	[蛇年]	헤비도시	뱀띠
へぼ		헤보	돌팔이, 풋내기, 서툼
へや	[部屋]	헤야	방, 집
へやだい	[部屋代]	헤야다이	방세, 집세
へらす	[減らす]	헤라스	줄이다

ぺらぺら		페라뻬라	술술, 유창히
べらぼう	[箆棒]	베라보-	터무니없음
ベランダ	[veranda]	베라ㄴ다	베란다
ペリカン		페리까ㄴ	펠리칸
へりくつ	[屁理屈]	헤리꾸츠	억지 이론, 강변
ヘリコプター	[helicopter]	헤리꼬뿌따-	헬리콥터
へる	[減る]	헤루	줄다
へる	[経る]	헤루	시간이 지나다, 거치다
ベル		베루	벨
ベルト	[belt]	베루또	벨트
ヘルメット	[helmet]	헤루메ㅅ또	헬멧
ぺろぺろ		페로뻬로	낼름낼름, 할짝할짝
へん	[変]	헤ㄴ	이상함, 수상함
ペン	[pen]	페ㄴ	펜
へんか	[変化]	헤ㅇ까	변화する
べんかい	[弁解]	베ㅇ까이	변명する
べんき	[便器]	베ㅇ끼	변기
べんぎ	[便宜]	베ㅇ기	편의
べんきょう	[勉強]	베ㅇ꾜-	공부する
べんきょうかい	[勉強会]	베ㄴ꾜-까이	스터디모임
へんきょく	[編曲]	헤ㅇ교꾸	편곡する
へんくつ	[偏屈]	헤ㅇ꾸츠	괴팍함, 성질이 비뚤어짐
へんけん	[偏見]	헤ㅇ께ㄴ	편견
へんこう	[変更]	헤ㅇ꼬-	변경する
べんごし	[弁護士]	베ㅇ고시	변호사
ペンさき	[ペン先]	페ㄴ사끼	펜촉
へんさん	[編纂]	헤ㄴ사ㄴ	편찬する
へんじ	[返事]	헤ㄴ지	대답, 응답する
へんしつ	[変質]	헤ㄴ시츠	변질する
へんしゅう	[編集]	헤ㄴ슈-	편집する
べんじょ	[便所]	베ㄴ죠	변소
へんじょう	[返上]	헤ㄴ죠-	반환, 반려する
べんしょう	[弁償]	베ㄴ쇼-	변상する
へんしょく	[変色]	헤ㄴ쇼꾸	변색する
へんじん	[変人]	헤ㄴ지ㄴ	괴짜, 기인
へんせい	[編成]	헤ㄴ세-	편성する
へんそう	[返送]	헤ㄴ소-	반송する
へんそう	[変装]	헤ㄴ소-	변장する
へんたい	[変態]	헤ㄴ따이	변태
ペンダント	[pendant]	페ㄴ다ㄴ또	펜던트

ベンチ	[bench]	베ㄴ치	벤치
べんとう	[弁当]	베ㄴ또-	도시락
へんとうせん	[扁桃腺]	헤ㄴ또-세ㄴ	편도선
べんぴ	[便秘]	베ㅁ삐	변비
べんぴやく	[便秘薬]	베ㅁ삐야꾸	변비약
へんぴん	[返品]	헤ㅁ삐ㄴ	반품する⊙
べんめい	[弁明]	베ㅁ메-	변명する⊙
べんり	[便利]	베ㄴ리	편리
べんろん	[弁論]	베ㄴ로ㄴ	변론する⊙

ほ

ほ	[帆]	호	돛
ほいくえん	[保育園]	호이꾸에ㄴ	보육원
ボイラー	[boiler]	보이라-	보일러
ポイント	[point]	포이ㄴ또	포인트
ほう	[法]	호-	법
ほう		호-	~편, ~쪽
ぼう	[棒]	보-	봉, 막대기
ほうあん	[法案]	호-아ㄴ	법안
ほうい	[包囲]	호-이	포위する
ぼうう	[暴雨]	보-우	폭풍우, 폭우
ほうえい	[放映]	호-에-	방영する
ぼうえい	[防衛]	보-에-	방위
ぼうえき	[貿易]	보-에끼	무역する
ぼうえき	[防疫]	보-에끼	방역する
ぼうえきしゅうし	[貿易収支]	보-에끼슈-시	무역수지
ぼうえきまさつ	[貿易摩擦]	보-에끼마사츠	무역마찰
ぼうえんきょう	[望遠鏡]	보-에ㅇ꾜-	망원경
ぼうおん	[防音]	보-오ㄴ	방음する
ほうか	[放火]	호-까	방화する
ほうかい	[崩壊]	호-까이	붕괴する
ほうがい	[法外]	호-가이	법외
ぼうがい	[妨害]	보-가이	방해する
ほうがく	[法学]	호-가꾸	법학
ほうがく	[方角]	호-가꾸	방향, 방위
ほうかご	[放課後]	호-까고	방과후
ほうかん	[法官]	호-까ㄴ	법관
ぼうかん	[防寒]	보-까ㄴ	방한
ぼうかん	[傍観]	보-까ㄴ	방관する
ほうき	[箒]	호-끼	빗자루
ほうき	[法規]	호-끼	법규
ぼうきゃく	[忘却]	보-꺄꾸	망각する
ぼうぎょ	[防御]	보-교	방어する
ぼうくう	[防空]	보-꾸-	방공

ぼうくん	[暴君]	보-꾸ㄴ	폭군
ほうけい	[包茎]	호-께-	포경
ほうげき	[砲撃]	호-게끼	포격する
ほうけん	[封建]	호-께ㄴ	봉건
ほうげん	[方言]	호-게ㄴ	방언, 사투리
ぼうけん	[冒険]	보-께ㄴ	모험する
ほうこう	[方向]	호-꼬-	방향
ほうこう	[奉公]	호-꼬-	봉공, 몸 바쳐 봉사함する
ほうこう	[彷徨]	호-꼬-	방황する
ぼうこう	[暴行]	보-꼬-	폭행する
ほうこく	[報告]	호-꼬꾸	보고
ほうさく	[方策]	호-사꾸	방책
ほうさく	[豊作]	호-사꾸	풍작
ほうし	[奉仕]	호-시	봉사する
ぼうし	[防止]	보-시	방지する
ぼうし	[帽子]	보-시	모자
ほうしき	[方式]	호-시끼	방식
ほうしゃせん	[放射線]	호-샤세ㄴ	방사선
ほうしゅう	[報酬]	호-슈-	보수する
ほうしゅつ	[放出]	호-슈츠	방출する
ほうしん	[方針]	호-시ㄴ	방침
ほうしん	[放心]	호-시ㄴ	방심する
ぼうず	[坊主]	보-즈	중, 사내아이, 깎은 머리
ほうせき	[宝石]	호-세끼	보석
ほうせきてん	[宝石店]	호-세끼떼ㄴ	보석점
ぼうぜん	[茫然]	보-제ㄴ	어리둥절함, 멍함
ほうそう	[放送]	호-소-	방송する
ほうそうきょく	[放送局]	호-소-꾜꾸	방송국
ぼうそうぞく	[暴走族]	보-소-조꾸	폭주족
ほうそく	[法則]	호-소꾸	법칙
ほうたい	[包帯]	호-따이	붕대
ぼうだい	[膨大]	보-다이	방대
ほうち	[放置]	호-치	방치する
ほうちょう	[包丁]	호-쵸-	식칼, 부엌칼
ぼうちょう	[膨張]	보-쵸-	팽창する
ほうっておく	[放っておく]	호-ㅅ떼오꾸	내버려두다
ほうてい	[法廷]	호-떼-	법정
ほうてん	[法典]	호-떼ㄴ	법전
ぼうと	[暴徒]	보-또	폭도
ほうとう	[放蕩]	호-또-	방탕する

ほうどう	[報道]	호-도-	보도
ぼうどう	[暴動]	보-도-	폭동
ぼうとく	[冒涜]	보-또꾸	모독する
ほうにん	[放任]	호-니ㄴ	방임する
ぼうねんかい	[忘年会]	보-네ㅇ까이	망년회
ほうび	[褒美]	호-비	포상, 상
ほうふ	[豊富]	호-후	풍부
ほうふ	[抱負]	호-후	포부
ぼうふう	[暴風]	보-후-	폭풍
ほうへい	[砲兵]	호-헤-	포병
ほうべん	[方便]	호-베ㄴ	방편
ほうほう	[方法]	호-호-	방법
ほうぼう	[方々]	호-보-	여기저기, 사방
ほうまん	[豊満]	호-마ㄴ	풍만
ぼうめい	[亡命]	보-메-	망명する
ほうめん	[方面]	호-메ㄴ	방면
ほうもん	[訪問]	호-모ㄴ	방문する
ほうよう	[抱擁]	호-요-	포옹する
ぼうらく	[暴落]	보-라꾸	폭락する
ほうりだす	[放り出す]	호-리다스	내던지다
ほうりつ	[法律]	호-리츠	법률
ぼうりゃく	[謀略]	보-랴꾸	모략する
ぼうりょく	[暴力]	보-료꾸	폭력
ぼうりょくだん	[暴力団]	보-료꾸다ㄴ	폭력단
ほうる	[放る]	호-루	팽개치다
ボウル	[bowl]	보우루	볼, 주발
ほうれんそう	[ほうれん草]	호-레ㄴ소-	시금치
ほうろう	[放浪]	호-로-	방랑する
ほえる	[吠える]	호에루	짖다, 으르렁거리다
ほお	[頬]	호오	볼, 뺨
ボーイフレンド	[boyfriend]	보-이후레ㄴ도	남자친구
ポーズ	[pose]	포-즈	포즈
ボート	[boat]	보-또	보트
ボーナス	[bonus]	보-나스	보너스
ほおべに	[頬紅]	호오베니	볼 연지, 볼 터치
ホーホケキョ		호-호께꼬	꾀꼬리소리
ホームページ	[homepage]	호-무뻬-지	홈페이지
ポーランド	[Poland]	포-라ㄴ도	폴란드
ボーリング	[bowling]	보-리ㅇ구	볼링
ホール	[hall]	호-루	홀, 넓은 방

ボール	[ball]	보-루	볼, 공
ボールペン	[ball pen]	보-루뻬ㄴ	볼펜
ほかならぬ	[他ならぬ]	호까나라누	다름 아닌
ほがらか	[朗らか]	호가라까	쾌활함, 명랑함
ぽかんと		포까ㄴ또	멍하니, 쩍
ほきゅう	[補給]	호뀨-	보급する
ぽきん		포끼ㄴ	뚝
ぼく	[僕]	보꾸	나
ぼくし	[牧師]	보꾸시	목사
ぼくじょう	[牧場]	보꾸죠-	목장
ボクシング	[boxing]	보ㄱ시ㅇ구	복싱
ぼくたち	[僕たち]	보꾸따치	우리, 우리들
ぼくちく	[牧畜]	보ㄱ치꾸	목축する
ほくとしちせい	[北斗七星]	호ㄱ또시치세-	북두칠성
ぼくめつ	[撲滅]	보꾸메츠	박멸する
ほくろ	[黒子]	호꾸로	점
ポケット	[pocket]	포께ㅅ또	주머니
ほけん	[保険]	호께ㄴ	보험
ほけんしつ	[保健室]	호께ㄴ시츠	양호실
ほご	[保護]	호고	보호する
ほこう	[歩行]	호꼬-	보행する
ぼこう	[母校]	보꼬-	모교
ぼこく	[母国]	보꼬꾸	모국
ぼこくご	[母国語]	보꼬꾸고	모국어
ほこり	[埃]	호꼬리	먼지
ほこり	[誇り]	호꼬리	자랑, 자부심
ほこる	[誇る]	호꼬루	자랑하다, 뽐내다
ほころびる	[綻びる]	호꼬로비루	실밥이 터지다
ぼさつ	[菩薩]	보사츠	보살
ほし	[星]	호시	별
ぼし	[母子]	보시	모자
ほしい	[欲しい]	호시이	원하다, 갖고 싶다, 탐나다
ほしうらない	[星占い]	호시우라나이	점성술
ほしがき	[干し柿]	호시가끼	곶감
ほしがる	[欲しがる]	호시가루	탐내다
ほじくる		호지꾸루	후비다, 쑤시다
ポジション	[position]	포지쇼ㄴ	포지션, 자리
ほしぶどう	[干しぶどう]	호시부도-	건포도
ほしゅ	[保守]	호슈	보수
ぼしゅう	[募集]	보슈-	모집する

ほじょ	[補助]	호죠	보조する
ほしょう	[保証]	호쇼-	보증する
ほしょう	[補償]	호쇼-	보상する
ほしょう	[保障]	호쇼-	보장する
ほしょうきん	[保証金]	호쇼-끼ㄴ	보증금
ほす	[干す]	호스	말리다, 널다
ボス	[boss]	보스	보스, 우두머리
ポスター	[poster]	포스따	포스터
ポスト	[post]	포스또	우체통
ホスピス	[hospice]	호스삐스	호스피스
ぼせい	[母性]	보세-	모성
ぼせき	[墓石]	보시끼	묘석
ほそい	[細い]	호소이	가늘다, 좁다
ほそながい	[細長い]	호소나가이	가늘고 길다
ぼそぼそ		보소보소	소곤소곤, 나직이
ほぞん	[保存]	호조ㄴ	보존する
ぼだいじゅ	[菩提樹]	보다이쥬	보리수
ほたて		호따떼	가리비
ぼたぼた		보따보따	똑똑, 주르륵주르륵する
ぽたぽた		포따뽀따	똑똑
ぽたり		포따리	똑똑, 뚝뚝
ほたる	[蛍]	호따루	반딧불
ぼたん	[牡丹]	보따ㄴ	모란
ボタン	[botao]	보따ㄴ	단추
ぼち	[墓地]	보치	묘지
ほちょう	[歩調]	호쵸-	보조
ほちょうき	[補聴器]	호쵸-끼	보청기
ほっかいどう	[北海道]	호ㄱ까이도-	홋카이도
ぽっかり		포ㄱ까리	쩍, 뻐끔히
ほっきにん	[発起人]	호ㄱ끼니ㄴ	발기인
ほっきょく	[北極]	호ㄱ꾜꾸	북극
ほっきょくせい	[北極星]	호ㄱ꾜ㄱ세-	북극성
ボックス	[box]	보ㄱㄱ스	박스, 상자
ほっさ	[発作]	호ㅅ사	발작する
ぼっしゅう	[没収]	보ㅅ슈-	몰수する
ほっする	[欲する]	호ㅅ스루	바라다
ぼっする	[没する]	보ㅅ스루	가라앉다, 저물다
ほっそく	[発足]	호ㅅ소꾸	발족する
ほっそり		호ㅅ소리	마르고 홀쭉한
ほったん	[発端]	호ㅅ따ㄴ	발단する

ホッチキス	[stapler]	호ㅅ치끼스	스테이플러
ホッチキスのはり	[ホッチキスの針]	호ㅅ치끼스노하리	스테이플러 심
ぽっちゃりしている		포ㅅ챠리시떼이루	통통하다
ぼっちゃん	[坊っちゃん]	보ㅅ챠o	도련님
ほっと		호ㅅ또	후유, 안심하다
ポット	[pot]	포ㅅ또	포트, 단지, 병
ホットケーキ	[hotcake]	호ㅅ또께-끼	핫케이크
ホットドッグ	[hot dog]	호ㅅ또도ㄱ구	핫도그
ポップコーン	[popcorn]	포ㅂ뿌꼬-ㄴ	팝콘
ポップス	[pops]	포ㅂ뿌스	팝송
ほっぺた	[頬っぺた]	호ㅂ뻬따	뺨, 볼따구니
ポッポー		포ㅂ뽀-	구구(비둘기)
ぽつぽつ		보츠보츠	조금씩, 슬슬
ほつれる	[解れる]	호츠레루	올이 풀리다
ボディーソープ	[body shampoo]	보디-소-뿌	바디샴푸
ポテトチップ	[potato chip]	포떼또치ㅂ뿌	포테이토칩
ほてる	[火照る]	호떼루	달아오르다, 빨개지다
ホテル	[hotel]	호떼루	호텔
ほど		호도	~정도, ~수록, ~쯤
ほどう	[歩道]	호도-	인도
ほどうきょう	[歩道橋]	호도-꾜-	육교
ほどく	[解く]	호도꾸	풀다
ほとけ	[仏]	호또께	부처
ほどこす	[施す]	호도꼬스	베풀다
ほととぎす	[不如帰]	호또또기스	두견새
ほとばしる	[迸る]	호또바시루	용솟음치다
ほどほど	[程々]	호도호도	적당히, 알맞게
ほどよい	[程よい]	호도요이	알맞다, 꼭 적당하다
ほとり	[辺]	호또리	근처, 부근
ほとんど	[殆んど]	호또ㄴ도	거의, 대부분
ぼにゅう	[母乳]	보뉴-	모유
ほね	[骨]	호네	뼈
ほねおしみ	[骨惜しみ]	호네오시미	노력을 아낌, 꾀를 부림
ほねおり	[骨折り]	호네오리	노고
ほねおる	[骨折る]	호네오루	수고하다, 애쓰다
ほねぐみ	[骨組み]	호네구미	뼈대, 골격
ほねつぎ	[骨接ぎ]	호네츠기	접골
ほのお	[炎]	호노-	불길
ほのか	[仄か]	호노까	어슴푸레함, 어렴풋함
ほのぐらい	[仄暗い]	호노구라이	어둑어둑하다

ほのめかす	[仄めかす]	호노메까스	넌지시 말하다
ぼひ	[墓碑]	보히	묘비
ポプラ	[poplar]	포뿌라	포플러, 미루나무
ほへい	[歩兵]	호헤-	보병
ほぼ		호보	대략, 약
ほぼ	[保母]	호보	보모
ほほえましい	[微笑ましい]	호호에마시이	흐뭇하다
ほほえむ	[微笑む]	호호에무	미소짓다
ほめる	[誉める]	호메루	칭찬하다
ほやほや		호야호야	따끈따끈, 말랑말랑
ほゆう	[保有]	호유-	보유する
ほら		호라	자, 이봐
ほらあな	[洞穴]	호라아나	동굴
ほらふき	[法螺吹き]	호라후끼	허풍쟁이
ほり	[堀]	호리	도랑
ポリエステル	[polyester]	포리에스떼루	폴리에스테르
ほりゅう	[保留]	호류-	보류する
ほる	[掘る]	호루	파다
ほる	[彫る]	호루	새기다
ホルモン	[Hormon]	호루모ㄴ	호르몬
ほれる	[惚れる]	호레루	반하다
ぼろ		보로	누더기, 넝마
ほろにがい	[ほろ苦い]	호로니가이	씁쓰레하다
ほろびる	[滅びる]	호로비루	멸망하다, 망하다
ほろぼす	[滅ぼす]	호로보스	멸망시키다
ぼろぼろ		보로보로	너덜너덜
ホワイト	[white]	호와이또	화이트, 흰색
ほん	[本]	호ㄴ	책
ほん	[本]	호ㄴ	~자루, ~병
ぼん	[盆]	보ㄴ	쟁반
ポン		포ㄴ	펑
ほんかく	[本格]	호ㅇ까꾸	본격
ほんき	[本気]	호ㅇ끼	진심, 진실
ほんごし	[本腰]	호ㅇ고시	본격적으로 임함
ぼんさい	[盆栽]	보ㄴ사이	분재
ほんしき	[本式]	호ㄴ시끼	정식
ほんしつ	[本質]	호ㄴ시츠	본질
ほんじつ	[本日]	호ㄴ지츠	오늘, 금일
ほんしゃ	[本社]	호ㄴ샤	본사
ほんしん	[本心]	호ㄴ시ㄴ	본심

ぼんじん	[凡人]	ボンジン	범인
ポンず	[ポン酢]	ポンズ	등자즙
ほんすじ	[本筋]	ホンスジ	중요한 줄거리
ほんせき	[本籍]	ホンセッキ	본적
ほんだて	[本立て]	ホンダテ	책꽂이
ほんだな	[本棚]	ホンダナ	책장
ほんてん	[本店]	ホンテン	본점
ほんど	[本土]	ホンド	본토
ほんとう	[本当]	ホントー	정말, 사실
ほんとうに	[本当に]	ホントーニ	정말로
ほんにん	[本人]	ホンニン	본인
ほんね	[本音]	ホンネ	속마음, 본심
ほんの		ホンノ	그저, 겨우, 불과
ほんのう	[本能]	ホンノー	본능
ほんば	[本場]	ホンバ	본고장
ほんばこ	[本箱]	ホンバコ	책장
ほんぶ	[本部]	ホンブ	본부
ほんぶん	[本文]	ホンブン	본문
ほんみょう	[本名]	ホンミョー	본명
ほんもう	[本望]	ホンモー	숙원
ほんもの	[本物]	ホンモノ	진짜, 천연
ほんや	[本屋]	ホンヤ	책방, 서점
ほんやく	[翻訳]	ホンヤク	번역する
ほんやくさっか	[翻訳作家]	ホンヤクサッカ	번역가
ぼんやり		ボンヤリ	아련히, 어렴풋이
ほんらい	[本来]	ホンライ	본래, 원래
ほんろん	[本論]	ホンロン	본론

まあ		마-	어머, 정말, 자
マーガリン	[margarine]	마-가리ㄴ	마가린
マーク	[mark]	마-꾸	마크, 표
マーケット	[market]	마-께ㅅ또	마켓, 시장
マージャン	[麻雀]	마-쟈ㄴ	마작
マージン	[margin]	마-지ㄴ	마진, 이윤
まい	[枚]	마이	~장
まいあがる	[舞い上がる]	마이아가루	날아오르다
まいあさ	[毎朝]	마이아사	매일 아침
マイカー	[my car]	마이까-	마이카
マイク	[mike]	마이꾸	마이크
まいげつ	[毎月]	마이게츠	매월, 매달
まいご	[迷子]	마이고	미아
まいしゅう	[毎週]	마이슈-	매주
まいぞう	[埋蔵]	마이조-	매장
まいつき	[毎月]	마이츠끼	매월, 매달
まいど	[毎度]	마이도	매번
まいとし	[毎年]	마이또시	매년
マイナス	[minus]	마이나스	마이너스
まいにち	[毎日]	마이니치	매일
まいねん	[毎年]	마이네ㄴ	매년
まいばん	[毎晩]	마이바ㄴ	매일 밤
まいぼつ	[埋没]	마이보츠	매몰
まいる	[参る]	마이루	가다, 오다의 겸양어
マイル	[mile]	마이루	마일
まう	[舞う]	마우	춤추다, 흩날리다
まうえ	[真上]	마우에	바로 위
マウス	[mouse]	마우스	마우스
まえ	[前]	마에	앞, 전
まえうり	[前売り]	마에우리	예매
まえうりけん	[前売券]	마에우리께ㄴ	예매권
まえがき	[前書き]	마에가끼	머리말
まえがみ	[前髪]	마에가미	앞머리

まあ ~ まご

まえきん	[前金]	마에끼ㄴ	선금
まえば	[前歯]	마에바	앞니
まえばらい	[前払い]	마에바라이	선불する⊙
まえぶれ	[前触れ]	마에부레	예고, 전조
まえもって	[前以て]	마에모ㅅ떼	사전에, 미리
まおう	[魔王]	마오-	마왕
まがいもの	[擬い物]	마가이모노	모조품, 가짜
まがお	[真顔]	마가오	정색
マガジン	[magazine]	마가지ㄴ	매거진, 잡지
まかす	[任す]	마까스	맡기다
まかせる	[任せる]	마까세루	맡기다
まがり	[間借り]	마가리	셋방살이, 방을 빌림
まがりかど	[曲がり角]	마가리까도	길모퉁이
まがる	[曲がる]	마가루	구부러지다, 굽다
まき	[薪]	마끼	장작
まきがみ	[巻紙]	마끼가미	두루마리
まきこまれる	[巻き込まれる]	마끼꼬마레루	말려들어가다
まきこむ	[巻き込む]	마끼꼬무	말려들게 하다
まきじゃく	[巻尺]	마끼쟈꾸	줄자
まきつく	[巻き付く]	마끼츠꾸	감기다
まきば	[牧場]	마끼바	목장
まぎらわしい	[紛らわしい]	마기라와시이	헷갈리기 쉽다
まぎらわす	[紛らわす]	마기라와스	얼버무리다
まぎれる	[紛れる]	마기레루	혼동되다, 헷갈리다
まぎわ	[間際]	마기와	임박한 때, 직전
まく	[幕]	마꾸	막
まく	[巻く]	마꾸	감다, 말다
まく	[蒔く]	마꾸	씨앗을 뿌리다
まくら	[枕]	마꾸라	베개
まくらもと	[枕元]	마꾸라모또	베갯머리, 머리맡
まぐれあたり	[紛れ当り]	마구레아따리	우연히 들어맞음, 요행수
まくれる	[捲れる]	마꾸레루	걷히다, 젖혀지다
まぐろ	[鮪]	마구로	참다랑어, 참치
マクワウリ		마꾸와우리	참외
まける	[負ける]	마께루	지다, 패하다
まける		마께루	깎다
まげる	[曲げる]	마게루	구부리다
まけんき	[負けん気]	마께ㅇ끼	오기
まご	[孫]	마고	손자
まご	[馬子]	마고	마부

まごころ	[真心]	마고꼬로	진심
まごつく		마고츠꾸	갈팡질팡하다, 망설이다
まことに	[誠に]	마꼬또니	참으로, 정말
まごむすめ	[孫娘]	마고무스메	손녀
まさか		마사까	설마
まさつ	[摩擦]	마사츠	마찰하다ⓥ
まさる	[勝る]	마사루	보다 낫다, 뛰어나다
まじえる	[交える]	마지에루	섞다, 끼게 하다
ました	[真下]	마시따	바로 아래
まして		마시떼	하물며
まじない	[呪い]	마지나이	주술, 주문
まじめ	[真面目]	마지메	성실함, 진지함
まじょ	[魔女]	마죠	마녀
ましょうめん	[真正面]	마쇼-메ㄴ	정면
まじる	[交じる]	마지루	섞이다
ます	[増す]	마스	늘다, 불어나다
ます	[升]	마스	되, 말
ます	[鱒]	마스	송어
まず	[先ず]	마즈	우선, 먼저
ますい	[麻酔]	마스이	마취하다ⓥ
まずい	[不味い]	마즈이	서투르다, 맛없다
マスカラ	[mascara]	마스까라	마스카라
マスク	[mask]	마스꾸	마스크
マスコット	[mascot]	마스꼬ㅅ또	마스코트
マスコミ	[mass communication]	마스꼬미	매스컴
まずしい	[貧しい]	마즈시이	가난하다, 빈약하다
マスター	[master]	마스따-	마스터
マスタード	[mustard]	마스따-도	머스터드, 겨자
ますます		마스마스	점점 더, 더욱더
まぜあわせる	[混ぜ合わせる]	마제아와세루	한데 섞다, 혼합하다
まぜる	[交ぜる]	마제루	섞다
まぜる	[混ぜる]	마제루	섞다, 뒤섞다
また	[又]	마따	다시, 또
まだ	[未だ]	마다	아직, 여태
またがる	[跨る]	마따가루	걸터앉다
またたく	[瞬く]	마따따꾸	반짝이다, 깜빡거리다
または		마따와	혹은, 또는
まち	[町]	마치	마을, 도회
まちあいしつ	[待合室]	마치아이시츠	대합실
まちあわせ	[待ち合わせ]	마치아와세	만날 약속

まぢか	[間近]	마지까	아주 가까움
まちがう	[間違う]	마치가우	잘못되다, 틀리다
まちがえる	[間違える]	마치가에루	틀리다
まちかど	[町角]	마치까도	길모퉁이
まちこがれる	[待ち焦がれる]	마치꼬가레루	애타게 기다리다
まちどおしい	[待ち遠しい]	마치도오시이	몹시 기다려지다
まちはずれ	[町外れ]	마치하즈레	변두리
まつ	[待つ]	마츠	기다리다
まつ	[松]	마츠	소나무
まっか	[真っ赤]	마ㄱ까	새빨감
まっき	[末期]	마ㄱ끼	말기
まっくら	[真っ暗]	마ㄱ꾸라	아주 캄캄함
まっくろ	[真っ黒]	마ㄱ꾸로	새카맘
まっくろい	[真っ黒い]	마ㄱ꾸로이	새까맣다
まつげ	[睫]	마츠게	속눈썹
マッコリ		마ㄱ꼬리	막걸리
マッサージ	[massage]	마ㅅ사-지	안마, 마사지하다
まっさかさま	[真っ逆様]	마ㅅ사까사마	완전히 거꾸로 됨
まっさき	[真っ先]	마ㅅ사끼	맨 앞, 맨 먼저
まっさつ	[抹殺]	마ㅅ사츠	말살하다
マッシュルーム	[mushroom]	마ㅅ슈루-무	양송이
まっしろ	[真っ白]	마ㅅ시로	새하얌
まっすぐ	[真っ直ぐ]	마ㅅ스구	곧장, 곧음, 똑바로
まつたけ	[松茸]	마츠따께	송이버섯
マッチ	[match]	마ㅅ치	성냥
まっちゃ	[抹茶]	마ㅅ챠	말차, 가루차
まつのき	[松の木]	마츠노끼	소나무
まつのみ	[松の実]	마츠노미	잣
まつば	[松葉]	마츠바	솔잎
まっぱだか	[真っ裸]	마ㅂ빠다까	알몸
まっぴら	[真っ平]	마ㅂ삐라	딱 질색임
まつり	[祭り]	마츠리	축제
まつわる	[纏わる]	마츠와루	얽히다, 감겨들다
まで		마데	~까지
まと	[的]	마또	과녁, 표적
まど	[窓]	마도	창문, 창
まとう	[纏う]	마또우	감기다, 걸치다
まどがわ	[窓側]	마도가와	창가 쪽
まどぎわ	[窓際]	마도기와	창가
まどぐち	[窓口]	마도구치	창구

まとはずれ	[的外れ]	마또하즈레	빗나감
まとめる	[纏める]	마또메루	간추리다, 정리하다
まとも	[真面]	마또모	정면, 성실함
まどろむ		마도로무	잠시 졸다
マナー	[manner]	마나-	매너
マナーモード	[manner mode]	마나-모-도	진동
まないた	[まな板]	마나이따	도마
まなじり	[眦]	마나지리	눈초리
まなつ	[真夏]	마나츠	한여름
まなぶ	[学ぶ]	마나부	배우다
マニア	[mania]	마니아	매니아
まにあわせ	[間に合わせ]	마니아와세	임시변통
マニキュア	[manicure]	마니뀨아	매니큐어
まぬかれる	[免れる]	마누까레루	면하다, 벗어나다
まぬけ	[間抜け]	마누께	얼간이
まね	[真似]	마네	흉내, 시늉する♡
マネー	[money]	마네-	머니, 돈
マネージメント	[management]	마네-지메ㄴ또	매니지먼트, 경영
マネージャー	[manager]	마네-쟈-	매니저
マネキン	[mannequin]	마네끼o	마네킹
まねく	[招く]	마네꾸	손짓하여 부르다, 초래하다
まねる	[真似る]	마네루	흉내내다, 모방하다
まばゆい	[目映い]	마바유이	눈부시다
まばら	[疎ら]	마바라	드문드문함, 듬성듬성함
まひ	[麻痺]	마히	마비する♡
まひる	[真昼]	마히루	대낮
まぶしい	[眩しい]	마부시이	눈부시다
まぶた	[瞼]	마부따	눈꺼풀
マフラー	[muffler]	마후라-	머플러
まふゆ	[真冬]	마후유	한겨울
まぼろし	[幻]	마보로시	환상, 환영
まま		마마	~채, ~대로
ママ	[mama]	마마	엄마
ままごと		마마고또	엄마놀이
ままはは	[継母]	마마하하	계모
まむかい	[真向かい]	마무까이	바로 맞은편
まむし	[蝮]	마무시	살무사
まめ	[豆]	마메	콩
まめ	[忠実]	마메	성실함, 착실함
まもなく	[間もなく]	마모나꾸	머지않아, 곧

まもる	[守る]	마모루	지키다
まやく	[麻薬]	마야꾸	마약
まゆ	[眉]	마유	눈썹
まゆげ	[眉毛]	마유게	눈썹
まよう	[迷う]	마요우	헤매다, 망설이다
まよなか	[真夜中]	마요나까	한밤중
マヨネーズ	[mayonnaise]	마요네ー즈	마요네즈
マラソン	[marathon]	마라소ㄴ	마라톤
まりょく	[魔力]	마료꾸	마력
まる	[丸]	마루	동그라미
まるあらいする	[丸洗いする]	마루아라이스루	통째로 빨다
まるい	[円い]	마루이	둥글다
まるがりにする	[丸刈りにする]	마루가리니스루	빡빡 깎다
まるきり		마루끼리	전혀, 아주
まるた	[丸太]	마루따	통나무
まるで		마루데	마치
まるのみ	[丸呑み]	마루노미	통째로 삼킴する
まるはだか	[丸裸]	마루하다까	알몸, 맨몸
まるもうけ	[丸儲け]	마루모우께	고스란히 벎, 모조리 이득이 됨する
まるやけ	[丸焼け]	마루야께	몽땅 타 버림, 전소
まれ	[稀]	마레	드묾
まれに	[稀に]	마레니	드물게
まわす	[回す]	마와스	돌리다
まわり	[周り]	마와리	주위, 둘레
まわりみち	[回り道]	마와리미치	우회, 우회로
まわる	[回る]	마와루	돌다
まん	[万]	마ㄴ	만
まんいち	[万一]	마ㄴ이치	만일
まんいん	[満員]	마ㄴ이ㄴ	만원
まんが	[漫画]	마ㄴ가	만화
まんかい	[満開]	마ㄴ까이	만개する
まんき	[満期]	마ㄴ끼	만기
まんきつ	[満喫]	마ㄴ끼츠	만끽する
まんげつ	[満月]	마ㄴ게츠	만월
マンゴー	[mango]	마ㄴ고	망고
まんざい	[漫才]	마ㄴ자이	만담
まんざら	[満更]	마ㄴ자라	반드시, 그다지
まんしつ	[満室]	마ㄴ시츠	만실
まんじゅう	[饅頭]	마ㄴ쥬ー	만두
マンション	[mansion]	마ㄴ쇼ㄴ	아파트

まんせい	[慢性]	마ㄴ세-	만성
まんぞく	[満足]	마ㄴ조꾸	만족する
まんてん	[満点]	마ㄴ떼ㄴ	만점
マント	[manteau]	마ㅇ또	망토
まんなか	[真ん中]	마ㄴ나까	한가운데
まんねんひつ	[万年筆]	마ㄴ네ㅁ히츠	만년필
まんぷく	[満腹]	마ㅁ뿌꾸	만복する
まんるい	[満塁]	마ㄴ루이	만루

み	[実]	미	열매
みあい	[見合い]	미아이	맞선する
みあいけっこん	[見合い結婚]	미아이께ㄱ꼬ㄴ	중매결혼
みあやまる	[見誤る]	미아야마루	잘못 보다, 오인하다
ミーティング	[meeting]	미-띠ㅇ구	모임, 회합する
ミーンミーン		미-ㄴ미-ㄴ	맴맴
みうしなう	[見失う]	미우시나우	보던 것을 놓치다
みえけん	[三重県]	미에께ㄴ	미에현
みえっぱり	[見栄っ張り]	미에ㅂ빠리-	허세를 부리는 사람
みえる	[見える]	미에루	보이다
みおくり	[見送り]	미오꾸리	전송, 배웅
みおろす	[見下ろす]	미오로스	내려다보다
みかい	[未開]	미까이	미개
みかいけつ	[未解決]	미까이께츠	미해결
みかく	[味覚]	미까꾸	미각
みがく	[磨く]	미가꾸	닦다
みかけ	[見掛け]	미까께	외관, 겉보기
みかた	[味方]	미까따	아군, 자기편
みかづき	[三日月]	미까즈끼	초승달
みがら	[身柄]	미가라	신분, 신병
みかん	[蜜柑]	미까ㅇ	귤
みかんせい	[未完成]	미까ㄴ세-	미완성
みき	[幹]	미끼	줄기
みぎ	[右]	미기	오른쪽
ミキサー	[mixer]	미끼사-	믹서기
みくそ	[目糞]	메꾸소	눈곱
みくびる	[見くびる]	미꾸비루	깔보다, 업신여기다
みくらべる	[見比べる]	미꾸라베루	비교하다, 견주하다
みぐるしい	[見苦しい]	미구루시이	보기 흉하다
みけいけん	[未経験]	미께-께ㄴ	미경험
みこ	[巫女]	미꼬	무당
みごたえ	[見応え]	미고따에	볼 만한 가치, 볼품
みごと	[見事]	미고또	훌륭함, 멋짐

みこみ	[見込み]	미꼬미	가망, 가능성
みごもる	[身篭る]	미고모루	임신하다
みこん	[未婚]	미꼰	미혼
ミサ	[missa]	미사	미사
ミサイル	[missile]	미사이루	미사일
みさき	[岬]	미사끼	곶, 갑
みじかい	[短い]	미지까이	짧다
みじたく	[身支度]	미지따꾸	치장, 몸차림 する⊙
みじめ	[惨め]	미지메	비참함, 참혹함
みじゅく	[未熟]	미쥬꾸	미숙
みしらぬ	[見知らぬ]	미시라누	낯선
ミシン	[sewing machine]	미싱	재봉틀
みじん	[微塵]	미진	자잘한 먼지, 티끌
みじんぎりにする	[微塵切りにする]	미진기리니스루	다지다
ミス	[miss]	미스	미스, 잘못, 과실 する⊙
みず	[水]	미즈	물
みずあらい	[水洗い]	미즈아라이	물빨래 する⊙
みすい	[未遂]	미스이	미수
みずいらず	[水入らず]	미즈이라즈	집안 식구끼리
みずいろ	[水色]	미즈이로	하늘색
みずうみ	[湖]	미즈우미	호수
みずから	[自ら]	미즈까라	스스로, 몸소, 손수
みずぎ	[水着]	미즈기	수영복
みずぎわ	[水際]	미즈기와	물가
みずくさい	[水臭い]	미즈꾸사이	서먹서먹하다
みずさし	[水差し]	미즈사시	물주전자
みずしょうばい	[水商売]	미즈쇼-바이	술집장사
みずたま	[水玉]	미즈따마	물방울
みずたまがら	[水玉柄]	미즈따마가라	물방울무늬
みずたまもよう	[水玉模様]	미즈따마모요-	물방울무늬
みずたまり	[水溜まり]	미즈따마리	웅덩이
ミステリー	[mystery]	미스떼리	미스터리
みずのあわ	[水の泡]	미즈노아와	물거품, 수포
みずぼうそう	[水疱瘡]	미즈보-소-	수두
みすぼらしい		미스보라시이	초라하다, 볼품없다
みすみす		미스미스	뻔히 보면서, 뻔히 알고도
みずむし	[水虫]	미즈무시	무좀
みずわり	[水割り]	미즈와리	희석주
みせ	[店]	미세	가게
みせいねんしゃ	[未成年者]	미세-네っ샤	미성년자

みせかけ	[見せ掛け]	미세까께	겉보기, 겉치레, 외관
みせしめ	[見せしめ]	미세시메	본보기, 본때
みせつける	[見せつける]	미세츠께루	자랑삼아 보이다, 과시하다
みせもの	[見せ物]	미세모노	구경거리
みせる	[見せる]	미세루	보여주다
みそ	[味噌]	미소	일본 된장
みぞ	[溝]	미조	도랑
みぞう	[未曾有]	미조-	미증유
みそしる	[味噌汁]	미소시루	된장국
みぞれ	[霙]	미조레	진눈깨비
みだし	[見出し]	미다시	표제
みたす	[満たす]	미따스	채우다, 충족시키다
みだら	[淫ら]	미다라	음탕함
みだれる	[乱れる]	미다레루	흐트러지다, 어지러워지다
みち	[道]	미치	길
みち	[未知]	미치	미지
みちしお	[満ち潮]	미치시오	밀물
みちしるべ	[道しるべ]	미치시라베	이정표, 길잡이
みちづれ	[道連れ]	미치즈레	길동무
みちのり	[道程]	미치노리	거리, 도정
みちばた	[道端]	미치바따	길가
みちびく	[導く]	미치비꾸	이끌다, 인도하다
みっか	[三日]	미ㄱ까	3일
みっかぼうず	[三日坊主]	미ㅅ까보-즈	작심삼일
みつかる	[見つかる]	미츠까루	발견되다
ミックス	[mix]	미ㄱ그스	믹스, 혼합する♡
みつける	[見つける]	미츠께루	발견하다, 찾다
みっこう	[密航]	미ㄱ꼬-	밀항する♡
みっこく	[密告]	미ㄱ꼬꾸	밀고する♡
みっしつ	[密室]	미ㅅ시츠	밀실
みっしり		미ㅅ시리	충실하게, 가득히
みっせつ	[密接]	미ㅅ세츠	밀접する♡
みっつ	[三つ]	미ㅅ츠	세 개, 세 살
みっともない		미ㅅ또모나이	꼴사납다, 꼴불견이다
みつばち	[蜜蜂]	미츠바치	꿀벌
みっぺい	[密閉]	미ㅂ뻬-	밀폐する♡
みつまた	[三つ又]	미츠마따	세 갈래, 삼거리
みつめる	[見つめる]	미츠메루	응시하다, 쳐다보다
みつもり	[見積り]	미츠모리	견적
みつゆ	[密輸]	미츠유	밀수する♡

みてい	[未定]	미떼-	미정
ミディアム	[medium]	미디아무	중간 익힌 것
みとめる	[認める]	미또메루	인정하다
みどり	[緑]	미도리	녹색
みどりいろ	[緑色]	미도리이로	녹색
みどりのひ	[みどりの日]	미도리노히	식목일
みとれる	[見惚れる]	미또레루	넋을 잃고 보다
みな	[皆]	미나	모두, 전부
みなおす	[見直す]	미나오스	다시 보다, 달리 보다
みなさん		미나사ㅇ	여러분
みなしご	[孤児]	미나시고	고아
みなす	[見做す]	미나스	간주하다, 가정하다
みなと	[港]	미나또	항구
みなみ	[南]	미나미	남, 남쪽
みなみアメリカ	[南アメリカ]	미나미아메리까	남미
みなみはんきゅう	[南半球]	미나미하ㅇ뀨-	남반구
みなみむき	[南向き]	미나미무끼	남향
みならい	[見習い]	미나라이	견습, 수습
みなり	[身なり]	미나리	옷차림
みなれる	[見慣れる]	미나레루	낯익다
みにくい	[醜い]	미니꾸이	추하다
ミニスカート	[miniskirt]	미니스까-또	미니스커트
みぬく	[見抜く]	미누꾸	꿰뚫다, 간파하다
みね	[峰]	미네	산봉우리
ミネラルウォーター	[mineral water]	미네라루워-따-	생수
みのうえ	[身の上]	미노우에	신상
みのがす	[見逃す]	미노가스	못보고 놓치다, 기회를 놓치다
みのたけ	[身の丈]	미노따께	키, 신장
みのほど	[身の程]	미노호도	분수
みのる	[実る]	미노루	여물다, 열매를 맺다
みはらし	[見張らし]	미하라시	전망, 조망
みはり	[見張り]	미하리	파수꾼, 망을 봄
みはる	[見張る]	미하루	망보다
みぶり	[身振り]	미부리	몸짓
みぶん	[身分]	미부ㄴ	신분, 신원
みぶんしょうめいしょ	[身分証明書]	미부ㄴ쇼-메-쇼	신분증
みぼうじん	[未亡人]	미보-지ㄴ	미망인
みほん	[見本]	미호ㅇ	견본
みまい	[見舞い]	미마이	문안, 위안 する⊙
みまもる	[見守る]	미마모루	지켜보다

みまわす	[見回す]	미마와스	둘러보다
みまん	[未満]	미마ㄴ	미만
みみ	[耳]	미미	귀
みみあか	[耳垢]	미미아까	귓밥
みみあたらしい	[耳新しい]	미미아따라시이	처음 듣다
みみうち	[耳打ち]	미미우찌	귀엣말, 귀띔する♡
みみかき	[耳かき]	미미까끼	귀이개
みみかざり	[耳飾り]	미미까자리	귀고리
みみず	[蚯蚓]	미미즈	지렁이
みみなれる	[耳慣れる]	미미나레루	귀에 익다
みみのふじゆうなひと	[耳の不自由な人]	미미노후지유-나히또	청각장애인
みもと	[身元]	미모또	신원
みもん	[未聞]	미모ㄴ	미문, 아직 들어보지 못함
みやぎけん	[宮城県]	미야기께ㄴ	미야기현
みゃく	[脈]	먀꾸	맥
みゃくはく	[脈拍]	먀꾸하꾸	맥박
みやげ	[土産]	미야게	선물
みやこ	[都]	미야꼬	서울, 수도
みやざきけん	[宮崎県]	미야자끼께ㄴ	미야자키현
みやぶる	[見破る]	미야부루	간파하다
ミュージカル	[musical]	뮤-지까루	뮤지컬
ミュージシャン	[musician]	뮤-지샤ㄴ	뮤지션, 음악가
ミュージック	[music]	뮤-지ㄱ꾸	뮤직, 음악
みょうあん	[妙案]	묘-아ㄴ	묘안
みょうじょう	[明星]	묘-죠-	샛별, 금성
みょうに	[妙に]	묘-니	묘하게
みより	[身寄り]	미요리	친척, 친지
みらい	[未来]	미라이	미래
みりょく	[魅力]	미료꾸	매력
みりん		미리ㅇ	미림
みる	[見る]	미루	보다
みる	[観る]	미루	관람하다
ミルク	[milk]	미루꾸	우유
ミルクティー	[milk tea]	미루꾸티-	밀크티
みれん	[未練]	미레ㄴ	미련
みわける	[見分ける]	미와께루	분별하다, 가려내다
みわたす	[見渡す]	미와따스	멀리 바라보다
みんかん	[民間]	미ㅇ까ㄴ	민간
みんしゅう	[民衆]	미ㄴ슈-	민중
みんしゅしゅぎ	[民主主義]	미ㄴ슈슈기	민주주의

みんぞく	[民族]	미ㄴ조ㅋ	민족
みんぞく	[民俗]	미ㄴ조ㅋ	민속
みんな	[皆]	미ㄴ나	모두
みんぽう	[民法]	미ㅁ뽀-	민법
みんよう	[民謠]	미ㅇ요-	민요

むいか	[六日]	무이까	6일
むいみ	[無意味]	무이미	무의미
ムース	[mousse]	무-스	무스
ムード	[mood]	무-도	무드, 분위기
むえき	[無益]	무에끼	무익
むかい	[向かい]	무까이	맞은편
むがい	[無害]	무가이	무해
むかいあう	[向かい合う]	무까이아우	마주보다
むかう	[向かう]	무까우	향하다
むかえる	[迎える]	무까에루	맞이하다, 맞다
むかし	[昔]	무까시	옛날
むかしばなし	[昔話]	무까시바나시	옛날이야기
むかつく		무까츠꾸	화가 치밀다, 메슥거리다
むかで	[百足]	무까데	지네
むかむか		무까무까	메슥메슥하다 ⓥ
むがむちゅう	[無我夢中]	무가무츄-	열중하여 정신이 없음
むかんしん	[無関心]	무까ㄴ시ㄴ	무관심
むぎ	[麦]	무기	보리
むきげん	[無期限]	무끼게ㄴ	무기한
むぎちゃ	[麦茶]	무기쨔	보리차
むきゅう	[無休]	무뀨-	무휴
むきりょく	[無気力]	무끼료꾸	무기력
むく		무꾸	벗기다, 까다
むくいる	[報いる]	무꾸이루	보답하다, 갚다
むくげ	[木槿]	무꾸게	무궁화
むくち	[無口]	무꾸치	과묵함, 과묵한 사람
むくみ	[浮腫]	무꾸미	부종, 부어오름
むくむく		무꾸무꾸	뭉게뭉게, 쑥
むくれる		무꾸레루	벗겨지다, 토라지다
むける	[向ける]	무께루	향하다, 돌리다
むこ	[婿]	무꼬	사위
むごい	[惨い]	무고이	비참하다, 끔찍하다
むこう	[向こう]	무꼬-	맞은편, 건너편, 상대편

일본어	한자	발음	뜻
むこうがわ	[向こう側]	무꼬-가와	저쪽, 상대편
むこようし	[婿養子]	무꼬요-시	데릴사위
むごん	[無言]	무고ㄴ	무언
むざい	[無罪]	무자이	무죄
むさくるしい	[むさ苦しい]	무사꾸루시이	누추하다
むさべつ	[無差別]	무사베츠	무차별
むさぼる	[貪る]	무사보루	탐하다, 탐내다
むざむざ		무자무자	호락호락, 쉽사리
むし	[虫]	무시	벌레
むし	[無視]	무시	무시する⊙
むじ	[無地]	무지	무지, 무늬 없는
むしあつい	[蒸し暑い]	무시아츠이	무덥다
むじこ	[無事故]	무지꼬	무사고
むしば	[虫歯]	무시바	충치
むしばむ	[蝕む]	무시바무	좀먹다, 벌레 먹다
むじひ	[無慈悲]	무지히	무자비
むしむし		무시무시	푹푹する⊙
むしめがね	[虫眼鏡]	무시메가네	돋보기, 확대경
むじゃき	[無邪気]	무쟈끼	순진함, 천진난만함
むしゃくしゃ		무샤꾸샤	울컥울컥, 부글부글する⊙
むじゅん	[矛盾]	무쥬ㄴ	모순する⊙
むじょう	[無情]	무죠-	무정, 비정
むしょうに	[無性に]	무쇼-니	공연히, 까닭 없이
むしょく	[無職]	무쇼꾸	무직
むしょく	[無色]	무쇼꾸	무색
むしる	[毟る]	무시루	잡아 뽑다, 쥐어뜯다
むしろ	[寧ろ]	무시로	차라리, 오히려
むじょうけん	[無条件]	무죠-께ㄴ	무조건
むじんとう	[無人島]	무지ㄴ또-	무인도
むす	[蒸す]	무스	찌다
むずかしい	[難しい]	무즈까시이	어렵다
むすこ	[息子]	무스꼬	아들
むすびめ	[結び目]	무스비메	매듭
むすぶ	[結ぶ]	무스부	맺다, 묶다, 매다
むずむず		무즈무즈	근질근질する⊙
むすめ	[娘]	무스메	딸
むすめむこ	[娘婿]	무스메무꼬	사위
むせきにん	[無責任]	무세끼니ㅇ	무책임
むせん	[無線]	무세ㄴ	무선
むぞうさ	[無造作]	무조-사	손쉬움, 아무렇게나 함

むだ	[無駄]	무다	쓸데없음, 헛됨
むだあし	[無駄足]	무다아시	헛걸음
むだぐち	[無駄口]	무다구치	잡담
むだじに	[無駄死に]	무다지니	개죽음
むだづかい	[無駄使い]	무다즈까이	낭비する
むだぼね	[無駄骨]	무다보네	헛수고
むち	[鞭]	무치	채찍, 회초리
むち	[無知]	무치	무지
むちゃ	[無茶]	무챠	당치않음, 엉망진창
むちゅう	[夢中]	무츄-	몰두
むちん	[無賃]	무치ㄴ	무임
むっくり		무ㄱ꾸리	벌떡
むっつ	[六つ]	무ㅅ츠	여섯 개, 여섯 살
むっつり		무ㅅ츠리	무뚝뚝한, 뚱하게
むてっぽう	[無鉄砲]	무떼ㅂ뽀-	분별이 없음, 무모함
むとんちゃく	[無頓着]	무또ㄴ챠꾸	무관심, 대범함
むなぐら	[胸倉]	무나구라	멱살
むなしい	[空しい]	무나시이	덧없다, 헛되다
むにゃむにゃ		무냐무냐	중얼중얼
むね	[胸]	무네	가슴
むねやけ	[胸焼け]	무네야께	가슴앓이
むのう	[無能]	무노-	무능
むふんべつ	[無分別]	무부ㄴ베츠	무분별
むめい	[無名]	무메-	무명
むめんきょ	[無免許]	무메ㅇ꾜	무면허
むやみ	[無闇]	무야미	무턱대고, 함부로
むやみに		무야미니	마구
むよう	[無用]	무요-	쓸모없음, 필요 없음
むら	[村]	무라	마을
むらがる	[群がる]	무라가루	떼지어 모이다, 무리지다
むらさき	[紫]	무라사끼	보라색
むらさきいろ	[紫色]	무라사끼이로	보라색
むらさきすいしょう	[紫水晶]	무라사끼스이쇼-	자수정
むり	[無理]	무리	무리
むりやり	[無理矢理]	무리야리	무리하게, 억지로
むりょう	[無料]	무료-	무료
むりょく	[無力]	무료꾸	무력
むれ	[群れ]	무레	떼, 무리
むれる	[蒸れる]	무레루	뜸들다
むろん	[無論]	무로ㄴ	물론

め	[目]	메	눈
め	[芽]	메	싹
めあて	[目当て]	메아떼	목표, 목적
めい	[名]	메-	~명
めい	[姪]	메-	여자조카, 조카딸
めいあん	[名案]	메-아ㄴ	명안
めいあん	[明暗]	메-아ㄴ	명암
めいい	[名医]	메-이	명의
めいおうせい	[冥王星]	메-오-세-	명왕성
めいが	[名画]	메-가	명화
めいかい	[明快]	메-까이	명쾌
めいかく	[明確]	메-까꾸	명확
めいきゅう	[迷宮]	메-뀨-	미궁
めいきょく	[名曲]	메-꾜꾸	명곡
めいげん	[名言]	메-게ㄴ	명언
めいさいしょ	[明細書]	메-사이쇼	명세서
めいさく	[名作]	메-사꾸	명작
めいし	[名刺]	메-시	명함
めいし	[名詞]	메-시	명사
めいし	[名士]	메-시	명사
めいしゃ	[目医者]	메이샤	안과의사
めいしょ	[名所]	메-쇼	명소
めいしょう	[名称]	메-쇼-	명칭
めいしん	[迷信]	메-시ㄴ	미신
めいずる	[命ずる]	메-즈루	명하다, 임명하다
めいせい	[名声]	메-세-	명성
めいそう	[瞑想]	메-소-	명상する⑰
めいだい	[命題]	메-다이	명제
めいちゅう	[命中]	메-츄-	명중する⑰
めいにち	[命日]	메-니치	기일, 제삿날
めいば	[名馬]	메-바	명마
めいぶつ	[名物]	메-부츠	명물
めいぶん	[名分]	메-부ㄴ	명분

めいぶん	[名文]	메-부ㄴ	명문
めいもく	[名目]	메-모꾸	명목
めいよ	[名誉]	메-요	명예
めいれい	[命令]	메-레-	명령する
めいろ	[迷路]	메-로	미로
めいろう	[明朗]	메-로-	명랑
めいわく	[迷惑]	메-와꾸	귀찮음, 성가심
めいわくメール	[迷惑メール]	메-와꾸메-루	스팸메일
めうえ	[目上]	메우에	손윗사람
メーカー	[maker]	메-까-	메이커, 제조자
メートル	[meter]	메-또루	미터
メーメー		메-메-	음매(염소)
メールアドレス	[mail address]	메-루아도레스	메일주소
めかけ	[妾]	메까께	첩
めがしら	[目頭]	메가시라	눈시울
めがね	[眼鏡]	메가네	안경
めがねてん	[眼鏡店]	메가네떼ㄴ	안경점
めがみ	[女神]	메가미	여신
メキシコ	[Mexico]	메끼시꼬	멕시코
めぐすり	[目薬]	메구스리	안약
めぐみ	[恵み]	메구미	은총
めぐみのあめ	[恵みの雨]	메구미노아메	단비
めぐむ	[恵む]	메구무	베풀다
めくる	[捲る]	메꾸루	넘기다, 젖히다
めさき	[目先]	메사끼	눈앞, 목전
めざす	[目指す]	메자스	지향하다, 목표로 하다
めざましい	[目覚ましい]	메자마시이	눈부시다
めざましどけい	[目覚まし時計]	메자마시도께-	자명종시계
めざわり	[目障り]	메자와리	눈에 거슬림
めし	[飯]	메시	밥
めしあがる	[召し上がる]	메시아가루	드시다
めした	[目下]	메시따	손아랫사람
めじり	[目尻]	메지리	눈꼬리
めじるし	[目印]	메지루시	표시
めす	[雌]	메스	암컷
めずらしい	[珍しい]	메즈라시이	드물다, 진귀하다
めそめそ		메소메소	훌쩍훌쩍する
めだか	[目高]	메다까	송사리
めだつ	[目立つ]	메다츠	눈에 띄다, 돋보이다
めだま	[目玉]	메다마	눈알, 안구

めだまやき	[目玉焼き]	메다마야끼	계란프라이
メダル		메다루	메달
めちゃ	[滅茶]	메챠	터무니없음, 엉망
めちゃくちゃ	[滅茶苦茶]	메챠꾸챠	엉망진창
めつき	[目付き]	메츠끼	눈매
めっき	[鍍金]	메ㄱ끼	도금
めっきり		메ㄱ끼리	현저히, 완연히
メッセージ	[message]	메ㅅ세-지	메시지
めっそう	[滅相]	메ㅅ소-	당치도 않음, 터무니없음
めったに	[滅多に]	메ㅅ따니	좀처럼
めつぼう	[滅亡]	메츠보-	멸망する⒱
めっぽう	[滅法]	메ㅂ뽀-	굉장히, 엄청나게
メディア	[media]	메디아	미디어
めでたい		메데따이	경사스럽다
メニュー	[menu]	메뉴-	메뉴
めぬき	[目抜き]	메누끼	눈에 잘 띄는 곳
めのふじゆうなひと	[目の不自由な人]	메노후지유-나히또	장님
めばえる	[芽生える]	메바에루	싹트다, 움트다
めぶんりょう	[目分量]	메부ㄴ료-	눈대중, 눈짐작
めぼし	[目星]	메보시	짐작, 목표
めまい	[目眩]	메마이	현기증する⒱
めまぐるしい		메마구루시이	어지럽다, 아찔하다
メモ	[memo]	메모	메모
めめしい	[女々しい]	메메시이	나약하다
めもり	[目盛り]	메모리	저울의 눈금
メモリカード	[memory card]	메모리까-도	메모리카드
めやに	[目脂]	메야니	눈곱
めりめり		메리메리	우지끈, 와르르
メルとも	[メル友]	메루또모	메일친구
メロディー	[melody]	메로디-	멜로디
メロン	[melon]	메로ㄴ	멜론
めん	[綿]	메ㄴ	면
めんえき	[免疫]	메ㅇ에끼	면역
めんかい	[面会]	메ㅇ까이	면회する⒱
めんきょ	[免許]	메ㅇ꾜	면허
めんくらう	[面食らう]	메ㅇ꾸라우	당황하다, 어리둥절하다
めんじょ	[免除]	메ㄴ죠	면제する⒱
めんじょう	[免状]	메ㄴ죠-	면허장
めんぜい	[免税]	메ㄴ제-	면세する⒱
めんぜいてん	[免税店]	메ㄴ제-떼ㄴ	면세점

めんせき	[面積]	멘세끼	면적
めんたい	[明太]	멘따이	명태
めんたいこ	[明太子]	멘따이꼬	명란젓
めんだん	[面談]	멘다ㅁ	면담
めんどう	[面倒]	멘도-	성가심, 귀찮음, 보살핌
めんどり		멘도리	암탉
めんぼう	[綿棒]	메ㅁ보-	면봉
めんぼく	[面目]	메ㅁ보꾸	면목, 체면
めんみつ	[綿密]	메ㅁ미츠	면밀
めんるい	[麵類]	메ㄴ루이	국수, 면류

も		모	~도
モー		모-	음매(소)
もういちど	[もう一度]	모-이치도	한번 더
もうかる	[儲かる]	모우까루	벌리다, 벌이가 되다
もうける	[儲ける]	모우께루	벌다
もうける	[設ける]	모우께루	마련하다, 설치하다
もうしあげる	[申し上げる]	모우시아게루	말씀드리다
もうしこみ	[申し込み]	모우시꼬미	신청
もうじゅう	[猛獣]	모-쥬-	맹수
もうしわけ	[申し訳]	모우시와께	변명, 해명
もうす	[申す]	모우스	말씀드리다
もうすこし	[もう少し]	모-스꼬시	좀더
もうそう	[妄想]	모-소-	망상する⊙
もうちょう	[盲腸]	모-쵸-	맹장
もうちょうえん	[盲腸炎]	모-쵸-에ㄴ	맹장염
もうとう	[毛頭]	모-또-	추호도
もうふ	[毛布]	모-후	담요, 모포
もうもく	[盲目]	모-모꾸	맹목
もえる	[燃える]	모에루	타다
もうれつ	[猛烈]	모-레츠	맹렬
もえあがる	[燃え上がる]	모에아가루	타오르다
モーテル	[motel]	모-떼루	모텔
モーニングコール	[morning call]	모-니ㅇ구꼬-루	모닝콜
もがく		모가꾸	버둥거리다, 허우적거리다
もくぎょ	[木魚]	모꾸교	목탁
もくげき	[目撃]	모꾸게끼	목격する⊙
もくげきしゃ	[目撃者]	모꾸게끼샤	목격자
もくざい	[木材]	모꾸자이	목재
もくさつ	[黙殺]	모꾸사츠	묵살する⊙
もくじ	[目次]	모꾸지	목차
もくせい	[木星]	모ㄱ세-	목성
もくせい	[木製]	모ㄱ세-	목제
もくぞう	[木造]	모꾸조-	목조

もくてき	[目的]	모꾸떼끼	목적
もくにん	[黙認]	모꾸니느	묵인する
もくひょう	[目標]	모꾸효-	목표
もくもく	[黙々]	모꾸모꾸	묵묵히
もぐもぐ		모구모구	우물우물, 어물어물
もくようび	[木曜日]	모꾸요-비	목요일
もぐる	[潜る]	모구루	잠수하다, 잠입하다
もくれん	[木蓮]	모꾸레느	목련
もくろく	[目録]	모꾸로꾸	목록
もくろみ	[目論見]	모꾸로미	계획, 의도
もけい	[模型]	모께-	모형
もごもご		모고모고	우물우물, 어물어물
もし	[若し]	모시	만약, 만일
もじ	[文字]	모지	글자, 문자
もしくは		모시꾸와	혹은
もしもし		모시모시	여보세요
もじもじ		모지모지	머뭇머뭇
モスクワ	[Moskva]	모스꾸와	모스크바
もだえる	[悶える]	모다에루	번민하다
もたれる	[凭れる]	모따레루	기대다, 소화가 안 되다
もち	[餅]	모치	떡
もちあげる	[持ち上げる]	모치아게루	들어올리다
もちいる	[用いる]	모치이루	사용하다
もちかえり	[持ち帰り]	모치가에리	테이크아웃, 가지고 돌아감
もちごめ	[餅米]	모치고메	찹쌀
もちづき	[望月]	모치즈끼	음력 보름달
もちぬし	[持ち主]	모치누시	소유자
もちば	[持ち場]	모치바	담당 부서, 담당 구역
もちゅう	[喪中]	모쮸-	상중
もちろん	[勿論]	모치로느	물론
もつ	[持つ]	모츠	가지다, 들다
もっきん	[木琴]	모ㄱ끼느	목금, 실로폰
もったいない	[勿体無い]	모ㅅ따이나이	아깝다
もってこい	[持って来い]	모ㅅ떼꼬이	안성맞춤
もっと		모ㅅ또	더, 더욱
モットー	[motto]	모ㅅ또-	모토, 좌우명
もっとも	[最も]	모ㅅ또모	가장
もっとも	[尤も]	모ㅅ또모	지당함
もっともらしい		모ㅅ또모라시이	그럴싸하다, 천연덕스럽다
もっぱら	[専ら]	모ㅂ빠라	오로지, 한결같이

일본어	한자	발음	뜻
もつれる	[縺れる]	모츠레루	뒤얽히다
もてなす	[持て成す]	모떼나스	대접하다, 환대하다
もてはやす	[持て囃す]	모떼하야스	추어올리다
もてる	[持てる]	모떼루	인기가 있다
モデル	[model]	모데루	모델
もどかしい		모도까시이	안타깝다, 초조하다
もどす	[戻す]	모도스	되돌리다, 돌려보내다
もとで	[元手]	모또데	본전, 밑천
もとめる	[求める]	모또메루	구하다, 바라다
もともと	[元々]	모또모또	원래, 본래
もどる	[戻る]	모도루	돌아가다, 되돌아오다
もなか	[最中]	모나까	한창, 한창때
モニター	[monitor]	모니따-	모니터
もの	[物]	모노	물건
もの	[者]	모노	자, 사람
もの		모노	것
ものおき	[物置]	모노오끼	곳간, 헛간
ものがたり	[物語]	모노가따리	이야기
ものがなしい	[物悲しい]	모노가나시이	구슬프다, 서글프다
ものごし	[物腰]	모노고시	언동, 언행
ものさし	[物差し]	모노사시	자, 척도
ものしり	[物知り]	모노시리	박식한 사람
ものすごい	[物凄い]	모노스고이	무섭다, 굉장하다
ものたりない	[物足りない]	모노따리나이	약간 부족하다, 약간 아쉽다
ものものしい	[物々しい]	모노모노시이	으리으리하다, 거창하다
モノローグ	[monologue]	모노로-구	모놀로그, 독백
ものわすれ	[物忘れ]	모노와스레	건망증する
もはや	[最早]	모하야	이미, 이제는, 벌써
もはん	[模範]	모하ㅇ	모범
もみあげ	[揉上げ]	모미아게	귀밑털
もみじ	[紅葉]	모미지	단풍
もみじがり	[紅葉狩り]	모미지가리	단풍구경, 단풍놀이
もむ	[揉む]	모무	주무르다
もめん	[木綿]	모메ㄴ	목면, 면실, 솜
もも	[桃]	모모	복숭아
ももいろ	[桃色]	모모이로	복숭아색, 분홍색
ももにく	[もも肉]	모모니꾸	넓적다리
もや	[靄]	모야	안개
もやし	[萌やし]	모야시	콩나물
もやす	[燃やす]	모야스	불태우다

もつれる ～ もんばん

もよう	[模様]	모요-	무늬, 도안, 모양
もより	[最寄り]	모요리	가장 가까운 곳
もらう	[貰う]	모라우	받다
モラル	[moral]	모라루	모럴, 도덕
もり	[森]	모리	숲
もる	[盛る]	모루	담다
もれなく	[漏れなく]	모레나꾸	빠짐없이, 빈틈없이
もれる	[漏れる]	모레루	액체가 새다, 가스가 새다, 누락되다
もろい	[脆い]	모로이	무르다, 여리다, 취약하다
もん	[門]	모ㅇ	대문
もんく	[文句]	모ㅇ꾸	불평, 문구, 글귀
モンゴル	[Mongol]	모ㅇ고루	몽골
もんだい	[問題]	모ㄴ다이	문제
もんばん	[門番]	모ㅁ바ㅇ	문지기

や	[矢]	야	화살
や		야	~나, ~랑
やあ		야-	야
やい		야이	이봐
やえば	[八重歯]	야에바	덧니
やおや	[八百屋]	야오야	야채가게
やがい	[野外]	야가이	야외
やがて		야가떼	머지않아, 이윽고
やかましい	[喧しい]	야까마시이	시끄럽다, 번거롭다
やかん	[薬缶]	야까ㄴ	주전자
やかん	[夜間]	야까ㄴ	야간
やぎ	[山羊]	야기	염소
やきいも	[焼き芋]	야끼이모	군고구마
やきそば	[焼きそば]	야끼소바	야끼소바
やきにく	[焼き肉]	야끼니꾸	불고기
やきまし	[焼増し]	야끼마시	추가인화
やきもち	[焼きもち]	야끼모치	질투
やきもの	[焼物]	야끼모노	도자기, 구이
やきゅう	[野球]	야뀨-	야구
やきん	[夜勤]	야끼ㄴ	야근する⊙
やく	[約]	야꾸	약, 대략
やく	[焼く]	야꾸	태우다, 굽다
やくがく	[薬学]	야꾸가꾸	약학
やくざ		야꾸자	깡패, 불량배
やくざいし	[薬剤師]	야꾸자이시	약사
やくしゃ	[役者]	야ㄱ샤	배우
やくしょ	[役所]	야ㄱ쇼	관청, 관공서
やくしん	[躍進]	야ㄱ시ㄴ	약진する⊙
やくする	[訳する]	야ㄱ스루	번역하다
やくそく	[約束]	야ㄱ소꾸	약속する⊙
やくだつ	[役立つ]	야꾸다츠	도움이 되다
やくどう	[躍動]	야꾸도-	약동する⊙
やくにん	[役人]	야꾸니ㄴ	관리, 공무원

일본어	한자	발음	뜻
やくひん	[薬品]	야꾸힌	약품
やくみ	[薬味]	야꾸미	양념, 향신료
やくめ	[役目]	야꾸메	역할, 직무
やくよう	[薬用]	야꾸요-	약용
やくわり	[役割]	야꾸와리	역할
やけくそ	[自棄糞]	야께꾸소	자포자기
やけど	[火傷]	야께도	화상する⑰
やける	[焼ける]	야께루	타다, 구워지다
やさい	[野菜]	야사이	야채, 채소
やさいサラダ	[野菜サラダ]	야사이사라다	야채샐러드
やさいりょうり	[野菜料理]	야사이료-리	야채요리
やさしい	[易しい]	야사시이	쉽다
やさしい	[優しい]	야사시이	상냥하다, 다정하다
やさしさ	[優しさ]	야사시사	상냥함, 다정함
やし	[椰子]	야시	야자
やじうま	[野次馬]	야지우마	구경꾼
やしき	[屋敷]	야시끼	저택
やしなう	[養う]	야시나우	기르다, 양육하다
やじゅう	[野獣]	야쥬-	야수
やしょく	[夜食]	야쇼꾸	야식
やじるし	[矢印]	야지루시	화살표
やしん	[野心]	야신	야심
やすい	[安い]	야스이	싸다
やすい	[易い]	야스이	쉽다, 용이하다
やすうり	[安売り]	야스우리	염가판매
やすっぽい	[安っぽい]	야스ㅂ뽀이	싸구려 같다, 천하다
やすみ	[休み]	야스미	휴일, 휴식
やすみのひ	[休みの日]	야스미노히	휴일
やすむ	[休む]	야스무	쉬다
やすもの	[安物]	야스모노	싸구려물건
やすやす		야스야스	손쉽게, 쉽사리
やせい	[野生]	야세-	야생
やせい	[野性]	야세-	야성
やせがまん	[痩せ我慢]	야세가만	억지로 버팀
やせっぽち	[痩せっぽち]	야세ㅂ뽀치	말라깽이
やせる	[痩せる]	야세루	마르다, 여위다
やたい	[屋台]	야따이	포장마차, 노점
やたら		야따라	무턱대고, 덮어놓고
やちん	[家賃]	야친	집세
やつ	[奴]	야츠	놈, 녀석

やつあたり	[八つ当り]	야츠아따리	마구 분풀이를 함
やっかい	[厄介]	얏까이	귀찮음, 성가심
やっきょく	[薬局]	얏꾜꾸	약국
やっつ	[八つ]	얏츠	여덟 개, 여덟 살
やっつける		얏츠께루	해치우다
やっと		얏또	겨우, 간신히
やっぱり		얏빠리	역시
やつれる	[窶れる]	야츠레루	여위다, 수척하다
やど	[宿]	야도	숙소, 여관
やといぬし	[雇い主]	야또이누시	고용주
やとう	[野党]	야또-	야당
やどちょう	[宿帳]	야도쬬-	숙박부
やどちん	[宿賃]	야도치ㄴ	숙박료
やどや	[宿屋]	야도야	여관, 여인숙
やなぎ	[柳]	야나기	버드나무
やなぎのき	[柳の木]	야나기노끼	버드나무
やにわ	[矢庭]	야니와	즉석에서, 다짜고짜
やね	[屋根]	야네	지붕
やねうら	[屋根裏]	야네우라	다락방
やはり		야하리	역시
やぶ	[薮]	야부	덤불
やぶいしゃ	[薮医者]	야부이샤	돌팔이 의사
やぶへび	[薮蛇]	야부헤비	긁어 부스럼
やぶる	[破る]	야부루	깨다, 부수다, 어기다
やぶれかぶれ	[破れかぶれ]	야부레까부레	자포자기
やぶれる	[破れる]	야부레루	찢어지다, 깨지다
やぶれる	[敗れる]	야부레루	패하다
やぼ	[野暮]	야보	촌스러움, 우둔함
やぼう	[野望]	야보-	야망
やま	[山]	야마	산
やまい	[病]	야마이	병
やまいも	[山芋]	야마이모	마, 참마
やまおく	[山奥]	야마오꾸	깊은 산 속
やまかじ	[山火事]	야마까지	산불
やまがたけん	[山形県]	야마가따께ㄴ	야마가타현
やまくずれ	[山崩れ]	야마꾸즈레	산사태
やまぐちけん	[山口県]	야마구치께ㄴ	야마구치현
やまし	[山師]	야마시	사기꾼
やまて	[山手]	야마떼	높은 지대의 고급 주택지
やまなしけん	[山梨県]	야마나시께ㄴ	야마나시현

やまねこ	[山猫]	야마네꼬	들고양이, 살쾡이
やまのぼり	[山登り]	야마노보리	등산
やまびこ	[山彦]	야마비꼬	메아리, 산울림
やまもり	[山盛り]	야마모리	수북히 담음
やみ	[闇]	야미	어둠, 암흑
やみじ	[闇路]	야미지	어두운 밤길
やみとりひき	[闇取引]	야미또리히끼	암거래, 뒷거래
やみや	[闇屋]	야미야	암거래상
やみよ	[闇夜]	야미요	깜깜한 밤
やむ	[止む]	야무	그치다, 멎다
やむ	[病む]	야무	병들다, 앓다
やむをえず	[やむを得ず]	야무오에즈	부득이
やめる	[止める]	야메루	멈추다
やめる		야메루	그만두다
やや		야야	조금, 약간
ややこしい		야야꼬시이	까다롭다, 어렵다
やよい	[弥生]	야요이	음력 3월
やら		야라	~인지, ~ㄴ가
やられる		야라레루	당하다
やり	[槍]	야리	창
やりかた	[やり方]	야리까따	방법, 하는 방법
やりきれない		야리끼레나이	견딜 수 없다, 할 수 없다
やりくち	[遣り口]	야리꾸치	방법, 수단
やりくり	[遣り繰り]	야리꾸리	변통
やりて	[遣り手]	야리떼	수완가
やりなおす	[やり直す]	야리나오스	다시 하다
やる		야루	하다, 주다
やれやれ		야레야레	아유!
やろう	[野郎]	야로-	녀석, 자식
やわらかい	[柔らかい]	야와라까이	부드럽다

ゆいいつ	[唯一]	유이이츠	유일
ゆいごん	[遺言]	유이고ㄴ	유언する⊙
ゆいしょ	[由緒]	유이쇼	유서
ゆいのう	[結納]	유이노-	약혼예물
ゆういぎ	[有意義]	유-이기	유의미, 의의가 있음
ゆううつ	[憂鬱]	유-우츠	우울
ゆうえき	[有益]	유-에끼	유익
ゆうえつかん	[優越感]	유-에츠까ㄴ	우월감
ゆうえんち	[遊園地]	유-에ㄴ치	유원지
ゆうが	[優雅]	유-가	우아
ゆうかい	[誘拐]	유-까이	유괴する⊙
ゆうがい	[有害]	유-가이	유해
ゆうがた	[夕方]	유-가따	저녁, 저녁때
ゆうかん	[夕刊]	유-까ㄴ	석간
ゆうかん	[勇敢]	유-까ㄴ	용감
ゆうき	[勇気]	유-끼	용기
ゆうぎ	[遊戯]	유-기	유희
ゆうきゅうきゅうか	[有給休暇]	유-뀨-뀨-까	유급휴가
ゆうぎり	[夕霧]	유-기리	저녁 안개
ゆうぐれ	[夕暮]	유-구레	해질 녘, 황혼
ゆうけんしゃ	[有権者]	유-께ㄴ샤	유권자
ゆうこう	[有効]	유-꼬-	유효
ゆうごはん	[夕御飯]	유-고하ㄴ	저녁밥
ゆうざい	[有罪]	유-자이	유죄
ゆうし	[勇士]	유-시	용사
ゆうし	[融資]	유-시	융자
ゆうしゅう	[優秀]	유-슈-	우수
ゆうしょう	[優賞]	유-쇼-	우승する⊙
ゆうじょう	[友情]	유-죠-	우정
ゆうしょく	[夕食]	유-쇼꾸	저녁식사
ゆうじん	[友人]	유-지ㄴ	친구
ゆうずう	[融通]	유-즈-	융통する⊙
ゆうぜい	[遊説]	유-제-	유세する⊙

일본어	한자	발음	뜻
ゆうそう	[郵送]	유-소-	우송する
ゆうだい	[雄大]	유-다이	웅대
ゆうだち	[夕立]	유-다치	소나기
Uターン	[U-turn]	유-따ㄴ	유턴
ゆうどう	[誘導]	유-도-	유도する
ゆうとうせい	[優等生]	유-또-세-	우등생
ゆうのう	[有能]	유-노-	유능
ゆうはん	[夕飯]	유-하ㄴ	저녁밥, 저녁식사
ゆうびん	[郵便]	유-비ㄴ	우편
ゆうびんうけ	[郵便受け]	유-비ㅇ우께	우편함
ゆうびんきょく	[郵便局]	유-비ㅇ꾜꾸	우체국
ゆうびんはいたつにん	[郵便配達人]	유-비ㅁ하이따츠니ㄴ	우편배달부
ゆうびんばんごう	[郵便番号]	유-비ㅁ바ㅇ고-	우편번호
ゆうびんぶつ	[郵便物]	유-비ㅁ부츠	우편물
ゆうびんポスト	[郵便ポスト]	유-비ㅁ뽀스또	우체통
ゆうべ	[夕べ]	유-베	저녁
ゆうべ	[昨夜]	유-베	어젯밤
ゆうべん	[雄弁]	유-베ㄴ	웅변
ゆうぼう	[有望]	유-보-	유망
ゆうめい	[有名]	유-메-	유명
ユーモア	[humor]	유-모아	유머
ゆうやけ	[夕焼け]	유-야께	저녁놀, 노을
ゆうよう	[有用]	유-요-	유용
ゆうらんせん	[遊覧船]	유-라ㄴ세ㄴ	유람선
ゆうり	[有利]	유-리	유리
ゆうりょう	[有料]	유-료-	유료
ゆうりょく	[有力]	유-료꾸	유력
ゆうれい	[幽霊]	유-레-	유령, 귀신
ゆうわく	[誘惑]	유-와꾸	유혹する
ゆか	[床]	유까	마루
ゆかい	[愉快]	유까이	유쾌
ゆがく	[湯掻く]	유가꾸	데치다
ゆかた	[浴衣]	유까따	여름 무명 홑옷
ゆがむ	[歪む]	유가무	비뚤어지다
ゆき	[雪]	유끼	눈
~ゆき	[行き]	유끼	~행
ゆきあたり	[行き当たり]	유끼아따리	막다른 곳
ゆきがっせん	[雪合戦]	유끼가ㅅ세ㄴ	눈싸움
ゆきさき	[行き先]	유끼사끼	행선지
ゆきだるま	[雪達磨]	유끼다루마	눈사람

ゆきどけ	[雪解け]	유끼도께	눈이 녹음, 해빙
ゆきとどく	[行き届く]	유끼또도꾸	골고루 미치다
ゆきまつり	[雪祭り]	유끼마츠리	눈축제
ゆく	[行く]	유꾸	가다
ゆくえ	[行方]	유꾸에	행방
ゆくえふめい	[行方不明]	유꾸에후메-	행방불명
ゆくさき	[行く先]	유꾸사끼	행선지
ゆくすえ	[行く末]	유꾸스에	장래, 전도
ゆくて	[行く手]	유꾸떼	앞길, 전도
ゆげ	[湯気]	유게	김, 수증기
ゆさぶる	[揺さ振る]	유사부루	흔들다, 뒤흔들다
ゆしゅつ	[輸出]	유슈츠	수출する
ゆず	[柚子]	유즈	유자
ゆずちゃ	[柚子茶]	유즈챠	유자차
ゆすぶる	[揺す振る]	유스부루	흔들다
ゆずる	[譲る]	유즈루	양도하다, 양보하다
ゆそう	[輸送]	유소-	수송する
ゆたか	[豊か]	유따까	풍부함, 풍족함
ゆだねる	[委ねる]	유다네루	맡기다
ユダヤきょう	[ユダヤ教]	유다야꾜-	유대교
ゆだん	[油断]	유단	방심, 부주의する
ユッケ		유ㄱ께	육회
ゆっくり		유ㄱ꾸리	천천히, 서서히する
ゆったり		유ㅅ따리	느긋하게, 헐겁게する
ゆでたまご	[ゆで卵]	유데따마고	삶은 달걀
ゆでる	[茹でる]	유데루	삶다
ゆとり		유또리	여유
ユニフォーム	[uniform]	유니훠-무	유니폼
ゆにゅう	[輸入]	유뉴-	수입する
ゆのみ	[湯呑み]	유노미	찻잔
ゆび	[指]	유비	손가락
ゆびおり	[指折り]	유비오리	손꼽아 헤아림
ゆびわ	[指輪]	유비와	반지
ゆぶね	[湯船]	유부네	욕조, 목욕통
ゆみ	[弓]	유미	활
ゆめ	[夢]	유메	꿈
ゆめうつつ	[夢現]	유메우츠츠	비몽사몽
ゆめごこち	[夢心地]	유메고꼬치	꿈을 꾸는 것 같은 기분
ゆめじ	[夢路]	유메지	꿈길
ゆめみる	[夢見る]	유메미루	꿈꾸다

ゆらい	[由来]	유라이	유래
ゆり	[百合]	유리	백합
ゆるい	[緩い]	유루이	느슨하다, 헐겁다
ゆるす	[許す]	유루스	허가하다, 용서하다
ゆるむ	[緩む]	유루무	느슨해지다, 풀어지다
ゆれる	[揺れる]	유레루	흔들리다

よ

よ		요	~요!
よあけ	[夜明け]	요아께	새벽
よい	[良い]	요이	좋다
よいどめ	[酔い止め]	요이도메	멀미약
よう	[酔う]	요우	취하다
ようい	[用意]	요-이	준비する
ようい	[容易]	요-이	손쉬움, 용의함
よういん	[要因]	요-이ㄴ	요인
ようか	[八日]	요-까	8일
ようかん	[羊羹]	요-까ㄴ	양갱
ようがん	[溶岩]	요-가ㄴ	용암
ようき	[陽気]	요-끼	밝고 쾌활함
ようぎしゃ	[容疑者]	요-기샤	용의자
ようきゅう	[要求]	요-뀨-	요구する
ヨーグルト	[yogurt]	요-구루또	요구르트
ようご	[用語]	요-고	용어
ようこそ		요-꼬소	잘 오셨어요
ようさい	[洋裁]	요-사이	양재
ようし	[用紙]	요-시	용지
ようし	[養子]	요-시	양자
ようし	[容姿]	요-시	용모
ようじ	[幼児]	요-지	유아
ようじ	[用事]	요-지	볼일, 용건
ようじ	[楊枝]	요-지	이쑤시개
ようしょく	[養殖]	요-쇼꾸	양식する
ようしょく	[洋食]	요-쇼꾸	양식
ようじん	[用心]	요-지ㄴ	조심, 주의する
ようじんぶかい	[用心深い]	요-지ㅁ부까이	조심성 있다
ようす	[様子]	요-스	모양, 상태
ようするに	[要するに]	요-스루니	요컨대
ようせい	[陽性]	요-세-	양성
ようせい	[養成]	요-세-	양성する
ようせい	[妖精]	요-세-	요정

ようせき	[容積]	요-세끼	용적
ようそ	[要素]	요-소	요소
ようそう	[洋装]	요-소-	양장
ようたい	[容態]	요-따이	상황, 상태
ようちえん	[幼稚園]	요-치에ㄴ	유치원
ようちゅう	[幼虫]	요-츄-	애벌레
ようつう	[腰痛]	요-츠-	요통
ようてん	[要点]	요-떼ㄴ	요점
ようと	[用途]	요-또	용도
ようび	[曜日]	요-비	요일
ようひん	[用品]	요-히ㅇ	용품
ようひん	[洋品]	요-히ㄴ	양품
ようひんてん	[洋品店]	요-히ㄴ떼ㄴ	양품점
ようふく	[洋服]	요-후꾸	옷
ようふくだんす	[洋服箪笥]	요-후꾸다ㄴ스	옷장
ようべん	[用便]	요-베ㄴ	용변する⊙
ようほう	[用法]	요-호-	용법
ようぼう	[要望]	요-보-	요망する⊙
ようぼう	[容貌]	요-보-	용모
ようま	[洋間]	요-마	양실
ようむ	[用務]	요-무	용무
ようやく	[漸く]	요-야꾸	겨우, 간신히, 차차
ようやく	[要約]	요-야꾸	요약する⊙
ようりょう	[要領]	요-료-	요령
ヨーロッパ	[Europa]	요-로ㅂ빠	유럽
よか	[余暇]	요까	여가
ヨガ	[yoga]	요가	요가
よかれあしかれ	[善かれ悪しかれ]	요까레아시까레	좋든 나쁘든, 좌우지간에
よかん	[予感]	요까ㄴ	예감する⊙
よきん	[預金]	요끼ㄴ	예금する⊙
よきんつうちょう	[預金通帳]	요끼ㄴ츠-쵸-	예금통장
よく		요꾸	잘, 자주
よくしつ	[浴室]	요ㄱ시츠	욕실
よくじつ	[翌日]	요꾸지츠	다음날, 이튿날
よくそう	[浴槽]	요ㄱ소-	욕조
よくねん	[翌年]	요꾸네ㄴ	다음해, 이듬해
よくばり	[欲張り]	요꾸바리	욕심쟁이
よくぼう	[欲望]	요꾸보-	욕망
よけい	[余計]	요께-	더한층, 부질없음, 쓸데없음
よける	[避ける]	요께루	비키다

よげん	[予言]	요게ㄴ	예언する
よこ	[横]	요꼬	가로, 옆, 곁
よこがお	[横顔]	요꼬가오	옆얼굴
よこがき	[横書き]	요꼬가끼	가로쓰기
よこぎる	[横切る]	요꼬기루	가로지르다
よこく	[予告]	요꼬꾸	예고する
よこじま	[横縞]	요꼬지마	가로줄무늬
よこす		요꼬스	보내오다, 넘겨주다
よごす	[汚す]	요고스	더럽히다
よこたわる	[横たわる]	요꼬따와루	눕다
よこづな	[横綱]	요꼬즈나	스모의 천하장사
よこて	[横手]	요꼬떼	옆쪽, 측면
よごと	[夜毎]	요고또	매일 밤, 밤마다
よこどり	[横取り]	요꼬도리	가로챔, 횡령する
よこはま	[横浜]	요꼬하마	요코하마
よこめ	[横目]	요꼬메	곁눈질, 곁눈
よごれる	[汚れる]	요고레루	더러워지다
よさん	[予算]	요사ㄴ	예산
よしあし	[良し悪し]	요시아시	잘잘못
よじじゅくご	[四字熟語]	요지쥬꾸고	사자숙어
よじのぼる	[よじ上る]	요지노보루	기어오르다
よしゅう	[予習]	요슈-	예습する
よじる	[捩る]	요지루	비틀다, 꼬다
よしん	[余震]	요시ㄴ	여진
よす	[止す]	요스	그만두다, 중지하다
よせん	[予選]	요세ㄴ	예선する
よそ	[余所]	요소	딴 곳, 남의 집
よそう	[予想]	요소-	예상する
よそおう	[装う]	요소오우	장식하다, 치장하다
よそごと	[余所事]	요소고또	남의 일
よそよそしい		요소요소시이	서먹서먹하다, 쌀쌀하다
よぞら	[夜空]	요조라	밤하늘
よだれ	[涎]	요다레	침, 군침
よちよち		요치요치	아장아장する
よっか	[四日]	요ㄱ까	4일
よつかど	[四つ角]	요츠까도	네거리
よっつ	[四つ]	요ㅅ츠	네 개, 네 살
よっぱらい	[酔っぱらい]	요ㅂ빠라이	주정뱅이, 술주정꾼
よっぱらう	[酔っ払う]	요ㅂ빠라우	만취하다
よてい	[予定]	요떼-	예정する

よとう	[与党]	요또-	여당
よなか	[夜中]	요나까	밤중
よのなか	[世の中]	요노나까	세상
よはく	[余白]	요하꾸	여백
よび	[予備]	요비	예비する
よびこう	[予備校]	요비꼬-	입시학원
よびりん	[呼び鈴]	요비리ㄴ	초인종
よぶ	[呼ぶ]	요부	부르다
よふかし	[夜更し]	요후까시	밤샘する
よふけ	[夜更け]	요후께	밤 늦도록, 심야
よほう	[予報]	요호-	예보する
よぼう	[予防]	요보-	예방する
よほど	[余程]	요호도	어지간히, 꽤
よみがえる	[蘇る]	요미가에루	되살아나다, 소생하다
よみもの	[読み物]	요미모노	읽을거리
よむ	[読む]	요무	읽다
よめ	[嫁]	요메	며느리
よめいり	[嫁入り]	요메이리	시집감, 출가
よもぎ	[蓬]	요모기	쑥
よやく	[予約]	요야꾸	예약する
よゆう	[余裕]	요유-	여유
より		요리	보다
より		요리	~보다, ~밖에
よる	[夜]	요루	밤
よる	[寄る]	요루	들르다, 다가가다
よる	[因る]	요루	기인하다, 의하다
よれよれ		요레요레	너덜너덜, 구깃구깃
よろこび	[喜び]	요로꼬비	기쁨
よろこぶ	[喜ぶ]	요로꼬부	기뻐하다
よろこんで	[喜んで]	요로꼬ㄴ데	기꺼이
よろしい	[宜しい]	요로시이	좋으시다
よろめく	[蹌踉めく]	요로메꾸	비틀거리다, 휘청거리다
よわい	[弱い]	요와이	약하다
よわたり	[世渡り]	요와따리	처세
よわね	[弱音]	요와네	약한 말, 우는 소리
よわみ	[弱み]	요와미	약점, 취약점
よわび	[弱火]	요와비	약한 불
よわむし	[弱虫]	요와무시	겁쟁이, 못난이
よん	[四]	요ㄴ	4, 넷

ラーメン		라-메ㄴ	라면
ライオン	[lion]	라이오ㄴ	사자
らいげつ	[来月]	라이게츠	다음달
らいさん	[礼賛]	라이사ㄴ	예찬, 칭송する⊙
らいしゅう	[来週]	라이슈-	다음주
らいせ	[来世]	라이세	내세
ライター	[lighter]	라이따-	라이터
らいでん	[雷電]	라이데ㄴ	번개
ライト	[light]	라이또	라이트, 빛
らいねん	[来年]	라이네ㄴ	내년
らいひん	[来賓]	라이히ㄴ	내빈
らいほう	[来訪]	라이호-	내방する⊙
ライム	[lime]	라이무	라임
ライラック	[lilac]	라이라ㄱ꾸	라일락
ライン	[line]	라이ㄴ	라인, 선
らく	[楽]	라꾸	편안함
らくいん	[烙印]	라꾸이ㄴ	낙인
らくえん	[楽園]	라꾸에ㄴ	낙원
らくがき	[落書き]	라꾸가끼	낙서する⊙
らくご	[落語]	라꾸고	일본 만담
らくさつ	[落札]	라ㄱ사츠	낙찰する⊙
らくせん	[落選]	라ㄱ세ㄴ	낙선する⊙
らくだ		라꾸다	낙타
らくだい	[落第]	라꾸다이	낙제する⊙
らくたん	[落胆]	라ㄱ따ㄴ	낙담する⊙
らくてんか	[楽天家]	라ㄱ떼ㅇ까	낙천가
ラグビー	[rugby]	라구비-	럭비
らくらく	[楽々]	라꾸라꾸	편안히, 손쉽게
ラケット	[racket]	라께ㅅ또	라켓
ラジオ	[radio]	라지오	라디오
ラジオきょく	[radio局]	라지오꾜꾸	라디오방송국
ラジカセ	[radio-cassette]	라지까세	카세트라디오
らしんばん	[羅針盤]	라시ㅁ바ㄴ	나침반

ラズベリー	[raspberry]	라즈베리-	라즈베리
らたい	[裸体]	라따이	나체
らち	[拉致]	라치	납치하다
らっかさん	[落下傘]	라ㄱ까세ㄴ	낙하산
らっかせい	[落花生]	라ㄱ까세-	땅콩
らっかん	[楽観]	라ㄱ까ㄴ	낙관하다
ラッシュアワー	[rush hour]	라ㅅ슈아와-	러시아워
らっぱ	[喇叭]	라ㅂ빠	나팔
ラップ	[rap]	라ㅂ뿌	랩
ラブレター	[love letter]	라부레따-	러브레터
ラベル	[label]	라베루	라벨
ラム	[rum]	라무	럼주
ラムにく	[lamb肉]	라무니꾸	양고기
らん	[蘭]	라ㄴ	난, 난초
らんかん	[欄干]	라ㅇ까ㄴ	난간
らんざつ	[乱雑]	라ㄴ자츠	난잡
らんし	[乱視]	라ㄴ시	난시
らんせい	[乱世]	라ㄴ세-	난세
らんそう	[卵巣]	라ㄴ소-	난소
らんだ	[乱打]	라ㄴ다	난타하다
ランチ	[lunch]	라ㄴ치	런치
ランドセル	[ransel]	라ㄴ도세루	책가방
ランニング	[running]	라ㄴ니ㅇ구	러닝, 경주
らんのはな	[蘭の花]	라ㄴ노하나	난꽃
らんぼう	[乱暴]	라ㅁ보-	난폭
らんよう	[乱用]	라ㅇ요-	남용하다

リーダー	[leader]	리-다-	리더
リード	[lead]	리-도	리드
りえき	[利益]	리에끼	이익
りか	[理科]	리까	이과
りかい	[理解]	리까이	이해する⊙
りがい	[利害]	리가이	이해
りきさく	[力作]	리끼사꾸	역작
りきせつ	[力説]	리끼세츠	역설する⊙
りきそう	[力走]	리끼소-	역주する⊙
りきてん	[力点]	리끼뗴ㄴ	역점
りきむ	[力む]	리끼무	힘주다
りきりょう	[力量]	리끼료-	역량
りく	[陸]	리꾸	뭍, 육지
りくぐん	[陸軍]	리꾸구ㄴ	육군
りくじょう	[陸上]	리꾸죠-	육상
りくじょうきょうぎ	[陸上競技]	리꾸죠-꾜-기	육상경기
りくち	[陸地]	리꾸치	육지
りくつ	[理屈]	리꾸츠	이치, 핑계, 구실
りこう	[利口]	리꼬-	영리함, 똑똑함
りこん	[離婚]	리꼬ㄴ	이혼する⊙
りし	[利子]	리시	이자
りじ	[理事]	리지	이사
りじゅん	[利潤]	리쥬ㄴ	이윤
りす	[栗鼠]	리스	다람쥐
リストラ	[restructuring]	리스또라	구조조정
リズム	[rhythm]	리즈무	리듬
りせい	[理性]	리세-	이성
りそう	[理想]	리소-	이상
りそうのひと	[理想の人]	리소-노히또	이상형
りそく	[利息]	리소꾸	이자
りちぎ	[律儀]	리치기	성실함
りつあん	[立案]	리츠아ㄴ	입안する⊙
りっこうほ	[立候補]	리ㄱ꼬-호	입후보する⊙

りっしょう	[立証]	리ㅅ쇼-	입증する
りつどう	[律動]	리츠도-	율동する
リットル	[liter]	리ㅅ또루	리터
りっぱ	[立派]	리빠	훌륭함
りっぷく	[立腹]	리ㅂ뿌꾸	역정, 화를 냄する
りっぽう	[立法]	리ㅂ뽀-	입법
りてん	[利点]	리떼ㄴ	이점
りねん	[理念]	리네ㄴ	이념
りはつ	[利発]	리하츠	영리함, 현명함
りはつてん	[理髪店]	리하츠떼ㄴ	이발소
りふじん	[理不尽]	리후지ㄴ	억지, 불합리
リポーター	[reporter]	리뽀-따-	리포터
リボン	[ribbon]	리보ㄴ	리본
リムジン	[limousine]	리무지ㄴ	리무진, 고급승용차
リムジンバス	[limousine bus]	리무지ㅁ바스	리무진버스
りめん	[裏面]	리메ㄴ	이면
リモコン	[remote control]	리모꼬ㄴ	리모콘
りゃくじ	[略字]	랴꾸지	약자
りゃくしき	[略式]	랴꾸시끼	약식
りゃくず	[略図]	랴꾸즈	약도
りゃくだつ	[略奪]	랴꾸다츠	약탈する
りゃくれき	[略歴]	랴꾸레끼	약력
りゆう	[理由]	리유-	이유, 까닭
りゅう	[竜]	류-	용
りゅうがく	[留学]	류-가꾸	유학する
りゅうこう	[流行]	류-꼬-	유행する
りゅうざん	[流産]	류-자ㄴ	유산する
りゅうちょう	[流暢]	류-쵸-	유창
りゅうつう	[流通]	류-츠-	유통する
りよう	[利用]	리요-	이용する
りょう	[量]	료-	양
りょう	[寮]	료-	기숙사
りょういき	[領域]	료-이끼	영역
りょうおもいになる	[両想いになる]	료-오모이니나루	사랑이 이루어지다
りょうがえ	[両替]	료-가에	환전する
りょうがえじょ	[両替所]	료-가에죠	환전소
りょうがわ	[両側]	료-가와	양쪽
りょうきん	[料金]	료-끼ㄴ	요금
りょうこう	[良好]	료-꼬-	양호
りょうさい	[良妻]	료-사이	좋은 아내, 양처

りょうし	[理容師]	리요-시	이발사
りょうし	[漁師]	료-시	어부
りょうし	[猟師]	료-시	사냥꾼
りょうしゅうしょう	[領収証]	료-슈-쇼-	영수증
りょうしん	[両親]	료-시ㄴ	양친
りょうしん	[良心]	료-시ㄴ	양심
りょうて	[両手]	료-떼	양손
りょうど	[領土]	료-도	영토
りょうほう	[両方]	료-호-	양쪽, 쌍방
りょうほう	[療法]	료-호-	요법
りょうり	[料理]	료-리	음식, 요리
りょかん	[旅館]	료까ㄴ	고급 여관
りょくちゃ	[緑茶]	료ㄱ챠	녹차
りょくとう	[緑豆]	료ㄱ또-	녹두
りょけん	[旅券]	료께ㄴ	여권
りょこう	[旅行]	료꼬-	여행する⒱
りょこうがいしゃ	[旅行会社]	료꼬-가이샤	여행사
りょこうさき	[旅行先]	료꼬-사끼	여행지
リラックス	[relax]	리라ㄱㄱ스	릴렉스, 긴장을 풂する⒱
りりく	[離陸]	리리꾸	이륙する⒱
りりしい	[凛々しい]	리리시이	늠름하다
りれきしょ	[履歴書]	리레끼쇼	이력서
りろん	[理論]	리로ㄴ	이론
りん	[輪]	리ㄴ	~송이
りんぎょう	[林業]	리ㅇ교-	임업
りんご	[林檎]	리ㅇ고	사과
りんじ	[臨時]	리ㄴ지	임시
りんじゅう	[臨終]	리ㄴ쥬-	임종
リンス	[rinse]	리ㄴ스	린스
りんや	[林野]	리ㅇ야	임야
りんり	[倫理]	리ㄴ리	윤리
りんりん		리ㄴ리ㄴ	따르릉

るいけい	[類型]	루이께-	유형
るいけい	[累計]	루이께-	누계する
るいじ	[類似]	루이지	유사する
るいじんえん	[類人猿]	루이지ㅇ에ㄴ	유인원
るいすい	[類推]	루이스이	유추する
るいせき	[累積]	루이세끼	누적する
ルージュ	[rouge]	루-쥬	루즈, 입술 연지
ルーズ	[loose]	루-즈	헐렁함, 느슨한 모양
ルーム	[room]	루-무	룸, 방
ルームサービス	[room service]	루-무사-비스	룸 서비스
ルームナンバー	[room number]	루-무나ㄴ바	룸 넘버
ルール	[rule]	루-루	룰, 규칙
るす	[留守]	루스	부재중
るすばんでんわ	[留守番電話]	루스바ㄴ데ㅇ와	자동응답기
るつぼ	[坩堝]	루츠보	도가니
るてん	[流転]	루떼ㄴ	유전する
ルビー	[ruby]	루비-	루비

レア	[rare]	레아-	살짝 익힌 것
れい	[零]	레-	영
れいか	[零下]	레-까	영하
れいがい	[例外]	레-가이	예외
れいかん	[霊感]	레-까ㄴ	영감
れいぎ	[礼儀]	레-기	예의
れいぎただしい	[礼儀正しい]	레-기따다시이	예의 바르다
れいきゃく	[冷却]	레-꺄꾸	냉각する v
れいきん	[礼金]	레-끼ㄴ	사례금
れいけつ	[冷血]	레-께츠	냉혈
れいしょう	[冷笑]	레-쇼-	냉소する v
れいじょう	[令状]	레-죠-	영장
れいすい	[冷水]	레-스이	냉수
れいせい	[冷静]	레-세-	냉정
れいぞうこ	[冷蔵庫]	레-조-꼬-	냉장고
れいたん	[冷淡]	레-따ㄴ	냉담
れいとう	[冷凍]	레-또-	냉동する v
れいとうしょくひん	[冷凍食品]	레-또-쇼꾸히ㄴ	냉동식품
れいねん	[例年]	레-네ㄴ	예년
れいはい	[礼拝]	레-하이	예배する v
レイプ	[rape]	레이뿌	강간, 성폭행する v
れいぼう	[冷房]	레-보-	냉방する v
れいめん	[冷麺]	레-메ㄴ	냉면
レース	[race]	레-스	레이스, 경주
れきし	[歴史]	레끼시	역사
れきしがく	[歴史学]	레끼시가꾸	역사학
れきだい	[歴代]	레끼다이	역대
れきにん	[歴任]	레끼니ㄴ	역임する v
レジ	[register]	레지	계산대
レシート	[receipt]	레시-또	영수증
レジャー	[leisure]	레쟈-	레저
レストラン	[restaurant]	레스또라ㅇ	레스토랑
レスリング	[wrestling]	레스리ㅇ구	레슬링

レター	[letter]	레따-	편지, 서한
レタス	[lettuce]	레따스	양상추
れつ	[列]	레츠	줄
れっしゃ	[列車]	레ㅅ샤	열차
レッスン	[lesson]	레ㅅ스ㄴ	연습, 수업
れっとう	[列島]	레ㅅ또-	열도
れっとう	[劣等]	레ㅅ또-	열등
レディー	[lady]	레디-	숙녀
レトルトしょくひん	[レトルト食品]	레또루또쇼꾸히ㄴ	고온조리식품
レバー	[liver]	레바-	간
レベル	[level]	레베루	레벨, 수준
レポート	[report]	레뽀-또	레포트
レモン	[lemon]	레모ㄴ	레몬
レモンティー	[lemon tea]	레모ㄴ띠-	레몬티
れんあい	[恋愛]	레ㅇ아이	연애하다
れんあいけっこん	[恋愛結婚]	레ㅇ아이께ㄱ꼬ㄴ	연애결혼
れんが	[煉瓦]	레ㅇ가	벽돌
れんがいろ	[煉瓦色]	레ㅇ가이로	자주색
れんきゅう	[連休]	레ㅇ뀨-	연휴
れんぎょう		레ㅇ교-	개나리
れんごう	[連合]	레ㅇ고-	연합하다
れんこん	[蓮根]	레ㅇ꼬ㄴ	연근
れんさい	[連載]	레ㄴ사이	연재하다
れんじつ	[連日]	레ㄴ지츠	연일
れんしゅう	[練習]	레ㄴ슈-	연습하다
レンズ	[lens]	레ㄴ즈	렌즈
れんぞく	[連続]	레ㄴ조꾸	연속하다
レンタカー	[rent-a-car]	레ㄴ따까-	렌터카
レンタルショップ	[rental shop]	레ㄴ따루쇼ㅂ뿌	비디오 시디대여점
レンタルビデオショップ	[rental video shop]	레ㄴ따루비데오쇼ㅂ뿌	비디오대여점
れんちゅう	[連中]	레ㄴ쮸-	한패, 일당
レントゲン	[Rontgen]	레ㄴ또게ㄴ	엑스레이
れんらく	[連絡]	레ㄴ라꾸	연락하다
れんらくさき	[連絡先]	레ㄴ라ㄱ사끼	연락처

ろうか	[廊下]	로-까	복도
ろうか	[老化]	로-까	노화する⒱
ろうきゅう	[老朽]	로-뀨-	노후する⒱
ろうじん	[老人]	로-지ㄴ	노인
ろうそく		로-소꾸	양초
ろうどう	[労働]	로-도-	노동する⒱
ろうどく	[朗読]	로-도꾸	낭독する⒱
ろうにん	[浪人]	로-니ㄴ	재수생, 취업재수생
ろうば	[老婆]	로-바	노파
ろうばい	[狼狽]	로-바이	낭패する⒱
ろうひ	[浪費]	로-히	낭비する⒱
ろうれん	[老練]	로-레ㄴ	노련
ローション	[lotion]	로-쇼ㄴ	로션
ロータリー	[rotary]	로-따리-	교차로
ロープ	[rope]	로-뿌	줄, 밧줄
ローマ	[Roma]	로-마	로마
ろかた	[路肩]	로까따	갓길
ろく	[六]	로꾸	6, 여섯
ログアウト	[log out]	로구아우또	로그아웃
ログイン	[log in]	로구이ㄴ	로그인
ろくおん	[録音]	로꾸오ㄴ	녹음する⒱
ろくが	[録画]	로꾸가	녹화する⒱
ろくがつ	[六月]	로꾸가츠	6월
ろくでなし		로꾸데나시	쓸모없는 사람
ろくに		로꾸니	제대로, 변변히
ロケット	[locket]	로께ㅅ또	로켓
ろこつ	[露骨]	로꼬츠	노골
ろじ	[路地]	로지	골목길
ロシア	[Russia]	로시아	러시아
ろしゅつ	[露出]	로슈츠	노출する⒱
ろじょう	[路上]	로죠-	노상
ろせん	[路線]	로세ㄴ	노선
ロッカー	[locker]	로ㄱ까-	로커, 사물함

ロック	[lock]	로ㄱ꾸	자물쇠, 열쇠
ろば	[驢馬]	로바	당나귀, 나귀
ロビー	[lobby]	로비-	로비
ロブスター	[lobster]	로부스따-	바닷가재
ロボット	[robot]	로보ㅅ또	로봇
ロマンス	[romance]	로마ㄴ스	로맨스
ろめん	[路面]	로메ㄴ	노면
ロングスカート	[long skirt]	로ㅇ구스까-또	롱스커트
ロングヘア	[long hair]	로ㅇ구헤아	긴 머리
ろんご	[論語]	로ㅇ고	논어
ろんせつ	[論説]	로ㄴ세츠	논설
ろんそう	[論争]	로ㄴ소-	논쟁하다ⓥ
ロンドン	[London]	로ㄴ도ㄴ	런던
ろんぶん	[論文]	로ㅁ부ㄴ	논문
ろんり	[論理]	로ㄴ리	논리

わ		わ	여성어
わ	[和]	わ	일본, 일본식, 화목
ワープロ	[word processor]	와-쁘로	워드프로세서
ワーワー		와-와-	와와
わいきょく	[歪曲]	와이꾜꾸	왜곡する⊕
ワイシャツ	[white shirts]	와이샤츠	와이셔츠
ワイパー	[wiper]	와이빠-	와이퍼
ワイフ	[wife]	와이후	와이프, 아내
わいろ	[賄賂]	와이로	뇌물
ワイン	[wine]	와이ㄴ	와인
ワイングラス	[wine glass]	와이ㅇ구라스	와인잔
わかい	[若い]	와까이	어리다, 젊다
わかがえり	[若返り]	와까가에리	회춘
わかげ	[若気]	와까게	젊은 혈기
わがし	[和菓子]	와가시	일본과자
わかしらが	[若白髪]	와까시라가	새치
わかす	[沸す]	와까스	끓이다, 데우다
わかぞう	[若造]	와까조-	애송이, 풋내기
わかて	[若手]	와까떼	한창때의 젊은이
わがまま	[我侭]	와가마마	제멋대로 굶, 버릇없음
わかむき	[若向き]	와까무끼	젊은이용
わかめ	[若芽]	와까메	미역
わかもの	[若者]	와까모노	젊은이
わがや	[我が家]	와가야	우리 집
わかやまけん	[和歌山県]	와까야마께ㄴ	와카야마현
わからずや	[分からず屋]	와까라즈야	벽창호
わかる	[分かる]	와까루	알다, 이해하다
わかれ	[別れ]	와까레	이별, 헤어짐
わかれみち	[別れ道]	와까레미치	갈림길, 기로
わかれめ	[分れ目]	와까레메	갈림길, 분기점
わかれる	[別れる]	와까레루	헤어지다, 이별하다
わかわかしい	[若々しい]	와까와까시이	젊고 싱싱하다
わきのした	[脇の下]	와끼노시따	겨드랑이

わきまえる	[弁える]	와끼마에루	구별하다, 분별하다
わきみち	[脇道]	와끼미치	옆길, 샛길
わきめ	[脇目]	와끼메	곁눈질, 곁눈
わく	[枠]	와꾸	테, 테두리
わく	[沸く]	와꾸	끓다, 솟다
わく	[湧く]	와꾸	샘솟다
わくせい	[惑星]	와ㄱ세-	혹성
ワクチン	[Vakzin]	와ㄱ치ㄴ	백신
わくわく		와꾸와꾸	두근두근する⊙
わけ	[訳]	와께	까닭, 사정, 도리
わけ		와께	~턱, ~리
わけない	[訳無い]	와께나이	간단하다, 수월하다
わけまえ	[分け前]	와께마에	받을 몫, 배당, 할당
わけめ	[分け目]	와께메	가리마
わける	[分ける]	와께루	나누다, 가르다
わこうど	[若人]	와꼬-도	젊은이, 청년
ワゴンしゃ	[ワゴン車]	와고ㄴ샤	승합차
わざと		와자또	일부러, 고의로
わさび		와사비	와사비
わざわざ		와자와자	일부러, 특별히
わし	[鷲]	와시	독수리
わし	[和紙]	와시	일본 종이
わじゅつ	[話術]	와쥬츠	화술
わしょく	[和食]	와쇼꾸	일식
わずか	[僅か]	와즈까	겨우, 불과
わずらう	[煩う]	와즈라우	번민하다, 번뇌하다
わずらう	[患う]	와즈라우	앓다
わずらわしい	[煩わしい]	와즈라와시이	번거롭다, 성가시다
わすれっぽい	[忘れっぽい]	와스레ㅂ뽀이	툭하면 잊다
わすれなぐさ	[勿忘草]	와스레나구사	물망초
わすれもの	[忘れ物]	와스레모노	유실물
わすれる	[忘れる]	와스레루	잊다
わせいかんじ	[和製漢字]	와세-까ㄴ지	일본 한자
わた	[綿]	와따	솜, 목화
わだい	[話題]	와다이	화제
わたくし	[私]	와따꾸시	저
わたし	[私]	와따시	나
わたしたち	[私たち]	와따시따치	우리, 우리들
わたしども	[私ども]	와따시도모	저희, 저희들
わたしば	[渡し場]	와따시바	나루터

わたしぶね	[渡し船]	와따시부네	나룻배
わたす	[渡す]	와따스	건네다, 넘기다
わたのき	[綿の木]	와따노끼	목화
わたりどり	[渡り鳥]	와따리도리	철새
わたる	[渡る]	와따루	건너다
わな	[罠]	와나	올가미, 덫
わなわな		와나와나	와들와들する⊙
わに	[鰐]	와니	악어
わび		와비	간소하고 한적한 정취
わびしい	[侘しい]	와비시이	쓸쓸하다, 적적하다
わびる	[詫びる]	와비루	사과하다, 빌다
わふう	[和風]	와후-	일본식
わめく	[喚く]	와메꾸	울부짖다, 아우성치다
わら	[藁]	와라	지푸라기, 짚
わらい	[笑い]	와라이	웃음
わらいばなし	[笑い話]	와라이바나시	우스갯소리
わらう	[笑う]	와라우	웃다
わらじ	[草鞋]	와라지	짚신
わらび	[蕨]	와라비	고사리
わりあい	[割合]	와리아이	비율, 비교적, 제법
わりあて	[割り当て]	와리아떼	할당, 배당
わりかん	[割り勘]	와리까ㄴ	각자 부담, 추렴
わりざん	[割り算]	와리자ㄴ	나눗셈
わりに	[割に]	와리니	비교적, ~비해
わりばし	[割り箸]	와리바시	나무젓가락
わりびき	[割引]	와리비끼	할인する⊙
わりびく	[割り引く]	와리비꾸	할인하다
わる	[割る]	와루	나누다, 깨다
わるい	[悪い]	와루이	나쁘다
わるがしこい	[悪賢い]	와루가시꼬이	교활하다
わるぐち	[悪口]	와루구치	욕, 욕설
わるだくみ	[悪巧み]	와루다꾸미	흉계, 간계
ワルツ	[waltz]	와루츠	왈츠
われさき	[我先]	와레사끼	앞 다투어
われながら	[我ながら]	와레나가라	내가 생각해도
われる	[割れる]	와레루	갈라지다, 깨지다
わん	[湾]	와ㄴ	만
わんしょう	[腕章]	와ㄴ쇼-	완장
ワンタン		와ㄴ따ㄴ	만둣국
わんぱく	[腕白]	와ㄴ빠꾸	개구쟁이

ワンピース	[one-piece]	와ㅁ삐-스	원피스
わんりょく	[腕力]	와ㄴ료꾸	완력
ワンルーム	[one-room]	와ㄴ루-무	원룸
わんわん		와ㅇ와ㅇ	멍멍
を		오	~을, ~를

ㄱ

한국어	가나	한자	일본어
~가	가		が
~가	가		か
가가와현	가가와껭	[香川県]	かがわけん
가게	미세	[店]	みせ
가격	가까꾸	[価格]	かかく
가격	네다ㄴ	[値段]	ねだん
가결	가께츠	[可決]	かけつする⊙
가계	가께-	[家計]	かけい
가계도	게-즈	[系図]	けいず
가계부	가께-보	[家計簿]	かけいぼ
가계약	가리께-야꾸	[仮契約]	かりけいやくする⊙
가고시마현	가고시마껭	[鹿児島県]	かごしまけん
가공	가꼬-	[加工]	かこうする⊙
가공식품	가꼬-쇼꾸힝	[加工食品]	かこうしょくひん
가공할	오소루베끼	[恐るべき]	おそるべき
가구	가구	[家具]	かぐ
가구점	가구야	[家具屋]	かぐや
가극	가게끼	[歌劇]	かげき
가까스로	요-야꾸	[漸く]	ようやく
가깝다	치까이	[近い]	ちかい
가꾸다	소다떼루	[育てる]	そだてる
가끔	도끼도끼	[時々]	ときどき
가끔	다마니		たまに
가끔	도끼따마	[時たま]	ときたま
가나가와현	가나가와껭	[神奈川県]	かながわけん
가난	비모보-	[貧乏]	びんぼう
가난하다	마즈시이	[貧しい]	まずしい
가냘프다	가요와이	[か弱い]	かよわい
가는 도중	도지	[途次]	とじ
가늘고 길다	호소나가이	[細長い]	ほそながい
가늘다	호소이	[細い]	ほそい
가능	가노-	[可能]	かのう
가능성	미꼬미	[見込み]	みこみ

가다	이꾸	[行く]	いく
가다	유꾸	[行く]	ゆく
가다(겸양어)	마이루	[参る]	まいる
가다랑어	가츠오	[鰹]	かつお
가당찮다	도ㄴ데모나이		とんでもない
가도	가이도-	[街道]	かいどう
가두다	도지꼬메루	[閉じ込める]	とじこめる
가득	이ㅂ빠이	[一杯]	いっぱい
가득	기ㅅ시리		ぎっしり
가득히	미ㅅ시리		みっしり
가든	가-데ㄴ	[garden]	ガーデン
가라앉다	시즈무	[沈む]	しずむ
가라앉히다	시즈메루	[沈める]	しずめる
가라오케	가라오께	[空orchestra]	カラオケ
가락	쵸-시	[調子]	ちょうし
가랑비	고사메	[小雨]	こさめ
가랑비	기리사메	[霧雨]	きりさめ
가랑이	마따	[股]	また
~가량	구라이		くらい, ぐらい
가래	다ㄴ		たん
가래	스끼	[鋤]	すき
가려내다	미와께루	[見分ける]	みわける
가련하다	이지라시이		いじらしい
가련함	아와레	[哀れ]	あわれ
가렵다	가유이	[痒い]	かゆい
가령	가리니	[仮に]	かりに
가령	다또에바	[例えば]	たとえば
가로	요꼬	[横]	よこ
가로눕다	요꼬따와루	[横たわる]	よこたわる
가로등	가이또-	[街灯]	がいとう
가로막다	후사구	[塞ぐ]	ふさぐ
가로막다	헤다떼루	[隔てる]	へだてる
가로수	나미끼	[並木]	なみき
가로수	가이로쥬	[街路樹]	がいろじゅ
가로수길	나미끼미치	[並木道]	なみきみち
가로쓰기	요꼬가끼	[横書き]	よこがき
가로줄무늬	요꼬지마	[横縞]	よこじま
가로지르다	요꼬기루	[横切る]	よこぎる
가로챔, 가로채기	요꼬도리	[横取り]	よこどりする
가루	고나	[粉]	こな

가루분	오시로이	[白粉]	おしろい
가루약	고나구스리	[粉薬]	こなぐすり
가루차	마ㅅ챠	[抹茶]	まっちゃ
가르다	와루	[割る]	わる
가르다	와께루	[分ける]	わける
가르치다	오시에루	[教える]	おしえる
가리다	오오우	[覆う]	おおう
가리다	사에기루	[遮る]	さえぎる
가리마	와께메	[分け目]	わけめ
가리비	호따떼		ほたて
가리키다	사스	[指す]	さす
가마	츠무지	[旋毛]	つむじ
가마솥	가마	[釜]	かま
가망	미꼬미	[見込み]	みこみ
가맹	가메-	[加盟]	かめい
가면	가메ㄴ	[仮面]	かめん
가명	가메-	[仮名]	かめい
가문	이에가라	[家柄]	いえがら
가문	가모ㄴ	[家門]	かもん
가뭄	히데리	[日照り]	ひでり
가발	가츠라	[鬘]	かつら
가방	가바ㅇ	[鞄]	かばん
가볍다	가루이	[軽い]	かるい
가봉	가리누이	[仮縫い]	かりぬいする
가부키	가부끼	[歌舞伎]	かぶき
가사	가시	[歌詞]	かし
가사	가지	[家事]	かじ
가사실습실	쵸-리시츠	[調理室]	ちょうりしつ
가상	가소-	[仮想]	かそう
가설	가세츠	[仮説]	かせつする
가속	가소꾸	[加速]	かそく
가수	가슈	[歌手]	かしゅ
가스	가스	[gas]	ガス
가스레인지	가스레ㄴ지	[gas range]	ガスレンジ
가스 불	가스노히	[ガスの火]	ガスのひ
가스요금	가스다이	[ガス代]	ガスだい
가슴	무네	[胸]	むね
가슴앓이	무네야께	[胸焼け]	むねやけ
가시	도게	[刺]	とげ
가시나무	이바라	[茨]	いばら

가신	게라이	[家来]	けらい
가십	고시ㅂ뿌	[gossip]	ゴシップ
가열	가네츠	[加熱]	かねつ
가엾음	가와이소-	[可愛そう]	かわいそう
가엾음	기노도꾸	[気の毒]	きのどく
가오리	에-		えい
가옥	가오꾸	[家屋]	かおく
가요	가요-꾜꾸	[歌謡曲]	かようきょく
가운	가우ㄴ	[gown]	ガウン
가운데	나까	[中]	なか
가운뎃손가락	나까유비	[中指]	なかゆび
가위	하사미	[挟み]	はさみ
가위눌리다	오소와레루		おそわれる
가위바위보	쟈ㅇ께ㄴ		じゃんけん
가을	아끼	[秋]	あき
가이드	가이도	[guide]	ガイドする
가입	가뉴-	[加入]	かにゅう
가자미	가레-	[鰈]	かれい
가장	이치바ㄴ	[一番]	いちばん
가장	모ㅅ또모	[最も]	もっとも
가장자리	후치	[縁]	ふち
가재	자리가니		ざりがに
가정	가떼-	[家庭]	かてい
가정	가떼-	[仮定]	かていする
가정법원	가떼-사이바ㄴ쇼	[家庭裁判所]	かていさいばんしょ
가정하다	미나스	[見做す]	みなす
가족	가조꾸	[家族]	かぞく
가죽	가와	[革]	かわ
가죽손잡이	츠리까와	[吊革]	つりかわ
가지	에다	[枝]	えだ
가지	나스	[茄子]	なす
가지각색	사마자마	[様々]	さまざま
가지고 싶다	호시이	[欲しい]	ほしい
가지다	모츠	[持つ]	もつ
가지런하다	도또노우	[整う]	ととのう
가지런히 하다	도또노에루	[整える]	ととのえる
가짜	니세모노	[偽物]	にせもの
가짜	마가이모노	[擬い物]	まがいもの
가축	가치꾸	[家畜]	かちく
가출	이에데	[家出]	いえでする

가치	가치	[価値]	かち
가타카나	가따까나	[片仮名]	かたかな
가하다	구와에루	[加える]	くわえる
가해	가가이	[加害]	かがい
가혹하다	히도이		ひどい
가훈	가꾸ㄴ	[家訓]	かくん
각	가꾸	[角]	かく
각각	오노오노	[各々]	おのおの
각광	갸ㄱ꼬-	[脚光]	きゃっこう
각국	가ㄱ꼬꾸	[各国]	かっこく
각기	소레조레		それぞれ
각기	오노오노	[各々]	おのおの
각도	가꾸도	[角度]	かくど
각도기	부ㄴ도끼	[分度器]	ぶんどき
각별	가꾸베츠	[格別]	かくべつ
각별히	다ㅇ다ㄴ	[格段]	かくだん
각본	갸꾸호ㄴ	[脚本]	きゃくほん
각서	오보에가끼	[覚え書き]	おぼえがき
각선미	갸ㄱ세ㅁ비	[脚線美]	きゃくせんび
각설탕	가꾸자또-	[角砂糖]	かくざとう
각역열차	가꾸에끼레ㅅ샤	[各駅列車]	かくえきれっしゃ
각오	고꼬로가마에	[心構え]	こころがまえ
각오	가꾸고	[覚悟]	かくご
각자	소레조레		それぞれ
각자	가꾸지	[各自]	かくじ
각자 부담	와리까ㄴ	[割り勘]	わりかん
각종	가ㄱ슈	[各種]	かくしゅ
각지	가ㄱ치	[各地]	かくち
각하	갸ㄱ까	[却下]	きゃっかする◎
간	기모	[肝]	きも
간격	가ㅇ까꾸	[間隔]	かんかく
간결	가ㄴ께츠	[簡潔]	かんけつ
간계	와루다꾸미	[悪巧み]	わるだくみ
간단	가ㄴ따ㄴ	[簡単]	かんたん
간단하다	나마야사시이	[生易しい]	なまやさしい
간단하다	와께나이	[訳無い]	わけない
간략	가ㄴ랴꾸	[簡略]	かんりゃく
간병	가ㅁ뵤-	[看病]	かんびょう
간섭	세ㄱ까이	[節介]	せっかい
간섭	가ㄴ쇼-	[干渉]	かんしょうする◎

간소하고 한적한 정취	와비		わび
간수하다	시마우	[仕舞う]	しまう
간식(오후의)	오야츠		おやつ
간식	가ㄴ쇼꾸	[間食]	かんしょく
간신히	얏또		やっと
간신히	요-야꾸	[漸く]	ようやく
간신히 도착하다	다도리츠꾸	[辿り着く]	たどりつく
간염	가ㅇ에ㄴ	[肝炎]	かんえん
간을 봄	아지미	[味見]	あじみする
간이	가ㅇ이	[簡易]	かんい
간장	쇼-유	[醤油]	しょうゆ
간장	가ㄴ조-	[肝臓]	かんぞう
간접	가ㄴ세츠	[間接]	かんせつ
간주하다	미나스	[見做す]	みなす
간지	에또	[干支]	えと
간질이다	구스구루	[擽る]	くすぐる
간첩	스빠이	[spy]	スパイ
간추리다	마또메루	[纏める]	まとめる
간통	가ㄴ츠-	[姦通]	かんつうする
간파하다	미누꾸	[見抜く]	みぬく
간판	가ㅁ바ㄴ	[看板]	かんばん
간행	가ㅇ꼬-	[刊行]	かんこう
간호	가이호-	[介抱]	かいほうする
간호사	가ㅇ고시	[看護師]	かんごし
갈고랑이	구마떼	[熊手]	くまで
갈기갈기	즈따즈따		ずたずた
갈다(논, 밭 등을)	다가야스	[耕す]	たがやす
갈대	아시	[芦]	あし
갈등	이자고자		いざこざ
갈라지다	와레루	[割れる]	われる
갈림길	와까레미치	[別れ道]	わかれみち
갈림길	와까레메	[分れ目]	わかれめ
갈매기	가모메	[鴎]	かもめ
갈비	가루비		カルビ
갈비뼈	아바라보네	[あばら骨]	あばらぼね
갈색	챠이로	[茶色]	ちゃいろ
갈아입다	기가에루	[着替える]	きがえる
갈아타다	노리까에루	[乗り換える]	のりかえる
갈증나다	가와꾸	[渇く]	かわく
갈채	가ㅅ사이	[喝采]	かっさいする

갈치	다치우오	[太刀魚]	たちうお
갈퀴	구마떼	[熊手]	くまで
갈팡질팡	우로우로		うろうろ
갈팡질팡하다	마고츠꾸		まごつく
갉다	가지루		かじる
갉아먹다	가지루		かじる
감	가끼	[柿]	かき
감각	가ㅇ까꾸	[感覚]	かんかく
감개	가ㅇ가이	[感慨]	かんがい
감겨들다	마츠와루	[纏わる]	まつわる
감격	가ㅇ게끼	[感激]	かんげきする
감금	가ㅇ끼ㄴ	[監禁]	かんきんする
감기	가제	[風邪]	かぜ
감기다	마또우	[纏う]	まとう
감기다	마끼츠꾸	[巻き付く]	まきつく
감기약	가제구스리	[風邪薬]	かぜぐすり
감다	마꾸	[巻く]	まく
감다(눈을)	츠부루	[瞑る]	つぶる
감독	가ㄴ또꾸	[監督]	かんとく
감동	가ㄴ도-	[感動]	かんどうする
감명	가ㅁ메-	[感銘]	かんめいする
감사	가ㄴ샤	[感謝]	かんしゃする
감사 인사	오레-	[お礼]	おれい
감상	가ㄴ소-	[感想]	かんそう
감상	가ㄴ쇼-	[鑑賞]	かんしょうする
감색	고ㅇ이로	[紺色]	こんいろ
감세	가ㄴ제-	[関税]	かんぜい
감소	게ㄴ쇼-	[減少]	げんしょうする
감수	가ㄴ슈-	[監修]	かんしゅう
감시	가ㄴ시	[監視]	かんしする
감싸다	가바우	[庇う]	かばう
감아올리다(양손으로)	다구루	[手繰る]	たぐる
감언이설	구치구루마	[口車]	くちぐるま
감염	가ㄴ세ㄴ	[感染]	かんせん
감옥	가ㅇ고꾸	[監獄]	かんごく
감자	쟈가이모	[じゃが芋]	じゃがいも
감자류	이모	[芋]	いも
감점	게ㄴ떼ㅇ	[減点]	げんてん
감정	가ㄴ죠-	[感情]	かんじょう
감정	가ㄴ떼	[鑑定]	かんていする

감지	가ㄴ치	[関知]	かんち
감추다	가꾸스	[隠す]	かくす
감탄	가ㄴ시ㄴ	[感心]	かんしんする
감탄	가ㄴ따ㄴ	[感嘆]	かんたんする
감화	가ㅇ까	[感化]	かんかする
감히	아에떼	[敢えて]	あえて
갑	미사끼	[岬]	みさき
갑갑함	규-꾸츠	[窮屈]	きゅうくつ
갑부	후고-	[富豪]	ふごう
갑자기	규-니	[急に]	きゅうに
갑자기	도츠제ㄴ	[突然]	とつぜん
갑자기	이끼나리		いきなり
갑자기	다치마치	[忽ち]	たちまち
갑자기	니와까니	[俄に]	にわかに
갑자기 뚝	피따리		ぴたり
갑작스러움	규-	[急]	きゅう
값	네다ㄴ	[値段]	ねだん
값어치	네우치	[値打ち]	ねうち
값을 깎다	네기루	[値切る]	ねぎる
갓	가라시나	[芥子菜]	からしな
갓길	로까따	[路肩]	ろかた
갓난아기	아까짜ㅇ	[赤ちゃん]	あかちゃん
갓난아기	아까ㅁ보-	[赤ん坊]	あかんぼう
갓난아이의 발	아ㅇ요		あんよ
강	가와	[川]	かわ
강가	가와기시	[川岸]	かわぎし
강간	고-까ㄴ	[強姦]	ごうかんする
강간	레-뿌	[rape]	レイプする
강낭콩	이ㅇ게ㅁ마메	[いんげん豆]	いんげんまめ
강당	고-도-	[講堂]	こうどう
강대	쿄-다이	[強大]	きょうだい
강도	고-또-	[強盗]	ごうとう
강렬	쿄-레츠	[強烈]	きょうれつ
강매	오시우리	[押売り]	おしうりする
강변	가와베	[川辺]	かわべ
강변(억지 주장)	헤리꾸츠	[屁理屈]	へりくつ
강사	고-시	[講師]	こうし
강습	고-슈-	[講習]	こうしゅうする
강아지	고이누	[子犬]	こいぬ
강연	고-에ㄴ	[講演]	こうえんする

강요	쿄-요-	[強要]	きょうようする
강요하다	오시츠께루	[押し付ける]	おしつける
강요하다	시이루	[強いる]	しいる
강우	고-우	[降雨]	こうう
강의	고-기	[講義]	こうぎする
강점	츠요미	[強み]	つよみ
강제	쿄-세-	[強制]	きょうせいする
강제로 빼앗다	훈다꾸루		ふんだくる
강조	쿄-쵸-	[強調]	きょうちょうする
강좌	고-자	[講座]	こうざ
강철	고-떼츠	[鋼鉄]	こうてつ
강탈하다	힛따꾸루	[引ったくる]	ひったくる
강판	오로시	[下ろし]	おろし
강판	오로시가네	[下ろし金]	おろしがね
강판에 갈다	스리오로스	[すり下ろす]	すりおろす
강하다	츠요이	[強い]	つよい
강한 불	츠요비	[強火]	つよび
강화	쿄-까	[強化]	きょうかする
갖추다(골고루)	소로에루	[備える]	そろえる
갖추어지다	소나와루	[備わる]	そなわる
갖추어지다	소로우	[揃う]	そろう
같다	히또시이	[等しい]	ひとしい
같은 무리, 부류	다구이	[類]	たぐい
같음	오나지	[同じ]	おなじ
같이	잇쇼니	[一緒に]	いっしょに
같이	오나지꾸	[同じく]	おなじく
갚다	가에스	[返す]	かえす
갚다	무꾸이루	[報いる]	むくいる
갚다	츠구나우	[償う]	つぐなう
개	이누	[犬]	いぬ
~개	고	[個]	こ
개간	가이꼰	[開墾]	かいこんする
개강	가이꼬-	[開講]	かいこう
개교	가이꼬-	[開校]	かいこう
개구리	가에루	[蛙]	かえる
개구쟁이	완빠꾸	[腕白]	わんぱく
개굴개굴	게로께로		けろけろ
개그맨	게-닝	[芸人]	げいにん
개그프로	오와라이방구미	[お笑い番組]	おわらいばんぐみ
개근	가이낑	[皆勤]	かいきんする

개나리	렝о교-		れんぎょう
개념	가이넨	[概念]	がいねん
개다	다따무	[畳む]	たたむ
개다(날씨가)	하레루	[晴れる]	はれる
개띠	이누도시	[犬年]	いぬどし
개량	가이료-	[改良]	かいりょうする
개막	가이마꾸	[開幕]	かいまく
개미	아리	[蟻]	あり
개발	가이하츠	[開発]	かいはつする
개발도상국	하ㅅ떼ㄴ또죠-꼬꾸	[発展途上国]	はってんとじょうこく
개방	가이호-	[開放]	かいほうする
개별	고베츠	[個別]	こべつ
개봉	후-기리	[封切]	ふうぎり
개새끼	치ㄱ쇼-	[畜生]	ちくしょう
개선	가이젠	[改善]	かいぜんする
개설	가이세츠	[開設]	かいせつする
개성	고세-	[個性]	こせい
개수대	나가시	[流し]	ながし
개시	가이시	[開始]	かいしする
개신교	푸로테스따ㄴ또	[protestant]	プロテスタント
개업	가이교-	[開業]	かいぎょうする
개요	아라스지	[粗筋]	あらすじ
개요	아라마시		あらまし
개울	오가와	[小川]	おがわ
~개월	가게츠	[か月]	かげつ
개인	고지ㄴ	[個人]	こじん
개입	가이뉴-	[介入]	かいにゅうする
개점	가이떼ㄴ	[開店]	かいてんする
개정	가이세-	[改正]	かいせいする
개정	가이떼-	[改訂]	かいていする
개죽음	무다지니	[無駄死に]	むだじに
개찰구	가이사츠구치	[改札口]	かいさつぐち
개척	가이따꾸	[開拓]	かいたくする
개체	고따이	[個体]	こたい
개최	가이사이	[開催]	かいさいする
개축	가이치꾸	[改築]	かいちく
개통	가이츠-	[開通]	かいつうする
개펄	히가따	[干潟]	ひがた
개편	가니헤ㄴ	[改編]	かいへんする
개표	가이효-	[開票]	かいひょうする

개항	가이꼬-	[開港]	かいこうする
개혁	가이까꾸	[改革]	かいかくする
개화	가이까	[開花]	かいかする
객관적	캬ㄱ까ㄴ떼끼	[客観的]	きゃっかんてき
객실	캬ㄱ시츠	[客室]	きゃくしつ
객실	캬꾸마	[客間]	きゃくま
객실(일본 가옥의)	자시끼	[座敷]	ざしき
객실승무원	캬ㄱ시츠죠-무이ㅇ	[客室乗務員]	きゃくしつじょうむいん
객차	캬ㄱ샤	[客車]	きゃくしゃ
갤러리	캬라리-	[gallery]	ギャラリー
갱년기	고-네ㅇ끼	[更年期]	こうねんき
갱생	고-세-	[更生]	こうせいする
갱신	고-시ㄴ	[更新]	こうしんする
거기	소꼬		そこ
거꾸로	사까사마	[逆様]	さかさま
거느리다	히끼이루	[率いる]	ひきいる
거대	쿄다이	[巨大]	きょだい
거대함	쟈ㅁ보	[jumbo]	ジャンボ
거동	후루마이	[振舞]	ふるまい
거동	쿄도-	[挙動]	きょどう
거두다	히끼또루	[引き取る]	ひきとる
거듭되다	다비까사나루	[度重なる]	たびかさなる
거뜬히	가루가루	[軽々]	かるがる
거래	도리히끼	[取引]	とりひきする
거래처	도리히끼사끼	[取引先]	とりひきさき
거름	고야시	[肥し]	こやし
거리	쿄리	[距離]	きょり
거리	도-리	[通り]	とおり
거리	미치노리	[道程]	みちのり
거만	고-마ㄴ	[傲慢]	ごうまん
거만함	소ㄴ다이	[尊大]	そんだい
거머리	히루	[蛭]	ひる
거목	쿄보꾸	[巨木]	きょぼく
거미	구모	[蜘蛛]	くも
거부	쿄히	[拒否]	きょひ
거부하다	고바무	[拒む]	こばむ
거북, 거북이	가메	[亀]	かめ
거북하다	기마즈이	[気まずい]	きまずい
거성	쿄세-	[巨星]	きょせい
거세다	하게시이	[激しい]	はげしい

거스르다	사까라우	[逆らう]	さからう
거스름돈	오츠리	[お釣り]	おつり
거슬러 올라가다	사까노보루	[遡る]	さかのぼる
거실	이마	[居間]	いま
거액	교가꾸	[巨額]	きょがく
거역하다	사까라우	[逆らう]	さからう
거울	가가미	[鏡]	かがみ
거위	가쵸-	[鵞鳥]	がちょう
거의	호또ㄴ도	[殆んど]	ほとんど
거인	교지ㄴ	[巨人]	きょじん
거저	다다	[只]	ただ
거절	교제츠	[拒絶]	きょぜつする
거절하다	고바무	[拒む]	こばむ
거주	자이쥬-	[在住]	ざいじゅうする
거지	고지끼	[乞食]	こじき
거짓말	우소	[嘘]	うそ
거짓말쟁이	우소츠끼	[嘘つき]	うそつき
거창하다	모노모노시이	[物々しい]	ものものしい
거치다	헤루	[経る]	へる
거친 파도	아라나미	[荒波]	あらなみ
거칠거칠	자라자라		ざらざら
거칠다	아라이	[荒い]	あらい
거칠다	아라ㅂ뽀이	[荒ぽい]	あらっぽい
거침없이	스라스라		すらすら
거품	아와	[泡]	あわ
거품기	아와다떼끼	[泡立て器]	あわだてき
걱정	시ㅁ빠이	[心配]	しんぱいする
걱정	고꼬로가까리	[心掛り]	こころがかり
건강	게ㅇ꼬-	[健康]	けんこう
건강식품	게ㅇ꼬-쇼꾸히ㄴ	[健康食品]	けんこうしょくひん
건강진단	게ㅇ꼬-시ㄴ다ㄴ	[健康診断]	けんこうしんだん
건강함	게ㅇ끼	[元気]	げんき
건강함	죠-부	[丈夫]	じょうぶ
건국	게ㅇ꼬꾸	[建国]	けんこくする
건국기념일	게ㅇ꼬꾸끼네ㅁ비	[建国記念日]	けんこくきねんび
건기	가ㄴ끼	[乾期]	かんき
건너다	와따루	[渡る]	わたる
건너뛰다	누까스	[抜かす]	ぬかす
건너편	무꼬-	[向こう]	むこう
건널목	후미끼리	[踏切]	ふみきり

건네다	와따스	[渡す]	わたす
건네다(손으로)	데와따스	[手渡す]	てわたす
건드리다	사와루	[触る]	さわる
건립	고ㄴ류-	[建立]	こんりゅうする
건망증	모노와스레	[物忘れ]	ものわすれする
건물	다떼모노	[建物]	たてもの
건반	게ㅁ바ㄴ	[鍵盤]	けんばん
건방짐	나마이끼	[生意気]	なまいき
건방짐	소ㄴ다이	[尊大]	そんだい
건배	가ㅁ빠이	[乾杯]	かんぱいする
건설	게ㄴ세츠	[建設]	けんせつする
건성	우와노소라	[上の空]	うわのそら
건성피부	가ㄴ소-하다	[乾燥肌]	かんそうはだ
건승	게ㄴ쇼-	[健勝]	けんしょう
건어물	히모노	[干物]	ひもの
건전	게ㄴ제ㄴ	[健全]	けんぜん
건전지	가ㄴ데ㄴ치	[乾電池]	かんでんち
건조	가ㄴ소-	[乾燥]	かんそうする
건조하다	가와꾸	[乾く]	かわく
건축	게ㄴ치꾸	[建築]	けんちくする
건축가	게ㄴ치꾸까	[建築家]	けんちくか
건축사	게ㄴ치꾸시	[建築士]	けんちくし
건축업	게ㄴ치꾸교-	[建築業]	けんちくぎょう
건평	다떼츠보	[建坪]	たてつぼ
건포도	호시부도-	[干しぶどう]	ほしぶどう
걷다	아루꾸	[歩く]	あるく
걷어차다	게루	[蹴る]	ける
~걸	나(아)		な(あ)
걸다	가께루	[掛ける]	かける
걸레	조-끼ㄴ	[雑巾]	ぞうきん
걸리다	가까루	[掛る]	かかる
걸리다	히ㄱ까까루	[引っ掛かる]	ひっかかる
걸맞다	후사와시이	[相応しい]	ふさわしい
걸맞음	우ㅅ떼츠께	[打って付け]	うってつけ
걸상	고시까께	[腰掛け]	こしかけ
걸음	아유미	[歩み]	あゆみ
걸음마	아ㅇ요		あんよ
걸작	게ㅅ사꾸	[傑作]	けっさく
걸쭉	도로도로		どろどろ
걸치다	마또우	[纏う]	まとう

걸터앉다	고시까께루	[腰掛ける]	こしかける
걸터앉다	마따가루	[跨る]	またがる
걸핏하면	도모스레바		ともすれば
검거	게ㅇ꾜	[検挙]	けんきょする
검다	구로이	[黒い]	くろい
검도	게ㄴ도-	[剣道]	けんどう
검붉다	아까구로이	[赤黒い]	あかぐろい
검사	게ㄴ사	[検査]	けんさする
검사	게ㄴ지	[検事]	けんじ
검색	게ㄴ사꾸	[検索]	けんさくする
검소	시ㅅ소	[質素]	しっそ
검소함	지미	[地味]	じみ
검술	게ㄴ쥬츠	[剣術]	けんじゅつ
검역	게ㅇ에끼	[検疫]	けんえきする
검열	게ㅇ에츠	[検閲]	けんえつする
검은색, 검정	구로	[黒]	くろ
검증	게ㄴ쇼-	[検証]	けんしょうする
검진	게ㄴ시ㄴ	[検診]	けんしんする
검찰	게ㄴ사츠	[検察]	けんさつ
검출	게ㄴ슈츠	[検出]	けんしゅつする
검토	게ㄴ또-	[検討]	けんとうする
겁나다	오소로시이	[恐ろしい]	おそろしい
겁내다	오소레루	[恐れる]	おそれる
겁이 많음	오꾸뵤-	[臆病]	おくびょう
겁이 없음	후떼끼	[不敵]	ふてき
겁쟁이	오꾸뵤-	[臆病]	おくびょう
겁쟁이	요와무시	[弱虫]	よわむし
것	노		の
것	고또		こと
것	모노		もの
겉	오모떼	[表]	おもて
겉	우와베	[上辺]	うわべ
겉모양	소또즈라	[外面]	そとづら
겉보기	미까께	[見掛け]	みかけ
겉치레	미세까께	[見せ掛け]	みせかけ
겉치레 말	오세지	[お世辞]	おせじ
게	가니	[蟹]	かに
게걸게걸	가츠가츠		がつがつする
게다(왜나막신)	게따	[下駄]	げた
게다가	소레니		それに

게다가	소노우에	[その上]	そのうえ
게다가	시까모		しかも
게릴라	게리라	[guerrilla]	ゲリラ
게스트	게스또	[guest]	ゲスト
게시	게-지	[掲示]	けいじする
게시판	게-지바ㄴ	[掲示板]	けいじばん
게양하다	아게루	[揚げる]	あげる
게으름	부쇼-	[不精・無精]	ぶしょう
게으름 피우다	나마께루	[怠ける]	なまける
게으름쟁이	나마께모노	[怠け者]	なまけもの
게을리 하다	오꼬따루	[怠る]	おこたる
게임	게-무	[game]	ゲーム
게자리	가니자	[蟹座]	かにざ
게재	게-사이	[掲載]	けいさいする
겨	누까	[糠]	ぬか
겨냥	네라이	[狙い]	ねらい
겨누다	네라우	[狙う]	ねらう
겨드랑이	와끼노시따	[脇の下]	わきのした
겨루다	아라소우	[争う]	あらそう
겨를	이또마	[暇]	いとま
겨우	야ㅅ또		やっと
겨우	다ㅅ따		たった
겨우	와즈까	[僅か]	わずか
겨우	요-야꾸	[漸く]	ようやく
겨우	도-니까		どうにか
겨울	후유	[冬]	ふゆ
겨울방학	후유야스미	[冬休み]	ふゆやすみ
겨울잠	후유고모리	[冬ごもり]	ふゆごもり
겨자	가라시	[芥子]	からし
격노	게끼도	[激怒]	げきどする
격돌	게끼또츠	[激突]	げきとつする
격랑	아라나미	[荒波]	あらなみ
격려	게끼레-	[激励]	げきれいする
격려하다	하게마스	[励ます]	はげます
격언	가꾸게ㄴ	[格言]	かくげん
격조	고부사따	[御無沙汰]	ごぶさたする
격침	게끼치ㄴ	[撃沈]	げきちんする
격퇴	게끼따이	[撃退]	げきたいする
격투	가ㄱ또-	[格闘]	かくとうする
견고	게ㄴ고	[堅固]	けんご

견고하다	가따이	[堅い]	かたい
견디다	다에루	[堪える]	たえる
견디다	고라에루	[堪える]	こらえる
견딜 수 없다	다마라나이	[堪らない]	たまらない
견본	미홍	[見本]	みほん
견습	미나라이	[見習い]	みならい
견적	미츠모리	[見積り]	みつもり
견제	겐세-	[牽制]	けんせいする
견주다	구라베루	[比べる]	くらべる
견주하다	미꾸라베루	[見比べる]	みくらべる
견학	겡가꾸	[見学]	けんがくする
견해	겡까이	[見解]	けんかい
결과	겍까	[結果]	けっか
결국	츠마리		つまり
결국	겍꼬꾸	[結局]	けっきょく
결근	겍낀	[欠勤]	けっきんする
결단	게츠단	[決断]	けつだんする
결렬	게츠레츠	[決裂]	けつれつする
결론	게츠론	[結論]	けつろん
결말	게츠마츠	[結末]	けつまつ
결벽	겝뻬끼	[潔癖]	けっぺき
결산	겟사ん	[決算]	けっさんする
결석	겟세끼	[欠席]	けっせきする
결성	겟세-	[結成]	けっせい
결승	겟쇼-	[決勝]	けっしょう
결실	게츠지츠	[結実]	けつじつする
결심	겟신	[決心]	けっしんする
결여	게츠죠	[欠如]	けつじょする
결여되다	가께루	[欠ける]	かける
결연	엥구미	[縁組み]	えんぐみ
결의	게츠이	[決意]	けつい
결재	겟사이	[決済]	けっさい
결전	겟센	[決戦]	けっせんする
결점	겟뗀	[欠点]	けってん
결정	겟떼-	[決定]	けっていする
결정하다	기메루	[決める]	きめる
결정하다	사다메루	[定める]	さだめる
결제	겟사이	[決済]	けっさいする
결코	겟시떼	[決して]	けっして
결코	아에떼	[敢えて]	あえて

결투	게ㅅ또-	[決闘]	けっとう
결핍	게츠보-	[欠乏]	けつぼうする
결함	게ㄱ까ㄴ	[欠陥]	けっかん
결합	게츠고-	[結合]	けつごう
결핵	게ㄱ까꾸	[結核]	けっかく
결혼	게ㄱ꼬ㄴ	[結婚]	けっこんする
결혼식	게ㄱ꼬ㄴ시끼	[結婚式]	けっこんしき
결혼식 답례품	히끼데모노	[引き出物]	ひきでもの
겸손	게ㄴ소ㄴ	[謙遜]	けんそんする
겸손	에ㄴ료	[遠慮]	えんりょする
겸양	게ㄴ죠-	[謙譲]	けんじょう
겸연쩍다	데레꾸사이	[照れ臭い]	てれくさい
겸하다	가네루	[兼ねる]	かねる
~겸하여	가떼라		がてら
겸허	게ㅇ꾜	[謙虚]	けんきょ
겹쳐지다	가사나루	[重なる]	かさなる
겹쳐 쌓이다	츠미까사나루	[積み重なる]	つみかさなる
겹치다	가사네루	[重ねる]	かさねる
경계	쿄-까이	[境界]	きょうかい
경계	게-까이	[警戒]	けいかいする
경고	게-꼬꾸	[警告]	けいこく
경과	나리유끼	[成り行き]	なりゆき
경과	게-까	[経過]	けいかする
경관	게-까ㄴ	[警官]	けいかん
경기	쿄-기	[競技]	きょうぎする
경기	게-끼	[景気]	けいき
경기장	쿄-기죠-	[競技場]	きょうぎじょう
경단	다ㅇ고	[団子]	だんご
경대	쿄-다이	[鏡台]	きょうだい
경도	게-도	[経度]	けいど
경력	게-레끼	[経歴]	けいれき
경련	게-레ㄴ	[痙攣]	けいれんする
경례	게-레-	[敬礼]	けいれいする
경로	게-로	[経路]	けいろ
경로의 날	게-로-노히	[敬老の日]	けいろうのひ
경륜	게-리ㄴ	[競輪]	けいりん
경리	게-리	[経理]	けいり
경리과	게-리까	[経理課]	けいりか
경리부	게-리부	[経理部]	けいりぶ
경마	게-바	[競馬]	けいば

경매	쿄-바이	[競売]	きょうばいする
경멸	게-베츠	[軽蔑]	けいべつ
경멸하다	사게스무	[蔑む]	さげすむ
경박함	옷쵸꼬쵸이		おっちょこちょい
경보	게-호-	[警報]	けいほう
경보기	부자-	[buzzer]	ブザー
경비	게-히	[経費]	けいひ
경비	게-비	[警備]	けいびする
경사	나나메	[斜め]	ななめ
경사스럽다	오메데따이		おめでたい
경상	게-쇼-	[軽傷]	けいしょう
경솔	게-소츠	[軽率]	けいそつ
경솔하고 멍청함	우까츠	[迂闊]	うかつ
경솔하다	소소ㄱ까시이		そそっかしい
경악	쿄-가꾸	[驚愕]	きょうがくする
경어	게-고	[敬語]	けいご
경영	게-에-	[経営]	けいえいする
경영학	게-에-가꾸	[経営学]	けいえいがく
경우	바아이	[場合]	ばあい
경위	이끼사츠	[経緯]	いきさつ
경위	나리유끼	[成り行き]	なりゆき
경위	게-이	[経緯]	けいい
경유	게-유	[経由]	けいゆする
경의	게-이	[敬意]	けいい
경이	쿄-이	[驚異]	きょうい
경작	코-사꾸	[耕作]	こうさくする
경작하다	다가야스	[耕す]	たがやす
경쟁	쿄-소-	[競争]	きょうそうする
경적	게-떼끼	[警笛]	けいてき
경적	구라ㄱ쇼ㄴ	[klaxon]	クラクション
경전	쿄-떼ㄴ	[経典]	きょうてん
경제	게-자이	[経済]	けいざい
경제학	게-자이가꾸	[経済学]	けいざいがく
경주	쿄-소-	[競走]	きょうそうする
경주	가께ㄱ꼬	[駆けっこ]	かけっこする
경주	레-스	[race]	レース
경지	코-치	[耕地]	こうち
경질	코-떼츠	[更迭]	こうてつする
경찰	게-사츠	[警察]	けいさつ
경찰	오마와리사ㄴ	[お巡りさん]	おまわりさん

경찰서	게-사츠쇼	[警察署]	けいさつしょ
경찰차	파또까-	[patrol car]	パトカー
경치	게시끼	[景色]	けしき
경쾌	게-까이	[軽快]	けいかい
경품	게-힝	[景品]	けいひん
경향	게-꼬-	[傾向]	けいこう
경험	게-껭	[経験]	けいけんする
경호	게-고	[警護]	けいごする
곁	요꼬	[横]	よこ
곁	소바	[側]	そば
곁	가따와라	[傍ら]	かたわら
곁눈, 곁눈질	요꼬메	[横目]	よこめ
곁눈, 곁눈질	와끼메	[脇目]	わきめ
곁들이다	소에루	[添える]	そえる
~계	가까리	[係り]	かかり
계곡	게-꼬꾸	[渓谷]	けいこく
계급	가이뀨-	[階級]	かいきゅう
계기	기ㅅ까께	[切っ掛け]	きっかけ
계기	게-끼	[契機]	けいき
계단	가이단	[階段]	かいだん
계란	다마고	[卵]	たまご
계란말이, 달걀말이	다마고야끼	[卵焼き]	たまごやき
계란프라이	메다마야끼	[目玉焼き]	めだまやき
계략	게-랴꾸	[計略]	けいりゃく
계모	마마하하	[継母]	ままはは
계몽	게-모-	[啓蒙]	けいもうする
계산	게-산	[計算]	けいさんする
계산	간죠-	[勘定]	かんじょうする
계산	가이께-	[会計]	かいけい
계산대	레지	[register]	レジ
계속	게-조꾸	[続続]	けいぞくする
계속되다	츠즈꾸	[続く]	つづく
계속하다	츠즈께루	[続ける]	つづける
계승	게-쇼-	[続承]	けいしょうする
계시다	이라ㅅ샤루		いらっしゃる
계약	게-야꾸	[契約]	けいやくする
계약사원	게-야ㄱ샤잉	[契約社員]	けいやくしゃいん
계열	게-레츠	[系列]	けいれつ
계장	가까리쵸-	[係長]	かかりちょう
계절	기세츠	[季節]	きせつ

계좌	고-자	[口座]	こうざ
계좌번호	고-자바ㅇ고-	[口座番号]	こうざばんごう
계집	오ㄴ나	[女]	おんな
계집아이	고무스메	[小娘]	こむすめ
계통	게-또-	[系統]	けいとう
계획	게-까꾸	[計画]	けいかくする
계획	모꾸로미	[目論見]	もくろみ
~고	데		て,で
~고	시		し
고가	고-까	[高価]	こうか
고개	아따마	[頭]	あたま
고개	도-게	[峠]	とうげ
고개를 끄덕이다	우나즈꾸	[領く]	うなづく
고개를 떨구다	우나다레루		うなだれる
고개를 숙이다	우츠무꾸	[俯く]	うつむく
고객	고꺄꾸	[顧客]	こきゃく
고고학	고-꼬가꾸	[考古学]	こうこがく
고구마	사츠마이모	[さつま芋]	さつまいも
고금	고꼬ㄴ	[古今]	ここん
고급	고-뀨-	[高級]	こうきゅう
고기	니꾸	[肉]	にく
고기압	고-끼아츠	[高気圧]	こうきあつ
고기 요리	니꾸료-리	[肉料理]	にくりょうり
고기잡이	료-시	[漁師]	りょうし
고난	구나ㄴ	[苦難]	くなん
고뇌	구노-	[苦悩]	くのうする
고대	고다이	[古代]	こだい
고도	고-도	[高度]	こうど
고도	고또-	[孤島]	ことう
고도	고또	[古都]	こと
고독	고도꾸	[孤独]	こどく
고되다	기츠이		きつい
고드름	츠라라		つらら
고등	고-또-	[高等]	こうとう
고등어	사바	[鯖]	さば
고등학교	고-또-가ㄱ꼬-	[高等学校]	こうとうがっこう
고등학교	고-꼬-	[高校]	こうこう
고등학생	고-꼬-세-	[高校生]	こうこうせい
고래	구지라	[鯨]	くじら
고르다	에라부	[選ぶ]	えらぶ

고름	우미	[膿]	うみ
고릴라	고리라	[gorilla]	ゴリラ
고립	고리츠	[孤立]	こりつする
~고말고	도모		とも
고맙다	아리가따이		ありがたい
고모	오바사ㅇ	[叔母さん]	おばさん
고모	오바	[叔母]	おば
고목	가레끼	[枯れ木]	かれき
고무	고무	[gom]	ゴム
고문	고모ㄴ	[顧問]	こもん
고문	고-모ㄴ	[拷問]	ごうもんする
고물	후루모노	[古物]	ふるもの
고민	나야미	[悩み]	なやみ
고민하다	나야무	[悩む]	なやむ
고발	고꾸하츠	[告発]	こくはつする
고백	고꾸하꾸	[告白]	こくはくする
고백하다	우치아께루	[打ち明ける]	うちあける
고베	고-베	[神戸]	こうべ
고분	고후ㄴ	[古墳]	こふん
고비	제ㅁ마이		ぜんまい
고삐	다즈나	[手綱]	たづな
고사	고-사	[考査]	こうさする
고사리	와라비	[蕨]	わらび
고상하다	게다까이	[気高い]	けだかい
고상함	죠-히ㄴ	[上品]	じょうひん
고생	구로-	[苦労]	くろうする
고생	구시ㄴ	[苦心]	くしんする
고서	후루호ㄴ	[古本]	ふるほん
고소	고ㄱ소	[告訴]	こくそする
고속	고-소꾸	[高速]	こうそく
고속도로	고-소꾸도-로	[高速道路]	こうそくどうろ
고슴도치	하리네즈미	[針鼠]	はりねずみ
고시	고꾸지	[告示]	こくじ
고심	구시ㄴ	[苦心]	くしんする
고아	고지	[孤児]	こじ
고아	미나시고	[孤児]	みなしご
고안	고-아ㄴ	[考案]	こうあんする
고안함	구후-	[工夫]	くふうする
고양이	네꼬	[猫]	ねこ
고열	고-네츠	[高熱]	こうねつ

고엽	가레하	[枯葉]	かれは
고온조리식품	레또루또쇼꾸히ㄴ	[レトルト食品]	レトルトしょくひん
고요함	시즈까	[静か]	しずか
고용	고요-	[雇用]	こようする
고용주	야또이누시	[雇い主]	やといぬし
고우치현	고우치께ㄴ	[高知県]	こうちけん
고움	기레이	[綺麗]	きれい
고원	고-게ㄴ	[高原]	こうげん
고유	고유-	[固有]	こゆう
고의로	와자또		わざと
고인	고지ㄴ	[故人]	こじん
고자질	츠게구치	[告げ口]	つげぐちする
고작	다ㅅ따		たった
고작	세-제이-	[精々]	せいぜい
고장	고쇼-	[故障]	こしょうする
고장나다	고와레루	[壊れる]	こわれる
고저	고-떼-	[高低]	こうてい
고적, 구적	규-세끼	[旧跡]	きゅうせき
고전	고떼ㄴ	[古典]	こてん
고정	고떼-	[固定]	こていする
고지	고ㄱ치	[告知]	こくち
고지식함	오-마저메	[大真面目]	おおまじめ
고집	이지	[意地]	いじ
고집	고-죠-	[強情]	ごうじょう
고집불통	이지ㅂ빠리	[意地っ張り]	いじっぱり
고집불통	츠무지마가리	[旋毛曲り]	つむじまがり
고집이 셈	고-죠-	[強情]	ごうじょう
고찰	고-사츠	[考察]	こうさつする
고참	후루가오	[古顔]	ふるがお
고체	고따이	[固体]	こたい
고쳐지다	나오루	[直る]	なおる
고추	도-가라시	[唐辛子]	とうがらし
고추잠자리	아까또ㅁ보	[赤とんぼ]	あかとんぼ
고추장	고츄쟈o		コチュジャン
고추장	도-가라시미소	[唐辛子味噌]	とうがらしみそ
고춧가루	도-가라시꼬	[唐辛子粉]	とうがらしこ
고층	고-소-	[高層]	こうそう
고치다	나오스	[直す]	なおす
고치다	아라따메루	[改める]	あらためる
고통	구츠-	[苦痛]	くつう

고통스럽다	츠라이	[辛い]	つらい
고통스럽다	구루시이	[苦しい]	くるしい
고프다(배가)	스꾸	[空く]	すく
고하다	츠게루	[告げる]	つげる
고학	구가꾸	[苦学]	くがくする
고함치다	도나루	[怒鳴る]	どなる
고행	구교-	[苦行]	くぎょうする
고향	후루사또	[故郷]	ふるさと
고향	고꾜-	[故郷]	こきょう
고혈압	고-께츠아츠	[高血圧]	こうけつあつ
곡	쿄꾸	[曲]	きょく
곡물, 곡식	고꾸모츠	[穀物]	こくもつ
곡선	쿄ㄱ세ㄴ	[曲線]	きょくせん
곡식	고꾸모츠	[穀物]	こくもつ
곡예	쿄꾸게-	[曲芸]	きょくげい
곡창	고ㄱ소-	[穀倉]	こくそう
곤란	고ㄴ나ㄴ	[困難]	こんなんする
곤란하다	고마루	[困る]	こまる
곤약	고ㄴ냐꾸	[蒟蒻]	こんにゃく
곤충	고ㄴ츄-	[昆虫]	こんちゅう
곤혹	고ㅇ와꾸	[困惑]	こんわくする
곧	스구		すぐ
곧	사ㅅ소꾸	[早速]	さっそく
곧	마모나꾸	[間もなく]	まもなく
곧	다다치니	[直ちに]	ただちに
곧음	마ㅅ스구	[真っ直]	まっすぐ
골격	호네구미	[骨組み]	ほねぐみ
골고루 미치다	유끼또도꾸	[行き届く]	ゆきとどく
골동품	고ㅅ또-히ㅇ	[骨董品]	こっとうひん
골동품가게	고ㅅ또-히ㅇ떼ㅇ	[骨董品店]	こっとうひんてん
골든위크(5월)	고-루데ㄴ위-꾸	[golden week]	ゴールデン・ウィーク
골라 뽑다	에리누꾸	[選り抜く]	えりぬく
골목, 골목길	로지	[路地]	ろじ
곧바로	마ㅅ스구	[真っ直ぐ]	まっすぐ
골반	고츠바ㄴ	[骨盤]	こつばん
골뱅이마크	아ㅅ또마-꾸	[at mark]	アットマーク
골절	고ㅅ세츠	[骨折]	こっせつする
골짜기	다니	[谷]	たに
골짜기	다니마	[谷間]	たにま
골프	고루후	[golf]	ゴルフ

골프장	고루후죠-	[ゴルフ場]	ゴルフじょう
곪다	우무	[膿む]	うむ
곰	구마	[熊]	くま
곰곰이	지ㄱ꾸리		じっくり
곰곰이	츠꾸즈꾸		つくづく
곰탕	고무따o		コムタン
곰팡내가 나다	가비꾸사이	[黴臭い]	かびくさい
곰팡이	가비	[黴]	かび
곱셈, 곱하기	가께자ㄴ	[かけ算]	かけざん
곱슬머리	치지레게	[縮れ毛]	ちぢれげ
곱하다	가께루	[掛ける]	かける
곳	도꼬로	[所]	ところ
곳간	모노오끼	[物置]	ものおき
공	보-루	[ball]	ボール
공간	구-까ㄴ	[空間]	くうかん
공감	쿄-까ㄴ	[共感]	きょうかんする⊙
공개	고-까이	[公開]	こうかいする⊙
공격	고-게끼	[攻撃]	こうげきする⊙
공격하다	세메루	[攻める]	せめる
공경하다	우야마우	[敬う]	うやまう
공경하다	도-또부	[尊ぶ]	とうとぶ
공공연함	오오ㅂ삐라	[大っぴら]	おおっぴら
공교롭게	아이니꾸		あいにく
공군	구-구ㄴ	[空軍]	くうぐん
공급	쿄-뀨-	[供給]	きょうきゅうする⊙
공기	구-끼	[空気]	くうき
공동	쿄-도-	[共同]	きょうどうする⊙
공들임	네o이리	[念入り]	ねんいり
공략	고-랴꾸	[攻略]	こうりゃくする⊙
공략하다	세메요세루	[攻め寄せる]	せめよせる
공로	데가라	[手柄]	てがら
공룡	쿄-류-	[恐竜]	きょうりゅう
공립	고-리츠	[公立]	こうりつ
공명	쿄-메-	[共鳴]	きょうめいする⊙
공모	쿄-보-	[共謀]	きょうぼうする⊙
공무원	고-무이o	[公務員]	こうむいん
공무원	야꾸니ㄴ	[役人]	やくにん
공백	구-하꾸	[空白]	くうはく
공범	쿄-하ㄴ	[共犯]	きょうはん
공복	스끼바라	[空き腹]	すきばら

공부	베ㅇ꾜-	[勉強]	べんきょうする
공사	코-지	[工事]	こうじする
공사중	코-지쥬-	[工事中]	こうじちゅう
공산주의	쿄-사ㄴ슈기	[共産主義]	きょうさんしゅぎ
공상	쿠-소-	[空想]	くうそうする
공석	쿠-세끼	[空席]	くうせき
공수	쿠-유	[空輸]	くうゆする
공습	쿠-슈-	[空襲]	くうしゅう
공식	코-시끼	[公式]	こうしき
공실	쿠-시츠	[空室]	くうしつ
공약	코-야꾸	[公約]	こうやく
공업	코-교-	[工業]	こうぎょう
공연	코-에ㄴ	[公演]	こうえん
공연히	무쇼-니	[無性に]	むしょうに
공염불	카라네ㅁ부츠	[空念仏]	からねんぶつ
공영	코-에-	[公営]	こうえい
공예	코-게-	[工芸]	こうげい
공용	쿄-요-	[共用]	きょうようする
공원	코-에ㄴ	[公園]	こうえん
공을 들임	뉴-네ㄴ	[入念]	にゅうねん
공인	코-니ㄴ	[公認]	こうにんする
공작	쿠쟈꾸	[孔雀]	くじゃく
공작	즈꼬-	[図工]	ずこう
공장	코-죠-	[工場]	こうじょう
공장	코-바	[工場]	こうば
공적	테가라	[手柄]	てがら
공적	코-세끼	[功績]	こうせき
공전	카라마와리	[空回り]	からまわりする
공전	쿠-떼ㄴ	[空転]	くうてん
공정	코-떼-	[工程]	こうてい
공정	코-세-	[公正]	こうせい
공조	쿄-죠	[共助]	きょうじょする
공주	히메	[姫]	ひめ
공중	코-슈-	[公衆]	こうしゅう
공중전화	코-슈-데ㅇ와	[公衆電話]	こうしゅうでんわ
공중제비	츄-가에리	[宙返り]	ちゅうがえりする
공증	코-쇼-	[公証]	こうしょう
공직	코-쇼꾸	[公職]	こうしょく
공짜	다다	[只]	ただ
공책	노-또	[note]	ノート

공터	아끼치	[空き地]	あきち
공통	쿄-츠-	[共通]	きょうつうする
공평	코-헤-	[公平]	こうへい
공포	쿄-후	[恐怖]	きょうふ
공포	코-효-	[公表]	こうひょうする
공학	코-가꾸	[工学]	こうがく
공항	쿠-꼬-	[空港]	くうこう
공해	코-가이	[公害]	こうがい
공화국	쿄-와꼬꾸	[共和国]	きょうわこく
공황	쿄-꼬-	[恐慌]	きょうこう
공휴일	고꾸미ㄴ노슈꾸지츠	[国民の祝日]	こくみんのしゅくじつ
곶	미사끼	[岬]	みさき
곶감	호시가끼	[干し柿]	ほしがき
과	가	[課]	か
~과	도		と
과거	가꼬	[過去]	かこ
과격	가게끼	[過激]	かげき
과녁	마또	[的]	まと
과대	고다이	[誇大]	こだい
과로	가로-	[過労]	かろう
과목	가모꾸	[科目]	かもく
과묵함, 과묵한 사람	무꾸치	[無口]	むくち
과세	가제-	[課税]	かぜいする
과속	가소꾸	[加速]	かそくする
과수원	가쥬에ㄴ	[果樹園]	かじゅえん
과시	고지	[誇示]	こじ
과시하다	미세쯔께루	[見せつける]	みせつける
과식	다베스기	[食べ過ぎ]	たべすぎ
과실	가시츠	[過失]	かしつ
과연	나루호도		なるほど
과연	사스가		さすが
과연	하따시떼	[果して]	はたして
과열	가네츠	[過熱]	かねつする
과음	노미스기	[飲み過ぎ]	のみすぎ
과일	구다모노	[果物]	くだもの
과일가게	구다모노야	[果物屋]	くだものや
과잉	가죠-	[過剰]	かじょう
과자	가시	[菓子]	かし
과장	가쵸-	[課長]	かちょう
과장	고쵸-	[誇張]	こちょうする

과장됨	오-게사	[大げさ]	おおげさ
과정	가떼-	[課程]	かてい
과정	가떼-	[過程]	かてい
과제	가다이	[課題]	かだい
과즙	가쥬-	[果汁]	かじゅう
과학	가가꾸	[科学]	かがく
과학실	가가ㄱ시츠	[科学室]	かがくしつ
과학자	가가ㄱ샤	[科学者]	かがくしゃ
과히	사호도		さほど
관	츠츠	[筒]	つつ
관객	가ㅇ꺄꾸	[観客]	かんきゃく
관계	가ㅇ께-	[関係]	かんけいする
관계	아이다가라	[間柄]	あいだがら
관계되다	가까루	[係る]	かかる
관공서	야ㄱ쇼	[役所]	やくしょ
관광	가ㅇ꼬-	[観光]	かんこう
관광안내소	가ㅇ꼬-아ㄴ나이죠	[観光案内所]	かんこうあんないじょ
관광 여행	츠아-	[tour]	ツアー
관광지	가ㅇ꼬-치	[観光地]	かんこうち
관광코스	가ㅇ꼬-꼬-스	[観光course]	かんこうコース
관념	가ㄴ네ㄴ	[観念]	かんねんする
관대	가ㄴ다이	[寛大]	かんだい
관동지방(지역)	가ㄴ또-치호-	[関東地方]	かんとうちほう
관람	가ㄴ라ㅁ	[観覧]	かんらんする
관람하다	미루	[観る]	みる
관련	가ㄴ레ㄴ	[関連]	かんれんする
관례	가ㄴ레-	[慣例]	かんれい
관료	가ㄴ료-	[官僚]	かんりょう
관리	가ㄴ리	[管理]	かんりする
관리	야꾸니ㄴ	[役人]	やくにん
관리직	가ㄴ리쇼ㄲ	[管理職]	かんりしょく
관문	가ㅁ모ㄴ	[関門]	かんもん
관세	가ㄴ제-	[関税]	かんぜい
관세음	가ㄴ노ㄴ	[観音]	かんのん
관심	가ㄴ시ㄴ	[関心]	かんしんする
관엽식물	가ㅇ요-쇼꾸부츠	[観葉植物]	かんようしょくぶつ
관용구	가ㅇ요-꾸	[慣用句]	かんようく
관음	가ㄴ노ㄴ	[観音]	かんのん
관자놀이	고메까미	[蟀谷]	こめかみ
관장하다	츠까사도루	[司る]	つかさどる

관전	간세ㄴ	[観戦]	かんせんする
관절	간세츠	[関節]	かんせつ
관절염	간세게츠에ㄴ	[関節炎]	かんせつえん
관점	간떼ㄴ	[観点]	かんてん
관찰	간사츠	[観察]	かんさつする
관청	야ㄱ쇼	[役所]	やくしょ
관측	간소꾸	[観測]	かんそくする
관통	간츠-	[貫通]	かんつうする
관통하다	츠라누꾸	[貫く]	つらぬく
관현악	가ㅇ게ㅇ가꾸	[管弦楽]	かんげんがく
괄목	가츠모꾸	[刮目]	かつもくする
괄호	가ㄱ꼬	[括弧]	かっこ
괌	구아무	[Guam]	グアム
광경	고-께-	[光景]	こうけい
광고	고-꼬꾸	[広告]	こうこくする
광란	쿄-라ㄴ	[狂乱]	きょうらんする
광맥	고-먀꾸	[鉱脈]	こうみゃく
광물	고-부츠	[鉱物]	こうぶつ
광산	고-자ㄴ	[鉱山]	こうざん
광선	고-세ㄴ	[光線]	こうせん
광야	고-야	[広野]	こうや
광어	히라메	[平目]	ひらめ
광업	고-교-	[鉱業]	こうぎょう
광인	쿄-지ㄴ	[狂人]	きょうじん
광장	히로바	[広場]	ひろば
광택	츠야	[艶]	つや
광택	고-따꾸	[光沢]	こうたく
괘념	게네ㄴ	[懸念]	けねんする
괘씸함	후또도끼	[不届き]	ふとどき
괘종시계	하시라도께-	[柱時計]	はしらどけい
괜찮음	다이죠-부	[大丈夫]	だいじょうぶ
괭이	구와	[鍬]	くわ
괴기	가이끼	[怪奇]	かいき
괴담	가이다ㄴ	[怪談]	かいだん
괴력	가이리끼	[怪力]	かいりき
괴로워하다	구루시무	[苦しむ]	くるしむ
괴롭다	츠라이	[辛い]	つらい
괴롭다	구루시이	[苦しい]	くるしい
괴롭히다	구루시메루	[苦しめる]	くるしめる
괴롭히다	이지메루		いじめる

한국어	가나	한자	일본어
괴멸	카이메츠	[壊滅]	かいめつする
괴물	카이부츠	[怪物]	かいぶつ
괴상하다	아야시이	[怪しい]	あやしい
괴수	카이쥬-	[怪獣]	かいじゅう
괴짜	카와리모노	[変わり者]	かわりもの
괴짜	헤ㄴ지ㄴ	[変人]	へんじん
괴팍함	헤ㅇ꾸츠	[偏屈]	へんくつ
굉음	고-오ㅇ	[轟音]	ごうおん
굉장하다	스고이	[凄い]	すごい
굉장하다	모노스고이	[物凄い]	ものすごい
굉장하다	스사마지이	[凄まじい]	すさまじい
굉장함	다이헤ㄴ	[大変]	たいへん
굉장히	히죠-니	[非常に]	ひじょうに
교과서	쿄-까쇼	[教科書]	きょうかしょ
교대	코-따이	[交替]	こうたいする
교대로	카와루가와루	[代わる代わる]	かわるがわる
교도소	케-무쇼	[刑務所]	けいむしょ
교류	코-류-	[交流]	こうりゅうする
교리	쿄-리	[教理]	きょうり
교묘함	다꾸미	[巧み]	たくみ
교묘함	코-묘-	[巧妙]	こうみょう
교무실	쿄-이ㄴ시츠	[教員室]	きょういんしつ
교문	코-모ㄴ	[校門]	こうもん
교미	코-비	[交尾]	こうびする
교사	쿄-시	[教師]	きょうし
교섭	하나시아이	[話し合い]	はなしあい
교섭	코-쇼-	[交渉]	こうしょうする
교수	쿄-쥬	[教授]	きょうじゅ
교실	쿄-시츠	[教室]	きょうしつ
교양	쿄-요-	[教養]	きょうよう
교외	코-가이	[郊外]	こうがい
교원	쿄-이ㄴ	[教員]	きょういん
교육	쿄-이꾸	[教育]	きょういく
교육학	쿄-이꾸가꾸	[教育学]	きょういくがく
교장	코-쵸-	[校長]	こうちょう
교정	코-떼-	[校庭]	こうてい
교정	코-세-	[校正]	こうせいする
교정	쿄-세-	[矯正]	きょうせいする
교재	쿄-자이	[教材]	きょうざい
교제	츠끼아이	[付き合い]	つきあい

교제	고-사이	[交際]	こうさいする
교제하다	츠끼아우	[付き合う]	つきあう
교차로	로-따리-	[rotary]	ロータリー
교차점	고-사떼ㄴ	[交差点]	こうさてん
교체	고-따이	[交替]	こうたいする
교토	쿄-또	[京都]	きょうと
교통	고-츠-	[交通]	こうつう
교통기관	노리모노	[乗り物]	のりもの
교통법규	고-츠-루-루	[交通ルール]	こうつうルール
교통사고	고-츠-지꼬	[交通事故]	こうつうじこ
교통정체	고-츠-쥬-따이	[交通渋滞]	こうつうじゅうたい
교향곡	시ㅁ훠니-	[symphony]	シンフォニー
교환	고-까ㄴ	[交換]	こうかんする
교환하다	도리까에루	[取り替える]	とりかえる
교활하다	즈루이		ずるい
교활하다	즈-즈-시이	[図々しい]	ずうずうしい
교활하다	와루가시꼬이	[悪賢い]	わるがしこい
교회	쿄-까이	[教会]	きょうかい
교훈	쿄-꾸ㄴ	[教訓]	きょうくんする
구	쿠	[区]	く
구가	오-까	[謳歌]	おうかする
구간	쿠까ㄴ	[区間]	くかん
구겨지다	시와무	[皺む]	しわむ
구경	케ㅁ부츠	[見物]	けんぶつする
구경거리	미세모노	[見せ物]	みせもの
구구(비둘기)	포ㅂ뽀-		ポッポー
구구(암탉)	고ㄱ꼬ㄱ꼬ㅅ		コッコッコッ
구구단	쿠꾸	[九九]	くく
구급차	큐-뀨-샤	[救急車]	きゅうきゅうしゃ
구깃구깃	요레요레		よれよれ
구내	고-나이	[構内]	こうない
구더기	우지		うじ
구독	고-도꾸	[購読]	こうどくする
구두	쿠츠	[靴]	くつ
구두쇠	케치ㅁ보-	[けちん坊]	けちんぼう
구두주걱	쿠츠베라	[靴べら]	くつべら
구류	고-류-	[拘留]	こうりゅうする
구르다	고로부	[転ぶ]	ころぶ
구르다	고로가루	[転がる]	ころがる
구름	쿠모	[雲]	くも

구릉	오까	[丘]	おか
구리	도-	[銅]	どう
구리다	구사이	[臭い]	くさい
구마모토현	구마모또껜	[熊本県]	くまもとけん
구매	고-바이	[購買]	こうばいする
구멍	아나	[穴]	あな
구명	규-메-	[救命]	きゅうめいする
구명조끼	규-메-도-이	[救命胴衣]	きゅうめいどうい
구미	오-베-	[欧米]	おうべい
구별	구베츠	[区別]	くべつする
구부러지다	마가루	[曲がる]	まがる
구부리다	마게루	[曲げる]	まげる
구부리다	가가메루	[屈める]	かがめる
구분	구분ㄴ	[区分]	くぶんする
구분하다	구기루	[区切る]	くぎる
구불구불	구네꾸네		くねくねする
구비되다	소로우	[揃う]	そろう
구상	고-소-	[構想]	こうそうする
구석	스미	[隅]	すみ
구석	스미ㄱ꼬	[隅っこ]	すみっこ
구성	고-세-	[構成]	こうせいする
구세주	스꾸이누시	[救い主]	すくいぬし
구세주	규-세-슈	[救世主]	きゅうせいしゅ
구슬	다마	[玉]	たま
구슬프다	모노가나시이	[物悲しい]	ものがなしい
구식	규-시끼	[旧式]	きゅうしき
구실	리꾸츠	[理屈]	りくつ
구실	고-지츠	[口実]	こうじつ
구약	규-야꾸	[旧約]	きゅうやく
구역	구이끼	[区域]	くいき
구역질	헤도	[反吐]	へど
구역질	하끼께	[吐き気]	はきけ
구워지다	야께루	[焼ける]	やける
구원	규-에ㄴ	[救援]	きゅうえんする
구이	야끼모노	[焼物]	やきもの
구입	고-뉴-	[購入]	こうにゅうする
구조	고-조-	[構造]	こうぞう
구조	규-죠	[救助]	きゅうじょする
구조조정	리스또라	[restructuring]	リストラ
구체적	구따이떼끼	[具体的]	ぐたいてき

구축하다	기즈꾸	[築く]	きずく
구출	규-슈츠	[救出]	きゅうしゅつする
구태여	시이떼	[強いて]	しいて
구토	오-또	[嘔吐]	おうとする
구하다	스꾸우	[救う]	すくう
구하다	모또메루	[求める]	もとめる
구혼	규-꼰	[求婚]	きゅうこんする
국	시루	[汁]	しる
국	오츠유	[お汁]	おつゆ
국가	고ㄱ까	[国家]	こっか
국경	고ㄱ꾜-	[国境]	こっきょう
국교	고ㄱ꼬-	[国境]	こっきょう
국그릇	오와ㅇ	[お椀]	おわん
국기	고ㄱ끼	[国旗]	こっき
국난	고꾸나ㄴ	[国難]	こくなん
국내	고꾸나이	[国内]	こくない
국내선	고꾸나이세ㄴ	[国内線]	こくないせん
국내여행	고꾸나이료꼬-	[国内旅行]	こくないりょこう
국내전화	고꾸나이데ㅇ와	[国内電話]	こくないでんわ
국도	고꾸도-	[国道]	こくどう
국력	고꾸료꾸	[国力]	こくりょく
국립	고꾸리츠	[国立]	こくりつ
국면	교꾸메ㄴ	[局面]	きょくめん
국문	고꾸부ㄴ	[国文]	こくぶん
국문학	고꾸부ㅇ가꾸	[国文学]	こくぶんがく
국물	오츠유	[お汁]	おつゆ
국물	시루	[汁]	しる
국민	고꾸미ㄴ	[国民]	こくみん
국밥	구ㅂ빠		クッパ
국방	고꾸보-	[国防]	こくぼう
국법	고꾸호-	[国法]	こくほう
국보	고꾸호-	[国宝]	こくほう
국비	고꾸히	[国費]	こくひ
국사	고ㄱ시	[国史]	こくし
국산	고ㄱ사ㄴ	[国産]	こくさん
국수	메ㄴ루이	[麵類]	めんるい
국어	고꾸고	[国語]	こくご
국왕	고꾸오-	[国王]	こくおう
국자	오따마	[お玉]	おたま
국자	샤ㄱ시	[杓子]	しゃくし

국적	고ㄱ세끼	[国籍]	こくせき
국제	고ㄱ사이	[国際]	こくさい
국제선	고ㄱ사이세ㄴ	[国際線]	こくさいせん
국제우편	고ㄱ사이유-비ㅇ	[国際郵便]	こくさいゆうびん
국제전화	고ㄱ사이데ㅇ와	[国際電話]	こくさいでんわ
국지	쿄ㄱ치	[局地]	きょくち
국철	고ㄱ떼츠	[国鉄]	こくてつ
국토	고꾸도	[国土]	こくど
국화	기꾸	[菊]	きく
국회	고ㄱ까이	[国会]	こっかい
국회의사당	고ㄱ까이기지도-	[国会議事堂]	こっかいぎじどう
국회의원	다이기시	[代議士]	だいぎし
국회의원	고ㄱ까이기이ㅇ	[国会議員]	こっかいぎいん
~군	나(아)		な(あ)
군가	구ㅇ까	[軍歌]	ぐんか
군것질	츠마미구이	[摘み食い]	つまみぐいする
군고구마	야끼이모	[焼き芋]	やきいも
군기	구ㅇ끼	[軍紀]	ぐんき
군대	구ㄴ따이	[軍隊]	ぐんたい
군더더기	다소꾸	[蛇足]	だそく
군데군데	도꼬로도꼬로	[所々]	ところどころ
군도	구ㄴ또-	[群島]	ぐんとう
군림	구ㄴ리ㄴ	[君臨]	くんりんする
군마현	구ㄴ마께ㄴ	[群馬県]	ぐんまけん
군법	구ㅁ뽀-	[軍法]	ぐんぽう
군복	구ㅁ뿌꾸	[軍服]	ぐんぷく
군비	구ㅁ비	[軍備]	ぐんび
군상	구ㄴ조-	[群像]	ぐんぞう
~군요!	네(에)		ね(え)
군용	구ㅇ요-	[軍用]	ぐんよう
군인	구ㄴ지ㄴ	[軍人]	ぐんじん
군인	헤-따이	[兵隊]	へいたい
군정	구ㄴ세-	[軍政]	ぐんせい
군주	구ㄴ슈	[君主]	くんしゅ
군중	구ㄴ슈-	[群衆]	ぐんしゅう
군축	구ㄴ슈꾸	[軍縮]	ぐんしゅく
군침	나마츠바	[生唾]	なまつば
군침	요다레	[涎]	よだれ
군함	구ㅇ까ㄴ	[軍艦]	ぐんかん
굳어지다	가따마루	[固まる]	かたまる

굳이	시이떼	[強いて]	しいて
굳히다	가따메루	[固める]	かためる
굴	가끼		かき
굴뚝	엔또츠	[煙突]	えんとつ
굴욕	구츠죠꾸	[屈辱]	くつじょく
굴절	구ㅅ세츠	[屈折]	くっせつする⒱
굵기	후또사	[太さ]	ふとさ
굵다	후또이	[太い]	ふとい
굶주리다	우에루	[飢える]	うえる
굶주림	우에	[飢え]	うえ
굼벵이	노로마	[鈍間]	のろま
굽다	야꾸	[焼く]	やく
굽다	마가루	[曲がる]	まがる
굽히다	가가메루	[屈める]	かがめる
굿	오하라이	[お祓い]	おはらい
궁리	시아ㄴ	[思案]	しあんする⒱
궁리함	구후-	[工夫]	くふうする⒱
궁전	규-데ㄴ	[宮殿]	きゅうでん
궁정	규-떼-	[宮廷]	きゅうてい
궁지	규-치	[窮地]	きゅうち
궁지에 몰리다	세ㅂ빠츠마루	[切羽詰まる]	せっぱつまる
궁합	아이쇼-	[相性]	あいしょう
~권	사츠	[冊]	さつ
권고	가ㅇ꼬꾸	[勧告]	かんこくする⒱
권력	게ㄴ료꾸	[権力]	けんりょく
권리	게ㄴ리	[権利]	けんり
권위	게ㅇ가	[権威]	けんい
권태	게ㄴ따이	[倦怠]	けんたい
권하다	스스메루	[勧める]	すすめる
궤도	기도-	[軌道]	きどう
궤멸	가이메츠	[壊滅]	かいめつする⒱
궤양	가이요-	[潰瘍]	かいよう
귀	미미	[耳]	みみ
귀가	기따꾸	[帰宅]	きたくする⒱
귀걸이	이야리ㅇ구	[earring]	イヤリング
귀걸이	피아스	[pierce]	ピアス
귀고리	미미까자리	[耳飾り]	みみかざり
귀국	기꼬꾸	[帰国]	きこくする⒱
귀뚜라미	고-로기		こおろぎ
귀띔	미미우치	[耳打ち]	みみうちする⒱

귀밑털	모미아게	[揉上げ]	もみあげ
귀성	기세-	[帰省]	きせいする
귀신	오니	[鬼]	おに
귀신	유-레-	[幽霊]	ゆうれい
귀에 익다	미미나레루	[耳慣れる]	みみなれる
귀엣말	미미우치	[耳打ち]	みみうちする
귀엽다	가와이이	[可愛い]	かわいい
귀엽다	가와이라시이	[可愛らしい]	かわいらしい
귀엽다	아이라시이	[愛らしい]	あいらしい
귀이개	미미까끼	[耳かき]	みみかき
귀재	기사이	[鬼才]	きさい
규제	기세-	[規制]	きせいする
귀중품	기쵸-히ㄴ	[貴重品]	きちょうひん
귀중하다	도-또이	[尊い]	とうとい
귀찮음	메ㄴ도-	[面倒]	めんどう
귀찮음	야ㄱ까이	[厄介]	やっかい
귀찮음	메-와꾸	[迷惑]	めいわく
귀퉁이	스미	[隅]	すみ
귀화	기까	[帰化]	きかする
귀환	기까ㄴ	[帰還]	きかんする
귓밥	미미아까	[耳垢]	みみあか
규격	기까꾸	[規格]	きかく
규명	규-메-	[糾明]	きゅうめいする
규모	기보	[規模]	きぼ
규슈지방(지역)	규-슈-치호-	[九州地方]	きゅうしゅうちほう
규율	기리츠	[規律]	きりつ
규정	기떼-	[規定]	きてい
규정, 규칙	오끼떼	[掟]	おきて
규칙	기소꾸	[規則]	きそく
균등	기ㄴ또-	[均等]	きんとう
균형	츠리아이	[釣合]	つりあい
귤	미까ㅇ	[蜜柑]	みかん
그	소		そ
그	소노		その
그	아노		あの
그	가레	[彼]	かれ
그것	소레		それ
그것은 그렇고	도꼬로데		ところで
그곳	소꼬		そこ
그곳	소치라		そちら

그네	부라ㅇ꼬		ぶらんこ
그녀	가노죠	[彼女]	かのじょ
그늘	가게	[陰]	かげ
그늘	히가게	[日陰]	ひかげ
그다지	아마리		あまり
그다지	아ㅁ마리		あんまり
그대로	소ㄱ꾸리		そっくり
그대로	소노마마		そのまま
그 대신	소노까와리	[その代わり]	そのかわり
그들	가레라	[彼等]	かれら
그래	오-		おお
그래도	소레데모		それでも
그래서	소레데		それで
그래서	데스까라		ですから
그래프	구라후	[graph]	グラフ
그래픽	구라휘ㄱ꾸	[graphic]	グラフィック
그램	구라무	[gram]	グラム
그러나	게레도		けれど
그러나	게레도모		けれども
그러나	다께도		だけど
그러나	시까시		しかし
그러나	시까시나가라		しかしながら
그러는 한 편	다호-	[他方]	たほう
그러니까	다까라		だから
그러니까	에-또		ええと
그러면	데와		では
그러면	소레데와		それでは
그러면	쟈-		じゃあ
그러면	사떼		さて
그러면	소레나라		それなら
그러므로	데스까라		ですから
그러자	스루또		すると
그럭저럭	도-니까		どうにか
그럭저럭	도-야라		どうやら
그런	소ㄴ나		そんな
그런대로	소레나리니		それなりに
그런데	사떼		さて
그런데	도꼬로데		ところで
그런데도	소레나노니		それなのに
그런데도	소노꾸세	[その癖]	そのくせ

그럴싸하다	모ㅅ또모라시이		もっともらしい
그럼	쟈—		じゃあ
그럼에도	소노꾸세	[その癖]	そのくせ
그럼에도 불구하고	소레나노니		それなのに
그렇게	소우		そう
그렇긴 하지만	다ㅅ떼		だって
그렇다면	소레데와		それでは
그렇다면	소레나라		それなら
그렇지 않으면	소레또모		それとも
그렇지만	시까시		しかし
그렇지만	데모		でも
그렇지만	게레도		けれど
그렇지만	게레도모		けれども
그렇지만	시까시나가라		しかしながら
그루터기	가부	[株]	かぶ
그루터기	기리까부	[切り株]	きりかぶ
그룹	구루—뿌	[group]	グループ
그르치다	소꼬나우	[損なう]	そこなう
그르치다	아야마루	[謝る]	あやまる
그릇	우츠와	[器]	うつわ
그릇	이레모노	[入れ物]	いれもの
그리	사호도		さほど
그리고	소시떼		そして
그리고, 그리고 나서	소레까라		それから
그리다	에가꾸	[描く]	えがく
그리다	가꾸	[描く]	かく
그리스	기리샤	[Grecia]	ギリシャ
그리워하다	시노부	[偲ぶ]	しのぶ
그리워하다	시따우	[慕う]	したう
그린	구리—ㄴ	[green]	グリーン
그릴	구리루	[grill]	グリル
그림	에	[絵]	え
그림	가이가	[絵画]	かいが
그림	즈가	[図画]	ずが
그림엽서	에하가끼	[絵葉書]	えはがき
그림자	가게	[影]	かげ
그림책	에호ㄴ	[絵本]	えほん
그립다	나츠까시이	[懐かしい]	なつかしい
그립다	고이시이	[恋しい]	こいしい
그만두다	야메루		やめる

그만두다	요스	[止す]	よす
그만큼	소레호도	[それ程]	それほど
그물	아미	[網]	あみ
그믐날	미소까	[三十日]	みそか
그뿐	소레끼리		それきり
그 사람	소노히또	[その人]	そのひと
그야말로	소레꼬소		それこそ
그와바	구아바	[guava]	グアバ
그 위에	사라니		さらに
그 위에	소노우에	[その上]	そのうえ
그 위에	오마께니		おまけに
그윽하다	오꾸유까시이	[奥床しい]	おくゆかしい
그을다, 그을리다	구스부루		くすぶる
그저	호ㄴ노		ほんの
그저께	오또또이	[一昨日]	おととい
그쪽	소치라		そちら
그쪽	소ㅅ치		そっち
그처럼, 그토록	소레호도	[それ程]	それほど
그치다	야무	[止む]	やむ
극	게끼	[劇]	げき
극단	쿄ㄱ따ㄴ	[極端]	きょくたん
극도	쿄꾸도	[極度]	きょくど
극락	고꾸라꾸	[極楽]	ごくらく
극락	죠-도	[浄土]	じょうど
극복	고꾸후꾸	[克服]	こくふくするⓥ
극복하다	노리꼬에루	[乗り越える]	のりこえる
극복하다	노리끼루	[乗り切る]	のりきる
극작가	게끼사ㄱ까	[劇作家]	げきさっか
극장	게끼죠-	[劇場]	げきじょう
극적	게끼떼끼	[劇的]	げきてき
극진하다	데아츠이	[手厚い]	てあつい
극한	쿄꾸게ㄴ	[極限]	きょくげん
극히	기와메떼	[極めて]	きわめて
극히	고꾸	[極]	ごく
근간	고ㅇ까ㄴ	[根幹]	こんかん
근거	고ㅇ꾜	[根拠]	こんきょ
근교	기ㄴ고-	[近郊]	きんこう
근년	기ㄴ네ㄴ	[近年]	きんねん
근대	기ㄴ다이	[近代]	きんだい
근래	기ㄴ라이	[近来]	きんらい

근래	기ㄴ네ㄴ	[近年]	きんねん
근로	기ㄴ로	[勤労]	きんろうする
근로감사의 날	기ㄴ로-까ㄴ샤노히	[勤労感謝の日]	きんろうかんしゃのひ
근무	기ㅁ무	[勤務]	きんむ
근무시간	기ㅁ무지까ㄴ	[勤務時間]	きんむじかん
근무처	츠또메사끼	[勤め先]	つとめさき
근무하다	츠또메루	[勤める]	つとめる
근본	네모또	[根本]	ねもと
근본	고ㅁ뽀ㄴ	[根本]	こんぽん
근사하다	스바라시이	[素晴らしい]	すばらしい
근성	고ㄴ죠-	[根性]	こんじょう
근세	기ㄴ세-	[近世]	きんせい
근시	기ㄴ시	[近視]	きんし
근심	시ㅁ빠이	[心配]	しんぱいする
근심	기가까리	[気掛かり]	きがかり
근심하다	아ㄴ즈루	[案ずる]	あんずる
근육	기ㄴ니꾸	[筋肉]	きんにく
근질근질	무즈무즈		むずむずする
근처	치까꾸	[近く]	ちかく
근처	아따리	[辺り]	あたり
근처	기ㄴ죠	[近所]	きんじょ
글	후미	[文]	ふみ
글귀	모ㅇ꾸	[文句]	もんく
글쎄	사-		さあ
글자	모지	[文字]	もじ
글피	시아사ㅅ떼	[明明後日]	しあさって
긁다	가꾸	[掻く]	かく
긁어 부스럼	야부헤비	[薮蛇]	やぶへび
금	기ㄴ	[金]	きん
금(그릇 등에 생긴)	히비		ひび
금고	기ㅇ꼬	[金庫]	きんこ
금년	도-네ㄴ	[当年]	とうねん
금년	고토시	[今年]	ことし
금리	기ㄴ리	[金利]	きんり
금물	기ㅁ모츠	[禁物]	きんもつ
금발	기ㅁ빠츠	[金髪]	きんぱつ
금빛	고ㄴ지끼	[金色]	こんじき
금색	기ㅇ이로	[金色]	きんいろ
금성	묘-죠-	[明星]	みょうじょう
금성	기ㄴ세-	[金星]	きんせい

금속	ㄱㄴ조꾸	[金属]	きんぞく
금속제	ㄱㄴ조ㄱ세-	[金属製]	きんぞくせい
금시초문	하츠미미	[初耳]	はつみみ
금액	ㄱㅇ가꾸	[金額]	きんがく
금연	ㄱㅇ에ㄴ	[禁煙]	きんえん
금요일	ㄱㅇ요-비	[金曜日]	きんようび
금욕	ㄱㅇ요꾸	[禁欲]	きんよくする
금융	ㄱㅇ유-	[金融]	きんゆう
금융업	ㄱㅇ유-교-	[金融業]	きんゆうぎょう
금일	호ㄴ지츠	[本日]	ほんじつ
금전	ㄱㄴ세ㄴ	[金銭]	きんせん
금주	ㄱㄴ슈	[禁酒]	きんしゅする
금지	ㄱㄴ시	[禁止]	きんしする
금지하다	ㄱㄴ지루	[禁じる]	きんじる
금품	ㄱㅁ삐ㄴ	[金品]	きんぴん
급격	규-게끼	[急激]	きゅうげき
급료	규-료-	[給料]	きゅうりょう
급변	규-헤ㄴ	[急変]	きゅうへんする
급성	규-세-	[急性]	きゅうせい
급소	규-쇼	[急所]	きゅうしょ
급식	규-쇼꾸	[給食]	きゅうしょく
급우	규-유-	[級友]	きゅうゆう
급하다	이소구	[急ぐ]	いそぐ
급한 고비	규-바	[急場]	きゅうば
급한 용무	규-요-	[急用]	きゅうよう
급한 일	규-요-	[急用]	きゅうよう
급행	규-꼬-	[急行]	きゅうこう
급행열차	규-꼬-레ㅅ샤	[急行列車]	きゅうこうれっしゃ
긍정	고-떼-	[肯定]	こうていする
기	하따	[旗]	はた
기가 죽다	쇼게루		しょげる
기가 죽음	ㄱㅇ꾸레	[気後れ]	きおくれする
기간	ㄱ까ㄴ	[期間]	きかん
기결	ㄱ께츠	[既決]	きけつする
기계	ㄱ까이	[機械]	きかい
기고	ㄱ꼬-	[寄稿]	きこうする
기공	ㄱ꼬-	[技巧]	ぎこう
기관	ㄱ까ㄴ	[機関]	きかん
기관지	ㄱ까ㄴ시	[気管支]	きかんし
기괴	ㄱ까이	[奇怪]	きかい

기구	기구	[器具]	きぐ
기구	기꼬ー	[機構]	きこう
기근	히데리	[日照り]	ひでり
기근	기끼ㄴ	[飢饉]	ききん
기금	기끼ㄴ	[基金]	ききん
기꺼이	요로꼬ㄴ데	[喜んで]	よろこんで
기껏	세ー제ー	[精々]	せいぜい
기내식	기나이쇼꾸	[機内食]	きないしょく
기내위탁수하물	기나이아즈께니모츠	[機内預け荷物]	きないあずけにもつ
기내판매	기나이하ㄴ바이	[機内販売]	きないはんばい
기념	기네ㄴ	[記念]	きねんする⒱
기념사진	기네ㄴ샤시ㄴ	[記念写真]	きねんしゃしん
기능	기노ー	[技能]	ぎのう
기능	기노ー	[機能]	きのうする⒱
기다	하우	[這う]	はう
기다리다	마츠	[待つ]	まつ
기대	기따이	[期待]	きたいする⒱
기대에 어긋남	아떼하즈레	[当て外れ]	あてはずれ
기도	이노리	[祈り]	いのり
기도	기또	[企図]	きとする⒱
기도하다	이노루	[祈る]	いのる
기독교	기리스또꼬ー	[キリスト教]	キリストきょう
기둥	하시라	[柱]	はしら
기량	우데마에	[腕前]	うでまえ
기량	기료ー	[器量]	きりょう
기러기	가ㄴ	[雁]	がん
기력	기료꾸	[気力]	きりょく
기로	와까레미치	[別れ道]	わかれみち
기록	기로꾸	[記録]	きろくする⒱
기록하다	시루스	[記す]	しるす
기르다	소다떼루	[育てる]	そだてる
기르다	야시나우	[養う]	やしなう
기름	아부라	[油]	あぶら
기름지다, 기름기가 많다	아부라ㄱ꼬이	[脂っこい]	あぶらっこい
기린	기리ㄴ		キリン
기립	기리츠	[起立]	きりつ
기마	기바	[騎馬]	きば
기막히다	아끼레루	[呆れる]	あきれる
기만	기마ㄴ	[欺瞞]	ぎまんする⒱
기만하다	아자무꾸	[欺く]	あざむく

기모노	기모노	[着物]	きもの
기묘	기묘-	[奇妙]	きみょう
기미	시미		しみ
기밀	기미츠	[機密]	きみつ
기반	기바느	[基盤]	きばん
기발	기바츠	[奇抜]	きばつ
기백	기하꾸	[気魄]	きはく
기법	기호-	[技法]	ぎほう
기별	다요리	[便り]	たより
기본	기호느	[基本]	きほん
기부	기후	[寄付]	きふする
기분	기모치	[気持ち]	きもち
기분	기부느	[気分]	きぶん
기분	고꼬로모치	[心持ち]	こころもち
기분	기게느	[機嫌]	きげん
기분이 나쁨	부끼미	[不気味]	ぶきみ
기분이 매우 좋음	죠-끼게느	[上機嫌]	じょうきげん
기분이 언짢음	후끼게느	[不機嫌]	ふきげん
기분전환, 기분풀이	기바라시	[気晴らし]	きばらしする
기뻐서 어쩔 줄을 모름	우쵸-떼느	[有頂天]	うちょうてん
기뻐하다	요로꼬부	[喜ぶ]	よろこぶ
기쁘다	우레시이	[嬉しい]	うれしい
기쁨	요로꼬비	[喜び]	よろこび
기사	기지	[記事]	きじ
기상	기쇼-	[気象]	きしょう
기상	기쇼-	[起床]	きしょう
기색	게하이	[気配]	けはい
기생	게이샤	[芸者]	げいしゃ
기생충	기세-츄-	[寄生虫]	きせいちゅう
기선	기세느	[汽船]	きせん
기성복	기세-후꾸	[既製服]	きせいふく
기소	기소	[起訴]	きそする
기수	기슈	[騎手]	きしゅ
기숙사	료-	[寮]	りょう
기술	기쥬츠	[技術]	ぎじゅつ
기술자	에느지니아	[engineer]	エンジニア
기습	후이우치	[不意打]	ふいうち
기습	기슈-	[奇襲]	きしゅうする
기아	기가	[飢餓]	きが
기압	기아츠	[気圧]	きあつ

기어가다	하우	[這う]	はう
기어오르다	하이아가루	[這い上がる]	はいあがる
기어오르다	요지노보루	[よじ上る]	よじのぼる
기억	기오꾸	[記憶]	きおくする
기업	기교-	[企業]	きぎょう
기온	기오ㄴ	[気温]	きおん
기와	가와라	[瓦]	かわら
기울다	가따무꾸	[傾く]	かたむく
기울어지다	가따요루	[偏る]	かたよる
기울어짐	나나메	[斜め]	ななめ
기울이다	가따무께루	[傾ける]	かたむける
기원	이노리	[祈り]	いのり
기원	기게ㄴ	[紀元]	きげん
기원	기가ㄴ	[祈願]	きがんする
기원전	기게ㄴ제ㄴ	[紀元前]	きげんぜん
기원하다	네가우	[願う]	ねがう
기이	기이	[奇異]	きい
기인	헤ㄴ지ㄴ	[変人]	へんじん
기인하다	요루	[因る]	よる
기일	기지츠	[期日]	きじつ
기일	메-니치	[命日]	めいにち
기입	기뉴-	[記入]	きにゅうする
기자	기샤	[記者]	きしゃ
기자회견	기샤까이께ㄴ	[記者会見]	きしゃかいけん
기장	기비	[黍]	きび
기재	기사이	[記載]	きさいする
기저귀	오무츠		おむつ
기적	기세끼	[奇跡]	きせき
기적	기떼끼	[汽笛]	きてき
기절	기제츠	[気絶]	きぜつする
기정	기떼-	[既定]	きていする
기종	기슈	[機種]	きしゅ
기준	기쥬ㄴ	[基準]	きじゅん
기증	기조-	[寄贈]	きぞうする
기지	기치	[基地]	きち
기지	기치	[機智]	きち
기질	기쇼-	[気性]	きしょう
기질	기마에	[気前]	きまえ
기질	고ㄴ죠-	[根性]	こんじょう
기질	가따기	[堅気]	かたぎ

기차	기샤	[汽車]	きしゃ
기체	기따이	[気体]	きたい
기초	기소	[基礎]	きそ
기침	세끼	[咳]	せき
기타	기따-	[guitar]	ギター
기탁	기따꾸	[寄託]	きたくする
기특함	시ㅁ묘-	[神妙]	しんみょう
기포	아와	[泡]	あわ
기풍	가따기	[堅気]	かたぎ
기피	기히	[忌避]	きひする
기한	기게ㄴ	[期限]	きげん
기항 기	꼬-	[寄港]	きこうする
기행	기꼬-	[紀行]	きこう
기호	기고-	[記号]	きごう
기호	시꼬-	[嗜好]	しこう
기호	다시나미	[嗜み]	たしなみ
기호가 맞지 않음	후무끼	[不向き]	ふむき
기혼	기꼬ㄴ	[既婚]	きこん
기회	기까이	[機会]	きかい
기획	기까꾸	[企画]	きかくする
기후	기꼬-	[気候]	きこう
기후현	기후께ㄴ	[岐阜県]	ぎふけん
긴 의자	나가이스	[長椅子]	ながいす
긴급	규-	[急]	きゅう
긴급	기ㅇ뀨-	[緊急]	きんきゅう
긴 머리	로ㅇ구헤아	[long hair]	ロングヘア
긴밀	기ㅁ미츠	[緊密]	きんみつ
긴소매	나가소데	[長袖]	ながそで
긴장	기ㄴ쵸-	[緊張]	きんちょうする
긴장을 풂	리라ㄱ꾸스	[relax]	リラックスする
긴장하다	하리끼루	[張り切る]	はりきる
긴축	기ㄴ슈꾸	[緊縮]	きんしゅくする
긴키지방(지역)	기ㄴ끼치호-	[近畿地方]	きんきちほう
길	미치	[道]	みち
길가	미치바따	[道端]	みちばた
길가	에ㄴ도-	[沿道]	えんどう
길게 하다	노바스	[伸ばす]	のばす
길다	나가이	[長い]	ながい
길동무	미치즈레	[道連れ]	みちづれ
길들다	나레루	[慣れる]	なれる

길들이다	데나즈께루	[手懐ける]	てなずける
길라잡이	시루베	[標]	しるべ
길모퉁이	마치까도	[町角]	まちかど
길모퉁이	마가리까도	[曲がり角]	まがりかど
길 안내	시루베	[標]	しるべ
길어지다	노비루	[延びる]	のびる
길이	나가사	[長さ]	ながさ
길잡이	시루베	[標]	しるべ
길잡이	미치시루베	[道しるべ]	みちしるべ
김	노리	[海苔]	のり
김	유게	[湯気]	ゆげ
김밥	노리마끼	[のり巻き]	のりまき
김치	기무치		キムチ
깁다	누우	[縫う]	ぬう
깁스	기부스	[Gips]	ギブス
깃	에리	[襟]	えり
깃발	하따	[旗]	はた
깊다	후까이	[深い]	ふかい
깊어지다	후까마루	[深まる]	ふかまる
깊은 못	후치	[淵]	ふち
깊은 산 속	야마오꾸	[山奥]	やまおく
깊이	후까사	[深さ]	ふかさ
깊이 잠이 든 모양	구ㅅ스리		ぐっすり
~까?	가		か
까다	무꾸		むく
까다롭다	야야꼬시이		ややこしい
까다롭다(성미가)	기무즈까시이	[気難しい]	きむずかしい
까닭	와께	[訳]	わけ
까닭 없이	무쇼-니	[無性に]	むしょうに
까마귀	가라스	[烏]	からす
까맣다, 검다	구로이	[黒い]	くろい
까불다	후자께루		ふざける
까악까악(까마귀)	가-까-		カーカー
~까지	마데		まで
~까지도	스라		すら
까치	가사사기		かささぎ
까칠까칠	자라자라		ざらざら
까칠까칠	기자기자		ぎざぎざ
까칠해지다	야츠레루	[窶れる]	やつれる
깎다	게즈루	[削る]	けずる

깎다	소루	[剃る]	そる
깎다(돈을)	마께루		まける
깎듯이	데-네-니	[丁寧に]	ていねいに
깎아 올림	가리아게	[刈り上げ]	かりあげ
깎은 머리	보-즈	[坊主]	ぼうず
깍은 머리	가리아게	[刈り上げ]	かりあげ
깐깐하다	시츠꼬이		しつこい
깔개	시끼모노	[敷物]	しきもの
깔끔함	고기레이	[小綺麗]	こぎれい
깔끔함	고자ㅂ빠리		こざっぱり
깔다	시꾸	[敷く]	しく
깔보다	아나도루	[侮る]	あなどる
깔보다	미꾸비루	[見くびる]	みくびる
깔쭉깔쭉	기자기자		ぎざぎざ
깜깜한 밤	야미요	[闇夜]	やみよ
깜빡	우ㄱ까리		うっかり
깜빡거리다	마따따꾸	[瞬く]	またたく
깜빡거리다	시바따꾸	[瞬く]	しばたく
깜빡이	우이ㅇ까-	[winker]	ウインカー
깜빡이다	마따따꾸	[瞬く]	またたく
깜짝 놀람	비ㄱ꾸리		びっくりする⒱
깡통따개	가ㅇ끼리	[缶切り]	かんきり
깡패	야꾸자		やくざ
깨	고마	[胡麻]	ごま
깨끗함	기레이		きれい
깨다	와루	[割る]	わる
깨다	야부루	[破る]	やぶる
깨다	구다꾸	[砕く]	くだく
깨다	사메루	[覚める]	さめる
깨닫다	기즈꾸	[気づく]	きづく
깨닫다	사또루	[悟る]	さとる
깨달음	사또리	[悟り]	さとり
깨뜨리다	고와스	[壊す]	こわす
깨물다	가무	[噛む]	かむ
깨소금	고마시오	[ごま塩]	ごましお
깨우다	오꼬스	[起こす]	おこす
깨지다	와레루	[割れる]	われる
깨지다	고와레루	[壊れる]	こわれる
깨지다	구다께루	[砕ける]	くだける
깨지다	야부레루	[破れる]	やぶれる

깽깽(강아지)	꺄ㅇ꺄ㅇ		きゃんきゃん
꺼내다	다스	[出す]	だす
꺼내다	도리다스	[取り出す]	とりだす
꺼리다	하바까루	[憚る]	はばかる
꺼림칙하다	우시로메따이	[後ろめたい]	うしろめたい
꺼지다	기에루	[消える]	きえる
꺾다	오루	[折る]	おる
꺾이다	오레루	[折れる]	おれる
껄껄	가라까라		からから
껄껄	게라게라		げらげら
껌	가무	[gum]	ガム
껍데기	가라	[殻]	から
껍질	가와	[皮]	かわ
껍질	가라	[殻]	から
껴안다	가까에루	[抱える]	かかえる
껴안다	다끼시메루	[抱き締める]	だきしめる
꼬깃꼬깃	구챠구챠		くちゃくちゃ
꼬꼬댁(수탉)	고께고ㄱ꼬-		コケコッコー
꼬다	요지루	[捩る]	よじる
꼬드기다	소소노까스	[唆す]	そそのかす
꼬리	시ㅂ뽀	[尻尾]	しっぽ
꼬리표	니후다	[荷札]	にふだ
꼬마	치비		ちび
꼬마	치ㅁ삐라		ちんぴら
꼬여들다	다까루		たかる
꼬집다	츠네루	[抓る]	つねる
꼬챙이	구시	[串]	くし
꼬치	구시	[串]	くし
꼭	기ㅅ또		きっと
꼭	가나라즈	[必ず]	かならず
꼭	제히	[是非]	ぜひ
꼭	데ㄱ끼리		てっきり
꼭	시ㄱ까리		しっかりする⒱
꼭	삐ㅅ따리		ぴったりする⒱
꼭	가ㅅ치리		かっちりする⒱
꼭	기ㄱ까리		きっかり
꼭	쵸-도		ちょうど
꼭 닮음	소ㄱ꾸리		そっくり
꼭 닮음(얼굴생김새가)	소라니	[空似]	そらに
꼭대기	데ㅂ뻬ㄴ	[天辺]	てっぺん

꼭대기	이따다끼	[頂]	いただき
꼭 적당하다	호도요이	[程よい]	ほどよい
꼭지	헤타		へた
꼴등	비리		びり
꼴불견	부자마	[無様]	ぶざま
꼴사나움	후떼-사이	[不体裁]	ふていさい
꼴사납다	미ㅅ또모나이		みっともない
꼴지	비리		びり
꼼꼼하게 함	뉴-넨ㄴ	[入念]	にゅうねん
꼼꼼함	기쵸-멘ㄴ	[几帳面]	きちょうめん
꼼짝 못함	페챠ㅇ꼬		ぺちゃんこ
꽁무니를 뺌	시리고미	[尻込み]	しりごみ
꽁치	사ㅁ마		さんま
꽂다	사스	[挿す]	さす
꽃	하나	[花]	はな
꽃가루	가훈ㄴ	[花粉]	かふん
꽃가루알레르기	가훈ㄴ쇼-	[花粉症]	かふんしょう
꽃구경	하나미	[花見]	はなみ
꽃꽂이	이께바나	[生け花]	いけばな
꽃다발	하나따바	[花束]	はなたば
꽃동산	하나조노	[花園]	はなぞの
꽃말	하나꼬또바	[花言葉]	はなことば
꽃무늬	하나가라	[花柄]	はながら
꽃바구니	하나까고	[花籠]	はなかご
꽃밭	하나바따께	[花畑]	はなばたけ
꽃병	가빈ㄴ	[花瓶]	かびん
꽃봉오리	츠보미	[蕾]	つぼみ
꽃잎	하나비라	[花びら]	はなびら
꽃집	하나야	[花屋]	はなや
꽉	시ㄱ까리		しっかりする⊻
꽉	삐ㅅ따리		ぴったりする⊻
꽝	바딴ㄴ		ばたん
꽤	가나리		かなり
꽤	다이부	[大分]	だいぶ
꽤	요호도	[余程]	よほど
꾀꼬리	우구이스		うぐいす
꾀꼬리 소리	호-호께꾜		ホーホケキョ
꾀다	사소우	[誘う]	さそう
꾀를 부림	호네오시미	[骨惜しみ]	ほねおしみ
꾀병	게뵤-	[仮病]	けびょう

꾀하다	다꾸라무	[企む]	たくらむ
꾀하다	하까루	[計る]	はかる
꾸다	가리루	[借りる]	かりる
꾸물꾸물	다라다라		だらだらする
꾸물대다	구즈츠꾸		ぐずつく
꾸미다	가자루	[飾る]	かざる
꾸미다	요소오우	[装う]	よそおう
꾸미다(일을)	다꾸라무	[企む]	たくらむ
꾸벅꾸벅	우또우또		うとうと
꾸벅꾸벅	우츠라우츠라		うつらうつら
꾸준하게, 꾸준히	고츠꼬츠		こつこつ
꾸준하다	네바리즈요이	[粘り強い]	ねばりづよい
꾸중	고고또	[小言]	こごと
꾸지람	오시까리	[お叱り]	おしかり
꾸짖다	시까루	[叱る]	しかる
꾸짖다	세메루	[責める]	せめる
꾹	구ㄴ또		ぐんと
꿀꺽꿀꺽	고꾸고꾸		ごくごく
꿀꿀	부-부-		ぶうぶう
꿀벌	미츠바치	[蜜蜂]	みつばち
꿇다	히자마즈꾸	[跪く]	ひざまずく
꿈	유메	[夢]	ゆめ
꿈길	유메지	[夢路]	ゆめじ
꿈꾸다	유메미루	[夢見る]	ゆめみる
꿈을 꾸는 것 같은 기분	유메고꼬치	[夢心地]	ゆめごこち
꿈쩍도	비꾸또모		びくとも
꿈틀거리다	우고메꾸		うごめく
꿈틀꿈틀	뇨로뇨로		にょろにょろ
꿋꿋이 살아가다	이끼누꾸	[生き抜く]	いきぬく
꿩	기지	[雉]	きじ
꿰뚫다	츠라누꾸	[貫く]	つらぬく
꿰뚫다	미누꾸	[見抜く]	みぬく
꿰매다	누우	[縫う]	ぬう
꿰매다	츠꾸로우	[繕う]	つくろう
끄나풀	히모기레	[紐切れ]	ひもぎれ
끄다	게스	[消す]	けす
끄덕이다(고개를)	우나즈꾸	[頷く]	うなずく
끄떡없음	헤-끼	[平気]	へいき
끄집어내다	도리다스	[取り出す]	とりだす
끈	히모	[紐]	ひも

끈기	고○끼	[根気]	こんき
끈기	네바리께	[粘り気]	ねばりけ
끈끈하다	네바리ㄱ꼬이	[粘りっこい]	ねばりっこい
끈덕지게 버티다	네바루	[粘る]	ねばる
끈덕지다	시츠꼬이		しつこい
끈덕지다	구도이	[諄い]	くどい
끈적끈적	네또네또		ねとねとする
끈적끈적	베따베따		べたべたする
끈적끈적	베또베또		べとべとする
끈질기다	시츠꼬이		しつこい
끊기다	기레루	[切れる]	きれる
끊기어 떨어지다	치기레루	[千切れる]	ちぎれる
끊다	기루	[切る]	きる
끊다	다츠	[絶つ]	たつ
끊어지다	기레루	[切れる]	きれる
끊임없음	히ㄱ끼리나시	[引っ切り無し]	ひっきりなし
끊임없이	다에즈	[絶えず]	たえず
끌다	히꾸	[引く]	ひく
끌다	히ㅂ빠루	[引っ張る]	ひっぱる
끌어당겨 되돌리다	히끼모도스	[引き戻す]	ひきもどす
끌어당기다	히끼츠께루	[引き付ける]	ひきつける
끌어당기다(양손으로)	다구루	[手繰る]	たぐる
끌어올리다	히끼아게루	[引き上げる]	ひきあげる
끓다	와꾸	[沸く]	わく
끓어오름	후ㅅ또	[沸騰]	ふっとうする
끓이다	와까스	[沸す]	わかす
끓이다	니루	[煮る]	にる
끓인 물	오유	[お湯]	おゆ
끔찍하다	모노스고이	[物凄い]	ものすごい
끔찍하다	무고이	[惨い]	むごい
끙끙거리다	우나루	[唸る]	うなる
끝	오와리	[終わり]	おわり
끝	오시마이	[お仕舞い]	おしまい
끝	스에	[末]	すえ
끝	사끼	[先]	さき
끝	하시	[端]	はし
끝나다	오와루	[終わる]	おわる
끝나다	스무	[済む]	すむ
끝나다	시마우	[終う]	しまう
끝내	스에즈에	[末々]	すえずえ

끝내다	시마우	[仕舞う]	しまう
끝내다	오에루	[終える]	おえる
끝마치다	시마우	[仕舞う]	しまう
끼다	하사무	[挟む]	はさむ
끼다	하사마루	[挟まる]	はさまる
끼리	도-시	[同士]	どうし
끼우다	하사무	[挟む]	はさむ
끼우다	하메루	[嵌める]	はめる
끼이다	하사마루	[挟まる]	はさまる
김새	게하이	[気配]	けはい

한국어	일본어 발음	[한자]	일본어
~ㄴ가	야라		やら
~ㄴ지 몰라	가시라		かしら
나	와따시	[私]	わたし
나	보꾸	[僕]	ぼく
나	오레	[俺]	おれ
~나	야		や
나가노현	나가노껭	[長野県]	ながのけん
나가다	데루	[出る]	でる
나가사키현	나가사끼껭	[長崎県]	ながさきけん
나고야	나고야	[名古屋]	なごや
나귀	로바	[驢馬]	ろば
나그네	다비비또	[旅人]	たびびと
나그넷길	다비지	[旅路]	たびじ
나긋나긋함	시나야까		しなやか
나날	히비	[日々]	ひび
나날	아께꾸레	[明け暮れ]	あけくれ
나누다	와께루	[分ける]	わける
나누다	와루	[割る]	わる
나눗셈, 나누기	와리자ㄴ	[割り算]	わりざん
나다	하에루	[生える]	はえる
나들이옷	하레기	[晴れ着]	はれぎ
나라	구니	[国]	くに
나라국번	구니바ㅇ고-	[国番号]	くにばんごう
나라현	나라껭	[奈良県]	ならけん
나락	나라꾸	[奈落]	ならく
나란히	나라ㄴ데	[並んで]	ならんで
나란히 세우다	나라베루	[並べる]	ならべる
나란히 하다	나라부	[並ぶ]	ならぶ
나루터	와따시바	[渡し場]	わたしば
나룻배	와따시부네	[渡し船]	わたしぶね
나르다	하꼬부	[運ぶ]	はこぶ
나른하다	다루이		だるい
나막신	게따	[下駄]	げた

나머지	노꼬리	[残り]	のこり
나무	기	[木]	き
나무라다	세메루	[責める]	せめる
나무라다	도가메루	[咎める]	とがめる
나무라다	다시나메루	[窘める]	たしなめる
나무숲	고다치	[木立]	こだち
나무젓가락	와리바시	[割り箸]	わりばし
나무주걱	기베라	[木べら]	きべら
나무통	오께	[桶]	おけ
나무통	다루	[樽]	たる
나물	나무루		ナムル
나뭇가지	에다	[枝]	えだ
나뭇잎	고노하	[木の葉]	このは
나부끼다	하따메꾸		はためく
나부끼다	나비꾸	[靡く]	なびく
나비	쵸-	[蝶]	ちょう
나쁘다	와루이	[悪い]	わるい
나쁜 소행	쇼교-	[所業]	しょぎょう
나사	네지	[捻子]	ねじ
나아가게 하다	스스메루	[進める]	すすめる
나아가다	스스무	[進む]	すすむ
나약하다	메메시이	[女々しい]	めめしい
나오다	데루	[出る]	でる
나이	도시	[年]	とし
나이테	네ㄴ리ㄴ	[年輪]	ねんりん
나이트클럽	나이또꾸라부	[night club]	ナイトクラブ
나일론	나이로ㄴ	[nylon]	ナイロン
나중	아또	[後]	あと
나중에	아또데	[後で]	あとで
나직이	보소보소		ぼそぼそ
나체	라따이	[裸体]	らたい
나침반	라시ㅁ바ㄴ	[羅針盤]	らしんばん
나타나다	아라와레루	[表れる]	あらわれる
나타나다	아라와레루	[現れる]	あらわれる
나타내다	시메스	[示す]	しめす
나타내다	아라와스	[表す]	あらわす
나타내다	아라와스	[現す]	あらわす
나트륨	나또리우무	[Natrium]	ナトリウム
나팔	라ㅂ빠	[喇叭]	らっぱ
나팔꽃	아사가오	[朝顔]	あさがお

나머지 ~ 난폭하다			
낙관	라ㄱ까ㄴ	[楽観]	らっかんする
낙담	라ㄱ따ㄴ	[落胆]	らくたんする
낙서	라꾸가끼	[落書き]	らくがきする
낙선	라ㄱ세ㄴ	[落選]	らくせんする
낙숫물	아마다레	[雨垂れ]	あまだれ
낙심하다	가ㄱ까리스루		がっかりする
낙엽	오치바	[落ち葉]	おちば
낙원	라꾸에ㄴ	[楽園]	らくえん
낙인	라꾸이ㄴ	[烙印]	らくいん
낙제	라꾸다이	[落第]	らくだいする
낙지	다꼬	[蛸]	たこ
낙찰	라ㄱ사츠	[落札]	らくさつする
낙천가	라ㄱ떼ㅇ까	[楽天家]	らくてんか
낙타	라꾸다		らくだ
낙하산	라ㄱ까세ㄴ	[落下傘]	らっかさん
낚다	츠루	[釣る]	つる
낚시	츠리	[釣り]	つり
낚싯대	츠리자오	[釣竿]	つりざお
낚아채다	히ㅅ따꾸루	[引ったくる]	ひったくる
낚아채다	사라우	[攫う]	さらう
난간	데스리	[手摺]	てすり
난간	라ㅇ까ㄴ	[欄干]	らんかん
난관	나ㅇ까ㄴ	[難関]	なんかん
난동	다ㄴ또-	[暖冬]	だんとう
난로	스또-부	[stove]	ストーブ
난류	다ㄴ류-	[暖流]	だんりゅう
난방	다ㅁ보-	[暖房]	だんぼうする
난방 장치	히-따-	[heater]	ヒーター
난색	나ㄴ쇼꾸	[難色]	なんしょく
난세	라ㄴ세-	[乱世]	らんせい
난센스	나ㄴ세ㄴ스	[nonsense]	ナンセンス
난소	라ㄴ소-	[卵巣]	らんそう
난시	라ㄴ시	[乱視]	らんし
난잡	라ㄴ자츠	[乱雑]	らんざつ
난처하다	고마루	[困る]	こまる
난초	라ㄴ	[欄]	らん
난타	라ㄴ다	[乱打]	らんだする
난폭	라ㅁ보-	[乱暴]	らんぼう
난폭하게 굴다	아바레루	[暴れる]	あばれる
난폭하다	아라ㅂ뽀이	[荒っぽい]	あらっぽい

낟알	츠부	[粒]	つぶ
날	히	[日]	ひ
날 것	나마	[生]	なま
날개	하네	[羽]	はね
날개	츠바사	[翼]	つばさ
날개를 치다	하바따꾸	[羽ばたく]	はばたく
날것	나마모노	[生物]	なまもの
날다	도부	[飛ぶ]	とぶ
날뛰다	아바레루	[暴れる]	あばれる
날름날름	페로뻬로		ぺろぺろ
날리다	도바스	[飛ばす]	とばす
날마다	히고또	[日毎]	ひごと
날쌔게	이치하야꾸	[逸早く]	いちはやく
날쌔다	스바야이	[素早い]	すばやい
날씨	데ㅇ끼	[天気]	てんき
날씨	소라모요-	[空模様]	そらもよう
날씨가 갬	하레	[晴れ]	はれ
날씬한	스ㄴ나리		すんなり
날씬함	스마-또	[smart]	スマート
날아오르다	도비아가루	[飛び上がる]	とびあがる
날아오르다	마이아가루	[舞い上がる]	まいあがる
날을 보내다	구라스	[暮らす]	くらす
날이 새다	아께루	[明ける]	あける
날인	나츠이ㄴ	[捺印]	なついんする
날조	네츠조-	[捏造]	ねつぞうする
날조하다	데ㅅ치아게루	[でっち上げる]	でっちあげる
날짜	히니치	[日にち]	ひにち
날짜	히즈께	[日付]	ひづけ
날치기	히ㅅ따꾸리	[引ったくり]	ひったくり
날카로운	피리삐리		ぴりぴりする
날카롭다	스루도이	[鋭い]	するどい
낡다	후루이	[古い]	ふるい
낡아빠지다	구따비레루	[草臥れる]	くたびれる
남, 남쪽	미나미	[南]	みなみ
남	다니ㄴ	[他人]	たにん
남극	나ㅇ꾜꾸	[南極]	なんきょく
남근	다ㅇ꼬ㄴ	[男根]	だんこん
남기다	노꼬스	[残す]	のこす
남기다	아마스	[余す]	あます
남김없이	노꼬라즈	[残らず]	のこらず

남남	다니닌도-시	[他人同士]	たにんどうし
남녀	단ㄴ죠	[男女]	だんじょ
남다	노꼬루	[残る]	のこる
남다	아마루	[余る]	あまる
남동생	오또-또	[弟]	おとうと
남매	쿄-다이	[兄弟]	きょうだい
남미	미나미아메리까	[南アメリカ]	みなみアメリカ
남반구	미나미항꾸-	[南半球]	みなみはんきゅう
남성	단세-	[男性]	だんせい
남성용 면도기	히게소리	[髭剃り]	ひげそり
남성용 정장	세비로	[背広]	せびろ
남아	단지	[男児]	だんじ
남아돌다	아리아마루	[有り余る]	ありあまる
남용	란요-	[乱用]	らんよう する
남의 눈	히또메	[人目]	ひとめ
남의 눈	하따메	[傍目]	はため
남의 뒤치다꺼리	시리누구이	[尻拭い]	しりぬぐい
남의 일	요소고또	[余所事]	よそごと
남의 집	요소	[余所]	よそ
남의 흉내	히또마네	[人真似]	ひとまね
남자	오또꼬	[男]	おとこ
남자	오꼬꼬노히또	[男の人]	おとこのひと
남자	단시	[男子]	だんし
남자답다	오또꼬라시이	[男らしい]	おとこらしい
남자 아이	오또꼬노꼬	[男の子]	おとこのこ
남자 조카	오이	[甥]	おい
남자 조카	오이ㄱ꼬		おいっこ
남자 친구	가레	[彼]	かれ
남자 친구	가레시	[彼氏]	かれし
남쪽	미나미	[南]	みなみ
남편	슈지ㄴ	[主人]	しゅじん
남편	오ㅅ또	[夫]	おっと
남편	단나	[旦那]	だんな
남편	데-슈	[亭主]	ていしゅ
남편분	고슈지ㄴ	[ご主人]	ごしゅじん
남향	미나미무끼	[南向き]	みなみむき
납	나마리	[鉛]	なまり
납기	노-끼	[納期]	のうき する
납득	노미꼬미	[呑込み]	のみこみ
납득	나ㅅ또꾸	[納得]	なっとく する

납량	노-료-	[納涼]	のうりょう
납부	노-후	[納付]	のうふする
납부하다	오사메루	[納める]	おさめる
납세	노-제-	[納税]	のうぜいする
납입	후리꼬미	[振込み]	ふりこみ
납작해짐	페챠ㅇ꼬		ぺちゃんこ
납치	라치	[拉致]	らちする
납품	노-히ㄴ	[納品]	のうひんする
낫	가마	[鎌]	かま
낭독	로-도꾸	[朗読]	ろうどくする
낭떠러지	가께	[崖]	がけ
낭비	무다즈까이	[無駄使い]	むだづかいする
낭비	로-히	[浪費]	ろうひする
낭패	로-바이	[狼狽]	ろうばいする
낮	히루	[昼]	ひる
낮다	히꾸이	[低い]	ひくい
낮 동안	히루마	[昼間]	ひるま
낮잠	히루네	[昼寝]	ひるねする
낯	츠라	[面]	つら
낯가림	히또미시리	[人見知り]	ひとみしりする
낯선	미시라누	[見知らぬ]	みしらぬ
낯익다	미나레루	[見慣れる]	みなれる
낯익은 사이	나지미	[馴染み]	なじみ
낯익은 얼굴	가오나지미	[顔馴染み]	かおなじみ
낱말	다ㅇ고	[単語]	たんご
낱알	츠부	[粒]	つぶ
낳다	우무	[産む]	うむ
내가 생각해도	와레나가라	[我ながら]	われながら
내각	나이까꾸	[内閣]	ないかく
내걸다	가까게루	[掲げる]	かかげる
내과	나이까	[内科]	ないか
내과 의사	나이까이	[内科医]	ないかい
내기	가께	[賭け]	かけ
내내	즈ㅅ또		ずっと
내년	라이네ㄴ	[来年]	らいねん
내놓다	도리다스	[取り出す]	とりだす
내다	다스	[出す]	だす
내던지다	호-리다스	[放り出す]	ほうりだす
내던지다	나게스떼루	[投げ捨てる]	なげすてる
내동댕이치다	후리스떼루	[振り捨てる]	ふりすてる

한국어	발음	漢字	일본어
내딛다	후미다스	[踏み出す]	ふみだす
내레이션	나레-쇼ㄴ	[narration]	ナレーション
내레이터	나레-따-	[narrator]	ナレーター
내려가다	사가루	[下がる]	さがる
내려가다	구다루	[下る]	くだる
내려다보다	미오로스	[見下ろす]	みおろす
내려오다	오리루	[下りる]	おりる
내륙	나이리꾸	[内陸]	ないりく
내리쌓이다	후리까까루	[降り掛かる]	ふりかかる
내리게 하다	오로스	[下ろす]	おろす
내리기 시작하다	후리다스	[振り出す]	ふりだす
내리다	사게루	[下げる]	さげる
내리다	오리루	[下りる]	おりる
내리다	오리루	[降りる]	おりる
내리다	구다루	[下る]	くだる
내리다	후루	[降る]	ふる
내리다	오로스	[下ろす]	おろす
내리막길	구다리자까	[下り坂]	くだりざか
내면	나이메ㄴ	[内面]	ないめん
내방	라이호-	[来訪]	らいほうする
내버려두다	호-ㅅ떼오꾸	[放っておく]	ほうっておく
내버리다	나게스떼루	[投げ捨てる]	なげすてる
내복	하다기	[肌着]	はだぎ
내복	시따기	[下着]	したぎ
내복약	노미구스리	[飲み薬]	のみぐすり
내부	나이부	[内部]	ないぶ
내빈	라이히ㄴ	[来賓]	らいひん
내뿜다	후끼다스	[吹き出す]	ふきだす
내선	나이세ㄴ	[内線]	ないせん
내성적	우치끼	[内気]	うちき
내세	라이세	[来世]	らいせ
내수	나이쥬	[内需]	ないじゅ
내열	다이네츠	[耐熱]	たいねつ
내외	나이가이	[内外]	ないがい
내용	나이요-	[内容]	ないよう
내용	나까미	[中身]	なかみ
내의	하다기	[肌着]	はだぎ
내의	시따기	[下着]	したぎ
내일	아시따	[明日]	あした
내일	아스	[明日]	あす

내장	나이조-	[内臓]	ないぞう
내전	나이세ㄴ	[内戦]	ないせん
내정	나이떼-	[内定]	ないてい する⊙
내조	나이죠	[内助]	ないじょ
내지	나이시	[乃至]	ないし
내쫓다	오이다스	[追い出す]	おいだす
내핍	다이보-	[耐乏]	たいぼう する⊙
내후년	사라이네ㄴ	[再来年]	さらいねん
냄비	나베	[鍋]	なべ
냄비 받침	나베지끼	[鍋しき]	なべしき
냄비 장갑	나베츠까미	[鍋つかみ]	なべつかみ
냄새(향기)	니오이	[匂い]	におい
냄새	니오이	[臭い]	におい
냄새 나다	니오우	[匂う]	におう
냄새 나다	구사이	[臭い]	くさい
냄새를 맡다	가구	[嗅ぐ]	かぐ
냅다	게무이	[煙い]	けむい
냅다	게무따이	[煙たい]	けむたい
냅킨	나뿌끼ㄴ	[napkin]	ナプキン
냇가	가와베	[川辺]	かわべ
냉각	레-꺄꾸	[冷却]	れいきゃく する⊙
냉난방기	에아꼬ㄴ	[air conditioner]	エアコン
냉담	레-따ㄴ	[冷淡]	れいたん
냉동	레-또-	[冷凍]	れいとう する⊙
냉동식품	레-또-쇼꾸히ㄴ	[冷凍食品]	れいとうしょくひん
냉면	레-메ㄴ	[冷麺]	れいめん
냉방	레-보-	[冷房]	れいぼう する⊙
냉소	레-쇼-	[冷笑]	れいしょう する⊙
냉수	오히야	[お冷や]	おひや
냉수	나마미즈	[生水]	なまみず
냉수	레-스이	[冷水]	れいすい
냉장고	레-조-꼬-	[冷蔵庫]	れいぞうこ
냉정	레-세-	[冷静]	れいせい
냉커피	아이스꼬-히	[ice coffee]	アイスコーヒ
냉큼	스바야꾸	[素早く]	すばやく
냉혈	레-께츠	[冷血]	れいけつ
냐옹(고양이)	냐-냐-		ニャーニャー
너	기미	[君]	きみ
너	오마에	[お前]	おまえ
너구리	다누끼	[狸]	たぬき

너덜너덜	보로보로		ぼろぼろ
너덜너덜	요레요레		よれよれ
너도밤나무	부나		ぶな
너무	아마리		あまり
너무	아ㅁ마리		あんまり
너무나	아마리		あまり
너무나도	아마리니모		あまりにも
너무하다	히도이	[酷い]	ひどい
너풀너풀	후와리또		ふわりと
너희들	기미따치	[君たち]	きみたち
너희들	오마에따치	[お前たち]	おまえたち
넉넉하다	아리아마루	[有り余る]	ありあまる
넋	다마시이	[魂]	たましい
넋두리	나끼고또	[泣き言]	なきごと
넋없이, 넋을 잃고	웃또리		うっとり
넋을 잃고 보다	미또레루	[見惚れる]	みとれる
넌더리나다	고리루	[懲りる]	こりる
넌더리남	고리고리		ごりごりする⊙
넌지시 말하다	호노메까스	[仄めかす]	ほのめかす
널다	호스	[干す]	ほす
널리 퍼지다	하비꼬루	[蔓延る]	はびこる
널빤지	이따	[板]	いた
넓다	히로이	[広い]	ひろい
넓어지다	히로가루	[広がる]	ひろがる
넓어지다	히로마루	[広まる]	ひろまる
넓이	히로사	[広さ]	ひろさ
넓적다리	후또모모	[太股]	ふともも
넓적다리	모모니꾸	[もも肉]	ももにく
넓히다	히로게루	[広げる]	ひろげる
넓히다	히로메루	[広める]	ひろめる
넘겨주다	요꼬스		よこす
넘기다	와따스	[渡す]	わたす
넘기다	고스	[越す]	こす
넘기다	메꾸루	[捲る]	めくる
넘다	고에루	[越える]	こえる
넘버	나ㅁ바-	[number]	ナンバー
넘어뜨리다	다오스	[倒す]	たおす
넘어지다	고로부	[転ぶ]	ころぶ
넘어지다	고로가루	[転がる]	ころがる
넘어지다	다오레루	[倒れる]	たおれる

넘치다, 넘쳐흐르다	아후레루	[溢れる]	あふれる
넘치다, 넘쳐흐르다	고보레루	[零れる]	こぼれる
넙치	히라메	[平目]	ひらめ
넝마	보로		ぼろ
넣다	이레루	[入れる]	いれる
네	하이		はい
네 개, 네 살	요ㅅ츠	[四つ]	よっつ
네거리	요츠까도	[四つ角]	よつかど
네거리	쥬-지로	[十字路]	じゅうじろ
네거리	츠지	[辻]	つじ
네덜란드	오라ㄴ다	[Olanda]	オランダ
네모	시까꾸	[四角]	しかく
네모나다, 네모지다	시까꾸이	[四角い]	しかくい
네온사인	네오ㄴ사이ㄴ	[neon sign]	ネオンサイン
네임	네-무	[name]	ネーム
네트워크	네ㅅ또와-꾸	[network]	ネットワーク
넥타이	네ㄱ따이	[necktie]	ネクタイ
넥타이핀	네ㄱ따이삐ㄴ	[necktie pin]	ネクタイピン
넷	시	[四]	し
넷	요ㄴ	[四]	よん
녀석	야츠	[奴]	やつ
녀석	야로-	[野郎]	やろう
~년	네ㄴ	[年]	ねん
~년생	네ㅇ우마레	[年生まれ]	~ねんうまれ
노고	구로-	[苦労]	くろうする⊙
노고	호네오리	[骨折り]	ほねおり
노고를 치하하다	이따와루	[労る]	いたわる
노곤하다	게다루이	[気だるい]	けだるい
노골	로꼬츠	[露骨]	ろこつ
노닥거리다	다와무레루	[戯れる]	たわむれる
노동	로-도-	[労働]	ろうどうする⊙
노란색, 노랑	기이로	[黄色]	きいろ
노랗다	기이로이	[黄色い]	きいろい
노래	우따	[歌]	うた
노래방	가라오께보ㄱㄱ스	[空orchestra box]	カラオケボックス
노래자랑	노도지마ㄴ	[喉自慢]	のどじまん
노래하다	우따우	[歌う]	うたう
노려보다	니라무	[睨む]	にらむ
노력	도료꾸	[努力]	どりょくする⊙
노력을 아낌	호네오시미	[骨惜しみ]	ほねおしみ

노력하다	가ㅁ바루	[頑張る]	がんばる
노련	로-레ㄴ	[老練]	ろうれん
노루	노로		のろ
노르웨이	노루웨-	[Norway]	ノルウェー
노를 젓다	고구	[漕ぐ]	こぐ
노름	바꾸치	[博打]	ばくち
노름	도바꾸	[賭博]	とばく する
노릇노릇	고ㅇ가리		こんがり
노리다	네라우	[狙う]	ねらう
노면	로메ㄴ	[路面]	ろめん
노벨상	노-베루쇼-	[ノーベル賞]	ノーベルしょう
노상	로죠-	[路上]	ろじょう
노선	로세ㄴ	[路線]	ろせん
노송나무	히노끼	[桧]	ひのき
노여움	이끼도-리	[憤り]	いきどおり
노예	도레-	[奴隷]	どれい
노을	유-야께	[夕焼け]	ゆうやけ
노이로제	노이로-제	[Neurose]	ノイローゼ
노인	도시요리	[年寄り]	としより
노인	로-지ㄴ	[老人]	ろうじん
노점	야따이	[屋台]	やたい
노출	로슈츠	[露出]	ろしゅつ する
노크	노ㄱ꾸	[knock]	ノック する
노트	노-또	[note]	ノート
노트북	노-또가따빠소꼬ㄴ	[ノート型パソコン]	ノートがたパソコン
노트북	노-또부ㄱ꾸	[notebook]	ノートブック
노파	로-바	[老婆]	ろうば
노하다	오꼬루	[怒る]	おこる
노하우	노-하우	[know-how]	ノーハウ
노화	로-까	[老化]	ろうか する
노후	로-뀨-	[老朽]	ろうきゅう する
녹	사비	[錆]	さび
녹다	도께루	[溶ける]	とける
녹두	료ㄱ또-	[緑豆]	りょくとう
녹색	미도리	[緑]	みどり
녹색	미도리이로	[緑色]	みどりいろ
녹슬다	사비루	[錆びる]	さびる
녹음	로꾸오ㄴ	[録音]	ろくおん する
녹이다	도까스	[溶かす]	とかす
녹차	료ㄱ쨔	[緑茶]	りょくちゃ

녹초가 되다	구따바루		くたばる
녹초가 되다	구따비레루	[草臥れる]	くたびれる
녹초가 되다	헤꼬따레루		へこたれる
녹화	로꾸가	[録画]	ろくがする
논	다ㅁ보	[田んぼ]	たんぼ
논	다	[田]	た
논리	로ㄴ리	[論理]	ろんり
논문	로ㅁ부ㄴ	[論文]	ろんぶん
논밭	다하따	[田畑]	たはた
논밭	노라	[野良]	のら
논설	로ㄴ세츠	[論説]	ろんせつ
논술	로ㄴ쥬츠	[論述]	ろんじゅつ
논스톱	노ㄴ스또ㅂ뿌	[nonstop]	ノンストップ
논어	로ㅇ고	[論語]	ろんご
논쟁	로ㄴ소-	[論争]	ろんそうする
논픽션	노ㅁ휘ㄱ쇼ㄴ	[nonfiction]	ノンフィクション
놀다	아소부	[遊ぶ]	あそぶ
놀라게 하다	오도로까스	[驚かす]	おどろかす
놀라다	오도로꾸	[驚く]	おどろく
놀라 자빠짐	교-떼ㄴ	[仰天]	ぎょうてんする
놀래다	비ㄱ꾸리사세루		びっくりさせる
놀리다	가라까우		からかう
놀림	히야까시	[冷やかし]	ひやかし
놀이	아소비	[遊び]	あそび
놀이터	아소비바	[遊び場]	あそびば
놈	야츠	[奴]	やつ
농가	노-까	[農家]	のうか
농구	바스께ㅅ또보-루	[basketball]	バスケットボール
농담	죠-다ㄴ	[冗談]	じょうだんする
농도	노-도	[濃度]	のうど
농민	노-미ㄴ	[農民]	のうみん
농민	햐ㄱ쇼-	[百姓]	ひゃくしょう
농번기	노-하ㅇ끼	[農繁期]	のうはんき
농부	노-후	[農夫]	のうふ
농사	노-교-	[農業]	のうぎょう
농산물	노-사ㅁ부츠	[農産物]	のうさんぶつ
농약	노-야꾸	[農薬]	のうやく
농업	노-교-	[農業]	のうぎょう
농장	노-죠-	[農場]	のうじょう
농촌	노-소ㄴ	[農村]	のうそん

농후	노-꼬-	[濃厚]	のうこう
높다	다까이	[高い]	たかい
높이	다까사	[高さ]	たかさ
높이 걸리다	아가루	[揚がる]	あがる
높이 오르다	노보루	[昇る]	のぼる
놓다	오꾸	[置く]	おく
놓아주다	하나스	[放す]	はなす
놓아주다, 놓치다	니가스	[逃がす]	にがす
놓치다	노가스	[逃す]	のがす
놓치다(차를)	노리오꾸레루	[乗り遅れる]	のりおくれる
놓치다(기회를)	미노가스	[見逃す]	みのがす
놓치다(보던 것을)	미우시나우	[見失う]	みうしなう
뇌	노-	[脳]	のう
뇌경색	노-꼬-소꾸	[脳硬塞]	のうこうそく
뇌리	노-리	[脳裏]	のうり
뇌물	와이로	[賄賂]	わいろ
뇌쇄	노-사츠	[悩殺]	のうさつする
뇌염	노-에ㄴ	[脳炎]	のうえん
뇌졸중	노-소ㅅ츄-	[脳卒中]	のうそっちゅう
뇌출혈	노-슈ㄱ께츠	[脳出血]	のうしゅっけつ
누계	루이께-	[累計]	るいけいする
누구	다레	[誰]	だれ
누군가	다레까	[誰か]	だれか
누나, 누님	오네-사ㅇ	[お姉さん]	おねえさん
누나	아네	[姉]	あね
누더기	보로		ぼろ
누드	누-도	[nude]	ヌード
누락되다	모레루	[漏れる]	もれる
누룽지	오꼬게		おこげ
누르다	오스	[押す]	おす
누르다	오사에루	[押さえる]	おさえる
누명	누레기누	[濡れ衣]	ぬれぎぬ
누비다	누우	[縫う]	ぬう
누에	가이꼬	[蚕]	かいこ
누에콩	소라마메	[蚕豆]	そらまめ
누이	이모-또	[妹]	いもうと
누적	루이세끼	[累積]	るいせきする
누추하다	무사꾸루시이	[むさ苦しい]	むさくるしい
눅눅	지메지메		じめじめする
눅눅하다	시메ㅂ뽀이	[湿っぽい]	しめっぽい

눅눅해지다	시메루	[湿る]	しめる
눈	메	[目]	め
눈	유끼	[雪]	ゆき
눈곱	메야니	[目脂]	めやに
눈곱	메꾸소	[目糞]	みくそ
눈 깜짝할 사이	도ㅅ사	[咄嗟]	とっさ
눈꺼풀	마부따	[瞼]	まぶた
눈꼬리	메지리	[目尻]	めじり
눈대중	메부ㄴ료-	[目分量]	めぶんりょう
눈동자	히또미	[瞳]	ひとみ
눈매	메츠끼	[目付き]	めつき
눈물	나미다	[涙]	なみだ
눈물겹다	나미다구마시이	[涙ぐましい]	なみだぐましい
눈물짓다	나미다구무	[涙ぐむ]	なみだぐむ
눈보라	후부끼	[吹雪]	ふぶき
눈부시다	마부시이	[眩しい]	まぶしい
눈부시다	메자마시이	[目覚ましい]	めざましい
눈부시다	마바유이	[目映い]	まばゆい
눈사람	유끼다루마	[雪達磨]	ゆきだるま
눈사태	나다레	[雪崩れ]	なだれ
눈시울	메가시라	[目頭]	めがしら
눈싸움	유끼가ㅅ세ㄴ	[雪合戦]	ゆきがっせん
눈썹	마유	[眉]	まゆ
눈썹	마유게	[眉毛]	まゆげ
눈알	메다마	[目玉]	めだま
눈앞	메사끼	[目先]	めさき
눈에 거슬림	메자와리	[目障り]	めざわり
눈에 띄다	메다츠	[目立つ]	めだつ
눈에 잘 띄는 곳	메누끼	[目抜き]	めぬき
눈이 녹음	유끼도께	[雪解け]	ゆきどけ
눈짐작	메부ㄴ료-	[目分量]	めぶんりょう
눈초리	마나지리	[眦]	まなじり
눈축제	유끼마츠리	[雪祭り]	ゆきまつり
눈치를 채다	기즈꾸	[気づく]	きづく
눋다	고게루	[焦げる]	こげる
눕다	요꼬따와루	[横たわる]	よこたわる
뉘앙스	뉴아ㄴ스	[nuance]	ニュアンス
뉘우치다	구이루	[悔いる]	くいる
뉴스	뉴-스	[news]	ニュース
뉴욕	뉴-요-꾸	[New York]	ニューヨーク

뉴질랜드	뉴-지-라ㄴ도	[New Zealand]	ニュージーランド
느글거리다	무까츠꾸		むかつく
느긋하게	유ㅅ따리		ゆったりする
느긋하게	기나가니	[気長に]	きながに
느긋함	노ㅇ끼	[呑気]	のんき
느긋함	노ㅁ비리		のんびりする
느끼다	가ㄴ지루	[感じる]	かんじる
느끼하다	아부라ㄱ꼬이	[脂っこい]	あぶらっこい
느낌	가ㄴ지	[感じ]	かんじ
느낌	고꼬로모찌	[心持ち]	こころもち
느닷없이	이끼나리		いきなり
느닷없이	다시누께	[出し抜け]	だしぬけ
느리다	오소이	[遅い]	おそい
느리다	노로이	[鈍い]	のろい
느릿느릿	노로노로		のろのろする
느릿느릿	노소노소		のそのそする
느슨하다	유루이	[緩い]	ゆるい
느슨한 모양	루-즈	[loose]	ルーズ
느슨해지다	다루무	[弛む]	たるむ
느슨해지다	유루무	[緩む]	ゆるむ
느타리버섯	히라따께		ひらたけ
느티나무	게야끼	[欅]	けやき
느티나무	게야끼노끼	[けやきの木]	けやきのき
늑골	아바라보네	[あばら骨]	あばらぼね
늑대	오-까미	[狼]	おおかみ
~는	와		は
~는데	게레도모		けれども
~는데	게레도		けれど
~는데	게도		けど
늘	이츠모		いつも
늘	츠네니	[常に]	つねに
늘	쇼ㅅ츄-		しょっちゅう
늘	아사유-	[朝夕]	あさゆう
늘다	후에루	[増える]	ふえる
늘다	마스	[増す]	ます
늘리다	후야스	[増やす]	ふやす
늘어나다	후에루	[増える]	ふえる
늘어뜨리다	부라사게루	[ぶら下げる]	ぶらさがる
늘어서다	나라부	[並ぶ]	ならぶ
늘어지다	다레루	[垂れる]	たれる

늙다	오이루	[老いる]	おいる
늙은이	도시요리	[年寄り]	としより
늠름하다	다꾸마시이	[逞しい]	たくましい
늠름하다	리리시이	[凛々しい]	りりしい
능력	노-료꾸	[能力]	のうりょく
능률	노-리츠	[能率]	のうりつ
능숙함	죠-즈	[上手]	じょうず
능숙함	닷샤	[達者]	たっしゃ
늦다	오소이	[遅い]	おそい
늦어지다	오꾸레루	[遅れる]	おくれる
늦잠	아사네	[朝寝坊]	あさねぼう
늦잠꾸러기	아사네보-	[朝寝坊]	あさねぼう
늦잠을 잠	네보-	[寝坊]	ねぼうする⒱
늪	누마	[沼]	ぬま
~니	데		て,で
~니	도		と
~니?	노		の
~니까	가라		から
니이가타현	니이가따께ㄴ	[新潟県]	にいがたけん
니코틴	니꼬치ㄴ	[nicotine]	ニコチン

다가가다, 다가오다	치까즈꾸	[近付く]	ちかづく
다가가다	요루	[寄る]	よる
다가서다	다치요루	[立ち寄る]	たちよる
다가오다	세마루	[迫る]	せまる
다갈색	도비이로	[鳶色]	とびいろ
다그치다	세끼따떼루	[急き立てる]	せきたてる
다니다	가요우	[通う]	かよう
다달이	마이게츠	[毎月]	まいげつ
다도	사도-	[茶道]	さどう
다락방	야네우라	[屋根裏]	やねうら
다람쥐	리스	[栗鼠]	りす
다랑어	가츠오	[鰹]	かつお
다랑어포	가츠오부시	[鰹節]	かつおぶし
다량	다료-	[多量]	たりょう
다루다	아츠까우	[扱う]	あつかう
다루다	도리아츠까우	[取り扱う]	とりあつかう
다르다	치가우	[違う]	ちがう
다른	기회에	[改めて]	あらためて
다른 생각	다네ㄴ	[他念]	たねん
다른 한쪽	다호-	[他方]	たほう
다름 아닌	호까나라누	[他ならぬ]	ほかならぬ
다리	아시	[足]	あし
다리	아시	[脚]	あし
다리	하시	[橋]	はし
다리미	아이로ㄴ	[iron]	アイロン
다림질	아이로ㅇ가께	[ironがけ]	アイロンがけ
다만	다다		ただ
다망	다보-	[多忙]	たぼう
다물다	츠구무	[噤む]	つぐむ
~다발	다바	[束]	たば
다발로 묶다	다바네루	[束ねる]	たばねる
다부지다	다꾸마시이	[逞しい]	たくましい
다부지다	가ㅅ시리시떼이루		がっしりしている

다부짐	기죠-	[気丈]	きじょう
다섯	고	[五]	ご
다섯 개, 다섯 살	이츠츠	[五つ]	いつつ
다소	다쇼-	[多少]	たしょう
다수	다스-	[多数]	たすう
다스	다-스	[dozen]	ダース
다시	마따	[又]	また
다시	후따따비	[再び]	ふたたび
다시마	고ㅁ부	[昆布]	こんぶ
다시 보다	미나오스	[見直す]	みなおす
다시 하다	야리나오스	[やり直す]	やりなおす
다액	다가꾸	[多額]	たがく
다운로드	다우ㄴ로-도	[download]	ダウンロード
다음	츠기	[次]	つぎ
다음날	요꾸지츠	[翌日]	よくじつ
다음다음 달	사라이게츠	[再来月]	さらいげつ
다음다음 주	사라이슈-	[再来週]	さらいしゅう
다음달	라이게츠	[来月]	らいげつ
다음 번	고ㄴ도	[今度]	こんど
다음주	라이슈-	[来週]	らいしゅう
다음해	요꾸네ㄴ	[翌年]	よくねん
다이빙	다이비ㅇ구	[diving]	ダイビング
다이아	다이야	[dia]	ダイヤ
다이아몬드	다이야모ㄴ도	[diamond]	ダイヤモンド
다이얼	다이야루	[dial]	ダイヤル
다정하다	야사시이	[優しい]	やさしい
다정함	야사시사	[優しさ]	やさしさ
다지다	미지ㅇ기리니스루	[微塵切りにする]	みじんぎりにする
다진 고기	히끼니꾸	[挽き肉]	ひきにく
다짐	네ㅇ오시	[念押し]	ねんおしする
다짐하다	치까우	[誓う]	ちかう
다짜고짜	야니와	[矢庭]	やにわ
다치다	기즈츠꾸	[傷付く]	きずつく
다큐멘터리	도뀨메ㄴ따리	[documentary]	ドキュメンタリー
다투다	아라소우	[争う]	あらそう
다툼	아라소이	[争い]	あらそい
다하다	하따스	[果たす]	はたす
다행	사이와이	[幸い]	さいわい
닥쳐오다	세마루	[迫る]	せまる
닥치다	후리까까루	[降り掛かる]	ふりかかる

닦다	후꾸	[拭く]	ふく
닦다	누구우	[拭う]	ぬぐう
닦다	미가꾸	[磨く]	みがく
단	다다시	[但し]	ただし
단결	다o께츠	[団結]	だんけつする
단계	다o까이	[段階]	だんかい
단골	도꾸이	[得意]	とくい
단골손님	오또꾸이사o	[お得意さん]	おとくいさん
단골손님	죠-레ㄴ	[常連]	じょうれん
단교	다o꼬-	[断交]	だんこうする
단념	다ㄴ네ㄴ	[丹念]	たんねんする
단단하다	가따이	[固い]	かたい
단단히	시ㄱ까리		しっかりする
단단히 죄다	히끼시메루	[引き締める]	ひきしめる
단도직입적인	스또레-또	[straight]	ストレート
단독	다ㄴ도꾸	[単独]	たんどく
단독주택	이ㄱ꼬다떼	[一戸建て]	いっこだて
단락	다ㄴ라꾸	[段落]	だんらく
단란	다ㄴ라ㄴ	[団欒]	だんらんする
단련	다ㄴ레ㄴ	[鍛練]	たんれんする
단련하다	기따에루	[鍛える]	きたえる
단면	다ㅁ메ㄴ	[断面]	だんめん
단무지	다꾸아o	[沢庵]	たくあん
단백질	다ㅁ빠ㄱ시츠	[蛋白質]	たんぱくしつ
단번에	이ㄱ끼니	[一気に]	いっきに
단비	메구미노아메	[恵みの雨]	めぐみのあめ
단서	데가까리	[出がかり]	てがかり
단서	이또구치	[糸口]	いとぐち
단속	도리시마리	[取り締まり]	とりしまり
단속하다	도리시마루	[取り締まる]	とりしまる
단수	다ㄴ스이	[断水]	だんすい
단수가 틀림	게따치가이	[桁違い]	けたちがい
단순	다ㄴ쥬ㄴ	[単純]	たんじゅん
단순한	다ㄴ나루	[単なる]	たんなる
단술	아마자께	[甘酒]	あまざけ
단숨에	이ㄱ끼니	[一気に]	いっきに
단식	다ㄴ지끼	[断食]	だんじきする
단안	다o아ㄴ	[断案]	だんあん
단어	다o고	[単語]	たんご
단언	다o게ㄴ	[断言]	だんげんする

단연	다ㄴ제ㄴ	[断然]	だんぜん
단오절	다ㅇ고노세ㄱ꾸	[端午の節句]	たんごのせっく
단위	다ㅇ이	[単位]	たんい
단장	다ㄴ쵸-	[団長]	だんちょう
단절	다ㄴ제츠	[断絶]	だんぜつする
단점	다ㄴ쇼	[短所]	たんしょ
단정, 단정함	다ㄴ세-	[端正]	たんせい
단정	다ㄴ떼-	[断定]	だんていする
단정치 못함	후시다라		ふしだら
단조	다ㄴ쵸-	[単調]	たんちょう
단지	다ㄴ치	[団地]	だんち
단짝친구	나까요시	[仲良し]	なかよし
단체	다ㄴ따이	[団体]	だんたい
단추	보따ㄴ	[botao]	ボタン
단축	다ㄴ슈꾸	[短縮]	たんしゅくする
단층	다ㄴ소-	[断層]	だんそう
단편	다ㄴ뻬ㄴ	[短編]	たんぺん
단풍	모미지	[紅葉]	もみじ
단풍	고-요-	[紅葉]	こうよう
단풍 구경	모미지가리	[紅葉狩り]	もみじがり
단풍나무	가에데	[楓]	かえで
단풍놀이	모미지가리	[紅葉狩り]	もみじがり
단행	다ㅇ꼬-	[断行]	だんこうする
단행본	다ㅇ꼬-보ㄴ	[単行本]	たんこうぼん
단호	다ㅇ꼬	[断固]	だんこ
단호히	기ㅂ빠리		きっぱり
닫다	시마루	[閉める]	しめる
닫다	도지루	[閉じる]	とじる
닫히다	시마루	[閉まる]	しまる
달	츠끼	[月]	つき
달걀	다마고	[卵]	たまご
달구경	츠끼미	[月見]	つきみ
달구경(9월)	오츠끼미	[お月見]	おつきみ
달다	아마이	[甘い]	あまい
달다	츠께루	[付ける]	つける
달라붙다	구ㅅ츠꾸		くっつく
달라붙다	네바루	[粘る]	ねばる
달라붙다	고비리츠꾸		こびりつく
달라붙다	스가리츠꾸	[縋り付く]	すがりつく
달라지다	가와루	[変わる]	かわる

단연 ~ 담당하다

달래다	나다메루	[宥める]	なだめる
달래다	아야스		あやす
달러	도루	[dollar]	ドル
달러 강세	도루다까	[ドル高]	ドルだか
달러 약세	도루야스	[ドル安]	ドルやす
달력	고요미	[暦]	こよみ
달리기	가께ㄱ꼬	[駆けっこ]	かけっこする
달리다	하시루	[走る]	はしる
달리 보다	미나오스	[見直す]	みなおす
달마대사	다루마	[達磨]	だるま
달맞이꽃	츠끼미소-	[月見草]	つきみそう
달밤	츠끼요	[月夜]	つきよ
달빛	츠끼까게	[月影]	つきかげ
달성	다ㅅ세-	[達成]	たっせい
달아나다	니게루	[逃げる]	にげる
달아매다	츠루스	[吊す]	つるす
달아오르다	호떼루	[火照る]	ほてる
달음박질	가께아시	[駆け足]	かけあしする
달인	다츠진	[達人]	たつじん
달콤하다	아마이	[甘い]	あまい
달팽이	가따츠무리		かたつむり
닭	니와또리	[鶏]	にわとり
닭고기	도리니꾸	[鶏肉]	とりにく
닭고기수프	치끼ㄴ스-뿌	[chicken soup]	チキンスープ
닭띠	도리도시	[鳥年]	とりどし
닮다	니루	[似る]	にる
닳다	스레루	[擦れる]	すれる
담	헤-	[塀]	へい
담	가끼	[垣]	かき
담그다	히따스	[浸す]	ひたす
담그다	츠께루	[漬ける]	つける
담낭	다ㄴ노-	[胆のう]	たんのう
담다	모루	[盛る]	もる
담다	이레루	[入れる]	いれる
담당	다ㄴ또-	[担当]	たんとうする
담당	가까리	[係り]	かかり
담당 구역(부서)	모치바	[持ち場]	もちば
담당 의사	다ㄴ또-이	[担当医]	たんとうい
담당하다	우께모츠	[受け持つ]	うけもつ
담당하다	츠까사도루	[司る]	つかさどる

담배	다바꼬	[煙草]	たばこ
담배꽁초	스이가라	[吸殻]	すいがら
담백	다ㅁ빠꾸	[淡白]	たんぱく
담요	모-후	[毛布]	もうふ
담임	다ㄴ니ㄴ	[担任]	たんにんする
담쟁이	츠따	[蔦]	つた
담판	다ㅁ빠ㄴ	[談判]	だんぱんする
담합	다ㅇ고-	[談合]	だんごうする
담화	다ㅇ와	[談話]	だんわする
답답하다	하가유이	[歯痒い]	はがゆい
답답함	규-꾸츠	[窮屈]	きゅうくつ
답보	아시부미	[足踏み]	あしぶみする
닷(.)	도ㅅ또	[dot]	ドット
당구	비리야-도	[billiards]	ビリヤード
당국	도-꾜꾸	[当局]	とうきょく
당근	니ㄴ지ㄴ	[人参]	にんじん
당기다	히꾸	[引く]	ひく
당나귀	로바	[驢馬]	ろば
당년	도-네ㄴ	[当年]	とうねん
당뇨병	도-뇨-뵤-	[糖尿病]	とうにょうびょう
당당히	도-도-	[堂々]	どうどう
당락	도-라꾸	[当落]	とうらく
당번	도-바ㄴ	[当番]	とうばん
당분간	시바라꾸		しばらく
당분간	도-부ㄴ	[当分]	とうぶん
당분간	사시아따리	[差し当り]	さしあたり
당사자	도-니ㄴ	[当人]	とうにん
당선	도-세ㄴ	[当選]	とうせんする
당수	가라떼	[空手]	からて
당시	도-지	[当時]	とうじ
당신	아나따	[貴方]	あなた
당신들	아나따가따	[あなた方]	あなたがた
당신들	아나따다치		あなたたち
당연	도-제ㄴ	[当然]	とうぜん
당연, 당연함	아따리마에	[当り前]	あたりまえ
당일	도-지츠	[当日]	とうじつ
당일치기	히가에리	[日帰り]	ひがえり
당일치기 여행	히가에리료꼬-	[日帰り旅行]	ひがえりりょこう
당장	스구		すぐ
당장	소꾸자	[即座]	そくざ

당장	사시아따리	[差し当り]	さしあたり
당치도 않음	메ㅅ소-	[滅相]	めっそう
당치 않음	무챠	[無茶]	むちゃ
당하다	야라레루		やられる
당혹	도-와꾸	[当惑]	とうわくする
당황하다	아와떼루	[慌てる]	あわてる
당황하다	우로따에루	[狼狽える]	うろたえる
당황하다	메ㅇ꾸라우	[面食らう]	めんくらう
닿게 하다	도도께루	[届ける]	とどける
닿다	사와루	[触る]	さわる
닿다	후레루	[触れる]	ふれる
닿다	도도꾸	[届く]	とどく
~대	다이	[台]	だい
대가	다이까	[代価]	だいか
대각선	다이가ㄱ세ㄴ	[対角線]	たいかくせん
대강	다이떼-	[大抵]	たいてい
대강	아라마시		あらまし
대강	오-요소	[大凡]	おおよそ
대강	아라까따	[粗方]	あらかた
대강	히또또-리	[一通り]	ひととおり
대개	다이가이	[大概]	たいがい
대개	다이떼-	[大抵]	たいてい
대결	다이께츠	[対決]	たいけつする
대구	다라	[鱈]	たら
대굴대굴	고로꼬로		ころころ
대규모	다이끼보	[大規模]	だいきぼ
대규모	오-가까리	[大掛かり]	おおがかり
대금	다이끼ㄴ	[代金]	だいきん
대금	다이끼ㄴ	[大金]	たいきん
대기	다이끼	[待機]	たいきする
대기권	다이끼께ㄴ	[大気圏]	たいきけん
대나무	다께	[竹]	たけ
대낮	마히루	[真昼]	まひる
대다	아떼루	[当てる]	あてる
대단하다	스고이	[凄い]	すごい
대단한	다이시따	[大した]	たいした
대단히	도떼모		とても
대단히	다이헤ㄴ	[大変]	たいへん
대단히	도-모		どうも
대단히	히죠-니	[非常に]	ひじょうに

대단히	다이소-	[大層]	たいそう
대담	다이따ㄴ	[大胆]	だいたん
대담무쌍함	후떼끼	[不敵]	ふてき
대담하다	즈부또이	[図太い]	ずぶとい
대답	고따에	[答え]	こたえ
대답	헤ㄴ지	[返事]	へんじする
대답하다	고따에루	[答える]	こたえる
대대적임	오-가까리	[大掛かり]	おおがかり
대두	다이즈	[大豆]	だいず
대략	야꾸	[約]	やく
대략	다이가이	[大概]	たいがい
대략	오-까따	[大方]	おおかた
대략	오-요소	[大凡]	おおよそ
대략	오요소	[凡そ]	およそ
대략	아라까따	[粗方]	あらかた
대량	다이료-	[大量]	たいりょう
대령	다이사	[大佐]	たいさ
대로	도-리	[通り]	とおり
~대로	마마		まま
대로	오-도-리	[大通り]	おおどおり
~대로	도-리		とおり
대륙	다이리꾸	[大陸]	たいりく
대리	다이리	[代理]	だいり
대리석	다이리세끼	[大理石]	だいりせき
대립	다이리츠	[対立]	たいりつする
대만	다이와ㄴ	[台湾]	たいわん
대만인	다이와ㄴ지ㄴ	[台湾人]	たいわんじん
대망	다이보-	[大望]	たいぼう
대머리	하게	[禿げ]	はげ
대머리	하게아따마	[禿げ頭]	はげあたま
대문	모ㅇ	[門]	もん
대범함	무또ㄴ차꾸	[無頓着]	むとんちゃく
대법원	사이꼬-사이바ㄴ쇼	[最高裁判所]	さいこうさいばんしょ
대변	다이베ㄴ	[大便]	だいべん
대본	다이호ㄴ	[台本]	だいほん
대부	가시츠께	[貸付け]	かしつけ
대부분	호또ㄴ도	[殆んど]	ほとんど
대부분	다이부부ㄴ	[大部分]	だいぶぶん
대비	다이히	[対比]	たいひする
대비하다	소나에루	[備える]	そなえる

대사	다이시	[大使]	たいし
대사	세리후	[台詞]	せりふ
대사관	다이시까ㄴ	[大使館]	たいしかん
대상	다이쇼-	[対象]	たいしょう
대서양	다이세-요-	[大西洋]	たいせいよう
대신	가와리	[代わり]	かわり
대신하다	가와루	[代わる]	かわる
대안	다이아ㄴ	[代案]	だいあん
대야	다라이	[盥]	たらい
대양	다이요-	[大洋]	たいよう
대역	다이야꾸	[代役]	だいやく
대용	가와리	[代わり]	かわり
대용품	다이요-히ㄴ	[代用品]	だいようひん
대우	다이구-	[待遇]	たいぐうする
대원	다이이ㄴ	[隊員]	たいいん
대응	다이오-	[対応]	たいおう
대장	다이쵸-	[大腸]	だいちょう
대전	다이세ㄴ	[大戦]	たいせん
대전하다	도리꾸무	[取り組む]	とりくむ
대절	가시끼리	[貸切り]	かしきり
대접하다	모떼나스	[持て成す]	もてなす
대조	다이쇼-	[対照]	たいしょうする
대조하다	데라시아와세루	[照らし合わせる]	てらしあわせる
대중	다이슈-	[大衆]	たいしゅう
대중목욕탕	세ㄴ또-	[銭湯]	せんとう
대지	다이치	[大地]	だいち
대차	다이사	[大差]	たいさ
대책	다이사꾸	[対策]	たいさく
대체로	다이따이	[大体]	だいたい
대체로	오요소	[凡そ]	およそ
대체로	후츠-	[普通]	ふつう
대체휴일	후리까에뀨-지츠	[振替え休日]	ふりかえきゅうじつ
대추	나츠메	[棗]	なつめ
대출	가시다시	[貸出し]	かしだし
대충	오-까따	[大方]	おおかた
대충	아라마시		あらまし
대충	히또또-리	[一通り]	ひととおり
대통령	다이또-료-	[大統領]	だいとうりょう
대포	다이호-	[大砲]	たいほう
대표	다이효-	[代表]	だいひょうする

대하	다이가	[大河]	たいが
대하다	아시라우		あしらう
대학교	다이가꾸	[大学]	だいがく
대학생	다이가ㄱ세-	[大学生]	だいがくせい
대학 시절	다이가꾸지다이	[大学時代]	だいがくじだい
대학원	다이가꾸이ㄴ	[大学院]	だいがくいん
대합	하마구리	[蛤]	はまぐり
대합실	마치아이시츠	[待合室]	まちあいしつ
대항	다이꼬-	[対抗]	たいこうする
대항하다	데무까우	[手向かう]	てむかう
대화	다이와	[対話]	たいわする
대회	다이까이	[大会]	たいかい
댁	오따꾸	[お宅]	おたく
댄서	다ㄴ사-	[dancer]	ダンサー
댄스	다ㄴ스	[dance]	ダンス
댐	다무	[dam]	ダム
더	모ㅅ또		もっと
더구나	시까모		しかも
더군다나	소노우에니	[その上に]	そのうえに
더더욱	나오사라	[尚更]	なおさら
더덕더덕	베또베또		べとべとする
더듬다(말을)	도모루	[吃る]	どもる
더듬다, 더듬어가다	다도루	[辿る]	たどる
더러워지다	요고레루	[汚れる]	よごれる
더럽다	기따나이	[汚い]	きたない
더럽히다	게가스	[汚す]	けがす
더럽히다	요고스	[汚す]	よごす
더불어	도모니	[共に]	ともに
더블	다부루	[double]	ダブル
더블룸	다부루루-무	[double room]	ダブルルーム
더욱	모ㅅ또		もっと
더욱	이ㅅ소-	[一層]	いっそう
더욱	나오		なお
더욱	이치다ㄴ	[一段]	いちだん
더욱더	마스마스		ますます
더욱더	이요이요		いよいよ
더욱더	사라니		さらに
더욱더	나오사라	[尚更]	なおさら
더욱이	소레니		それに
더운물	오유	[お湯]	おゆ

더위	아츠사	[暑さ]	あつさ
더위를 먹음	나츠바떼	[夏ばて]	なつばてする
더위를 잘 타는 사람	아츠가리야	[暑がり屋]	あつがりや
더하다	다스	[足す]	たす
더한층	나오사라	[尚更]	なおさら
더한층	요께-	[余計]	よけい
더한층	고또노호까	[殊の外]	ことのほか
덕, 덕분	오까게		おかげ
덕지덕지	베따베따		べたべた
던지다	나게루	[投げる]	なげる
덜덜	부루부루		ぶるぶるする
덜렁대다	소소ㄱ까시이		そそっかしい
덜렁이	오ㅅ쵸꼬쵸이		おっちょこちょい
덜커덩덜커덩	가따가따		がたがたする
덜컥	기구리		ぎくり
덤	오마께		おまけ
덤벼들다	도비까까루	[飛びかかる]	とびかかる
덤불	야부	[薮]	やぶ
덤핑	다ㅁ삐ㅇ구	[dumping]	ダンピング
덤핑판매	나게우리	[投売り]	なげうり
덤핑판매	다따끼우리	[叩き売り]	たたきうり
덥다	아츠이	[暑い]	あつい
덥석	파꾸리		ぱくり
덥석덥석	파꾸빠꾸		ぱくぱくする
덥히다	아따따메루	[温める]	あたためる
덧니	야에바	[八重歯]	やえば
덧붙이다	츠께꾸와에루	[付け加える]	つけくわえる
덧셈, 더하기	다시자ㄴ	[足し算]	たしざん
덧없다	무나시이	[空しい]	むなしい
덧없다	하까나이	[儚い]	はかない
덩굴	츠루	[蔓]	つる
덩어리	가따마리	[塊]	かたまり
덫	와나	[罠]	わな
덮개	후따	[蓋]	ふた
덮다	가부세루	[被せる]	かぶせる
덮다	오-우	[覆う]	おおう
덮밥	도ㅁ부리	[丼]	どんぶり
덮어놓고	야따라		やたら
덮치다	오소우	[襲う]	おそう
데	도꼬로	[所]	ところ

~데도	노니		のに
데리고 가다, 오다	츠레루	[連れる]	つれる
데릴사위	무꼬요-시	[婿養子]	むこようし
데모	데모	[demo]	デモ
데모	지이	[示威]	じい する
데뷔	데뷰-	[debut]	デビュー する
데생	데ㅅ사ㅇ	[dessin]	デッサン する
데우다	아따따메루	[温める]	あたためる
데우다	와까스	[沸す]	わかす
데우다	누꾸메루	[温める]	ぬくめる
데이터	데-따	[data]	データ
데이트	데-또	[date]	デート する
데치다	유가꾸	[湯掻く]	ゆがく
~度	도	[度]	ど
~도	모		も
도가니	루츠보	[坩堝]	るつぼ
도감	즈까ㄴ	[図鑑]	ずかん
도구	도-구	[道具]	どうぐ
도금	메ㄱ끼	[鍍金]	めっき
도급	우께오이	[請負]	うけおい
도깨비	오니	[鬼]	おに
도깨비	바께모노	[化け物]	ばけもの
도끼	오노	[斧]	おの
도넛	도-나츠	[doughnut]	ドーナツ
도넛	아게빠ㅇ	[揚げパン]	あげパン
도달	도-따츠	[到達]	とうたつ する
도달하다	도도꾸	[届く]	とどく
도달하다	다ㅅ스루	[達する]	たっする
도대체	이ㅅ따이	[一体]	いったい
도덕	도-또꾸	[道徳]	どうとく
도둑	도로보-	[泥棒]	どろぼう
도둑	누스비또	[盗人]	ぬすびと
도둑질	누스미	[盗み]	ぬすみ
도라지	기꾜-노네	[ききょうの根]	ききょうのね
도랑	미조	[溝]	みぞ
도랑	도부	[溝]	どぶ
도랑	호리	[堀]	ほり
도래	도-라이	[到来]	とうらい する
도련님	보ㅅ챠ㅇ	[坊っちゃん]	ぼっちゃん
도로	도-로	[道路]	どうろ

~데도 ~ 도전하다

도리	도-리	[道理]	どうり
도리	와께	[訳]	わけ
도리	시요-	[仕様]	しよう
도리어	가에ㅅ떼	[反って]	かえって
도마	마나이따	[まな板]	まないた
도마뱀	도까게	[蜥蜴]	とかげ
도망가다	니기루	[逃げる]	にげる
도망칠 구멍	누께아나	[抜け穴]	ぬけあな
도매	오로시우리	[卸売り]	おろしうりする
도매상	도ㅇ야	[問屋]	とんや
도면	즈메ㄴ	[図面]	ずめん
도모하다	하까루	[図る]	はかる
도미	다이	[鯛]	たい
도박	바꾸치	[博打]	ばくち
도박	도바꾸	[賭博]	とばくする
도산	도-사ㄴ	[倒産]	とうさんする
도서	도쇼	[図書]	としょ
도서관	도쇼까ㄴ	[図書館]	としょかん
도서실	도쇼시츠	[図書室]	としょしつ
도수	도스-	[度数]	どすう
도시	도시	[都市]	とし
도시	도까이	[都会]	とかい
도시락	베ㄴ또-	[弁当]	べんとう
도안	즈아ㄴ	[図案]	ずあん
도안	모요-	[模様]	もよう
도야마현	도야마께ㄴ	[富山県]	とやまけん
도약	쵸-야꾸	[跳躍]	ちょうやくする
도예	도-게-	[陶芸]	とうげい
도움	세와	[世話]	せわする
도움이 되다	야꾸다츠	[役立つ]	やくだつ
도입	도-뉴-	[導入]	どうにゅうする
도자기	도-지끼	[陶磁器]	とうじき
도자기	도-끼	[陶器]	とうき
도자기	세또모노	[瀬戸物]	せともの
도자기	야끼모노	[焼物]	やきもの
도장	하ㅇ꼬	[判子]	はんこ
도장	도-죠-	[道場]	どうじょう
도저히	도-떼-	[到底]	とうてい
도전	쵸-세ㄴ	[挑戦]	ちょうせんする
도전하다	이도무	[挑む]	いどむ

395

도정	미치노리	[道程]	みちのり
도주	토-소-	[逃走]	とうそうする
도중	토츄-	[途中]	とちゅう
도중	츄-또	[中途]	ちゅうと
도착	토-챠꾸	[到着]	とうちゃくする
도착하다	츠꾸	[着く]	つく
도착하다(간신히)	다도리츠꾸	[辿り着く]	たどりつく
도처	이따루도꼬로	[至る所]	いたるところ
도청	토-쵸-	[盗聴]	とうちょうする
도치기현	토치기껜	[栃木県]	とちぎけん
도쿄	토-꾜-	[東京]	とうきょう
도쿄도	토-꾜-또	[東京都]	とうきょうと
도쿠시마현	토꾸시마껜	[徳島県]	とくしまけん
도토리	도ㅇ구리	[団栗]	どんぐり
도피	토-히	[逃避]	とうひする
도화	즈가	[図画]	ずが
도화지	가요-시	[画用紙]	がようし
도회	토까이	[都会]	とかい
독	도꾸	[毒]	どく
독	츠보	[壷]	つぼ
독감	이ㄴ후루에ㄴ자	[influenza]	インフルエンザ
독단	도꾸다ㄴ	[独断]	どくだん
독립	도꾸리츠	[独立]	どくりつする
독백	히또리고또	[独り言]	ひとりごと
독백	도꾸하꾸	[独白]	どくはくする
독본	도꾸호ㄴ	[読本]	どくほんする
독사	도꾸헤비	[毒蛇]	どくへび
독서	도ㄱ쇼	[読書]	どくしょする
독선, 독선적	히또리요가리	[独り善がり]	ひとりよがり
독수리	다까	[鷹]	たか
독수리	와시	[鷲]	わし
독신	도ㄱ시ㄴ	[独身]	どくしん
독신생활	히또리구라시	[独り暮らし]	ひとりぐらし
독신자	히또리모노	[独り者]	ひとりもの
독약	도꾸야꾸	[毒薬]	どくやく
독일	도이츠	[Deutsch]	ドイツ
독자	도ㄱ샤	[読者]	どくしゃ
독재	도ㄱ사이	[独裁]	どくさいする
독점	히또리지메	[独り占め]	ひとりじめする
독점	도ㄱ세ㄴ	[独占]	どくせんする

독주	도ㄱ소ー	[独奏]	どくそうする
독차지	히또리지메	[独り占め]	ひとりじめする
독창	도ㄱ쇼ー	[独唱]	どくしょうする
독촉	사이소꾸	[催促]	さいそくする
독특	도ㄱ또꾸	[独特]	どくとく
독학	도꾸가꾸	[独学]	どくがくする
돈	오까네	[お金]	おかね
돈벌이	가네모우께	[金儲け]	かねもうけする
돋구다	소소루		そそる
돋보기	무시메가네	[虫眼鏡]	むしめがね
돋보이다	메다츠	[目立つ]	めだつ
돋아나다	하에루	[生える]	はえる
돌	이시	[石]	いし
돌계단	이시다니	[石段]	いしだん
돌고래	이루까		いるか
돌다	마와루	[回る]	まわる
돌다	구루우	[狂う]	くるう
돌다리	이시바시	[石橋]	いしばし
돌담	이시가끼	[石垣]	いしがき
돌돔	이시다이	[石鯛]	いしだい
돌려보내다	모도스	[戻す]	もどす
돌려주다	가에스	[返す]	かえす
돌리다	마와스	[回す]	まわす
돌리다	무께루	[向ける]	むける
돌멩이	이시꼬로	[石ころ]	いしころ
돌보다	세와오스루	[世話をする]	せわをする
돌아가게 하다	가에스	[帰す]	かえす
돌아가다	가에루	[帰る]	かえる
돌아가다	모도루	[戻る]	もどる
돌아가다	나꾸나루	[亡くなる]	なくなる
돌아다니다	아루끼마와루	[歩き回る]	あるきまわる
돌아보다	후리까에루	[振り返る]	ふりかえる
돌연	도츠제ㄴ	[突然]	とつぜん
돌입	도츠뉴ー	[突入]	とつにゅうする
돌진	도ㅅ시ㄴ	[突進]	とっしんする
돌출	도ㅅ슈츠	[突出]	とっしゅつする
돌층계	이시다ㄴ	[石段]	いしだん
돌파	도ㅂ빠	[突破]	とっぱ
돌팔이	헤보		へぼ
돌팔이 의사	야부이샤	[薮医者]	やぶいしゃ

돕다	데츠다우	[手伝う]	てつだう
돗자리	고자		ござ
돗토리현	도ㅅ또리께ㄴ	[鳥取県]	とっとりけん
동	도-	[銅]	どう
동	히가시	[東]	ひがし
동감	도-까ㄴ	[同感]	どうかんする
동결	도-께츠	[凍結]	とうけつする
동경	도-꾜-	[東京]	とうきょう
동경	아꼬가레	[憧れ]	あこがれ
동경하다	아꼬가레루	[憧れる]	あこがれる
동굴	도-꾸츠	[洞窟]	どうくつ
동굴	호라아나	[洞穴]	ほらあな
동그라미	마루	[丸]	まる
동급생	도-뀨-세-	[同級生]	どうきゅうせい
동기	도-끼	[動機]	どうき
동남	도-나ㄴ	[東南]	とうなん
동남아시아	도-나ㄴ아지아	[東南アジア]	とうなんアジア
동떨어지다	가께하나레루	[掛け離れる]	かけはなれる
동료	나까마	[仲間]	なかま
동료	도-료-	[同僚]	どうりょう
동맥	도-먀꾸	[動脈]	どうみゃく
동맹	도-메-	[同盟]	どうめいする
동맹국	도-메-꼬꾸	[同盟国]	どうめいこく
동맹파업	스또라이끼	[strike]	ストライキ
동면	후유고모리	[冬篭り]	ふゆごもりする
동면	도-미ㄴ	[冬眠]	とうみんする
동무	도모다치	[友達]	ともだち
동물	도-부츠	[動物]	どうぶつ
동물원	도-부츠에ㄴ	[動物園]	どうぶつえん
동반자	츠레	[連れ]	つれ
동반자	하ㄴ료	[伴侶]	はんりょ
동백나무	츠바끼		つばき
동북	도-호꾸	[東北]	とうほく
동북지방(지역)	도-호꾸치호-	[東北地方]	とうほくちほう
동사	도-시	[動詞]	どうし
동상	도-조-	[銅像]	どうぞう
동상	시모야께	[霜焼け]	しもやけ
동서	도-자이	[東西]	とうざい
동석	아이세끼	[相席]	あいせき
동성애	도-세-아이	[同性愛]	どうせいあい

동시	도-지	[同時]	どうじ
동안	도-가ㄴ	[童顔]	どうがん
동양	도-요-	[東洋]	とうよう
동영상	도-가	[動画]	どうが
동요	도-요-	[童謡]	どうようする
동요하다	구라츠꾸		ぐらつく
동원	도-이ㄴ	[動員]	どういんする
동의	도-이	[同意]	どういする
동일	도-이츠	[同一]	どういつ
동일하다	히또시이	[等しい]	ひとしい
동일함	오나지	[同じ]	おなじ
동작	도-사	[動作]	どうさする
동전	고-까	[硬貨]	こうか
동정, 동정심	오모이야리	[思いやり]	おもいやり
동정	도-죠-	[同情]	どうじょうする
동정심	아와레	[哀れ]	あわれ
동정하다	아와레무	[哀れむ]	あわれむ
동족	도-조꾸	[同族]	どうぞく
동지	도-지	[冬至]	とうじ
동지	도-시	[同士]	どうし
동쪽	히가시	[東]	ひがし
동창	도-소-	[同窓]	どうそう
동창회	도-소-까이	[同窓会]	どうそうかい
동태	도-따이	[動態]	どうたい
동틀 녘	아께가따	[明け方]	あけがた
동포	도-호-	[同胞]	どうほう
동호회	사-꾸루	[circle]	サークル
동화	도-와	[童話]	どうわ
동화	도-까	[同化]	どうかする
돛	호	[帆]	ほ
돼지	부따	[豚]	ぶた
돼지고기	부따니꾸	[豚肉]	ぶたにく
돼지띠	이노시시도시	[猪年]	いのししどし
되	마스	[升]	ます
되다	나루	[成る]	なる
되도록	나루베꾸		なるべく
되돌리다	가에스	[返す]	かえす
되돌리다	모도스	[戻す]	もどす
되돌아오다	모도루	[戻る]	もどる
되묻다	기끼까에스	[聞き返す]	ききかえす

되살아나다	요미가에루	[蘇る]	よみがえる
되새김	하ㄴ스이	[反芻]	はんすうする⊙
되찾다	도리모도스	[取り戻す]	とりもどす
되찾다	도리까에스	[取り返す]	とりかえす
되풀이하다	구리까에스	[繰り返す]	くりかえす
된다	이이		いい
된장국	미소시루	[味噌汁]	みそしる
될 수 있는 대로	나루베꾸		なるべく
됨됨이	히또가라	[人柄]	ひとがら
됨됨이	히또또나리	[人となり]	ひととなり
두 개, 두 살	후따츠	[二つ]	ふたつ
두 명, 두 사람	후따리	[二人]	ふたり
두건	즈끼ㄴ	[頭巾]	ずきん
두견새	호또또기스	[不如帰]	ほととぎす
두근두근	도끼도끼		どきどきする⊙
두근두근	와꾸와꾸		わくわくする⊙
두꺼비	히끼가에루		ヒキガエル
두꺼비집	휴-즈	[fuse]	ヒューズ
두껍다	아츠이	[厚い]	あつい
두께	아츠사	[厚さ]	あつさ
두뇌	즈노-	[頭脳]	ずのう
두다	오꾸	[置く]	おく
두드러지게	메ㄱ끼리		めっきり
두드러지다	메다츠	[目立つ]	めだつ
두드리다	다따꾸	[叩く]	たたく
두려워하다	고와가루	[怖がる]	こわがる
두려워하다	오소레루	[恐れる]	おそれる
두려움	오소레	[恐れ]	おそれ
두렵다	고와이	[怖い]	こわい
두렵다	오소로시이	[恐ろしい]	おそろしい
두루마리	마끼가미	[巻紙]	まきがみ
두루미	츠루	[鶴]	つる
두릅	우도		うど
두리번두리번	쿄로꾜로		きょろきょろする⊙
두메	오꾸치	[奥地]	おくち
두목	오야부ㄴ	[親分]	おやぶん
두부	도-후	[豆腐]	とうふ
두통	즈츠-	[頭痛]	ずつう
두통약	즈츠-야꾸	[頭痛薬]	ずつうやく
둑	도떼	[土手]	どて

둔갑하다	바께루	[化ける]	ばける
둔하다	니부이	[鈍い]	にぶい
둔하다	노로이	[鈍い]	のろい
둔해지다	니부루	[鈍る]	にぶる
둘	니	[二]	に
둘러메다	가츠구	[担ぐ]	かつぐ
둘러보다	미마와스	[見回す]	みまわす
둘러싸다	가꼬무	[囲む]	かこむ
둘러싸다	도리마꾸	[取り巻く]	とりまく
둘러싸다	도리까꼬무	[取り囲む]	とりかこむ
둘레	마와리	[周り]	まわり
둘째손가락	히또사시유비	[人指し指]	ひとさしゆび
둥글다	마루이	[円い]	まるい
둥둥	도ㄴ도ㄴ		どんどん
둥실둥실	후와리또		ふわりと
둥실둥실	후와후와		ふわふわする
둥지	스	[巣]	す
뒤, 뒤쪽	우시로	[後ろ]	うしろ
뒤	아또	[後]	あと
뒤돌아보다	후리무꾸	[振り向く]	ふりむく
뒤돌아보다	후리까에루	[振り返る]	ふりかえる
뒤떨어지다	오또루	[劣る]	おとる
뒤뜰	우라니와	[裏庭]	うらにわ
뒤로 돌림	아또마와시	[後回し]	あとまわし
뒤로 미룸	아또마와시	[後回し]	あとまわし
뒤로 미룸	니노츠기	[二の次]	にのつぎ
뒤바뀜	아베꼬베		あべこべ
뒤섞다	가끼마제루	[掻き交ぜる]	かきまぜる
뒤숭숭함	부ㅅ소-	[物騒]	ぶっそう
뒤얽히다	모츠레루	[縺れる]	もつれる
뒤얽히다	고ㅇ가라가루		こんがらがる
뒤엉키다	가라마루	[絡まる]	からまる
뒤엎다	구츠가에스	[覆す]	くつがえす
뒤죽박죽	치구하구		ちぐはぐ
뒤지다	사구루	[探る]	さぐる
뒤집기	후라이빠ㄴ가에시	[フライパン返し]	フライパンがえし
뒤집다	구츠가에스	[覆す]	くつがえす
뒤집어쓰다	아비루	[浴びる]	あびる
뒤집히다	구츠가에루	[覆る]	くつがえる
뒤집히다	히ㄱ꾸리까에루	[引っくり返る]	ひっくりかえる

뒤쪽	우라가와	[裏側]	うらがわ
뒤쳐지다	오꾸레루	[遅れる]	おくれる
뒤치다꺼리	아또시마츠	[後始末]	あとしまつする
뒤치다꺼리	아또까따즈께	[後片付け]	あとかたづけ
뒤틀다	네지루	[捩る]	ねじる
뒤흔들다	유스부루	[揺さぶる]	ゆさぶる
뒷거래	야미또리히끼	[闇取引]	やみとりひき
뒷걸음질침	시리고미	[尻込み]	しりごみ
뒷골목	우라도-리	[裏通り]	うらどおり
뒷동산	우라야마	[裏山]	うらやま
뒷면	우라	[裏]	うら
뒷모습	우시로스가따	[後ろ姿]	うしろすがた
뒷받침	우라즈께	[裏付け]	うらづけする
뒷받침하다	우라즈께루	[裏付ける]	うらづける
뒷수습	시리누구이	[尻拭い]	しりぬぐい
뒷전으로 돌림	소ㅅ치노께	[そっち退け]	そっちのけ
드나들다	데이리스루	[出入りする]	でいりする
드디어	도-또-		とうとう
드디어	이요이요		いよいよ
드디어	츠이니	[遂に]	ついに
드라마	도라마	[drama]	ドラマ
드라이	부로-	[blow]	ブロー
드라이버	도라이바-	[driver]	ドライバー
드라이브	도라이부	[drive]	ドライブする
드라이어	도라이야-	[drier]	ドライヤー
드라이클리닝	도라이꾸리-니ㅇ구	[dry cleaning]	ドライクリーニング
드러내다	사라께다스	[さらけ出す]	さらけだす
드레스	도레스	[dress]	ドレス
드레싱	도레ㅅ시ㅇ구	[dressing]	ドレッシング
드르렁드르렁	구-구-		ぐうぐう
드르르	비리비리		びりびりする
드리다	사시아게루	[差し上げる]	さしあげる
드리우다	다라스	[垂らす]	たらす
드리워지다	다레루	[垂れる]	たれる
드링크제	도리ㅇ꾸자이	[ドリンク剤]	ドリンクざい
드문드문	바라바라		ばらばら
드문드문함	마바라	[疎ら]	まばら
드물게	마레니	[稀に]	まれに
드물다	메즈라시이	[珍しい]	めずらしい
드묾	마레	[稀]	まれ

드시다	메시아가루	[召し上がる]	めしあがる
득실득실	우요우요		うようよ
득점	도ㄱ떼ㄴ	[得点]	とくてんする
~든지	도까		とか
~든지	나리		なり
듣기 좋다	기끼요이	[聞き善い]	ききよい
듣는 사람	기끼떼	[聞き手]	ききて
듣다	기꾸	[聞く]	きく
듣다	기꾸	[利く]	きく
듣다	우까가우	[伺う]	うかがう
들	노하라	[野原]	のはら
들	노라	[野良]	のら
들고양이	야마네꼬	[山猫]	やまねこ
들국화	노기꾸	[野菊]	のぎく
들깨	에고마	[荏胡麻]	えごま
들다	모츠	[持つ]	もつ
들떠서 떠들어대다	하샤구		はしゃぐ
들러붙다	헤바리츠꾸		へばりつく
들려주다	기까세루	[聞かせる]	きかせる
들르다	요루	[寄る]	よる
들르다	다치요루	[立ち寄る]	たちよる
들리다	기꼬에루	[聞こえる]	きこえる
들썽들썽	소와소와		そわそわ
들어가다	하이루	[入る]	はいる
들어올리다	모치아게루	[持ち上げる]	もちあげる
들여다보다	노조꾸	[覗く]	のぞく
들이쉬다	스우	[吸う]	すう
들추다	아바꾸	[暴く]	あばく
들추어내다	바라스		ばらす
들키다	바레루		ばれる
들판	노하라	[野原]	のはら
듬뿍	다ㅂ뿌리		たっぷり
듬뿍	도ㅂ뿌리		どっぷり
듬뿍	도ㅅ사리		どっさり
듬성듬성함	마바라	[疎ら]	まばら
듬직하다	다노모시이	[頼もしい]	たのもしい
등	세나까	[背中]	せなか
~등	나도		など
등골	세스지	[背筋]	せすじ
등교	도-꼬-	[登校]	とうこうする

한국어	발음	한자/원어	일본어
등기	가끼또메	[書留]	かきとめ
등나무	후지	[藤]	ふじ
등대	도-다이	[灯台]	とうだい
등딱지(거북 등의)	고-라	[甲羅]	こうら
등록	도-로꾸	[登録]	とうろくする
등불	도모시비	[灯火]	ともしび
등산	야마노보리	[山登り]	やまのぼり
등자즙	포ㄴ즈	[ポン酢]	ポンず
등장	도-죠-	[登場]	とうじょうする
등장인물	도-죠-지ㅁ부츠	[登場人物]	とうじょうじんぶつ
등지다	소무꾸	[背く]	そむく
디스카운트	디스까우ㄴ또	[discount]	ディスカウント
디스코	디스꼬	[disco]	ディスコ
디자이너	데자이나-	[designer]	デザイナー
디자인	데자이ㄴ	[design]	デザインする
디저트	데자-또	[dessert]	デザート
디지털카메라	데지따루까메라	[digital camera]	デジタルカメラ
디카	데지까메	[digital camera]	デジカメ
디플레이션	데후레	[deflation]	デフレ
디플레이션	데후레-쇼ㄴ	[deflation]	デフレーション
딜레마	지레ㅁ마	[dilemma]	ジレンマ
딩동	피ㅁ뽀ㄴ	[ping-pong]	ピンポン
따끈따끈	호야호야		ほやほや
따끔따끔	치꾸치꾸		ちくちくする
따끔따끔	히리히리		ひりひりする
따님	오죠-사ㅇ	[お嬢さん]	おじょうさん
따다(손으로)	츠무	[摘む]	つむ
따돌림	나까마하즈레	[仲間外れ]	なかまはずれ
따뜻하게 하다	아따따메루	[暖める]	あたためる
따뜻하게 하다	누꾸메루	[温める]	ぬくめる
따뜻하다	아따따까이	[暖かい]	あたたかい
따뜻하다	아따따까이	[温かい]	あたたかい
따뜻해지다	아따따마루	[暖まる]	あたたまる
따라서	시따가ㅅ떼	[従って]	したがって
따라붙다	오이츠꾸	[追い付く]	おいつく
따로따로	베츠베츠	[別々]	べつべつ
따로따로 떨어짐	하나레바나레	[離れ離れ]	はなればなれ
따르다	시따가우	[従う]	したがう
따르다	소소구	[注ぐ]	そそぐ
따르다	츠구	[注ぐ]	つぐ

따르다	나츠꾸	[懷く]	なつく
따르릉	도ㅜ루루		トゥルル
따르릉	리ㄴ리ㄴ		りんりん
따분함	다이꾸츠	[退屈]	たいくつ
따스하다	아따따까이	[暖かい]	あたたかい
~따위	나도		など
따지다	도이츠메루	[問い詰める]	といつめる
딱	쵸-도		ちょうど
딱	가ㅅ치리		かっちりする
딱	기ㄱ까리		きっかり
딱	가끼-ㄴ		カキーン
딱 들어맞음	오-아따리	[大当り]	おおあたり
딱 잘라	기ㅂ빠리		きっぱり
딱 질색임	마ㅂ삐라	[真っ平]	まっぴら
딱따구리	기츠츠끼		きつつき
딱딱하다	가따이	[硬い]	かたい
딱정벌레	가부또무시	[かぶと虫]	かぶとむし
딱하다	아사마시이	[浅ましい]	あさましい
딱함	가와이소-	[可愛そう]	かわいそう
딱함	기노도꾸	[気の毒]	きのどく
딴 곳	요소	[余所]	よそ
딴 생각	다네ㄴ	[他念]	たねん
딸	무스메	[娘]	むすめ
딸기	이치고		いちご
딸꾹질	샤ㄱ꾸리		しゃっくりする
땀	아세	[汗]	あせ
땀띠	아세모	[汗疹]	あせも
땅	츠치	[土]	つち
땅땅	가ㅇ까ㅇ		かんかん
땅바닥	지베따	[地べた]	じべた
땅콩	라ㄱ까세-	[落花生]	らっかせい
때	도끼	[時]	とき
때	아까	[垢]	あか
때때로	도끼도끼	[時々]	ときどき
때때로	도끼오리	[時折]	ときおり
때로	도끼따마	[時たま]	ときたま
때로는	도끼니와		ときには
때를 놓침	데오꾸레	[手遅れ]	ておくれ
때리다	나구루	[殴る]	なぐる
때마침	오리까라	[折から]	おりから

한국어	일본어 발음	한자	히라가나
~때문	세-		せい
~때문, ~때문에	다메	[為]	ため
~때문에	가라		から
~때문에	노데		ので
땔나무	다끼기	[薪]	たきぎ
땡땡	가ㅇ가ㅇ		がんがん
땡땡	고-ㄴ고-ㄴ		ゴーンゴーン
떠나다	하나레루	[離れる]	はなれる
떠나다	사루	[去る]	さる
떠나다	다쯔	[発つ]	たつ
떠돌다	사마요우	[さ迷う]	さまよう
떠돌다	우로츠꾸	[彷徨く]	うろつく
떠돌다	다다요우	[漂う]	ただよう
떠들다	사와구	[騒ぐ]	さわぐ
떠들어대다	사와기다떼루	[騒ぎ立てる]	さわぎだてる
떠맡다	니나우	[担う]	になう
떠맡다	우께아우	[請け合う]	うけあう
떠맡다	히끼우께루	[引き受ける]	ひきうける
떠받치다	사사에루	[支える]	ささえる
떠오르다	노보루	[昇る]	のぼる
떠오르다	우까비아가루	[浮かび上がる]	うかびあがる
떡	모치	[餅]	もち
떡갈나무	가시	[樫]	かし
떡갈나무	가시와	[柏]	かしわ
떡국	조-니	[雑煮]	ぞうに
떡볶이	도ㅂ뽀기		トッポギ
떨다, 떨리다	후루에루	[震える]	ふるえる
떨어내다	하따꾸	[叩く]	はたく
떨어뜨리다	오또스	[落とす]	おとす
떨어지다	오치루	[落ちる]	おちる
떨어지다	하나레루	[離れる]	はなれる
떨어지다	사가루	[下がる]	さがる
떨어지다	치루	[散る]	ちる
떫다	시부이	[渋い]	しぶい
떼	무레	[群れ]	むれ
떼다	하나스	[離す]	はなす
떼다	하즈스	[外す]	はずす
떼쓰다	네다루	[強請る]	ねだる
떼어 내다	하가스	[剥がす]	はがす
떼를 지어 모이다	무라가루	[群がる]	むらがる

또	마따	[又]	また
또는	마따와		または
또는	아루이와	[或いは]	あるいは
또는	나이시	[乃至]	ないし
또다시	후따따비	[再び]	ふたたび
또렷또렷	하끼하끼		はきはきする
또렷또렷	파ㅅ치리		ぱっちりする
또한	나라비니	[並びに]	ならびに
또한	가츠	[且つ]	かつ
똑같음	오나지	[同じ]	おなじ
똑똑	도ㄴ또ㄴ		とんとん
똑똑	고ㅇ꼬ㅇ		こんこん
똑똑	포따리		ぽたり
똑똑	포따뽀따		ぽたぽた
똑똑	보따보따		ぼたぼたする
똑똑함	리꼬-	[利口]	りこう
똑바로	마ㅅ스구	[真っ直ぐ]	まっすぐ
똥	구소	[糞]	くそ
똥	우ㄴ치		うんち
뚜껑	후따	[蓋]	ふた
뚜렷하다	이치지루시이	[著しい]	いちじるしい
뚜렷함	아끼라까	[明らか]	あきらか
뚜벅뚜벅	츠까츠까		つかつか
뚝	포끼ㄴ		ぽきん
뚝뚝	포따리		ぽたり
뚫어지게	지로지로		じろじろ
뚱하게	무ㅅ츠리		むっつり
뛰다	도부	[飛ぶ]	とぶ
뛰다	가께루	[駆ける]	かける
뛰어나다	스구레루	[優れる]	すぐれる
뛰어나다	마사루	[勝る]	まさる
뛰어남	다ㅅ샤	[達者]	たっしゃ
뛰어들다	도비꼬무	[飛び込む]	とびこむ
뛰어들다	도비까까루	[飛びかかる]	とびかかる
뛰어오르다	하네루	[跳ねる]	はねる
뜨개질	아미모노	[編み物]	あみもの
뜨거운 물	오유	[お湯]	おゆ
뜨겁다	아츠이	[熱い]	あつい
뜨다	우까부	[浮かぶ]	うかぶ
뜨다	우꾸	[浮く]	うく

뜨다(편직물을)	아무	[編む]	あむ
뜬구름	우끼구모	[浮雲]	うきぐも
뜯다	무시루	[毟る]	むしる
뜰	니와	[庭]	にわ
뜸	큐-	[灸]	きゅう
뜸들다	무레루	[蒸れる]	むれる
뜻	이미	[意味]	いみ
뜻밖	이가이	[意外]	いがい
뜻밖	시ㅇ가이	[心外]	しんがい
뜻밖임	아ㅇ가이	[案外]	あんがい
뜻하다, 뜻을 두다	고꼬로자스	[志す]	こころざす
띄엄띄엄	도기레또기레		とぎれとぎれ
띄우다	우까베루	[浮かべる]	うかべる
띠	오비	[帯]	おび
띠	에또	[干支]	えと
띠다	오비루	[帯びる]	おびる

ㄹ

~ㄹ까	가시라		かしら
~라도	데모		でも
~라도	닷떼		だって
~라도	나리		なり
~라든지	도까		とか
라디오	라지오	[radio]	ラジオ
라디오방송국	라지오꾜꾸	[radio局]	ラジオきょく
라면	라ー메ㄴ		ラーメン
라벨	라베루	[label]	ラベル
라이온	라이오ㄴ	[lion]	ライオン
라이터	라이따ー	[lighter]	ライター
라이트	라이또	[light]	ライト
라인	라이ㄴ	[line]	ライン
라일락	라이라ㄱ꾸	[lilac]	ライラック
라임	라이무	[lime]	ライム
라즈베리	라즈베리ー	[raspberry]	ラズベリー
라켓	라께ㅅ또	[racket]	ラケット
란	라ㄴ	[欄]	らん
랩	라ㅂ뿌	[rap]	ラップ
~랑	야		や
러닝	라ㄴ니ㅇ구	[running]	ランニング
러브레터	라부레따ー	[love letter]	ラブレター
러시아	로시아	[Russia]	ロシア
러시아워	라ㅅ슈아와ー	[rush hour]	ラッシュアワー
럭비	라구비ー	[rugby]	ラグビー
런던	로ㄴ도ㄴ	[London]	ロンドン
런치	라ㄴ치	[lunch]	ランチ
럼주	라무	[rum]	ラム
레몬	레모ㄴ	[lemon]	レモン
레몬티	레모ㄴ띠ー	[lemon tea]	レモンティー
레벨	레베루	[level]	レベル
레스토랑	레스또라ㅇ	[restaurant]	レストラン
레슬링	레스리ㅇ구	[wrestling]	レスリング

레이스	레-스	[race]	レース
레저	레쟈-	[leisure]	レジャー
레포트	레뽀-또	[report]	レポート
렌즈	레ㄴ즈	[lens]	レンズ
렌터카	레ㄴ따까	[rent-a-car]	レンタカー
~로	에		へ
~로	니		に
로그아웃	로구아우또	[log out]	ログアウト
로그인	로구이ㄴ	[log in]	ログイン
로마	로-마	[Roma]	ローマ
로맨스	로마ㄴ스	[romance]	ロマンス
로봇	로보ㅅ또	[robot]	ロボット
로비	로비-	[lobby]	ロビー
로션	뉴-에끼	[乳液]	にゅうえき
로션	로-쇼ㄴ	[lotion]	ローション
로커	로ㄱ까-	[locker]	ロッカー
로켓	로께ㅅ또	[locket]	ロケット
롱스커트	로ㅇ구스까-또	[long skirt]	ロングスカート
루비	루비-	[ruby]	ルビー
루즈	루-쥬	[rouge]	ルージュ
룰	루-루	[rule]	ルール
룸	루-무	[room]	ルーム
룸 넘버	루-무나ㅁ바	[room number]	ルームナンバー
룸 서비스	루-무사-비스	[room service]	ルームサービス
~를	오		を
~리	와께		わけ
~리	하즈		はず
리더	리-다-	[leader]	リーダー
리드	리-도	[lead]	リード
리듬	리즈무	[rhythm]	リズム
리모콘	리모꼬ㄴ	[remote control]	リモコン
리무진	리무지ㄴ	[limousine]	リムジン
리무진버스	리무지ㅁ바스	[limousine bus]	リムジンバス
리본	리보ㄴ	[ribbon]	リボン
리터	리ㅅ또루	[liter]	リットル
리포터	리뽀-따-	[reporter]	リポーター
린스	리ㄴ스	[rinse]	リンス
릴렉스	리라ㄱㄱ스	[relax]	リラックスするⓥ
립글로스	구로스	[gross]	グロス
립스틱	구비베니	[口紅]	くちべに

마	야마이모	[山芋]	やまいも
마	이모	[芋]	いも
마가린	마ー가리ㄴ	[margarine]	マーガリン
마감	시메끼리	[閉め切り]	しめきり
마구	사ㄴ자ㄴ		さんざん
마구	무야미니		むやみに
마구 분풀이를 함	야츠아따리	[八つ当り]	やつあたり
마구 불어오다	후끼츠께루	[吹き付ける]	ふきつける
마네킹	마네끼ㅇ	[mannequin]	マネキン
마녀	마죠	[魔女]	まじょ
마누라	뇨ー보ー	[女房]	にょうぼう
마늘	니ㄴ니꾸	[大蒜]	にんにく
～마다	다비니	[度に]	たびに
마당	니와	[庭]	にわ
마땅함	데끼또ー	[適当]	てきとう
마라톤	마라소ㄴ	[marathon]	マラソン
마력	마료꾸	[魔力]	まりょく
마련하다	모우께루	[設ける]	もうける
마련하다	고시라에루	[拵える]	こしらえる
마루	유까	[床]	ゆか
마르고 홀쭉한	호ㅅ소리		ほっそり
마르다	야세루	[痩せる]	やせる
마르다	가와꾸	[乾く]	かわく
마른 나무	가레끼	[枯れ木]	かれき
마른 잎	가레하	[枯葉]	かれは
마름모꼴	히시가따	[菱形]	ひしがた
～마리	도ー	[頭]	とう
～마리	히끼	[匹]	ひき
마마콩	소라마메	[蚕豆]	そらまめ
마무리	시아게	[仕上げ]	しあげ
마무리	아또시마츠	[後始末]	あとしまつするⓥ
마무리하다	시아게루	[仕上げる]	しあげる
마부	마고	[馬子]	まご

마비	마히	[麻痺]	まひする
마비되다	시비레루	[痺れる]	しびれる
마사지	마ㅅ사-지	[massage]	マッサージ
마술	데지나	[手品]	てじな
마스카라	마스까라	[mascara]	マスカラ
마스코트	마스꼬ㅅ또	[mascot]	マスコット
마스크	마스꾸	[mask]	マスク
마스터	마스따-	[master]	マスター
마시다	노무	[飲む]	のむ
마실 것	노미모노	[飲み物]	のみもの
마약	마야꾸	[麻薬]	まやく
마왕	마오-	[魔王]	まおう
마요네즈	마요네-즈	[mayonnaise]	マヨネーズ
마우스	마우스	[mouse]	マウス
마을	무라	[村]	むら
마을	마치	[町]	まち
마음	고꼬로	[心]	こころ
마음가짐	고꼬로가께	[心掛け]	こころがけ
마음껏	오모이끼리	[思い切り]	おもいきり
마음껏	조ㅁ부니	[存分]	ぞんぶん
마음대로임	가ㅅ떼	[勝手]	かって
마음 속	시ㄴ쥬-	[心中]	しんちゅう
마음씨	기다떼	[気立て]	きだて
마음씨	고꼬로네	[心根]	こころね
마음이 내킴	노리끼	[乗り気]	のりき
마음이 내킴	기노리	[気乗り]	きのりする
마음이 든든하다	고꼬로즈요이	[心強い]	こころづよい
마음이 약하다	고꼬로요와이	[心弱い]	こころよわい
마음이 편함	기라꾸	[気楽]	きらく
마음 준비	고꼬로가마에	[心構え]	こころがまえ
마이너스	마이나스	[minus]	マイナス
마이카	마이까-	[my car]	マイカー
마이크	마이꾸	[mike]	マイク
마일	마이루	[mile]	マイル
마작	마-쟈ㄴ	[麻雀]	マージャン
~마저	사에		さえ
마주보다	무까이아우	[向かい合う]	むかいあう
마중	데무까이	[出迎え]	でむかい
마지막	사이고	[最後]	さいご
마지막	오시마이	[お仕舞い]	おしまい

마지막	스에	[末]	すえ
마지막 고비	도따ㅁ바	[土壇場]	どたんば
마지못해	시부시부		しぶしぶ
마진	마-지ㄴ	[margin]	マージン
마차	바샤	[馬車]	ばしゃ
마찬가지	도-요-	[同様]	どうよう
마찬가지로	오나지꾸	[同じく]	おなじく
마찰	마사츠	[摩擦]	まさつする
마취	마스이	[麻酔]	ますいする
마치	마루데		まるで
마치	아따까모	[恰も]	あたかも
마치	사나가라		さながら
마치다	오와루	[終わる]	おわる
마치다	시마우	[終う]	しまう
마침	아이니꾸		あいにく
마침	오리까라	[折から]	おりから
마침내	도-또-		とうとう
마침내	츠이니	[遂に]	ついに
마켓	마-께ㅅ또	[market]	マーケット
마크	마-꾸	[mark]	マーク
막	마꾸	[幕]	まく
막걸리	도부로꾸		どぶろく
막걸리	마ㄱ꼬리		マッコリ
막내	스에ㄱ꼬	[末っ子]	すえっこ
막노동	도까따	[土方]	どかた
막다	후사구	[塞ぐ]	ふさぐ
막다	후세구	[防ぐ]	ふせぐ
막다른 골목	후꾸로꼬-지	[袋小路]	ふくろこうじ
막다른 곳	츠끼아따리	[突き当り]	つきあたり
막다른 곳	유끼아따리	[行き当たり]	ゆきあたり
막대, 막대함	바꾸다이	[莫大]	ばくだい
막대기	보-	[棒]	ぼう
막벌이꾼	도까따	[土方]	どかた
막연함	바꾸제ㄴ	[漠然]	ばくぜん
막연히	바꾸제ㄴ또	[漠然と]	ばくぜんと
막판	도따ㅁ바	[土壇場]	どたんば
막히다	후사가루	[塞がる]	ふさがる
막힘없이	스라스라		すらすら
만	마ㄴ	[万]	まん
만	와ㄴ	[湾]	わん

한국어	발음	한자	일본어
~만	다께		だけ
~만	노미		のみ
~만	부리		ぶり
만기	마ㅇ끼	[満期]	まんき
만개	마ㅇ까이	[満開]	まんかいする
만끽	마ㅇ끼츠	[満喫]	まんきつする
만나다	아우	[会う]	あう
만 나이	가조에도시	[数え年]	かぞえどし
만날 약속	마치아와세	[待ち合わせ]	まちあわせ
만년	바ㄴ네ㄴ	[晩年]	ばんねん
만년필	마ㄴ네ㄴ히츠	[万年筆]	まんねんひつ
만능	바ㄴ노-	[万能]	ばんのう
만담	마ㄴ자이	[漫才]	まんざい
만두	교-자	[餃子]	ギョーザ
만두	마ㄴ쥬-	[饅頭]	まんじゅう
만둣국	와ㄴ따ㄴ		ワンタン
만들다	츠꾸루	[作る]	つくる
만들어내다	츠꾸리다스	[作り出す]	つくりだす
만들어내다	츠꾸리아게루	[作り上げる]	つくりあげる
만루	마ㄴ루이	[満塁]	まんるい
만류하다	히끼또메루	[引き止める]	ひきとめる
만복	마ㅁ뿌꾸	[満腹]	まんぷくする
만사	바ㄴ지	[万事]	ばんじ
만성	마ㄴ세-	[慢性]	まんせい
만세	바ㄴ자이	[万歳]	ばんざいする
만실	마ㄴ시츠	[満室]	まんしつ
만약	모시	[若し]	もし
만약	효ㅅ또		ひょっと
만약을 위해	네ㄴ노따메	[念のため]	ねんのため
만연하다	하비꼬루	[蔓延る]	はびこる
만원	마ㅇ이ㅇ	[満員]	まんいん
만월	마ㅇ게츠	[満月]	まんげつ
만일	모시	[若し]	もし
만일	마ㅇ이치	[万一]	まんいち
만전	바ㄴ제ㄴ	[万全]	ばんぜん
만점	마ㄴ떼ㄴ	[満点]	まんてん
만족	마ㄴ조꾸	[満足]	まんぞくする
만지다	사와루	[触る]	さわる
만찬	바ㄴ사ㄴ	[晩餐]	ばんさん
만찬회	바ㄴ사ㅇ까이	[晩餐会]	ばんさんかい

만춘	바ㄴ슈ㄴ	[晩春]	ばんしゅん
만취	데ㅡ스이	[泥醉]	でいすいする
만취하다	요ㅂ빠라우	[酔っ払う]	よっぱらう
만혼	바ㅇ꼬ㄴ	[晩婚]	ばんこん
만화	마ㅇ가	[漫画]	まんが
만회	바ㅇ까이	[挽回]	ばんかいする
만회하다	도리까에스	[取り返す]	とりかえす
많다	오오이	[多い]	おおい
많은 사람	오ㅡ제ㅡ	[大勢]	おおぜい
많은 사람들이 모임	히또다까리	[人だかり]	ひとだかり
많음	다ㄱ사ㅇ		たくさん
많이	도ㅅ사리		どっさり
많이	다ㅁ마리		だんまり
말	우마	[馬]	うま
말	고또바	[言葉]	ことば
말	마스	[升]	ます
말괄량이	오떼ㅁ바	[お転婆]	おてんば
말기	마ㄱ끼	[末期]	まっき
말다	마꾸	[巻く]	まく
말다툼	이이아라소이	[言い争い]	いいあらそい
말다툼하다	이이아라소우	[言い争う]	いいあらそう
말대꾸	구치고따에	[口答え]	くちごたえする
말뚝	구이	[杭]	くい
말뚝잠	이네무리	[居眠り]	いねむりする
말띠	우마도시	[馬年]	うまどし
말라깽이	야세ㅂ뽀치	[痩せっぽち]	やせっぽち
말랑말랑	후까후까		ふかふか
말랑말랑	호야호야		ほやほや
말려들게 하다	마끼꼬무	[巻き込む]	まきこむ
말려들어가다	마끼꼬마레루	[巻き込まれる]	まきこまれる
말로 나타내다	이이아라와스	[言い表わす]	いいあらわす
말리다	히끼또메루	[引き止める]	ひきとめる
말리다	가와까스	[乾かす]	かわかす
말리다	호스	[干す]	ほす
말리다	도메루	[止める]	とめる
말버릇, 입버릇	구치구세	[口癖]	くちぐせ
말살	마ㅅ사츠	[抹殺]	まっさつする
말쑥한	파리빠리		ぱりぱり
말쑥함	고기레이	[小綺麗]	こぎれい
말씀드리다	모우스	[申す]	もうす

말씀드리다	모우시아게루	[申し上げる]	もうしあげる
말씀하시다	오ㅅ샤루		おっしゃる
말씨	이이까따	[言い方]	いいかた
말을 퍼뜨리고 다님	후이쵸-	[吹聴]	ふいちょう
말주변 없음	구치베따	[口下手]	くちべた
말차	마ㅅ챠	[抹茶]	まっちゃ
말참견	구치이레	[口入れ]	くちいれする
말투	이이까따	[言い方]	いいかた
말투	고또바츠끼	[言葉付き]	ことばつき
말투	구쵸-	[口調]	くちょう
말하는 사람	하나시떼	[話し手]	はなして
말하는 사람	가따리떼	[語り手]	かたりて
말하다	이우	[言う]	いう
말하다	가따루	[語る]	かたる
말하다	노베루	[述べる]	のべる
말하자면	이와바	[言わば]	いわば
맑게 갠 날씨	히요리	[日和]	ひより
맑고 깨끗하다	이사기요이	[潔い]	いさぎよい
맑다	하레루	[晴れる]	はれる
맑다	스무	[澄む]	すむ
맑은 물	시미즈	[清水]	しみず
맑은 수프	고ㄴ소메	[consomme]	コンソメ
맑음	하레	[晴れ]	はれ
맛	아지	[味]	あじ
맛버섯	나메꼬		なめこ
맛보다	아지와우	[味わう]	あじわう
맛없다	마즈이	[不味い]	まずい
맛을 보다	아지미스루	[味見する]	あじみする
맛을 봄	아지미	[味見]	あじみする
맛있다	오이시이		おいしい
맛있다	우마이	[旨い]	うまい
망	아미	[網]	あみ
망가뜨리다	고와스	[壊す]	こわす
망가지다	고와레루	[壊れる]	こわれる
망각	보-꺄꾸	[忘却]	ぼうきゃくする
망고	마ㅇ고	[mango]	マンゴー
망년회	보-네ㅇ까이	[忘年会]	ぼうねんかい
망명	보-메-	[亡命]	ぼうめいする
망보다	미하루	[見張る]	みはる
망상	모-소-	[妄想]	もうそうする

망설이다	마요우	[迷う]	まよう
망설이다	마고츠꾸		まごつく
망설이다	다메라우	[躊躇う]	ためらう
망아지	고우마	[子馬]	こうま
망원경	보-에ㅇ꾜-	[望遠鏡]	ぼうえんきょう
망을 봄	미하리	[見張り]	みはり
망치	가나즈치	[金づち]	かなづち
망치다	시꾸지루		しくじる
망토	마ㅇ또	[manteau]	マント
망하다	호로비루	[滅びる]	ほろびる
맞다	다다시이	[正しい]	ただしい
맞다	아우	[合う]	あう
맞다	아따루	[当る]	あたる
맞다	무까에루	[迎える]	むかえる
맞벌이	도모까세기	[共稼ぎ]	ともかせぎ
맞붙다	도리꾸무	[取り組む]	とりくむ
맞서다	데무까우	[手向かう]	てむかう
맞선	미아이	[見合い]	みあいする
맞은편	무까이	[向かい]	むかい
맞은편	무꼬-	[向こう]	むこう
맞이하다	무까에루	[迎える]	むかえる
맞장구	아이즈치	[相槌]	あいづち
맞추다	아와세루	[合わせる]	あわせる
맞추다	아츠라에루	[誂える]	あつらえる
맞히다	아떼루	[当てる]	あてる
맡기다	아즈께루	[預ける]	あずける
맡기다	마까세루	[任せる]	まかせる
맡기다	마까스	[任す]	まかす
맡기다	유다네루	[委ねる]	ゆだねる
맡기다	다ㄱ스루	[託する]	たくする
맡다	아즈까루	[預かる]	あずかる
맡다	우께모츠	[受け持つ]	うけもつ
맡다	도루	[執る]	とる
맡다(냄새를)	가구	[嗅ぐ]	かぐ
매	다까	[鷹]	たか
매	하야부사	[隼]	はやぶさ
매각	바이꺄꾸	[売却]	ばいきゃくする
매거진	마가지느	[magazine]	マガジン
매국	바이꼬꾸	[売国]	ばいこく
매끄러움	나메라까	[滑らか]	なめらか

매끈매끈	츠루츠루		つるつる
매끈매끈	스베스베		すべすべ
매끈한	스ㄴ나리		すんなり
매너	마나-	[manner]	マナー
매년	마이또시	[毎年]	まいとし
매년	마이네ㄴ	[毎年]	まいねん
매니아	마니아	[mania]	マニア
매니저	마네-쟈-	[manager]	マネージャー
매니지먼트	마네-지메ㄴ또	[management]	マネージメント
매니큐어	마니뀨아	[manicure]	マニキュア
매다	시메루	[締める]	しめる
매다	시바루	[縛る]	しばる
매다	무스부	[結ぶ]	むすぶ
매달	마이츠끼	[毎月]	まいつき
매달	마이게츠	[毎月]	まいげつ
매달다	츠루스	[吊す]	つるす
매달리다	부라사가루	[ぶら下がる]	ぶらさがる
매달리다	스가리츠꾸	[縋り付く]	すがりつく
매달리다	도리스가루	[取り縋る]	とりすがる
매도하다	노노시루	[罵る]	ののしる
매듭	무스비메	[結び目]	むすびめ
매력	미료꾸	[魅力]	みりょく
매매	바이바이	[売買]	ばいばいする
매매하다	아끼나우	[商う]	あきなう
매몰	마이보츠	[埋没]	まいぼつ
매몰차다	소ㄱ께나이		そっけない
매미	세미	[蝉]	せみ
매번	마이도	[毎度]	まいど
매번	츠도	[都度]	つど
매상	우리아게	[売り上げ]	うりあげ
매수	바이슈-	[買収]	ばいしゅうする
매스컴	마스꼬미	[mass communication]	マスコミ
매실장아찌	우메보시	[梅干し]	うめぼし
매실주	우메슈	[梅酒]	うめしゅ
매우	도떼모		とても
매우	다이헤ㄴ	[大変]	たいへん
매우	다이소-	[大層]	たいそう
매우	하나하다	[甚だ]	はなはだ
매우	고꾸	[極]	ごく
매우	스꼬부루	[頗る]	すこぶる

매우 근사함	스떼끼	[素敵]	すてき
매우 많다	오비따다시이		おびただしい
매우 좋아함	다이스끼	[大好き]	だいすき
매우 진지함	오-마지메	[大真面目]	おおまじめ
매월	마이츠끼	[毎月]	まいつき
매월	마이게츠	[毎月]	まいげつ
매일	마이니치	[毎日]	まいにち
매일	히고또	[日毎]	ひごと
매일 밤	마이반	[毎晩]	まいばん
매일 밤	요고또	[夜毎]	よごと
매일 아침	마이아사	[毎朝]	まいあさ
매입하다	시이레루	[仕入れる]	しいれる
매장	우리바	[売り場]	うりば
매장	마이조-	[埋蔵]	まいぞう
매점	바이떼ㄴ	[売店]	ばいてん
매점하다	가이시메루	[買い占める]	かいしめる
매정하다	츠레나이		つれない
매주	마이슈-	[毎週]	まいしゅう
매진	우리끼레	[売り切れ]	うりきれ
매춘	바이슈ㄴ	[売春]	ばいしゅんする
매캐하다	게무이	[煙い]	けむい
매캐하다	게무따이	[煙たい]	けむたい
매표소	기ㅂ뿌우리바	[切符売り場]	きっぷうりば
매혹적	챠-미ㅇ구	[charming]	チャーミング
매화	우메	[梅]	うめ
매화나무	우메노끼	[梅の木]	うめのき
맥	먀꾸	[脈]	みゃく
맥박	먀꾸하꾸	[脈拍]	みゃくはく
맥없이	시오시오		しおしお
맥없이	헤나헤나		へなへなする
맥주	비-루	[beer]	ビール
맨 먼저	마ㅅ사끼	[真っ先]	まっさき
맨몸	스하다	[素肌]	すはだ
맨몸	스ㅂ빠다까	[素っ裸]	すっぱだか
맨몸	마루하다까	[丸裸]	まるはだか
맨발	스아시	[素足]	すあし
맨발	하다시	[裸足]	はだし
맨살	스하다	[素肌]	すはだ
맨션	아빠-또	[apartment]	アパート
맨손	스데	[素手]	すで

맨손	데부라	[手ぶら]	てぶら
맨 앞	마ㅅ사끼	[真っ先]	まっさき
맴맴	미-ㄴ미-ㄴ		ミーンミーン
맵다	가라이	[辛い]	からい
맹렬	모-레츠	[猛烈]	もうれつ
맹목	모-모꾸	[盲目]	もうもく
맹세	치까이	[誓い]	ちかい
맹세하다	치까우	[誓う]	ちかう
맹수	모-쥬-	[猛獣]	もうじゅう
맹장	모-쵸-	[盲腸]	もうちょう
맹장염	모-쵸-에ㄴ	[盲腸炎]	もうちょうえん
맺다	무스부	[結ぶ]	むすぶ
머니	마네-	[money]	マネー
머물다	도도마루	[止まる]	とどまる
머뭇거리다	다메라우	[躊躇う]	ためらう
머리	아따마	[頭]	あたま
머리글자	가시라모지	[頭文字]	かしらもじ
머리띠	하치마끼	[鉢巻]	はちまき
머리말	마에가끼	[前書き]	まえがき
머리말	마꾸라모또	[枕元]	まくらもと
머리카락	가미	[髪]	かみ
머리카락	가미노께	[髪の毛]	かみのけ
머리털이 빠짐	하게	[禿げ]	はげ
머리핀	헤아삐ㄴ	[hairpin]	ヘアピン
머뭇머뭇	모지모지		もじもじ
머스터드	마스따-도	[mustard]	マスタード
머위	후끼	[蕗]	ふき
머지않아	야가떼		やがて
머지않아	마모나꾸	[間もなく]	まもなく
머지않아	이즈레		いずれ
머지않아서	도오까라즈	[遠からず]	とおからず
머플러	마후라-	[muffler]	マフラー
먹	스미	[墨]	すみ
먹구름	아ㅇ우ㄴ	[暗雲]	あんうん
먹다	다베루	[食べる]	たべる
먹다	구우	[食う]	くう
먹어치우다	다이라게루	[平らげる]	たいらげる
먹이	에사	[餌]	えさ
먹이	에지끼	[餌食]	えじき
먼바다	오끼	[沖]	おき

한국어	발음	한자	일본어
먼저	마즈	[先ず]	まず
먼저	도리아에즈	[取り敢えず]	とりあえず
먼저	사끼니	[先に]	さきに
먼지	고미	[塵]	ごみ
먼지	호꼬리	[埃]	ほこり
먼지	치리	[塵]	ちり
먼지떨이	하따끼		はたき
멀다	도오이	[遠い]	とおい
멀리 돌아감	도오마와리	[遠回り]	とおまわり
멀리 바라보다	미와따스	[見渡す]	みわたす
멀미약	요이도메	[酔い止め]	よいどめ
멀어져가다, 멀어지다	도오자까루	[遠ざかる]	とおざかる
멈추다	도메루	[止める]	とめる
멈추다	도도마루	[止まる]	とどまる
멈추어서다	다치도마루	[立ち止まる]	たちどまる
멈추어서다	다따즈무	[佇む]	たたずむ
멋대로	가ㅅ떼니	[勝手に]	かってに
멋대로 행동함	부에ㄴ료	[無遠慮]	ぶえんりょ
멋을 냄	오샤레		おしゃれする
멋을 부림	샤레	[洒落]	しゃれ
멋있다	가ㄱ꼬-이이		かっこういい
멋쟁이	오샤레		おしゃれする
멋지다	스바라시이	[素晴らしい]	すばらしい
멋짐	스떼끼	[素敵]	すてき
멋짐	미고또	[見事]	みごと
멋쩍다	데레꾸사이	[照れくさい]	てれくさい
멍	아자	[痣]	あざ
멍멍	와ㅇ와ㅇ		わんわん
멍청함	도ㅁ마	[頓馬]	とんま
멍하니	포까ㄴ또		ぽかんと
멍하니	쇼ㅁ보리		しょんぼり
멍함	보-제ㄴ	[茫然]	ぼうぜん
멎다	도마루	[止まる]	とまる
멎다	야무	[止む]	やむ
메기	나마즈	[鯰]	なまず
메뉴	메뉴-	[menu]	メニュー
메뉴판	고ㄴ다떼효-	[献立表]	こんだてひょう
메다	가츠구	[担ぐ]	かつぐ
메달	메다루		メダル
메뚜기	바ㅅ따		ばった

메뚜기	이나고	[蝗]	いなご
메마르다	히까라비루		ひからびる
메모	메모	[memo]	メモ
메모리카드	메모리까-도	[memory card]	メモリカード
메밀, 메밀국수	소바	[蕎麦]	そば
메슥거리다	무까츠꾸		むかつく
메슥메슥	무까무까		むかむかする⊙
메시지	메ㅅ세-지	[message]	メッセージ
메아리	고다마	[木霊]	こだまする⊙
메아리	야마비꼬	[山彦]	やまびこ
메우다	우메루	[埋める]	うめる
메우다	오기나우	[補う]	おぎなう
메이커	메-까-	[maker]	メーカー
메이컵베이스	시따지	[下地]	したじ
메일 주소	메-루아도레스	[mail address]	メールアドレス
메일 친구	메루또모	[メル友]	メルとも
메추리, 메추라기	우즈라		うずら
멕시코	메끼시꼬	[Mexico]	メキシコ
멜로디	메로디-	[melody]	メロディー
멜론	메로ㄴ	[melon]	メロン
멧돼지	이노시시	[猪]	いのしし
며느리	요메	[嫁]	よめ
멱살	무나구라	[胸倉]	むなぐら
면	메ㄴ	[綿]	めん
~면	바		ば
~면	도		と
~면	나라		なら
면담	메ㄴ다ㅁ	[面談]	めんだん
면도	히게소리	[髭剃り]	ひげそり
면도칼	가미소리	[剃刀]	かみそり
면류	메ㄴ루이	[麺類]	めんるい
면목	메ㅁ보꾸	[面目]	めんぼく
면목	가따미	[肩身]	かたみ
면밀	메ㅁ미츠	[綿密]	めんみつ
면봉	메ㅁ보-	[綿棒]	めんぼう
~면서	나가라		ながら
면세	메ㄴ제-	[免税]	めんぜいする⊙
면세점	메ㄴ제-떼ㄴ	[免税店]	めんぜいてん
면실	모메ㄴ	[木綿]	もめん
면역	메ㅇ에끼	[免疫]	めんえき

면적	멘세끼	[面積]	めんせき
면제	멘죠	[免除]	めんじょする⊙
면하다	마누까레루	[免れる]	まぬかれる
면허	멘꾜	[免許]	めんきょ
면허장	멘죠-	[免状]	めんじょう
면회	멘까이	[面会]	めんかいする⊙
멸망	메츠보-	[滅亡]	めつぼうする⊙
멸망시키다	호로보스	[滅ぼす]	ほろぼす
멸망하다	호로비루	[滅びる]	ほろびる
멸시하다	미사게루	[見下げる]	みさげる
멸시하다	사게스무	[蔑む]	さげすむ
멸치	니보시		にぼし
~명	메-	[名]	めい
~명	닝	[人]	にん
명곡	메-꾜꾸	[名曲]	めいきょく
명란젓	멘따이꼬	[明太子]	めんたいこ
명랑	메-로-	[明朗]	めいろう
명랑함	호가라까	[朗らか]	ほがらか
명령	메-레-	[命令]	めいれいする⊙
명령하다	이이츠께루	[言い付ける]	いいつける
명마	메-바	[名馬]	めいば
명목	메-모꾸	[名目]	めいもく
명문	메-분	[名文]	めいぶん
명물	메-부츠	[名物]	めいぶつ
명백함	아끼라까	[明らか]	あきらか
명분	메-분	[名分]	めいぶん
명사	메-시	[名詞]	めいし
명사	메-시	[名士]	めいし
명상	메-소-	[瞑想]	めいそうする⊙
명성	메-세-	[名声]	めいせい
명세서	메-사이쇼	[明細書]	めいさいしょ
명소	메-쇼	[名所]	めいしょ
명안	메-안	[名案]	めいあん
명암	메-안	[明暗]	めいあん
명언	메-겐	[名言]	めいげん
명예	메-요	[名誉]	めいよ
명왕성	메-오-세-	[冥王星]	めいおうせい
명의	메-이	[名医]	めいい
명작	메-사꾸	[名作]	めいさく
명제	메-다이	[命題]	めいだい

명중	메-츄-	[命中]	めいちゅうする⊙
명찰	나후다	[名札]	なふだ
명칭	메-쇼-	[名称]	めいしょう
명쾌	메-까이	[明快]	めいかい
명태	메ㄴ따이	[明太]	めんたい
명하다	메-즈루	[命ずる]	めいずる
명함	메-시	[名刺]	めいし
명화	메-가	[名画]	めいが
명확	메-까꾸	[明確]	めいかく
몇 개, 몇 살	이꾸츠	[幾つ]	いくつ
몇 살	나ㄴ사이	[何歳]	なんさい
몇 시	나ㄴ지	[何時]	なんじ
모과	가리ㄴ		カリン
모국	보꼬꾸	[母国]	ぼこく
모국어	보꼬꾸고	[母国語]	ぼこくご
모국의	네-띠브	[native]	ネーティブ
모교	보꼬-	[母校]	ぼこう
모기	가	[蚊]	か
모기장	가야	[蚊屋]	かや
모나다	가도다츠	[角立つ]	かどだつ
모내기	다우에	[田植え]	たうえ
모놀로그	모노로-구	[monologue]	モノローグ
모니터	모니따-	[monitor]	モニター
모닝콜	모-니ㅇ구꼬-루	[morning call]	モーニングコール
모닥불	다끼비	[焚火]	たきび
모델	모데루	[model]	モデル
모독	보-또꾸	[冒涜]	ぼうとくする⊙
모두	미나	[皆]	みな
모두	미ㄴ나	[皆]	みんな
모두	스ㄱ까리		すっかり
모두	스베떼	[全て]	すべて
모든 방향	하ㅂ뽀-	[八方]	はっぽう
모란	보따ㄴ	[牡丹]	ぼたん
모래	스나	[砂]	すな
모래밭	스나바	[砂場]	すなば
모래시계	스나도께-	[砂時計]	すなどけい
모략	보-랴꾸	[謀略]	ぼうりゃくする⊙
모럴	모라루	[moral]	モラル
모레	아사ㅅ떼	[明後日]	あさって
모르게 하다	시노부	[忍ぶ]	しのぶ

한국어	발음	한자	일본어
모방	히또마네	[人真似]	ひとまね
모방하다	마네루	[真似る]	まねる
모범	모항ㅇ	[模範]	もはん
모범	데홍ㄴ	[手本]	てほん
모서리	가도	[角]	かど
모성	보세ー	[母性]	ぼせい
모순	무쥬ㄴ	[矛盾]	むじゅんする
모스크바	모스꾸와	[Moskva]	モスクワ
모습	스가따	[姿]	すがた
모습	오모까게	[面影]	おもかげ
모시다	츠까에루	[仕える]	つかえる
모시조개	아사리		あさり
모양	모요ー	[模様]	もよう
모양	요ーㅅ	[様子]	ようす
모양	스가따	[姿]	すがた
모양	아리사마	[有様]	ありさま
모욕	부죠꾸	[侮辱]	ぶじょくする
모유	보뉴ー	[母乳]	ぼにゅう
모으다	아츠메루	[集める]	あつめる
모으다	다메루	[貯める]	ためる
모이다	아츠마루	[集まる]	あつまる
모이다	다마루	[溜まる]	たまる
모인 군중	히또다까리	[人だかり]	ひとだかり
모임	아츠마리	[集まり]	あつまり
모임	미ー띠ㅇ구	[meeting]	ミーティングする
모임	슈ー까이	[集会]	しゅうかいする
모자	보ー시	[帽子]	ぼうし
모자	보시	[母子]	ぼし
모자라다	도보시이	[乏しい]	とぼしい
모자라다	다리나이	[足りない]	たりない
모조리	나니모까모	[何もかも]	なにもかも
모조리	노꼬라즈	[残らず]	のこらず
모조리	고또고또꾸	[悉く]	ことごとく
모조리 이득이 됨	마루모우께	[丸儲け]	まるもうけする
모조리 털어놓다	부치마께루		ぶちまける
모조품	마가이모노	[擬い物]	まがいもの
모종	나에	[苗]	なえ
모질게 뿌리치다	츠ㅂ빠네루	[突っぱねる]	つっぱねる
모집	보슈ー	[募集]	ぼしゅうする
모처럼	세ㄱ까꾸	[折角]	せっかく

모친	하하오야	[母親]	ははおや
모텔	모-떼루	[motel]	モーテル
모토	모ㅅ또-	[motto]	モットー
모퉁이	가도	[角]	かど
모퉁이	스미	[隅]	すみ
모포	모-후	[毛布]	もうふ
모피	게가와	[毛皮]	けがわ
모험	보-껭	[冒険]	ぼうけんする
모형	모께-	[模型]	もけい
모호함	아이마이	[曖昧]	あいまい
목	구비	[首]	くび
목	노도	[喉]	のど
목걸이	네ㄱ꾸레스	[necklace]	ネックレス
목걸이	구비까자리	[首飾り]	くびかざり
목걸이	구비와	[首輪]	くびわ
목격	모꾸게끼	[目撃]	もくげきする
목격자	모꾸게끼샤	[目撃者]	もくげきしゃ
목구멍	노도	[喉]	のど
목금	모ㄱ끼ㄴ	[木琴]	もっきん
목덜미	우나지	[項]	うなじ
목덜미	구비스지	[首筋]	くびすじ
목덜미	에리꾸비	[襟首]	えりくび
목덜미	에리아시	[襟足]	えりあし
목도리	에리마끼	[襟巻き]	えりまき
목도리	구비마끼	[首巻き]	くびまき
목련	모꾸렝	[木蓮]	もくれん
목록	모꾸로꾸	[目録]	もくろく
목마르다	가와꾸	[渇く]	かわく
목말	가따구루마	[肩車]	かたぐるま
목면	모메ㄴ	[木綿]	もめん
목사	보꾸시	[牧師]	ぼくし
목성	모ㄱ세-	[木星]	もくせい
목소리	고에	[声]	こえ
목수	다이꾸	[大工]	だいく
목숨	이노치	[命]	いのち
목요일	모꾸요-비	[木曜日]	もくようび
목욕	오후로	[お風呂]	おふろ
목욕, 목욕물	후로	[風呂]	ふろ
목욕통	유부네	[湯船]	ゆぶね
목이버섯	기꾸라게	[木耳]	きくらげ

목장	마끼바	[牧場]	まきば
목장	보꾸죠-	[牧場]	ぼくじょう
목재	모꾸자이	[木材]	もくざい
목적	모ㄱ떼끼	[目的]	もくてき
목적	네라이	[狙い]	ねらい
목적	메아떼	[目当て]	めあて
목전	메사끼	[目先]	めさき
목제	모ㄱ세-	[木製]	もくせい
목조	모꾸조-	[木造]	もくぞう
목차	모꾸지	[目次]	もくじ
목축	보ㄱ치꾸	[牧畜]	ぼくちく する
목탁	모꾸교	[木魚]	もくぎょ
목탄	스미	[炭]	すみ
목표	모꾸효-	[目標]	もくひょう
목표	메아떼	[目当て]	めあて
목표	메보시	[目星]	めぼし
목표로 하다	메자스	[目指す]	めざす
목화	와따	[綿]	わた
몰두	무츄-	[夢中]	むちゅう
몰래	고ㅅ소리		こっそり
몰래 먹음	누스미구이	[盗み食い]	ぬすみぐい する
몰래 모아둔 돈	헤소꾸리	[臍繰り]	へそくり
몰래 봄	누스미미	[盗み見]	ぬすみみ する
몰래 엿들음	누스미기끼	[盗み聞き]	ぬすみぎき する
몰려들다	오시요세루	[押し寄せる]	おしよせる
몰수	보ㅅ슈-	[没収]	ぼっしゅう する
몰아내다	오이다스	[追い出す]	おいだす
몰아내다	오ㅂ빠라우	[追っ払う]	おっぱらう
몰아넣다	오이츠메루	[追い詰める]	おいつめる
몰인정하다	나사께나이	[情けない]	なさけない
몸	가라다	[体]	からだ
몸매	가라다츠끼	[体付き]	からだつき
몸무게	다이쥬-	[体重]	たいじゅう
몸 바쳐 봉사함	호-꼬-	[奉公]	ほうこう する
몸소	미즈까라	[自ら]	みずから
몸집	가라	[柄]	がら
몸집이 작음	고가라	[小柄]	こがら
몸짓	미부리	[身振り]	みぶり
몸차림	미지따꾸	[身支度]	みじたく する
몹시	즈이부ㄴ		ずいぶん

몹시	하나하다	[甚だ]	はなはだ
몹시 기다려지다	마치도오시이	[待ち遠しい]	まちどおしい
몹시 놀람	교-떼ㄴ	[仰天]	ぎょうてんする
몹시 밉살스럽다	니꾸니꾸시이	[憎々しい]	にくにくしい
몹시 배고픈 모양	페꼬뻬꼬		ぺこぺこする
못	구기	[釘]	くぎ
못	이께	[池]	いけ
못난이	요와무시	[弱虫]	よわむし
못남	후츠츠까	[不束]	ふつつか
못된 장난	이따즈라	[悪戯]	いたずら
못보고 놓치다	미노가스	[見逃す]	みのがす
못살게 굴다	이지메루		いじめる
못생김	부끼료-	[無器量]	ぶきりょう
못생김	부사이꾸	[不細工]	ぶさいく
몽골	모ㅇ고루	[Mongol]	モンゴル
몽땅	고또고또꾸	[悉く]	ことごとく
몽땅 타 버림	마루야께	[丸焼け]	まるやけ
묘	하까	[墓]	はか
묘목	나에기	[苗木]	なえぎ
묘미	묘-미	[妙味]	みょうみ
묘비	보히	[墓碑]	ぼひ
묘사	뵤-샤	[描写]	びょうしゃする
묘석	보세끼	[墓石]	ぼせき
묘안	묘-아ㄴ	[妙案]	みょうあん
묘지	보치	[墓地]	ぼち
묘하게	묘-니	[妙に]	みょうに
무	다이꼬ㅇ	[大根]	だいこん
무겁다	오모이	[重い]	おもい
무게	오모사	[重さ]	おもさ
무관심	무까ㄴ시ㄴ	[無関心]	むかんしん
무관심함	무또ㄴ챠꾸	[無頓着]	むとんちゃく
무궁화	무꾸게	[木槿]	むくげ
무기	부끼	[武器]	ぶき
무기력	무끼료꾸	[無気力]	むきりょく
무기한	무끼게ㄴ	[無期限]	むきげん
무너뜨리다	구즈스	[崩す]	くずす
무너지다	구즈레루	[崩れる]	くずれる
무능	무노-	[無能]	むのう
무능	후노-	[不能]	ふのう
무늬	모요-	[模様]	もよう

무늬	가라	[柄]	がら
무늬가 없는	무지	[無地]	むじ
무당	미꼬	[巫女]	みこ
무당벌레	데ㄴ또무시	[てんとう虫]	てんとうむし
무대	스떼-지	[stage]	ステージ
무덤	하까	[墓]	はか
무덥다	무시아츠이	[蒸し暑い]	むしあつい
무덥다	아츠꾸루시이	[暑苦しい]	あつくるしい
무도장	오도리바	[踊り場]	おどりば
무도회	부또-까이	[舞踏会]	ぶとうかい
무드	무-도	[mood]	ムード
무디다	니부이	[鈍い]	にぶい
무디어지다	니부루	[鈍る]	にぶる
무뚝뚝한	무ㅅ츠리		むっつり
무뚝뚝함	부아이소-	[無愛想]	ぶあいそう
무뚝뚝함	부ㄱ끼라보-		ぶっきらぼう
무럭무럭	스꾸스꾸		すくすく
무력	무료꾸	[無力]	むりょく
무례	부레-	[無礼]	ぶれい
무례함	부시츠께	[不躾]	ぶしつけ
무례함	부사호-	[不作法]	ぶさほう
무료	무료-	[無料]	むりょう
무료함	다이꾸츠	[退屈]	たいくつ
무르다	모로이	[脆い]	もろい
무르익다	쥬ㄱ스루	[熟する]	じゅくする
무르익다	우레루	[熟れる]	うれる
무릇	소모소모		そもそも
무릎	히자	[膝]	ひざ
무릎을 꿇다	히자마즈꾸	[跪く]	ひざまずく
무리	무리	[無理]	むり
무리	무레	[群れ]	むれ
무리지다	무라가루	[群がる]	むらがる
무리하게	무리야리	[無理矢理]	むりやり
무면허	무메ㄴ꾜	[無免許]	むめんきょ
무명	누노	[布]	ぬの
무명	무메-	[無名]	むめい
무모함	무떼ㅂ뽀-	[無鉄砲]	むてっぽう
무분별	무부ㅁ베츠	[無分別]	むふんべつ
무사	부지	[無事]	ぶじ
무사	부시	[武士]	ぶし

무사	사무라이	[侍]	さむらい
무사고	무지꼬	[無事故]	むじこ
무사태평	노ㅇ끼	[呑気]	のんき
무색	무쇼꾸	[無色]	むしょく
무서움을 잘 타는 사람	고와가리	[怖がり]	こわがり
무서워하다	고와가루	[怖がる]	こわがる
무서워하다	오소레루	[恐れる]	おそれる
무선	무세ㄴ	[無線]	むせん
무선전화기	고끼	[子機]	こき
무섭다	고와이	[怖い]	こわい
무섭다	오소로시이	[恐ろしい]	おそろしい
무섭다	스사마지이	[凄まじい]	すさまじい
무성하다	시게루	[茂る]	しげる
무성하다(초목이)	오이시게루	[生い茂る]	おいしげる
무순	가이와레다이꼬ㅇ	[カイワレ大根]	カイワレだいこん
무스	무-스	[mousse]	ムース
무슨 띠	나니도시	[何年]	なにどし
무슨 요일	나ㅇ요-비	[何曜日]	なんようび
무승부	히끼와께	[引き分け]	ひきわけ
무시	무시	[無視]	むしする⒱
무시무시한	오소루베끼	[恐るべき]	おそるべき
무시하다	후미츠께루	[踏み付ける]	ふみつける
무심코	우ㄱ까리		うっかり
무언	무고ㄴ	[無言]	むごん
무언가	나니까	[何か]	なにか
무엇	나니	[何]	なに
무엇	나ㄴ	[何]	なん
무엇보다도	나니요리모	[何よりも]	なによりも
무역	보-에끼	[貿易]	ぼうえきする⒱
무역마찰	보-에끼마사츠	[貿易摩擦]	ぼうえきまさつ
무역수지	보-에끼슈-시	[貿易収支]	ぼうえきしゅうし
무용	부요-	[舞踊]	ぶよう
무용극	바레-	[ballet]	バレー
무용수	다ㄴ사-	[dancer]	ダンサー
무의미	무이미	[無意味]	むいみ
무의식중에	오모와즈	[思わず]	おもわず
무익	무에끼	[無益]	むえき
무인도	무지ㄴ또-	[無人島]	むじんとう
무임	무치ㄴ	[無賃]	むちん
무자비	무지히	[無慈悲]	むじひ

무장	부소-	[武装]	ぶそう
무정	무죠-	[無情]	むじょう
무조건	무죠-께ㄴ	[無条件]	むじょうけん
무좀	미즈무시	[水虫]	みずむし
무죄	무자이	[無罪]	むざい
무지	무치	[無知]	むち
무지	무지	[無地]	むじ
무지개	니지	[虹]	にじ
무직	무쇼꾸	[無職]	むしょく
무차별	무사베츠	[無差別]	むさべつ
무책임	무세끼니ㅇ	[無責任]	むせきにん
무치다	아에루	[和える]	あえる
무턱대고	무야미	[無闇]	むやみ
무턱대고	야따라		やたら
무해	무가이	[無害]	むがい
무화과	이치지꾸	[無花果]	いちじく
무휴	무뀨-	[無休]	むきゅう
무희	오도리꼬	[踊り子]	おどりこ
묵다	도마루	[泊まる]	とまる
묵묵히	모꾸모꾸	[黙々]	もくもく
묵살	모꾸사츠	[黙殺]	もくさつする⊙
묵인	모꾸니ㄴ	[黙認]	もくにんする⊙
묵직하다	오모따이	[重たい]	おもたい
묶다	무스부	[結ぶ]	むすぶ
묶다	시바루	[縛る]	しばる
문	도	[戸]	と
문	도아	[door]	ドア
문	도비라	[扉]	とびら
문고	부ㅇ꼬	[文庫]	ぶんこ
문고본	부ㅇ꼬보ㄴ	[文庫本]	ぶんこぼん
문구	부ㅁ보-구	[文房具]	ぶんぼうぐ
문구	모ㅇ꾸	[文句]	もんく
문단	부ㄴ다ㄴ	[文壇]	ぶんだん
문드러지다	다다레루	[爛れる]	ただれる
문득	후또		ふと
문득	하ㅅ또		はっとする⊙
문명	부ㅁ메-	[文明]	ぶんめい
문방구	부ㅁ보-구야	[文房具屋]	ぶんぼうぐや
문법	부ㅁ뽀-	[文法]	ぶんぽう
문병, 문안	오미마이	[お見舞い]	おみまいする⊙

한국어	발음	漢字	かな
문신	이레즈미	[入れ墨]	いれずみ
문어	다꼬	[蛸]	たこ
문의	도이아와세	[問い合わせ]	といあわせ
문의하다	도이아와세루	[問い合わせる]	といあわせる
문자	모지	[文字]	もじ
문자 메시지	게-따이메-루	[携帯message]	ケータイメール
문장	부ㄴ쇼-	[文章]	ぶんしょう
문장체	가끼꼬또바	[書き言葉]	かきことば
문제	모ㄴ다이	[問題]	もんだい
문지기	모ㅁ바ㅇ	[門番]	もんばん
문지르다	고스루	[擦る]	こする
문지르다	스루	[擦る]	する
문지방	시끼이	[敷居]	しきい
문짝	도비라	[扉]	とびら
문턱	시끼이	[敷居]	しきい
문패	효-사츠	[表札]	ひょうさつ
문학	부ㅇ가꾸	[文学]	ぶんがく
문헌	부ㅇ께ㄴ	[文献]	ぶんけん
문호	부ㅇ고-	[文豪]	ぶんごう
문화	부ㅇ까	[文化]	ぶんか
문화의 날	부ㅇ까노히	[文化の日]	ぶんかのひ
문화 축제	부ㅇ까사이	[文化祭]	ぶんかさい
묻다	기꾸	[聞く]	きく
묻다	도우	[問う]	とう
묻다	다즈네루	[尋ねる]	たずねる
묻다	우메루	[埋める]	うめる
묻다	우즈메루	[埋める]	うずめる
묻히다	우즈마루	[埋まる]	うずまる
물	미즈	[水]	みず
물가	부ㄱ까	[物価]	ぶっか
물가	미즈기와	[水際]	みずぎわ
물감	에노구	[絵の具]	えのぐ
물거품	미즈노아와	[水の泡]	みずのあわ
물건	모노	[物]	もの
물건	시나모노	[品物]	しなもの
물결이 잔잔해짐	나기	[凪]	なぎ
물고기	사까나	[魚]	さかな
물고기자리	우오자	[魚座]	うおざ
물구나무서기	사까다치	[逆立ち]	さかだち
물다	가무	[噛む]	かむ

물들다	소마루	[染まる]	そまる
물들이다	소메루	[染める]	そめる
물들이다	이로도루	[彩る]	いろどる
물떼새	치도리	[千鳥]	ちどり
물러가다, 물러나다	시리조꾸	[退く]	しりぞく
물레방아	미즈구루마	[水車]	みずぐるま
물론	모치로ㄴ	[勿論]	もちろん
물론	무로ㄴ	[無論]	むろん
물리	부츠리	[物理]	ぶつり
물리다	아끼루	[飽きる]	あきる
물리치다	시리조께루	[退ける]	しりぞける
물리학	부츠리가꾸	[物理学]	ぶつりがく
물망초	와스레나구사	[勿忘草]	わすれなぐさ
물방울	시즈꾸	[滴]	しずく
물방울	미즈따마	[水玉]	みずたま
물방울무늬	미즈따마모요-	[水玉模様]	みずたまもよう
물방울무늬	미즈따마가라	[水玉柄]	みずたまがら
물보라	시부끼	[飛沫]	しぶき
물빨래	미즈아라이	[水洗い]	みずあらいするⓥ
물뿌리개	죠-로		じょうろ
물수건	시보리	[絞り]	しぼり
물에 빠지다	오보레루	[溺れる]	おぼれる
물자	부ㅅ시	[物資]	ぶっし
물주전자	미즈사시	[水差し]	みずさし
물질	부ㅅ시츠	[物質]	ぶっしつ
물체	부ㅅ따이	[物体]	ぶったい
물품	부ㅂ삐ㄴ	[物品]	ぶっぴん
뭇매질	후꾸로다따끼	[袋叩き]	ふくろだたき
뭉개다	츠부스	[潰す]	つぶす
뭉개지다	츠부레루	[潰れる]	つぶれる
뭉게뭉게	무꾸무꾸		むくむく
뭉뚱그리다	구루메루		くるめる
뭉뚱그리다	히ㄱ꾸루메루	[引っくるめる]	ひっくるめる
뭍	리꾸	[陸]	りく
뭘요	이에이에		いえいえ
뮤지션	뮤-지샤ㄴ	[musician]	ミュージシャン
뮤지컬	뮤-지까루	[musical]	ミュージカル
뮤직	뮤-지ㄱ꾸	[music]	ミュージック
~므로	노데		ので
미각	미까꾸	[味覚]	みかく

미개	미까이	[未開]	みかい
미경험	미께-께ㄴ	[未経験]	みけいけん
미국	아메리까	[America]	アメリカ
미국인	아메리까지ㄴ	[America人]	アメリカじん
미궁	메-뀨-	[迷宮]	めいきゅう
미꾸라지	도죠-	[泥鰌]	どじょう
미끄러지다	스베루	[滑る]	すべる
미끄럼틀	스베리다이	[滑り台]	すべりだい
미끈미끈	누루누루		ぬるぬるする
미나리	세리	[芹]	せり
미남	비나ㄴ	[美男]	びなん
미녀	비죠	[美女]	びじょ
미니스커트	미니스까-또	[miniskirt]	ミニスカート
미덕	비또꾸	[美徳]	びとく
미디어	메디아	[media]	メディア
미래	미라이	[未来]	みらい
미련	고꼬로노꼬리	[心残り]	こころのこり
미련	미레ㄴ	[未練]	みれん
미로	메-로	[迷路]	めいろ
미루나무	포뿌라	[poplar]	ポプラ
미루다	노바스	[延ばす]	のばす
미리	마에모ㅅ떼	[前以て]	まえもって
미리	아라까지메	[予め]	あらかじめ
미리	가네떼	[予て]	かねて
미리 배를 채워둠	하라고시라에	[腹拵え]	はらごしらえ
미리 준비함	시따고시라에	[下ごしらえ]	したごしらえする
미림	미리ㅇ		みりん
미만	미마ㄴ	[未満]	みまん
미망인	미보-지ㄴ	[未亡人]	みぼうじん
미모	비보-	[美貌]	びぼう
미묘	비묘-	[微妙]	びみょう
미문	미모ㄴ	[未聞]	みもん
미비한 점	데누까리	[手抜かり]	てぬかり
미사	미사	[missa]	ミサ
미사일	미사이루	[missile]	ミサイル
미생물	비세-부츠	[微生物]	びせいぶつ
미성년자	미세-네ㄴ샤	[未成年者]	みせいねんしゃ
미소	호호에미	[微笑み]	ほほえみ
미소	비쇼-	[微笑]	びしょう
미소짓다	호호에무	[微笑む]	ほほえむ

미수	미스이	[未遂]	みすい
미수(88살)	베-쥬	[米寿]	べいじゅ
미숙	미쥬꾸	[未熟]	みじゅく
미술	비쥬츠	[美術]	びじゅつ
미술가	비쥬츠까	[美術家]	びじゅつか
미술관	비쥬츠까ㄴ	[美術館]	びじゅつかん
미스	미스	[miss]	ミスする
미스터리	미스떼리	[mystery]	ミステリー
미식	구루메	[gourmet]	グルメ
미신	메-시ㄴ	[迷信]	めいしん
미심쩍음	후시ㄴ	[不審]	ふしん
미아	마이고	[迷子]	まいご
미안하다	스마나이	[済まない]	すまない
미야기현	미야기께ㄴ	[宮城県]	みやぎけん
미야자키현	미야자끼께ㄴ	[宮崎県]	みやざきけん
미에현	미에께ㄴ	[三重県]	みえけん
미역	와까메	[若芽]	わかめ
미열	비네츠	[微熱]	びねつ
미완성	미까ㄴ세-	[未完成]	みかんせい
미용사	비요-시	[美容師]	びようし
미용실	비요-시츠	[美容室]	びようしつ
미용실	비요-이ㅇ	[美容院]	びよういん
미움	니꾸시미	[憎しみ]	にくしみ
미워하다	니꾸무	[憎む]	にくむ
미인	비지ㄴ	[美人]	びじん
미장원	비요-이ㅇ	[美容院]	びよういん
미정	미떼-	[未定]	みてい
미증유	미조-	[未曾有]	みぞう
미지	미치	[未知]	みち
미지근하다	누루이	[温い]	ぬるい
미지근하다	나마누루이	[生温い]	なまぬるい
미지근한 물	누루마유	[微温湯]	ぬるまゆ
미치광이	기치가이	[気違い]	きちがい
미치다	오요부	[及ぶ]	およぶ
미치다	구루우	[狂う]	くるう
미친 사람	쿄-지ㄴ	[狂人]	きょうじん
미터	메-또루	[meter]	メートル
미팅	고-꼬ㅇ	[合コン]	ごうコン
미풍	비후-	[微風]	びふう
미해결	미까이께츠	[未解決]	みかいけつ

미행	비꼬-	[尾行]	びこうする
미혼	미꼬ㄴ	[未婚]	みこん
믹서기	미끼사-	[mixer]	ミキサー
믹서기	후-도뿌로세ㅅ사-	[food processor]	フードプロセッサー
믹스	미ㄱㄱ스	[mix]	ミックスする
민간	미ㅇ까ㄴ	[民間]	みんかん
민감성피부	비ㅇ까ㄴ하다	[敏感肌]	びんかんはだ
민들레	다ㅁ뽀뽀		たんぽぽ
민법	미ㅁ뽀-	[民法]	みんぽう
민속	미ㄴ조꾸	[民俗]	みんぞく
민속주점	이자까야	[居酒屋]	いざかや
민요	미ㅇ요-	[民謡]	みんよう
민족	미ㄴ조꾸	[民族]	みんぞく
민주 정치	데모꾸라시-	[democracy]	デモクラシー
민주주의	미ㄴ슈슈기	[民主主義]	みんしゅしゅぎ
민중	미ㄴ슈-	[民衆]	みんしゅう
민첩	비ㄴ쇼-	[敏捷]	びんしょう
민첩하다	데바야이	[手早い]	てばやい
민첩하다	데ㅅ또리바야이	[手っ取り早い]	てっとりばやい
민첩하다	스바시꼬이		すばしこい
믿다	시ㄴ지루	[信じる]	しんじる
믿음직하다	다노모시이	[頼もしい]	たのもしい
밀	고무기	[小麦]	こむぎ
밀고	미ㄱ꼬꾸	[密告]	みっこくする
밀고 나가다	오시스스메루	[押し進める]	おしすすめる
밀다	오스	[押す]	おす
밀려오다	오시요세루	[押し寄せる]	おしよせる
밀림	쟈ㅇ구루	[jungle]	ジャングル
밀물	미치시로	[満ち潮]	みちしお
밀수	미츠유	[密輸]	みつゆする
밀실	미ㅅ시츠	[密室]	みっしつ
밀어 제치다	하네노께루	[撥ね除ける]	はねのける
밀접	미ㅅ세츠	[密接]	みっせつする
밀크티	미루꾸티-	[milk tea]	ミルクティー
밀폐	미ㅂ뻬-	[密閉]	みっぺいする
밀항	미ㄱ꼬-	[密航]	みっこうする
밉다	니꾸이	[憎い]	にくい
밉살스럽다	니꾸라시이	[憎らしい]	にくらしい
및	오요비	[及び]	および
및	나라비니	[並びに]	ならびに

밑	시따	[下]	した
밑돌다	시따마와루	[下回る]	したまわる
밑바닥	도ㄴ조꼬	[どん底]	どんぞこ
밑지다	소ㄴ스루	[損する]	そんする
밑천	모또데	[元手]	もとで

~바	도꼬로		ところ
바겐세일	바ー게ㄴ세ー루	[bargain sale]	バーゲンセール
바구니	가고	[籠]	かご
바깥	소또	[外]	そと
바깥	오모떼	[表]	おもて
바꾸다	가에루	[変える]	かえる
바꾸다	도리까에루	[取り替える]	とりかえる
바뀌다	가와루	[変わる]	かわる
바뀌다	우츠루	[移る]	うつる
바나나	바나나	[banana]	バナナ
바느질	누이모노	[縫い物]	ぬいもの
바늘	하리	[針]	はり
바다	우미	[海]	うみ
바다표범	아자라시	[海豹]	あざらし
바닥	소꼬	[底]	そこ
바닷가	우미베	[海辺]	うみべ
바닷가	하마베	[浜辺]	はまべ
바닷가재	로부스따ー	[lobster]	ロブスター
바닷가 쪽	우미가와	[海側]	うみがわ
바둑	이고	[囲碁]	いご
바디샴푸	보디ー소ー뿌	[body shampoo]	ボディーソープ
바라다	네가우	[願う]	ねがう
바라다	노조무	[望む]	のぞむ
바라다	모또메루	[求める]	もとめる
바라다	호ㅅ스루	[欲する]	ほっする
바라보다	나가메루	[眺める]	ながめる
바람	가제	[風]	かぜ
바람기	우와끼	[浮気]	うわきする⊙
바람둥이	우와끼모노	[浮気者]	うわきもの
바람직하다	노조마시이	[望ましい]	のぞましい
바람직하지 않다	이께나이		いけない
바램	노조미	[望み]	のぞみ
바로	스구	[直ぐ]	すぐ

바로	소노마마		そのまま
바로	지끼니	[直に]	じきに
바로 그 순간	도따ㄴ	[途端]	とたん
바로 맞은편	마무까이	[真向かい]	まむかい
바로 아래	마시따	[真下]	ました
바로 위	마우에	[真上]	まうえ
바로잡다	다다스	[正す]	ただす
바로잡다	나오스	[直す]	なおす
바로 하다	아라따메루	[改める]	あらためる
바르는 약	누리구스리	[塗り薬]	ぬりぐすり
바르다	다다시이	[正しい]	ただしい
바르다	누루	[塗る]	ぬる
바르다	츠께루	[付ける]	つける
바리케이드	바리께-또	[barricade]	バリケード
바리톤	바리또ㄴ	[baritone]	バリトン
바보	바까	[馬鹿]	ばか
바보	아호	[阿呆]	あほ
바보스럽다	바까라시이	[馬鹿らしい]	ばからしい
바비큐	바-베뀨-	[barbecue]	バーベキュー
바쁘다	이소가시이	[忙しい]	いそがしい
바쁘다	아와따다시이	[慌ただしい]	あわただしい
바삐	스따스따		すたすた
바삭바삭	가사까사		かさかさする
바싹 마르다	히까라비루		ひからびる
바야흐로	이마야	[今や]	いまや
바위	이와	[岩]	いわ
바이러스	우이루스	[virus]	ウイルス
바이블	바이부루	[bible]	バイブル
바이어	바이야-	[buyer]	バイヤー
바이올린	바이오리ㄴ	[violin]	バイオリン
바이킹	바이끼ㅇ구	[Viking]	バイキング
바자회	바자-	[bazaar]	バザー
바지	즈보ㄴ	[jupon]	ズボン
바지	파ㄴ츠	[pants]	パンツ
바지락	아사리		あさり
바치다	사사게루	[捧げる]	ささげる
바퀴	샤리ㄴ	[車輪]	しゃりん
바퀴벌레	고끼부리		ごきぶり
박람회	하꾸라ㅇ까이	[博覧会]	はくらんかい
박력	하꾸료꾸	[迫力]	はくりょく

박멸	보꾸메츠	[撲滅]	ぼくめつする
박물관	하꾸부츠까느	[博物館]	はくぶつかん
박박	고시고시		ごしごし
박사	하까세	[博士]	はかせ
박사	하꾸시	[博士]	はくし
박수	하ㄱ슈	[拍手]	はくしゅする
박스	다ㅁ보-루	[段board]	だんボール
박스	보ㄱㄱ스	[box]	ボックス
박식한 사람	모노시리	[物知り]	ものしり
박정함	하꾸죠-	[薄情]	はくじょう
박자	효-시	[拍子]	ひょうし
박쥐	고-모리	[蝙蝠]	こうもり
박차	하ㄱ샤	[拍車]	はくしゃ
박테리아	바ㄱ떼리아	[bacteria]	バクテリア
박해	하꾸가이	[迫害]	はくがいする
밖	소또	[外]	そと
~밖에	시까		しか
~밖에	요리		より
반	하ㄴ	[半]	はん
반	하ㅁ부ㄴ	[半分]	はんぶん
반	구라스	[class]	クラス
~반	구미	[組]	くみ
반감	하ㅇ까ㄴ	[反感]	はんかん
반갑다	아리가따이		ありがたい
반값	하ㄴ네	[半値]	はんね
반경	하ㅇ께-	[半徑]	はんけい
반년	하ㄴ또시	[半年]	はんとし
반년	하ㄴ네ㄴ	[半年]	はんねん
반달	하ㅇ게츠	[半月]	はんげつ
반대	하ㄴ따이	[反対]	はんたいする
반대	후쇼-치	[不承知]	ふしょうち
반대임	아베꼬베		あべこべ
반도	하ㄴ또-	[半島]	はんとう
반드시	가나라즈	[必ず]	かならず
반드시	가나라즈시모	[必ずしも]	かならずしも
반드시	마ㄴ자라	[満更]	まんざら
반들반들	츠루츠루		つるつる
반들반들	츠야츠야		つやつや
반딧불	호따루	[蛍]	ほたる
반란	하ㄴ라ㄴ	[反乱]	はんらんする

반려	하ㄴ료	[伴侶]	はんりょ
반려	헤ㄴ죠-	[返上]	へんじょうする
반론	하ㄴ로ㄴ	[反論]	はんろんする
반면	하ㄴ메ㄴ	[反面]	はんめん
반복	하ㄴ뿌꾸	[反復]	はんぷくする
반복하다	구리까에스	[繰り返す]	くりかえす
반비례	하ㄴ삐레-	[反比例]	はんぴれいする
반사	하ㄴ샤	[反射]	はんしゃする
반성	하ㄴ세-	[反省]	はんせいする
반소매	하ㄴ소데	[半袖]	はんそで
반송	헤ㄴ소-	[返送]	へんそうする
반숙	하ㄴ쥬꾸	[半熟]	はんじゅく
반액	하ㅇ가꾸	[半額]	はんがく
반역	하ㅇ갸꾸	[反逆]	はんぎゃくする
반영	하ㅇ에-	[反映]	はんえいする
반응	데고따에	[手答え]	てごたえ
반응	하고따에	[歯応え]	はごたえ
반응	하ㄴ노-	[反応]	はんのうする
반일	하ㄴ니치	[半日]	はんにち
반입	하ㄴ뉴-	[搬入]	はんにゅうする
반장	하ㄴ쵸-	[班長]	はんちょう
반점	하ㄴ떼ㄴ	[斑点]	はんてん
반주	하ㄴ소-	[伴奏]	ばんそうする
반죽하다	고네루		こねる
반지	유비와	[指輪]	ゆびわ
반질반질	스베스베		すべすべ
반질반질	츠야츠야		つやつや
반짝반짝	기라끼라		きらきらする
반짝반짝	치까치까		ちかちか
반짝이다	가가야꾸	[輝く]	かがやく
반짝이다	마따따꾸	[瞬く]	またたく
반찬	오까즈		おかず
반찬	소-자이	[総菜]	そうざい
반창고	바ㄴ소-꼬-	[絆創膏]	ばんそうこう
반추	하ㄴ스이	[反芻]	はんすうする
반칙	하ㄴ소꾸	[反則]	はんそくする
반 친구	구라스메-또	[classmate]	クラスメート
반침	오시이레	[押し入れ]	おしいれ
반품	헤ㄴ삐ㄴ	[返品]	へんぴんする
반하다	호레루	[惚れる]	ほれる

반항기	하ㅇ꼬-끼	[反抗期]	はんこうき
반향	하ㅇ꾜-	[反響]	はんきょうする
반환	헤ㄴ죠-	[返上]	へんじょうする
받다	우께루	[受ける]	うける
받다	모라우	[貰う]	もらう
받다(겸양어)	이따다꾸	[頂く]	いただく
받아들이다	우께이레루	[受け入れる]	うけいれる
받을 몫	와께마에	[分け前]	わけまえ
받음	쵸-다이	[頂戴]	ちょうだい
받치다	사사에루	[支える]	ささえる
발	아시	[足]	あし
발	스다레		すだれ
발(갓난아이의)	아ㅇ요		あんよ
~발	하츠	[発]	はつ
발가락	아시노유비	[足の指]	あしのゆび
발가숭이	하다까	[裸]	はだか
발각	하ㄱ까꾸	[発覚]	はっかくする
발각되다	바레루		ばれる
발간	하ㄱ까ㄴ	[発刊]	はっかんする
발견	하ㄱ께ㄴ	[発見]	はっけんする
발견되다	미츠까루	[見つかる]	みつかる
발견하다	미츠께루	[見つける]	みつける
발굴	하ㄱ꾸츠	[発掘]	はっくつする
발기인	호ㄱ끼니ㄴ	[発起人]	ほっきにん
발꿈치	가까또	[踵]	かかと
발단	호ㅅ따ㄴ	[発端]	ほったんする
발달	하ㅅ따츠	[発達]	はったつする
발돋움함	세노비	[背伸び]	せのびする
발뒤꿈치	가까또	[踵]	かかと
발랄	하츠라츠	[溌剌]	はつらつ
발레	바레-	[ballet]	バレー
발렌타인데이	바레ㄴ따이ㄴ데-	[Valentine's Day]	バレンタインデー
발령	하츠레-	[発令]	はつれいする
발림말	오세지	[お世辞]	おせじ
발매	하츠바이	[発売]	はつばいする
발명	하츠메-	[発明]	はつめいする
발목	아시꾸비	[足首]	あしくび
발버둥치다	바따츠꾸		ばたつく
발사	하ㅅ샤	[発射]	はっしゃする
발상	하ㅅ소-	[発想]	はっそう

발생	핫세-	[発生]	はっせいする
발생하다	쇼-지루	[生じる]	しょうじる
발소리	아시오또	[足音]	あしおと
발송	핫소-	[発送]	はっそうする
발언	하츠겐	[発言]	はつげんする
발언자	스삐-까-	[speaker]	スピーカー
발열	하츠네츠	[発熱]	はつねつする
발육	하츠이꾸	[発育]	はついくする
발음	하츠온	[発音]	はつおんする
발이 걸려 넘어지다	츠마즈꾸	[躓く]	つまずく
발자국, 발자취	아시아또	[足跡]	あしあと
발작	홋사	[発作]	ほっさする
발전	핫떼ㄴ	[発展]	はってんする
발전	하츠데ㄴ	[発電]	はつでんする
발족	홋소꾸	[発足]	ほっそくする
발주	핫츄-	[発注]	はっちゅうする
발진	핫시ㄴ	[発疹]	はっしんする
발차	핫샤	[発車]	はっしゃする
발코니	바루꼬니-	[balcony]	バルコニー
발탁	밧떼끼	[抜擢]	ばってきする
발판	아시바	[足場]	あしば
발표	합뾰-	[発表]	はっぴょうする
발행	학꼬-	[発行]	はっこうする
발휘	학끼	[発揮]	はっきする
발휘하다	이까스	[活かす]	いかす
밝고 쾌활함	요-끼	[陽気]	ようき
밝다	아까루이	[明るい]	あかるい
밝아지다	아께루	[明ける]	あける
밝혀내다	츠끼또메루	[突き止める]	つきとめる
밝히다	아까스	[明かす]	あかす
밝히다	데라스	[照らす]	てらす
밝히다	츠끼또메루	[突き止める]	つきとめる
밟다	후무	[踏む]	ふむ
밟아 뭉개다	후미니지루	[踏み躙る]	ふみにじる
밤	구리	[栗]	くり
밤	요루	[夜]	よる
밤	바ㅇ	[晩]	ばん
밤나무	구리노끼	[栗の木]	くりのき
밤 늦도록	요후께	[夜更け]	よふけ
밤마다	요고또	[夜毎]	よごと

밤새도록	히또바ㄴ쥬-	[一晩中]	ひとばんじゅう
밤샘	요후까시	[夜更し]	よふかしする
밤이 깊어지다	후께루	[更ける]	ふける
밤중	요나까	[夜中]	よなか
밤하늘	요조라	[夜空]	よぞら
밥	고하ㅇ	[御飯]	ごはん
밥	메시	[飯]	めし
밥공기, 밥그릇	챠와ㅇ	[茶碗]	ちゃわん
밥상	오제ㄴ	[お膳]	おぜん
밧줄	츠나	[綱]	つな
밧줄	로-뿌	[rope]	ロープ
방	헤야	[部屋]	へや
방공	보-꾸-	[防空]	ぼうくう
방과후	호-까고	[放課後]	ほうかご
방관	보-까ㄴ	[傍観]	ぼうかんする
방귀	오나라	[屁]	おなら
방귀	헤	[屁]	へ
방금	다다이마	[只今]	ただいま
방긋	니ㄱ꼬리		にっこり
방대	보-다이	[膨大]	ぼうだい
방도	시까따	[仕方]	しかた
방도	도호-	[途方]	とほう
방도	시요-	[仕様]	しよう
방랑	사스라이	[流離い]	さすらい
방랑	호-로-	[放浪]	ほうろうする
방랑하다	사스라우	[流離う]	さすらう
방면	호-메ㄴ	[方面]	ほうめん
방문	호-모ㄴ	[訪問]	ほうもんする
방문하다	다즈네루	[訪ねる]	たずねる
방문하다	오또즈레루	[訪れる]	おとずれる
방문하다	오쟈마스루	[お邪魔する]	おじゃまする
방법	호-호-	[方法]	ほうほう
방법	야리까따	[やり方]	やりかた
방법	야리꾸치	[遣り口]	やりくち
방사선	호-샤세ㄴ	[放射線]	ほうしゃせん
방석	자부또ㄴ	[座布団]	ざぶとん
방세	헤야다이	[部屋代]	へやだい
방송	호-소-	[放送]	ほうそうする
방송광고	고마-샤루	[commercial]	コマーシャル
방송국	호-소-꾜꾸	[放送局]	ほうそうきょく

방식	호-시끼	[方式]	ほうしき
방심	유단	[油断]	ゆだんする
방심	호-신	[放心]	ほうしんする
방아쇠	히끼가네	[引き金]	ひきがね
방어	부리	[鰤]	ぶり
방어	보-교	[防御]	ぼうぎょする
방언	호-겐	[方言]	ほうげん
방역	보-에끼	[防疫]	ぼうえきする
방영	호-에-	[放映]	ほうえいする
방울져 떨어지다	시따따루	[滴る]	したたる
방위	호-가꾸	[方角]	ほうがく
방위	보-에-	[防衛]	ぼうえい
방을 빌림	마가리	[間借り]	まがり
방음	보-온	[防音]	ぼうおんする
방임	호-닌	[放任]	ほうにんする
방지	보-시	[防止]	ぼうしする
방지하다	후세구	[防ぐ]	ふせぐ
방책	호-사꾸	[方策]	ほうさく
방출	호-슈츠	[放出]	ほうしゅつする
방치	호-치	[放置]	ほうちする
방침	호-신	[方針]	ほうしん
방침	다떼마에	[建前]	たてまえ
방탕	호-또-	[放蕩]	ほうとうする
방편	호-벤	[方便]	ほうべん
방한	보-깐	[防寒]	ぼうかん
방해	자마	[邪魔]	じゃま
방해	보-가이	[妨害]	ぼうがいする
방해하다	사마따게루	[妨げる]	さまたげる
방향	호-꼬-	[方向]	ほうこう
방향	호-가꾸	[方角]	ほうがく
방화	츠께비	[付け火]	つけび
방화	호-까	[放火]	ほうかする
방황	호-꼬-	[彷徨]	ほうこうする
밭	하따께	[畑]	はたけ
배	나시	[梨]	なし
배	후네	[船]	ふね
배	오나까	[お腹]	おなか
배	하라	[腹]	はら
~배	바이	[倍]	ばい
배경	하이께-	[背景]	はいけい

배구	바레-보-루	[volleyball]	バレーボール
배급	하이뀨-	[配給]	はいきゅうする
배꼽	헤소		へそ
배낭여행	히또리따비	[一人旅]	ひとりたび
배다	시미루	[染みる]	しみる
배다른 형제(자매)	하라치가이	[腹違い]	はらちがい
배달	하이따츠	[配達]	はいたつする
배당	와리아떼	[割り当て]	わりあて
배당	와께마에	[分け前]	わけまえ
배당	하이또-	[配当]	はいとうする
배드민턴	바도미ㄴ또ㄴ	[badminton]	バドミントン
배려	고꼬로즈까이	[心遣い]	こころづかい
배례하다	오가무	[拝む]	おがむ
배반하다	우라기루	[裏切る]	うらぎる
배반하다	소무꾸	[背く]	そむく
배부하다	구바루	[配る]	くばる
배상	바이쇼-	[賠償]	ばいしょうする
배설	하이세츠	[排泄]	はいせつする
배수	하이스이	[排水]	はいすいする
배신 당하다	우라기라레루	[裏切られる]	うらぎられる
배신하다	우라기루	[裏切る]	うらぎる
배심원	바이시ㅇ이ㄴ	[陪審員]	ばいしんいん
배양	바이요-	[培養]	ばいようする
배역	하이야꾸	[配役]	はいやく
배열	하이레츠	[配列]	はいれつする
배우	하이유-	[俳優]	はいゆう
배우	야ㄱ샤	[役者]	やくしゃ
배우다	나라우	[習う]	ならう
배우다	마나부	[学ぶ]	まなぶ
배우자	츠레아이	[連合い]	つれあい
배우자	츠레	[連れ]	つれ
배웅	미오꾸리	[見送り]	みおくり
배제	하이죠	[排除]	はいじょする
배짱	도꾜-	[度胸]	どきょう
배척	하이세끼	[排斥]	はいせきする
배추	하ㄱ사이	[白菜]	はくさい
배출	하이슈츠	[排出]	はいしゅつする
배치	하이치	[配置]	はいちする
배터리	바ㅅ떼리-	[battery]	バッテリー
배편	후나비ㄴ	[船便]	ふなびん

배포	하이후	[配布]	はいふする
배합	하이고-	[配合]	はいごうする
배회	바이까이	[媒介]	ばいかいする
배후	하이고	[背後]	はいご
백	바ㄱ구	[bag]	バッグ
백	햐꾸	[百]	ひゃく
백금	푸라치나	[platinum]	プラチナ
백마	하꾸바	[白馬]	はくば
백만	햐꾸마ㄴ	[百万]	ひゃくまん
백미	하꾸마이	[白米]	はくまい
백미러	바ㄱ꾸미라-	[back mirror]	バックミラー
백발	시라가	[白髪]	しらが
백설탕	시로자또-	[白砂糖]	しろざとう
백성	다미	[民]	たみ
백신	와ㄱ치ㄴ	[Vakzin]	ワクチン
백인	하꾸지ㄴ	[白人]	はくじん
백일홍	사루스베리	[百日紅]	さるすべり
백조	하ㄱ쵸-	[白鳥]	はくちょう
백중날	츄-게ㄴ	[中元]	ちゅうげん
백중맞이	오보ㅇ	[お盆]	おぼん
백지	하ㄱ시	[白紙]	はくし
백포도주	시로와이ㄴ	[白ワイン]	しろワイン
백합	유리	[百合]	ゆり
백화점	데빠-또	[department store]	デパート
밸런스	바라ㄴ스	[balance]	バランス
뱀	헤비	[蛇]	へび
뱀띠	헤비도시	[蛇年]	へびどし
뱀장어	우나기	[鰻]	うなぎ
뱃멀미	후나요이	[船酔い]	ふなよい
뱃사람	후나노리	[船乗り]	ふなのり
버둥거리다	모가꾸		もがく
버둥거리다	바따츠꾸		ばたつく
버드나무	야나기	[柳]	やなぎ
버드나무	야나기노끼	[柳の木]	やなぎのき
버라이어티	바라에티-	[variety]	バラエティー
버릇	구세	[癖]	くせ
버릇없음	부사호-	[不作法]	ぶさほう
버릇없음	부시츠께	[不躾]	ぶしつけ
버리다	스떼루	[捨てる]	すてる
버무리다	아에루	[和える]	あえる

버석버석	가사까사		かさかさする
버선	다비	[足袋]	たび
버섯	기노꼬	[茸]	きのこ
버스	바스	[bus]	バス
버스정류장	바스떼-	[バス停]	バスてい
버저	부자-	[buzzer]	ブザー
버찌	사꾸람보		さくらんぼ
버터	바따-	[butter]	バター
버티다	츠ㅂ빠루	[突っ張る]	つっぱる
벅차다	데고와이	[手強い]	てごわい
~번	가이	[回]	かい
~번	도	[度]	ど
~번	바ㄴ	[番]	ばん
번갈아	고-고	[交互]	こうご
번갈아 가며	가와루가와루	[代わる代わる]	かわるがわる
번개	이나즈마	[稲妻]	いなずま
번개	이나비까리	[稲光]	いなびかり
번개	라이데ㄴ	[雷電]	らいでん
번거롭다	와즈라와시이	[煩わしい]	わずらわしい
번거롭다	야까마시이	[喧しい]	やかましい
번뇌하다	와즈라우	[煩う]	わずらう
번데기	사나기	[蛹]	さなぎ
번뜩이다	히라메꾸	[閃く]	ひらめく
번민하다	와즈라우	[煩う]	わずらう
번민하다	모다에루	[悶える]	もだえる
번성	하ㄴ죠-	[繁盛]	はんじょうする
번성함	사까ㄴ	[盛ん]	さかん
번역	호ㅇ야꾸	[翻訳]	ほんやくする
번역가	호ㅇ야ㄱ사ㄱ까	[翻訳作家]	ほんやくさっか
번역하다	야ㄱ스루	[訳する]	やくする
번영	하ㅇ에-	[繁栄]	はんえいする
번지	바ㄴ치	[番地]	ばんち
번지다	니지무	[滲む]	にじむ
번쩍 쳐들다	후리까자스	[振りかざす]	ふりかざす
번쩍번쩍	피까삐까		ぴかぴかする
번쩍이다	기라메꾸		きらめく
번쩍이다	히라메꾸	[閃く]	ひらめく
번호	바ㅇ고-	[番号]	ばんごう
번호안내	바ㅇ고-아ㄴ나이	[番号案内]	ばんごうあんない
번화가	하ㅇ까가이	[繁華街]	はんかがい

번화함	니기야까	[賑やか]	にぎやか
벌	바츠	[罰]	ばつ
벌	하치	[蜂]	はち
~벌	챠꾸	[着]	ちゃく
벌금	바ㄱ끼ㄴ	[罰金]	ばっきん
벌꿀	하치미츠	[蜂蜜]	はちみつ
벌다	모우께루	[儲ける]	もうける
벌다	가세구	[稼ぐ]	かせぐ
벌떡	무ㄱ꾸리		むっくり
벌레	무시	[虫]	むし
벌레 먹다	무시바무	[蝕む]	むしばむ
벌리다	모우까루	[儲かる]	もうかる
벌벌	부루부루		ぶるぶるする
벌벌	비꾸비꾸		びくびくする
벌벌 떨다	오비에루	[脅える]	おびえる
벌써	모-		もう
벌써	스데니	[既に]	すでに
벌써	모하야	[最早]	もはや
벌이가 되다	모우까루	[儲かる]	もうかる
벌충	우메아와세	[埋め合わせ]	うめあわせ
벌충하다	우메아와세루	[埋め合わせる]	うめあわせる
벌칙	바ㅅ소꾸	[罰則]	ばっそく
벌컥벌컥	고꾸고꾸		ごくごく
범람	하ㄴ라ㄴ	[氾濫]	はんらんする
범위	하ㅇ이	[範囲]	はんい
범인	하ㄴ니ㄴ	[犯人]	はんにん
범인	보ㄴ지ㄴ	[凡人]	ぼんじん
범죄	하ㄴ자이	[犯罪]	はんざいする
범하다	오까스	[犯す]	おかす
범행	하ㅇ꼬-	[犯行]	はんこうする
법	호-	[法]	ほう
법관	사이바ㅇ까ㄴ	[裁判官]	さいばんかん
법관	호-까ㄴ	[法官]	ほうかん
법규	호-끼	[法規]	ほうき
법률	호-리츠	[法律]	ほうりつ
법안	호-아ㄴ	[法案]	ほうあん
법외	호-가이	[法外]	ほうがい
법원	사이바ㄴ쇼	[裁判所]	さいばんしょ
법전	호-떼ㄴ	[法典]	ほうてん
법정	호-떼-	[法廷]	ほうてい

법칙	호-소꾸	[法則]	ほうそく
법학	호-가꾸	[法学]	ほうがく
벗	도모	[友]	とも
벗겨지다	누게루	[脱げる]	ぬげる
벗겨지다	하게루	[剥げる]	はげる
벗겨지다	무꾸레루		むくれる
벗기다	무꾸		むく
벗기다	하가스	[剥がす]	はがす
벗다	누구	[脱ぐ]	ぬぐ
벗어나다	노가레루	[逃れる]	のがれる
벗어나다	마누까레루	[免れる]	まぬかれる
벚꽃	사꾸라	[桜]	さくら
벚나무	사꾸라노끼	[桜の木]	さくらのき
베개	마꾸라	[枕]	まくら
베갯머리	마꾸라모또	[枕元]	まくらもと
베끼다	우츠스	[写す]	うつす
베다	가루	[刈る]	かる
베다	기루	[切る]	きる
베란다	베라ㄴ다	[veranda]	ベランダ
베란다	데라스	[terrace]	テラス
베스트셀러	베스또세라-	[best seller]	ベストセラー
베이비	베비-		ベビー
베이지색	베-쥬	[beige]	ベージュ
베이컨	베-꼬ㄴ	[bacon]	ベーコン
베인 상처	기리꾸치	[切り口]	きりくち
베테랑	베떼라ㅇ		ベテラン
베트남	베또나무	[Vietnam]	ベトナム
베풀다	호도꼬스	[施す]	ほどこす
베풀다	메구무	[恵む]	めぐむ
벤치	베ㄴ치	[bench]	ベンチ
벨	베루		ベル
벨트	베루또	[belt]	ベルト
벼	이네	[稲]	いね
벼농사	이나사꾸	[稲作]	いなさく
벼락	가미나리	[雷]	かみなり
벼락부자	나리끼ㄴ	[成金]	なりきん
벼랑	가께	[崖]	がけ
벼룩	노미	[蚤]	のみ
벼룩시장	노미노이치	[蚤の市]	のみのいち
벼룩시장	후리-마-께ㅅ또	[fleamarket]	フリーマーケット

벽	가베	[壁]	かべ
벽돌	레ㅇ가	[煉瓦]	れんが
벽장	오시이레	[押し入れ]	おしいれ
벽창호	와까라즈야	[分からず屋]	わからずや
벽화	헤끼가	[壁画]	へきが
변경	헤ㅇ꼬-	[変更]	へんこうする
변기	베ㅇ끼	[便器]	べんき
변덕	고꼬로가와리	[心変わり]	こころがわりする
변덕	기마구레	[気紛れ]	きまぐれ
변두리	마치하즈레	[町外れ]	まちはずれ
변론	베ㄴ로ㄴ	[弁論]	べんろんする
변명	이이와께	[言い訳]	いいわけする
변명	모우시와께	[申し訳]	もうしわけ
변명	베ㅇ까이	[弁解]	べんかいする
변명	베ㅁ메-	[弁明]	べんめいする
변변찮음	후츠츠까	[不束]	ふつつか
변변히	로꾸니		ろくに
변비	베ㅁ삐	[便秘]	べんぴ
변비약	베ㅁ삐야꾸	[便秘薬]	べんぴやく
변상	베ㄴ쇼-	[弁償]	べんしょうする
변색	헤ㄴ쇼꾸	[変色]	へんしょくする
변소	베ㄴ죠	[便所]	べんじょ
변심	고꼬로가와리	[心変わり]	こころがわりする
변장	헤ㄴ소-	[変装]	へんそうする
변질	헤ㄴ시츠	[変質]	へんしつする
변천	헤ㄴ세ㄴ	[変遷]	へんせんする
변태	헤ㄴ따이	[変態]	へんたい
변통	야리꾸리	[遣り繰り]	やりくり
변하다	가와루	[変わる]	かわる
변함 없이	아이까와라즈	[相変わらず]	あいかわらず
변호사	베ㅇ고시	[弁護士]	べんごし
변화	헤ㅇ까	[変化]	へんかする
별	호시	[星]	ほし
별	다이시따	[大した]	たいした
별거	베ㄱ꾜	[別居]	べっきょする
별남	후-가와리	[風変り]	ふうがわり
별로	아마리		あまり
별로	베츠니	[別に]	べつに
별로	베츠다ㄴ	[別段]	べつだん
별명	아다나	[あだ名]	あだな

별반	베츠다ㄴ	[別段]	べつだん
별안간	이끼나리		いきなり
별안간	도츠죠	[突如]	とつじょ
별자리	세-자	[星座]	せいざ
별장	베ㅅ소-	[別荘]	べっそう
병	비ㅇ	[瓶]	びん
병	야마이	[病]	やまい
병	뵤-끼	[病気]	びょうき
병	포ㅅ또	[pot]	ポット
~병	호ㄴ	[本]	ほん
병구완	가이호-	[介抱]	かいほうする
병동	뵤-또-	[病棟]	びょうとう
병들다	야무	[病む]	やむ
병따개	세ㄴ누끼	[栓抜き]	せんぬき
병력	헤-료꾸	[兵力]	へいりょく
병마개	세ㄴ	[栓]	せん
병실	뵤-시츠	[病室]	びょうしつ
병아리	히요꼬	[雛]	ひよこ
병아리	히나	[雛]	ひな
병역	헤-에끼	[兵役]	へいえき
병용	헤-요-	[併用]	へいようする
병원	뵤-이ㅇ	[病院]	びょういん
병자	뵤-니ㄴ	[病人]	びょうにん
병정	헤-따이	[兵隊]	へいたい
병풍	뵤-부	[屏風]	びょうぶ
보건	호께ㄴ	[保険]	ほけん
보고	호-꼬꾸	[報告]	ほうこく
보관시키다	아즈께루	[預ける]	あずける
보관하다	아즈까루	[預かる]	あずかる
보글보글	고또꼬또		ことこと
보급	호뀨-	[補給]	ほきゅうする
보기 흉하다	미구루시이	[見苦しい]	みぐるしい
보기 흉함	부자마	[無様]	ぶざま
보내다	오꾸루	[送る]	おくる
보내다	오꾸루	[贈る]	おくる
보내다	스고스	[過ごす]	すごす
보내오다	요꼬스		よこす
보너스	보-나스	[bonus]	ボーナス
보다	미루	[見る]	みる
보다	요리		より

~보다	요리		より
보다 낫다	마사루	[勝る]	まさる
보답하다	무꾸이루	[報いる]	むくいる
보던 것을 놓치다	미우시나우	[見失う]	みうしなう
보도	호-도-	[報道]	ほうどう
보라색	무라사끼	[紫]	むらさき
보라색	무라사끼이로	[紫色]	むらさきいろ
보람	가이	[甲斐]	かい
보류	다나아게	[棚上げ]	たなあげする
보류	호류-	[保留]	ほりゅうする
보리	무기	[麦]	むぎ
보리수	보다이쥬	[菩提樹]	ぼだいじゅ
보리차	무기쨔	[麦茶]	むぎちゃ
보모	호보	[保母]	ほぼ
보물	다까라모노	[宝物]	たからもの
보병	호헤-	[歩兵]	ほへい
보복	시까에시	[仕返し]	しかえしする
보살	보사츠	[菩薩]	ぼさつ
보살핌	메ㄴ도-	[面倒]	めんどう
보살핌	데이레	[手入れ]	ていれする
보상	호쇼-	[補償]	ほしょうする
보상하다	츠구나우	[償う]	つぐなう
보석	호-세끼	[宝石]	ほうせき
보석점	호-세끼떼ㄴ	[宝石店]	ほうせきてん
보수	호슈	[保守]	ほしゅ
보수	호-슈-	[報酬]	ほうしゅうする
보스	보스	[boss]	ボス
보슬비	고사메	[小雨]	こさめ
보습학원	가ㄱ슈-쥬꾸	[学習塾]	がくしゅうじゅく
보시다	고라ㄴㄴ니나루	[ご覧になる]	ごらんになる
보안검사	세뀨리띠-께ㄴ사	[security検査]	セキュリティーけんさ
보여주다	미세루	[見せる]	みせる
보유	호유-	[保有]	ほゆうする
보육원	호이꾸에ㄴ	[保育園]	ほいくえん
보이다	미에루	[見える]	みえる
보일러	보이라	[boiler]	ボイラー
보자기	후로시끼	[風呂敷]	ふろしき
보잘것없다	츠마라나이		つまらない
보장	호쇼-	[保障]	ほしょうする
보조	호죠	[補助]	ほじょする

보조	호쵸-	[步調]	ほちょう
보조	아시나미	[足並み]	あしなみ
보조	아유미	[歩み]	あゆみ
보조개	에꾸보		えくぼ
보존	호죠ㄴ	[保存]	ほぞんする
보증	우께아이	[請け合い]	うけあい
보증	호쇼-	[保証]	ほしょうする
보증금	호쇼-끼ㄴ	[保証金]	ほしょうきん
보증금	시끼끼ㄴ	[敷金]	しききん
보증하다	우께아우	[請け合う]	うけあう
보증하다	히끼우께루	[引き受ける]	ひきうける
보청기	호쵸-끼	[補聴器]	ほちょうき
보충	우메아와세	[埋め合わせ]	うめあわせ
보충하다	오기나우	[補う]	おぎなう
보충하다	우메아와세루	[埋め合わせる]	うめあわせる
보태다	구와에루	[加える]	くわえる
보통	후츠-	[普通]	ふつう
보통	지ㄴ죠-	[尋常]	じんじょう
보통사람 정도	히또나미	[人並み]	ひとなみ
보통열차	후츠-레ㅅ샤	[普通列車]	ふつうれっしゃ
보통을 벗어남	나미하즈레	[並外れ]	なみはずれ
보트	보-또	[boat]	ボート
보편	후헤ㄴ	[普遍]	ふへん
보행	호꼬-	[歩行]	ほこうする
보험	호께ㄴ	[保険]	ほけん
보호	호고	[保護]	ほごする
복고	후ㄱ꼬	[復古]	ふっこする
복귀	후ㄱ끼	[復帰]	ふっきする
복도	로-까	[廊下]	ろうか
복면	후꾸메ㄴ	[覆面]	ふくめん
복사	고삐-	[copy]	コピー
복사기	고삐-끼	[コピー機]	コピーき
복사뼈	구루부시	[踝]	くるぶし
복선	후ㄱ세ㄴ	[複線]	ふくせん
복수	후ㄱ스-	[複数]	ふくすう
복수	시까에시	[仕返し]	しかえしする
복수	후ㄱ슈-	[復讐]	ふくしゅうする
복숭아	모모	[桃]	もも
복숭아색	모모이로	[桃色]	ももいろ
복습	후ㄱ슈-	[復習]	ふくしゅうする

복싱	보ㄱ시ㅇ구	[boxing]	ボクシング
복어	후구	[河豚]	ふぐ
복용	후꾸요-	[服用]	ふくようする
복음	후꾸이ㄴ	[福音]	ふくいん
복잡	후꾸자츠	[複雑]	ふくざつ
복장	후ㄱ소-	[服装]	ふくそう
복제	후ㄱ세-	[複製]	ふくせいする
복종	후꾸쥬-	[服従]	ふくじゅうする
복종하다	나비꾸	[靡く]	なびく
복통	후ㄱ츠-	[腹痛]	ふくつう
복합	후꾸고-	[複合]	ふくごう
복합성피부	고ㅇ고-하다	[混合肌]	こんごうはだ
볶다	이따메루	[炒める]	いためる
볶음밥	챠-하ㄴ		チャーハン
본가	지ㄱ까	[実家]	じっか
본격	호ㅇ까꾸	[本格]	ほんかく
본격적으로 임함	호ㅇ고시	[本腰]	ほんごし
본고장	호ㅁ바	[本場]	ほんば
본능	호ㄴ노-	[本能]	ほんのう
본때	미세시메	[見せしめ]	みせしめ
본뜨다	가따도루	[象る]	かたどる
본래	모또모또	[元々]	もともと
본래	호ㄴ라이	[本来]	ほんらい
본론	호ㄴ로ㄴ	[本論]	ほんろん
본명	호ㅁ묘-	[本名]	ほんみょう
본문	호ㅁ부ㄴ	[本文]	ほんぶん
본보기	데호ㄴ	[手本]	てほん
본보기	미세시메	[見せしめ]	みせしめ
본부	호ㅁ부	[本部]	ほんぶ
본사	호ㄴ샤	[本社]	ほんしゃ
본심	시따고꼬로	[下心]	したごころ
본심	호ㄴ네	[本音]	ほんね
본심	호ㄴ시ㄴ	[本心]	ほんしん
본심	쇼-끼	[正気]	しょうき
본인	호ㄴ니ㄴ	[本人]	ほんにん
본인	도-니ㄴ	[当人]	とうにん
본적	호ㄴ세끼	[本籍]	ほんせき
본전	모또데	[元手]	もとで
본점	호ㄴ떼ㄴ	[本店]	ほんてん
본질	호ㄴ시츠	[本質]	ほんしつ

본토	호ㄴ도	[本土]	ほんど
볼	호오	[頬]	ほお
볼	보-루	[ball]	ボール
볼	보-루	[bowl]	ボウル
볼거리	오따후꾸까제		おたふくかぜ
볼따구니	호ㅂ뻬따	[頬っぺた]	ほっぺた
볼링	보-리ㅇ구	[bowling]	ボーリング
볼 만한 가치	미고따에	[見応え]	みごたえ
볼 연지, 볼 터치	호오베니	[頬紅]	ほおべに
볼일	요-지	[用事]	ようじ
볼펜	보-루뻬ㄴ	[ball pen]	ボールペン
볼품	미고따에	[見応え]	みごたえ
볼품없다	미스보라시이		みすぼらしい
볼품없음	후떼-사이	[不体裁]	ふていさい
봄	하루	[春]	はる
봄방학	하루야스미	[春休み]	はるやすみ
봄비	하루사메	[春雨]	はるさめ
봄 안개	가스미	[霞]	かすみ
봉	보-	[棒]	ぼう
봉건	호-께ㄴ	[封建]	ほうけん
봉공	호-꼬-	[奉公]	ほうこうする⒱
봉사	호-시	[奉仕]	ほうしする⒱
봉오리	츠보미	[蕾]	つぼみ
봉우리	미네	[峰]	みね
봉투	후-또-	[封筒]	ふうとう
봉투	가미부꾸로	[紙袋]	かみぶくろ
봉한 편지	후-쇼	[封書]	ふうしょ
봐라	소라		そら
부	도미	[富]	とみ
~부	부	[部]	ぶ
부과	후까	[賦課]	ふかする⒱
부근	아따리	[辺り]	あたり
부근	호또리	[辺]	ほとり
부근	후끼ㄴ	[付近]	ふきん
부글부글	부꾸부꾸		ぶくぶく
부글부글	무샤꾸샤		むしゃくしゃする⒱
부글부글	구라꾸라		くらくら
부끄러움	하지	[恥]	はじ
부끄러워하다	하지루	[恥じる]	はじる
부끄러워하다	하지라우	[恥じらう]	はじらう

부끄럽다	하즈까시이	[恥ずかしい]	はずかしい
부담	후따ㄴ	[負担]	ふたんする
부담 없음	기가루	[気軽]	きがる
부도	후와따리	[不渡り]	ふわたり
부동산중개소	후도-사야	[不動産屋]	ふどうさんや
부두, 부둣가	하또바	[波止場]	はとば
부둥켜안다	다끼시메루	[抱き締める]	だきしめる
부드럽다	야와라까이	[柔らかい]	やわらかい
부득이	야무오에즈	[やむを得ず]	やむをえず
부디	도-조		どうぞ
부디	나니또조	[何卒]	なにとぞ
부디	구레구레		くれぐれ
부딪치다	부ㅅ츠까루		ぶつかる
부딪치다	아따루	[当る]	あたる
부락	부라꾸	[部落]	ぶらく
부러워하다	우라야무	[羨む]	うらやむ
부러지다	오레루	[折れる]	おれる
부럽다	우라야마시이	[羨ましい]	うらやましい
부록	후로꾸	[付録]	ふろく
부르다	요부	[呼ぶ]	よぶ
부르다(노래를)	우따우	[歌う]	うたう
부르짖다	사께부	[叫ぶ]	さけぶ
부리	구치바시	[嘴]	くちばし
부모	오야	[親]	おや
부모	후보	[父母]	ふぼ
부모 자식	오야꼬	[親子]	おやこ
부문	부모ㄴ	[部門]	ぶもん
부부	후-후	[夫婦]	ふうふ
부부	후사이	[夫妻]	ふさい
부분	부부ㄴ	[部分]	ぶぶん
부사장	후꾸샤쵸-	[副社長]	ふくしゃちょう
부산	푸사ㄴ		プサン
부상	게가	[怪我]	けが
부상	후쇼-	[負傷]	ふしょうする
부상자	게가니ㄴ	[けが人]	けがにん
부서	부쇼	[部署]	ぶしょ
부서지다	구다께루	[砕ける]	くだける
부수다	고와스	[壊す]	こわす
부수다	구다꾸	[砕く]	くだく
부수다	야부루	[破る]	やぶる

부스러기	하시꾸레	[端くれ]	はしくれ
부스럼	데끼모노		できもの
부스럼	오데끼	[お出来]	おでき
부스럼	하레모노	[腫れ物]	はれもの
부슬부슬	시또시또		しとしと
부심	후시ㄴ	[腐心]	ふしんする⊙
부어오름	무꾸미	[浮腫]	むくみ
부업	나이쇼꾸	[内職]	ないしょくする⊙
부엌	다이도꼬로	[台所]	だいどころ
부엌칼	호-쵸-	[包丁]	ほうちょう
부인	후지ㄴ	[婦人]	ふじん
부인	오ㄱ사마	[奥様]	おくさま
부인	오ㄱ사ㅇ	[奥さん]	おくさん
부임	후니ㄴ	[赴任]	ふにん
부자	가네모치	[金持ち]	かねもち
부자연스러움	후시제ㄴ	[不自然]	ふしぜん
부자유	후지유-	[不自由]	ふじゆう
부장	부쵸-	[部長]	ぶちょう
부재	후자이	[不在]	ふざい
부재중	루스	[留守]	るす
부정	후떼-	[不貞]	ふてい
부정	후떼-	[不定]	ふてい
부정	히떼-	[否定]	ひていする⊙
부정	후세-	[不正]	ふせい
부정 승차	기세루		キセル
부정하다	우치께스	[打ち消す]	うちけす
부족	후소꾸	[不足]	ふそくする⊙
부족	부조꾸	[部族]	ぶぞく
부족하다	도보시이	[乏しい]	とぼしい
부종	무꾸미	[浮腫]	むくみ
부주의	후츄-이	[不注意]	ふちゅうい
부주의	데오치	[手落ち]	ておち
부주의	유다ㄴ	[油断]	ゆだんする⊙
부주의	후또도끼	[不届き]	ふとどき
부지	시끼치	[敷地]	しきち
부지런함	데마메	[手まめ]	てまめ
부지런히	세ㅅ세또		せっせと
부지중에	시라즈시라즈	[知らず知らず]	しらずしらず
부질없음	요께-	[余計]	よけい
부채	세ㄴ스	[扇子]	せんす

부채	오-기	[扇]	おうぎ
부채	우치와	[団扇]	うちわ
부채	후사이	[負債]	ふさい
부처	호또께	[仏]	ほとけ
부처	부ㅅ다	[仏陀]	ブッダ
부총리	후꾸소-리	[副総理]	ふくそうり
부추	니라	[韮]	にら
부추기다	소소노까스	[唆す]	そそのかす
부추기다	오다떼루	[煽てる]	おだてる
부츠	부-츠	[boots]	ブーツ
부치다	오꾸루	[送る]	おくる
부친	치치오야	[父親]	ちちおや
부침(흥망 성쇠)	후치ㄴ	[浮沈]	ふちんする
부침개	치지미		チヂミ
부케	부-께	[bouquet]	ブーケ
부탁	다노미	[頼み]	たのみ
부탁하다	다노무	[頼む]	たのむ
부탁하다	다ㄱ스루	[託する]	たくする
~부터	가라		から
부패	후하이	[腐敗]	ふはいする
부패하다	구사루	[腐る]	くさる
부풀다	후꾸라무	[膨らむ]	ふくらむ
부풀다	후꾸레루	[膨れる]	ふくれる
부풀리다	후꾸라스	[膨らす]	ふくらす
부풀어 오르다	후꾸라무	[膨らむ]	ふくらむ
부품	부히ㄴ	[部品]	ぶひん
부하	부까	[部下]	ぶか
부하	고부ㄴ	[子分]	こぶん
부호	후고-	[符合]	ふごう
부호	후고-	[富豪]	ふごう
부활	후ㄱ까츠	[復活]	ふっかつする
북	다이꼬	[太鼓]	たいこ
북	기따	[北]	きた
북경	페끼ㄴ	[北京]	ペキン
북극	호ㄱ꾜꾸	[北極]	ほっきょく
북극성	호ㄱ꾜ㄱ세-	[北極星]	ほっきょくせい
북돋다	하게마스	[励ます]	はげます
북두칠성	호ㄱ또시치세-	[北斗七星]	ほくとしちせい
북미	기따아메리까	[北アメリカ]	きたアメリカ
북반구	기따하ㄴ뀨-	[北半球]	きたはんきゅう

북북	비리비리		びりびりする
북새통	히또고미	[人込み]	ひとごみ
북적거림	니기야까	[賑やか]	にぎやか
북쪽	기따	[北]	きた
북한	기따쵸-센	[北朝鮮]	きたちょうせん
북해도	호ㄱ까이도-	[北海道]	ほっかいどう
분	오시로이	[白粉]	おしろい
~분	후ㄴ	[分]	ふん
분	가따	[方]	かた
분가	부ㅇ께	[分家]	ぶんけ
분교	부ㅇ꼬-	[分校]	ぶんこう
분규	이자고자		いざこざ
분기점	와까레메	[分れ目]	わかれめ
분노	이끼도-리	[憤り]	いきどおり
분담	부ㄴ따ㄴ	[分担]	ぶんたんする
분량	부ㄴ료-	[分量]	ぶんりょう
분류	부ㄴ루이	[分類]	ぶんるいする
분리	부ㄴ리	[分離]	ぶんりする
분립	부ㄴ리츠	[分立]	ぶんりつする
분만	부ㅁ베ㄴ	[分娩]	ぶんべんする
분말	고나	[粉]	こな
분말	후ㅁ마츠	[粉末]	ふんまつ
분명함	아끼라까	[明らか]	あきらか
분명히	하ㄱ끼리		はっきりする
분발하다	가ㅁ바루	[頑張る]	がんばる
분배	부ㅁ빠이	[分配]	ぶんぱいする
분별	부ㅁ베츠	[分別]	ぶんべつする
분별이 없음	무떼ㅂ뽀-	[無鉄砲]	むてっぽう
분별하다	와끼마에루	[弁える]	わきまえる
분별하다	미와께루	[見分ける]	みわける
분부	이이츠께	[言い付け]	いいつけ
분비	부ㅁ삐	[分泌]	ぶんぴする
분산	부ㄴ사ㄴ	[分散]	ぶんさんする
분석	부ㄴ세끼	[分析]	ぶんせきする
분수	후ㄴ스이	[噴水]	ふんすい
분수	부ㄴ스-	[分数]	ぶんすう
분수	부ㄴ자이	[分際]	ぶんざい
분수	미노호도	[身の程]	みのほど
분신	부ㄴ시ㄴ	[分身]	ぶんしん
분실	후ㄴ시츠	[紛失]	ふんしつする

분실물	오또시모노	[落し物]	おとしもの
분실신고	후ㄴ시츠또도께	[紛失届]	ふんしつとどけ
분야	부ㅇ야	[分野]	ぶんや
분양	부ㄴ죠-	[分譲]	ぶんじょうする
분열	부ㄴ레츠	[分裂]	ぶんれつする
분유	고나미루꾸	[こなミルク]	粉ミルク
분위기	후ㅇ이끼	[雰囲気]	ふんいき
분자	부ㄴ시	[分子]	ぶんし
분장	후ㄴ소-	[扮装]	ふんそうする
분재	보ㄴ사이	[盆栽]	ぼんさい
분재	우에끼	[植木]	うえき
분쟁	후ㄴ소-	[紛争]	ふんそうする
분주하다	이소가시이	[忙しい]	いそがしい
분파	부ㅁ빠	[分派]	ぶんぱする
분포	부ㄴ뿌	[分布]	ぶんぷする
분필	쵸-꾸	[chalk]	チョーク
분하다	구야시이	[悔しい]	くやしい
분하다	이마이마시이	[忌々しい]	いまいましい
분할	부ㅇ까츠	[分割]	ぶんかつする
분해	부ㅇ까이	[分解]	ぶんかいする
분홍색	모모이로	[桃色]	ももいろ
불	히	[火]	ひ
불	가지	[火事]	かじ
불가능	후까노-	[不可能]	ふかのう
불가능	다메	[駄目]	だめ
불가사리	히또데	[海星]	ひとで
불가사의	후시기	[不思議]	ふしぎ
불결	후께츠	[不潔]	ふけつ
불경기	후께-끼	[不景気]	ふけいき
불경기(여름철)	나츠가레	[夏枯れ]	なつがれ
불고기(구운 고기)	야끼니꾸	[焼き肉]	やきにく
불고기	푸루고기		プルコギ
불구하고	가까와라즈	[関わらず]	かかわらず
불과	와즈까	[僅か]	わずか
불과	호ㄴ노		ほんの
불교	부ㄱ꾜-	[仏教]	ぶっきょう
불교도	부ㅅ꾜-또	[仏教徒]	ぶっきょうと
불굴	후꾸츠	[不屈]	ふくつ
불길	호노-	[炎]	ほのお
불꽃	하나비	[花火]	はなび

불능	후노-	[不能]	ふのう
불다	후꾸	[吹く]	ふく
불단	부츠단	[仏壇]	ぶつだん
불도	부츠도-	[仏道]	ぶつどう
불량	후료-	[不良]	ふりょう
불량배	야꾸자		やくざ
불량품	후료-힌	[不良品]	ふりょうひん
불로	후로-	[不老]	ふろう
불룩해지다	후꾸레루	[膨れる]	ふくれる
불룩해지다	후꾸라무	[膨らむ]	ふくらむ
불륜	후린	[不倫]	ふりんする
불륜 상대	아이진	[愛人]	あいじん
불리	후리	[不利]	ふり
불만	후만	[不満]	ふまん
불만	구죠-	[苦情]	くじょう
불면	후민	[不眠]	ふみん
불멸	후메츠	[不滅]	ふめつ
불명	후메-	[不明]	ふめい
불명예	후메-요	[不名誉]	ふめいよ
불모	후모-	[不毛]	ふもう
불문	후몬	[不問]	ふもん
불민(민첩하지 못함)	후빈	[不敏]	ふびん
불법	후호-	[不法]	ふほう
불변	후헨	[不変]	ふへん
불빛	아까리	[明かり]	あかり
불사	후시	[不死]	ふし
불사조	후시쵸-	[不死鳥]	ふしちょう
불상	부츠조-	[仏像]	ぶつぞう
불성실	후마지메	[不真面目]	ふまじめ
불순	후쥰	[不純]	ふじゅん
불시에	다시누께	[出し抜け]	だしぬけ
불신	후신	[不信]	ふしん
불쌍함	가와이소-	[可愛そう]	かわいそう
불쌍함	아와레	[哀れ]	あわれ
불쌍히 여기다	아와레무	[哀れむ]	あわれむ
불안	후안	[不安]	ふあん
불안하다	고꼬로보소이	[心細い]	こころぼそい
불어나다	마스	[増す]	ます
불완전	후깐젠	[不完全]	ふかんぜん
불운	후운	[不運]	ふうん

불의에	다시누께	[出し抜け]	だしぬけ
불의의 습격	후이우치	[不意打]	ふいうち
불임	후니ㄴ	[不妊]	ふにん
불입하다	후리꼬무	[振り込む]	ふりこむ
불전	부츠데ㄴ	[仏殿]	ぶつでん
불찬성	후쇼-치	[不承知]	ふしょうち
불충분	후쥬-부ㄴ	[不十分]	ふじゅうぶん
불치	후지	[不治]	ふじ
불친절	후시ㄴ세츠	[不親切]	ふしんせつ
불쾌	후까이	[不快]	ふかい
불쾌하다	이야라시이	[嫌らしい]	いやらしい
불타, 부처	부ㅅ다	[仏陀]	ブッダ
불태우다	모야스	[燃やす]	もやす
불통	후츠-	[不通]	ふつう
불편	후베ㄴ	[不便]	ふべん
불평	후헤-	[不平]	ふへい
불평	모ㅇ꾸	[文句]	もんく
불평	구죠-	[苦情]	くじょう
불필요	후히츠요-	[不必要]	ふひつよう
불합리	리후지ㄴ	[理不尽]	りふじん
불행	후시아와세	[不仕合せ]	ふしあわせ
불행	후꼬-	[不幸]	ふこう
불현듯이	니와까니	[俄に]	にわかに
불황	후꼬-	[不況]	ふきょう
불효	후꼬-	[不孝]	ふこう
붉다	아까이	[赤い]	あかい
붐	부-무	[boom]	ブーム
붐비다	고무	[混む]	こむ
붓	후데	[筆]	ふで
붓꽃	아야메	[菖蒲]	あやめ
붓다	하레루	[腫れる]	はれる
붓다	소소구	[注ぐ]	そそぐ
붕괴	호-까이	[崩壊]	ほうかいする⊙
붕대	호-따이	[包帯]	ほうたい
붕어	후나	[鮒]	ふな
붕장어	아나고	[海鰻]	あなご
붙다	구ㅅ츠꾸		くっつく
붙들다	도라에루	[捕らえる]	とらえる
붙박이	스에츠께	[据付け]	すえつけ
붙이다	츠께루	[付ける]	つける

붙이다	하루	[貼る]	はる
붙이다	구ㅅ츠께루	[くっ付ける]	くっつける
붙임성	아이소	[愛想]	あいそ
붙잡다	도라에루	[捕らえる]	とらえる
붙잡다	츠까마에루	[捕まえる]	つかまえる
붙잡히다	츠까마루	[捕まる]	つかまる
뷔페	다베호-다이	[食べ放題]	たべほうだい
브라보	부라보-	[bravo]	ブラボー
브라질	부라지루	[Brazil]	ブラジル
브래지어	부라쟈-	[brassiere]	ブラジャー
브랜드	부라ㄴ도	[brand]	ブランド
브랜드상품	부라ㄴ도모노	[ブランド物]	ブランドもの
브랜디	부라ㄴ데-	[brandy]	ブランデー
브레이크	부레-끼	[brake]	ブレーキ
브레인	부레-ㄴ	[brain]	ブレーン
브로치	부로-치	[brooch]	ブローチ
브로콜리	부로ㄱ꼬리-	[broccoli]	ブロッコリー
블라우스	부라우스	[blouse]	ブラウス
블라인드	부라이ㄴ도	[blind]	ブラインド
블랙	부라ㄱ꾸	[black]	ブラック
블로그	부로구	[blog]	ブログ
블루	부루-	[blue]	ブルー
블루베리	부루-베리-	[blueberry]	ブルーベリー
블루스	부루-스	[blues]	ブルース
비	아메	[雨]	あめ
비겁	히꾜-	[卑怯]	ひきょう
비결	히께츠	[秘訣]	ひけつ
비고	비꼬-	[備考]	びこう
비관	히까ㄴ	[悲観]	ひかん する
비교	히까꾸	[比較]	ひかく する
비교	히끼아와세	[引き合わせ]	ひきあわせ
비교적	와리아이	[割合]	わりあい
비교적	와리니	[割に]	わりに
비교하다	구라베루	[比べる]	くらべる
비교하다	미꾸라베루	[見比べる]	みくらべる
비구니	아마	[尼]	あま
비구니	니소-	[尼僧]	にそう
비구름	아마구모	[雨雲]	あまぐも
비극	히게끼	[悲劇]	ひげき
비기다	히끼와께루	[引き分ける]	ひきわける

비김	히끼와께	[引き分け]	ひきわけ
비꼼	히니꾸	[皮肉]	ひにく
비난	히난	[非難]	ひなんする
비난하다	도가메루	[咎める]	とがめる
비누	세ㄱ께ㄴ	[石鹸]	せっけん
비누	샤보누	[sabao]	シャボン
비늘	우로꼬	[鱗]	うろこ
비닐	비니-루	[vinyl]	ビニール
비다	스꾸	[空く]	すく
비단	기누	[絹]	きぬ
비단	니시끼	[錦]	にしき
비둘기	하또	[鳩]	はと
비듬	후께	[髪垢]	ふけ
비등	훗또	[沸騰]	ふっとうする
비디오	비데오	[video]	ビデオ
비디오가게	비데오쇼ㅂ뿌	[video shop]	ビデオショップ
비디오게임	데레비게-무	[television game]	テレビゲーム
비디오대여점	레ㄴ따루비데오쇼ㅂ뿌	[rental video shop]	レンタルビデオショップ
비디오덱	비데오데ㄱ끼	[video deck]	ビデオデッキ
비디오시디대여점	레ㄴ따루쇼ㅂ뿌	[rental shop]	レンタルショップ
비디오카메라	비데오까메라	[video camera]	ビデオカメラ
비디오테이프	비데오떼-뿌	[video tape]	ビデオテープ
비뚤어지다	유가무	[歪む]	ゆがむ
비뚤어지다	히네꾸레루		ひねくれる
비뚤어짐(성질이)	헤ㅇ꾸츠	[偏屈]	へんくつ
비련	히레ㄴ	[悲恋]	ひれん
비례	히레-	[比例]	ひれいする
비로소	하지메떼	[初めて]	はじめて
비록	다또에		たとえ
비료	히료-	[肥料]	ひりょう
비린내가 나다	나마구사이	[生臭い]	なまぐさい
비만	히마ㄴ	[肥満]	ひまん
비명	히메-	[悲鳴]	ひめいする
비몽사몽	유메우츠츠	[夢現]	ゆめうつつ
비문	이시부미	[碑]	いしぶみ
비밀	나이쇼	[内緒]	ないしょ
비밀	히미츠	[秘密]	ひみつ
비밀번호	아ㄴ쇼-바ㅇ고-	[暗証番号]	あんしょうばんごう
비밀번호	파스와-도	[password]	パスワード
비방하다	소시루	[謗る]	そしる

비번	히바ㄴ	[非番]	ひばん
비범	히보ㄴ	[非凡]	ひぼん
비법	히호-	[秘法]	ひほう
비비다	고스루	[擦る]	こする
비빔밥	비비ㅁ빠		ビビンパ
비상구	히죠-구치	[非常口]	ひじょうぐち
비상금	헤소꾸리	[臍繰り]	へそくり
비상식적	히죠-시끼	[非常識]	ひじょうしき
비서	히쇼	[秘書]	ひしょ
비석	이시부미	[碑]	いしぶみ
비스듬함	나나메	[斜め]	ななめ
비스킷	비스께ㅅ또	[biscuit]	ビスケット
비실비실	효로효로		ひょろひょろする ⓥ
비실비실	헤나헤나		へなへなする ⓥ
비싸다	다까이	[高い]	たかい
비싼 값	다까네	[高値]	たかね
비애	히아이	[悲哀]	ひあい
비약	히야꾸	[飛躍]	ひやくする ⓥ
비열	히레츠	[卑劣]	ひれつ
비열하다	아사마시이	[浅ましい]	あさましい
비올라	비오라	[viola]	ビオラ
비옷	가ㅂ빠		かっぱ
비용	히요-	[費用]	ひよう
비웃다	아자와라우	[嘲笑う]	あざわらう
비위	기게ㄴ	[機嫌]	きげん
비위에 거슬림	기자와리	[気障り]	きざわり
비유	히유	[比喩]	ひゆ
비율	와리아이	[割合]	わりあい
비율	히리츠	[比率]	ひりつ
비자	비자	[visa]	ビザ
비전	비죠ㄴ	[vision]	ビジョン
비정	무죠-	[無情]	むじょう
비중	히쥬-	[比重]	ひじゅう
비즈니스	비지네스	[business]	ビジネス
비즈니스상담	쇼-다ㄴ	[商談]	しょうだん
비참하다	무고이	[惨い]	むごい
비참함	미지메	[惨め]	みじめ
비추다	데라스	[照らす]	てらす
비추다	우츠스	[映す]	うつす
비치다	데루	[照る]	てる

비치다	우츠루	[映る]	うつる
비치다	우츠루	[写る]	うつる
비키다	노꾸	[退く]	のく
비키다	요께루	[避ける]	よける
비타민	비따미ㄴ	[vitamin]	ビタミン
비탈	사까	[坂]	さか
비탈길	사까미치	[坂道]	さかみち
비틀거리다	요로메꾸	[蹌踉めく]	よろめく
비틀다	네지루	[捩る]	ねじる
비틀다	히네루	[捻る]	ひねる
비틀비틀	효로효로		ひょろひょろする⒱
비틀어 뜯다	치기루	[千切る]	ちぎる
비판	히하ㄴ	[批判]	ひはんする⒱
비평	히효-	[批評]	ひひょうする⒱
비프스테이크	비-후스떼-끼	[beefsteak]	ビーフステーキ
~비해	와리니	[割に]	わりに
비행기	히꼬-끼	[飛行機]	ひこうき
비행기멀미	히꼬-끼요이	[飛行機酔い]	ひこうきよい
비호하다	가바우	[庇う]	かばう
빈곤	히ㅇ꼬ㄴ	[貧困]	ひんこん
빈 껍질	누께가라	[抜け殻]	ぬけがら
빈둥빈둥	부라부라		ぶらぶらする⒱
빈 둥지	아끼스	[空巣]	あきす
빈 방	아끼베야	[空き部屋]	あきべや
빈번히	히ㅁ빠ㄴ니	[頻繁に]	ひんぱんに
빈사	히ㄴ시	[瀕死]	ひんしする⒱
빈속	스끼바라	[空き腹]	すきばら
빈손	데부라	[手ぶら]	てぶら
빈손	가라떼	[空手]	からて
빈약	히ㄴ쟈꾸	[貧弱]	ひんじゃく
빈약하다	마즈시이	[貧しい]	まずしい
빈정거림	히니꾸	[皮肉]	ひにく
빈집	아끼스	[空巣]	あきす
빈집털이	아끼스네라이	[空巣狙い]	あきすねらい
빈터	아끼치	[空き地]	あきち
빈틈	스끼	[隙]	すき
빈틈	스끼마	[隙間]	すきま
빈틈	누께메	[抜け目]	ぬけめ
빈틈없이	모레나꾸	[漏れなく]	もれなく
빈틈없이 칠하다	누리츠부스	[塗り潰す]	ぬりつぶす

빈혈	히ㅇ께츠	[貧血]	ひんけつ
빌다	와비루	[詫びる]	わびる
빌다	아야마루	[謝る]	あやまる
빌딩	비루디ㅇ구	[building]	ビルディング
빌딩	비루	[building]	ビル
빌려주다	가스	[貸す]	かす
빌리다	가리루	[借りる]	かりる
빗	구시	[櫛]	くし
빗나감	마또하즈레	[的外れ]	まとはずれ
빗다	스꾸	[梳く]	すく
빗물	아마미즈	[雨水]	あまみず
빗자루	호-끼	[箒]	ほうき
빙글빙글	구루구루		ぐるぐる
빙산	효-자ㄴ	[氷山]	ひょうざん
빙수	가끼고-리	[かき氷]	かきごおり
빙점	효-떼ㄴ	[氷点]	ひょうてん
빙하	효-가	[氷河]	ひょうが
빚	샤ㄱ끼ㄴ	[借金]	しゃっきんする
빛	히까리	[光]	ひかり
빛	아까리	[明かり]	あかり
빛나다	히까루	[光る]	ひかる
빛나다	가가야꾸	[輝く]	かがやく
빛나다	기라메꾸		きらめく
빠듯함	기리기리		ぎりぎり
빠뜨리다	오또시이레루	[陥れる]	おとしいれる
빠뜨리다	누까스	[抜かす]	ぬかす
빠뜨림	누까리	[抜かり]	ぬかり
빠르다	하야이	[速い]	はやい
빠져나가다	구구루	[潜る]	くぐる
빠져나오다	누께다스	[抜け出す]	ぬけだす
빠지다	누께루	[抜ける]	ぬける
빠지다	하즈레루	[外れる]	はずれる
빠지다	오치이루	[陥る]	おちいる
빠지다	후께루	[耽る]	ふける
빠지다(물에)	오보레루	[溺れる]	おぼれる
빠짐없이	모레나꾸	[漏れなく]	もれなく
빡빡 깎다	마루가리니스루	[丸刈りにする]	まるがりにする
빤히	지로지로		じろじろ
빤히 알고도	미스미스		みすみす
빨간색, 빨강	아까	[赤]	あか

빨갛다	아까이	[赤い]	あかい
빨개지다	호떼루	[火照る]	ほてる
빨다	아라우	[洗う]	あらう
빨래	세ㄴ따꾸	[洗濯]	せんたくする
빨래방	고이ㄴ라ㄴ도리-	[coin laundry]	コインランドリー
빨래집게	세ㄴ따꾸바사미	[洗濯ばさみ]	せんたくばさみ
빨랫줄	세ㄴ따꾸히모	[洗濯ひも]	せんたくひも
빨리 찾을 수 있음	하야비끼	[早引き]	はやびきする
빵	파ㅇ	[pao]	パン
빵집	파ㅇ야	[パン屋]	パンや
빼다	누꾸	[抜く]	ぬく
빼먹다(수업 등을)	사보루		サボる
빼앗기다	우바와레루	[奪われる]	うばわれる
빼앗다	우바우	[奪う]	うばう
빼어나다	히이데루	[秀でる]	ひいでる
빽빽	기ㅅ시리		ぎっしり
뺄셈, 빼기	히끼자ㄴ	[引き算]	ひきざん
뺑소니	히끼니게	[轢き逃げ]	ひきにげする
뺨	호ㅂ뻬따	[頬っぺた]	ほっぺた
뺨	호오	[頬]	ほお
뻐끔뻐끔	파꾸빠꾸		ぱくぱくする
뻐끔히	포ㄱ까리		ぽっかり
뻔뻔스럽게	누께누께		ぬけぬけ
뻔뻔스럽다	아츠까마시이	[厚かましい]	あつかましい
뻔뻔하다	즈-즈-시이	[図々しい]	ずうずうしい
뻔히 보면서	미스미스		みすみす
뻥	도-ㄴ		ドーン
뼈	호네	[骨]	ほね
뼈대	호네구미	[骨組み]	ほねぐみ
뽐내다	호꼬루	[誇る]	ほこる
뽐내다	이바루	[威張る]	いばる
뽐내다	기도루	[気取る]	きどる
뽑다	누꾸	[抜く]	ぬく
뽑다	에라부	[選ぶ]	えらぶ
뽑아내다	히끼누꾸	[引き抜く]	ひきぬく
뽕	구와	[桑]	くわ
뽕나무	구와노끼	[桑の木]	くわのき
뿌리	네	[根]	ね
뿌리	네모또	[根本]	ねもと
뿌리는 양념	후리까께	[振り掛け]	ふりかけ

뿌리다	가께루		かける
뿌리다(씨앗을)	마꾸	[蒔く]	まく
뿌리치다	후리호도꾸	[振り解く]	ふりほどく
~뿐	다께		だけ
~뿐	노미		のみ
~뿐	바까리		ばかり
~뿐	기리		きり
~뿐만 아니라	노미나라즈		のみならず
뿔	츠노	[角]	つの
뿔뿔이	바라바라		ばらばら
삐걱거리다	기시무	[軋む]	きしむ
삐다	구지꾸	[挫く]	くじく
삐약삐약	피요삐요		ぴよぴよ
삐져나오다	하미다스	[はみ出す]	はみだす
삐치다	스네루	[拗ねる]	すねる

사가현	사가께ㄴ	[佐賀県]	さがけん
사각	시까꾸	[四角]	しかく
사건	데끼고또	[出来事]	できごと
사건	지께ㄴ	[事件]	じけん
사격	샤게끼	[射撃]	しゃげきする
사계절	시끼	[四季]	しき
사고	시꼬ー	[思考]	しこうする
사고	지꼬	[事故]	じこ
사과	리ㅇ고	[林檎]	りんご
사과	아야마리	[謝り]	あやまり
사과하다	와비루	[詫びる]	わびる
사과하다	아야마루	[謝る]	あやまる
사교	샤꼬ー	[社交]	しゃこう
사교적	샤꼬ー떼끼	[社交的]	しゃこうてき
사귀다	츠끼아우	[付き合う]	つきあう
사극	시게끼	[史劇]	しげき
사기	사기	[詐欺]	さぎ
사기꾼	야마시	[山師]	やまし
사나이	오또꼬	[男]	おとこ
사납다	아라이	[荒い]	あらい
사내	샤나이	[社内]	しゃない
사내아이	보ー즈	[坊主]	ぼうず
사냥	가리	[狩り]	かり
사냥꾼	료ー시	[猟師]	りょうし
사는 사람	가이떼	[買い手]	かいて
사다	가우	[買う]	かう
사다리, 사닥다리	하시고	[梯子]	はしご
사들이다	시이레루	[仕入れる]	しいれる
사들이다	가이이레루	[買い入れる]	かいいれる
사라지다	기에루	[消える]	きえる
사라지다	사루	[去る]	さる
사람	히또	[人]	ひと
사람	모노	[者]	もの

한국어	발음	한자	일본어
사람들	히또비또	[人々]	ひとびと
사람의 솜씨	히또데	[人手]	ひとで
사람의 왕래	히또도-리	[人通り]	ひとどおり
사랑	아이	[愛]	あいする
사랑	코이	[恋]	こい
사랑	아이죠-	[愛情]	あいじょう
사랑스럽다	카와이라시이	[可愛らしい]	かわいらしい
사랑스럽다	아이라시이	[愛らしい]	あいらしい
사랑이 이루어지다	료-오모이니나루	[両想いになる]	りょうおもいになる
사랑하다	아이스루	[愛する]	あいする
사례	오레-	[お礼]	おれい
사례금	레-끼ㄴ	[礼金]	れいきん
사료	시료-	[飼料]	しりょう
사리	샤리	[舎利]	しゃり
사립	시리츠	[私立]	しりつ
사마귀	이보	[疣]	いぼ
사마귀	카마끼리		かまきり
사막	사바꾸	[砂漠]	さばく
사망	시보-	[死亡]	しぼうする
사면	샤메ㄴ	[斜面]	しゃめん
사명	시메-	[使命]	しめい
사모님	오ㄱ사ㅇ	[奥さん]	おくさん
사모님	오ㄱ사마	[奥様]	おくさま
사모하다	시따우	[慕う]	したう
사모하다	시노부	[偲ぶ]	しのぶ
사무	지무	[事務]	じむする
사무라이	사무라이	[侍]	さむらい
사무실	지무쇼	[事務所]	じむしょ
사무원	지무이ㅇ	[事務員]	じむいん
사물함	로ㄱ까-	[locker]	ロッカー
사발	하치	[鉢]	はち
사방	시호-	[四方]	しほう
사방	호-보-	[方々]	ほうぼう
사범	시하ㄴ	[師範]	しはん
사법	시호-	[司法]	しほう
사뿐히	후ㅇ와리		ふんわりする
사상	시소-	[思想]	しそう
사생아	카꾸시고	[隠し子]	かくしご
사생아	시세-지	[私生児]	しせいじ
사생활	푸라이바시-	[privacy]	プライバシー

사설	샤세쯔	[社説]	しゃせつ
사슴	시까	[鹿]	しか
사슴벌레	구와가따무시		くわがたむし
사슬	구사리	[鎖]	くさり
사실	지지쯔	[事実]	じじつ
사실	혼또-	[本当]	ほんとう
사실대로임	아리노마마		ありのまま
사양	엔료	[遠慮]	えんりょする
사업	지교-	[事業]	じぎょうする
사옥	샤오꾸	[社屋]	しゃおく
사용	시요-	[使用]	しようする
사용법	츠까이까따	[使い方]	つかいかた
사용하다	츠까우	[使う]	つかう
사용하다	모치이루	[用いる]	もちいる
사우나	사우나	[sauna]	サウナ
사원	지인	[寺院]	じいん
사원	샤인	[社員]	しゃいん
사위	무꼬	[婿]	むこ
사위	무스메무꼬	[娘婿]	むすめむこ
사유	시유-	[私有]	しゆう
사유	시이	[思惟]	しいする
사육	시이꾸	[飼育]	しいくする
사이	나까	[仲]	なか
사이	아이마	[合間]	あいま
사이	아이다	[間]	あいだ
사이	아이다가라	[間柄]	あいだがら
사이가 좋음	나까요시	[仲良し]	なかよし
사이다	사이다-	[cider]	サイダー
사이드	사이도	[side]	サイド
사이드미러	사이도미라-	[side-view mirror]	サイドミラー
사이렌	사이렌	[siren]	サイレン
사이에 두다	헤다떼루	[隔てる]	へだてる
사이즈	사이즈	[size]	サイズ
사이클	사이꾸루	[cycle]	サイクル
사이타마현	사이따마껭	[埼玉県]	さいたまけん
사이트	사이또	[site]	サイト
사인	사인	[sign]	サイン
사자	시시	[獅子]	しし
사자숙어	요지쥬꾸고	[四字熟語]	よじじゅくご
사자자리	시시자	[獅子座]	ししざ

사장	샤쵸-	[社長]	しゃちょう
사적	시떼끼	[私的]	してき
사전	지쇼	[辞書]	じしょ
사전	지떼ㄴ	[辞典]	じてん
사전	지제ㄴ	[事前]	じぜん
사전에	마에모ㅅ떼	[前以て]	まえもって
사전에	아라까지메	[予め]	あらかじめ
사전 준비	시따고시라에	[下ごしらえ]	したごしらえする
사정	와께	[訳]	わけ
사정	지죠-	[事情]	じじょう
사정	츠고-	[都合]	つごう
사족	다소꾸	[蛇足]	だそく
사죄	아야마리	[謝り]	あやまり
사증	사쇼-	[査証]	さしょうする
사직	지쇼꾸	[辞職]	じしょくする
사진	샤시ㅇ	[写真]	しゃしん
사촌	이또꼬	[従兄弟]	いとこ
사춘기	시슈ㅇ끼	[思春期]	ししゅんき
사치	제-따꾸	[贅沢]	ぜいたく
사탕	갸ㄴ디-	[candy]	キャンディー
사태	지따이	[事態]	じたい
사투리	나마리	[訛り]	なまり
사투리	호-게ㄴ	[方言]	ほうげん
사파이어	사화이아	[sapphire]	サファイア
사표	지효-	[辞表]	じひょう
사항	지꼬-	[事項]	じこう
사형	시께-	[死刑]	しけい
사회	샤까이	[社会]	しゃかい
사회	시까이	[司会]	しかい
사회과학	샤까이까가꾸	[社会科学]	しゃかいかがく
사회주의	샤까이슈기	[社会主義]	しゃかいしゅぎ
사회학	샤까이가꾸	[社会学]	しゃかいがく
삭제	사꾸죠	[削除]	さくじょする
삭제	쇼-꼬	[消去]	しょうきょする
삭제하다	게즈루	[削る]	けずる
산	야마	[山]	やま
산골짜기	다니마	[谷間]	たにま
산기슭	후모또	[麓]	ふもと
산들바람	소요까제	[微風]	そよかぜ
산들산들	소요소요		そよそよ

산뜻하게	아ㅅ사리		あっさり
산뜻하다	아ㅅ사리시떼이루		あっさりしている
산뜻하다	사ㅂ빠리시떼이루		さっぱりしている
산뜻하다	스가스가시이		すがすがしい
산뜻한	스ㄱ끼리		すっきり
산뜻함	사와야까	[爽やか]	さわやか
산뜻함	아자야까	[鮮やか]	あざやか
산림	사ㄴ리ㄴ	[山林]	さんりん
산맥	사ㅁ먀꾸	[山脈]	さんみゃく
산물	사ㅁ부츠	[産物]	さんぶつ
산발	사ㅁ빠츠	[散髪]	さんぱつする
산봉우리	미네	[峰]	みね
산부인과	사ㄴ후지ㅇ까	[産婦人科]	さんふじんか
산불	야마까지	[山火事]	やまかじ
산사태	야마꾸즈레	[山崩れ]	やまくずれ
산산조각	바라바라		ばらばら
산성	사ㄴ세-	[酸性]	さんせい
산소	사ㄴ소	[酸素]	さんそ
산수	사ㄴ스-	[算数]	さんすう
산수화	사ㄴ스이가	[山水画]	さんすいが
산업	사ㅇ교-	[産業]	さんぎょう
산울림	고다마	[木霊]	こだまする
산울림	야마비꼬	[山彦]	やまびこ
산장	사ㄴ소-	[山荘]	さんそう
산적	사ㄴ조꾸	[山賊]	さんぞく
산지	사ㄴ치	[産地]	さんち
산책	사ㅁ뽀	[散歩]	さんぽする
산출	사ㄴ슈츠	[算出]	さんしゅつする
산허리	사ㅁ뿌꾸	[山腹]	さんぷく
산호	사ㅇ고	[珊瑚]	さんご
살	니꾸	[肉]	にく
~살	사이	[歳]	さい
살갗, 살결	하다	[肌]	はだ
살구	아ㄴ즈	[杏子]	あんず
살그머니	고ㅅ소리		こっそり
살금살금	고소꼬소		こそこそ
살다	스무	[住む]	すむ
살다	이끼루	[生きる]	いきる
살다	구라스	[暮らす]	くらす
살랑살랑	소요소요		そよそよ

살리다	이까스	[生かす]	いかす
살리다	이까스	[活かす]	いかす
살리다	다스께루	[助ける]	たすける
살무사	마무시	[蝮]	まむし
살색	하다이로	[肌色]	はだいろ
살생	세ㅅ쇼-	[殺生]	せっしょうする
살아나다	다스까루	[助かる]	たすかる
살아남다	이끼노꼬루	[生き残る]	いきのこる
살인	사츠진	[殺人]	さつじんする
살짝	소ㅅ또		そっと
살짝	고ㅅ소리		こっそり
살짝 익힌 것	레아-	[rare]	レア
살찌다	후또루	[太る]	ふとる
살쾡이	야마네꼬	[山猫]	やまねこ
살피다	우까가우	[伺う]	うかがう
살해	사츠가이	[殺害]	さつがいする
삶다	니루	[煮る]	にる
삶다	유데루	[茹でる]	ゆでる
삶은 달걀	유데따마고	[ゆで卵]	ゆでたまご
삼가다	츠츠시무	[慎む]	つつしむ
삼가 아룁니다	하이께-	[拝啓]	はいけい
삼각	사ㅇ까꾸	[三角]	さんかく
삼각관계	사ㅇ까꾸까ㅇ께-	[三角関係]	さんかくかんけい
삼각형	사ㅇ까께-	[三角形]	さんかっけい
삼거리	미츠마따	[三つ又]	みつまた
삼계탕	사무게따ㅇ		サムゲタン
삼권분립	사ㅇ께ㅁ부ㄴ리츠	[三権分立]	さんけんぶんりつ
삼나무	스기	[杉]	すぎ
삼나무	스기노끼	[杉の木]	すぎのき
삼림	시ㅇ리ㄴ	[森林]	しんりん
삼베	아사	[麻]	あさ
삼키다	노미꼬무	[飲み込む]	のみこむ
삽	스꼬ㅂ뿌	[schop]	スコップ
삽	샤베루	[shovel]	シャベル
삿갓	가사	[笠]	かさ
삿포로	사ㅂ뽀로	[札幌]	さっぽろ
상	호-비	[褒美]	ほうび
상가	쇼-떼ㅇ가이	[商店街]	しょうてんがい
상관	우와야꾸	[上役]	うわやく
상관	죠-까ㄴ	[上官]	じょうかん

상금	쇼-끼ㄴ	[賞金]	しょうきん
상급	죠-뀨-	[上級]	じょうきゅう
상급생	죠-뀨-세-	[上級生]	じょうきゅうせい
상냥하다	야사시이	[優しい]	やさしい
상냥함	야사시사	[優しさ]	やさしさ
상담	소-다ㄴ	[相談]	そうだんする
상당히	나까나까		なかなか
상당히	다이부	[大分]	だいぶ
상당히	소-또-	[相当]	そうとう
상대, 상대방	아이떼	[相手]	あいて
상대편	무꼬-	[向こう]	むこう
상대편	무꼬-가와	[向こう側]	むこうがわ
상대편	세ㅁ뽀-	[先方]	せんぽう
상류	죠-류-	[上流]	じょうりゅう
상륙	죠-리꾸	[上陸]	じょうりくする
상반신	죠-하ㄴ시ㄴ	[上半身]	じょうはんしん
상사	죠-시	[上司]	じょうし
상사	쇼-샤	[商社]	しょうしゃ
상사	쇼-지	[商事]	しょうじ
상사	우와야꾸	[上役]	うわやく
상상	소-조-	[想像]	そうぞうする
상세	쇼-사이	[詳細]	しょうさい
상세하다	구와시이	[詳しい]	くわしい
상속	소-조꾸	[相続]	そうぞくする
상속인	아또메	[跡目]	あとめ
상쇄	소-사이	[相殺]	そうさいする
상순	죠-쥬ㄴ	[上旬]	じょうじゅん
상승	죠-쇼-	[上昇]	じょうしょうする
상식	죠-시끼	[常識]	じょうしき
상실	소-시츠	[喪失]	そうしつする
상아	조-게	[象牙]	ぞうげ
상어	사메	[鮫]	さめ
상어	후까	[鱶]	ふか
상업	쇼-교-	[商業]	しょうぎょうする
상연	죠-에ㄴ	[上演]	じょうえんする
상영	죠-에-	[上映]	じょうえいする
상용	쇼-요-	[商用]	しょうよう
상용	죠-요-	[常用]	じょうようする
상의	우와기	[上着]	うわぎ
상의	소-다ㄴ	[相談]	そうだんする

상의	우치아와세	[打ち合わせ]	うちあわせする
상자	하꼬	[箱]	はこ
상장	소-바	[相場]	そうば
상점	쇼-뗴ㄴ	[商店]	しょうてん
상점가	쇼-떼ㅇ가이	[商店街]	しょうてんがい
상중	모츄-	[喪中]	もちゅう
상징	쇼-쵸-	[象徴]	しょうちょうする
상처	기즈	[傷]	きず
상처를 입다	기즈츠꾸	[傷付く]	きずつく
상처를 주다	기즈츠께루	[傷付ける]	きずつける
상추	사ㅇ츄		サンチュ
상쾌	소-까이	[爽快]	そうかい
상쾌하다	고꼬로요이	[快い]	こころよい
상쾌하다	스가스가시이		すがすがしい
상쾌한	스ㄱ끼리		すっきり
상쾌함	사와야까	[爽やか]	さわやか
상태	요-스	[様子]	ようす
상태	죠-따이	[状態]	じょうたい
상태	구아이	[具合]	ぐあい
상태	가게ㄴ	[加減]	かげん
상투어	기마리모ㅇ꾸	[決まり文句]	きまりもんく
상표	부라ㄴ도	[brand]	ブランド
상품	쇼-히ㄴ	[商品]	しょうひん
상품	쇼-히ㄴ	[賞品]	しょうひん
상하	죠-게	[上下]	じょうげする
상하다	이따메루	[痛める]	いためる
상해	샤ㅇ하이	[上海]	シャンハイ
상호	소-고	[相互]	そうご
상호	다가이니	[互いに]	たがいに
상혼	쇼-꼬ㄴ	[商魂]	しょうこん
상황	죠-꾜-	[状況]	じょうきょう
상황	요-따이	[容態]	ようたい
새	도리	[鳥]	とり
새가슴	하또무네	[鳩胸]	はとむね
새근새근	스야스야		すやすや
새기다	호루	[彫る]	ほる
새기다	기자무	[刻む]	きざむ
새까맣다	마ㄱ꾸로이	[真っ黒い]	まっくろい
새끼	히나	[雛]	ひな
새끼고양이	고네꼬	[子猫]	こねこ

한국어	발음	한자/원어	일본어
새끼손가락	고유비	[小指]	こゆび
새끼 양	고히츠지	[子羊]	こひつじ
새다(가스, 액체 등이)	모레루	[漏れる]	もれる
새되다(목소리가)	가ㄴ다까이	[甲高い]	かんだかい
새로움	아라따	[新た]	あらた
새롭다	아따라시이	[新しい]	あたらしい
새벽	요아께	[夜明け]	よあけ
새벽	아께보노	[曙]	あけぼの
새벽	아까츠끼	[暁]	あかつき
새벽녘	아께가따	[明け方]	あけがた
새빨감	마ㄱ까	[真っ赤]	まっか
새삼스럽게	이마사라	[今更]	いまさら
새삼스럽게	아라따메떼	[改めて]	あらためて
새색시	하나요메	[花嫁]	はなよめ
새송이버섯	에리ㅇ기		エリンギ
새시	사ㅅ시	[sash]	サッシ
새우	에비	[海老]	えび
새우덮밥	데ㄴ도ㄴ	[天丼]	てんどん
새우튀김	에비후라이	[エビfry]	エビフライ
새장	도리까고	[鳥籠]	とりかご
새치	와까시라가	[若白髪]	わかしらが
새치기	요꼬도리	[横取り]	よこどりする
새침하다	소라조라시이	[空々しい]	そらぞらしい
새카맘	마ㄱ꾸로	[真っ黒]	まっくろ
새파래지다	아오자메루	[青ざめる]	あおざめる
새하얌	마ㅅ시로	[真っ白]	まっしろ
새해	시ㄴ네ㄴ	[新年]	しんねん
새해 선물	오또시다마	[お年玉]	おとしだま
새해 첫 참배	하츠모-데	[初詣]	はつもうでする
색, 색깔	이로	[色]	いろ
색다름	후-가와리	[風変り]	ふうがわり
색맹	시끼모-	[色盲]	しきもう
색상	이로아이	[色合い]	いろあい
색색	스야스야		すやすや
색소	시끼소	[色素]	しきそ
색안경	이로메가네	[色眼鏡]	いろめがね
색연필	이로에ㄴ삐츠	[色鉛筆]	いろえんぴつ
색종이	이로가미	[色紙]	いろがみ
색채	시끼사이	[色彩]	しきさい
샌드위치	사ㄴ도이ㅅ치	[sandwich]	サンドイッチ

샌들	사ㄴ다루	[sandal]	サンダル
샐러드	사라다	[salad]	サラダ
샐러리맨	사라리-마ㄴ	[salaried man]	サラリーマン
샘	이즈미	[泉]	いずみ
샘솟다	와꾸	[湧く]	わく
샘플	사ㅁ뿌루	[sample]	サンプル
샛길	와끼미치	[脇道]	わきみち
샛별	묘-죠-	[明星]	みょうじょう
생각	츠모리		つもり
생각	오모이	[思い]	おもい
생각나다	오모이다스	[思い出す]	おもいだす
생각이 모자람	후까꾸	[不覚]	ふかく
생각하다	오모우	[思う]	おもう
생각하다	가ㄴ가에루	[考える]	かんがえる
생각해내다	오모이다스	[思い出す]	おもいだす
생강	쇼-가	[生姜]	しょうが
생것	나마	[生]	なま
생것	나마모노	[生物]	なまもの
생계	세-께-	[生計]	せいけい
생과자	나마가시	[生菓子]	なまがし
생긋	니ㄱ꼬리		にっこり
생기다	데끼루	[出来る]	できる
생기다	하에루	[生える]	はえる
생기다	쇼-지루	[生じる]	しょうじる
생년월일	세-네ㅇ가ㅂ삐	[生年月日]	せいねんがっぴ
생략	쇼-랴꾸	[省略]	しょうりゃくする
생략하다	하부꾸	[省く]	はぶく
생리	세-리	[生理]	せいり
생리대	세-리요-나뿌끼ㄴ	[生理用napkin]	せいりようナプキン
생리용품	세-리요-히ㄴ	[生理用品]	せいりようひん
생리학	세-리가꾸	[生理学]	せいりがく
생맥주	나마비-루	[生ビール]	なまビール
생명	이노치	[命]	いのち
생명	세-메-	[生命]	せいめい
생물	이끼모노	[生き物]	いきもの
생물	세-부츠	[生物]	せいぶつ
생물학	세-부츠가꾸	[生物学]	せいぶつがく
생방송	나마호-소-	[生放送]	なまほうそう
생산	세-사ㄴ	[生産]	せいさんする
생산자	세-사ㄴ샤	[生産者]	せいさんしゃ

생생하다	나마나마시이	[生々しい]	なまなましい
생선	사까나	[魚]	さかな
생선 가게	사까나야	[魚屋]	さかなや
생선묵	가마보꼬	[蒲鉾]	かまぼこ
생선 시장	우오이치바	[魚市場]	うおいちば
생선 요리	사까나료-리	[魚料理]	さかなりょうり
생선초밥	스시	[寿司]	すし
생선회	사시미	[刺身]	さしみ
생수	미네라루워-따-	[mineral water]	ミネラルウォーター
생식	세-쇼꾸	[生殖]	せいしょくする
생애	쇼-가이	[生涯]	しょうがい
생일	다ㄴ죠-비	[誕生日]	たんじょうび
생일파티	다ㄴ죠-비빠-띠-	[誕生日パーティー]	たんじょうびパーティー
생존	세-조ㄴ	[生存]	せいぞんする
생태	세-따이	[生態]	せいたい
생태계	세-따이께-	[生態系]	せいたいけい
생트집	이이가까리	[言い掛かり]	いいがかり
생활	세-까츠	[生活]	せいかつ
샤부샤부	샤부샤부		しゃぶしゃぶ
샤워	샤와-	[shower]	シャワーする
샤프	샤-뿌뻬ㄴ	[sharp pencil]	シャープペン
샤프펜슬	샤-뿌뻬ㄴ시루	[sharp pencil]	シャープペンシル
샴페인	샤ㅁ뻬ㄴ	[champagne]	シャンペン
샴푸	샤ㅁ뿌-	[shampoo]	シャンプー
샹들리에	샤ㅇ데리아	[chandelier]	シャンデリア
샹송	샤ㄴ소ㅇ	[chanson]	シャンソン
서	니시	[西]	にし
~서	데		て, で
서곡	죠꾜꾸	[序曲]	じょきょく
서구	세-오-	[西欧]	せいおう
서기	세-끼	[世紀]	せいき
서기	쇼끼	[書記]	しょき
서글프다	모노가나시이	[物悲しい]	ものがなしい
서남	세-나ㄴ	[西南]	せいなん
서늘하다	스즈시이	[涼しい]	すずしい
서다	다츠	[立つ]	たつ
서다	도마루	[止まる]	とまる
서두르다	이소구	[急ぐ]	いそぐ
서둘러	사ㅅ사또		さっさと
서랍	히끼다시	[引き出し]	ひきだし

서랍장	다ㄴ스	[箪笥]	たんす
서로	다가이니	[互いに]	たがいに
서류	쇼루이	[書類]	しょるい
서류철	화이루	[file]	ファイル
서리	시모	[霜]	しも
서막	푸로로-구	[prologue]	プロローグ
서먹서먹하다	기마즈이	[気まずい]	きまずい
서먹서먹하다	미즈꾸사이	[水臭い]	みずくさい
서먹서먹하다	요소요소시이		よそよそしい
서명	쇼메-	[署名]	しょめいする◎
서부	세-부	[西部]	せいぶ
서북	세-호꾸	[西北]	せいほく
서비스	사-비스	[service]	サービスする◎
서비스업	사-비스교-	[service業]	サービスぎょう
서서 먹는 것	다치구이	[立ち食い]	たちぐい
서서히	유ㄱ꾸리		ゆっくりする◎
서서히	죠죠니	[徐々に]	じょじょに
서서히	지리지리		じりじり
서성거리다	부라츠꾸		ぶらつく
서성대다	우로츠꾸	[彷徨く]	うろつく
서양	세-요-	[西洋]	せいよう
서예	쇼도-	[書道]	しょどう
서운하다	나고리오시이	[名残惜しい]	なごりおしい
서울	소우루		ソウル
서울	미야꼬	[都]	みやこ
서재	쇼사이	[書斎]	しょさい
서적	쇼세끼	[書籍]	しょせき
서적	쇼모츠	[書物]	しょもつ
서점	호ㅇ야	[本屋]	ほんや
서점	쇼떼ㄴ	[書店]	しょてん
서쪽	니시	[西]	にし
서체	쇼따이	[書体]	しょたい
서커스	사-까스	[circus]	サーカス
서클	사-꾸루	[circle]	サークル
서투르다	마즈이	[不味い]	まずい
서투른 말씨	가따꼬또	[片言]	かたこと
서투름	니가떼	[苦手]	にがて
서투름	후나레	[不馴れ]	ふなれ
서툴다	츠따나이	[拙い]	つたない
서툼	헤따	[下手]	へた

서툼	헤보		へぼ
서핑	사-휘ㄴ	[surfing]	サーフィン
서한	레따-	[letter]	レター
석가	샤ㄱ까	[釈迦]	しゃか
석간	유-까ㄴ	[夕刊]	ゆうかん
석고붕대	기부스	[Gips]	ギブス
석기	세ㄱ끼	[石器]	せっき
석류	자꾸로	[柘榴]	ざくろ
석방	샤꾸호-	[釈放]	しゃくほうする
석사	슈-시	[修士]	しゅうし
석양	샤요-	[斜陽]	しゃよう
석유	세끼유	[石油]	せきゆ
석탄	세끼따ㄴ	[石炭]	せきたん
섞다	마지에루	[交える]	まじえる
섞다	마제루	[混ぜる]	まぜる
섞다	마제루	[交ぜる]	まぜる
섞이다	마지루	[交じる]	まじる
선	세ㄴ	[線]	せん
선	제ㄴ	[禅]	ぜん
선거	세ㅇ꾜	[選挙]	せんきょする
선거권	세ㄴ꾜께ㄴ	[選挙権]	せんきょけん
선거운동	세ㄴ꾜-우ㄴ도-	[選挙運動]	せんきょうんどう
선고	세ㅇ꼬꾸	[宣告]	せんこくする
선글라스	사ㅇ구라스	[sunglasses]	サングラス
선금	마에끼ㄴ	[前金]	まえきん
선동	세ㄴ도-	[扇動]	せんどうする
선두	세ㄴ또-	[先頭]	せんとう
선두	사끼	[先]	さき
선로	세ㄴ로	[線路]	せんろ
선망	세ㅁ보-	[羨望]	せんぼうする
선망하다	우라야무	[羨む]	うらやむ
선명	세ㅁ메-	[鮮明]	せんめい
선명함	아자야까	[鮮やか]	あざやか
선물	오미야게	[お土産]	おみやげ
선물	푸레제ㄴ또	[present]	プレゼントする
선물하다	오꾸루	[贈る]	おくる
선반	다나	[棚]	たな
선발	세ㅁ바츠	[選抜]	せんばつする
선발하다	에리누꾸	[選り抜く]	えりぬく
선배	세ㅁ빠이	[先輩]	せんぱい

선별	세ㄴ베츠	[選別]	せんべつする
선불	마에바라이	[前払い]	まえばらいする
선불	사끼바라이	[先払い]	さきばらい
선사	세ㄴ시	[先史]	せんし
선생님	세ㄴ세-	[先生]	せんせい
선선하다	스즈시이	[涼しい]	すずしい
선선히	아ㅅ사리		あっさり
선수	세ㄴ슈	[選手]	せんしゅ
선술집	이자까야	[居酒屋]	いざかや
선악	제ㅇ아꾸	[善悪]	ぜんあく
선언	세ㅇ게ㄴ	[宣言]	せんげんする
선원	후나노리	[船乗り]	ふなのり
선원	세ㅇ이ㄴ	[船員]	せんいん
선율	세ㄴ리츠	[旋律]	せんりつ
선인	세ㄴ니ㄴ	[仙人]	せんにん
선인장	사보떼ㄴ		サボテン
선임	세ㄴ니ㄴ	[選任]	せんにん
선장	세ㄴ쵸-	[船長]	せんちょう
선적	후나즈미	[船積み]	ふなづみする
선전	세ㄴ데ㄴ	[宣伝]	せんでんする
선정	세ㄴ떼-	[選定]	せんていする
선조	세ㄴ조	[先祖]	せんぞ
선진국	세ㄴ시ㅇ꼬꾸	[先進国]	せんしんこく
선창	하또바	[波止場]	はとば
선창	사ㅁ바시	[桟橋]	さんばし
선 채로 꼼짝 못하다	다치스꾸무	[立ち竦む]	たちすくむ
선출	세ㄴ슈츠	[選出]	せんしゅつ
선택	세ㄴ따꾸	[選択]	せんたくする
선포	세ㅁ뿌	[宣布]	せんぷする
선풍	세ㅁ뿌-	[旋風]	せんぷう
선풍기	세ㅁ뿌-끼	[扇風機]	せんぷうき
선호	스끼끼라이	[好き嫌い]	すききらい
선회	세ㅇ까이	[旋回]	せんかいする
섣달	시와스	[師走]	しわす
섣달 그믐날	오-미소까	[大晦日]	おおみそか
설거지	사라아라이	[皿洗い]	さらあらい
설계	세ㄱ께-	[設計]	せっけいする
설교	세ㄱ꾜-	[説教]	せっきょうする
설날	가ㄴ지츠	[元日]	がんじつ
설득	세ㅅ또꾸	[説得]	せっとくする

설득하다	구도꾸	[口説く]	くどく
설령	다또에		たとえ
설립	세츠리츠	[設立]	せつりつする
설마	마사까		まさか
설명	세츠메-	[説明]	せつめいする
설문	세츠몬	[設問]	せつもんする
설비	세츠비	[設備]	せつびする
설사	게리	[下痢]	げり
설정	세ㅅ떼-	[設定]	せっていする
설치	도리츠께	[取付け]	とりつけ
설치	이ㄴ스또-루	[install]	インストール
설치하다	모우께루	[設ける]	もうける
설탕	사또-	[砂糖]	さとう
섬	시마	[島]	しま
섬광	세ㅇ꼬-	[閃光]	せんこう
섬기다	츠까에루	[仕える]	つかえる
섬나라	시마구니	[島国]	しまぐに
섬세함	데리께-또	[delicate]	デリケート
섬유	세ㅇ이	[繊維]	せんい
섬유유연제	쥬-나ㄴ자이	[柔軟剤]	じゅうなんざい
섭리	세츠리	[摂理]	せつり
섭섭하다	나고리오시이	[名残惜しい]	なごりおしい
섭씨	세ㅅ시	[摂氏]	せっし
섭취	세ㅅ슈	[摂取]	せっしゅする
성	시로	[城]	しろ
성	세-	[性]	せい
성가시다	와즈라와시이	[煩わしい]	わずらわしい
성가시다	사와가시이	[騒がしい]	さわがしい
성가심	메-와꾸	[迷惑]	めいわく
성가심	메ㄴ도-	[面倒]	めんどう
성가심	야ㄱ까이	[厄介]	やっかい
성게	우니		うに
성격	세-까꾸	[性格]	せいかく
성경	세-쇼	[聖書]	せいしょ
성공	세-꼬-	[成功]	せいこうする
성과	세-까	[成果]	せいか
성급한 모양	세까세까		せかせかする
성급함	세ㄱ까치		せっかち
성급함	다ㅇ끼	[短気]	たんき
성기	세-끼	[性器]	せいき

성깔이 있는 사람	구세모노	[曲者]	くせもの
성냥	마ㅅ치	[match]	マッチ
성년	세-넨	[成年]	せいねん
성능	세-노-	[性能]	せいのう
성당	세-도-	[聖堂]	せいどう
성대	세-다이	[盛大]	せいだい
성립	세-리츠	[成立]	せいりつする
성명	세-메-	[姓名]	せいめい
성명	세-메-	[声明]	せいめい
성명	시메-	[氏名]	しめい
성묘	하까마이리	[墓参り]	はかまいりする
성미	기쇼-	[気性]	きしょう
성미가 까다롭다	기무즈까시이	[気難しい]	きむずかしい
성별	세-베츠	[性別]	せいべつ
성병	세-뵤-	[性病]	せいびょう
성분	세-분	[成分]	せいぶん
성숙	세-쥬꾸	[成熟]	せいじゅく
성실	세-지츠	[誠実]	せいじつ
성실함	마지메	[真面目]	まじめ
성실함	마또모	[真面]	まとも
성실함	마메	[忠実]	まめ
성실함	리치기	[律儀]	りちぎ
성악	세-가꾸	[声楽]	せいがく
성역	세-이끼	[聖域]	せいいき
성욕	세-요꾸	[性欲]	せいよく
성우	세-유-	[声優]	せいゆう
성인	오또나	[大人]	おとな
성인	세-진	[成人]	せいじん
성인	세-진	[聖人]	せいじん
성인식	세-진시끼	[成人式]	せいじんしき
성인의 날	세-진노히	[成人の日]	せいじんのひ
성장	세-쵸-	[成長]	せいちょうする
성적	세-세끼	[成績]	せいせき
성적매력	이로께	[色気]	いろけ
성적표	세-세끼츠-치효-	[成績通知表]	せいせきつうちひょう
성질	세-시츠	[性質]	せいしつ
성질이 비뚤어짐	헨꾸츠	[偏屈]	へんくつ
성충	세-츄-	[成虫]	せいちゅう
성취	죠-쥬	[成就]	じょうじゅする
성큼성큼	츠까츠까		つかつか

성폭행	레이뿌	[rape]	レイプする
성형외과	게-세-게까	[形成外科]	けいせいげか
성황	세-꾜-	[盛況]	せいきょう
~세	사이	[歳]	さい
세 갈래	미츠마따	[三つ又]	みつまた
세 개, 세 살	미ㅅ츠	[三つ]	みっつ
세게 내리치다	다따끼츠께루	[叩き付ける]	たたきつける
세게 치다	나구루	[殴る]	なぐる
세계	세까이	[世界]	せかい
세계사	세까이시	[世界史]	せかいし
세계유산	세까이이사ㄴ	[世界遺産]	せかいいさん
세관	제-까ㄴ	[税関]	ぜいかん
세관신고서	제-까ㄴ시ㅇ꼬ㄱ쇼	[税関申告書]	ぜいかんしんこくしょ
세균	사이끼ㄴ	[細菌]	さいきん
세금	제-끼ㄴ	[税金]	ぜいきん
세금포함	제-꼬미	[税込み]	ぜいこみ
세기	세-끼	[世紀]	せいき
세는 나이	가조에도시	[数え年]	かぞえどし
세다	가조에루	[数える]	かぞえる
세다	츠요이	[強い]	つよい
세대	세다이	[世代]	せだい
세대	쇼따이	[所帯]	しょたい
세력	세-료꾸	[勢力]	せいりょく
세력권	나와바리	[縄張り]	なわばり
세련	세ㄴ레ㄴ	[洗練]	せんれんする
세례	세ㄴ레-	[洗礼]	せんれい
세로	다떼	[縦]	たて
세로줄무늬	다떼지마	[縦縞]	たてじま
세면	세ㅁ메ㄴ	[洗面]	せんめんする
세면기	세ㅁ메ㅇ끼	[洗面器]	せんめんき
세면대	세ㅁ메ㄴ다이	[洗面台]	せんめんだい
세모	사ㅇ까꾸	[三角]	さんかく
세무서	제-무쇼	[税務署]	ぜいむしょ
세미나	제미	[seminar]	ゼミ
세뱃돈	오또시다마	[お年玉]	おとしだま
세상	세께ㄴ	[世間]	せけん
세상	요노나까	[世の中]	よのなか
세상소문	가이부ㄴ	[外聞]	がいぶん
세수, 세안	세ㅇ가ㄴ	[洗顔]	せんがんする
세안제	세ㅇ가ㄴ자이	[洗顔剤]	せんがんざい

세안품	세ㅇ가ㅁ훠-무	[洗顔form]	せんがんフォーム
세우다	다떼루	[立てる]	たてる
세우다	다떼루	[建てる]	たてる
세우다	도메루	[止める]	とめる
세워지다	다츠	[建つ]	たつ
세월	사이게츠	[歳月]	さいげつ
세월	네ㅇ게츠	[年月]	ねんげつ
세이빙크림	세-비ㅇ구꾸리-무	[shaving cream]	シェービングクリーム
세일	세-루	[sale]	セールする
세일즈	세-루스	[sales]	セールス
세제	세ㄴ자이	[洗剤]	せんざい
세차	세ㄴ샤	[洗車]	せんしゃ
세차다	하게시이	[激しい]	はげしい
세탁	세ㄴ따꾸	[洗濯]	せんたく
세탁기	세ㄴ따ㄱ끼	[洗濯機]	せんたくき
세탁물	세ㄴ따꾸모노	[洗濯物]	せんたくもの
세탁소	구리-니ㅇ구	[cleaning屋]	クリーニングや
세트	세ㅅ또	[set]	セット
세팅	세ㅅ또	[set]	セット
세포	사이보-	[細胞]	さいぼう
섹스	세ㄱ스	[sex]	セックスする
섹시	세ㄱ시-	[sexy]	セクシー
섹시하다	이로ㅂ뽀이	[色っぽい]	いろっぽい
센스	세ㄴ스	[sense]	センス
센터	세ㄴ따-	[center]	センター
센티	세ㄴ치	[centi]	センチ
센티미터	세ㄴ치메-또루	[centimeter]	センチメートル
셀러리	세로리	[celery]	セロリ
셀로판테이프	세로떼-뿌	[cellotape]	セロテープ
셀프서비스	세루후사-비스	[self-service]	セルフサービス
~셈	츠모리		つもり
셋	사ㄴ	[三]	さん
셋방살이	마가리	[間借り]	まがり
셋집	가시야	[貸家]	かしや
셋집	샤꾸야	[借家]	しゃくや
셔츠	샤츠	[shirts]	シャツ
셔터	샤ㅅ따-	[shutter]	シャッター
소	우시	[牛]	うし
소	후치	[淵]	ふち
소개	쇼-까이	[紹介]	しょうかいする

소견	쇼-께ㄴ	[所見]	しょけん
소고기	규-니꾸	[牛肉]	ぎゅうにく
소고기 덮밥	규-도ㄴ	[牛丼]	ぎゅうどん
소곤소곤	보소보소		ぼそぼそ
소곤소곤	히소히소		ひそひそ
소극적	쇼-꾜ㄱ떼끼	[消極的]	しょうきょくてき
소금	시오	[塩]	しお
소금기	시오께	[塩気]	しおけ
소금물	시오미즈	[塩水]	しおみず
소꿉친구	오사나나지미	[幼なじみ]	おさななじみ
소나기	니와까아메	[俄か雨]	にわかあめ
소나기	유-다치	[夕立]	ゆうだち
소나무	마츠	[松]	まつ
소나무	마츠노끼	[松の木]	まつのき
소녀	쇼-죠	[少女]	しょうじょ
소녀	오또메	[乙女]	おとめ
소년	쇼-네ㄴ	[少年]	しょうねん
소독	쇼-도꾸	[消毒]	しょうどくするⓥ
소동	소-도-	[騒動]	そうどう
소득	쇼또꾸	[所得]	しょとく
소띠	우시도시	[牛年]	うしどし
소란스럽다	우루사이		うるさい
소란하다	게따따마시이		けたたましい
소란하다	소-조-시이	[騒々しい]	そうぞうしい
소름	도리하다	[鳥肌]	とりはだ
소리	오또	[音]	おと
소리를 내다	나라스	[鳴らす]	ならす
소리치다	도나루	[怒鳴る]	どなる
소매	소데	[袖]	そで
소매	스리-부	[sleeve]	スリーブ
소매	고우리	[小売り]	こうりするⓥ
소매치기	스리		すり
소모	쇼-모-	[消耗]	しょうもうするⓥ
소묘	데ㅅ사O	[dessin]	デッサンするⓥ
소문	우와사	[噂]	うわさするⓥ
소박데기, 소박 맞음	데모도리	[出戻り]	でもどり
소박함	소보꾸	[素朴]	そぼく
소방	쇼-보-	[消防]	しょうぼう
소방관	쇼-보-시	[消防士]	しょうぼうし
소방서	쇼-보-쇼	[消防署]	しょうぼうしょ

소방차	쇼-보-샤	[消防車]	しょうぼうしゃ
소변	쇼-벤	[小便]	しょうべんする
소비	쇼-히	[消費]	しょうひする
소비자	쇼-히샤	[消費者]	しょうひしゃ
소비하다	츠이야스	[費やす]	ついやす
소상하다	구와시이	[詳しい]	くわしい
소생	소세-	[蘇生]	そせいする
소생하다	요미가에루	[蘇る]	よみがえる
소설	쇼-세츠	[小説]	しょうせつ
소설가	쇼-세츠까	[小説家]	しょうせつか
소속	쇼조꾸	[所属]	しょぞくする
소송	소쇼-	[訴訟]	そしょうする
소수	쇼-스-	[少数]	しょうすう
소스	소-스	[sauce]	ソース
소시지	소-세-지	[sausage]	ソーセージ
소식	다요리	[便り]	たより
소신	쇼신	[所信]	しょしん
소아	쇼-니	[小児]	しょうに
소아과	쇼-니까	[小児科]	しょうにか
소외	소가이	[疎外]	そがいする
소용돌이	우즈마끼	[渦巻き]	うずまき
소용됨	뉴-요-	[入用]	にゅうよう
소용없음	다메	[駄目]	だめ
소원	네가이	[願い]	ねがい
소원하다	우또이	[疎い]	うとい
소위	이와유루		いわゆる
소유	쇼유-	[所有]	しょゆうする
소유자	모치누시	[持ち主]	もちぬし
소음	소-온	[騒音]	そうおん
소인	게시이ㄴ	[消印]	けしいん
소장	쇼-쵸-	[小腸]	しょうちょう
소주	쇼-츄-	[焼酎]	しょうちゅう
소중하다	도-또이	[尊い]	とうとい
소중함	다이세츠	[大切]	たいせつ
소지품	쇼지히ㄴ	[所持品]	しょじひん
소질	다시나미	[嗜み]	たしなみ
소집	쇼-슈-	[招集]	しょうしゅうする
소총	데ㅂ뽀-	[鉄砲]	てっぽう
소쿠리	자루		ざる
소파	소화-	[sofa]	ソファー

소포	고즈츠미	[小包]	こづつみ
소풍	에ㄴ소꾸	[遠足]	えんそく
소프라노	소쁘라노	[soprano]	ソプラノ
소프트드링크	소후또도리ㅇ꾸	[soft drink]	ソフトドリンク
소프트웨어	소후또웨아	[software]	ソフトウェア
소프트크림	소후또꾸리-무	[soft cream]	ソフトクリーム
소행	시와자	[仕業]	しわざ
소홀함	오로소까	[疎か]	おろそか
소홀함	조ㄴ자이		ぞんざい
소화	쇼-까	[消化]	しょうかする
소화	쇼-까	[消火]	しょうかする
소화가 안 되다	모따레루	[凭れる]	もたれる
소화기	쇼-까끼	[消火器]	しょうかき
속	오꾸	[奥]	おく
속	우치	[内]	うち
속기	소ㄱ끼	[速記]	そっきする
속눈썹	마츠게	[睫]	まつげ
속다	다마사레루	[騙される]	だまされる
속단	소꾸다ㄴ	[速断]	そくだんする
속달	소ㄱ따츠	[速達]	そくたつする
속담	고또와자	[諺]	ことわざ
속도	소꾸도	[速度]	そくど
속도위반	스삐-도이하ㄴ	[speed違反]	スピードいはん
속되다	조꾸ㅂ뽀이	[俗っぽい]	ぞくっぽい
속력	소꾸료꾸	[速力]	そくりょく
속마음	호ㄴ네	[本音]	ほんね
속박	소꾸바꾸	[束縛]	そくばくする
속삭이다	사사야꾸	[囁く]	ささやく
속성	소ㄱ세-	[速成]	そくせい
속성	조ㄱ세-	[属性]	ぞくせい
속셈	시따고꼬로	[下心]	したごころ
속속	조꾸조꾸	[続々]	ぞくぞく
속속들이	스미즈미마데	[隅々まで]	すみずみまで
속수무책	오떼아게	[お手上げ]	おてあげ
속어	조꾸고	[俗語]	ぞくご
속옷	시따기	[下着]	したぎ
속옷	하다기	[肌着]	はだぎ
속이다	다마스	[騙す]	だます
속이다	고마까스	[誤魔化す]	ごまかす
속이다	다부라까스		たぶらかす

속이다	아자무꾸	[欺く]	あざむく
속임수	시까께	[仕掛け]	しかけ
속임수	고마까시	[誤魔化し]	ごまかし
속출	조ㄱ슈츠	[続出]	ぞくしゅつする
속하다	조ㄱ스루	[属する]	ぞくする
손	데	[手]	て
손가락	유비	[指]	ゆび
손가락으로 집다	츠마무	[抓む]	つまむ
손가방	데사게	[手提げ]	てさげ
손거울	데까가미	[手鏡]	てかがみ
손꼽아 헤아림	유비오리	[指折り]	ゆびおり
손녀	마고무스메	[孫娘]	まごむすめ
손님	꺄꾸	[客]	きゃく
손님접대	꺄꾸아츠까이	[客扱い]	きゃくあつかいする
손대중	데까게ㄴ	[手加減]	てかげんする
손등	데노꼬-	[手の甲]	てのこう
손목	데꾸비	[手首]	てくび
손목시계	우데도께-	[腕時計]	うでどけい
손바닥	데노히라	[手の平]	てのひら
손바닥	히라떼	[平手]	ひらて
손수	미즈까라	[自ら]	みずから
손수건	데누구이	[手ぬぐい]	てぬぐい
손수건	하ㅇ까치	[handkerchief]	ハンカチ
손수 만듦	데즈꾸리	[手作り]	てづくり
손쉬움	요-이	[容易]	ようい
손쉬움	무조-사	[無造作]	むぞうさ
손쉽게	라꾸라꾸	[楽々]	らくらく
손쉽게	야스야스		やすやす
손쉽다	다야스이	[容易い]	たやすい
손쉽다	나마야사시이	[生易しい]	なまやさしい
손실	소ㄴ시츠	[損失]	そんしつ
손아랫사람	메시따	[目下]	めした
손어림	데까게ㄴ	[手加減]	てかげんする
손에 익다	데나레루	[手慣れる]	てなれる
손윗사람	메우에	[目上]	めうえ
손으로 따다	츠무	[摘む]	つむ
손자	마고	[孫]	まご
손전등	가이츄-데ㄴ또-	[懐中電灯]	かいちゅうでんとう
손질	데이레	[手入れ]	ていれする
손짓	데부리	[手振り]	てぶり

손짓하여 부르다	마네꾸	[招く]	まねく
손짓하여 부름	데마네끼	[手招き]	てまねき
손톱	츠메	[爪]	つめ
손톱깎이	츠메끼리	[爪切り]	つめきり
손해	소ㅇ가이	[損害]	そんがい
솔개	도비	[鳶]	とび
솔잎	마츠바	[松葉]	まつば
솔직	소ㅅ쵸꾸	[率直]	そっちょく
솜	와따	[綿]	わた
솜	모메ㄴ	[木綿]	もめん
솜씨	우데마에	[腕前]	うでまえ
솜씨	데기와	[手際]	てぎわ
솜씨가 뛰어난 사람	우데끼끼	[腕利き]	うできき
솜씨가 서툼	헤따	[下手]	へた
솜씨가 서툼	부사이꾸	[不細工]	ぶさいく
솟다	와꾸	[沸く]	わく
송	소ㅇ구	[song]	ソング
송곳	기리	[錐]	きり
송곳니	이또끼리바	[糸切り歯]	いときりば
송구하다	오소레오오이	[恐れ多い]	おそれおおい
송구함	쿄-슈꾸	[恐縮]	きょうしゅくする
송금	소-끼ㄴ	[送金]	そうきんする
송별회	소-베츠까이	[送別会]	そうべつかい
송사리	자꼬	[雑魚]	ざこ
송사리	메다까	[目高]	めだか
송신	소-시ㄴ	[送信]	そうしんする
송아지	고우시	[子牛]	こうし
송어	마스	[鱒]	ます
~송이	리ㄴ	[輪]	りん
송이버섯	마츠따께	[松茸]	まつたけ
송충이	마츠께무시	[松毛虫]	まつけむし
송환	소-까ㄴ	[送還]	そうかんする
솥	가마	[釜]	かま
쇄도	사ㅅ또-	[殺到]	さっとうする
쇠	데츠	[鉄]	てつ
쇠고기, 소고기	규-니꾸	[牛肉]	ぎゅうにく
쇠사슬	구사리	[鎖]	くさり
쇠약	스이쟈꾸	[衰弱]	すいじゃくする
쇠약해지다	오또로에루	[衰える]	おとろえる
쇠하다	스보무	[窄む]	すぼむ

쇼	쇼-	[show]	ショー
쇼윈도	쇼-윈도-	[show window]	ショーウィンドー
쇼크	쇼ㄱ꾸	[shock]	ショック
쇼핑	가이모노	[買い物]	かいものする
쇼핑센터	쇼비삐ㅇ구세ㄴ따-	[shopping center]	ショッピングセンター
수	스-	[数]	すう
수갑	데죠-	[手錠]	てじょう
수건	데누구이	[手拭い]	てぬぐい
수고	데마	[手間]	てま
수고	세와	[世話]	せわする
수고를 위로하다	네기라우	[労う]	ねぎらう
수고하다	호네오루	[骨折る]	ほねおる
수공	슈꼬-	[手工]	しゅこう
수국	아지사이	[紫陽花]	あじさい
수금	슈-끼ㄴ	[集金]	しゅうきんする
수긍하다	우나즈꾸	[首肯く]	うなずく
수기	슈끼	[手記]	しゅき
수난	쥬나ㄴ	[受難]	じゅなん
수납	쥬노-	[受納]	じゅのうする
수녀	슈-죠	[修女]	しゅうじょ
수뇌	슈노-	[首脳]	しゅのう
수다, 수다쟁이	오샤베리		おしゃべりする
수다를 떨다	샤베루	[喋る]	しゃべる
수다스러움	오샤베리		おしゃべりする
수단	슈다ㄴ	[手段]	しゅだん
수단	시까따	[仕方]	しかた
수단	야리꾸치	[遣り口]	やりくち
수달	가와우소	[川獺]	かわうそ
수당	데아떼	[手当て]	てあてする
수도	스이도-	[水道]	すいどう
수도	미야꼬	[都]	みやこ
수도	슈또	[首都]	しゅと
수도꼭지	쟈구치	[蛇口]	じゃぐち
수도요금	스이도-다이	[水道代]	すいどうだい
수동	쥬도-	[受動]	じゅどう
수두	미즈보-소-	[水疱瘡]	みずぼうそう
수락	쥬다꾸	[受諾]	じゅだくする
수량	스-료-	[数量]	すうりょう
수량이 엄청나다	오비따다시이		おびただしい
수렁	누까루미	[泥濘]	ぬかるみ

수레바퀴	샤리ㄴ	[車輪]	しゃりん
수력	스이료꾸	[水力]	すいりょく
수렵	가리	[狩り]	かり
수령	쥬료-	[受領]	じゅりょうする
~수록	호도		ほど
수료	슈-료-	[修了]	しゅうりょうする
수리	슈-리	[修理]	しゅうりする
수립	쥬리츠	[樹立]	じゅりつする
수면	스이메ㄴ	[水面]	すいめん
수면	스이미ㄴ	[睡眠]	すいみんする
수면부족	네부소꾸	[寝不足]	ねぶそく
수면제	네무리구스리	[眠り薬]	ねむりぐすり
수면제	스이미ㄴ자이	[睡眠剤]	すいみんざい
수명	쥬묘-	[寿命]	じゅみょう
수묵화	스이보꾸가	[水墨画]	すいぼくが
수박	스이까	[西瓜]	すいか
수반하다	도모나우	[伴う]	ともなう
수배	데하이	[手配]	てはいする
수법	슈호-	[手法]	しゅほう
수북히 담음	야마모리	[山盛り]	やまもり
수비	슈비	[守備]	しゅびする
수사	소-사	[捜査]	そうさする
수산물	스이사ㅁ부츠	[水産物]	すいさんぶつ
수산업	스이사ㅇ교-	[水産業]	すいさんぎょう
수상	슈쇼-	[首相]	しゅしょう
수상	스이죠-	[水上]	すいじょう
수상	쥬쇼-	[受賞]	じゅしょうする
수상쩍다	우따가와시이	[疑わしい]	うたがわしい
수상하다	아야시이	[怪しい]	あやしい
수상한 자	구세모노	[曲者]	くせもの
수상함	헤ㄴ	[変]	へん
수석	슈세끼	[首席]	しゅせき
수선하다	츠꾸로우	[繕う]	つくろう
수선화	스이세ㄴ	[水仙]	すいせん
수성	스이세-	[水星]	すいせい
수세미	다와시		たわし
수세미	스뽀ㄴ지	[sponge]	スポンジ
수소	스이소	[水素]	すいそ
수속	데츠즈끼	[手続き]	てつづき
수송	유소-	[輸送]	ゆそうする

수수께끼	나조	[謎]	なぞ
수수료	데스-료-	[手数料]	てすうりょう
수수하다	시부이	[渋い]	しぶい
수수함	지미	[地味]	じみ
수술	슈쥬츠	[手術]	しゅじゅつする
수습	미나라이	[見習い]	みならい
수신	쥬신	[受信]	じゅしんする
수신인, 수신처	아떼사끼	[宛先]	あてさき
수신자명	아떼나	[宛名]	あてな
수업	레스스ㄴ	[lesson]	レッスン
수업	쥬교-	[授業]	じゅぎょうする
수업료	쥬교-료-	[授業料]	じゅぎょうりょう
수업을 빼먹다	사보루		サボる
수여	쥬요	[授与]	じゅよする
수염	히게	[髭]	ひげ
수영	스이에-	[水泳]	すいえいする
수영	스이미ㅇ구	[swimming]	スイミングする
수영복	미즈기	[水着]	みずぎ
수영하다	오요구	[泳ぐ]	およぐ
수영학원	스이에-꾜-시쯔	[水泳教室]	すいえいきょうしつ
수예	슈게-	[手芸]	しゅげい
수온	스이오ㄴ	[水温]	すいおん
수완	데기와	[手際]	てぎわ
수완	슈와ㄴ	[手腕]	しゅわん
수완가	야리떼	[遣り手]	やりて
수완가	데끼끼	[手利き]	てきき
수요	쥬요-	[需要]	じゅよう
수요일	스이요-비	[水曜日]	すいようび
수월하다	와께나이	[訳無い]	わけない
수월히	스ㄴ나리		すんなり
수위	슈에-	[守衛]	しゅえい
수유	쥬뉴-	[授乳]	じゅにゅう
수입	슈-뉴-	[収入]	しゅうにゅう
수입	유뉴-	[輸入]	ゆにゅうする
수재	슈-사이	[秀才]	しゅうさい
수저	사지	[匙]	さじ
수정	스이쇼-	[水晶]	すいしょう
수정	슈-세-	[修正]	しゅうせいする
수정액	슈-세-에끼	[修正液]	しゅうせいえき
수제	데즈꾸리	[手作り]	てづくり

수족	데아시	[手足]	てあし
수족관	스이조꾸까ㄴ	[水族館]	すいぞくかん
수준	스이쥬ㄴ	[水準]	すいじゅん
수줍어하다	하지라우	[恥じらう]	はじらう
수줍어하다	하니까무		はにかむ
수줍음	하지라이	[羞じらい]	はじらい
수중	스이쮸-	[水中]	すいちゅう
수증기	유게	[湯気]	ゆげ
수직	스이쵸꾸	[垂直]	すいちょく
수집	고레ㄱ쇼ㄴ	[collection]	コレクション
수채화	스이사이가	[水彩画]	すいさいが
수척하다	야츠레루	[窶れる]	やつれる
수첩	데쵸-	[手帳]	てちょう
수출	유슈츠	[輸出]	ゆしゅつする
수취인	우께또리니ㄴ	[受取人]	うけとりにん
수치	하지	[恥]	はじ
수컷	오스	[雄]	おす
수태	쥬따이	[受胎]	じゅたいする
수평선	스이헤-세ㄴ	[水平線]	すいへいせん
수포	미즈노아와	[水の泡]	みずのあわ
수표	고기ㅅ떼	[小切手]	こぎって
수풀	하야시	[林]	はやし
수프	스-뿌	[soup]	スープ
수필	즈이히츠	[随筆]	ずいひつ
수필	에ㅅ세이	[essay]	エッセイ
수학	스-가꾸	[数学]	すうがく
수학여행	슈-가꾸료꼬-	[修学旅行]	しゅうがくりょこう
수행	스이꼬-	[遂行]	すいこうする
수험	쥬께ㄴ	[受験]	じゅけんする
수호	슈고	[守護]	しゅごする
수화기	쥬와끼	[受話器]	じゅわき
수화물	데니모츠	[手荷物]	てにもつ
수확	슈-까꾸	[収穫]	しゅうかくする
숙녀	슈꾸죠	[淑女]	しゅくじょ
숙녀복	후지ㅁ후꾸	[婦人服]	ふじんふく
숙달	죠-따츠	[上達]	じょうたつする
숙련	쥬꾸레ㄴ	[熟練]	じゅくれんする
숙망	슈꾸보-	[宿望]	しゅくぼう
숙명	슈꾸메-	[宿命]	しゅくめい
숙박	슈꾸하꾸	[宿泊]	しゅくはくする

숙박료	야도치ㄴ	[宿賃]	やどちん
숙박부	야도쵸ー	[宿帳]	やどちょう
숙사	슈ㄱ샤	[宿舎]	しゅくしゃ
숙소	야도	[宿]	やど
숙소	슈ㄱ샤	[宿舎]	しゅくしゃ
숙어	쥬꾸고	[熟語]	じゅくご
숙원	호ㅁ모ー	[本望]	ほんもう
숙이다	우츠무꾸	[俯く]	うつむく
숙적	슈ㄱ떼끼	[宿敵]	しゅくてき
숙제	슈꾸다이	[宿題]	しゅくだいする
숙직	슈ㄱ쵸꾸	[宿直]	しゅくちょくする
숙취	후츠까요이	[二日酔い]	ふつかよいする
순간	슈ㅇ까ㄴ	[瞬間]	しゅんかん
순간	츠까노마	[束の間]	つかのま
순경	오마와리	[巡り]	おまわり
순경	쥬ㄴ사	[巡査]	じゅんさ
순례	쥬ㄴ레ー	[巡礼]	じゅんれいする
순무	가부	[蕪]	カブ
순서	쥬ㄴ죠	[順序]	じゅんじょ
순서	쥬ㅁ바ㄴ	[順番]	じゅんばん
순서	다ㄴ도리	[段取り]	だんどり
순수	쥬ㄴ스이	[純粋]	じゅんすい
순수함	스나오	[素直]	すなお
순식간	도ㅅ사	[咄嗟]	とっさ
순식간에	다치마치	[忽ち]	たちまち
순응	쥬ㅇ오ー	[順応]	じゅんおうする
순정	쥬ㄴ죠ー	[純情]	じゅんじょう
순조	쥬ㄴ쵸ー	[順調]	じゅんちょう
순조로움	나메라까	[滑らか]	なめらか
순진함	스나오	[素直]	すなお
순진무구함	무쟈끼	[無邪気]	むじゃき
순찰	파또로ー루	[patrol]	パトロール
순찰차	파또로ー루까ー	[patrol car]	パトロールカー
순혈	쥬ㅇ께츠	[純潔]	じゅんけつ
순환	쥬ㅇ까ㄴ	[循環]	じゅんかんする
순회	쥬ㅇ까이	[巡回]	じゅんかいする
숟가락	사지	[匙]	さじ
술	사께	[酒]	さけ
술값	사까다이	[酒代]	さかだい
술꾼	죠ー고	[上戸]	じょうご

술래잡기	오니곳꼬	[鬼ごっこ]	おにごっこ
술술	스라스라		すらすら
술술	페라뻬라		ぺらぺら
술안주	오츠마미		おつまみ
술어	쥬츠고	[述語]	じゅつご
술자리모임	노미까이	[飲み会]	のみかい
술잔	사까즈끼	[杯]	さかずき
술주정꾼	요ㅂ빠라이	[酔っぱらい]	よっぱらい
술집	노미야	[飲み屋]	のみや
술집	사까바	[酒場]	さかば
술집 순례	하시고자께	[梯子酒]	はしござけ
술집 장사	미즈쇼-바이	[水商売]	みずしょうばい
술 친구	노미또모다치	[飲み友達]	のみともだち
술통	다루	[樽]	たる
숨	이끼	[息]	いき
숨기다	가꾸스	[隠す]	かくす
숨다	가꾸레루	[隠れる]	かくれる
숨막히다	이끼즈마루	[息詰まる]	いきづまる
숨바꼭질	가꾸레ㅁ보	[隠れん坊]	かくれんぼう
숨통	이끼노네	[息の根]	いきのね
숫자	스-	[数]	すう
숫자	스-지	[数字]	すうじ
숫자	가즈	[数]	かず
숭고	스-꼬-	[崇高]	すうこう
숭배	스-하이	[崇拝]	すうはい する
숭상하다	아가메루	[崇める]	あがめる
숯	스미	[炭]	すみ
숲	모리	[森]	もり
쉬다	야스무	[休む]	やすむ
쉬다(숨을)	스우	[吸う]	すう
쉴 새 없음	히ㄱ끼리나시	[引っ切り無し]	ひっきりなし
쉴 새 없이	노베츠		のべつ
쉽다	야사시이	[易しい]	やさしい
쉽다	다야스이	[容易い]	たやすい
쉽다	야스이	[易い]	やすい
쉽사리	야스야스		やすやす
쉽사리	무자무자		むざむざ
슈크림	슈-꾸리-무	[chou a lacreme]	シュークリーム
슈퍼마켓	스-빠-	[supermarket]	スーパー
스노우보드	스노-보-도	[snow board]	スノーボード

스니커	스니-까-	[sneakers]	スニーカー
스님	오보-사ㅇ	[お坊さん]	おぼうさん
스릴	스리루	[thrill]	スリル
스며들다	시미루	[染みる]	しみる
스모의 천하장사	요꼬즈나	[横綱]	よこづな
스무 살	하따치	[二十歳]	はたち
스미다	니지무	[滲む]	にじむ
스스로	미즈까라	[自ら]	みずから
스스로	오노즈까라	[自ずから]	おのずから
스승	시쇼-	[師匠]	ししょう
스시의 밥	샤리	[舎利]	しゃり
스웨터	세-따-	[sweater]	セーター
스위스	스이스	[Swiss]	スイス
스위치	스이ㅅ치	[switch]	スイッチ
스치듯 지나가다	스레치가우	[擦れ違う]	すれちがう
스카우트	스까우또	[scout]	スカウトする
스카치	스꼬ㅅ치	[scotch whiskey]	スコッチ
스카프	스까-후	[scarf]	スカーフ
스캔들	스꺄ㄴ다루	[scandal]	スキャンダル
스커트	스까-또	[skirt]	スカート
스케이트	스께-또	[skate]	スケートする
스케일	스께-루	[scale]	スケール
스케줄	스께쥬-루	[schedule]	スケジュール
스케치	스께ㅅ치	[sketch]	スケッチする
스코어	스꼬아	[score]	スコア
스쿠버다이빙	스뀨-바다이비ㅇ구	[scuba diving]	スキューバダイビング
스쿠터	스꾸-따-	[scooter]	スクーター
스쿨	스꾸-루	[school]	スクール
스크랩	스꾸라ㅂ뿌	[scrap]	スクラップする
스크린	스꾸리-ㄴ	[screen]	スクリーン
스키	스끼-	[ski]	スキー
스키장	스끼-죠-	[ski場]	スキーじょう
스킨	스끼ㄴ	[skin]	スキン
스킨	게쇼-스이	[化粧水]	けしょうすい
스킨로션	스끼ㄴ로-쇼ㄴ	[skin lotion]	スキンローション
스킨케어	스끼ㄴ께아	[skin care]	スキンケア
스타	스따-	[star]	スター
스타일	스따이루	[style]	スタイル
스타킹	스또ㄱ끼ㅇ구	[stocking]	ストッキング
스타트	스따-또	[start]	スタート

스탠드	스따ㄴ도	[stand]	スタンド
스탬프	스따ㅁ뿌	[stamp]	スタンプ
스터디모임	베ㄴ꾜-까이	[勉強会]	べんきょうかい
스테이지	스떼-지	[stage]	ステージ
스테이크	스떼-끼	[steak]	ステーキ
스테이플러	호ㅅ치끼스	[stapler]	ホッチキス
스테이플러 심	호ㅅ치끼스노하리	[ホッチキスの針]	ホッチキスのはり
스텝	스떼ㅂ뿌		ステップ
스토리	스또-리-	[story]	ストーリー
스토브	스또-부	[stove]	ストーブ
스토어	스또아	[store]	ストア
스토커	스또-까-	[stalker]	ストーカー
스톱	스또ㅂ뿌	[stop]	ストップする
스튜	시츄-	[stew]	シチュー
스튜디오	스따지오	[studio]	スタジオ
스튜어디스	스츄와-데스	[stewardess]	スチュワーデス
스트라이크	스또라이꾸	[strike]	ストライク
스트라이프	시마시마		しましま
스트레스	스또레스	[stress]	ストレス
스팀	스치-무	[steam]	スチーム
스파게티	스빠게ㅅ띠	[spaghetti]	スパゲッティ
스파이	스빠이	[spy]	スパイ
스팸메일	메-와꾸메-루	[迷惑メール]	めいわくメール
스펀지	스뽀ㄴ지	[sponge]	スポンジ
스페셜	스뻬샤루	[special]	スペシャル
스페인	스뻬이ㄴ	[Spain]	スペイン
스포츠	스뽀-츠	[sports]	スポーツする
스포츠머리	스뽀-츠가리	[sports刈り]	スポーツがり
스푼	스뿌-ㄴ	[spoon]	スプーン
스프링	스뿌리ㅇ구	[spring]	スプリング
스피드	스삐-도	[speed]	スピード
스피치	스삐-치	[speech]	スピーチする
슬럼프	스라ㅁ뿌	[slump]	スランプ
슬리퍼	스리ㅂ빠	[slippers]	スリッパ
슬슬	소로소로		そろそろ
슬슬	보츠보츠		ぼつぼつ
슬퍼하다	가나시무	[悲しむ]	かなしむ
슬프다	가나시이	[悲しい]	かなしい
습격하다	오소우	[襲う]	おそう
습관	슈-까ㄴ	[習慣]	しゅうかん

습관	구세	[癖]	くせ
습기가 차다	시메루	[湿る]	しめる
습도	시츠도	[湿度]	しつど
습득	슈-또꾸	[習得]	しゅうとく する
습성	슈-세-	[習性]	しゅうせい
습작	슈-사꾸	[習作]	しゅうさく する
승강장	노리바	[乗り場]	のりば
승객	죠-꺄꾸	[乗客]	じょうきゃく
승낙	쇼-다꾸	[承諾]	しょうだく する
승낙함	쇼-치	[承知]	しょうち する
승려	소-료	[僧侶]	そうりょ
승리	쇼-리	[勝利]	しょうり する
승마	죠-바	[乗馬]	じょうば する
승부	쇼-부	[勝負]	しょうぶ
승인	쇼-니ㄴ	[承認]	しょうにん する
승진	쇼-시ㄴ	[昇進]	しょうしん する
승차장	노리바	[乗り場]	のりば
승패	쇼-하이	[勝敗]	しょうはい
승합차	와고ㄴ샤	[ワゴン車]	ワゴンしゃ
시	시	[詩]	し
시	시	[市]	し
~시	지	[時]	じ
시가	시가이	[市街]	しがい
시가현	시가께ㄴ	[滋賀県]	しがけん
시각	지꼬꾸	[時刻]	じこく
시각	시까꾸	[視覚]	しかく
시각장애인	메노후지유-나히또	[目の不自由な人]	めのふじゆうなひと
시간	지까ㄴ	[時間]	じかん
시간표	지꼬꾸효-	[時刻表]	じこくひょう
시계	도께-	[時計]	とけい
시골	이나까	[田舎]	いなか
시궁창	도부	[溝]	どぶ
시그널	시구나루	[signal]	シグナル
시금치	호-레ㄴ소-	[ほうれん草]	ほうれんそう
시기	지끼	[時期]	じき
시끄럽다	우루사이		うるさい
시끄럽다	야까마시이	[喧しい]	やかましい
시끄럽다	사와가시이	[騒がしい]	さわがしい
시끄럽다	소-조-시이	[騒々しい]	そうぞうしい
시내	시나이	[市内]	しない

습관 ~ 시위

시내	오가와	[小川]	おがわ
시내통화	시나이츠-와	[市内通話]	しないつうわ
시누	고쥬-또	[小姑]	こじゅうと
시늉	마네	[真似]	まね
시다	스ㅂ빠이	[酸っぱい]	すっぱい
시대	지다이	[時代]	じだい
시도하다	고꼬로미루	[試みる]	こころみる
시들다	시오레루	[萎れる]	しおれる
시들다	시보무	[萎む]	しぼむ
시들다	시나비루	[萎びる]	しなびる
시들다(초목이)	가레루	[枯れる]	かれる
시럽	시로ㅂ뿌	[syrup]	シロップ
시력	시료꾸	[視力]	しりょく
시련	시레ㄴ	[試練]	しれん
시리즈	시리-즈	[series]	シリーズ
시립	시리츠	[市立]	しりつ
시마네현	시마네께ㄴ	[島根県]	しまねけん
시말서	시마츠쇼	[始末書]	しまつしょ
시멘트	세메ㄴ또	[cement]	セメント
시무룩한 얼굴	부ㅅ쵸-즈라	[仏頂面]	ぶっちょうづら
시민	시미ㄴ	[市民]	しみん
시선	시세ㄴ	[視線]	しせん
시설	시세츠	[施設]	しせつ
시소	시-소-	[seesaw]	シーソー
시속	지소꾸	[時速]	じそく
시스템	시스떼무	[system]	システム
시시하다	츠마라나이		つまらない
시시하다	구다라나이		くだらない
시식	시쇼꾸	[試食]	ししょくする⒱
시아버지	기리노치치	[義理の父]	ぎりのちち
시아버지	슈-또	[舅]	しゅうと
시야	시야	[視野]	しや
시어머니	기리노하하	[義理の母]	ぎりのはは
시어머니	슈-또메	[姑]	しゅうとめ
시외통화	시가이츠-와	[市外通話]	しがいつうわ
시원스러운 모양	기비기비		きびきび
시원스런 성미	기마에	[気前]	きまえ
시원시원	하끼하끼		はきはきする⒱
시원하다	스즈시이	[涼しい]	すずしい
시위	지이	[示威]	じいする⒱

503

시인	시지ㄴ	[詩人]	しじん
시인	제니ㄴ	[是認]	ぜにんする
시작	하지메	[始め]	はじめ
시작되다	하지마루	[始まる]	はじまる
시작하다	하지메루	[始める]	はじめる
시장	시쵸-	[市場]	しじょう
시장	이치바	[市場]	いちば
시장	시쵸-	[市長]	しちょう
~시 전	지마에	[~時前]	じまえ
시절	지다이	[時代]	じだい
시점	지떼ㄴ	[時点]	じてん
시종	시쥬-	[始終]	しじゅう
시중 드는 사람	츠끼소이	[付添い]	つきそい
시중들다	츠까에루	[仕える]	つかえる
시즈오카현	시즈오까께ㄴ	[静岡県]	しずおかけん
시즌	시-즈ㄴ	[season]	シーズン
시집감	요메이리	[嫁入り]	よめいり
시집을 가다	도츠구	[嫁ぐ]	とつぐ
시차	지사	[時差]	じさ
시착	시챠꾸	[試着]	しちゃくする
시책	시사꾸	[施策]	しさく
시청	시야ㄱ쇼	[市役所]	しやくしょ
시청	시쵸-	[視聴]	しちょうする
시청률	시쵸-리츠	[視聴率]	しちょうりつ
시체	시가이	[死骸]	しがい
시치고산	시치고사ㄴ	[七五三]	しちごさん
시치미를 떼다	시라바꾸레루		しらばくれる
시치미를 떼다	도보께루	[恍ける]	とぼける
시코쿠지방(지역)	시꼬꾸치호-	[四国地方]	しこくちほう
시키다	이이츠께루	[言い付ける]	いいつける
시트	시-또	[sheet]	シート
시판	시하ㄴ	[市販]	しはんする
시합	시아이	[試合]	しあいする
시행	시꼬-	[施行]	しこうする
시험	시께ㄴ	[試験]	しけん
시험관	시께ㅇ까ㄴ	[試験管]	しけんかん
시험하다	다메스	[試す]	ためす
식기세척기	쇼ㄱ끼아라이끼	[食器洗い機]	しょっきあらいき
식다	사메루	[冷める]	さめる
식다	히에루	[冷える]	ひえる

식당	쇼꾸도-	[食堂]	しょくどう
식당차	쇼꾸도-샤	[食堂車]	しょくどうしゃ
식량	쇼꾸료-	[食糧]	しょくりょう
식료품	쇼꾸료-힌	[食料品]	しょくりょうひん
식목일	미도리노히	[みどりの日]	みどりのひ
식물	쇼꾸부츠	[植物]	しょくぶつ
식물원	쇼꾸부츠엔	[植物園]	しょくぶつえん
식물인간	쇼꾸부츠니ㅇ게ㄴ	[植物人間]	しょくぶつにんげん
식별	시끼베츠	[識別]	しきべつする
식빵	쇼ㄱ빠ㅇ	[食パン]	しょくパン
식사	쇼꾸지	[食事]	しょくじする
식욕	쇼꾸요꾸	[食欲]	しょくよく
식용	쇼꾸요-	[食用]	しょくようする
식용유	사라다유	[サラダ油]	サラダゆ
식은 땀	히야아세	[冷や汗]	ひやあせ
식중독	쇼꾸아따리	[食中り]	しょくあたり
식중독	쇼ㄱ츄-도꾸	[食中毒]	しょくちゅうどく
식초	스	[酢]	す
식칼	호-쵸-	[包丁]	ほうちょう
식탁	쇼ㄱ따꾸	[食卓]	しょくたく
식품	쇼꾸힌	[食品]	しょくひん
식품	쇼꾸모츠	[食物]	しょくもつ
식후	쇼꾸고	[食後]	しょくご
식히다	히야스	[冷やす]	ひやす
신	가미	[神]	かみ
신	하끼모노	[履物]	はきもの
신	시-ㄴ	[scene]	シーン
신간	시ㅇ까ㄴ	[新刊]	しんかん
신경	시ㅇ께-	[神経]	しんけい
신경이 곤두선	피리삐리		ぴりぴりする
신경질적	시ㅇ께-시츠	[神経質]	しんけいしつ
신경통	시ㅇ께-츠-	[神経痛]	しんけいつう
신고	도도께데	[届出]	とどけで
신고	시ㅇ꼬꾸	[申告]	しんこくする
신고하다	도도께루	[届ける]	とどける
신곡	시ㅇ꼬꾸	[新曲]	しんきょく
신교도	푸로테스따ㄴ또	[protestant]	プロテスタント
신규	시ㅇ끼	[新規]	しんき
신기루	시ㅇ끼로-	[蜃気楼]	しんきろう
신년	시ㄴ네ㄴ	[新年]	しんねん

신다	하꾸	[履く]	はく
신단	가미다나	[神棚]	かみだな
신데렐라	시ㄴ데레라	[Cinderella]	シンデレラ
신동	시ㄴ도-	[神童]	しんどう
신랄	시ㄴ라츠	[辛辣]	しんらつ
신랑	하나무꼬	[花婿]	はなむこ
신랑	시ㄴ로-	[新郎]	しんろう
신록	시ㄴ료꾸	[新緑]	しんりょく
신뢰	시ㄴ라이	[信頼]	しんらいする
신문	시ㄴ부ㄴ	[新聞]	しんぶん
신문사	시ㄴ부ㄴ샤	[新聞社]	しんぶんしゃ
신발	구츠	[靴]	くつ
신발	하끼모노	[履物]	はきもの
신발가게	구츠야	[靴屋]	くつや
신발장	구츠바꼬	[靴箱]	くつばこ
신발장	게따바꼬	[下駄箱]	げたばこ
신병	미가라	[身柄]	みがら
신부	하나요메	[花嫁]	はなよめ
신부	시ㅁ뿌	[神父]	しんぷ
신분	미부ㄴ	[身分]	みぶん
신분	미가라	[身柄]	みがら
신분증	미부ㄴ쇼-메-쇼	[身分証明書]	みぶんしょうめいしょ
신불	시ㅁ부츠	[神仏]	しんぶつ
신비	시ㅁ삐	[神秘]	しんぴ
신사	지ㄴ쟈	[神社]	じんじゃ
신사	시ㄴ시	[紳士]	しんし
신사복	시ㄴ시후꾸	[紳士服]	しんしふく
신상	미노우에	[身の上]	みのうえ
신선	시ㄴ세ㄴ	[新鮮]	しんせん
신설	시ㄴ세츠	[新設]	しんせつする
신성	시ㄴ세-	[神聖]	しんせい
신세	세와	[世話]	せわする
신속	지ㄴ소꾸	[迅速]	じんそく
신앙	시ㅇ꼬-	[信仰]	しんこう
신예	시ㅇ에-	[新鋭]	しんえい
신용	시ㅇ요-	[信用]	しんようする
신용장	시ㅇ요-죠-	[信用状]	しんようじょう
신용카드	구레지ㅅ또까-도	[credit card]	クレジットカード
신원	미모또	[身元]	みもと
신원	미부ㄴ	[身分]	みぶん

신의 조화	가미와자	[神業]	かみわざ
신인	시ㄴ지ㄴ	[新人]	しんじん
신자	시ㄴ쟈	[信者]	しんじゃ
신장	지ㄴ조-	[腎臓]	じんぞう
신장	시ㄴ쵸-	[身長]	しんちょう
신장	미노따께	[身の丈]	みのたけ
신장	세따께	[背丈]	せたけ
신전	시ㄴ데ㄴ	[神殿]	しんでん
신조	시ㄴ죠-	[信条]	しんじょう
신중	시ㄴ쵸-	[慎重]	しんちょう
신지식	치에부꾸로	[知恵袋]	ちえぶくろ
신참	시ㅁ마이	[新米]	しんまい
신청	시ㄴ세-	[申請]	しんせいする
신청	모우시꼬미	[申し込み]	もうしこみ
신체	시ㄴ따이	[身体]	しんたい
신축	시ㄴ치꾸	[新築]	しんちくする
신탁	시ㄴ따꾸	[信託]	しんたくする
신품	시ㅁ삐ㄴ	[新品]	しんぴん
신하	시ㅇ까	[臣下]	しんか
신학	시ㅇ가꾸	[神学]	しんがく
신형	시ㅇ가따	[新型]	しんがた
신호	아이즈	[合図]	あいずする
신호기	시ㅇ고-끼	[信号機]	しんごうき
신호등	시ㅇ고-	[信号]	しんごう
신호무시	시ㅇ고-무시	[信号無視]	しんごうむし
신혼	시ㅇ꼬ㄴ	[新婚]	しんこん
신혼여행	시ㅇ꼬ㄴ료꼬-	[新婚旅行]	しんこんりょこう
신화	시ㅇ와	[神話]	しんわ
싣다	노세루	[載せる]	のせる
싣다	츠무	[積む]	つむ
실	이또	[糸]	いと
실고추	고나또-가라시	[粉唐辛子]	こなとうがらし
실내	시츠나이	[室内]	しつない
실력	지츠료꾸	[実力]	じつりょく
실례	쟈마	[邪魔]	じゃま
실례	시츠레-	[失礼]	しつれいする
실례	시ㄱ께-	[失敬]	しっけいする
실로	지츠니	[実に]	じつに
실로폰	모ㄱ끼ㄴ	[木琴]	もっきん
실마리	데가까리	[出がかり]	てがかり

실마리	이또구치	[糸口]	いとぐち
실마리	다노쇼	[端緒]	たんしょ
실망	시츠보-	[失望]	しつぼうする
실명	시츠메-	[失明]	しつめいする
실밥이 터지다	호꼬로비루	[綻びる]	ほころびる
실수	아야마리	[誤り]	あやまり
실수	데오치	[手落ち]	ておち
실수	오치도	[落度]	おちど
실수	누까리	[抜かり]	ぬかり
실수	데누까리	[手抜かり]	てぬかり
실수하다	아야마루	[誤る]	あやまる
실수하다	시꾸지루		しくじる
실습	지ㅅ슈-	[実習]	じっしゅうする
실시	지ㅅ시	[実施]	じっしする
실언	시츠게ㄴ	[失言]	しつげんする
실업	시츠교-	[失業]	しつぎょうする
실연	시츠레ㄴ	[失恋]	しつれんする
실용	지츠요-	[実用]	じつよう
실적	지ㅅ세끼	[実績]	じっせき
실정	지츠죠-	[実情]	じつじょう
실제	지ㅅ사이	[実際]	じっさい
실제	쇼-미	[正味]	しょうみ
실종	시ㅅ소-	[失踪]	しっそうする
실천	지ㅅ세ㄴ	[実践]	じっせんする
실체	지ㅅ따이	[実体]	じったい
실컷	조ㅁ부ㄴ	[存分]	ぞんぶん
실크	시루꾸	[silk]	シルク
실태	지ㅅ따이	[実態]	じったい
실패	시ㅂ빠이	[失敗]	しっぱいする
실행	지ㄱ꼬-	[実行]	じっこうする
실험	지ㄱ께ㄴ	[実験]	じっけんする
실험실	지ㄱ께ㄴ시츠	[実験室]	じっけんしつ
실현	지츠게ㄴ	[実現]	じつげんする
실화	지츠와	[実話]	じつわ
싫어하다	기라우	[嫌う]	きらう
싫어하다	이야가루	[嫌がる]	いやがる
싫어함, 싫음	기라이	[嫌い]	きらい
싫음	이야	[嫌]	いや
싫증	이야께	[嫌気]	いやけ
싫증남	우ㄴ자이		うんざりする

심각	시ㅇ꼬꾸	[深刻]	しんこく
심경	시ㅇ꾜-	[心境]	しんきょう
심다	우에루	[植える]	うえる
심려	시ㄴ로-	[心労]	しんろうする
심려	고꼬로즈까이	[心遣い]	こころづかい
심리	시ㄴ리	[心理]	しんり
심리학	시ㄴ리가꾸	[心理学]	しんりがく
심문	지모ㄴ	[尋問]	じんもんする
심벌	시ㅁ보루	[symbol]	シンボル
심부름	츠까이	[使い]	つかい
심부름	데츠다이	[手伝い]	てつだい
심부름값	다치ㄴ	[駄賃]	だちん
심사	시ㄴ사	[審査]	しんさする
심상치 않은	다다나라누	[徒ならぬ]	ただならぬ
심술	이지	[意地]	いじ
심술, 심술쟁이	이지와루	[意地悪]	いじわる
심술꾸러기	츠무지마가리	[旋毛曲り]	つむじまがり
심심풀이	히마츠부시	[暇潰し]	ひまつぶし
심야	요후께	[夜更け]	よふけ
심야	시ㅇ야	[深夜]	しんや
심의	시ㅇ기	[審議]	しんぎする
심장	시ㄴ조-	[心臓]	しんぞう
심장병	시ㄴ조-뵤-	[心臓病]	しんぞうびょう
심정	기부ㄴ	[気分]	きぶん
심중	시ㄴ츄-	[心中]	しんちゅう
심지	시ㅇ	[芯]	しん
심판	시ㅁ빠ㄴ	[審判]	しんぱんする
심포니	시ㅁ훠니-	[symphony]	シンフォニー
심하다	히도이		ひどい
심하다	하나하다시이	[甚だしい]	はなはだしい
심혈	시ㅇ께츠	[心血]	しんけつ
심히 낡다	후루꾸사이	[古くさい]	ふるくさい
십대	쥬-다이	[十代]	じゅうだい
십이지장	쥬-니시쵸-	[十二指腸]	じゅうにしちょう
십자가	쥬-지까	[十字架]	じゅうじか
십자로	쥬-지로	[十字路]	じゅうじろ
십자로	츠지	[辻]	つじ
싱글	시ㅇ구루	[single]	シングル
싱글룸	시ㅇ구루루-무	[single room]	シングルルーム
싱글벙글, 싱글싱글	니꼬니꼬		にこにこ

싱글침대	시ㅇ구루베ㅅ도	[single bed]	シングルベッド
싱크대	시ㅇ꾸	[sink]	シンク
싸구려 같다	야스ㅂ뽀이	[安っぽい]	やすっぽい
싸구려물건	야스모노	[安物]	やすもの
싸늘함	히야야까	[冷ややか]	ひややか
싸다	야스이	[安い]	やすい
싸다	츠츠무	[包む]	つつむ
싸라기눈	아라레	[霰]	あられ
싸우다	다따까우	[戦う]	たたかう
싸움	다따까이	[戦い]	たたかい
싸움	게ㅇ까	[喧嘩]	けんかする⊙
싹	메	[芽]	め
싹둑싹둑	쵸끼쵸끼		チョキチョキ
싹둑 자르다	쵸ㅇ기루	[ちょん切る]	ちょんぎる
싹싹	고시고시		ごしごし
싹트다	메바에루	[芽生える]	めばえる
쌀	고메	[米]	こめ
쌀가마니	다와라	[俵]	たわら
쌀겨	누까	[糠]	ぬか
쌀쌀맞다, 쌀쌀하다	요소요소시이		よそよそしい
쌀알	고메츠부	[米粒]	こめつぶ
~쌍	츠이	[対]	つい
쌍꺼풀	후따에마부따	[二重瞼]	ふたえまぶた
쌍둥이	후따고	[双子]	ふたご
쌍둥이자리	후따고자	[双子座]	ふたござ
쌍방	료-호-	[両方]	りょうほう
쌓다	츠무	[積む]	つむ
쌓다	기즈꾸	[築く]	きずく
쌓아올리다	츠미아게루	[積み上げる]	つみあげる
쌓이다	츠모루	[積もる]	つもる
쌓이다	다마루	[溜まる]	たまる
썩다	구사루	[腐る]	くさる
썩다(나무가)	구치루	[朽ちる]	くちる
썬크림	히야께도메	[日焼け止め]	ひやけどめ
썰매	소리	[橇]	そり
썰물	히끼시오	[引き潮]	ひきしお
쏘다	이루	[射る]	いる
쏘아보다	니라무	[睨む]	にらむ
쏟다	고보스	[零す]	こぼす
쏴아쏴아	자ー자ー		ざあざあ

쑤시다	호지꾸루		ほじくる
쑥	요모기	[蓬]	よもぎ
쑥	스ㅂ뽀리		すっぽり
쑥	무꾸무꾸		むくむく
쑥갓	슈o기꾸	[春菊]	しゅんぎく
쑥갓	기꾸나	[菊菜]	きくな
쑥스럽다	데레꾸사이	[照れくさい]	てれくさい
쑥쑥	스꾸스꾸		すくすく
쓰다	니가이	[苦い]	にがい
쓰다	가꾸	[書く]	かく
쓰다(모자를)	가부루	[被る]	かぶる
쓰다듬다	나데루	[撫でる]	なでる
쓰러뜨리다	다오스	[倒す]	たおす
쓰러지다	다오레루	[倒れる]	たおれる
쓰레기	고미	[塵]	ごみ
쓰레기 버리는 날	고미노히	[塵の日]	ごみのひ
쓰레기통	고미바꼬	[ごみ箱]	ごみばこ
쓰레기통	치리바꼬	[塵箱]	ちりばこ
쓰레받기	치리또리	[塵取り]	ちりとり
쓰지 않음	후요-	[不要]	ふよう
쓴 맛	니가미	[苦味]	にがみ
쓴웃음	니가와라이	[苦笑い]	にがわらい
쓴웃음	구쇼-	[苦笑]	くしょうする
쓸다	하꾸	[掃く]	はく
쓸데없음	무다	[無駄]	むだ
쓸데없음	요께-	[余計]	よけい
쓸모	도리에	[取り柄]	とりえ
쓸모없는 사람	로꾸데나시 ろ		くでなし
쓸모없음	후요-	[不要]	ふよう
쓸모없음	무요-	[無用]	むよう
쓸쓸하다	와비시이	[侘しい]	わびしい
쓸쓸하다	사비시이	[寂しい]	さびしい
쓸쓸히	쇼ㅁ보리		しょんぼり
씁쓰레하다	호로니가이	[ほろ苦い]	ほろにがい
씌우다	가부세루	[被せる]	かぶせる
씨, 씨앗	다네	[種]	たね
씩씩하다	이사마시이	[勇ましい]	いさましい
씹는 맛	하고따에	[歯応え]	はごたえ
씹다	가무	[噛む]	かむ
씻다	아라우	[洗う]	あらう

아	소라		そら
아!	아		あ
아가씨	오죠-사ㅇ	[お嬢さん]	おじょうさん
아군	미까따	[味方]	みかた
아궁이	가마도	[竈]	かまど
아기	아까짜ㄴ	[赤ちゃん]	あかちゃん
아까	사ㄱ끼		さっき
아깝다	모ㅅ따이나이	[勿体無い]	もったいない
아깝다	오시이	[惜しい]	おしい
아끼다	오시이	[惜しい]	おしい
아나운서	아나우ㄴ사-	[announcer]	アナウンサー
아내	츠마	[妻]	つま
아내	가나이	[家内]	かない
아는 사람	시리아이	[知り合い]	しりあい
아니	이야		いや
아니나다를까	아ㄴ노죠-	[案の定]	あんのじょう
아니오	이이에		いいえ
아동	지도-	[児童]	じどう
아둔함	노로마	[鈍間]	のろま
아득함	하루까	[遥か]	はるか
아들	무스꼬	[息子]	むすこ
아랍	아라부	[Arab]	アラブ
아래	시따	[下]	した
아련히	보ㅇ야리		ぼんやり
아르바이트	아루바이또	[Arbeit]	アルバイト
아름답다	우쯔꾸시이	[美しい]	うつくしい
아마, 아마도	다부ㄴ	[多分]	たぶん
아마	오소라꾸	[恐らく]	おそらく
아마추어	시로-또	[素人]	しろうと
아마추어	아마쮸아	[amateur]	アマチュア
아몬드	아-모ㄴ도	[almond]	アーモンド
아무 것도 없음	가라ㅂ뽀	[空っぽ]	からっぽ
아무래도	도-모		どうも

아무래도	쇼세느	[所詮]	しょせん
아무렇게나 함	데따라메		でたらめ
아무렇게나 함	무조-사	[無造作]	むぞうさ
아무리	이꾸라		いくら
아무리 해도	도-떼-	[到底]	とうてい
아무쪼록	도-조		どうぞ
아무쪼록	제히	[是非]	ぜひ
아무튼	나니시로	[何しろ]	なにしろ
아무튼	도까꾸		とかく
아버님	치치우에	[父上]	ちちうえ
아버지	오또-사ㅇ	[お父さん]	おとうさん
아버지	치치	[父]	ちち
아버지날	치치노히	[父の日]	ちちのひ
아보카도	아보까도		アボカド
아부	오베ㄱ까		おべっか
아빠	파빠	[papa]	パパ
아쉽다	나고리오시이	[名残惜しい]	なごりおしい
아스파라거스	아스빠라가스	[asparagus]	アスパラガス
아스팔트	아스화루또	[asphalt]	アスファルト
아슬아슬	하라하라		はらはら
아시아	아지아	[Asia]	アジア
아아	아-		ああ
아양	아이꾜-	[愛敬]	あいきょう
아양떨다	고비루	[媚びる]	こびる
아연	아에느	[亜鉛]	あえん
아연해지다	아끼레루	[呆れる]	あきれる
아오모리현	아오모리께느	[青森県]	あおもりけん
아우성치다	와메꾸	[喚く]	わめく
아유!	야레야레		やれやれ
아이	고도모	[子供]	こども
아이들	고도모따치	[子供たち]	こどもたち
아이디	아이디-	[ID]	アイディー
아이디어	아이디아	[idea]	アイディア
아이라이너	아이라이나-	[eyeliner]	アイライナー
아이러니	아이로니-	[irony]	アイロニー
아이섀도우	아이샤도-	[eye shadow]	アイシャドー
아이스스케이트	아이스스께-또	[ice skate]	アイススケート
아이스커피	아이스꼬-히	[ice coffee]	アイスコーヒ
아이스크림	아이스꾸리-무	[ice cream]	アイスクリーム
아이스티	아이스띠-	[ice tea]	アイスティー

아이치현	아이치껭	[愛知県]	あいちけん
아이콘	아이꼬ㄴ	[icon]	アイコン
아이쿠	오-		おお
아장아장	요치요치		よちよちする
아장아장	쵸꼬쵸꼬		ちょこちょこする
아저씨	오지상		おじさん
아저씨	오지		おじ
아주	도떼모		とても
아주	즈이부ㄴ		ずいぶん
아주 가까움	마지까	[間近]	まぢか
아주 가볍게	가루가루	[軽々]	かるがる
아주머니	오바상		おばさん
아주머니	오바		おば
아주 싫어함, 질색임	다이끼라이	[大嫌い]	だいきらい
아주 좋아함	다이스끼	[大好き]	だいすき
아주 캄캄함	마ㄱ꾸라	[真っ暗]	まっくら
아지랑이	가게로-	[陽炎]	かげろう
아직	마다	[未だ]	まだ
아직	이마다	[未だ]	いまだ
아직 들어보지 못함	미모ㄴ	[未聞]	みもん
아찔하다	메마구루시이		めまぐるしい
아첨	오베ㄱ까		おべっか
아첨하다	헤츠라우	[諂う]	へつらう
아침	아사	[朝]	あさ
아침결	아사가따	[朝方]	あさがた
아침밥	아사고하ㄴ	[朝御飯]	あさごはん
아침밥	아사메시	[朝飯]	あさめし
아침식사	쵸-쇼꾸	[朝食]	ちょうしょく
아침이슬	아사츠유	[朝露]	あさつゆ
아침저녁	아께꾸레	[明け暮れ]	あけくれ
아침저녁	아사바ㄴ	[朝晩]	あさばん
아침 해	아사히	[朝日]	あさひ
아침 햇살	아사히	[朝日]	あさひ
아카데미	아까데미-	[academy]	アカデミー
아카시아	아까시아	[acacia]	アカシア
아코디언	아꼬-데오ㄴ	[accordion]	アコーディオン
아크릴	아꾸리루	[acrylic]	アクリル
아키타현	아끼따껭	[秋田県]	あきたけん
아틀리에	아또리에	[atelier]	アトリエ
아파트	마ㄴ쇼ㄴ	[mansion]	マンション

아프게 하다	이따메루	[痛める]	いためる
아프다	이따이	[痛い]	いたい
아프다	이따무	[痛む]	いたむ
아프리카	아후리까	[Africa]	アフリカ
아홉	규-	[九]	きゅう
아홉 개, 아홉 살	고꼬노츠	[九つ]	ここのつ
악	아꾸	[悪]	あく
악기	가ㄱ끼	[楽器]	がっき
악마	아꾸마	[悪魔]	あくま
악몽	아꾸무	[悪夢]	あくむ
악몽에 시달리다	오소와레루		おそわれる
악물다	가미시메루	[噛みしめる]	かみしめる
악센트	아ㄱ센또	[accent]	アクセント
악수	아ㄱ슈	[握手]	あくしゅする⑩
악어	와니	[鰐]	わに
악역	아꾸야꾸	[悪役]	あくやく
악연	구사레에ㄴ	[腐れ縁]	くされえん
악연	아꾸에ㄴ	[悪縁]	あくえん
악용	아꾸요-	[悪用]	あくよう
악운	아꾸우ㄴ	[悪運]	あくうん
악의	아꾸이	[悪意]	あくい
악인	아꾸니ㄴ	[悪人]	あくにん
악취	니오이	[臭い]	におい
악화	아ㄱ까	[悪化]	あっかする⑩
안	나까	[中]	なか
안	오꾸	[奥]	おく
안	우치	[内]	うち
안감	우라지	[裏地]	うらじ
안개	모야	[靄]	もや
안개	기리	[霧]	きり
안개(봄)	가스미	[霞]	かすみ
안개가 길게 뻗치다	다나비꾸		たなびく
안개가 끼다	가스무	[霞む]	かすむ
안건	아ㅇ께ㄴ	[案件]	あんけん
안경	메가네	[眼鏡]	めがね
안경점	메가네떼ㄴ	[眼鏡店]	めがねてん
안과	가ㅇ까	[眼科]	がんか
안과의사	메이샤	[目医者]	めいしゃ
안구	메다마	[目玉]	めだま
안내	데비끼	[手引き]	てびき

안내	아ㄴ나이	[案内]	あんないする
안내소	아ㄴ나이죠	[案内所]	あんないじょ
안내자	가이도	[guide]	ガイドする
안녕히 가세요	사요-나라		さようなら
안녕히 계세요	사요-나라		さようなら
안다	다꾸	[抱く]	だく
안다	가까에루	[抱える]	かかえる
안달	이라이라		いらいらする
안달하다	아세루	[焦る]	あせる
안도	아ㄴ도	[安堵]	あんどする
안락	아ㄴ라꾸	[安楽]	あんらく
안마	마ㅅ사-지	[massage]	マッサージする
안면	아ㅁ미ㄴ	[安眠]	あんみん
안부	아ㅁ삐	[安否]	あんぴ
안색	가오이로	[顔色]	かおいろ
안성맞춤	모ㅅ떼꼬이	[持って来い]	もってこい
안성맞춤	우ㅅ떼츠께	[打って付け]	うってつけ
안성맞춤임	아츠라에무끼	[あつらえ向き]	あつらえむき
안심	아ㄴ시ㄴ	[安心]	あんしんする
안약	메구스리	[目薬]	めぐすり
안을 들여다보다	노조꾸	[覗く]	のぞく
안전	아ㄴ제ㄴ	[安全]	あんぜん
안전벨트	시-또베루또	[seat belt]	シートベルト
안절부절	소와소와		そわそわ
안정	아ㄴ떼-	[安定]	あんていする
안정	아ㄴ세-	[安静]	あんせい
안쪽	우치가와	[内側]	うちがわ
안쪽	우라가와	[裏側]	うらがわ
안타	아ㄴ다	[安打]	あんだ
안타깝다	세츠나이	[切ない]	せつない
안타깝다	지레ㅅ따이	[焦れったい]	じれったい
안타깝다	하가유이	[歯痒い]	はがゆい
안타깝다	모도까시이		もどかしい
안테나	아ㄴ떼나	[antenna]	アンテナ
앉다	스와루	[座る]	すわる
앉아서 졸음	이네무리	[居眠り]	いねむりする
알	다마고	[卵]	たまご
~알	츠부	[粒]	つぶ
알다	시루	[知る]	しる
알다	와까루	[分かる]	わかる

알레르기	아레루기-	[Allergie]	アレルギー
알려지다	시라레루	[知られる]	しられる
알로에	아로에	[aloe]	アロエ
알루미늄	아루미니우무	[aluminium]	アルミニウム
알루미늄 호일	아루미호이루	[aluminium foil]	アルミホイル
알리다	시라세루	[知らせる]	しらせる
알리바이	아리바이	[alibi]	アリバイ
알맞게	호도호도	[程々]	ほどほど
알맞다	데끼스루	[適する]	てきする
알맞다	호도요이	[程よい]	ほどよい
알맞음	이이까게ㄴ	[いい加減]	いいかげん
알맞음	고-츠고-	[好都合]	こうつごう
알맹이	나까미	[中身]	なかみ
알맹이	쇼-미	[正味]	しょうみ
알몸	하다까	[裸]	はだか
알몸	마루하다까	[丸裸]	まるはだか
알몸	마ㅂ빠다까	[真っ裸]	まっぱだか
알몸	스하다	[素肌]	すはだ
알몸뚱이	스ㅂ빠다까	[素っ裸]	すっぱだか
알선	아ㅅ세ㄴ	[斡旋]	あっせん
알아들음	쇼-치	[承知]	しょうちする
알아보다	시라베루	[調べる]	しらべる
알약	죠-자이	[錠剤]	じょうざい
알칼리성	아루까리세-	[alkali性]	アルカリせい
알토	아루또	[alto]	アルト
앓다	야무	[病む]	やむ
앓다	와즈라우	[患う]	わずらう
암	가ㄴ	[癌]	がん
암거래	야미또리히끼	[闇取引]	やみとりひき
암거래상	야미야	[闇屋]	やみや
암기	아ㅇ끼	[暗記]	あんきする
암기하다	오보에루	[覚える]	おぼえる
암산	아ㄴ자ㄴ	[暗算]	あんざんする
암살	아ㄴ사츠	[暗殺]	あんさつする
암시	아ㄴ지	[暗示]	あんじする
암실	아ㄴ시츠	[暗室]	あんしつ
암운	아ㅇ우ㄴ	[暗雲]	あんうん
암컷	메스	[雌]	めす
암탉	메ㄴ도리		めんどり
암호	아ㅇ고-	[暗号]	あんごう

암흑	야미	[闇]	やみ
암흑	아ㅇ꼬꾸	[暗黒]	あんこく
압도	아ㅇ또-	[圧倒]	あっとう
압력	아ㅅ료꾸	[圧力]	あつりょく
압력솥	아츠료꾸나베	[圧力鍋]	あつりょくなべ
압박	아ㅂ빠꾸	[圧迫]	あっぱく
압수	오-슈-	[押収]	おうしゅうする⒱
압정	가뵤-	[画びょう]	がびょう
앗	아ㅅ		あっ
앙케트	아ㅇ께-또	[enquete]	アンケート
앙코르	아ㅇ꼬-루	[encore]	アンコール
앞	마에	[前]	まえ
앞	사끼	[先]	さき
앞길	유꾸떼	[行く手]	ゆくて
앞날	아스	[明日]	あす
앞니	마에바	[前歯]	まえば
앞 다투어	와레사끼	[我先]	われさき
앞당기다	구리아게루	[繰り上げる]	くりあげる
앞머리	마에가미	[前髪]	まえがみ
앞서	사ㄱ끼		さっき
앞서	사끼니	[先に]	さきに
앞서다	사끼다츠	[先立つ]	さきだつ
앞으로	고레까라		これから
앞으로	고ㅇ고	[今後]	こんご
앞지르다	오이꼬스	[追い越す]	おいこす
앞치마	에쁘로ㄴ	[apron]	エプロン
애교	아이꾜-	[愛敬]	あいきょう
애국	아이꼬꾸	[愛国]	あいこく
애니메이션	아니메	[animation]	アニメ
애달프다	세츠나이	[切ない]	せつない
애도하다	이따무	[悼む]	いたむ
애독	아이도꾸	[愛読]	あいどくする⒱
애매함	아이마이	[曖昧]	あいまい
애먹다	데꼬즈루		てこずる
애무	아이부	[愛撫]	あいぶする⒱
애벌레	요-츄-	[幼虫]	ようちゅう
애송이	와까조-	[若造]	わかぞう
애써	세ㄱ까꾸	[折角]	せっかく
애쓰다	호네오루	[骨折る]	ほねおる
애완동물	페ㅅ또	[pet]	ペット

암흑 ～ 야무지지 않다

애원	아이간ㄴ	[哀願]	あいがんする
애인	고이비또	[恋人]	こいびと
애인을 빼앗다	누께가께스루	[抜け駆けする]	ぬけがけする
애정	아이죠-	[愛情]	あいじょう
애착	아이챠꾸	[愛着]	あいちゃく
애처롭다	이지라시이		いじらしい
애타게 기다리다	마치꼬가레루	[待ち焦がれる]	まちこがれる
애타다	지레ㅅ따이	[焦れったい]	じれったい
애태우다	지라스	[焦らす]	じらす
애프터서비스	아후따-사-비스	[after-service]	アフターサービス
액면	가꾸메ㄴ	[額面]	がくめん
액세서리	아ㄱ세사리-	[accessory]	アクセサリー
액셀러레이터	아ㄱ세루	[accelerator]	アクセル
액션	아ㄱ쇼ㄴ	[action]	アクション
액자	가꾸부치	[額縁]	がくぶち
액정	에끼쇼-	[液晶]	えきしょう
액체	에끼따이	[液体]	えきたい
앨범	아루바무	[album]	アルバム
앵무새	오-무		オウム
야	고레		これ
야	야-		やあ
야	이야		いや
야!	소레		それ
야간	야까ㄴ	[夜間]	やかん
야간경기	나이따-	[night game]	ナイター
야구	야뀨-	[野球]	やきゅう
야근	야끼ㄴ	[夜勤]	やきんする
야끼소바	야끼소바	[焼きそば]	やきそば
야단스러움	오-게사	[大げさ]	おおげさ
야단치다	시까루	[叱る]	しかる
야당	야또-	[野党]	やとう
야릇하다	아야시이	[怪しい]	あやしい
야릇함	도ㅂ삐	[突飛]	とっぴ
야마가타현	야마가따께ㄴ	[山形県]	やまがたけん
야마구치현	야마구치께ㄴ	[山口県]	やまぐちけん
야마나시현	야마나시께ㄴ	[山梨県]	やまなしけん
~야말로	고소		こそ
야망	야보-	[野望]	やぼう
야맹증	도리메	[鳥目]	とりめ
야무지지 않다	다라시나이		だらしない

야생	야세-	[野生]	やせい
야성	야세-	[野性]	やせい
야수	야쥬-	[野獣]	やじゅう
야식	야쇼꾸	[夜食]	やしょく
야심	야시ㄴ	[野心]	やしん
야외	야가이	[野外]	やがい
야자	야시	[椰子]	やし
야채	야사이	[野菜]	やさい
야채 가게	야오야	[八百屋]	やおや
야채샐러드	야사이사라다	[野菜サラダ]	やさいサラダ
야채 요리	야사이료-리	[野菜料理]	やさいりょうり
약	구스리	[薬]	くすり
약	야꾸	[約]	やく
약	호보		ほぼ
약간	스꼬시	[少し]	すこし
약간	이사사까	[些か]	いささか
약간	쟈ㄱ까ㄴ	[若干]	じゃっかん
약간 부족하다	모노따리나이	[物足りない]	ものたりない
약간 아쉽다	모노따리나이	[物足りない]	ものたりない
약국	구스리야	[薬屋]	くすりや
약국	야ㄱ꾜꾸	[薬局]	やっきょく
약도	랴꾸즈	[略図]	りゃくず
약동	야꾸도-	[躍動]	やくどうする⑨
약력	랴꾸레끼	[略歴]	りゃくれき
약사	야꾸자이시	[薬剤師]	やくざいし
약속	야ㄱ소꾸	[約束]	やくそくする⑨
약식	랴꾸시끼	[略式]	りゃくしき
약올리다	지라스	[焦らす]	じらす
약용	야꾸요-	[薬用]	やくよう
약자	랴꾸지	[略字]	りゃくじ
약점	요와미	[弱み]	よわみ
약점	쟈ㄱ떼ㄴ	[弱点]	じゃくてん
약점	히께메	[引け目]	ひけめ
약지	구스리유비	[薬指]	くすりゆび
약진	야ㄱ시ㄴ	[躍進]	やくしんする⑨
약탈	랴꾸다츠	[略奪]	りゃくだつする⑨
약품	야꾸히ㄴ	[薬品]	やくひん
약하다	요와이	[弱い]	よわい
약학	야꾸가꾸	[薬学]	やくがく
약한 말	요와네	[弱音]	よわね

약한 불	요와비	[弱火]	よわび
약혼	고ㅇ야꾸	[婚約]	こんやくする
약혼 예물	유이노-	[結納]	ゆいのう
약혼자	고ㅇ야ㄱ샤	[婚約者]	こんやくしゃ
얄밉다	니꾸라시이	[憎らしい]	にくらしい
얇다	우스이	[薄い]	うすい
얌전하다	오또나시이		おとなしい
양	히츠지	[羊]	ひつじ
양	료-	[量]	りょう
양갱	요-까ㄴ	[羊羹]	ようかん
양고기	라무니꾸	[lamb肉]	ラムにく
양념	야꾸미	[薬味]	やくみ
양념(뿌리는)	후리까께	[振り掛け]	ふりかけ
양념	아지츠께	[味付け]	あじつけ
양념국물	다시		だし
양다리를 걸치다	후따마따오까께루		ふたまたをかける
양도	죠-또	[譲渡]	じょうとする
양도하다	유즈루	[譲る]	ゆずる
양동이	바께츠	[bucket]	バケツ
양띠	히츠지도시	[羊年]	ひつじどし
양력	다이요-레끼	[太陽暦]	たいようれき
양력	시ㄴ레끼	[新暦]	しんれき
양말	구츠시따	[靴下]	くつした
양배추	갸베츠	[cabbage]	キャベツ
양보하다	유즈루	[譲る]	ゆずる
양복(신사복)	세비로	[背広]	せびろ
양산	히가사	[日傘]	ひがさ
양상추	레따스	[lettuce]	レタス
양성	요-세-	[陽性]	ようせい
양성	요-세-	[養成]	ようせいする
양손	료-떼	[両手]	りょうて
양송이	마ㅅ슈루-무	[mushroom]	マッシュルーム
양식	요-쇼꾸	[洋食]	ようしょく
양식	요-쇼꾸	[養殖]	ようしょくする
양실	요-마	[洋間]	ようま
양심	료-시ㄴ	[良心]	りょうしん
양육하다	야시나우	[養う]	やしなう
양자	요-시	[養子]	ようし
양자리	오히츠지자	[牡羊座]	おひつじざ
양장	요-소-	[洋装]	ようそう

양장	하ー도까바ー	[hardcover]	ハードカバー
양재	요ー사이	[洋裁]	ようさい
양쪽	료ー호ー	[両方]	りょうほう
양쪽	료ー가와	[両側]	りょうがわ
양쪽 모두 망함	도모다오레	[共倒れ]	ともだおれする
양처	료ー사이	[良妻]	りょうさい
양초	로ー소꾸		ろうそく
양치	하미가끼	[歯磨き]	はみがき
양치, 양치질	우가이		うがいする
양친	료ー시ㄴ	[両親]	りょうしん
양파	다마네기	[玉ねぎ]	たまねぎ
양품	요ー히ㄴ	[洋品]	ようひん
양품점	요ー히ㄴ떼ㄴ	[洋品店]	ようひんてん
양호	료ー꼬ー	[良好]	りょうこう
양호실	호께ㄴ시츠	[保健室]	ほけんしつ
얕다	아사이	[浅い]	あさい
얕보다	아나도루	[侮る]	あなどる
얕은 여울	아사세	[浅瀬]	あさせ
어	아레		あれ
어구	고구	[語句]	ごく
어금니	오꾸바	[奥歯]	おくば
어금니(짐승의)	기바	[牙]	きば
어긋나다	구이치가우	[食い違う]	くいちがう
어기다	야부루	[破る]	やぶる
어깨	가따	[肩]	かた
어느	도		ど
어느	도노		どの
어느	아루	[或]	ある
어느 것	도레		どれ
어느 것	도치라		どちら
어느덧, 어느새	이츠시까		いつしか
어느 때	이츠		いつ
어느 분	도나따		どなた
어느 분	도노까따	[どの方]	どのかた
어느 분	도치라사마	[どちら様]	どちらさま
어느새	이츠노마니까	[いつの間にか]	いつのまにか
어느 쪽	도치라		どちら
어느 쪽	도ㅅ치		どっち
어두운 밤길	야미지	[闇路]	やみじ
어두컴컴하다	우스구라이	[薄暗い]	うすぐらい

어둑어둑하다	호노구라이	[仄暗い]	ほのぐらい
어둠	야미	[闇]	やみ
어둠	구라야미	[暗闇]	くらやみ
어둡다	구라이	[暗い]	くらい
어디	도꼬		どこ
어디까지나	아꾸마데모		あくまでも
어떠한	도노요-나		どのような
어떠한, 어떤	도ㄴ나		どんな
어떤	아루	[或]	ある
어떻게	이까가		いかが
어떻게	도-		どう
어떻든	도ㅅ치미치		どっちみち
어렴풋이	보ㅇ야리		ぼんやり
어렴풋이	우스우스	[薄々]	うすうす
어렴풋함	가스까	[微か]	かすか
어렴풋함	호노까	[仄か]	ほのか
어렵다	무즈까시이	[難しい]	むずかしい
어렵다	야야꼬시이		ややこしい
어루만지다	나데루	[撫でる]	なでる
어류	교류이	[魚類]	ぎょるい
어르다	아야스		あやす
어른	오또나	[大人]	おとな
어른거리다	치라츠꾸		ちらつく
어리광을 부리다	아마에루	[甘い]	あまえる
어리다	오사나이	[幼い]	おさない
어리다	와까이	[若い]	わかい
어리둥절하다	메ㅇ꾸라우	[面食らう]	めんくらう
어리둥절함	보-제ㄴ	[茫然]	ぼうぜん
어리둥절함	아ㄱ께	[呆気]	あっけ
어리석다	바까바까시이		ばかばかしい
어리석다	바까라시이	[馬鹿らしい]	ばからしい
어리석음	후까꾸	[不覚]	ふかく
어린 시절	쇼-네ㄴ지다이	[少年時代]	しょうねんじだい
어린양	고히츠지	[子羊]	こひつじ
어린이	고도모	[子供]	こども
어린이날	고도모노히	[こどもの日]	こどものひ
어머	마-		まあ
어머	아라		あら
어머!	오야		おや
어머나	아라		あら

어머나	아레		あれ
어머나!	아라마-		あらまあ
어머니	오까-사ㅇ	[お母さん]	おかあさん
어머니	하하	[母]	はは
어머니	하하오야	[母親]	ははおや
어머니날	하하노히	[母の日]	ははのひ
어머님	하하우에	[母上]	ははうえ
어묵	가마보꼬	[蒲鉾]	かまぼこ
어물어물	모고모고		もごもご
어물어물	모구모구		もぐもぐ
어부	료-시	[漁師]	りょうし
어부	교후	[漁夫]	ぎょふ
어부바	오ㅁ부		おんぶする
어색하다	기고치나이		ぎごちない
어선	교세ㄴ	[漁船]	ぎょせん
어설픔	나마하ㅇ까	[生半可]	なまはんか
어설픔	나마지ㄱ까		なまじっか
어수선하게	고챠고챠		ごちゃごちゃする
어수선하다	아와따다시이	[慌ただしい]	あわただしい
어수선함	부ㅅ소-	[物騒]	ぶっそう
어슬렁거리다	부라츠꾸		ぶらつく
어슬렁어슬렁	부라부라		ぶらぶらする
어슴푸레하게	우스우스	[薄々]	うすうす
어슴푸레함	호노까	[仄か]	ほのか
어업	교교-	[漁業]	ぎょぎょう
어울리다	후사와시이		ふさわしい
어울리다	니아우	[似合う]	にあう
어음	데가따	[手形]	てがた
어이없어 함	아ㄱ께	[呆気]	あっけ
어정어정	우로우로		うろうろする
어제, 어저께	기노-	[昨日]	きのう
어제	사꾸지츠	[昨日]	さくじつ
어젯밤	유-베	[昨夜]	ゆうべ
어젯밤	사꾸야	[昨夜]	さくや
어젯밤	사꾸바ㄴ	[昨晩]	さくばん
어조	구쵸-	[口調]	くちょう
어중간함	하ㅁ빠	[半端]	はんぱ
어중간함	나마하ㅇ까	[生半可]	なまはんか
어중간함	나마지ㄱ까		なまじっか
어지간히	요호도	[余程]	よほど

어머나 ~ 언론

어지러워지다	미다레루	[乱れる]	みだれる
어지럽다	메마구루시이		めまぐるしい
어째서	나제	[何故]	なぜ
어째서	도-시떼		どうして
어쨌든	도니까꾸		とにかく
어쨌든	도모까꾸		ともかく
어쨌든	나니시로	[何しろ]	なにしろ
어쩌면	횻또스루또		ひょっとすると
어쩐지	난다까	[何だか]	なんだか
어쩐지	난또나꾸	[何となく]	なんとなく
어쩐지 기분이 나쁘다	기미와루이	[気味悪い]	きみわるい
어차피	도-세		どうせ
어차피	돗치미치		どっちみち
어차피	이즈레		いずれ
어차피	쇼센	[所詮]	しょせん
어처구니없다	바까바까시이		ばかばかしい
어촌	교손	[漁村]	ぎょそん
어패류	교까이루이	[魚介類]	ぎょかいるい
어필	아삐-루	[appeal]	アピールする
어학	고가꾸	[語学]	ごがく
어학원	고가꾸쥬꾸	[語学塾]	ごがくじゅく
어흥(사자)	가오-		ガオー
억	오꾸	[億]	おく
억누르다	오시츠께루	[押し付ける]	おしつける
억만	오꾸만	[億万]	おくまん
억양	인또네-숀	[intonation]	イントネーション
억양(강한)	나마리	[訛り]	なまり
억울하다	구야시이	[悔しい]	くやしい
억지	리후진	[理不尽]	りふじん
억지로	무리야리니	[無理矢理]	むりやりに
억지로	시이떼	[強いて]	しいて
억지로 버팀	야세가만	[痩せ我慢]	やせがまん
억지 이론	헤리꾸츠	[屁理屈]	へりくつ
언급	겐큐-	[言及]	げんきゅうする
언니	오네-상	[お姉さん]	おねえさん
언니	아네	[姉]	あね
언덕	오까	[丘]	おか
언동	모노고시	[物腰]	ものごし
언뜻	핫또		はっとする
언론	겐론	[言論]	げんろん

언어	고또바	[言葉]	ことば
언어	게o고	[言語]	げんご
언쟁	이이아라소이	[言い争い]	いいあらそい
언제	이츠		いつ
언제까지	이츠마데		いつまで
언제나	이츠모		いつも
언제나	쇼ㅅ츄-		しょっちゅう
언제나	츠네즈네	[常々]	つねづね
언제라도	이츠데모		いつでも
언제부터	이츠까라		いつから
언젠가	이츠까		いつか
언행	모노고시	[物腰]	ものごし
얹다	노세루	[載せる]	のせる
얻다	우루	[得る]	える
얼간이	마누께	[間抜け]	まぬけ
얼간이	소꼬누께	[底抜け]	そこぬけ
얼간이	후누께	[腑抜け]	ふぬけ
얼간이	도ㅁ마	[頓馬]	とんま
얼굴	가오	[顔]	かお
얼굴 마사지	에스떼	[esthetique]	エステ
얼굴 생김새	가오츠끼	[顔付き]	かおつき
얼굴 생김새가 꼭 닮음	소라니	[空似]	そらに
얼다	고오루	[凍る]	こおる
얼룩	시미	[染み]	しみ
얼룩말	시마우마	[縞馬]	しまうま
얼룩말무늬	시마모요-	[縞模様]	しまもよう
얼마	이꾸라		いくら
얼마 전에	세ㄴ다ㅅ떼	[先達て]	せんだって
얼버무리다	마기라와스	[紛らわす]	まぎらわす
얼얼	히리히리		ひりひりする
얼음	고-리	[氷]	こおり
얽히다	마츠와루	[纏わる]	まつわる
엄격	게ㅇ까꾸	[厳格]	げんかく
엄마	마마	[mama]	ママ
엄마놀이	마마고또		ままごと
엄수	게ㄴ슈	[厳守]	げんしゅ
엄숙	게ㄴ슈꾸	[厳粛]	げんしゅく
엄지손가락	오야유비	[親指]	おやゆび
엄청나게	메ㅂ뽀-	[滅法]	めっぽう
엄청나다(수량이)	오비따다시이		おびただしい

엄하다	기비시이	[厳しい]	きびしい
업계	교-까이	[業界]	ぎょうかい
업다	오우	[負う]	おう
업다	세오우	[背負う]	せおう
업로드	아ㅂ뿌로-도	[up load]	アップロード
업무	교-무	[業務]	ぎょうむ
업신여기다	미꾸비루	[見くびる]	みくびる
업종	교-슈	[業種]	ぎょうしゅ
없다	나이		ない
없애다	나꾸스	[無くす]	なくす
없애다	도리노조꾸	[取り除く]	とりのぞく
없어지다	나꾸나루	[無くなる]	なくなる
없어지다	기에루	[消える]	きえる
엇갈리다	구이치가우	[食い違う]	くいちがう
엉거주춤함	츄-또하ㅁ빠	[中途半端]	ちゅうとはんぱ
엉겁결에	오모와즈	[思わず]	おもわず
엉겅퀴	아자미		あざみ
엉덩방아	시리모치	[尻餅]	しりもち
엉덩이	시리	[尻]	しり
엉뚱함	도ㅂ삐	[突飛]	とっぴ
엉망	메챠	[滅茶]	めちゃ
엉망이 됨	다이나시	[台無し]	だいなし
엉망진창	메챠꾸챠	[滅茶苦茶]	めちゃくちゃ
엉망진창	무챠	[無茶]	むちゃ
엉성함	오-자ㅂ빠		おおざっぱ
엉터리	데따라메		でたらめ
엉터리	이ㄴ치끼		いんちき
엎드려 눕다	네소베루	[寝そべる]	ねそべる
엎드려 절함	헤-후꾸	[平伏]	へいふくする⒱
엎드리다	후스	[伏す]	ふす
엎지르다	고보스	[零す]	こぼす
에?	에-		ええ
~에	니		に
~에	에		へ
~에게	니		に
에너지	에네루기-	[energy]	エネルギー
에메랄드	에메라루도	[emerald]	エメラルド
~에서	데		で
~에서	가라		から
에세이	에ㅅ세이	[essay]	エッセイ

에센스	비요-에끼	[美容液]	びようえき
에스컬레이터	에스까레-타-	[escalator]	エスカレーター
에스코트	에스꼬-또	[escort]	エスコートする
에스프레스	에스쁘레ㅅ소	[espresso]	エスプレッソ
에어로빅	에아로비ㄱ스	[aerobics]	エアロビクス
에어컨	구-라-	[cooler]	クーラー
에워싸다	도리마꾸	[取り巻く]	とりまく
에워싸다	도리까꼬무	[取り囲む]	とりかこむ
에이전시	에-제ㄴ시-	[agency]	エージェンシー
에이전트	에-제ㄴ또	[agent]	エージェント
에이즈	에이즈	[AIDS]	エイズ
에티켓	에치께ㅅ또	[etiquette]	エチケット
에피소드	에삐소-도	[episode]	エピソード
에필로그	에삐로-구	[epilogue]	エピローグ
에히메현	에히메께ㄴ	[愛媛県]	えひめけん
엑스레이	레ㄴ또게ㄴ	[Rontgen]	レントゲン
엑스트라	에끼스또라	[extra]	エキストラ
엔	에ㅇ	[円]	えん
엔고	에ㄴ다까	[円高]	えんだか
엔저	에ㅇ야스	[円安]	えんやす
엔젤	에ㄴ제루	[angel]	エンゼル
엔진	에ㄴ지ㄴ	[engine]	エンジン
엔카	에ㅇ까	[演歌]	えんか
엘레강스	에레가ㄴ스	[elegance]	エレガンス
엘리베이터	에레베-따-	[elevator]	エレベーター
엘리트	에리-또	[elite]	エリート
여가	요까	[余暇]	よか
여가	이또마	[暇]	いとま
여객선	갸ㄱ세ㄴ	[客船]	きゃくせん
여관	야도	[宿]	やど
여관	야도야	[宿屋]	やどや
여관(고급)	료까ㄴ	[旅館]	りょかん
여권	료께ㄴ	[旅券]	りょけん
여기	고꼬		ここ
여기저기	아치꼬치		あちこち
여기저기	도꼬로도꼬로	[所々]	ところどころ
여기저기	하ㅂ뽀-	[八方]	はっぽう
여기저기	호-보-	[方々]	ほうぼう
여당	요또-	[与党]	よとう
여덟	하치	[八]	はち

여덟 개, 여덟 살	야ㅅ츠	[八つ]	やっつ
여동생	이모-또	[妹]	いもうと
여드름	니끼비	[面皰]	にきび
여러 가지	이로이로	[色々]	いろいろ
여러 가지	이로ㄴ나	[色んな]	いろんな
여러 가지	사마자마	[様々]	さまざま
여러 가지	아레꼬레		あれこれ
여러 번	다비따비	[度々]	たびたび
여러분	미나사ㅇ		みなさん
여로	다비지	[旅路]	たびじ
여름	나츠	[夏]	なつ
여름 무명 홑옷	유까따	[浴衣]	ゆかた
여름방학	나츠야스미	[夏休み]	なつやすみ
여름을 탐	나츠바떼	[夏ばて]	なつばてする⊙
여름철 불경기	나츠가레	[夏枯れ]	なつがれ
여리다	모로이	[脆い]	もろい
여명	아까츠끼	[暁]	あかつき
여명	아께보노	[曙]	あけぼの
여물다	미노루	[実る]	みのる
여배우	죠유-	[女優]	じょゆう
여백	요하꾸	[余白]	よはく
여보게	나-		なあ
여보세요	모시모시		もしもし
여보세요	쵸ㅅ또		ちょっと
여사	죠시	[女史]	じょし
여섯	로꾸	[六]	ろく
여섯 개, 여섯 살	무ㅅ츠	[六つ]	むっつ
여성	죠세-	[女性]	じょせい
여성복	후지ㅁ후꾸	[婦人服]	ふじんふく
여성용 면도기	가미소리	[剃刀]	かみそり
여성용 정장	스-츠	[suit]	スーツ
여성잡지	죠세-시	[女性誌]	じょせいし
여승	아마	[尼]	あま
여승	니소-	[尼僧]	にそう
여신	메가미	[女神]	めがみ
여아	죠지	[女児]	じょじ
여왕	죠오-	[女王]	じょおう
여우	기츠네	[狐]	きつね
여우비	데ㅇ끼아메	[天気雨]	てんきあめ
여울	아사세	[浅瀬]	あさせ

여위다	야세루	[痩せる]	やせる
여위다	야츠레루	[窶れる]	やつれる
여유	유또리		ゆとり
여유	요유-	[余裕]	よゆう
여의다	나꾸스	[亡くす]	なくす
여의사	죠이	[女医]	じょい
여인숙	야도야	[宿屋]	やどや
여자	오ㄴ나	[女]	おんな
여자	오ㄴ나노히또	[女の人]	おんなのひと
여자	죠시	[女子]	じょし
여자 교복	세-라-후꾸	[sailor服]	セーラーふく
여자답다	오ㄴ나라시이	[女らしい]	おんならしい
여자대학	죠시다이	[女子大]	じょしだい
여자 아이	오ㄴ나노꼬	[女の子]	おんなのこ
여자 조카	메-	[姪]	めい
여자 친구	가노죠	[彼女]	かのじょ
여전히	아이까와라즈	[相変わらず]	あいかわらず
여진	요시ㄴ	[余震]	よしん
여쭙다	우까가우	[伺う]	うかがう
여치	기리기리스		きりぎりす
여태	마다	[未だ]	まだ
여하튼	도니까꾸		とにかく
여하튼	도모까꾸		ともかく
여행	료꼬-	[旅行]	りょこうする
여행	다비	[旅]	たびする
여행가방	스-츠께-스	[suitcase]	スーツケース
여행사	료꼬-가이샤	[旅行会社]	りょこうがいしゃ
여행을 떠나다	다비다츠	[旅立つ]	たびだつ
여행자수표	도라베라-즈체ㄱ꾸	[traveler's check]	トラベラーズチェック
여행지	료꼬-사끼	[旅行先]	りょこうさき
여행지	다비사끼	[旅先]	たびさき
여회사원	오 에루	[office lady]	オーエル
역	에끼	[駅]	えき
역 앞	에끼마에	[駅前]	えきまえ
역대	레끼다이	[歴代]	れきだい
역도시락	에끼베ㄴ	[駅弁]	えきべん
역량	리끼료-	[力量]	りきりょう
역류	갸꾸류-	[逆流]	ぎゃくりゅうする
역무원	에끼이ㄴ	[駅員]	えきいん
역사	레끼시	[歴史]	れきし

역사학	레끼시가꾸	[歴史学]	れきしがく
역설	갸ㄱ세츠	[逆説]	ぎゃくせつ
역설	리끼세츠	[力説]	りきせつする
역시	야하리		やはり
역시	나오		なお
역시	사스가		さすが
역임	레끼닌	[歴任]	れきにんする
역작	리끼사꾸	[力作]	りきさく
역장	에끼쵸-	[駅長]	えきちょう
역전	갸ㄱ떼ㄴ	[逆転]	ぎゃくてんする
역전	에끼마에	[駅前]	えきまえ
역점	리끼떼ㄴ	[力点]	りきてん
역접	갸ㄱ세츠	[逆接]	ぎゃくせつ
역정	리ㅂ뿌꾸	[立腹]	りっぷくする
역주	리끼소-	[力走]	りきそうする
역할	야꾸와리	[役割]	やくわり
역할	야꾸메	[役目]	やくめ
역효과	갸ㄱ꼬-까	[逆効果]	ぎゃくこうか
엮다	아무	[編む]	あむ
연	다꼬	[凧]	たこ
연간	네ㅇ까ㄴ	[年間]	ねんかん
연건평	노베츠보	[延べ坪]	のべつぼ
연결되다	츠나가루		つながる
연결하다	츠나구		つなぐ
연고	나ㅇ꼬-	[軟膏]	なんこう
연구	게ㅇ뀨-	[研究]	けんきゅうする
연극	에ㅇ게끼	[演劇]	えんげき
연극	시바이	[芝居]	しばい
연극	게끼	[劇]	げき
연근	레ㅇ꼬ㄴ	[蓮根]	れんこん
연금	네ㅇ끼ㅇ	[年金]	ねんきん
연기	게무리	[煙]	けむり
연기	에ㅇ기	[演技]	えんぎする
연기	에ㅇ끼	[延期]	えんきする
연꽃	하스	[蓮]	はす
연날리기	다꼬아게	[凧揚げ]	たこあげ
연년생	도시고	[年子]	としご
연달아	츠기츠기	[次々]	つぎつぎ
연달아	시끼리니	[頻りに]	しきりに
연달아	츠즈께자마	[続けざま]	つづけざま

연대	네ㄴ다이	[年代]	ねんだい
연도	네ㄴ도	[年度]	ねんど
연도	에ㄴ도-	[沿道]	えんどう
연두색	기미도리이로	[黄緑色]	きみどりいろ
연락	레ㄴ라꾸	[連絡]	れんらくする
연락처	레ㄴ라ㄱ사끼	[連絡先]	れんらくさき
연령	네ㄴ레-	[年齢]	ねんれい
연료	네ㄴ료-	[燃料]	ねんりょう
연립주택	나가야	[長屋]	ながや
연말	네ㅁ마츠	[年末]	ねんまつ
연못	이께	[池]	いけ
연봉	네ㅁ뽀-	[年俸]	ねんぽう
연봉제	네ㅁ뽀-세-	[年俸制]	ねんぽうせい
연상	도시우에	[年上]	としうえ
연설	에ㄴ제츠	[演説]	えんぜつする
연설자	스삐-까-	[speaker]	スピーカー
연소	네ㄴ쇼-	[燃焼]	ねんしょうする
연소자	쥬니아	[junior]	ジュニア
연속	레ㄴ조꾸	[連続]	れんぞくする
연수	게ㄴ슈-	[研修]	けんしゅうする
연습	레ㄴ슈-	[練習]	れんしゅうする
연습	게-꼬	[稽古]	けいこする
연습	레ㅅ스ㄴ	[lesson]	レッスン
연애	레ㅇ아이	[恋愛]	れんあいする
연애결혼	레ㅇ아이께ㄱ꼬ㄴ	[恋愛結婚]	れんあいけっこん
연약하다	가요와이	[か弱い]	かよわい
연어	사께	[鮭]	さけ
연어	사-모ㄴ	[salmon]	サーモン
연예인	게-노-지ㄴ	[芸能人]	げいのうじん
연월	네ㅇ게츠	[年月]	ねんげつ
연이어	아이츠이데	[相次いで]	あいついで
연인	고이비또	[恋人]	こいびと
연일	레ㄴ지츠	[連日]	れんじつ
연장	에ㄴ쵸-	[延長]	えんちょうする
연장되다	노비루	[延びる]	のびる
연장전	에ㄴ쵸-세ㄴ	[延長戦]	えんちょうせん
연장하다	노바스	[延ばす]	のばす
연재	레ㄴ사이	[連載]	れんさいする
연주	에ㄴ소-	[演奏]	えんそうする
연주자	히끼떼	[弾き手]	ひきて

연대 ～ 엷은 화장

연주하다	가나데루	[奏でる]	かなでる
연중행사	넨츄-교-지	[年中行事]	ねんちゅうぎょうじ
연착	엔챠꾸	[延着]	えんちゃくする
연출	엔슈츠	[演出]	えんしゅつする
연필	에ㅁ삐츠	[鉛筆]	えんぴつ
연하	도시시따	[年下]	としした
연하다	우스이	[薄い]	うすい
연하장	넨가죠-	[年賀状]	ねんがじょう
연합	렌고-	[連合]	れんごうする
연휴	렌뀨-	[連休]	れんきゅう
열	네츠	[熱]	ねつ
열 개, 열 살	도-	[十]	とお
열광	넥꾜-	[熱狂]	ねっきょうする
열다	아께루	[開ける]	あける
열다	히라꾸	[開く]	ひらく
열대	넷따이	[熱帯]	ねったい
열도	렛또-	[列島]	れっとう
열등	렛또-	[劣等]	れっとう
열등감	히께메	[引け目]	ひけめ
열람	에츠란	[閲覧]	えつらんする
열량	네츠료-	[熱量]	ねつりょう
열리다	아꾸	[開く]	あく
열리다	히라꾸	[開く]	ひらく
열리다	히라께루	[開ける]	ひらける
열매	미	[実]	み
열매를 맺다	미노루	[実る]	みのる
열병	네츠뵤-	[熱病]	ねつびょう
열쇠	가기	[鍵]	かぎ
열쇠고리	기-호루다-	[key holder]	キーホルダー
열심	넷신	[熱心]	ねっしん
열심히	이ㅅ쇼-께ㅁ메-	[一生懸命]	いっしょうけんめい
열애	네츠아이	[熱愛]	ねつあいする
열연	네츠엔	[熱演]	ねつえんする
열정	네츠죠-	[熱情]	ねつじょう
열중	넷츄-	[熱中]	ねっちゅうする
열중하다	후께루	[耽る]	ふける
열중하여 정신이 없음	무가무츄-	[無我夢中]	むがむちゅう
열차	렛샤	[列車]	れっしゃ
엷다	우스이	[薄い]	うすい
엷은 화장	우스게쇼-	[薄化粧]	うすげしょう

533

염가판매	야스우리	[安売り]	やすうり
염려	고꼬로가까리	[心掛り]	こころがかり
염려	기가까리	[気掛かり]	きがかり
염려	게네ㄴ	[懸念]	けねんする
염려하다	아ㄴ즈루	[案ずる]	あんずる
염분	시오께	[塩気]	しおけ
염불	네ㅁ부츠	[念仏]	ねんぶつする
염색	세ㄴ쇼꾸	[染色]	せんしょく
염색	가라-리ㅇ구	[coloring]	カラーリングする
염색하다	소메루	[染める]	そめる
염소	야기	[山羊]	やぎ
염원	네ㅇ가ㄴ	[念願]	ねんがんする
염좌	네ㄴ자	[捻挫]	ねんざする
염주	쥬즈	[数珠]	じゅず
염증	에ㄴ쇼-	[炎症]	えんしょう
염치	하지	[恥]	はじ
엽서	하가끼	[葉書]	はがき
엽전	제니	[銭]	ぜに
엿	아메	[飴]	あめ
엿듣다	누스미끼꾸	[盗み聞く]	ぬすみきく
엿들음	다치기끼	[立ち聞き]	たちぎきする
엿보다	노조끼미루	[覗き見る]	のぞきみる
영	제로	[zero]	ゼロ
영	레-	[零]	れい
영감	레-까ㄴ	[霊感]	れいかん
영광	고-에-	[光栄]	こうえい
영구	에-뀨-	[永久]	えいきゅう
영국	이기리스	[Engles]	イギリス
영국	에-꼬꾸	[英国]	えいこく
영락없이	사나가라		さながら
영리	에-리	[営利]	えいり
영리하다	가시꼬이	[賢い]	かしこい
영리함	리꼬-	[利口]	りこう
영리함	리하츠	[利発]	りはつ
영면	에-미ㄴ	[永眠]	えいみんする
영문	에-부ㄴ	[英文]	えいぶん
영문	와께	[訳]	わけ
영문학	에-부ㅇ가꾸	[英文学]	えいぶんがく
영미문학	에-베-부ㅇ가꾸	[英米文学]	えいべいぶんがく
영상	에-조-	[映像]	えいぞう

영속	에-조꾸	[永続]	えいぞくする
영수증	료-슈-쇼-	[領収証]	りょうしゅうしょう
영수증	레시-또	[receipt]	レシート
영양	에-요-	[栄養]	えいよう
영어	에-고	[英語]	えいご
영업	에-교-	[営業]	えいぎょうする
영업담당	에-교-가까리	[営業係]	えいぎょうがかり
영업부	에-교-부	[営業部]	えいぎょうぶ
영업시간	에-교-지깡	[営業時間]	えいぎょうじかん
영업중	에-교-츄-	[営業中]	えいぎょうちゅう
영역	료-이끼	[領域]	りょういき
영역	에-야꾸	[英訳]	えいやくする
영웅	에-유-	[英雄]	えいゆう
영원	에-엥	[永遠]	えいえん
영위하다	이또나무	[営む]	いとなむ
영장	레-죠-	[令状]	れいじょう
영재	에-사이	[英才]	えいさい
영주	에-쥬-	[永住]	えいじゅうする
영토	료-도	[領土]	りょうど
영하	효-뗑까	[氷点下]	ひょうてんか
영하	레-까	[零下]	れいか
영향	에-꾜-	[影響]	えいきょうする
영혼	다마시이	[魂]	たましい
영화	에-가	[映画]	えいが
영화 감상	에-가깐쇼-	[映画鑑賞]	えいがかんしょう
영화관	에-가깡	[映画館]	えいがかん
옆	도나리	[隣]	となり
옆	요꼬	[横]	よこ
옆	소바	[側]	そば
옆	가따와라	[傍ら]	かたわら
옆길	와끼미치	[脇道]	わきみち
옆얼굴	요꼬가오	[横顔]	よこがお
옆쪽	요꼬떼	[横手]	よこて
예	하이		はい
예	하-		はあ
예	에-		ええ
예감	요깡	[予感]	よかんする
예고	요꼬꾸	[予告]	よこくする
예고	마에부레	[前触れ]	まえぶれ
예금	요낀	[預金]	よきんする

예금통장	요끼ㄴ츠-쵸-	[預金通帳]	よきんつうちょう
예년	레-네ㄴ	[例年]	れいねん
예능	게-노-	[芸能]	げいのう
예능 학습	게-꼬	[稽古]	けいこする
예를 들면	다또에바	[例えば]	たとえば
예리	에-리	[鋭利]	えいり
예리하다	스루도이	[鋭い]	するどい
예매	마에우리	[前売り]	まえうり
예매권	마에우리께ㄴ	[前売券]	まえうりけん
예민	에-비ㄴ	[鋭敏]	えいびん
예방	요보-	[予防]	よぼうする
예배	레-하이	[礼拝]	れいはいする
예보	요호-	[予報]	よほうする
예비	요비	[予備]	よびする
예비조사	시따시라베	[下調べ]	したしらべする
예쁘다	가와이이	[可愛い]	かわいい
예쁨	기레이		きれい
예사로움	지ㄴ죠-	[尋常]	じんじょう
예산	요사ㄴ	[予算]	よさん
예삿일	다다고또	[只事]	ただごと
예상	요소-	[予想]	よそうする
예선	요세ㄴ	[予選]	よせんする
예수	이에스	[Jesus]	イエス
예술	게-쥬츠	[芸術]	げいじゅつ
예스러운 정취	사비		さび
예습	요슈-	[予習]	よしゅうする
예식장	게ㄱ꼬ㄴ시끼죠-	[結婚式場]	けっこんしきじょう
예약	요야꾸	[予約]	よやくする
예언	요게ㄴ	[予言]	よげんする
예외	레-가이	[例外]	れいがい
예외	죠가이	[除外]	じょがいする
예의	레-기	[礼儀]	れいぎ
예의 바르다	레-기따다시이	[礼儀正しい]	れいぎただしい
예의 바름	데-네-	[丁寧]	ていねい
예의범절	교-기	[行儀]	ぎょうぎ
예의범절	사호-	[作法]	さほう
예입	아즈께이레	[預け入れ]	あずけいれ
예정	요떼-	[予定]	よていする
예지	에-치	[叡知]	えいち
예찬	라이사ㄴ	[礼賛]	らいさんする

예컨대	다또에바	[例えば]	たとえば
옛날	무까시	[昔]	むかし
옛날이야기	무까시바나시	[昔話]	むかしばなし
옛날이야기	오또기바나시	[お伽話]	おとぎばなし
오!	아		あ
오그라들다	치지무	[縮む]	ちぢむ
오그라들다	치지마루	[縮まる]	ちぢまる
오꼬노미야끼	오꼬노미야끼	[お好み焼き]	おこのみやき
오기	마께ㅇ끼	[負けん気]	まけんき
오너	오-나-	[owner]	オーナー
오늘	교우	[今日]	きょう
오늘	호ㄴ지츠	[本日]	ほんじつ
오늘	고ㄴ니치	[今日]	こんにち
오늘날	고ㄴ니치	[今日]	こんにち
오늘밤	고ㅇ야	[今夜]	こんや
오늘밤	고ㅁ바ㄴ	[今晩]	こんばん
오늘 아침	게사	[今朝]	けさ
오늘의 요리	히가와리료-리	[日変わり料理]	ひがわりりょうり
오다	구루	[来る]	くる
오다(겸양어)	마이루	[参る]	まいる
오뎅	오데ㅇ		おでん
오두막, 오두막집	고야	[小屋]	こや
오디오	스떼레오	[stereo]	ステレオ
오뚝이	다루마	[達磨]	だるま
오락	고라꾸	[娯楽]	ごらく
오락실	게-무세ㄴ따	[game center]	ゲームセンター
오래 끌다	나가비꾸	[長引く]	ながびく
오래간만	히사시부리	[久しぶり]	ひさしぶり
오래되다	후루이	[古い]	ふるい
오랜만임	히사시부리	[久しぶり]	ひさしぶり
오랫동안	나가이아이다	[長い間]	ながいあいだ
오렌지	오레ㄴ지	[orange]	オレンジ
오렌지색	오레ㄴ지이로	[オレンジ色]	オレンジいろ
오렌지주스	오레ㄴ지쥬-스	[orange juice]	オレンジジュース
오려낸 것	기리누끼	[切り抜き]	きりぬき
오로지	히따스라	[只管]	ひたすら
오로지	모ㅂ빠라	[専ら]	もっぱら
오로지	히또에니		ひとえに
오르다	아가루	[上がる]	あがる
오르다	노보루	[上る]	のぼる

오르다	노보루	[登る]	のぼる
오르막	노보리자까	[登り坂]	のぼりざか
오른손	미기떼	[右手]	みぎて
오른쪽	미기	[右]	みぎ
오리	가모		かも
오리지널	오리지나루	[original]	オリジナル
오므라들다	시보무	[萎む]	しぼむ
오므라들다	치지마루	[縮まる]	ちぢまる
오므라이스	오무라이스	[ome rice]	オムライス
오므라지다	스보무	[窄む]	すぼむ
오므리다	스보메루	[窄める]	すぼめる
오므리다	히ㄱ꼬메루	[引っ込める]	ひっこめる
오버코트	오-바-	[overcoat]	オーバー
오븐	오-부ㄴ	[oven]	オーブン
오븐토스트	오-부ㄴ또-스따-	[oven toaster]	オーブントースター
오빠	오니-사ㅇ	[お兄さん]	おにいさん
오빠	아니	[兄]	あに
오사카	오-사까	[大阪]	おおさか
오사카부	오-사까후	[大阪府]	おおさかふ
오세아니아	오세아니아	[Oceania]	オセアニア
오시다	오이데니나루		おいでになる
오싹	조ㅅ또		ぞっとする
오싹오싹	히시히시		ひしひし
오아시스	오아시스	[oasis]	オアシス
오이	규-리		きゅうり
오이타현	오-이따께ㄴ	[大分県]	おおいたけん
오인	고니ㄴ	[誤認]	ごにんする
오인하다	미아야마루	[見誤る]	みあやまる
오전	고제ㄴ	[午前]	ごぜん
오전중	고제ㄴ쥬-	[午前中]	ごぜんちゅう
오존층	오조ㄴ소-	[ozone層]	おぞんそう
오줌	오시ㄱ꼬		おしっこ
오지	오꾸치	[奥地]	おくち
오직	히따스라	[只管]	ひたすら
오직	모ㅂ빠라	[専ら]	もっぱら
오징어	이까		いか
오징어(말린)	스루메	[鯣]	するめ
오카야마현	오까야마께ㄴ	[岡山県]	おかやまけん
오케스트라	오-께스또라	[orchestra]	オーケストラ
오키나와	오끼나와	[沖縄]	おきなわ

오키나와현	오끼나와껭	[沖縄県]	おきなわけん
오토매틱차	오-또마치ㄱ샤	[オートマチック車]	オートマチックしゃ
오토바이	오-또바이	[auto bicycle]	オートバイ
오토바이	바이꾸	[bike]	バイク
오판	고한ㄴ	[誤判]	ごはん
오퍼	오화-	[offer]	オファーする
오페라	오뻬라	[opera]	オペラ
오픈	오-뿐ㄴ	[open]	オープン
오피스	오휘스	[office]	オフィス
오한	사무께	[寒気]	さむけ
오한	오까ㄴ	[悪寒]	おかん
오해	고까이	[誤解]	ごかいする
오호	아-		ああ
오후	고고	[午後]	ごご
오후	히루스기	[昼過ぎ]	ひるすぎ
오히려	가에ㅅ떼	[反って]	かえって
오히려	무시로	[寧ろ]	むしろ
오히려	이ㅅ소		いっそ
옥	다마	[玉]	たま
옥	교꾸	[玉]	ぎょく
옥내	오꾸나이	[屋内]	おくない
옥상	오꾸죠-	[屋上]	おくじょう
옥석	교ㄱ세끼	[玉石]	ぎょくせき
옥수수	도-모로꼬시		とうもろこし
옥외	오꾸가이	[屋外]	おくがい
옥편	지비끼	[字引き]	じびき
온 세계	세까이쥬-	[世界中]	せかいじゅう
온갖	아라유루		あらゆる
온갖 곳	이따루도꼬로	[至る所]	いたるところ
온기	누꾸미	[温み]	ぬくみ
온기	누꾸모리	[温もり]	ぬくもり
온난	오ㄴ다ㄴ	[温暖]	おんだん
온도	오ㄴ도	[温度]	おんど
온상	오ㄴ쇼-	[温床]	おんしょう
온순하고 얌전함	시모묘-	[神妙]	しんみょう
온실	오ㄴ시츠	[温室]	おんしつ
온천	오ㄴ세ㄴ	[温泉]	おんせん
온화	오ㅇ와	[穏和]	おんわ
온화함	나고야까	[和やか]	なごやか
온화함	오다야까	[穏やか]	おだやか

올가미	와나	[罠]	わな
올라가다	아가루	[上がる]	あがる
올라가다	노보루	[上る]	のぼる
올라타다	노리꼬무	[乗り込む]	のりこむ
올려다보다	아오구	[仰ぐ]	あおぐ
올리다	아게루	[上げる]	あげる
올리브유	오리-부오이루	[olive oil]	オリーブオイル
올림픽	오리ㅁ삐ㄱ꾸	[Olympic]	オリンピック
올바르다	다다시이	[正しい]	ただしい
올빼미	후꾸로-	[梟]	ふくろう
올이 풀리다	호츠레루	[解れる]	ほつれる
올챙이	오따마쟈ㅋ시	[お玉杓子]	おたまじゃくし
올해	고또시	[今年]	ことし
올해	고ㄴ네ㄴ	[今年]	こんねん
옮기다	하꼬부	[運ぶ]	はこぶ
옮기다	우츠스	[移す]	うつす
옮다, 옮아가다	우츠루	[移る]	うつる
옷	기모노	[着物]	きもの
옷	후꾸	[服]	ふく
옷	요-후꾸	[洋服]	ようふく
옷	고로모	[衣]	ころも
옷감	기지	[生地]	きじ
옷감	누노지	[布地]	ぬのじ
옷걸이	하ㅇ가-	[hanger]	ハンガー
옷의 주름	히다	[襞]	ひだ
옷자락	스소		すそ
옷장	요-후꾸다ㄴ스	[洋服箪笥]	ようふくだんす
옷장	구로-제ㅅ또	[closet]	クローゼット
옷차림	미나리	[身なり]	みなり
옹고집	가따이지	[片意地]	かたいじ
옹이구멍(널빤지 등의)	후시아나	[節穴]	ふしあな
옻	우루시	[漆]	うるし
~와	도		と
와글거리다	자와메꾸		ざわめく
와글와글	가야가야		がやがやする⒱
와들와들	와나와나		わなわなする⒱
와르르	메리메리		めりめり
와사비	와사비		わさび
와와	와-와-		ワーワー
와이셔츠	와이샤츠	[white shirts]	ワイシャツ

와이퍼	와이빠-	[wiper]	ワイパー
와이프	와이후	[wife]	ワイフ
와인	와이ㄴ	[wine]	ワイン
와인잔	와이ㅇ구라스	[wine glass]	ワイングラス
와카야마현	와까야마께ㄴ	[和歌山県]	わかやまけん
왁자글	가야가야		がやがやする
완결	가ㅇ께츠	[完結]	かんけつする
완고	가ㅇ꼬	[頑固]	がんこ
완구	가ㅇ구	[玩具]	がんぐ
완구점	오모챠야	[玩具屋]	おもちゃや
완두	에ㄴ도-	[豌豆]	えんどう
완두콩	에ㄴ도-마메	[豌豆豆]	えんどうまめ
완력	와ㄴ료꾸	[腕力]	わんりょく
완벽	가ㅁ뻬끼	[完璧]	かんぺき
완성	가ㄴ세-	[完成]	かんせいする
완성시키다	시아게루	[仕上げる]	しあげる
완성하다	츠꾸리아게루	[作り上げる]	つくりあげる
완수하다	하따스	[果たす]	はたす
완숙	까따유데	[固茹で]	かたゆで
완연히	메ㄱ끼리		めっきり
완장	와ㄴ쇼-	[腕章]	わんしょう
완전	가ㄴ제ㄴ	[完全]	かんぜん
완전히	스ㄱ까리		すっかり
완전히	도ㅂ뿌리		どっぷり
완전히 거꾸로 됨	마ㅅ사까사마	[真っ逆様]	まっさかさま
왈츠	와루츠	[waltz]	ワルツ
왕	오-	[王]	おう
왕관	오-까ㄴ	[王冠]	おうかん
왕국	오-꼬꾸	[王国]	おうこく
왕따	이지메		いじめ
왕따를 당하다	이지메라레루		いじめられる
왕복	오-후꾸	[往復]	おうふくする
왕비	오-히	[王妃]	おうひ
왕성	오-세-	[旺盛]	おうせい
왕성함	사까ㄴ	[盛ん]	さかん
왕위	오-이	[王位]	おうい
왕자	오-지	[王子]	おうじ
왕족	오-조꾸	[王族]	おうぞく
왕좌	오-자	[王座]	おうざ
왕진	오-시ㄴ	[往診]	おうしんする

왜	나제	[何故]	なぜ
왜	도-시떼		どうして
왜곡	와이꾜꾸	[歪曲]	わいきょくする
왜냐하면	나제나라바		なぜならば
왠지	난다까	[何だか]	なんだか
외겹	히또에	[一重]	ひとえ
외계인	우쮸-지ㅇ	[宇宙人]	うちゅうじん
외고집	가따이지	[片意地]	かたいじ
외곬	이치즈	[一途]	いちず
외과	게까	[外科]	げか
외과의사	게까이	[外科医]	げかい
외관	가이깐	[外観]	がいかん
외관	미까께	[見掛け]	みかけ
외관	데-사이	[体裁]	ていさい
외관	미세까께	[見せ掛け]	みせかけ
외교	가이꼬-	[外交]	がいこう
외교관	가이꼬-깐	[外交官]	がいこうかん
외국	가이꼬꾸	[外国]	がいこく
외국어	가이꼬꾸고	[外国語]	がいこくご
외국인	가이지ㄴ	[外人]	がいじん
외근	가이끼ㄴ	[外勤]	がいきんする
외동딸	히또리ㄱ꼬	[一人っ子]	ひとりっこ
외딴 섬	하나레지마	[離れ島]	はなれじま
외래어	가이라이고	[外来語]	がいらいご
외롭다	사비시이	[寂しい]	さびしい
외면	소또즈라	[外面]	そとづら
외면	가이메ㄴ	[外面]	がいめん
외모	가이께ㄴ	[外見]	がいけん
외부	가이부	[外部]	がいぶ
외식	가이쇼꾸	[外食]	がいしょくする
외신	가이시ㄴ	[外信]	がいしん
외우다	오보에루	[覚える]	おぼえる
외주	가이츄-	[外注]	がいちゅう
외출	가이슈츠	[外出]	がいしゅつする
외출하다	데까께루	[出かける]	でかける
외치다	사께부	[叫ぶ]	さけぶ
외톨이	히또리보ㅅ치	[一人ぼっち]	ひとりぼっち
외투	가이또-	[外套]	がいとう
외화	가이까	[外貨]	がいか
왼손	히다리떼	[左手]	ひだりて

왼손잡이	히다리끼끼	[左利き]	ひだりきき
왼쪽	히다리	[左]	ひだり
왼쪽	히다리가와	[左側]	ひだりがわ
요	시끼부또ㄴ	[敷き布団]	しきぶとん
~요	노		の
~요!	요		よ
요가	요가	[yoga]	ヨガ
요구	요-뀨-	[要求]	ようきゅうする⑲
요구르트	요-구루또	[yogurt]	ヨーグルト
요금	료-끼ㄴ	[料金]	りょうきん
요란하다	게따따마시이		けたたましい
요령	요-료-	[要領]	ようりょう
요령	고츠		こつ
요리	료-리	[料理]	りょうり
요리사	고ㄱ꾸	[cook]	コック
요리술	사께	[酒]	さけ
요망	요-보-	[要望]	ようぼうする⑲
요법	료-호-	[療法]	りょうほう
요소	요-소	[要素]	ようそ
요술	데지나	[手品]	てじな
요약	요-야꾸	[要約]	ようやくする⑲
요염하다	이로ㅂ뽀이	[色っぽい]	いろっぽい
요염하다	아다ㅂ뽀이	[婀娜っぽい]	あだっぽい
요염하다	나마메까시이	[艶かしい]	なまめかしい
요인	요-이ㄴ	[要因]	よういん
요일	요-비	[曜日]	ようび
요전	사끼고로	[先頃]	さきごろ
요점	요-떼ㄴ	[要点]	ようてん
요정	요-세-	[妖精]	ようせい
요즘	고노고로	[この頃]	このごろ
요컨대	요-스루니	[要するに]	ようするに
요코하마	요꼬하마	[横浜]	よこはま
요통	요-츠-	[腰痛]	ようつう
요행	사이와이	[幸い]	さいわい
요행수	마구레아따리	[紛れ当り]	まぐれあたり
욕, 욕설	와루구치	[悪口]	わるぐち
욕구	요ㄱ뀨-	[欲求]	よっきゅう
욕망	요꾸보-	[欲望]	よくぼう
욕실	요ㄱ시츠	[浴室]	よくしつ
욕실	바스루-무	[bathroom]	バスルーム

욕실이 딸림	바스츠끼	[バス付き]	バスつき
욕심쟁이	요꾸바리	[欲張り]	よくばり
욕조	오후로	[お風呂]	おふろ
욕조	요ㄱ소-	[浴槽]	よくそう
욕조	유부네	[湯船]	ゆぶね
욕하다	노노시루	[罵る]	ののしる
용	류-	[竜]	りゅう
용	다츠	[辰]	たつ
용감	유-까ㄴ	[勇敢]	ゆうかん
용감하다	이사마시이	[勇ましい]	いさましい
용건	요-지	[用事]	ようじ
용기	우츠와	[器]	うつわ
용기	이레모노	[入れ物]	いれもの
용기	유-끼	[勇気]	ゆうき
용도	요-또	[用途]	ようと
용돈	고즈까이	[小遣い]	こづかい
용띠	다츠도시	[辰年]	たつどし
용모	요-시	[容姿]	ようし
용모	요-보-	[容貌]	ようぼう
용무	요-무	[用務]	ようむ
용법	요-호-	[用法]	ようほう
용변	요-베ㄴ	[用便]	ようべんする
용사	유-시	[勇士]	ゆうし
용서	가ㄴ니ㄴ	[堪忍]	かんにんする
용서	가ㅁ베ㄴ	[勘弁]	かんべんする
용서하다	유루스	[許す]	ゆるす
용솟음치다	호또바시루	[迸る]	ほとばしる
용수철	바네		ばね
용수철	스뿌리ㅇ구	[spring]	スプリング
용암	요-가ㄴ	[溶岩]	ようがん
용어	요-고	[用語]	ようご
용의자	요-기샤	[容疑者]	ようぎしゃ
용의함	요-이	[容易]	ようい
용이하다	다야스이	[容易い]	たやすい
용이하다	야스이	[易い]	やすい
용적	요-세끼	[容積]	ようせき
용지	요-시	[用紙]	ようし
용품	요-히ㅇ	[用品]	ようひん
우거지다	시게루	[茂る]	しげる
우글거리다	우고메꾸		うごめく

우글우글	우요우요		うようよ
우기	우끼	[雨期]	うき
우기다	이이하루	[言い張る]	いいはる
우는 소리	나끼고또	[泣き言]	なきごと
우는 소리	요와네	[弱音]	よわね
우는 얼굴	나끼가오	[泣き顔]	なきがお
우는 얼굴	나끼츠라	[泣き面]	なきつら
우동	우도ㅇ		うどん
우두머리	보스	[boss]	ボス
우두커니	보ㅇ야리		ぼんやり
우둔함	야보	[野暮]	やぼ
우등생	유-또-세-	[優等生]	ゆうとうせい
우뚝 솟다	소비에루	[聳える]	そびえる
우란분재	오보ㅇ	[お盆]	おぼん
우람하다	다꾸마시이	[逞しい]	たくましい
우러러보다	아오구	[仰ぐ]	あおぐ
우러르다	아가메루	[崇める]	あがめる
우롱차	우-로ㄴ챠	[ウーロン茶]	ウーロンちゃ
우르르	고로고로		ごろごろする
우리	보꾸따치	[僕たち]	ぼくたち
우리, 우리들	와따시따치	[私たち]	わたしたち
우리들	보꾸따치	[僕たち]	ぼくたち
우리 집	와가야	[我が家]	わがや
우먼	우-마ㄴ	[woman]	ウーマン
우물	이도	[井戸]	いど
우물거리다	구치고모루	[口籠もる]	くちごもる
우물우물	모구모구		もぐもぐ
우물우물	모고모고		もごもご
우물우물, 우물쭈물	구즈구즈		ぐずぐずする
우박	효-		ひょう
우발	구-하츠	[偶発]	ぐうはつする
우비	아마구	[雨具]	あまぐ
우산	가사	[傘]	かさ
우상	구-조-	[偶像]	ぐうぞう
우선	마즈	[先ず]	まず
우선	도리아에즈	[取り敢えず]	とりあえず
우선	이치오-	[一応]	いちおう
우선	사시즈메		さしずめ
우송	유-소-	[郵送]	ゆうそうする
우수	유-슈-	[優秀]	ゆうしゅう

우수리	하ㅁ빠	[半端]	はんぱ
우스갯소리	와라이바나시	[笑い話]	わらいばなし
우스꽝스러움	고ㄱ께-	[滑稽]	こっけい
우습다	오까시이	[可笑しい]	おかしい
우습다	오모시로이	[面白い]	おもしろい
우승	유-쇼-	[優賞]	ゆうしょうする
우아	유-가	[優雅]	ゆうが
우엉	고보-	[牛蒡]	ごぼう
우연히	구-제ㄴ	[偶然]	ぐうぜん
우연히	다마따마		たまたま
우연히 들어맞음	마구레아따리	[紛れ当り]	まぐれあたり
우울	유-우츠	[憂鬱]	ゆううつ
우월감	유-에츠까ㄴ	[優越感]	ゆうえつかん
우유	규-뉴-	[牛乳]	ぎゅうにゅう
우유	미루꾸	[milk]	ミルク
우적우적	가츠가츠		がつがつする
우정	유-죠-	[友情]	ゆうじょう
우주	우쮸-	[宇宙]	うちゅう
우주비행사	우쮸-히꼬-시	[宇宙飛行士]	うちゅうひこうし
우주여행	우쮸-료꼬-	[宇宙旅行]	うちゅうりょこう
우지끈	메리메리		めりめり
우쭐하다	우누보레루	[己惚れる]	うぬぼれる
우천	우떼ㄴ	[雨天]	うてん
우체국	유-비ㅇ꾜꾸	[郵便局]	ゆうびんきょく
우체통	유-비ㅁ뽀스또	[郵便ポスト]	ゆうびんポスト
우체통	포스또	[post]	ポスト
우편	유-비ㄴ	[郵便]	ゆうびん
우편물	유-비ㅁ부츠	[郵便物]	ゆうびんぶつ
우편배달부	유-비ㄴ하이따츠니ㄴ	[郵便配達人]	ゆうびんはいたつにん
우편번호	유-비ㅁ바ㅇ고-	[郵便番号]	ゆうびんばんごう
우편함	유-비ㅇ우께	[郵便受け]	ゆうびんうけ
우표	기ㅅ떼	[切手]	きって
우표수집	기ㅅ떼아츠메	[切手集め]	きってあつめ
우표수집	기ㅅ떼꼬레ㄱ쇼ㄴ	[切手collection]	きってコレクション
우화	구-와	[寓話]	ぐうわ
우회	도오마와리	[遠回り]	とおまわり
우회, 우회로	마와리미치	[回り道]	まわりみち
우회전	우세츠	[右折]	うせつする
욱신욱신	즈끼즈끼		ずきずきする
욱신욱신	가ㅇ가ㅇ		がんがん

운	우ㄴ	[運]	うん
운동	스뽀-츠	[sports]	スポーツする⊙
운동	우ㄴ도-	[運動]	うんどうする⊙
운동복	도레-나-	[trainer]	トレーナー
운동선수	스뽀-츠세ㄴ슈	[sports選手]	スポーツせんしゅ
운동장	구라우ㄴ도	[ground]	グラウンド
운동화	우ㄴ도-구츠	[運動靴]	うんどうぐつ
운동회	우ㄴ도-까이	[運動会]	うんどうかい
운명	우ㅁ메-	[運命]	うんめい
운명의 갈림길	세또기와	[瀬戸際]	せとぎわ
운반	우ㅁ빠ㄴ	[運搬]	うんぱんする⊙
운송	우ㄴ소-	[運送]	うんそうする⊙
운수	우ㅇ유	[運輸]	うんゆ
운수업	우ㅇ유교-	[運輸業]	うんゆぎょう
운영	우ㅇ에	[運営]	うんえいする⊙
운임	우ㄴ치ㄴ	[運賃]	うんちん
운전	우ㄴ떼ㄴ	[運転]	うんてんする⊙
운전사	우ㄴ떼ㄴ슈	[運転手]	うんてんしゅ
운치	후제-	[風情]	ふぜい
운하	우ㅇ가	[運河]	うんが
운행	우ㅇ꼬-	[運行]	うんこうする⊙
울	우-루	[wool]	ウール
울다	나꾸	[泣く]	なく
울다	나루	[鳴る]	なる
울다(짐승이)	나꾸	[鳴く]	なく
울려 퍼지다	히비꾸	[響く]	ひびく
울려 퍼지다	도도로꾸	[轟く]	とどろく
울리다	히비꾸	[響く]	ひびく
울리다	나까스	[泣かす]	なかす
울리다	나라스	[鳴らす]	ならす
울보	나끼무시	[泣き虫]	なきむし
울부짖다	와메꾸	[喚く]	わめく
울상	나끼가오	[泣き顔]	なきがお
울상	나끼츠라	[泣き面]	なきつら
울상	베소		べそ
울음소리(짐승의)	나끼고에	[鳴き声]	なきごえ
울적하다	우ㅅ또-시이		うっとうしい
울창하게	고모리		こんもり
울컥울컥	무샤꾸샤		むしゃくしゃする⊙
울타리	가끼네	[垣根]	かきね

울퉁불퉁	데꼬보꼬	[凸凹]	でこぼこする
움직이다	우고꾸	[動く]	うごく
움직이다	우고까스	[動かす]	うごかす
움찔	기구리		ぎくり
움츠러들다	스꾸미아가루	[竦み上がる]	すくみあがる
움츠리다	치지메루	[縮める]	ちぢめる
움츠리다	스보메루	[窄める]	すぼめる
움츠리다	히ㄱ꼬메루	[引っ込める]	ひっこめる
움트다	메바에루	[芽生える]	めばえる
움푹 들어가다	헤꼬무	[凹む]	へこむ
움푹 패다	구보무	[窪む]	くぼむ
웃는 얼굴	에가오	[笑顔]	えがお
웃다	와라우	[笑う]	わらう
웃음	와라이	[笑い]	わらい
웅대	유-다이	[雄大]	ゆうだい
웅덩이	미즈따마리	[水溜まり]	みずたまり
웅변	유-베ㄴ	[雄弁]	ゆうべん
웅성대다	히시메꾸	[犇めく]	ひしめく
웅크리다	샤가무		しゃがむ
워드프로세서	와-뿌로	[word processor]	ワープロ
워킹	워-끼ㅇ구	[walking]	ウォーキング
원	워ㄴ		ウォン
원가	게ㅇ까	[原価]	げんか
원고	게ㅇ꼬-	[原稿]	げんこう
원고	게ㅇ꼬꾸	[原告]	げんこく
원기	게ㅇ끼	[元気]	げんき
원래	모또모또	[元々]	もともと
원래	가ㄴ라이	[元来]	がんらい
원래	호ㄴ라이	[本来]	ほんらい
원료	게ㄴ료-	[原料]	げんりょう
원룸	와ㄴ루-무	[one-room]	ワンルーム
원리	게ㄴ리	[原理]	げんり
원만	에ㄴ마ㄴ	[円満]	えんまん
원망스럽다	우라메시이	[恨めしい]	うらめしい
원망하다	우라무	[恨む]	うらむ
원목	게ㅇ보꾸	[原木]	げんぼく
원산지	게ㄴ사ㄴ치	[原産地]	げんさんち
원색	게ㄴ쇼꾸	[原色]	げんしょく
원샷	이ㄱ끼노미	[一気飲み]	いっきのみ
원서	게ㄴ쇼	[原書]	げんしょ

울퉁불퉁 ～ 웹사이트

원수	가따끼	[敵]	かたき
원수	아다	[仇]	あだ
원숭이	사루	[猿]	さる
원숭이띠	사루도시	[猿年]	さるどし
원시인	게ㄴ시지ㄴ	[原始人]	げんしじん
원앙, 원앙새	오시도리	[鴛鴦]	おしどり
원양	에ㅇ요-	[遠洋]	えんよう
원어민	네-띠브스삐-까-	[native speaker]	ネーティブスピーカー
원예	에ㅇ게-	[園芸]	えんげい
원유	게ㄴ유	[原油]	げんゆ
원인	게ㅇ이ㄴ	[原因]	げんいん
원자	게ㄴ시	[原子]	げんし
원작	게ㄴ사꾸	[原作]	げんさく
원정	에ㄴ세-	[遠征]	えんせいする⊙
원조	가ㄴ소	[元祖]	がんそ
원조	에ㄴ죠	[援助]	えんじょする⊙
원칙	게ㄴ소꾸	[原則]	げんそく
원통하다	구야시이	[悔しい]	くやしい
원피스	와ㅁ삐-스	[one-piece]	ワンピース
원하다	호시이	[欲しい]	ほしい
원하다	노조무	[望む]	のぞむ
원형	에ㅇ께-	[円形]	えんけい
~월	가츠	[月]	がつ
월간	게ㄱ까ㄴ	[月刊]	げっかん
월간지	게ㄱ까ㄴ시	[月刊誌]	げっかんし
월경	게ㄱ께-	[月経]	げっけい
월계관	게ㄱ께-까ㄴ	[月桂冠]	げっけいかん
월급	게ㄱ뀨-	[月給]	げっきゅう
월급	규-료-	[給料]	きゅうりょう
월급쟁이	사라리-마ㄴ	[salaried man]	サラリーマン
월동	후유고모리	[冬篭り]	ふゆごもりする⊙
월등하게, 월등함	도비끼리	[飛び切り]	とびきり
월말	게츠마츠	[月末]	げつまつ
월부	게ㅂ뿌	[月賦]	げっぷ
월요일	게츠요-비	[月曜日]	げつようび
웨딩	우에디ㅇ구	[wedding]	ウエディング
웨이터	웨-따-	[waiter]	ウェーター
웨이트리스	웨-또레스	[waitress]	ウェートレス
웹	웨부	[Web]	ウェブ
웹사이트	웨부사이또	[web site]	ウェブサイト

웽웽	뷰-뷰-		ビュービュー
위	이	[胃]	い
위	우에	[上]	うえ
위궤양	이까이요-	[胃潰瘍]	いかいよう
위급한 경우	규-바	[急場]	きゅうば
위기	기끼	[危機]	きき
위대	이다이	[偉大]	いだい
위대하다	에라이	[偉い]	えらい
위도	이도	[緯度]	いど
위독	기또꾸	[危篤]	きとく
위로	이로-	[慰労]	いろうする
위로하다	나구사메루	[慰める]	なぐさめる
위로하다(수고를)	네기라우	[労う]	ねぎらう
위를 보다	아오무꾸	[仰向く]	あおむく
위를 향하다	아오무꾸	[仰向く]	あおむく
위반	이하ㄴ	[違反]	いはんする
위법	이호-	[違法]	いほう
위생	에-세-	[衛生]	えいせい
위성	에-세-	[衛星]	えいせい
위성방송	에-세-호-소-	[衛星放送]	えいせいほうそう
위스키	우이스끼-	[whiskey]	ウイスキー
위안	미마이	[見舞い]	みまいする
위안	이아ㄴ	[慰安]	いあんする
위암	이가ㄴ	[胃癌]	いがん
위엄	이게ㄴ	[威厳]	いげん
위염	이에ㄴ	[胃炎]	いえん
위원	이이ㅇ	[委員]	いいん
위임	이니ㄴ	[委任]	いにんする
위자료	데기레끼ㄴ	[手切れ金]	てぎれきん
위장	이쵸-	[胃腸]	いちょう
위장	기소-	[偽装]	ぎそうする
위장약	이쵸-야-꾸	[胃腸薬]	いちょうやく
위치	이치	[位置]	いち
위탁	이따꾸	[委託]	いたく
위태롭다	아야우이	[危うい]	あやうい
~위함	다메	[為]	ため
~위해서, 위하여	다메니	[為に]	ために
위험	기께ㄴ	[危険]	きけん
위험하다, 위태롭다	아부나이	[危ない]	あぶない
위협하다	오비야까스	[脅かす]	おびやかす

윈도우	우이ㄴ도-	[window]	ウインドー
윈도우쇼핑	우이ㄴ도-쇼ㅂ삐ㅇ구	[window shopping]	ウインドーショッピング
윙크	우이ㅇ꾸	[wink]	ウインク
윙크	나가시메	[流し目]	ながしめ
유감	자ㄴ넨	[残念]	ざんねん
유감	이깐	[遺憾]	いかん
유감스럽다	우라메시이	[恨めしい]	うらめしい
유격대	게리라	[guerrilla]	ゲリラ
유골	이꼬츠	[遺骨]	いこつ
유괴	유-까이	[誘拐]	ゆうかいする
유교	쥬교-	[儒教]	じゅきょう
유권자	유-께ㄴ샤	[有権者]	ゆうけんしゃ
유급휴가	유-뀨-뀨-까	[有給休暇]	ゆうきゅうきゅうか
유난히	도리와께		とりわけ
유능	유-노-	[有能]	ゆうのう
유니폼	유니훠-무	[uniform]	ユニフォーム
유달리	히또끼와	[一際]	ひときわ
유대교	유다야꾜-	[ユダヤ教]	ユダヤきょう
유도	쥬-도-	[柔道]	じゅうどう
유도	유-도-	[誘導]	ゆうどうする
유들유들하다	즈부또이	[図太い]	ずぶとい
유람선	유-라ㄴ세ㄴ	[遊覧船]	ゆうらんせん
유랑	사스라이	[流離い]	さすらい
유랑하다	사스라우	[流離う]	さすらう
유래	유라이	[由来]	ゆらい
유럽	요-로ㅂ빠	[Europa]	ヨーロッパ
유력	유-료꾸	[有力]	ゆうりょく
유령	유-레-	[幽霊]	ゆうれい
유료	유-료-	[有料]	ゆうりょう
유리	유-리	[有利]	ゆうり
유리	가라스	[glass]	ガラス
유린하다	후미니지루	[踏み躙る]	ふみにじる
유망	유-보-	[有望]	ゆうぼう
유머	유-모아	[humor]	ユーモア
유명	유-메-	[有名]	ゆうめい
유명하다	나다까이	[名高い]	なだかい
유무	우무	[有無]	うむ
유물	가따미	[形見]	かたみ
유방	치부사	[乳房]	ちぶさ
유부	아부라아게	[油揚げ]	あぶらあげ

유부녀	히또즈마	[人妻]	ひとづま
유사	루이지	[類似]	るいじする
유산	류-자ㄴ	[流産]	りゅうざんする
유산	이산	[遺産]	いさん
유서	유이쇼	[由緒]	ゆいしょ
유서	이쇼	[遺書]	いしょ
유성	나가레보시	[流れ星]	ながれぼし
유세	유-제-	[遊説]	ゆうぜいする
유실물	와스레모노	[忘れ物]	わすれもの
유아	요-지	[幼児]	ようじ
유야무야	우야무야	[有耶無耶]	うやむや
유언	유이고ㄴ	[遺言]	ゆいごんする
유연	쥬-나ㄴ	[柔軟]	じゅうなん
유연함	시나야까		しなやか
유용	유-요-	[有用]	ゆうよう
유원지	유-에ㄴ치	[遊園地]	ゆうえんち
유유히	노ㅁ비리		のんびりする
유의미	유-이기	[有意義]	ゆういぎ
유익	유-에끼	[有益]	ゆうえき
유인원	루이지ㅇ에ㄴ	[類人猿]	るいじんえん
유일	유이이츠	[唯一]	ゆいいつ
유자	유즈	[柚子]	ゆず
유자차	유즈쨔	[柚子茶]	ゆずちゃ
유적	이세끼	[遺跡]	いせき
유전	루떼ㄴ	[流転]	るてんする
유전	이데ㄴ	[遺伝]	いでんする
유전학	이데ㄴ가꾸	[遺伝学]	いでんがく
유족	이조꾸	[遺族]	いぞく
유죄	유-자이	[有罪]	ゆうざい
유지	이지	[維持]	いじする
유지하다	다모츠	[保つ]	たもつ
유창	류-쵸-	[流暢]	りゅうちょう
유창히	페라뻬라		ぺらぺら
유채	아부라나	[油菜]	あぶらな
유추	루이스이	[類推]	るいすいする
유치원	요-치에ㄴ	[幼稚園]	ようちえん
유치하다	고도모ㅂ뽀이	[子供っぽい]	こどもっぽい
유치하다	치치꾸사이	[乳臭い]	ちちくさい
유카타(여름 무명 홑옷)	유까따	[浴衣]	ゆかた
유쾌	유까이	[愉快]	ゆかい

유턴	유-따ㄴ	[U-turn]	Uターン
유통	류-츠-	[流通]	りゅうつうする
유통기한	쇼-미끼게ㄴ	[賞味期限]	しょうみきげん
유품	가따미	[形見]	かたみ
유학	류-가꾸	[留学]	りゅうがくする
유해	유-가이	[有害]	ゆうがい
유행	류-꼬-	[流行]	りゅうこうする
유행하다	하야루	[流行る]	はやる
유형	루이께-	[類型]	るいけい
유형	파따-ㄴ	[pattern]	パターン
유혹	유-와꾸	[誘惑]	ゆうわくする
유혹하다	사소우	[誘う]	さそう
유화	아부라에	[油絵]	あぶらえ
유효	유-꼬-	[有効]	ゆうこう
유희	유-기	[遊戯]	ゆうぎ
육교	호도-꾜-	[歩道橋]	ほどうきょう
육군	리꾸구ㄴ	[陸軍]	りくぐん
육상	리꾸죠-	[陸上]	りくじょう
육상경기	리꾸죠-꾜-기	[陸上競技]	りくじょうきょうぎ
육성	니ㄱ세-	[肉声]	にくせい
육식	니ㄱ쇼꾸	[肉食]	にくしょくする
육아	이꾸지	[育児]	いくじ
육안	니꾸가ㄴ	[肉眼]	にくがん
육지	리꾸치	[陸地]	りくち
육체	니ㄱ따이	[肉体]	にくたい
육친	니ㄱ시ㄴ	[肉親]	にくしん
육회	유ㄱ께		ユッケ
윤기	츠야	[艶]	つや
윤년	우루-도시	[うるう年]	うるうどし
윤리	리ㄴ리	[倫理]	りんり
율동	리츠도-	[律動]	りつどうする
율무	하또무기	[鳩麦]	はとむぎ
융단	쥬-따ㄴ		じゅうたん
융자	유-시	[融資]	ゆうし
융통	유-즈-	[融通]	ゆうずうする
으깨다	츠부스	[潰す]	つぶす
~으나	나가라		ながら
으르렁거리다	호에루	[吠える]	ほえる
으리으리하다	모노모노시이	[物々しい]	ものものしい
으스대다	이바루	[威張る]	いばる

은	기ㄴ	[銀]	ぎん
~은	와		は
은닉	이ㄴ또꾸	[隠匿]	いんとく
은막	기ㅁ마꾸	[銀幕]	ぎんまく
은밀함, 은근함	히소까	[密か]	ひそか
은발	기ㅁ빠츠	[銀髪]	ぎんぱつ
은방울꽃	스즈라ㄴ	[鈴蘭]	すずらん
은사	오ㄴ시	[恩師]	おんし
은색	기ㅇ이로	[銀色]	ぎんいろ
은어	아유	[鮎]	あゆ
은인	오ㄴ지ㄴ	[恩人]	おんじん
은총	메구미	[恵み]	めぐみ
은하	기ㅇ가	[銀河]	ぎんが
은하계	기ㅇ가께-	[銀河系]	ぎんがけい
은하수	아마노가와	[天の川]	あまのがわ
은행	기ㅇ꼬-	[銀行]	ぎんこう
은행나무	이쵸-		いちょう
은행나무	이쵸-노끼	[いちょうの木]	いちょうのき
은행원	기ㅇ꼬-이ㅇ	[銀行員]	ぎんこういん
은혜	오ㅇ	[恩]	おん
~을	오		を
읊조리다	구치즈사무	[口ずさむ]	くちずさむ
음력	규-레끼	[旧暦]	きゅうれき
음력 보름달	모치즈끼	[望月]	もちづき
음력 3월	야요이	[弥生]	やよい
음력 7월 보름	츄-게ㄴ	[中元]	ちゅうげん
음료, 음료수	노미모노	[飲み物]	のみもの
음매(소)	모-		モー
음매(염소)	메-메-		メーメー
음모	이ㅁ보-	[陰謀]	いんぼう
음미	기ㅁ미	[吟味]	ぎんみする
음미하다	아지와우	[味わう]	あじわう
음성	이ㄴ세-	[陰性]	いんせい
음식	료-리	[料理]	りょうり
음식	다베모노	[食べ物]	たべもの
음식	쇼꾸모츠	[食物]	しょくもつ
음악	오ㅇ가꾸	[音楽]	おんがく
음악가	뮤-지샤ㄴ	[musician]	ミュージシャン
음악 감상	오ㅇ가꾸까ㄴ쇼-	[音楽鑑賞]	おんがくかんしょう
음악실	오ㅇ가ㄱ시츠	[音楽室]	おんがくしつ

음악프로	우따바ㅇ구미	[歌番組]	うたばんぐみ
음울하다	우ㅅ또-시이		うっとうしい
음주운전	이ㄴ슈-우ㄴ떼ㄴ	[飲酒運転]	いんしゅうんてんする
음탕함	미다라	[淫ら]	みだら
음험하다, 음흉하다	하라구로이	[腹黒い]	はらぐろい
응	우ㅇ		うん
응?	에ㅅ		えっ
응급	오-뀨-	[応急]	おうきゅう
응급실	뀨-뀨-시츠	[救急室]	きゅうきゅうしつ
응급차	뀨-뀨-샤	[救急車]	きゅうきゅうしゃ
응급처치	오-뀨-쇼치	[応急処置]	おうきゅうしょち
응달	히까게	[日陰]	ひかげ
응답	헤ㄴ지	[返事]	へんじする
응석부리다	아마에루	[甘い]	あまえる
응시하다	미츠메루	[見つめる]	みつめる
응용	오-요-	[応用]	おうよう
응원	오-에ㄴ	[応援]	おうえんする
응접실	오-세츠마	[応接間]	おうせつま
응접실	꺄꾸마	[客間]	きゃくま
응하다	오-지루	[応じる]	おうじる
~의	노		の
의견	이께ㄴ	[意見]	いけんする
의논	소-다ㄴ	[相談]	そうだんする
의도	이또	[意図]	いと
의도	모꾸로미	[目論見]	もくろみ
의뢰	이라이	[依頼]	いらいする
의료	이료-	[医療]	いりょう
의료보험	이료-호께ㄴ	[医療保険]	いりょうほけん
의류	이루이	[衣類]	いるい
의리	기리	[義理]	ぎり
의무	기무	[義務]	ぎむ
의문	기모ㄴ	[疑問]	ぎもん
의문	우따가이	[疑い]	うたがい
의미	이미	[意味]	いみ
의복	이후꾸	[衣服]	いふく
의복	고로모	[衣]	ころも
의사	이샤	[医者]	いしゃ
의사	이시	[医師]	いし
의상	이쇼-	[衣装]	いしょう
의식	기시끼	[儀式]	ぎしき

의식	이시끼	[意識]	いしき
의식불명	이시끼후메−	[意識不明]	いしきふめい
의심	우따가이	[疑い]	うたがい
의심스러움	후시ㄴ	[不審]	ふしん
의심스럽다	우따가와시이	[疑わしい]	うたがわしい
의심하다	우따가우	[疑う]	うたがう
의외	이가이	[意外]	いがい
의외	시ㅇ가이	[心外]	しんがい
의외로	아ㅇ가이	[案外]	あんがい
의외로	고또노호까	[殊の外]	ことのほか
의원	이이ㄴ	[委員]	いいん
의원	기이ㄴ	[議員]	ぎいん
의원회	이이ㅇ까이	[委員会]	いいんかい
의의	이기	[意義]	いぎ
의의가 있음	유−이기	[有意義]	ゆういぎ
의자	이스	[椅子]	いす
의족	기소꾸	[義足]	ぎそく
의지	이시	[意思]	いし
의지하다	다요루	[頼る]	たよる
의지할 곳이 없다	다요리나이	[頼りない]	たよりない
의하다	요루	[因る]	よる
의학	이가꾸	[医学]	いがく
의회	기까이	[議会]	ぎかい
이	고		こ
이	고노		この
이	하	[歯]	は
~이	가		が
이것	고레		これ
이것 봐	아노네		あのね
이것저것	아레꼬레		あれこれ
이곳	고꼬		ここ
이과	리까	[理科]	りか
이구아나	이구아나	[iguana]	イグアナ
이국	이꼬꾸	[異国]	いこく
이 근처	고노헤ㄴ	[この辺]	このへん
이기다	가츠	[勝つ]	かつ
이끌다	미치비꾸	[導く]	みちびく
이끼	고께		こけ
이내	이나이	[以内]	いない
이념	리네ㄴ	[理念]	りねん

이놈!	고라		こら
이니셜	이니샤루	[initial]	イニシャル
이대로	고노마마		このまま
이데올로기	이데오로기-	[Ideologie]	イデオロギー
이동	이도-	[移動]	いどうする
이듬해	요꾸네느	[翌年]	よくねん
이따금	도끼오리	[時折]	ときおり
이라크	이라꾸	[Iraq]	イラク
이란	이라ㄴ	[Iran]	イラン
이래	이라이	[以来]	いらい
이러쿵저러쿵	츠베꼬베		つべこべ
이러쿵저러쿵	가레꼬레		かれこれ
이럭저럭	도까꾸		とかく
이력서	리레끼쇼	[履歴書]	りれきしょ
이론	리로ㄴ	[理論]	りろん
이론	이로ㄴ	[異論]	いろん
이루다	도게루	[遂げる]	とげる
이륙	리리꾸	[離陸]	りりくする
이르다	하야이	[早い]	はやい
이르다	오요부	[及ぶ]	およぶ
이르다	다ㅅ스루	[達する]	たっする
이른 아침	소-쵸-	[早朝]	そうちょう
이른바	이와유루		いわゆる
이를 갊	하기시리	[歯軋り]	はぎしりする
이를테면	다또에바	[例えば]	たとえば
이를테면	이와바	[言わば]	いわば
이름	나마에	[名前]	なまえ
이름을 대다	나노루	[名乗る]	なのる
이름표	나후다	[名札]	なふだ
이리	오-까미	[狼]	おおかみ
이마	히따이	[額]	ひたい
이메일	이-메-루	[E-mail]	イーメール
이면	우라	[裏]	うら
이면	우라가와	[裏側]	うらがわ
이면	리메ㄴ	[裏面]	りめん
이모	오바사ㅇ	[叔母さん]	おばさん
이모	오바	[叔母]	おば
이목	히또메	[人目]	ひとめ
이목	세께ㄴ떼-	[世間体]	せけんてい
이미	모-		もう

이미	스데니	[既に]	すでに
이미	모하야	[最早]	もはや
이미지	가조-	[画像]	がぞう
이미지	이미지	[image]	イメージ
이미테이션	이미테-쇼ㄴ	[imitation]	イミテーション
이민	이미ㄴ	[移民]	いみんする
이바라키현	이바라끼께ㄴ	[茨城県]	いばらきけん
이박삼일	니하꾸미ㄱ까	[二泊三日]	にはくみっか
이발료	세-하츠료-	[整髪料]	せいはつりょう
이발사	리요-시	[理容師]	りようし
이발소	도꼬야	[床屋]	とこや
이발소	리하츠떼ㄴ	[理髪店]	りはつてん
이번	고ㄴ도	[今度]	こんど
이번 달	고ㅇ게츠	[今月]	こんげつ
이번 주	고ㄴ슈-	[今週]	こんしゅう
이변	이헤ㄴ	[異変]	いへん
이별	와까레	[別れ]	わかれ
이별하다	와까레루	[別れる]	わかれる
이봐	오이		おい
이봐	야이		やい
이봐	호라		ほら
이봐!	고라		こら
이부자리	후또ㅇ	[布団]	ふとん
이 분	고치라		こちら
이불	가께부또ㄴ	[掛け布団]	かけぶとん
이불요	후또ㅇ	[布団]	ふとん
이비인후과	지비까	[耳鼻科]	じびか
이사	히ㄱ꼬시	[引っ越し]	ひっこし
이사	도리시마리야꾸	[取締役]	とりしまりやく
이사	리지	[理事]	りじ
이 사람	고노히또	[この人]	このひと
이사하다	히ㄱ꼬스	[引っ越す]	ひっこす
이상	리소-	[理想]	りそう
이상	이죠-	[以上]	いじょう
이상	이죠-	[異常]	いじょう
이상하다	오까시이	[可笑しい]	おかしい
이상함	헤ㄴ	[変]	へん
이상함	후시기	[不思議]	ふしぎ
이상형	리소-노히또	[理想の人]	りそうのひと
이서	우라가끼	[裏書]	うらがき

이성	리세-	[理性]	りせい
이성	이세-	[異性]	いせい
이슬	츠유	[露]	つゆ
이슬람교	이스라무꾜-	[Islam教]	イスラムきょう
이슬비	기리사메	[霧雨]	きりさめ
이시카와현	이시까와께ㄴ	[石川県]	いしかわけん
이쑤시개	요-지	[楊枝]	ようじ
~이야	사		さ
이야기	하나시	[話]	はなし
이야기	모노가따리	[物語]	ものがたり
이야기하다	하나스	[話す]	はなす
이야기하다	가따루	[語る]	かたる
이어지다	츠나가루		つながる
이어폰	이야호ㄴ	[earphone]	イヤフォン
이와테현	이와떼께ㄴ	[岩手県]	いわてけん
이외	이가이	[以外]	いがい
이용	리요-	[利用]	りよう する⊗
이웃	도나리	[隣]	となり
이유	리유-	[理由]	りゆう
이윤	리쥬ㄴ	[利潤]	りじゅん
이윤	마-지ㄴ	[margin]	マージン
이윽고	야가떼		やがて
이의	이기	[異議]	いぎ
이익	리에끼	[利益]	りえき
이자	리소꾸	[利息]	りそく
이자	리시	[利子]	りし
이전	이제ㄴ	[以前]	いぜん
이점	리떼ㄴ	[利点]	りてん
이 정도	고레호도		これほど
이정표	미치시라베	[道しるべ]	みちしるべ
이제 곧	소로소로		そろそろ
이제는	모하야	[最早]	もはや
이제 와서	이마사라	[今更]	いまさら
이지러지다	가께루	[欠ける]	かける
이질	세끼리	[赤痢]	せきり
이쪽	고치라		こちら
이쪽	고ㅅ치		こっち
이쪽저쪽	아치라꼬치라		あちらこちら
이처럼	고레호도		これほど
이체	후리꼬미	[振込み]	ふりこみ

한국어	발음	한자	일본어
이층집	니까이다떼	[二階建て]	にかいだて
이치	리꾸츠	[理屈]	りくつ
이코노미	에꼬노미-	[economy]	エコノミー
이코노미클래스	에꼬노미-꾸라스	[economy class]	エコノミークラス
이크	오ㅅ또		おっと
이탈리아	이따리아	[Italia]	イタリア
이태리요리	이따리아료-리	[Italia料理]	イタリアりょうり
이토록	고레호도		これほど
이튿날	요꾸지츠	[翌日]	よくじつ
이해	리까이	[理解]	りかいする
이해	리가이	[利害]	りがい
이해하다	와까루	[分かる]	わかる
이혼	리꼬ㄴ	[離婚]	りこんする
이후	이고	[以後]	いご
이후	이꼬-	[以降]	いこう
이후	고ㅇ고	[今後]	こんご
익다	우레루	[熟れる]	うれる
익다	쥬ㄱ스루	[熟する]	じゅくする
익살	샤레	[洒落]	しゃれ
익살스러움	고ㄱ께-	[滑稽]	こっけい
익숙하지 않음	후나레	[不馴れ]	ふなれ
익숙해지다	나레루	[慣れる]	なれる
익히다	니루	[煮る]	にる
익히다	나라우	[習う]	ならう
인가	니ㅇ까	[認可]	にんかする
인간	니ㅇ게ㄴ	[人間]	にんげん
인간관계	니ㅇ게ㅇ까ㅇ께-	[人間関係]	にんげんかんけい
인간관계	츠끼아이	[付き合い]	つきあい
인감	이ㅇ까ㄴ	[印鑑]	いんかん
인격	지ㅇ까꾸	[人格]	じんかく
인공	지ㅇ꼬-	[人工]	じんこう
인공위성	지ㅇ꼬-에-세-	[人工衛星]	じんこうえいせい
인과	이ㅇ가	[因果]	いんが
인구	지ㅇ꼬-	[人口]	じんこう
인권	지ㅇ께ㄴ	[人権]	じんけん
인기	니ㅇ끼	[人気]	にんき
인기가 있다	모떼루	[持てる]	もてる
인기인	우레ㄱ꼬	[売れっこ]	うれっこ
인내	니ㄴ따이	[忍耐]	にんたいする
인내	시ㅁ보-	[辛抱]	しんぼうする

인내	가닌니	[堪忍]	かんにんする
~인데	가		が
인도	호도-	[歩道]	ほどう
인도	히끼와따시	[引き渡し]	ひきわたし
인도	이ㄴ도	[India]	インド
인도네시아	이ㄴ도네시아	[Indonesia]	インドネシア
인도하다	미치비꾸	[導く]	みちびく
인력	이ㄴ료꾸	[引力]	いんりょく
인류	지ㄴ루이	[人類]	じんるい
인류학	지ㄴ루이가꾸	[人類学]	じんるいがく
인륜	지ㄴ리ㄴ	[人倫]	じんりん
인문	지ㅁ부ㄴ	[人文]	じんぶん
인문과학	지ㅁ부ㅇ까가꾸	[人文科学]	じんぶんかがく
인문학	지ㅁ부ㅇ가꾸	[人文学]	じんぶんがく
인물	지ㅁ부츠	[人物]	じんぶつ
인민	지ㅁ미ㄴ	[人民]	じんみん
인사	지ㄴ지	[人事]	じんじ
인사	아이사츠	[挨拶]	あいさつする
인사(머리를 살짝 숙이는)	에샤꾸	[会釈]	えしゃくする
인사과	지ㄴ지까	[人事課]	じんじか
인사말	아이사츠	[挨拶]	あいさつする
인사부	지ㄴ지부	[人事部]	じんじぶ
인삼	고-라이니ㄴ지ㅇ	[高麗人参]	こうらいにんじん
인상	네아게	[値上げ]	ねあげする
인상	니ㄴ소-	[人相]	にんそう
인상	이ㄴ쇼-	[印象]	いんしょう
인상하다	히끼아게루	[引き上げる]	ひきあげる
인색함	게치		けち
인생	지ㄴ세-	[人生]	じんせい
인솔	이ㄴ소츠	[引率]	いんそつする
인솔하다	히끼이루	[率いる]	ひきいる
인쇄	이ㄴ사츠	[印刷]	いんさつする
인수	히끼우께	[引き受け]	ひきうけ
인수하다	히끼또루	[引き取る]	ひきとる
인스턴트	이ㄴ스따ㄴ또	[instant]	インスタント
인스턴트식품	이ㄴ스따ㄴ또쇼꾸히ㅇ	[instant食品]	インスタントしょくひん
인스턴트커피	이ㄴ스따ㄴ또꼬-히-	[instant coffee]	インスタントコーヒー
인스톨	이ㄴ스또-루	[install]	インストール
인식	니ㄴ시끼	[認識]	にんしきする
인연	기즈나	[絆]	きずな

인연(불교)	이ㄴ네ㅇ	[因縁]	いんねん
인연을 끊음	데기레	[手切れ]	てぎれ
인용	이ㄴ요-	[引用]	いんよう する
인원	지ㅇ이ㄴ	[人員]	じんいん
인재	지ㄴ자이	[人材]	じんざい
인재	지ㄴ사이	[人災]	じんさい
인정	니ㄴ죠-	[人情]	にんじょう
인정	니ㄴ떼-	[認定]	にんてい する
인정하다	미또메루	[認める]	みとめる
인종	지ㄴ슈	[人種]	じんしゅ
인주	슈니꾸	[朱肉]	しゅにく
인지	이ㄴ시	[印紙]	いんし
~인지	야라		やら
인질	히또지치	[人質]	ひとじち
인체	지ㄴ따이	[人体]	じんたい
인출	히끼다시	[引き出し]	ひきだし
인터넷	이ㄴ따-네ㅅ또	[Internet]	インターネット
인터뷰	이ㄴ따뷰-	[interview]	インタビュー
인터폰	이ㄴ따-호ㄴ	[interphone]	インターホン
인턴	이ㄴ따-ㄴ	[intern]	インターン
인테리어	이ㄴ떼리아	[interior]	インテリア
인텔리	이ㄴ떼리	[intelligentsia]	インテリ
인파	히또나미	[人波]	ひとなみ
인편	히또즈떼	[人伝]	ひとづて
인품	히또가라	[人柄]	ひとがら
인플레이션	이ㄴ후레	[inflation]	インフレ
인하	네사게	[値下げ]	ねさげ する
인형	니ㅇ교-	[人形]	にんぎょう
인형극	니ㅇ교-게끼	[人形劇]	にんぎょうげき
인형극	니ㅇ교-죠-루리	[人形浄瑠璃]	にんぎょうじょうるり
인형놀이	니ㅇ교-아소비	[人形遊び]	にんぎょうあそび
일	시고또	[仕事]	しごと
일	쇼꾸무	[職務]	しょくむ
일	니치	[日]	にち
일가 친척	치츠즈끼	[血続き]	ちつづき
일간	니ㄱ까ㄴ	[日刊]	にっかん
일곱	시치	[七]	しち
일곱	나나	[七]	なな
일곱 개, 일곱 살	나나츠	[七つ]	ななつ
일과	니ㄱ까	[日課]	にっか

일괄하다	히ㄱ꾸루메루	[引っくるめる]	ひっくるめる
일광	니ㄱ꼬-	[日光]	にっこう
일구이언	니마이지따	[二枚舌]	にまいじた
일기	니ㄱ끼	[日記]	にっき
일기예보	데ㅇ끼요호-	[天気予報]	てんきよほう
일꾼	하따라끼떼	[働き手]	はたらきて
일년	이치네ㄴ	[一年]	いちねん
일년 내내	이치네ㄴ쥬-	[一年中]	いちねんじゅう
일념	이치네ㄴ	[一念]	いちねん
일단	이치오-	[一応]	いちおう
일단	히또따비	[一度]	ひとたび
일단락 짓다	구기루	[区切る]	くぎる
일당	레ㄴ츄-	[連中]	れんちゅう
일동	이치도-	[一同]	いちどう
일류	이치류-	[一流]	いちりゅう
일면	이치메ㄴ	[一面]	いちめん
일몰	히구레	[日暮れ]	ひぐれ
일몰	니치보츠	[日没]	にちぼつ
일박	이ㅂ빠꾸	[一泊]	いっぱく
일반	이ㅂ빠ㄴ	[一般]	いっぱん
일반적으로	조꾸니	[俗に]	ぞくに
일방통행	이ㅂ뽀-츠-꼬-	[一方通行]	いっぽうつうこう
일본	니호ㄴ	[日本]	にほん
일본	와	[和]	わ
일본 고전 예능	노-	[能]	のう
일본 과자	와가시	[和菓子]	わがし
일본 국기	히노마루	[日の丸]	ひのまる
일본 그림	니호ㅇ가	[日本画]	にほんが
일본 대사관	니호ㄴ따이시까ㄴ	[日本大使館]	にほんたいしかん
일본 된장	미소	[味噌]	みそ
일본 만담	라꾸고	[落語]	らくご
일본 무용	니호ㅁ부요-	[日本舞踊]	にほんぶよう
일본 버선	다비	[足袋]	たび
일본사	니호ㄴ시	[日本史]	にほんし
일본술	니호ㄴ슈	[日本酒]	にほんしゅ
일본 시 단카	다ㅇ까	[短歌]	たんか
일본식	와	[和]	わ
일본식	와후-	[和風]	わふう
일본식 돗자리	다따미	[畳]	たたみ
일본 씨름 스모	스모-	[相撲]	すもう

일본어	니호ㅇ고	[日本語]	にほんご
일본에서 가장 오래된 역사서	고지끼	[古事記]	こじき
일본영사관	니호ㄴ료-지까ㄴ	[日本領事館]	にほんりょうじかん
일본의 가면 음악극	노-가꾸	[能楽]	のうがく
일본인	니호ㄴ지ㅇ	[日本人]	にほんじん
일본 전통 인형극	부ㄴ라꾸	[文楽]	ぶんらく
일본 절기 세츠분	세츠부ㄴ	[節分]	せつぶん
일본 정원	니호ㄴ떼-에ㄴ	[日本庭園]	にほんていえん
일본 정형시	하이꾸	[俳句]	はいく
일본 종교 신토	시ㄴ또-	[神道]	しんとう
일본 종이	와시	[和紙]	わし
일본 짚신	조-리	[草履]	ぞうり
일본 청국장	나ㅅ또-	[納豆]	なっとう
일본 한자	와세-까ㄴ지	[和製漢字]	わせいかんじ
일본 희극 교겐	교-게ㄴ	[狂言]	きょうげん
일부	이치부	[一部]	いちぶ
일부러	와자또		わざと
일부러	와자와자		わざわざ
일상	니치죠-	[日常]	にちじょう
일생	이ㅅ쇼-	[一生]	いっしょう
일손	히또데	[人手]	ひとで
일시불	이ㄱ까츠바라이	[一括払い]	いっかつばらい
일식	와쇼꾸	[和食]	わしょく
일심으로	히또에니		ひとえに
일어나다	오끼루	[起きる]	おきる
일어서다	다치아가루	[立ち上がる]	たちあがる
일왕생일	데ㄴ노-따ㄴ죠-비	[天皇誕生日]	てんのうたんじょうび
일요일	니치요-비	[日曜日]	にちようび
일용품	니치요-히ㄴ	[日用品]	にちようひん
일으키다	오꼬스	[起こす]	おこす
일장기	히노마루	[日の丸]	ひのまる
일전	세ㄴ지츠	[先日]	せんじつ
일전에	세ㄴ다ㅅ떼	[先達て]	せんだって
일정	니ㅅ떼-	[日程]	にってい
일정	이ㅅ떼-	[一定]	いってい
일제히	이ㅅ세-니	[一斉に]	いっせいに
일종	이ㅅ슈	[一種]	いっしゅ
일주일	이ㅅ슈-까ㄴ	[一週間]	いっしゅうかん
일직선의	스또레-또	[straight]	ストレート
일찌감치	하야메	[早め]	はやめ

일찍이	가츠떼		かつて
일찍 일어남	하야오끼	[早起き]	はやおきする
일체	이ㅅ사이	[一切]	いっさい
일출	히노데	[日の出]	ひので
일치	이ㅅ치	[一致]	いっち
일하다	하따라꾸	[働く]	はたらく
일행	츠레아이	[連合い]	つれあい
읽다	요무	[読む]	よむ
읽을거리	요미모노	[読み物]	よみもの
잃다	우시나우	[失う]	うしなう
잃어버리다	나꾸스	[失くす]	なくす
잃어버리다	우시나우	[失う]	うしなう
임금	치ㅇ기ㄴ	[賃金]	ちんぎん
임금님	오-사마	[王様]	おうさま
임기	니ㅇ끼	[任期]	にんき
임명	니ㅁ메-	[任命]	にんめいする
임명하다	메-즈루	[命ずる]	めいずる
임무	니ㅁ무	[任務]	にんむ
임박한 때	마기와	[間際]	まぎわ
임부, 임산부	니ㅁ뿌	[妊婦]	にんぷ
임시	리ㄴ지	[臨時]	りんじ
임시로	가리니	[仮に]	かりに
임시변통	마니아와세	[間に合わせ]	まにあわせ
임신	니ㄴ시ㄴ	[妊娠]	にんしんする
임신부	니ㅁ뿌	[妊婦]	にんぷ
임신하다	미고모루	[身篭る]	みごもる
임야	리ㅇ야	[林野]	りんや
임업	리ㅇ교-	[林業]	りんぎょう
임용	니ㅇ요-	[任用]	にんようする
임종	리ㄴ쥬-	[臨終]	りんじゅう
입	구치	[口]	くち
입고	뉴-꼬	[入庫]	にゅうこする
입구	이리구치	[入口]	いりぐち
입국	뉴-꼬꾸	[入国]	にゅうこくする
입국심사	뉴-꼬꾸시ㄴ사	[入国審査]	にゅうこくしんさ
입금	뉴-끼ㄴ	[入金]	にゅうきんする
입다	기루	[着る]	きる
입덧	츠와리		つわり
입력	뉴-료꾸	[入力]	にゅうりょくする
입맛을 다짐	시따츠즈미	[舌鼓]	したつづみ

입맞춤	기스	[kiss]	キス
입문	뉴-모ㄴ	[入門]	にゅうもんする
입문서	데비끼	[手引き]	てびき
입버릇	구치구세	[口癖]	くちぐせ
입법	리ㅂ뽀-	[立法]	りっぽう
입사	뉴-샤	[入社]	にゅうしゃする
입상	뉴-쇼-	[入賞]	にゅうしょうする
입술	구치비루	[唇]	くちびる
입술 연지	구치베니	[口紅]	くちべに
입시	뉴-시	[入試]	にゅうし
입시학원	요비꼬-	[予備校]	よびこう
입안	리츠아ㄴ	[立案]	りつあんする
입어봄	시챠꾸	[試着]	しちゃくする
입욕	뉴-요꾸	[入浴]	にゅうよくする
입원	뉴-이ㄴ	[入院]	にゅういんする
입을 다물다	츠구무	[噤む]	つぐむ
입장	뉴-죠-	[入場]	にゅうじょうする
입장	다치바	[立場]	たちば
입장료	뉴-죠-료-	[入場料]	にゅうじょうりょう
입증	리ㅅ쇼-	[立証]	りっしょうする
입증하다	우라즈께루	[裏付ける]	うらづける
입찰	뉴-사츠	[入札]	にゅうさつする
입체	리ㅅ따이	[立体]	りったい
입학	뉴-가꾸	[入学]	にゅうがくする
입학식	뉴-가꾸시끼	[入学式]	にゅうがくしき
입항	뉴-꼬-	[入港]	にゅうこうする
입회	다치아이	[立ち会い]	たちあい
입후보	리ㄱ꼬-호	[立候補]	りっこうほする
입히다	기세루	[着せる]	きせる
잇다	츠나구		つなぐ
잇달아	조꾸조꾸	[続々]	ぞくぞく
잇달아	다떼츠즈께	[立て続け]	たてつづけ
잇달아	츠즈께자마	[続けざま]	つづけざま
잇몸	하구끼	[歯茎]	はぐき
있는 그대로	아리노마마		ありのまま
있다	아루		ある
있다	이루	[居る]	いる
있다(겸양어)	오루		おる
잉꼬	이ㅇ꼬		インコ
잉어	고이	[鯉]	こい

잉크	이ㅇ꾸	[ink]	インク
잉태하다	하라무	[孕む]	はらむ
잊다	와스레루	[忘れる]	わすれる
잊어버리고 두고 오다	오끼와스레루	[置き忘れる]	おきわすれる
잎	하	[葉]	は
잎사귀	하ㅂ빠	[葉っぱ]	はっぱ

자	모노	[者]	もの
자	모노사시	[物差し]	ものさし
자	죠-기	[定規]	じょうぎ
자	사-		さあ
자	마-		まあ
자	호라		ほら
자갈	쟈리	[砂利]	じゃり
자격	시까꾸	[資格]	しかく
자결	지께츠	[自決]	じけつする
자궁	시뀨-	[子宮]	しきゅう
자그마함	사사야까	[細やか]	ささやか
자극	시게끼	[刺激]	しげきする
자금	시끼ㄴ	[資金]	しきん
자기	지꼬	[自己]	じこ
자기	지부ㄴ	[自分]	じぶん
자기도 모르게	시라즈시라즈	[知らず知らず]	しらずしらず
자기편	미까따	[見方]	みかた
자꾸만	시끼리니	[頻りに]	しきりに
자다	네루	[寝る]	ねる
자다	네무루	[眠る]	ねむる
자동	지도-	[自動]	じどう
자동응답기	루스바ㄴ데ㅇ와	[留守番電話]	るすばんでんわ
자동차	지도-샤	[自動車]	じどうしゃ
자동판매기	지도-하ㅁ바이끼	[自動販売機]	じどうはんばいき
자동화	오-또메-쇼ㄴ	[automation]	オートメーション
자두	스모모		すもも
자라	스ㅂ뽀ㄴ		すっぽん
자라다	소다츠	[育つ]	そだつ
자라다	노비루	[伸びる]	のびる
자랑	호꼬리	[誇り]	ほこり
자랑삼아 보이다	미세츠께루	[見せつける]	みせつける
자랑하다	호꼬루	[誇る]	ほこる
자력	지리끼	[自力]	じりき

자료	시료-	[資料]	しりょう
자루	후꾸로	[袋]	ふくろ
~자루	호ㄴ	[本]	ほん
자르다	기루	[切る]	きる
자르다	다츠	[断つ]	たつ
자리	세끼	[席]	せき
자리	포지쑈ㄴ	[position]	ポジション
자리잡고 살다	스미츠꾸	[住み着く]	すみつく
자립	지리츠	[自立]	じりつする
자막	지마꾸	[字幕]	じまく
자만하다	우누보레루	[己惚れる]	うぬぼれる
자매	시마이	[姉妹]	しまい
자멸	지메츠	[自滅]	じめつする
자명종시계	메자마시도께-	[目覚まし時計]	めざましどけい
자몽	구레-뿌후루-츠	[grapefruit]	グレープフルーツ
자문	시모ㄴ	[諮問]	しもんする
자물쇠	죠-	[錠]	じょう
자물쇠	로ㄱ꾸	[lock]	ロック
자백	하꾸죠	[白状]	はくじょうする
자백	지하꾸	[自白]	じはくする
자본	시호ㄴ	[資本]	しほん
자본주의	시호ㄴ슈기	[資本主義]	しほんしゅぎ
자부심	호꼬리	[誇り]	ほこり
자부하다	우누보레루	[己惚れる]	うぬぼれる
자비	지히	[慈悲]	じひ
자살	지사츠	[自殺]	じさつする
자생	지세-	[自生]	じせいする
자서전	지죠떼ㄴ	[自叙伝]	じじょでん
자석	지샤꾸	[磁石]	じしゃく
자선	지제ㄴ	[慈善]	じぜん
자성	지세-	[自省]	じせいする
자세	시세-	[姿勢]	しせい
자세하다	구와시이	[詳しい]	くわしい
자세하다	고마까이	[細かい]	こまかい
자손	시소ㄴ	[子孫]	しそん
자수	시슈-	[刺繍]	ししゅうする
자수정	무라사끼스이쇼-	[紫水晶]	むらさきすいしょう
자습	지슈-	[自習]	じしゅうする
자식	야로-	[野郎]	やろう
자신	지부ㄴ	[自分]	じぶん

자신	지시ㄴ	[自身]	じしん
자아	지가	[自我]	じが
자아내다	소소루		そそる
자애	지아이	[慈愛]	じあい
자연	시제ㄴ	[自然]	しぜん
자연과학	시제ㅇ까가꾸	[自然科学]	しぜんかがく
자연히	히또리데니	[独りでに]	ひとりでに
자영업자	지에-교-샤	[自営業者]	じえいぎょうしゃ
자외선	시가이세ㄴ	[紫外線]	しがいせん
자원	시게ㄴ	[資源]	しげん
자위	지이	[自慰]	じいする
자위대	지에-따이	[自衛隊]	じえいたい
자유	지유-	[自由]	じゆう
자작나무	시라까바	[白樺]	しらかば
자잘한 먼지	미지ㄴ	[微塵]	みじん
자장가	고모리우따	[子守唄]	こもりうた
자전거	지떼ㄴ샤	[自転車]	じてんしゃ
자전거	챠리ㅇ꼬		チャリンコ
자제	지세-	[自制]	じせいする
자제분	오꼬사ㅇ	[お子さん]	おこさん
자존심	푸라이도	[pride]	プライド
자주	요꾸		よく
자주	시바시바		しばしば
자주	다비따비	[度々]	たびたび
자주	지슈	[自主]	じしゅ
자주색	레ㅇ가이로	[煉瓦色]	れんがいろ
자질구레한	고마고마		ごまごま
자초지종	이끼사츠	[経緯]	いきさつ
자취	지스이	[自炊]	じすいする
자취	아또까따	[跡形]	あとかた
자취	나고리	[名残]	なごり
자치	지치	[自治]	じち
자치 단체	지치따이	[自治体]	じちたい
자칫	도까꾸		とかく
자택	지따꾸	[自宅]	じたく
자투리	하ㅁ빠	[半端]	はんぱ
자포자기	야부레까부레	[破れかぶれ]	やぶれかぶれ
자포자기	야께꾸소	[自棄糞]	やけくそ
자해	지가이	[自害]	じがいする
작가	사ㄱ까	[作家]	さっか

작곡	사ㄱ꾜꾸	[作曲]	さっきょくする
작곡가	사ㄱ꾜ㄱ까	[作曲家]	さっきょくか
작년	쿄네ㄴ	[去年]	きょねん
작년	사꾸네ㄴ	[昨年]	さくねん
작다	치이사이	[小さい]	ちいさい
작문	사꾸부ㄴ	[作文]	さくぶん
작사	사ㄱ시	[作詞]	さくし
작성	사ㄱ세-	[作成]	さくせいする
작심삼일	미ㅅ까보-즈	[三日坊主]	みっかぼうず
작업	사교-	[作業]	さぎょう
작용	사요-	[作用]	さようする
작은 삼촌	오지사ㅇ	[叔父さん]	おじさん
작은 삼촌	오지	[叔父]	おじ
작은 새	고또리	[小鳥]	ことり
작은 아버지	오지사ㅇ	[叔父さん]	おじさん
작은 아버지	오지	[叔父]	おじ
작은 짐	고니모츠	[小荷物]	こにもつ
작은 칼	고가따나	[小刀]	こがたな
작자	사ㄱ샤	[作者]	さくしゃ
작전	사ㄱ세ㄴ	[作戦]	さくせん
작정	츠모리		つもり
작품	사꾸히ㄴ	[作品]	さくひん
잔	구라스	[glass]	グラス
~잔	하이	[杯]	はい
잔고	자ㄴ다까	[残高]	ざんだか
잔금	자ㅇ끼ㄴ	[残金]	ざんきん
잔돈	고제니	[小銭]	こぜに
잔돌	고이시	[小岩]	こいし
잔디, 잔디밭	시바후	[芝生]	しばふ
잔뜩	다ㅂ뿌리		たっぷり
잔뜩	기ㅅ시리		ぎっしり
잔물결	사자나미	[さざ波]	さざなみ
잔소리	고고또	[小言]	こごと
잔쇼미마이(8월)	자ㄴ쇼미마이	[残暑見舞い]	ざんしょみまい
잔업	자ㅇ교-	[残業]	ざんぎょうする
잔인	자ㄴ니ㄴ	[残忍]	ざんにん
잔재주가 있음	기요-	[器用]	きよう
잔혹	자ㅇ꼬꾸	[残酷]	ざんこく
잘	요꾸		よく
잘게 썰다	기자무	[刻む]	きざむ

잘다	고마까이	[細かい]	こまかい
잘라내다	기리또루	[切り取る]	きりとる
잘라 떼다	치기루	[千切る]	ちぎる
잘리다	기레루	[切れる]	きれる
잘 맞다	니아우	[似合う]	にあう
잘못	아야마리	[誤り]	あやまり
잘못	오치도	[落度]	おちど
잘못되다	마치가우	[間違う]	まちがう
잘못 들음	소라미미	[空耳]	そらみみ
잘못 보다	미아야마루	[見誤る]	みあやまる
잘못하다	아야마루	[誤る]	あやまる
잘 아는 사람	나지미	[馴染み]	なじみ
잘 오셨어요	요-꼬소		ようこそ
잘잘못	요시아시	[良し悪し]	よしあし
잘하다	우마이	[旨い]	うまい
잘함	죠-즈	[上手]	じょうず
잘함	도꾸이	[得意]	とくい
잠	네무리	[眠り]	ねむり
잠깐	쵸ㅅ또		ちょっと
잠깐	시바라꾸		しばらく
잠깐 동안	츠까노마	[束の間]	つかのま
잠꼬대	네고또	[寝言]	ねごと
잠꾸러기	네보-	[寝坊]	ねぼうする
잠꾸러기	아사네보-	[朝寝坊]	あさねぼうする
잠들기 어렵다	네구루시이	[寝苦しい]	ねぐるしい
잠들다	네무루	[眠る]	ねむる
잠버릇	네구세	[寝癖]	ねぐせ
잠수	세ㄴ스이	[潜水]	せんすいする
잠수하다	모구루	[潜る]	もぐる
잠수하다	구구루	[潜る]	くぐる
잠수함	세ㄴ스이까ㄴ	[潜水艦]	せんすいかん
잠시	쇼-쇼-	[少々]	しょうしょう
잠시	시바라꾸		しばらく
잠시 머무르다	다따즈무	[佇む]	たたずむ
잠시 졸다	마도로무		まどろむ
잠옷	네마끼	[寝巻き]	ねまき
잠입하다	모구루	[潜る]	もぐる
잠자는 얼굴	네가오	[寝顔]	ねがお
잠자리	도ㅁ보		とんぼ
잠자리	네도꼬	[寝床]	ねどこ

잡념	자츠넨	[雑念]	ざつねん
잡다	츠까무	[掴む]	つかむ
잡다	츠까마에루	[捕まえる]	つかまえる
잡다	도루	[取る]	とる
잡다	도라에루	[捕らえる]	とらえる
잡다(동물을)	도루	[捕る]	とる
잡담	무다구치	[無駄口]	むだぐち
잡담	자츠단	[雑談]	ざつだんする
잡동사니	가라꾸따		がらくた
잡비	자삐	[雑費]	ざっぴ
잡아끌다	히ㅂ빠루	[引っ張る]	ひっぱる
잡아끌다	히끼츠께루	[引き付ける]	ひきつける
잡아당기다	히ㅂ빠루	[引っ張る]	ひっぱる
잡아 뽑다	무시루	[毟る]	むしる
잡어	자꼬	[雑魚]	ざこ
잡음	자츠온	[雑音]	ざつおん
잡지	자ㅅ시	[雑誌]	ざっし
잡지	마가지네	[magazine]	マガジン
잡초	자ㅅ소-	[雑草]	ざっそう
잡화점	자ㄱ까뗀	[雑貨店]	ざっかてん
잡히다	츠까마루	[捕まる]	つかまる
잣	마츠노미	[松の実]	まつのみ
장	쵸-	[腸]	ちょう
장	하라와따	[腸]	はらわた
~장	마이	[枚]	まい
장갑	데부꾸로	[手袋]	てぶくろ
장거리통화	쵸-꾜리츠-와	[長距離通話]	ちょうきょりつうわ
장관	다이진	[大臣]	だいじん
장교	쇼-꼬-	[将校]	しょうこう
장군	쇼-군	[将軍]	しょうぐん
장기	쇼-기	[将棋]	しょうぎ
장기, 특기	쥬-하치반	[十八番]	じゅうはちばん
장난감	오모챠	[玩具]	おもちゃ
장난전화	이따즈라데ㅇ와	[いたずら電話]	いたずらでんわ
장난치다	후자께루		ふざける
장난치다	다와무레루	[戯れる]	たわむれる
장남	쵸-난	[長男]	ちょうなん
장녀	쵸-죠	[長女]	ちょうじょ
장님	메꾸라	[盲]	めくら
장단	쵸-시	[調子]	ちょうし

한국어	발음	한자	일본어
장대	사오	[竿]	さお
장대비	도샤부리	[土砂降り]	どしゃぶり
장래	쇼-라이	[将来]	しょうらい
장래	유꾸스에	[行く末]	ゆくすえ
장려	쇼-레-	[奨励]	しょうれい する♡
장례식	소-시끼	[葬式]	そうしき
장르	쟈ㅇ루	[genre]	ジャンル
장마	츠유	[梅雨]	つゆ
장마	바이우	[梅雨]	ばいう
장마	나가아메	[長雨]	ながあめ
장면	바메ㄴ	[場面]	ばめん
장모	기리노하하	[義理の母]	ぎりのはは
장모	슈-또메	[姑]	しゅうとめ
장미	바라	[薔薇]	ばら
장보기	가이모노	[買い物]	かいもの する♡
장부	쵸-보	[帳簿]	ちょうぼ
장부	쵸-메ㄴ	[帳面]	ちょうめん
장비	소-비	[装備]	そうび
장사	쇼-바이	[商売]	しょうばい する♡
장사	아끼나이	[商い]	あきない
장사	치까라모치	[力持ち]	ちからもち
장사하다	아끼나우	[商う]	あきなう
장서	조-쇼	[蔵書]	ぞうしょ
장소	바쇼	[場所]	ばしょ
장소에 어울리지 않음	바치가이	[場違い]	ばちがい
장수	나가이끼	[長生き]	ながいき する♡
장수	쵸-쥬	[長寿]	ちょうじゅ する♡
장수풍뎅이	가부또무시	[かぶと虫]	かぶとむし
장식	가자리	[飾り]	かざり
장식	소-쇼꾸	[装飾]	そうしょく する♡
장식물	가자리모노	[飾り物]	かざりもの
장식하다	가자루	[飾る]	かざる
장식하다	요소오우	[装う]	よそおう
장애인	가라다노후지유-나히또	[体の不自由な人]	からだのふじゆうなひと
장어	우나기	[鰻]	うなぎ
장인	기리노치치	[義理の父]	ぎりのちち
장인	슈-또	[舅]	しゅうと
장작	다끼기	[薪]	たきぎ
장작	마끼	[薪]	まき
장점	쵸-쇼	[長所]	ちょうしょ

장점	도리에	[取り柄]	とりえ
장지	쇼-지	[障子]	しょうじ
장치	도리츠께	[取付け]	とりつけ
장치	시까께	[仕掛け]	しかけ
장치	소-치	[装置]	そうち する
장치하다	도리츠께루	[取り付ける]	とりつける
장티푸스	쵸-치후스	[腸チフス]	ちょうチフス
장편	쵸-헤ㄴ	[長編]	ちょうへん
장해	쇼-가이	[障害]	しょうがい
장화	나가구츠	[長靴]	ながぐつ
장황하다	구도구도시이		くどくどしい
장황하다	나가따라시이	[長たらしい]	ながたらしい
재	하이	[灰]	はい
재건	사이께ㄴ	[再建]	さいけん する
재고	자이꼬	[在庫]	ざいこ
재기	사이끼	[再起]	さいき する
재깍재깍	가치까치		かちかち
재난	사이나ㄴ	[災難]	さいなん
재능	사이노-	[才能]	さいのう
재능이 없음	부끼료-	[無器量]	ぶきりょう
재다	하까루	[量る]	はかる
재단	자이다ㄴ	[財団]	ざいだん
재단	사이다ㄴ	[裁断]	さいだん
재떨이	하이자라	[灰皿]	はいざら
재력	자이료꾸	[財力]	ざいりょく
재료	자이료-	[材料]	ざいりょう
재료가 떨어짐	다네기레	[種切れ]	たねぎれ
재목	자이모꾸	[材木]	ざいもく
재미없다	츠마라나이		つまらない
재미있다	오모시로이	[面白い]	おもしろい
재배	사이바이	[栽培]	さいばい する
재벌	자이바츠	[財閥]	ざいばつ
재봉틀	미시ㅇ	[sewing machine]	ミシン
재빠르다	데바야이	[手早い]	てばやい
재빠르다	스바야이	[素早い]	すばやい
재빠르다	스바시꼬이		すばしこい
재빨리	이치하야꾸	[逸早く]	いちはやく
재산	자이사ㄴ	[財産]	ざいさん
재산	도미	[富]	とみ
재생	사이세-	[再生]	さいせい する

재수	에○기	[縁起]	えんぎ
재수생	로-니ㄴ	[浪人]	ろうにん
재스민	쟈스미ㄴ	[jasmine]	ジャスミン
재우다	네까스	[寝かす]	ねかす
재원	사이에ㄴ	[才媛]	さいえん
재임	자이니ㄴ	[在任]	ざいにんする
재작년	오또또시	[一昨年]	おととし
재잘재잘	페차꾸챠		ぺちゃくちゃ
재정	자이세-	[財政]	ざいせい
재주꾼	데끼끼	[手利き]	てきき
재즈	쟈즈	[jazz]	ジャズ
재직	자이쇼꾸	[在職]	ざいしょくする
재차	후따따비	[再び]	ふたたび
재채기	구샤미		くしゃみ
재촉	사이소꾸	[催促]	さいそく
재촉하다	우나가스	[促す]	うながす
재치	기치	[機智]	きち
재킷	쟈께ㅅ또	[jacket]	ジャケット
재택	자이따꾸	[在宅]	ざいたく
재판	사이바ㄴ	[裁判]	さいばんする
재판	사이하ㄴ	[再版]	さいはんする
재판관	사이바ㅇ까ㄴ	[裁判官]	さいばんかん
재학	자이가꾸	[在学]	ざいがくする
재해	사이가이	[災害]	さいがい
재혼	사이꼬ㄴ	[再婚]	さいこんする
재회	사이까이	[再会]	さいかいする
잼	쟈무	[jam]	ジャム
쟁반	오보ㅇ	[お盆]	おぼん
저	아		あ
저	와따꾸시	[私]	わたくし
저	아노		あの
저	에-또		ええと
저것	아레		あれ
저곳	아소꼬		あそこ
저금	쵸끼ㄴ	[貯金]	ちょきんする
저기	가나따	[彼方]	かなた
저기	아소꼬		あそこ
저기	아ㅅ치		あっち
저기압	데-끼아츠	[低気圧]	ていきあつ
저기요	네-		ねえ

저널리스트	쟈-나리스또	[journalist]	ジャーナリスト
저녁	유-가따	[夕方]	ゆうがた
저녁	유-베	[夕べ]	ゆうべ
저녁 안개	유-기리	[夕霧]	ゆうぎり
저녁놀	유-야께	[夕焼け]	ゆうやけ
저녁때	유-가따	[夕方]	ゆうがた
저녁밥	유-고하ㄴ	[夕御飯]	ゆうごはん
저녁밥	유-하ㄴ	[夕飯]	ゆうはん
저녁밥	바ㅇ고하ㅇ	[晩御飯]	ばんごはん
저녁 식사	유-쇼꾸	[夕食]	ゆうしょく
저녁 식사	유-하ㄴ	[夕飯]	ゆうはん
저러한	아ㄴ나		あんな
저런	아ㄴ나		あんな
저렇게	아-		ああ
저리다	시비레루	[痺れる]	しびれる
저마다	구치구치니	[口々に]	くちぐちに
저 멀리	하루바루	[遥々]	はるばる
저물다	구레루	[暮れる]	くれる
저물다	보ㅅ스루	[没する]	ぼっする
저 분	아노가따	[この方]	あのかた
저서	쵸쇼	[著書]	ちょしょ
저 세상	아노요	[あの世]	あのよ
저속	데-조꾸	[低俗]	ていぞく
저속하다	이야시이	[卑しい]	いやしい
저술	쵸쥬츠	[著述]	ちょじゅつする
저승	아노요	[あの世]	あのよ
저울	하까리	[秤]	はかり
저울의 눈금	메모리	[目盛り]	めもり
저자	쵸샤	[著者]	ちょしゃ
저작	쵸사꾸	[著作]	ちょさくする
저절로	오노즈까라	[自ずから]	おのずから
저절로	히또리데니	[独りでに]	ひとりでに
저주	노로이	[呪い]	のろい
저주하다	노로우	[呪う]	のろう
저지	소시	[阻止]	そしする
저지르다	시데까스		しでかす
저쪽	아치라		あちら
저쪽	아ㅅ치		あっち
저쪽	무꼬-가와	[向こう側]	むこうがわ
저쪽	가나따	[彼方]	かなた

저쪽 편	아치라가와	[あちら側]	あちらがわ
저축	쵸치꾸	[貯蓄]	ちょちく
저축하다	다꾸와에루	[蓄える]	たくわえる
저택	야시끼	[屋敷]	やしき
저택	데-따꾸	[邸宅]	ていたく
저편	가나따	[彼方]	かなた
저하	데-까	[低下]	ていかする
저항	데-꼬-	[抵抗]	ていこうする
저혈압	데-께츠아츠	[低血圧]	ていけつあつ
저희들	와따시도모	[私ども]	わたしども
적	가따끼	[敵]	かたき
적	데끼	[敵]	てき
적국	데ㄱ꼬꾸	[敵国]	てっこく
적극	세ㄱ꾜꾸	[積極]	せっきょく
적극적	세ㄱ꾜ㄱ떼끼	[積極的]	せっきょくてき
적나라	세끼라라	[赤裸々]	せきらら
적다	스꾸나이	[少ない]	すくない
적다	가꾸	[書く]	かく
적당	데끼또-	[適当]	てきとうする
적당하다	데끼스루	[適する]	てきする
적당한 값	네고로	[値頃]	ねごろ
적당함	이이까게ㄴ	[いい加減]	いいかげん
적당히	호도호도	[程々]	ほどほど
적당히	이이까게ㄴ	[いい加減]	いいかげん
적도	세끼도-	[赤道]	せきどう
적령	도시고로	[年頃]	としごろ
적립	츠미따떼	[積立て]	つみたて
적립금	츠미끼ㄴ	[積金]	つみきん
적시다	누라스	[濡らす]	ぬらす
적시다	히따스	[浸す]	ひたす
적십자	세끼쥬-지	[赤十字]	せきじゅうじ
적어도	스꾸나꾸또모	[少なくとも]	すくなくとも
적어도	세메떼		せめて
적외선	세끼가이세ㄴ	[赤外線]	せきがいせん
적용	데끼요-	[適用]	てきようする
적응	데끼오-	[適応]	てきおうする
적자	아까지	[赤字]	あかじ
적잖이	스꾸나까라즈	[少なからず]	すくなからず
적적하다	와비시이	[侘しい]	わびしい
적절	데끼또-	[適当]	てきとうする

적중	데끼츄-	[的中]	てきちゅうする
적중함	오-아따리	[大当り]	おおあたり
적포도주	아까와이ㄴ	[赤ワイン]	あかワイン
전	마에	[前]	まえ
전갈	고또즈떼	[言伝]	ことづて
전개	데ㅇ까이	[展開]	てんかい
전갱이	아지	[鯵]	あじ
전골	스끼야끼	[すき焼き]	すきやき
전공	세ㅇ꼬-	[専攻]	せんこうする
전구	데ㅇ뀨-	[電球]	でんきゅう
전국	제ㅇ꼬꾸	[全国]	ぜんこく
전근	데ㅇ끼ㄴ	[転勤]	てんきんする
전기	데ㅇ끼	[電気]	でんき
전기	데ㅇ끼	[伝記]	でんき
전기난로	데ㅇ끼스또-부	[電気ストーブ]	でんきストーブ
전기면도기	데ㅇ끼까미소리	[電気剃刀]	でんきかみそり
전기밥솥	데ㅇ끼스이하ㅇ끼	[電気炊飯器]	でんきすいはんき
전기밥솥	스이하ㄴ쟈-	[炊飯jar]	すいはんジャー
전기세	고-네츠히	[光熱費]	こうねつひ
전기세, 전기요금	데ㅇ끼다이	[電気代]	でんきだい
전기스탠드	데ㅇ끼스따ㄴ도	[電気スタンド]	でんきスタンド
전날	세ㄴ지츠	[先日]	せんじつ
전념	세ㄴ네ㄴ	[専念]	せんねんする
전능	제ㄴ노-	[全能]	ぜんのう
전달	데ㄴ따츠	[伝達]	でんたつ
전당	데ㄴ도-	[殿堂]	でんどう
전당포	시치야	[質屋]	しちや
전도	데ㄴ도-	[伝導]	でんどうする
전도	유꾸스에	[行く末]	ゆくすえ
전도	제ㄴ또	[前途]	ぜんと
전등	데ㄴ또-	[電灯]	でんとう
전라	제ㄴ라	[全裸]	ぜんら
전락	데ㄴ라꾸	[転落]	てんらくする
전래	데ㄴ라이	[伝来]	でんらいする
전략	세ㄴ랴꾸	[戦略]	せんりゃく
전력	데ㄴ료꾸	[電力]	でんりょく
전력	세ㄴ료꾸	[戦力]	せんりょく
전류	데ㄴ류-	[電流]	でんりゅう
전류 차단기	부레-까-	[breaker]	ブレーカー
전망	데ㅁ보-	[展望]	てんぼうする

전망	미하라시	[見張らし]	みはらし
전매	세ㅁ바이	[専売]	せんばいする
전멸	제ㅁ메츠	[全滅]	ぜんめつする
전모	제ㅁ보-	[全貌]	ぜんぼう
전무	세ㅁ무	[専務]	せんむ
전문	세ㅁ모ㄴ	[専門]	せんもん
전문대학	다ㅇ끼다이가꾸	[短期大学]	たんきだいがく
전문대학	다ㄴ다이	[短大]	たんだい
전문분야가 다름	하따께치가이	[畑違い]	はたけちがい
전문학원	세ㅁ모ㅇ가ㄱ꼬-	[専門学校]	せんもんがっこう
전반적	제ㅁ빠ㄴ떼끼	[全般的]	ぜんぱんてき
전방	제ㅁ뽀-	[前方]	ぜんぽう
전방	세ㅁ뽀-	[先方]	せんぽう
전번	세ㄴ지츠	[先日]	せんじつ
전병	세ㅁ베-	[煎餅]	せんべい
전보	데ㅁ뽀-	[電報]	でんぽう
전복	아와비	[鮑]	あわび
전복	데ㅁ뿌꾸	[転覆]	てんぷくする
전복되다	구츠가에루	[覆る]	くつがえる
전봇대	데ㄴ시ㅁ바시라	[電信柱]	でんしんばしら
전부	스베떼	[全て]	すべて
전부	미나	[皆]	みな
전부	제ㅁ부	[全部]	ぜんぶ
전부	이ㅅ사이	[一切]	いっさい
전부	소ㄱ꾸리		そっくり
전부터	가네가네	[予々]	かねがね
전부터	가네떼	[予て]	かねて
전분	데ㅁ뿌ㄴ		でんぷん
전분	가따꾸리꼬	[片栗粉]	かたくりこ
전사	세ㄴ시	[戦死]	せんしする
전선	데ㄴ세ㄴ	[電線]	でんせん
전설	데ㄴ세츠	[伝説]	でんせつ
전성	제ㄴ세-	[全盛]	ぜんせい
전세	가시끼리	[貸切り]	かしきり
전세계적인	구로-바루	[global]	グローバル
전소	마루야께	[丸焼け]	まるやけ
전소	제ㄴ쇼-	[全焼]	ぜんしょう
전속	세ㄴ조꾸	[専属]	せんぞくする
전송	미오꾸리	[見送り]	みおくり
전술	세ㄴ쥬츠	[戦術]	せんじゅつ

전망 ~ 전하다

전시	데ㄴ지	[展示]	てんじする
전시회	데ㄴ라ㅇ까이	[展覧会]	てんらんかい
전시회	데ㄴ지까이	[展示会]	てんじかい
전신주	데ㄴ시ㅁ바시라	[電信柱]	でんしんばしら
전압	데ㅇ아츠	[電圧]	でんあつ
전액	제ㅇ가꾸	[全額]	ぜんがく
전언	고또즈떼	[言伝]	ことづて
전언	데ㅇ고ㄴ	[伝言]	でんごんする
전에	가츠떼		かつて
전연	제ㄴ제ㄴ	[全然]	ぜんぜん
전염	데ㄴ세ㄴ	[伝染]	でんせんする
전염병	데ㄴ세ㅁ뵤-	[伝染病]	でんせんびょう
전용	세ㅇ요-	[専用]	せんようする
전우	세ㅇ유-	[戦友]	せんゆう
전원	데ㅇ에ㄴ	[田園]	でんえん
전원	제ㅇ이ㄴ	[全員]	ぜんいん
전율	세ㄴ리츠	[戦慄]	せんりつする
전자	데ㄴ시	[電子]	でんし
전자계산기	데ㄴ따꾸	[電卓]	でんたく
전자레인지	데ㄴ시레ㄴ지	[電子レンジ]	でんしレンジ
전자메일	데ㄴ시메-루	[電子メール]	でんしメール
전쟁	세ㄴ소-	[戦争]	せんそうする
전제	제ㄴ떼-	[前提]	ぜんてい
전조	마에부레	[前触れ]	まえぶれ
전지	데ㄴ치	[電池]	でんち
전직	데ㄴ쇼꾸	[転職]	てんしょくする
전집	제ㄴ슈-	[全集]	ぜんしゅう
전차	데ㄴ샤	[電車]	でんしゃ
전채	제ㄴ사이	[前菜]	ぜんさい
전철	데ㄴ샤	[電車]	でんしゃ
전체	제ㄴ따이	[全体]	ぜんたい
전체	이치메ㄴ	[一面]	いちめん
전치	제ㄴ치	[全治]	ぜんち
전쾌	제ㅇ까이	[全快]	ぜんかいする
전통	데ㄴ또-	[伝統]	でんとう
전투	세ㄴ또-	[戦闘]	せんとうする
전파	데ㅁ빠	[電波]	でんぱ
전편	제ㅁ뻬ㄴ	[前編]	ぜんぺん
전표	데ㅁ뾰-	[伝票]	でんぴょう
전하다	츠따에루	[伝える]	つたえる

전함	세ㅇ까ㄴ	[戦艦]	せんかん
전해지다	츠따와루	[伝わる]	つたわる
전혀	제ㄴ제ㄴ	[全然]	ぜんぜん
전혀	이ㄱ꼬-	[一向]	いっこう
전혀	마루끼리		まるきり
전화	데ㅇ와	[電話]	でんわする
전화기	데ㅇ와끼	[電話機]	でんわき
전화박스	데ㅇ와보ㄱ스	[電話box]	でんわボックス
전화번호	데ㅇ와바ㅇ고-	[電話番号]	でんわばんごう
전화번호부	데ㅇ와쵸-	[電話帳]	でんわちょう
전화안내국	이치제로요ㄴ	[104]	いちぜろよん
전화요금	데ㅇ와다이	[電話代]	でんわだい
전화카드	데레호ㅇ까-도	[telephone card]	テレホンカード
전환	데ㅇ까ㄴ	[転換]	てんかんする
전후	제ㅇ고	[前後]	ぜんご
절	지이ㄴ	[寺院]	じいん
절	데라	[寺]	てら
절	오지기	[お辞儀]	おじぎする
절	오떼라	[お寺]	おてら
절교	제ㄱ꼬-	[絶交]	ぜっこうする
절구	우스	[臼]	うす
절단	세츠다ㄴ	[切断]	せつだんする
절대	제ㅅ따이	[絶対]	ぜったい
절대로	제ㅅ따이니	[絶対に]	ぜったいに
절대로	게ㅅ시떼	[決して]	けっして
절대로	다ㄴ지떼	[断じて]	だんじて
절도	세ㅅ또-	[窃盗]	せっとうする
절뚝거림, 절름발이	비ㄱ꼬	[跛]	びっこ
절망	제츠보-	[絶望]	ぜつぼうする
절명	제츠메-	[絶命]	ぜつめいする
절묘	제츠묘-	[絶妙]	ぜつみょう
절반	나까바	[半ば]	なかば
절반	하ㅁ부ㄴ	[半分]	はんぶん
절벽	제ㅂ뻬끼	[絶壁]	ぜっぺき
절벽	가께	[崖]	がけ
절실	세츠지츠	[切実]	せつじつ
절실히	츠꾸즈꾸		つくづく
절실히	시미지미		しみじみ
절약	세츠야꾸	[節約]	せつやくする
절임	츠께모노	[漬物]	つけもの

전함 ~ 접근하다

절정	젯쵸-	[絶頂]	ぜっちょう
절차	단도리	[段取り]	だんどり
절충	세쇼-	[折衝]	せっしょうする
절하다	오가무	[拝む]	おがむ
절호	젯꼬-	[絶好]	ぜっこう
젊고 싱싱하다	와까와까시이	[若々しい]	わかわかしい
젊다	와까이	[若い]	わかい
젊은이	와까모노	[若者]	わかもの
젊은이	와꼬-도	[若人]	わこうど
젊은이(한창때의)	와까떼	[若手]	わかて
젊은이용	와까무끼	[若向き]	わかむき
젊은 혈기	와까게	[若気]	わかげ
점	호꾸로	[黒子]	ほくろ
점	덴	[点]	てん
점	우라나이	[占い]	うらない
점령	센료-	[占領]	せんりょうする
점멸	덴메츠	[点滅]	てんめつする
점보	쟘보	[jumbo]	ジャンボ
점성술	호시우라나이	[星占い]	ほしうらない
점심	히루	[昼]	ひる
점심	히루마	[昼間]	ひるま
점심밥	히루고항	[昼御飯]	ひるごはん
점심시간	히루야스미	[昼休み]	ひるやすみ
점심식사	츄-쇼꾸	[昼食]	ちゅうしょく
점원	데잉	[店員]	てんいん
점잖다	오또나시이		おとなしい
점장	덴쵸-	[店長]	てんちょう
점쟁이	에끼샤	[易者]	えきしゃ
점쟁이	우라나이샤	[占い者]	うらないしゃ
점점, 점차	단단	[段々]	だんだん
점점	이요이요		いよいよ
점점 더	마스마스		ますます
점차	시다이니	[次第に]	しだいに
점치다	우라나우	[占う]	うらなう
점토	넨도	[粘土]	ねんど
점퍼	쟘빠-	[jumper]	ジャンパー
점프	쟘뿌	[jump]	ジャンプ
접골	호네츠기	[骨接ぎ]	ほねつぎ
접골원	셋꼬츠잉	[接骨院]	せっこついん
접근하다	치까즈꾸	[近付く]	ちかづく

접근하다	치까요루	[近寄る]	ちかよる
접다	다따무	[畳む]	たたむ
접다	오루	[折る]	おる
접대	세ㅅ따이	[接待]	せったいする(v)
접대	다이구ー	[待遇]	たいぐうする(v)
접속	세츠조꾸	[接続]	せつぞくする(v)
접수, 접수처	우께츠께	[受付]	うけつけする(v)
접시	사라	[皿]	さら
접이식 우산	오리따따미가사	[折り畳み傘]	おりたたみがさ
접종	세ㅅ슈	[接種]	せっしゅする(v)
접질리다	구지꾸	[挫く]	くじく
접촉	세ㅅ쇼꾸	[接触]	せっしょくする(v)
접촉하다	후레루	[触れる]	ふれる
접히다	오레루	[折れる]	おれる
젓가락	하시	[箸]	はし
젓다(노를)	고구	[漕ぐ]	こぐ
정	아이소	[愛想]	あいそ
정가	데ー까	[定価]	ていか
정강이	스네	[脛]	すね
정계	세ー까이	[政界]	せいかい
정교	세ー꼬ー	[精巧]	せいこう
정교함	다꾸미	[巧み]	たくみ
정구	데니스	[tennis]	テニス
정권	세ー껜	[政権]	せいけん
정글	쟝구루	[jungle]	ジャングル
정기	데ー끼	[定期]	ていき
정기예금	데ー끼요낀	[定期預金]	ていきよきん
정년	데ー넨	[定年]	ていねん
정답	세ー까이	[正解]	せいかい
정당	세ー또ー	[政党]	せいとう
정당	세ー또ー	[正当]	せいとう
정도	데ー도	[程度]	ていど
정도	가겐	[加減]	かげん
~정도	바까리		ばかり
~정도	구라이		くらい, ぐらい
~정도	호도		ほど
장갑	데부꾸로	[手袋]	てぶくろ
정돈	세ー똔	[整頓]	せいとん
정돈되다	도또노우	[整う]	ととのう
정돈하다	도또노에루	[整える]	ととのえる

정력	세-료꾸	[精力]	せいりょく
정렬	세-레츠	[整列]	せいれつする⊙
정류장	데-류-죠	[停留所]	ていりゅうじょ
정리	데-리	[定理]	ていり
정리	세-리	[整理]	せいりする⊙
정리하다	마또메루	[纏める]	まとめる
정리하다	가따즈께루	[片付ける]	かたづける
정말	혼또-	[本当]	ほんとう
정말	마꼬또니	[誠に]	まことに
정말	마-		まあ
정말로	혼또-니	[本当に]	ほんとうに
정맥	죠-먀꾸	[静脈]	じょうみゃく
정면	쇼-메ㄴ	[正面]	しょうめん
정면	마또모	[真面]	まとも
정면	마쇼-메ㄴ	[真正面]	ましょうめん
정밀	세-미츠	[精密]	せいみつ
정박	데-하꾸	[停泊]	ていはくする⊙
정벌	세-바츠	[征伐]	せいばつする⊙
정보	죠-호-	[情報]	じょうほう
정보통신	죠-호-츠-시ㄴ	[情報通信]	じょうほうつうしん
정복	세-후꾸	[征服]	せいふくする⊙
정부	세-후	[政府]	せいふ
정부	아이지ㄴ	[愛人]	あいじん
정부	죠-후	[情婦]	じょうふ
정사각형	세-호-께-	[正方形]	せいほうけい
정사원	세-샤이ㅇ	[正社員]	せいしゃいん
정산	세-사ㄴ	[精算]	せいさんする⊙
정상	쵸-죠-	[頂上]	ちょうじょう
정상	세-죠-	[正常]	せいじょう
정상	이따다끼	[頂]	いただき
정색	마가오	[真顔]	まがお
정서	죠-쵸	[情緒]	じょうちょ
정성을 들임	네ㅇ이리	[念入り]	ねんいり
정성껏	네ㅇ이리니	[念入りに]	ねんいりに
정세	죠-세-	[情勢]	じょうせい
정수리	데ㅂ뻬ㄴ	[天辺]	てっぺん
정식	데-쇼꾸	[定食]	ていしょく
정식	세-시끼	[正式]	せいしき
정식	호ㄴ시끼	[本式]	ほんしき
정신	세-시ㄴ	[精神]	せいしん

정신과	세-시ㅇ까	[精神科]	せいしんか
정액	세-에끼	[精液]	せいえき
정액권지갑	데-끼이레	[定期入れ]	ていきいれ
정어리	이와시	[鰯]	いわし
정열	죠-네츠	[情熱]	じょうねつ
정오	쇼-고	[正午]	しょうご
정욕	죠-요꾸	[情欲]	じょうよく
정원	데-엔	[庭園]	ていえん
정원사	니와시	[庭師]	にわし
정원수	우에끼	[植木]	うえき
정월	쇼-가츠	[正月]	しょうがつ
정월초하루(1월 1일)	간따느	[元旦]	がんたん
정육점	니꾸야	[肉屋]	にくや
정의	세-기	[正義]	せいぎ
정자	세-시	[精子]	せいし
정전	데-덴	[停電]	ていでんする
정전	데-센	[停戦]	ていせんする
정정	데-세-	[訂正]	ていせいする
정제	죠-자이	[錠剤]	じょうざい
정조	데-소-	[貞操]	ていそう
정주하다	스미츠꾸	[住み着く]	すみつく
정중함	데-네-	[丁寧]	ていねい
정지	도마레	[止まれ]	とまれ
정지	데-시	[停止]	ていしする
정직	쇼-지끼	[正直]	しょうじき
정차	데-샤	[停車]	ていしゃする
정착	데-챠꾸	[定着]	ていちゃくする
정책	세-사꾸	[政策]	せいさく
정체	쇼-따이	[正体]	しょうたい
정취	오모무끼	[趣]	おもむき
정치	세-지	[政治]	せいじする
정치인	세-지까	[政治家]	せいじか
정치학	세-지가꾸	[政治学]	せいじがく
정토	죠-도	[浄土]	じょうど
정하다	기메루	[決める]	きめる
정하다	도리끼메루	[取り決める]	とりきめる
정하다	사다메루	[定める]	さだめる
정해지다	사다마루	[定まる]	さだまる
정해지다	기마루	[決まる]	きまる
정형외과	세-께-게까	[整形外科]	せいけいげか

정확	세-까꾸	[正確]	せいかく
정확함	다시까	[確か]	たしか
정확히	챠ㄴ또		ちゃんとする
정확히	기치ㄴ또		きちんとする
젖	치치	[乳]	ちち
젖	오ㅂ빠이		おっぱい
젖꼭지	치꾸비	[乳首]	ちくび
젖다	누레루	[濡れる]	ぬれる
젖먹이	아까고	[赤子]	あかご
젖비린내 나다	치치꾸사이	[乳臭い]	ちちくさい
젖혀지다	마꾸레루	[捲れる]	まくれる
젖히다	메꾸루	[捲る]	めくる
제각기	메-메-	[銘々]	めいめい
제거	죠꾜	[除去]	じょきょする
제거하다	노조꾸	[除く]	のぞく
제거하다	도리노조꾸	[取り除く]	とりのぞく
제거하다	하네노께루	[撥ね除ける]	はねのける
제공	데-꾜-	[提供]	ていきょうする
제국	데-꼬꾸	[帝国]	ていこく
제대로	기치ㄴ또		きちんとする
제대로	로꾸니		ろくに
제도	세-도	[制度]	せいど
제로	제로	[zero]	ゼロ
제막	죠마꾸	[除幕]	じょまくする
제멋대로 굶	와가마마	[我侭]	わがまま
제멋대로임	가ㅅ떼	[勝手]	かって
제멋대로 굶	기마마	[気まま]	きまま
제명	죠메-	[除名]	じょめいする
제목	다이메-	[題名]	だいめい
제목	다이모꾸	[題目]	だいもく
제목	다이	[題]	だい
제발	제히	[是非]	ぜひ
제발	나니또조	[何卒]	なにとぞ
제발	구레구레		くれぐれ
제방	도떼	[土手]	どて
제법	가나리		かなり
제법	게ㄱ꼬-	[結構]	けっこう
제법	와리아이	[割合]	わりあい
제복	세-후꾸	[制服]	せいふく
제본	세-호ㄴ	[製本]	せいほんする

제비	츠바메	[燕]	つばめ
제비꽃	스미레	[菫]	すみれ
제비뽑기	구지비끼	[籤引き]	くじびき
제비추첨	구지	[籤]	くじ
제삿날	메-니치	[命日]	めいにち
제시	데-지	[提示]	ていじする
제안	데-아ㄴ	[提案]	ていあんする
제약	세-야꾸	[制約]	せいやくする
제언	데-게ㄴ	[提言]	ていげんする
제왕	데-오-	[帝王]	ていおう
제외	죠가이	[除外]	じょがいする
제일	이치바ㄴ	[一番]	いちばん
제일	다이이치	[第一]	だいいち
제자	데시	[弟子]	でし
제자	오시에고	[教え子]	おしえご
제자리걸음	아시부미	[足踏み]	あしぶみする
제자리로 되돌아감	갸꾸모도리	[逆戻り]	ぎゃくもどりする
제작	세-사꾸	[制作]	せいさくする
제작	세-사꾸	[製作]	せいさくする
제정신	쇼-끼	[正気]	しょうき
제조	세-조-	[製造]	せいぞうする
제조업	세-조-교-	[製造業]	せいぞうぎょう
제조자	메-까-	[maker]	メーカー
제지	세-시	[制止]	せいしする
제출	데-슈츠	[提出]	ていしゅつする
제트코스터	제ㅅ또꼬-스따-	[jet coaster]	ジェットコースター
제품	세-히ㄴ	[製品]	せいひん
제한	세-게ㄴ	[制限]	せいげんする
제헌절	게ㄴ뽀-끼네ㄴ비	[憲法記念日]	けんぽうきねんび
제휴	데-께-	[提携]	ていけいする
젤	제루	[gel]	ジェル
조	쵸-	[兆]	ちょう
조	아와	[粟]	あわ
조각	쵸-꼬꾸	[彫刻]	ちょうこくする
조각가	쵸-꼬ㄱ까	[彫刻家]	ちょうこくか
조간	쵸-까ㄴ	[朝刊]	ちょうかん
조개	가이	[貝]	かい
조개껍질	가이가라	[貝殻]	かいがら
조건	쵸-께ㄴ	[条件]	じょうけん
조교	죠슈	[助手]	じょしゅ

조국	소꼬꾸	[祖国]	そこく
조금	스꼬시	[少し]	すこし
조금	쵸ㅅ또		ちょっと
조금	야야		やや
조금	쵸ㅂ삐리		ちょっぴり
조금도	치ㅅ또모		ちっとも
조금도	이ㄱ꼬-	[一向]	いっこう
조금도	이사사까	[些か]	いささか
조금씩	스꼬시즈츠	[少しずつ]	すこしずつ
조금씩	지리지리		じりじり
조금씩	보츠보츠		ぼつぼつ
조금 전	사끼호도	[先程]	さきほど
조급하게 굴다	아세루	[焦る]	あせる
조끼	베스또	[vest]	ベスト
조끼	쵸ㄱ끼	[jaque]	チョッキ
조난	소-난	[遭難]	そうなんする
조롱	도리까고	[鳥籠]	とりかご
조롱박	효-딴	[瓢箪]	ひょうたん
조롱하다	가라까우		からかう
조롱하다	히야까스	[冷やかす]	ひやかす
조류	쵸-류-	[潮流]	ちょうりゅう
조류	쵸-루이	[鳥類]	ちょうるい
조르다	세가무		せがむ
조르다	네다루		ねだる
조리	스지미치	[筋道]	すじみち
조리	스지	[筋]	すじ
조리다	니츠메루	[煮詰める]	につめる
조리대	쵸-리다이	[調理台]	ちょうりだい
조립	구미따떼	[組み立て]	くみたて
조립하다	구미다떼루	[組み立てる]	くみたてる
조마조마	히야히야		ひやひやする
조마조마	이라이라		いらいらする
조만간	이즈레		いずれ
조망	미하라시	[見張らし]	みはらし
조명	쇼-메-	[照明]	しょうめいする
조모	소보	[祖母]	そぼ
조무래기	치ㅁ삐라		ちんぴら
조문	쵸-몬	[弔問]	ちょうもんする
조미료	쵸-미료-	[調味料]	ちょうみりょう
조반	아사메시	[朝飯]	あさめし

조사	시라베	[調べ]	しらべ
조사	쵸-사	[調査]	ちょうさする
조사	죠시	[助詞]	じょし
조사하다	시라베루	[調べる]	しらべる
조사하다	도리시라베루	[取り調べる]	とりしらべる
조산	소-자ㄴ	[早産]	そうざんする
조상	세ㄴ조	[先祖]	せんぞ
조상	소세ㄴ	[祖先]	そせん
조석	아사유-	[朝夕]	あさゆう
조석으로	아사바ㄴ	[朝晩]	あさばん
조성	조-세-	[造成]	ぞうせい
조소	쵸-쇼-	[嘲笑]	ちょうしょうする
조소하다	아자와라우	[嘲笑う]	あざわらう
조수	죠슈	[助手]	じょしゅ
조숙	소-쥬꾸	[早熟]	そうじゅく
조심	요-지ㄴ	[用心]	ようじんする
조심성이 있다	요-지ㄴ부까이	[用心深い]	ようじんぶかい
조심성이 없음	후요-이	[不用意]	ふようい
조심조심	고와고와		こわごわ
조심조심	오소루오소루		おそるおそる
조심조심	오즈오즈		おずおずする
조심하다	츠츠시무	[慎む]	つつしむ
조약	죠-야꾸	[条約]	じょうやくする
조약돌	사자레이시	[細石]	さざれいし
조언	죠게ㄴ	[助言]	じょげんする
조언	아도바이스	[advice]	アドバイスする
조역	죠야꾸	[助役]	じょやく
조연	죠에ㄴ	[助演]	じょえんする
조예	조-께-	[造詣]	ぞうけい
조용함	시즈까	[静か]	しずか
조용해지다	시즈마루	[静まる]	しずまる
조용히	소ㅅ또		そっと
조용히	히ㅅ소리		ひっそり
조이다	히끼시메루	[引き締める]	ひきしめる
조작	조-사	[造作]	ぞうさする
조잡함	오-자ㅂ빠		おおざっぱ
조정	쵸-세-	[調整]	ちょうせいする
조제	쵸-자이	[調剤]	ちょうざいする
조종	소-쥬-	[操縦]	そうじゅうする
조종사	소-쥬-시	[操縦士]	そうじゅうし

조종하다	아야츠루	[操る]	あやつる
조직	소시끼	[組織]	そしきする
조짐	기자시	[兆し]	きざし
~조차	사에		さえ
~조차도	닷떼		だって
~조차도	스라		すら
조처	도리하까라이	[取り計らい]	とりはからい
조촐함	사사야까	[細やか]	ささやか
조치	도리하까라이	[取計らい]	とりはからい
조치	쇼치	[処置]	しょちする
조카	오이	[甥]	おい
조카딸	메이	[姪]	めい
조크	죠-꾸	[joke]	ジョークする
조퇴	소-따이	[早退]	そうたいする
조합	구미아이	[組合]	くみあい
조형	조-께-	[造形]	ぞうけい
조화	츠리아이	[釣合]	つりあい
조화	쵸-와	[調和]	ちょうわする
조화	조-까	[造花]	ぞうか
조회	쵸-까이	[朝会]	ちょうかい
조회	도이아와세	[問い合わせ]	といあわせ
족보	게-즈	[系図]	けいず
족자	가께지꾸	[掛け軸]	かけじく
족자	가께모노	[掛け物]	かけもの
족제비	이따치	[鼬]	いたち
족하다	다리루	[足りる]	たりる
존경	소O께-	[尊敬]	そんけいする
존경하다	우야마우	[敬う]	うやまう
존립	소ㄴ리츠	[存立]	そんりつする
존재	소ㄴ자이	[存在]	そんざいする
존중	소ㄴ쵸-	[尊重]	そんちょうする
존중하다	도-또부	[尊ぶ]	とうとぶ
졸라매다	히끼시메루	[引き締める]	ひきしめる
졸랑졸랑	우로쵸로		うろちょろする
졸렬하다	츠따나이	[拙い]	つたない
졸리다	네무이	[眠い]	ねむい
졸리다	네무따이	[眠たい]	ねむたい
졸부	나리끼ㄴ	[成金]	なりきん
졸업	소츠교-	[卒業]	そつぎょうする
졸업식	소츠교-시끼	[卒業式]	そつぎょうしき

졸음	네무께	[眠気]	ねむけ
졸졸	쵸로쵸로		ちょろちょろする
좀더	모-스꼬시	[もう少し]	もうすこし
좀도둑	고소도로	[こそ泥]	こそどろ
좀먹다	무시바무	[蝕む]	むしばむ
좀처럼	메ㅅ따니	[滅多に]	めったに
좀처럼	나까나까		なかなか
좁다	세마이	[狭い]	せまい
좁쌀	아와	[粟]	あわ
좁히다	세바메루	[狭める]	せばめる
종	가네	[鐘]	かね
종가	소-께	[宗家]	そうけ
종강	우치아게	[打ち上げ]	うちあげ
종강파티	우치아게	[打ち上げ]	うちあげ
종결	슈-께츠	[終結]	しゅうけつする
종교	슈-꾜-	[宗教]	しゅうきょう
종기	데끼모노		できもの
종기	오데끼	[お出来]	おでき
종기	하레모노	[腫れ物]	はれもの
종달새, 종다리	히바리	[雲雀]	ひばり
종래	쥬-라이	[従来]	じゅうらい
종료	슈-료-	[終了]	しゅうりょうする
종료	우치아게	[打ち上げ]	うちあげ
종류	슈루이	[種類]	しゅるい
종목	슈모꾸	[種目]	しゅもく
종사	쥬-지	[従事]	じゅうじする
종아리	후꾸라하기	[脹ら脛]	ふくらはぎ
종업원	쥬-교-이ㄴ	[従業員]	じゅうぎょういん
종이	가미	[紙]	かみ
종이 봉지	가미부꾸로	[紙袋]	かみぶくろ
종이조각	가미끼레	[紙切れ]	かみきれ
종자	슈시	[種子]	しゅし
종전	슈-세ㄴ	[終戦]	しゅうせん
종점	슈-떼ㄴ	[終点]	しゅうてん
종족	슈조꾸	[種族]	しゅぞく
종종	시바시바		しばしば
종종걸음으로	쵸꼬쵸꼬		ちょこちょこする
종지부	슈-시후	[終止符]	しゅうしふ
종합	소-고-	[総合]	そうごう
종합대학	소-고-다이가꾸	[総合大学]	そうごうだいがく

좋다	요이	[良い]	よい
좋다	이이		いい
좋든 나쁘든	요까레아시까레	[善かれ悪しかれ]	よかれあしかれ
좋아하다	고노무	[好む]	このむ
좋아함	스끼	[好き]	すき
좋아함과 싫어함	스끼끼라이	[好き嫌い]	すききらい
좋으시다	요로시이	[宜しい]	よろしい
좋은 사이	나까요시	[仲良し]	なかよし
좋은 아내	료-사이	[良妻]	りょうさい
좌담회	자다ㅇ까이	[座談会]	ざだんかい
좌석	자세끼	[座席]	ざせき
좌석	세끼	[席]	せき
좌우	사유-	[左右]	さゆうする
좌우명	자유-노메-	[座右の銘]	ざゆうのめい
좌우명	모ㅅ또-	[motto]	モットー
좌우지간에	요까레아시까레	[善かれ悪しかれ]	よかれあしかれ
좌절	자세츠	[挫折]	ざせつする
좌회전	사세츠	[左折]	させつする
죄	츠미	[罪]	つみ
죄다	시메루	[締める]	しめる
죄송함	쿄-슈꾸	[恐縮]	きょうしゅくする
죄악	자이아꾸	[罪悪]	ざいあく
죄어들다(피부가)	히끼츠루	[引き攣る]	ひきつる
죄이다	시마루	[締まる]	しまる
죄인	자이니ㄴ	[罪人]	ざいにん
주	슈-	[週]	しゅう
주	슈	[主]	しゅ
주간	히루마	[昼間]	ひるま
주간	슈-까ㄴ	[週刊]	しゅうかん
주간지	슈-까ㄴ시	[週刊誌]	しゅうかんし
주거	쥬-꾜	[住居]	じゅうきょ
주거지	스마이	[住まい]	すまい
주걱	샤모지		しゃもじ
주관	슈까ㄴ	[主観]	しゅかん
주권	슈께ㄴ	[主権]	しゅけん
주근깨	소바까스	[雀斑]	そばかす
주기	사이꾸루	[cycle]	サイクル
주눅	기오꾸레	[気後れ]	きおくれする
주니어	쥬니아	[junior]	ジュニア
주다	구레루		くれる

주다	아따에루	[与える]	あたえる
주다	야루		やる
주다	아게루		あげる
주됨	오모	[主]	おも
주둔	츄-또ㄴ	[駐屯]	ちゅうとんする
주둥이	구치바시	[嘴]	くちばし
주력	슈료꾸	[主力]	しゅりょくする
주로	오모니	[主に]	おもに
주류	슈류-	[主流]	しゅりゅう
주류판매점	사까야	[酒屋]	さかや
주르륵주르륵	보따보따		ぼたぼたする
주름, 주름살	시와	[皺]	しわ
주름지다	시와무	[皺む]	しわむ
주말	슈-마츠	[週末]	しゅうまつ
주머니	후꾸로	[袋]	ふくろ
주머니	포께ㅅ또	[pocket]	ポケット
주먹	고부시	[拳]	こぶし
주먹	게ㅇ꼬츠	[拳骨]	げんこつ
주먹밥	오니기리	[御握り]	おにぎり
주먹밥	니기리메시	[握り飯]	にぎりめし
주목	츄-모꾸	[注目]	ちゅうもくする
주무르다	모무	[揉む]	もむ
주문	츄-모ㄴ	[注文]	ちゅうもんする
주문	마지나이	[呪い]	まじない
주문	오-다-	[order]	オーダー
주문 배달, 주문 요리	데마에	[出前]	でまえ
주문제작	오-다-메-도	[order-made]	オーダーメイド
주문하다	아츠라에루	[誂える]	あつらえる
주민	츄-미ㄴ	[住民]	じゅうみん
주발	하치	[鉢]	はち
주방	기ㅅ치ㄴ	[kitchen]	キッチン
주범	슈하ㄴ	[主犯]	しゅはん
주부	슈후	[主婦]	しゅふ
주뼛주뼛	오즈오즈		おずおずする
주사	츄-샤	[注射]	ちゅうしゃする
주사위	사이꼬로		さいころ
주석	스즈	[錫]	すず
주소	쥬-쇼	[住所]	じゅうしょ
주소록	아도레스부ㄱ꾸	[address book]	アドレスブック
주술	마지나이	[呪い]	まじない

주스	쥬-스	[juice]	ジュース
주시다	구다사루	[下さる]	くださる
주시하다	미츠메루	[見つめる]	みつめる
주식	가부시끼	[株式]	かぶしき
주안	슈가ㄴ	[主眼]	しゅがん
주어	슈고	[主語]	しゅご
주역	슈야꾸	[主役]	しゅやく
주옥	슈교꾸	[珠玉]	しゅぎょく
주요함	오모	[主]	おも
주위	마와리	[周り]	まわり
주위	슈-이	[周囲]	しゅうい
주유	츄-유	[注油]	ちゅうゆする
주유소	가소리ㄴ스따ㄴ도	[gas station]	ガソリンスタンド
주의	슈기	[主義]	しゅぎ
주의	다떼마에	[建前]	たてまえ
주의	요-지ㄴ	[用心]	ようじんする
주의	츄-이	[注意]	ちゅういする
주의	이데오로기-	[Ideologie]	イデオロギー
주인	누시	[主]	ぬし
주인	데-슈	[亭主]	ていしゅ
주인공	슈지ㅇ꼬-	[主人公]	しゅじんこう
주임	슈니ㄴ	[主任]	しゅにん
주입	츄-뉴-	[注入]	ちゅうにゅうする
주장	슈쵸-	[主張]	しゅちょうする
주저	츄-쵸	[躊躇]	ちゅうちょする
주저하다	다메라우	[躊躇う]	ためらう
주저하다	하바까루	[憚る]	はばかる
주전자	야까ㄴ	[薬缶]	やかん
주정뱅이	요ㅂ빠라이	[酔っぱらい]	よっぱらい
주제	슈다이	[主題]	しゅだい
주제	다이	[題]	だい
주제	부ㄴ자이	[分際]	ぶんざい
주제넘게 나서다	데샤바루		でしゃばる
주제에	구세니		くせに
주주	가부누시	[株主]	かぶぬし
주차	파-끼ㅇ구	[parking]	パーキング
주차	츄-샤	[駐車]	ちゅうしゃする
주차장	츄-샤죠-	[駐車場]	ちゅうしゃじょう
주체하지 못하다	데꼬즈루		てこずる
주최	슈사이	[主催]	しゅさいする

주치의	슈지이	[主治医]	しゅじい
주택	쥬-따꾸	[住宅]	じゅうたく
주판	소로바ㄴ		そろばん
주홍색	베니이로	[紅色]	べにいろ
주홍색	구레나이	[紅]	くれない
주홍색	슈이로	[朱色]	しゅいろ
죽	가유	[粥]	かゆ
죽다	시누	[死ぬ]	しぬ
죽다	나꾸나루	[亡くなる]	なくなる
죽다	구따바루		くたばる
죽순	다께노꼬	[竹の子]	たけのこ
죽음	시	[死]	し
죽이다	고로스	[殺す]	ころす
준법	쥬ㅁ뽀-	[遵法]	じゅんぽう
준비	요-이	[用意]	ようい する
준비	시따꾸	[支度]	したく する
준비	쥬ㅁ비	[準備]	じゅんび する
준비가 안 됨	후요-이	[不用意]	ふようい
준비중	쥬ㅁ비츄-	[準備中]	じゅんびちゅう
줄	레츠	[列]	れつ
줄	로-뿌	[rope]	ロープ
줄거리	아라스지	[粗筋]	あらすじ
줄곧	시쥬-	[始終]	しじゅう
줄곧	노베츠		のべつ
줄기	구끼	[茎]	くき
줄기	미끼	[幹]	みき
줄기(나무 줄기)	기노미끼	[木の幹]	きのみき
줄기(풀 줄기)	구사노꾸끼	[草の茎]	くさのくき
줄넘기	나와또비	[縄跳び]	なわとび
줄다	헤루	[減る]	へる
줄다	치지무	[縮む]	ちぢむ
줄다	치지마루	[縮まる]	ちぢまる
줄다리기	츠나히끼	[綱引き]	つなひき
줄무늬	시마	[縞]	しま
줄무늬	시마모요-	[縞模様]	しまもよう
줄무늬	스또라이뿌	[stripe]	ストライプ
줄서다	나라부	[並ぶ]	ならぶ
줄이다	헤라스	[減らす]	へらす
줄이다	치지메루	[縮める]	ちぢめる
줄이다	하부꾸	[省く]	はぶく

줄자	마끼쟈꾸	[巻尺]	まきじゃく
줄줄	다라다라		だらだら
줄타기	츠나와따리	[綱渡り]	つなわたり
줍다	히로우	[拾う]	ひろう
중	보-즈	[坊主]	ぼうず
중	우치		うち
중간	나까바	[半ば]	なかば
중간	츄-까ㄴ	[中間]	ちゅうかん
중간 익힌 것	미디아무	[medium]	ミディアム
중개	츄-까이	[仲介]	ちゅうかいする
중견	츄-께ㄴ	[中堅]	ちゅうけん
중고	츄-꼬	[中古]	ちゅうこ
중고생	세-또	[生徒]	せいと
중국	츄-고꾸	[中国]	ちゅうごく
중국인	츄-고꾸지ㄴ	[中国人]	ちゅうごくじん
중남미	츄-나ㅁ베-	[中南米]	ちゅうなんべい
중년	츄-네ㄴ	[中年]	ちゅうねん
중단하다	우치끼루	[打ち切る]	うちきる
중대	쥬-다이	[重大]	じゅうだい
중도	츄-또	[中途]	ちゅうと
중독	츄-도꾸	[中毒]	ちゅうどくする
중동	츄-또-	[中東]	ちゅうとう
중량	쥬-료-	[重量]	じゅうりょう
중력	쥬-료꾸	[重力]	じゅうりょく
중매	오미아이	[お見合い]	おみあいする
중매결혼	미아이께ㄱ꼬ㄴ	[見合い結婚]	みあいけっこん
중매인, 중매쟁이	나꼬-도	[仲人]	なこうど
중병	다이뵤-	[大病]	たいびょう
중복	쥬-후꾸	[重複]	じゅうふく
중부지방	츄-부치호-	[中部地方]	ちゅうぶちほう
중상	츄-쇼-	[中傷]	ちゅうしょう
중상	쥬-쇼-	[重傷]	じゅうしょう
중상	후까데	[深手]	ふかで
중성	츄-세-	[中性]	ちゅうせい
중성피부	후츠-하다	[普通肌]	ふつうはだ
중세	츄-세-	[中世]	ちゅうせい
중수염	츄-스이에ㄴ	[虫垂炎]	ちゅうすいえん
중순	츄-쥬ㄴ	[中旬]	ちゅうじゅん
중시	쥬-시	[重視]	じゅうしする
중심	츄-시ㄴ	[中心]	ちゅうしん

중앙	츄-오-	[中央]	ちゅうおう
중앙	세ㄴ따-	[center]	センター
중앙아시아	츄-오-아지아	[中央アジア]	ちゅうおうアジア
중얼거리다	츠부야꾸	[呟く]	つぶやく
중얼중얼	부츠부츠		ぶつぶつ
중얼중얼	무냐무냐		むにゃむにゃ
중역	쥬-야꾸	[重役]	じゅうやく
중요	쥬-요-	[重要]	
중요시하다	오모ㄴ즈루	[重んじる]	おもんずる
중요한 줄거리	호ㄴ스지	[本筋]	ほんすじ
중요함	다이지	[大事]	だいじ
중요함	다이세츠	[大切]	たいせつ
중의원	슈-기이ㄴ	[衆議院]	しゅうぎいん
중재	츄-사이	[仲裁]	ちゅうさいするⓥ
중점	쥬-떼ㄴ	[重点]	じゅうてん
중절	츄-제츠	[中絶]	ちゅうぜつするⓥ
중증	쥬-쇼-	[重症]	じゅうしょう
중지	츄-시	[中止]	ちゅうしするⓥ
중지하다	요스	[止す]	よす
중책	쥬-세끼	[重責]	じゅうせき
중추	츄-스-	[中枢]	ちゅうすう
중풍	츄-후-	[中風]	ちゅうふう
중학교	츄-가ㄱ꼬-	[中学校]	ちゅうがっこう
중학생	츄-가ㄱ세-	[中学生]	ちゅうがくせい
중화요리	츄-까료-리	[中華料理]	ちゅうかりょうり
쥐	네즈미	[鼠]	ねずみ
쥐가 나다	히끼츠루	[引き攣る]	ひきつる
쥐다	니기루	[握る]	にぎる
쥐띠	네즈미도시	[鼠年]	ねずみどし
쥐어뜯다	무시루	[毟る]	むしる
쥐어짜다	시보루	[絞る]	しぼる
쥐 죽은 듯이	히ㅅ소리		ひっそり
즈음	고로	[頃]	ころ
즉	츠마리		つまり
즉	스나와치	[即ち]	すなわち
즉사	소ㄱ시	[即死]	そくしするⓥ
즉석	소꾸자	[即座]	そくざ
즉석에서	야니와	[矢庭]	やにわ
즉시	사ㅅ소꾸	[早速]	さっそく
즉시	다다치니	[直ちに]	ただちに

즉위	소꾸이	[即位]	そくいする
즐거움	다노시미	[楽しみ]	たのしみ
즐겁다	다노시이	[楽しい]	たのしい
즐기는 음식	고-부츠	[好物]	こうぶつ
즐기다	다노시무	[楽しむ]	たのしむ
즐기다	고노무	[好む]	このむ
증가	조-까	[増加]	ぞうかする
증거	쇼-꼬	[証拠]	しょうこ
증권	쇼-께ㄴ	[証券]	しょうけん
증기	죠-끼	[蒸気]	じょうき
증명	쇼-메-	[証明]	しょうめいする
증발	죠-하츠	[蒸発]	じょうはつする
증상	쇼-죠-	[症状]	しょうじょう
증액	조-가꾸	[増額]	ぞうがくする
증언	쇼-게ㄴ	[証言]	しょうげんする
증오	조-오	[憎悪]	ぞうおする
증오하다	니꾸무	[憎む]	にくむ
증인	쇼-니ㄴ	[証人]	しょうにん
증인	조-이ㄴ	[増員]	ぞういん
증정	조-떼-	[贈呈]	ぞうていする
증진	조-시ㄴ	[増進]	ぞうしんする
~지	가		か
지각	치꼬꾸	[遅刻]	ちこくする
지갑	사이후	[財布]	さいふ
지갑	사츠이레	[札入れ]	さついれ
지구	치큐-	[地球]	ちきゅう
지구과학	치큐까가꾸	[地球化学]	ちきゅうかがく
지극히	기와메떼	[極めて]	きわめて
지긋한 나이	네ㅁ빠이	[年配]	ねんぱい
지금	이마	[今]	いま
지금	다다이마	[只今]	ただいま
지금부터	이마까라	[今から]	いまから
지금쯤	이마고로	[今頃]	いまごろ
지급	시큐-	[支給]	しきゅうする
지긋지긋함	우ㄴ자이		うんざりする
지긋지긋함	고리고리		ごりごりする
지껄이다	샤베루	[喋る]	しゃべる
지나,지나가다	스기루	[過ぎる]	すぎる
지나다(시간이)	다츠	[経つ]	たつ
지난달	세ㅇ게츠	[先月]	せんげつ

지난주	세ㄴ슈-	[先週]	せんしゅう
지내다	스고스	[過ごす]	すごす
지네	무까데	[百足]	むかで
지느러미	히레	[鰭]	ひれ
지능	치노-	[知能]	ちのう
지니다	모츠	[持つ]	もつ
지니다	다즈사에루	[携える]	たずさえる
지다	마께루	[負ける]	まける
지다	가츠구	[担ぐ]	かつぐ
지당함	모ㅅ또모	[尤も]	もっとも
지대	치따이	[地帯]	ちたい
지도	치즈	[地図]	ちず
지도	시도-	[指導]	しどうする
지렁이	미미즈	[蚯蚓]	みみず
지레	데꼬	[梃]	てこ
지령	시레-	[指令]	しれいする
지루하게	다라다라		だらだらする
지루함	다이꾸츠	[退屈]	たいくつ
지름길	치까미치	[近道]	ちかみちする
지리	치리	[地理]	ちり
~지만	노니		のに
~지만	가		が
~지 말아	나		な
지면	지베따	[地べた]	じべた
지명	시메-	[指名]	しめいする
지명	치메-	[地名]	ちめい
지문	시모ㄴ	[指紋]	しもん
지반	지바ㄴ	[地盤]	じばん
지방	시보-	[脂肪]	しぼう
지방	치호-	[地方]	ちほう
지방자치단체	치호-지치따이	[地方自治体]	ちほうじちたい
지배	시하이	[支配]	しはいする
지배인	바ㄴ또-	[番頭]	ばんとう
지병	지뵤-	[持病]	じびょう
지불	시하라이	[支払い]	しはらいする
지불하다	하라우	[払う]	はらう
지불하다	시하라우	[支払う]	しはらう
지붕	야네	[屋根]	やね
지사	치지	[知事]	ちじ
지사	시샤	[支社]	ししゃ

지사제	게리도메	[下痢止め]	げりどめ
지상	치죠-	[地上]	ちじょう
지새우다	아까스	[明かす]	あかす
지성	치세-	[知性]	ちせい
지성 체질	아부라쇼-	[油性]	あぶらしょう
지성 피부	아부라쇼-하다	[油性肌]	あぶらしょうはだ
지속	지조꾸	[持続]	じぞくする
지속되다	츠즈꾸	[続く]	つづく
지시	시지	[指示]	しじする
지식	치시끼	[知識]	ちしき
지역	치이끼	[地域]	ちいき
지연	치에ㄴ	[遅延]	ちえんする
지옥	지고꾸	[地獄]	じごく
지우개	게시고무	[消しゴム]	けしゴム
지우다	게스	[消す]	けす
지원	시가ㄴ	[志願]	しがんする
지원	시에ㄴ	[支援]	しえんする
지위	치이	[地位]	ちい
지위	구라이	[位]	くらい
지인	시리아이	[知り合い]	しりあい
지장	사시츠까에	[差し支え]	さしつかえ
지저귀다	사에즈루	[囀る]	さえずる
지적	시떼끼	[指摘]	してきする
지적	치떼끼	[知的]	ちてき
지점	시떼ㄴ	[支店]	してん
지점	치떼ㄴ	[地点]	ちてん
지정	시떼-	[指定]	していする
지정석	시떼-세끼	[指定席]	していせき
지중해	치츄-까이	[地中海]	ちちゅうかい
지중해요리	치츄-까이료-리	[地中海料理]	ちちゅうかいりょうり
지지	시지	[支持]	しじする
지지난달	세ㄴ세ㅇ게츠	[先々月]	せんせんげつ
지지난주	세ㄴ세ㄴ슈-	[先々週]	せんせんしゅう
지진	지시ㄴ	[地震]	じしん
지질학	치시츠가꾸	[地質学]	ちしつがく
지참금	지사ㅇ끼ㄴ	[持参金]	じさんきん
지쳐서 축 늘어진 모양	구ㅅ따리		ぐったり
지출	시슈츠	[支出]	ししゅつする
지치다	구따비레루	[草臥れる]	くたびれる
지켜보다	미마모루	[見守る]	みまもる

지키다	마모루	[守る]	まもる
지탱하다	사사에루	[支える]	ささえる
지탱하다	츠빠루	[突っ張る]	つっぱる
지팡이	츠에	[杖]	つえ
지퍼	지ㅂ빠-	[zipper]	ジッパー
지평선	치헤-세ㄴ	[地平線]	ちへいせん
지폐	시헤-	[紙幣]	しへい
지폐뭉치	사츠따바	[札束]	さつたば
지푸라기	와라	[藁]	わら
지하	치까	[地下]	ちか
지하도	치까도-	[地下道]	ちかどう
지하실	치까시츠	[地下室]	ちかしつ
지하철	치까떼츠	[地下鉄]	ちかてつ
지향하다	메자스	[目指す]	めざす
지혈	치도메	[血止め]	ちどめ
지혜	치에	[知恵]	ちえ
지휘	시끼	[指揮]	しきする⒱
지휘자	시끼샤	[指揮者]	しきしゃ
지휘자	고ㄴ다ㄱ따-	[conductor]	コンダクター
직각	쵸ㄱ까꾸	[直角]	ちょっかく
직감	쵸ㄱ까ㄴ	[直感]	ちょっかんする⒱
직경	쵸ㄱ께-	[直徑]	ちょっけい
직면	쵸꾸메ㄴ	[直面]	ちょくめん
직무	쇼꾸무	[職務]	しょくむ
직무	야꾸메	[役目]	やくめ
직사각형	쵸-호-께-	[長方形]	ちょうほうけい
직선	쵸ㄱ세ㄴ	[直線]	ちょくせん
직업	쇼꾸교-	[職業]	しょくぎょう
직역	쵸꾸야꾸	[直訳]	ちょくやくする⒱
직장	쇼꾸바	[職場]	しょくば
직전	마기와	[間際]	まぎわ
직접	쵸ㄱ세츠	[直接]	ちょくせつ
직함	가따가끼	[肩書き]	かたがき
진	지ㄴ	[gin]	ジン
진공	시ㅇ꾸-	[真空]	しんくう
진군	시ㅇ구ㄴ	[進軍]	しんぐんする⒱
진귀하다	메즈라시이	[珍しい]	めずらしい
진눈깨비	미조레	[霙]	みぞれ
진단	시ㄴ다ㄴ	[診断]	しんだんする⒱
진단서	시ㄴ다ㄴ쇼	[診断書]	しんだんしょ

진달래	츠츠지		つつじ
진도	시ㄴ도	[震度]	しんど
진동	마나-모-도	[manner mode]	マナーモード
진동	시ㄴ도-	[振動]	しんどうする
진드기	다니		だに
진력	지ㄴ료꾸	[尽力]	じんりょくする
진로	시ㄴ로	[進路]	しんろ
진료소	구리니ㄱ꾸		クリニック
진료카드, 진료기록부	가루떼	[Karte]	カルテ
진리	시ㄴ리	[真理]	しんり
진보	시ㅁ뽀	[進步]	しんぽする
진부함	츠키나미	[月並]	つきなみ
진상	시ㄴ소-	[真相]	しんそう
진수성찬	고치소-	[御馳走]	ごちそうする
진술	치ㄴ쥬츠	[陳述]	ちんじゅつする
진술하다	노베루	[述べる]	のべる
진실	시ㄴ지츠	[真実]	しんじつ
진실	호ㅇ끼	[本気]	ほんき
진심	마고꼬로	[真心]	まごころ
진심	호ㅇ끼	[本気]	ほんき
진열	치ㄴ레츠	[陳列]	ちんれつする
진정되다	시즈마루	[静まる]	しずまる
진주	시ㄴ쥬	[真珠]	しんじゅ
진지함	마지메	[真面目]	まじめ
진지함	시ㅇ께ㄴ	[真剣]	しんけん
진짜	호ㅁ모노	[本物]	ほんもの
진찰	시ㄴ사츠	[診察]	しんさつする
진척되다	하까도루	[捗る]	はかどる
진출	시ㄴ슈츠	[進出]	しんしゅつする
진통	치ㄴ츠-	[鎮痛]	ちんつう
진통제	이따미도메	[痛み止め]	いたみどめ
진통제	치ㄴ츠-자이	[鎮痛剤]	ちんつうざい
진퇴	시ㄴ따이	[進退]	しんたいする
진하다	고이	[濃い]	こい
진하다	고ㅅ떼리시떼이루		こってりしている
진학	시ㅇ가꾸	[進学]	しんがくする
진학학원	시ㅇ가꾸쥬꾸	[進学塾]	しんがくじゅく
진해제	세끼도메	[咳止め]	せきどめ
진행	시ㅇ꼬-	[進行]	しんこうする
진행시키다	스스메루	[進める]	すすめる

진화	시ㅇ까	[進化]	しんかする
진흙	도로	[泥]	どろ
질리다	아끼루	[飽きる]	あきる
질리다	고리루	[懲りる]	こりる
질문	시츠모ㄴ	[質問]	しつもんする
질문하다	도우	[問う]	とう
질병	뵤-끼	[病気]	びょうき
질색	니가떼	[苦手]	にがて
질서	치츠죠	[秩序]	ちつじょ
질식	치ㅅ소꾸	[窒息]	ちっそくする
질주	시ㅅ소-	[疾走]	しっそうする
질질	즈루즈루		ずるずる
질질 끌다	히끼즈루	[引きずる]	ひきずる
질타	시ㅅ따	[叱咤]	しったする
질투	야끼모치	[焼きもち]	やきもち
질투	시ㅅ또	[嫉妬]	しっとする
질투하다	네따무	[妬む]	ねたむ
질펀질펀	지메지메		じめじめする
짊어지다	오우	[負う]	おう
짊어지다	니나우	[担う]	になう
짐	니모츠	[荷物]	にもつ
짐수레	니구루마	[荷車]	にぐるま
짐승	치ㄱ쇼-	[畜生]	ちくしょう
짐승	게모노	[獣]	けもの
짐승의 어금니	기바	[牙]	きば
짐승의 울음소리	나끼고에	[鳴き声]	なきごえ
짐승이 울다	나꾸	[鳴く]	なく
짐을 꾸림	니즈꾸리	[荷造り]	にづくりする
짐작	고꼬로아따리	[心当り]	こころあたり
짐작	게ㄴ또-	[見当]	けんとう
짐작	메보시	[目星]	めぼし
짐작대로	아ㄴ노죠-	[案の定]	あんのじょう
집	이에	[家]	いえ
집	우치	[家]	うち
집	헤야	[部屋]	へや
집다(손가락으로)	츠마무	[抓む]	つまむ
집단	슈-다ㄴ	[集団]	しゅうだん
집대성	슈-따이세-	[集大成]	しゅうたいせい
집도	시ㅅ또-	[執刀]	しっとうする
집세	헤야다이	[部屋代]	へやだい

집세	야치ㄴ	[家賃]	やちん
집시	지뿌시-	[Gypsy]	ジプシー
집안	이에가라	[家柄]	いえがら
집 안	오꾸나이	[屋内]	おくない
집안 식구끼리	미즈이라즈	[水入らず]	みずいらず
집안의 대를 이음	아또츠기	[跡続ぎ]	あとつぎ
집안의 일하는 사람	하따라끼떼	[働き手]	はたらきて
집안일	가지	[家事]	かじ
집오리	아히루	[家鴨]	あひる
집요	시츠요-	[執拗]	しつよう
집요하다	시츠꼬이		しつこい
집주인	오오야사ㅇ	[大家さん]	おおやさん
집중	슈-츄-	[集中]	しゅうちゅうする
집필	시ㅂ뻬츠	[執筆]	しっぴつする
집합	슈-고-	[集合]	しゅうごうする
집행	시ㄱ꼬-	[執行]	しっこうする
집회	슈-까이	[集会]	しゅうかいする
짓	시와자	[仕業]	しわざ
짓	시구사	[仕草]	しぐさ
짓다	다떼루	[建てる]	たてる
짓다(밥을)	다꾸	[炊く]	たく
짓누르다	오시츠께루	[押し付ける]	おしつける
짓무르다	다다레루	[爛れる]	ただれる
짓밟다	후미츠께루	[踏み付ける]	ふみつける
징계하다	고라시메루	[懲らしめる]	こらしめる
징그럽다	이야라시이	[嫌らしい]	いやらしい
징수	쵸-슈-	[徴収]	ちょうしゅうする
징역	쵸-에끼	[懲役]	ちょうえき
징조	기자시	[兆し]	きざし
짖다	호에루	[吠える]	ほえる
짙다	고이	[濃い]	こい
짚	와라	[藁]	わら
짚신	와라지	[草鞋]	わらじ
짜다	시오까라이	[塩辛い]	しおからい
짜다	쇼ㅂ빠이		しょっぱい
짜다	아무	[編む]	あむ
짜맞춤	구미아와세	[組み合わせ]	くみあわせ
짜증스럽다	이마이마시이	[忌々しい]	いまいましい
짝	고ㅁ비	[combination]	コンビ
짝사랑	가따오모이	[片想い]	かたおもい

짝수	구-스-	[偶数]	ぐうすう
짝지음	구미아와세	[組み合わせ]	くみあわせ
짝짝	파치빠치		パチパチ
짝짝	구챠꾸챠		くちゃくちゃ
짝짝이	치구하구		ちぐはぐ
짧다	미지까이	[短い]	みじかい
짧은 머리	쇼-또헤아	[short hair]	ショートヘア
짬	히마	[暇]	ひま
짬	이또마	[暇]	いとま
짬	스끼마	[隙間]	すきま
짹짹	피-치꾸빠-치꾸		ピーチクパーチク
짹짹(참새)	츈ㄴ츈ㄴ		ちゅんちゅん
쨍그랑	가치ㅇ		がちゃん
쨍쨍	기라기라		ぎらぎらする
쨍쨍	가ㅇ까ㅇ		かんかん
쩍	포ㄱ까리		ぽっかり
쩍	포까ㄴ또		ぽかんと
쩝쩝	구챠꾸챠		くちゃくちゃ
쪼그리다	샤가무		しゃがむ
~쪽	호-		ほう
쫓다	오우	[追う]	おう
쫓아가다	오이까께루	[追いかける]	おいかける
쫓아버리다	오ㅂ빠라우	[追っ払う]	おっぱらう
쭈글쭈글	구샤꾸샤		くしゃくしゃ
쭉	즈ㅅ또		ずっと
~쯤	구라이		くらい, ぐらい
~쯤	호도		ほど
찌개	치게		チゲ
찌다	무스	[蒸す]	むす
찌다	후까스	[蒸す]	ふかす
찌다	후또루	[太る]	ふとる
찌르다	사스	[刺す]	さす
찌부러지다	츠부레루	[潰れる]	つぶれる
찌푸리다	히소메루	[顰める]	ひそめる
찌푸리다	시까메루	[顰める]	しかめる
찍다(사진을)	도루	[撮る]	とる
찍찍(쥐)	츄-츄-		ちゅうちゅう
찔끔찔끔	치비치비		ちびちび
찜질	시ㅂ뿌	[湿布]	しっぷ
찢다	야부루	[破る]	やぶる

| 찢어지다 | 야부레루 | [破れる] | やぶれる |
| 찢어지다 | 사께루 | [裂ける] | さける |

차	구루마	[車]	くるま
차	쨔	[茶]	ちゃ
차	오쨔	[お茶]	おちゃ
차가워지다	히에루	[冷える]	ひえる
차갑다	츠메따이	[冷たい]	つめたい
차게 하다	히야스	[冷やす]	ひやす
차고	샤꼬	[車庫]	しゃこ
차고	가레-지	[garage]	ガレージ
차관	샥까ㄴ	[借款]	しゃっかん
차남	지나ㅇ	[次男]	じなん
차녀	지죠	[次女]	じじょ
차다	츠메따이	[冷たい]	つめたい
차다	게루	[蹴る]	ける
차단	샤다ㄴ	[遮断]	しゃだんする
차도	샤도-	[車道]	しゃどう
차라리	무시로	[寧ろ]	むしろ
차라리	이ㅅ소		いっそ
차례	쥰바ㅇ	[順番]	じゅんばん
차례	쥰죠	[順序]	じゅんじょ
차례차례	츠기츠기	[次々]	つぎつぎ
차를 놓치다	노리오꾸레루	[乗り遅れる]	のりおくれる
차멀미	구루마요이	[車酔い]	くるまよいする
차별	사베츠	[差別]	さべつする
차분해지다	오치츠꾸	[落ち着く]	おちつく
차분히	지ㄱ꾸리		じっくり
차비	우ㄴ치ㄴ	[運賃]	うんちん
차비	구루마다이	[車代]	くるまだい
차압	사시오사에	[差し押さえ]	さしおさえ
차양	히사시	[庇]	ひさし
차양	부라이ㄴ도	[blind]	ブラインド
차용	샤꾸요-	[借用]	しゃくようする
차원	지게ㄴ	[次元]	じげん
차원이 다름	게따치가이	[桁違い]	けたちがい

차이	사이	[差異]	さい
차이다	후라레루	[振られる]	ふられる
차장	지쵸-	[次長]	じちょう
차장	샤쇼-	[車掌]	しゃしょう
차조기	시소	[紫蘇]	しそ
차지하다	시메루	[占める]	しめる
차차	요-야꾸	[漸く]	ようやく
차창	샤소-	[車窓]	しゃそう
차츰	단단	[段々]	だんだん
차츰	시다이니	[次第に]	しだいに
차트	챠-또	[chart]	チャート
착각	간치가이	[勘違い]	かんちがいする
착각	사ㄱ까꾸	[錯覚]	さっかくする
착공	챠ㄱ꼬-	[着工]	ちゃっこうする
착륙	챠꾸리꾸	[着陸]	ちゃくりくする
착상	오모이츠끼	[思いつき]	おもいつき
착상	챠ㄱ소-	[着想]	ちゃくそうする
착석	챠ㄱ세끼	[着席]	ちゃくせきする
착수	챠ㄱ슈	[着手]	ちゃくしゅする
착신멜로디	챠꾸메로	[着メロ]	ちゃくメロ
착실	챠꾸지츠	[着実]	ちゃくじつ
착실하고 꼼꼼함	기쵸-멘	[几帳面]	きちょうめん
착실함	마메	[忠実]	まめ
착안	챠꾸간	[着眼]	ちゃくがんする
착오	사꾸고	[錯誤]	さくご
착용	챠꾸요-	[着用]	ちゃくようする
찬물	오히야	[お冷や]	おひや
찬밥	히야메시	[冷や飯]	ひやめし
찬성	사ㄴ세-	[賛成]	さんせいする
찬송가	사ㅁ비까	[賛美歌]	さんびか
찬스	챠ㄴ스	[chance]	チャンス
찬장	도다나	[戸棚]	とだな
찬장	쇼ㄱ끼다나	[食器棚]	しょっきだな
찬장	챠다ㄴ스	[茶箪笥]	ちゃだんす
찰기	네바리께	[粘り気]	ねばりけ
찰나	도따ㄴ	[途端]	とたん
찰나	세츠나	[刹那]	せつな
찰싹	피샤리		ぴしゃり
찰싹 달라붙다	헤바리츠꾸		へばりつく
찰흙	네ㄴ도	[粘土]	ねんど

~참	도꼬로		ところ
참가	사ㅇ까	[参加]	さんかする
참견(공연한)	오세ㄱ까이	[お節介]	おせっかい
참견하다	데샤바루		でしゃばる
참고 견디다	다에루	[堪える]	たえる
참고 견딤	가ㄴㄴㄴ	[堪忍]	かんにんする
참고서	사ㅇ꼬-쇼	[参考書]	さんこうしょ
참기름	고마아부라	[胡麻油]	ごまあぶら
참깨	고마	[胡麻]	ごま
참다	고라에루	[堪える]	こらえる
참다	시노부	[忍ぶ]	しのぶ
참다랑어	마구로	[鮪]	まぐろ
참담	사ㄴ따ㄴ	[惨憺]	さんたん
참마	야마이모	[山芋]	やまいも
참새	스즈메	[雀]	すずめ
참억새	스스끼		すすき
참외	마꾸와우리		マクワウリ
참으로	지츠니	[実に]	じつに
참으로	마꼬또니	[誠に]	まことに
참으로	나루호도		なるほど
참을성	시ㅁ보-	[辛抱]	しんぼうする
참을성이 있다	가마ㄴ즈요이	[我慢強い]	がまんづよい
참을 수 없다	다마라나이	[堪らない]	たまらない
참음	가마ㅇ	[我慢]	がまん
참의원	사ㅇ기이ㄴ	[参議院]	さんぎいん
참치	마구로	[鮪]	まぐろ
참혹함	미지메	[惨め]	みじめ
참회	자ㅇ게	[懺悔]	ざんげする
찹쌀	모치고메	[餅米]	もちごめ
찻잔	유노미	[湯呑み]	ゆのみ
찻집	기ㅅ사떼ㅇ	[喫茶店]	きっさてん
찻집	챠미세	[茶店]	ちゃみせ
창	마도	[窓]	まど
창	야리	[槍]	やり
창가	마도기와	[窓際]	まどぎわ
창가	쇼-까	[唱歌]	しょうか
창가 쪽	마도가와	[窓側]	まどがわ
창간	소-까ㄴ	[創刊]	そうかんする
창고	소-꼬	[倉庫]	そうこ
창공	아오조라	[青空]	あおぞら

창구	마도구치	[窓口]	まどぐち
창립	소-리츠	[創立]	そうりつする
창문	마도	[窓]	まど
창백	소-하꾸	[蒼白]	そうはく
창설	소-세츠	[創設]	そうせつする
창안	소-아ㄴ	[創案]	そうあんする
창업	소-교-	[創業]	そうぎょうする
창자	하라와따	[腸]	はらわた
창작	소-사꾸	[創作]	そうさくする
창조	소-조-	[創造]	そうぞうする
창틀	사ㅅ시	[sash]	サッシ
창포	쇼-부	[菖蒲]	しょうぶ
창피	하지	[恥]	はじ
창피하다	하즈까시이	[恥ずかしい]	はずかしい
찾다	미츠께루	[見つける]	みつける
찾다	사가스	[探す]	さがす
찾다	사가스	[捜す]	さがす
찾다	사구루	[探る]	さぐる
찾다	다즈네루	[尋ねる]	たずねる
찾아뵙다	우까가우	[伺う]	うかがう
찾아오다	오또즈레루	[訪れる]	おとずれる
~채	게ㄴ	[軒]	けん
~채	마마		まま
채광	히아따리	[日当り]	ひあたり
채권	사이께ㄴ	[債権]	さいけん
채널	챠ㄴ네루	[channel]	チャンネル
채다	사라우	[攫う]	さらう
채무	사이무	[債務]	さいむ
채비	시따꾸	[支度]	したくする
채색하다	이로도루	[彩る]	いろどる
채소	야사이	[野菜]	やさい
채식	사이쇼꾸	[菜食]	さいしょく
채 썰다	세ㄴ기리니스루	[千切りにする]	せんぎりにする
채용	사이요-	[採用]	さいようする
채우다	미따스	[満たす]	みたす
채우다	하메루	[嵌める]	はめる
채우다(꽉)	츠메루	[詰める]	つめる
채워 넣다	츠메루	[詰める]	つめる
채집	사이슈-	[採集]	さいしゅうする
채찍	무치	[鞭]	むち

채팅	챠ㅅ또	[chat]	チャット
채혈	사이께츠	[採血]	さいけつする
책	호ㄴ	[本]	ほん
책가방	라ㄴ도세루	[ransel]	ランドセル
책꽂이	호ㄴ다떼	[本立て]	ほんだて
책략	사꾸랴꾸	[策略]	さくりゃく
책략	도리ㄱ꾸	[trick]	トリック
책망하다	도가메루	[咎める]	とがめる
책받침	시따지끼	[下敷]	したじき
책방	호ㄴ야	[本屋]	ほんや
책상	츠꾸에	[机]	つくえ
책상다리	아구라		あぐら
책임	세끼니ㄴ	[責任]	せきにん
책장	호ㄴ바꼬	[本箱]	ほんばこ
책장	호ㄴ다나	[本棚]	ほんだな
챔피언	챠ㅁ삐오ㄴ	[champion]	チャンピオン
처	츠마	[妻]	つま
처녀	오또메	[乙女]	おとめ
처녀자리	오또메자	[乙女座]	おとめざ
처리	쇼리	[処理]	しょりする
처마	노끼	[軒]	のき
처방	쇼호-	[処方]	しょほうする
처방전	쇼호-세ㄴ	[処方箋]	しょほうせん
처벌	쇼바츠	[処罰]	しょばつする
처분	쇼부ㄴ	[処分]	しょぶんする
처사	시구사	[仕草]	しぐさ
처사	시우치	[仕打ち]	しうち
처세	요와따리	[世渡り]	よわたり
처음	하지메	[始め]	はじめ
처음	사이쇼	[最初]	さいしょ
처음 듣다	미미아따라시이	[耳新しい]	みみあたらしい
처음부터 끝까지	부ㅅ또-시	[打っ通し]	ぶっとおし
처음으로	하지메떼	[初めて]	はじめて
처자	사이시	[妻子]	さいし
처지	다치바	[立場]	たちば
처지다	다레루	[垂れる]	たれる
처치	데아떼	[手当て]	てあてする
처치	쇼치	[処置]	しょちする
처형	쇼께-	[処刑]	しょけいする
~척	후리		ふり

척도	샤꾸도	[尺度]	しゃくど
척도	모노사시	[物差し]	ものさし
척척	사ㅅ사또		さっさと
척척	스라스라		すらすら
척추	세끼츠이	[脊椎]	せきつい
천	누노	[布]	ぬの
천	누노지	[布地]	ぬのじ
천	센	[千]	せん
천	기지	[生地]	きじ
천국	데ㅇ고꾸	[天国]	てんごく
천녀	덴뇨	[天女]	てんにょ
천둥	가미나리	[雷]	かみなり
천막	데ㅁ마꾸	[天幕]	てんまく
천문학	데ㅁ모ㅇ가꾸	[天文学]	てんもんがく
천박함	게힌	[下品]	げひん
천벌을 받음	바치아따리	[罰当り]	ばちあたり
천사	덴시	[天使]	てんし
천성	우마레츠끼	[生まれつき]	うまれつき
천식	젠소꾸	[喘息]	ぜんそく
천연	덴넨	[天然]	てんねん
천연	호ㅁ모노	[本物]	ほんもの
천연덕스럽다	모ㅅ또모라시이		もっともらしい
천왕성	데ㅇ오-세-	[天王星]	てんおうせい
천장	덴죠	[天井]	てんじょう
천재	덴사이	[天災]	てんさい
천재	덴사이	[天才]	てんさい
천주교	가또리ㄱ꾸꾜-	[Catholic教]	カトリックきょう
천주교	가또리ㄱ꾸	[Catholic]	カトリック
천지	덴치	[天地]	てんち
천진난만함	무쟈끼	[無邪気]	むじゃき
천천히	유ㄱ꾸리		ゆっくりする
천체	덴따이	[天体]	てんたい
천치	바까	[馬鹿]	ばか
천치	아호	[阿呆]	あほ
천하	데ㅇ까	[天下]	てんか
천하다	이야시이	[卑しい]	いやしい
천하다	야스ㅂ뽀이	[安っぽい]	やすっぽい
천하장사(스모의)	요꼬즈나	[横綱]	よこづな
천함	게힌	[下品]	げひん
천황, 일왕	덴노-	[天皇]	てんのう

철	데츠	[鉄]	てつ
철강	데ㄱ꼬-	[鉄鋼]	てっこう
철교	데ㄱ꾜-	[鉄橋]	てっきょう
철근	데ㄱ끼ㄴ	[鉄筋]	てっきん
철도	데츠도-	[鉄道]	てつどう
철물점	가나모노야	[金物屋]	かなものや
철봉	데츠보-	[鉄棒]	てつぼう
철사	하리가네	[針金]	はりがね
철새	와따리도리	[渡り鳥]	わたりどり
철수하다	히끼아게루	[引き上げる]	ひきあげる
철썩철썩, 철벅철벅	피챠삐챠		ぴちゃぴちゃ
철야	데츠야	[徹夜]	てつやする
철저	데ㅅ떼-	[徹底]	てっていする
철학	데츠가꾸	[哲学]	てつがく
첨가	데ㅇ까	[添加]	てんかする
첨단	세ㄴ따ㄴ	[尖端]	せんたん
첨부	데ㅁ뿌	[添付]	てんぷする
첨부파일	데ㅁ뿌화이루	[添付ファイル]	てんぷファイル
첩	메까께	[妾]	めかけ
첫날밤	쇼야	[初夜]	しょや
첫눈	하츠유끼	[初雪]	はつゆき
첫눈에 반함	히또메보레	[一目惚れ]	ひとめぼれする
첫 번째	이치바ㄴ	[一番]	いちばん
첫사랑	하츠꼬이	[初恋]	はつこい
첫 열차	시하츠레ㅅ샤	[始発列車]	しはつれっしゃ
첫째	다이이치	[第一]	だいいち
청	다노미	[頼み]	たのみ
청각	쵸-까꾸	[聴覚]	ちょうかく
청각장애인	미미노후지유-나히또	[耳の不自由な人]	みみのふじゆうなひと
청개구리	아오가에루	[青蛙]	あおがえる
청개구리	아마가에루	[雨蛙]	あまがえる
청결	세-께츠	[清潔]	せいけつ
청경채	치ㅇ게ㄴ사이	[チンゲン菜]	チンゲンさい
청구	세-뀨-	[請求]	せいきゅうする
청구서	세-뀨-쇼	[請求書]	せいきゅうしょ
청년	세-네ㄴ	[青年]	せいねん
청년	와꼬-도	[若人]	わこうど
청년시절	세-네ㄴ지다이	[青年時代]	せいねんじだい
청바지	지-빠ㄴ	[Gパン]	ジーパン
청부	우께오이	[請負]	うけおい

청색	아오	[青]	あお
청소	소-지	[掃除]	そうじする
청소기	소-지끼	[掃除機]	そうじき
청소년	세-쇼-넨	[青少年]	せいしょうねん
청신호	아오시ㅇ고-	[青信号]	あおしんごう
청어	니신	[鰊]	にしん
청운	세-운	[青雲]	せいうん
청자	기끼떼	[聞き手]	ききて
청재킷	지-쟌	[Gジャン]	ジージャン
청주	니호ㄴ슈	[日本酒]	にほんしゅ
청주	세-슈	[清酒]	せいしゅ
청중	쵸-슈-	[聴衆]	ちょうしゅう
청진기	쵸-시ㅇ끼	[聴診器]	ちょうしんき
청춘	세-슌	[青春]	せいしゅん
청취하다	기꾸	[聴く]	きく
~체	후리		ふり
체격	가라다츠끼	[体付き]	からだつき
체격	다이까꾸	[体格]	たいかく
체격	가라	[柄]	がら
체계	다이께-	[体系]	たいけい
체납	다이노-	[滞納]	たいのうする
체내	다이나이	[体内]	たいない
체념하다	아까라메루	[諦める]	あきらめる
체력	다이료꾸	[体力]	たいりょく
체류	다이류-	[滞留]	たいりゅうする
체류	다이자이	[滞在]	たいざいする
체면	다이멘	[体面]	たいめん
체면	세께ㄴ따이	[世間体]	せけんてい
체면	데-사이	[体裁]	ていさい
체면	메ㄴ보꾸	[面目]	めんぼく
체면	가따미	[肩身]	かたみ
체온	다이온	[体温]	たいおん
체육	다이이꾸	[体育]	たいいく
체육관	다이이꾸깐	[体育館]	たいいくかん
체육의 날	다이이꾸노히	[体育の日]	たいいくのひ
체인	체-ㄴ	[chain]	チェーン
체인점	체-ㄴ뗀	[チェーン店]	チェーンてん
체재	다이자이	[滞在]	たいざいする
체제	다이세-	[体制]	たいせい
체조	다이소-	[体操]	たいそうする

한국어	발음	한자	일본어
체중	다이쥬-	[体重]	たいじゅう
체질	다이시츠	[体質]	たいしつ
체크	체ㄱ꾸	[check]	チェック
체크무늬	체ㄱ꾸가라	[チェック柄]	チェックがら
체크아웃	체ㄱ꾸아우또	[check-out]	チェックアウト
체크인	체ㄱ꾸이ㄴ	[check-in]	チェックイン
체포	다이호	[逮捕]	たいほする
체험	다이께ㄴ	[体験]	たいけんする
첼로	체로	[cello]	チェロ
쳐다보다	미츠메루	[見つめる]	みつめる
쳐들어가다	세메요세루	[攻め寄せる]	せめよせる
쳐들어오다	오시요세루	[押し寄せる]	おしよせる
쳐부수다	우치야부루	[打ち破る]	うちやぶる
초	뵤-	[秒]	びょう
초가을	하츠아끼	[初秋]	はつあき
초가집	와라야	[藁屋]	わらや
초겨울의 찬바람	고가라시	[木枯し]	こがらし
초고	시따가끼	[下書き]	したがき
초기	쇼끼	[初期]	しょき
초급	쇼뀨-	[初級]	しょきゅう
초대	쇼-따이	[招待]	しょうたいする
초등학교	쇼-가ㄱ꼬-	[小学校]	しょうがっこう
초등학생	쇼-가ㄱ세-	[小学生]	しょうがくせい
초라하다	미스보라시이		みすぼらしい
초래하다	마네꾸	[招く]	まねく
초록색	구사이로	[草色]	くさいろ
초롱불, 초롱	쵸-치ㄴ	[提灯]	ちょうちん
초면	쇼따이메ㄴ	[初対面]	しょたいめん
초목	구사끼	[草木]	くさき
초목이 무성하다	오이시게루	[生い茂る]	おいしげる
초목이 시들다	가레루	[枯れる]	かれる
초보	쇼호	[初歩]	しょほ
초상화	쇼-조-가	[肖像画]	しょうぞうが
초순	쇼쥬ㄴ	[初旬]	しょじゅん
초승달	미까즈끼	[三日月]	みかづき
초심자	시로-또	[素人]	しろうと
초안	시따가끼	[下書き]	したがき
초원	구사하라	[草原]	くさはら
초원	소-게ㄴ	[草原]	そうげん
초월	쵸-에츠	[超越]	ちょうえつする

초인종	요비리ㄴ	[呼び鈴]	よびりん
초조하다	모도까시이		もどかしい
초췌하다	야츠레루		やつれる
초콜릿	쵸꼬레-또	[chocolate]	チョコレート
초하루	츠이따치	[一日]	ついたち
촉감	하다자와리	[肌触り]	はだざわり
촉구하다	우나가스	[促す]	うながす
촉진	소ㄱ시ㄴ	[促進]	そくしんする
촉촉이	시ㅅ또리		しっとり
촌스러움	야보	[野暮]	やぼ
촌스럽다	다사이		ダサい
출랑대다	하샤구		はしゃぐ
출랑출랑	우로쵸로		うろちょろする
촛대	쇼꾸다이	[燭台]	しょくだい
총	데ㅂ뽀-	[鉄砲]	てっぽう
총	쥬-	[銃]	じゅう
총각	쵸ㅇ가-		チョンガー
총격	쥬-게끼	[銃撃]	じゅうげきする
총계	소-께-	[総計]	そうけい
총력	소-료꾸	[総力]	そうりょく
총리	소-리	[総理]	そうり
총무	소-무	[総務]	そうむ
총무과	소-무까	[総務課]	そうむか
총무담당	소-무가까리	[総務係]	そうむがかり
총무부	소-무부	[総務部]	そうむぶ
총성	쥬-세-	[銃声]	じゅうせい
총액	소-가꾸	[総額]	そうがく
총원	소-이ㄴ	[総員]	そういん
총재	소-사이	[総裁]	そうさい
총총히	스따스따		すたすた
총포	데ㅂ뽀-	[鉄砲]	てっぽう
총회	소-까이	[総会]	そうかい
촬영	사츠에-	[撮影]	さつえいする
촬영금지	사츠에-끼ㄴ시	[撮影禁止]	さつえいきんし
최고	사이꼬-	[最高]	さいこう
최고조	구라이마ㄱㄱ스	[climax]	クライマックス
최고조	피-꾸	[peak]	ピーク
최근	치까고로	[近頃]	ちかごろ
최근	사이끼ㄴ	[最近]	さいきん
최근	기ㄴ네ㄴ	[近年]	きんねん

최대	사이다이	[最大]	さいだい
최면술	사이미ㄴ쥬츠	[催眠術]	さいみんじゅつ
최상	사이죠-	[最上]	さいじょう
최선	사이제ㄴ	[最善]	さいぜん
최소	사이쇼-	[最小]	さいしょう
최소한	사이떼-	[最低]	さいてい
최소한	세메떼		せめて
최신	사이시ㄴ	[最新]	さいしん
최악	사이아꾸	[最悪]	さいあく
최저	사이떼-	[最低]	さいてい
최종, 최후	사이슈-	[最終]	さいしゅう
최초	사이쇼	[最初]	さいしょ
최후	사이고-	[最後]	さいご
추가	츠이까	[追加]	ついかする
추가인화	야끼마시	[焼増し]	やきまし
추구	츠이뀨-	[追求]	ついきゅうする
추궁하다	오이츠메루	[追い詰める]	おいつめる
추도	츠이또-	[追悼]	ついとうする
추돌	츠이또츠	[追突]	ついとつする
추락	츠이라꾸	[墜落]	ついらくする
추렴	와리까ㄴ	[割り勘]	わりかん
추리	스이리	[推理]	すいりする
추방	츠이호-	[追放]	ついほうする
추분	슈-부ㄴ노히	[秋分の日]	しゅうぶんのひ
추상	츄-쇼-	[抽象]	ちゅうしょう
추수	가리이레	[刈り入れ]	かりいれ
추악	슈-아꾸	[醜悪]	しゅうあく
추어올리다	모떼하야스	[持て囃す]	もてはやす
추억	오모이데	[思い出]	おもいで
추억	츠이오꾸	[追憶]	ついおくする
추월	오이꼬시	[追い越し]	おいこし
추월하다	오이꼬스	[追い越す]	おいこす
추위를 잘 타는 사람	사무가리야	[寒がり屋]	さむがりや
추적	츠이세끼	[追跡]	ついせきする
추정	스이떼-	[推定]	すいていする
추진	스이시ㄴ	[推進]	すいしんする
추천	스이세ㄴ	[推薦]	すいせんする
추천요리	오스스메료-리	[お勧め料理]	おすすめりょうり
추첨	츄-세ㄴ	[抽選]	ちゅうせんする
추측	스이소꾸	[推測]	すいそくする

추측하다	오시하까루	[推し量る]	おしはかる
추태	슈-따이	[醜態]	しゅうたい
추파	나가시메	[流し目]	ながしめ
추하다	미니꾸이	[醜い]	みにくい
추호도	모-또-	[毛頭]	もうとう
축	구ㅅ따리		ぐったり
축구	사ㄱ까	[soccer]	サッカー
축배	슈꾸하이	[祝杯]	しゅくはい
축복	슈꾸후꾸	[祝福]	しゅくふく する
축산	치ㄱ사ㄴ	[畜産]	ちくさん
축산업	치ㄱ사ㄴ교-	[畜産業]	ちくさんぎょう
축소	슈ㄱ쇼-	[縮小]	しゅくしょう する
축전	슈꾸데ㄴ	[祝電]	しゅくでん
축제	마츠리	[祭り]	まつり
축제일	슈꾸지츠	[祝日]	しゅくじつ
축축	지메지메		じめじめ する
축축하다	시메ㅂ뽀이	[湿っぽい]	しめっぽい
축하	이와이	[祝い]	いわい
축하하다	이와우	[祝う]	いわう
춘분	슈ㅁ부ㄴ노히	[春分の日]	しゅんぶんのひ
출가	슈ㄱ께	[出家]	しゅっけ する
출가	요메이리	[嫁入り]	よめいり
출가하다	도츠구	[嫁ぐ]	とつぐ
출고	슈ㄱ꼬	[出庫]	しゅっこ する
출구	데구치	[出口]	でぐち
출국	슈ㄱ꼬꾸	[出国]	しゅっこく する
출국수속	슈ㄱ꼬꾸떼츠즈끼	[出国手続き]	しゅっこくてつづき
출근	슈ㅅ샤	[出社]	しゅっしゃ する
출근	슈ㄱ끼ㄴ	[出勤]	しゅっきん する
출납	스이또-	[出納]	すいとう する
출동	슈츠도-	[出動]	しゅつどう する
출력	슈츠료꾸	[出力]	しゅつりょく する
출마	슈츠바	[出馬]	しゅつば する
출발	슈ㅂ빠츠	[出発]	しゅっぱつ する
출발시간	슈ㅂ빠츠지까ㄴ	[出発時間]	しゅっぱつじかん
출발지	슈ㅂ빠츠치	[出発地]	しゅっぱつち
출범	슈ㅂ빠ㄴ	[出帆]	しゅっぱん する
출범하다	노리다스	[乗り出す]	のりだす
출산	슈ㅅ사ㄴ	[出産]	しゅっさん する
출생	슈ㅅ세-	[出生]	しゅっせい する

한국어	발음	한자	일본어
출석	슈ㅅ세끼	[出席]	しゅっせきする
출세	슈ㅅ세	[出世]	しゅっせする
출신성분	게나미	[毛並み]	けなみ
출연	슈츠에ㄴ	[出演]	しゅつえんする
출옥	슈츠고꾸	[出獄]	しゅつごくする
출입	데이리	[出入り]	でいり
출입국카드	슈츠뉴-꼬꾸까-도	[出入国カード]	しゅつにゅうこくカード
출자	슈ㅅ시	[出資]	しゅっしする
출장	슈ㅅ쵸-	[出張]	しゅっちょうする
출진	슈츠지ㄴ	[出陣]	しゅつじんする
출판	슈ㅂ빠ㄴ	[出版]	しゅっぱんする
출판사	슈ㅂ빠ㄴ샤	[出版社]	しゅっぱんしゃ
출하	슈ㄱ까	[出荷]	しゅっかする
출항	슈ㄱ꼬-	[出航]	しゅっこうする
출현	슈츠게ㄴ	[出現]	しゅつげんする
출혈	슈ㄱ께츠	[出血]	しゅっけつする
춤	오도리	[踊り]	おどり
춤추다	오도루	[踊る]	おどる
춤추다	마우	[舞う]	まう
춥다	사무이	[寒い]	さむい
충	츄-	[忠]	ちゅう
충격	쇼-게끼	[衝撃]	しょうげき
충고	아도바이스	[advice]	アドバイスする
충고	츄-꼬꾸	[忠告]	ちゅうこくする
충고하다	이사메루	[諫める]	いさめる
충돌	쇼-또츠	[衝突]	しょうとつする
충돌사고	쇼-또츠지꼬	[衝突事故]	しょうとつじこ
충동	쇼-도-	[衝動]	しょうどう
충분	쥬-부ㄴ	[充分]	じゅうぶん
충분하다	다리루	[足りる]	たりる
충분함	다ㄱ사ㅇ		たくさん
충분함	게ㄱ꼬-	[結構]	けっこう
충성	츄-세-	[忠誠]	ちゅうせいする
충신	츄-시ㄴ	[中心]	ちゅうしん
충실	츄-지츠	[忠実]	ちゅうじつ
충실하게	미ㅅ시리		みっしり
충전	쥬-데ㄴ	[充電]	じゅうでんする
충족시키다	미따스	[満たす]	みたす
충치	무시바	[虫歯]	むしば
충혈	쥬-께츠	[充血]	じゅうけつする

췌장	스이조-	[すい臟]	すいぞう
취급	도리아츠까이	[取り扱い]	とりあつかい
취급하다	도리아츠까우	[取り扱う]	とりあつかう
취미	슈미	[趣味]	しゅみ
취사	스이지	[炊事]	すいじする
취소	도리께시	[取消し]	とりけし
취소	꺄ㄴ세루	[cancel]	キャンセルする
취소하다	도리께스	[取消す]	とりけす
취약점	요와미	[弱み]	よわみ
취약하다	모로이	[脆い]	もろい
취업재수생	로-니ㄴ	[浪人]	ろうにん
취임	슈-니ㄴ	[就任]	しゅうにんする
취재	슈자이	[取材]	しゅざいする
취조	도리시라베	[取り調べ]	とりしらべ
취조하다	도리시라베루	[取り調べる]	とりしらべる
취직	슈-쇼꾸	[就職]	しゅうしょくする
취하다	도루	[取る]	とる
취하다	요우	[酔う]	よう
취향	고노미	[好み]	このみ
충언	츄-게ㄴ	[忠言]	ちゅうげんする
츄겐 선물	츄-게ㄴ	[中元]	ちゅうげん
츄고쿠지역(지방)	츄고꾸치호-	[中国地方]	ちゅうごくちほう
측근	소ㄱ끼ㄴ	[側近]	そっきん
측량	소꾸료-	[測量]	そくりょうする
측면	소꾸메ㄴ	[側面]	そくめん
측면	요꼬떼	[横手]	よこて
측면	가따가와	[片側]	かたがわ
측정	소ㄱ떼-	[測定]	そくていする
~층	가이	[階]	かい
치과	시까	[歯科]	しか
치과의사	하이샤사ㅇ	[歯医者さん]	はいしゃさん
치과의사	하이샤	[歯医者]	はいしゃ
치과의사	시까이	[歯科医]	しかい
치근거리다	네다루		ねだる
치다	우츠	[打つ]	うつ
치다	다따꾸	[叩く]	たたく
치료	치료-	[治療]	ちりょうする
치료되다	나오루	[治る]	なおる
치료하다	나오스	[治す]	なおす
치르다	하라우	[払う]	はらう

치마	스까-또	[skirt]	スカート
치매	치호-	[痴呆]	ちほう
치명상	치메-쇼-	[致命傷]	ちめいしょう
치밀	치미츠	[緻密]	ちみつ
치바현	치바께ㄴ	[千葉県]	ちばけん
치사하다	사모시이		さもしい
치솟다	소비에루	[聳える]	そびえる
치수	스ㅁ뽀-	[寸法]	すんぽう
치수	샤꾸도	[尺度]	しゃくど
치아	하	[歯]	は
치안	치아ㄴ	[治安]	ちあん
치약	하미가끼꼬	[歯磨き粉]	はみがきこ
치우다	가따즈께루	[片付ける]	かたづける
치우치다	가따요루	[偏る]	かたよる
치유	치유	[治癒]	ちゆする
치장	미지따꾸	[身支度]	みじたくする
치장하다	요소오우	[装う]	よそおう
치즈	치-즈	[cheese]	チーズ
치켜세우다	오다떼루	[煽てる]	おだてる
치킨	치끼ㄴ	[chicken]	チキン
치통	하이따	[歯痛]	はいた
치하하다	네기라우	[労う]	ねぎらう
치한	치까ㄴ	[痴漢]	ちかん
친구	유-지ㄴ	[友人]	ゆうじん
친구	도모다치	[友達]	ともだち
친구	도모	[友]	とも
친구	나까마	[仲間]	なかま
친목	시ㅁ보꾸	[親睦]	しんぼく
친밀	시ㅁ미츠	[親密]	しんみつ
친숙하다	시따시이	[親しい]	したしい
친애	시ㅇ아이	[親愛]	しんあい
친절	시ㄴ세츠	[親切]	しんせつ
친정	지ㄱ까	[実家]	じっか
친지, 친척	미요리	[身寄り]	みより
친척	시ㄴ세끼	[親戚]	しんせき
친척	시ㄴ루이	[親類]	しんるい
친하다	시따시이	[親しい]	したしい
친한 사이	가오나지미	[顔馴染み]	かおなじみ
친한 친구	시ㅇ유-	[親友]	しんゆう
칠면조	시치메ㄴ쵸-	[七面鳥]	しちめんちょう

칠석	たなばた	[七夕]	たなばた
칠칠치 못하다	だらしない		だらしない
칠판	こくばん	[黒板]	こくばん
칠하다	ぬる	[塗る]	ぬる
칡	くず	[葛]	くず
침	つば	[唾]	つば
침	はり	[鍼]	はり
침공	しんこー	[侵攻]	しんこうする
침대	しんだい	[寝台]	しんだい
침대	べっど	[bed]	ベッド
침대시트	しーつ	[sheet]	シーツ
침대차	しんだいしゃ	[寝台車]	しんだいしゃ
침략	しんりゃく	[侵略]	しんりゃくする
침몰	ちんぼつ	[沈没]	ちんぼつする
침묵	ちんもく	[沈黙]	ちんもくする
침묵하다	だまる	[黙る]	だまる
침범하다	おかす	[犯す]	おかす
침실	しんしつ	[寝室]	しんしつ
침입	しんにゅー	[侵入]	しんにゅうする
침착성	おちつき	[落ち着き]	おちつき
침팬지	ちんぱんじー	[chimpanzee]	チンパンジー
침해	しんがい	[侵害]	しんがいする
칫솔	はぶらし	[歯ブラシ]	はブラシ
칭송	らいさん	[礼賛]	らいさんする
칭찬하다	ほめる	[誉める]	ほめる
칭하다	しょーする	[称する]	しょうする
칭하다	なのる	[名乗る]	なのる

카	가ー	[car]	カー
카나리아	가나리아	[canaria]	カナリア
카네이션	가ー네ー쇼ㄴ	[carnation]	カーネーション
카드	가ー도	[card]	カード
카드놀이	도라ㅁ뿌	[trump]	トランプ
카디건	가ー디가ㄴ	[cardigan]	カーディガン
카레	가레ー	[curry]	カレー
카메라	가메라	[camera]	カメラ
카멜레온	가메레오ㄴ	[chameleon]	カメレオン
카바레	갸바레ー	[cabaret]	キャバレー
카세트	가세ㅅ또	[cassette]	カセット
카세트라디오	라지까세	[radio-cassette]	ラジカセ
카운터	가우ㄴ따ー	[counter]	カウンター
카지노	가지노	[casino]	カジノ
카키색	가ー끼이로	[カーキ色]	カーキいろ
카탈로그	가따로구	[catalogue]	カタログ
카트	가ー또	[cart]	カート
카페	가훼	[cafe]	カフェ
카페오레	가훼오레	[cafe au lait]	カフェオレ
카펫	가ー뻬ㅅ또	[carpet]	カーペット
카펫	쥬ー따ㄴ		じゅうたん
칵테일	가ㄱ떼루	[cocktail]	カクテル
칵테일소주	츄ー하이	[酎ハイ]	ちゅうハイ
칸막이	시끼리	[仕切り]	しきり
칼	가따나	[刀]	かたな
칼	나이후	[knife]	ナイフ
칼	가ㅅ따ー	[cutter]	カッター
칼로리	가로리ー	[calorie]	カロリー
칼로 베려고 대들다	기리츠께루	[切り付ける]	きりつける
칼륨	가리우무	[Kalium]	カリウム
칼슘	가루시우무	[calcium]	カルシウム
캄캄함	마ㄱ꾸라	[真っ暗]	まっくら
캐나다	가나다	[Canada]	カナダ

캐내다	츠끼또메루	[突き止める]	つきとめる
캐러멜	갸라메루	[caramel]	キャラメル
캐리어	갸리아	[career]	キャリア
캐릭터	갸라ㄱ따-	[character]	キャラクター
캐묻다	도이츠메루	[問い詰める]	といつめる
캐비닛	갸비네ㅅ또	[cabinet]	キャビネット
캐주얼	가쥬아루	[casual]	カジュアル
캔디	갸ㄴ디-	[candy]	キャンディー
캔버스	갸ㅁ바스	[canvas]	キャンバス
캔슬	갸ㄴ세루	[cancel]	キャンセルする
캘린더	가레ㄴ다-	[calender]	カレンダー
캠페인	갸ㅁ뻬-ㄴ	[campaign]	キャンペーン
캠프	갸ㅁ뿌	[camp]	キャンプする
캡슐	가뿌세루	[capsule]	カプセル
캥거루	가ㅇ가루	[kangaroo]	カンガルー
커닝	가ㄴ니ㅇ구	[cunning]	カンニングする
커뮤니케이션	고뮤니께-쇼ㄴ	[communication]	コミュニケーション
커버	가바-	[cover]	カバー
커브	가-부	[cub]	カーブする
커서	가-소루	[cursor]	カーソル
커트	가ㅅ또	[cut]	カット
커튼	가-떼ㄴ	[curtain]	カーテン
커플	가ㅂ뿌루	[couple]	カップル
커피	고-히-	[coffee]	コーヒー
커피메이커	고-히-메-까-	[coffee maker]	コーヒーメーカー
커피포트	고-히-뽀ㅅ또	[coffeepot]	コーヒーポット
컨디셔너	고ㄴ디쇼나-	[conditioner]	コンディショナー
컨디션	고ㄴ디쇼ㄴ	[condition]	コンディション
컨설턴트	고ㄴ사루따ㄴ또	[consultant]	コンサルタント
컨트롤	고ㄴ또로-루	[control]	コントロール
컬러	가라-	[color]	カラー
컬렉션	고레ㄱ쇼ㄴ	[collection]	コレクション
컴퍼스	고ㅁ빠스	[compass]	コンパス
컴퓨터	고ㅁ뿌-따-	[computer]	コンピューター
컴퓨터(개인용)	파소꼬ㄴ	[personal computer]	パソコン
컴퓨터 침입자	하ㄱ까-	[hacker]	ハッカー
컵(손잡이 달린)	가ㅂ뿌	[cup]	カップ
컵(손잡이 없는)	고ㅂ뿌	[cup]	コップ
컵라면	가ㅂ뿌누-도루	[cup noodle]	カップヌードル
컵라면	가ㅂ뿌라-메ㄴ	[cupラーメン]	カップラーメン

~컬레	소꾸	[足]	そく
케이블카	게-부루까-	[cable car]	ケーブルカー
케이스	게-스	[case]	ケース
케이크	게-끼	[cake]	ケーキ
케이크가게	게-끼야	[ケーキ屋]	ケーキや
케첩	게챠ㅂ뿌	[ketchup]	ケチャップ
케케묵다	후루꾸사이	[古くさい]	ふるくさい
케케묵다	가비꾸사이	[黴臭い]	かびくさい
켜다	히꾸	[弾く]	ひく
켜지다	츠꾸	[付く]	つく
코	하나	[鼻]	はな
코고는 소리	이비끼		いびき
코끼리	조-	[象]	ぞう
코끼리 소리	파오-ㄴ		パオーン
코냑	고냐ㄱ꾸	[cognac]	コニャック
코너	고-나-	[corner]	コーナー
코드	고-도	[code]	コード
코딱지	하나꾸소	[鼻糞]	はなくそ
코러스	고-라스	[chorus]	コーラス
코미디	고메디-	[comedy]	コメディー
코미디언	고메디아ㄴ	[comedian]	コメディアン
코브라	고부라	[cobra]	コブラ
코스	고-스	[course]	コース
코스모스	고스모스	[cosmos]	コスモス
코스요리	고-스료-리	[コース料理]	コースりょうり
코알라	고아라	[koala]	コアラ
코인	고이ㄴ	[coin]	コイン
코인로커	고이ㄴ로ㄱ까-	[coin locker]	コインロッカー
코치	고-치	[coach]	コーチ
코코넛	고꼬나ㅅ츠	[coconut]	ココナッツ
코코아	고꼬아	[cocoa]	ココア
코트	고-또	[coat]	コート
코피	하나지	[花血]	はなぢ
콕콕	치꾸치꾸		ちくちくする⒱
콘서트	고ㄴ사-또	[concert]	コンサート
콘택트렌즈	고ㄴ따ㄱ또레ㄴ즈	[contact lens]	コンタクトレンズ
콘테스트	고ㄴ떼스또	[contest]	コンテスト
콜라	고-라	[cola]	コーラ
콜레라	고레라	[cholera]	コレラ
콜렉트콜	고레ㄱ또꼬-루	[collect call]	コレクトコール

콤비	고ㅁ비	[combination]	コンビ
콤플렉스	고ㅁ뿌레ㄱㄱㅅ	[complex]	コンプレックス
콧노래	하나우따	[鼻歌]	はなうた
콧물	하나미즈	[鼻水]	はなみず
콩	마메	[豆]	まめ
콩	다이즈	[大豆]	だいず
콩나물	모야시	[萌やし]	もやし
콩소메	고ㄴ소메	[consomme]	コンソメ
쾅	도까ㄴ		ドカン
쾌감	가이까ㄴ	[快感]	かいかん
쾌락	가이라꾸	[快楽]	かいらく
쾌적	가이떼끼	[快適]	かいてき
쾌활	가이까츠	[快活]	かいかつ
쾌활함	호가라까	[朗らか]	ほがらか
쿠션	구ㅅ쇼ㄴ	[cushion]	クッション
쿠키	구ㄱ끼-	[cookie]	クッキー
쿠킹	구ㄱ끼o구	[cooking]	クッキング
쿠폰	구-뽀ㄴ	[coupon]	クーポン
쿡쿡	기리끼리		きりきり
쿡쿡 찌르다(가볍게)	츠츠꾸	[突く]	つつく
쿨쿨	구-구-		ぐうぐう
퀴즈	구이즈	[quiz]	クイズ
퀴즈프로	구이즈바o구미	[クイズ番組]	クイズばんぐみ
퀸	구이-ㄴ	[queen]	クイーン
크게 토막치다	부츠기리니스루	[ぶつ切りにする]	ぶつぎりにする
크기	오오끼사	[大きさ]	おおきさ
크다	데ㄱ까이		でっかい
크다	오오끼이	[大きい]	おおきい
크레파스	구레요o	[crayon]	クレヨン
크리스마스	구리스마스	[Christmas]	クリスマス
크림	구리-무	[cream]	クリーム
크림색	구리-무이로	[cream色]	クリームいろ
큰	오오끼나	[大きな]	おおきな
큰	다이시따	[大した]	たいした
큰 고모	오바사o	[伯母さん]	おばさん
큰 고모	오바	[伯母]	おば
큰길	오-도-리	[大通り]	おおどおり
큰길	가이도-	[街道]	かいどう
큰 나무	다이보꾸	[大木]	たいぼく
큰비	오-아메	[大雨]	おおあめ

큰 삼촌	오지사ㅇ	[伯父さん]	おじさん
큰 삼촌	오지	[伯父]	おじ
큰소리	오-구치	[大口]	おおぐち
큰소리	고-게ㄴ	[広言]	こうげんする⒱
큰 싸움	오-게ㅇ까	[大喧嘩]	おおげんか
큰 아버지	오지사ㅇ	[伯父さん]	おじさん
큰 아버지	오지	[伯父]	おじ
큰 이모	오바사ㅇ	[伯母さん]	おばさん
큰 이모	오바	[伯母]	おば
큰일	다이헤ㄴ	[大変]	たいへん
큰 집	소-께	[宗家]	そうけ
큰 차이	다이사	[大差]	たいさ
클라리넷	구라리네ㅅ또	[clarinet]	クラリネット
클라이맥스	구라이마ㄱㄱ스	[climax]	クライマックス
클래스	구라스	[class]	クラス
클래식	구라시ㄱ꾸	[classic]	クラシック
클럽	구라부	[club]	クラブ
클럽활동	구라부까츠도-	[クラブ活動]	クラブかつどう
클레임	구레-무	[claim]	クレーム
클로버	츠메꾸사	[爪草]	つめくさ
클리닉	구리니ㄱ꾸		クリニック
클릭	구리ㄱ꾸	[click]	クリック
클린징	구레ㄴ지ㅇ구	[cleansing cream]	クレンジング
클립	구리ㅂ뿌	[clip]	クリップ
키	세	[背]	せ
키	세따께	[背丈]	せたけ
키	미노따께	[身の丈]	みのたけ
키	다께	[丈]	たけ
키	기-	[key]	キー
키보드	기-보-도	[keyboard]	キーボード
키스	기스	[kiss]	キス
키우나	소다떼루	[育てる]	そだてる
키위	기우이	[kiwi]	キウイ
키재기	다께구라베	[丈比べ]	たけくらべ
키친	기ㅅ치ㄴ	[kitchen]	キッチン
킥킥	구스꾸스		くすくす
킬로그램	기로구라무	[kilogram]	キログラム
킬로미터	기로메-또루	[kilometre]	キロメートル

타개	다까이	[打開]	だかいする
타격	다게끼	[打撃]	だげき
타계	다까이	[他界]	たかい
타고 나가다	노리다스	[乗り出す]	のりだす
타고 넘다	노리꼬에루	[乗り越える]	のりこえる
타국	다꼬꾸	[他国]	たこく
타다	노루	[乗る]	のる
타다	야께루	[焼ける]	やける
타다	모에루	[燃える]	もえる
타당	다또-	[妥当]	だとうする
타락	다라꾸	[堕落]	だらくする
타산	다산	[打算]	ださん
타살	다사츠	[他殺]	たさつ
타서 까맣게 되다	고게루	[焦げる]	こげる
타성	다세-	[惰性]	だせい
타액	다에끼	[唾液]	だえき
타오르다	모에아가루	[燃え上がる]	もえあがる
타워	다와-	[tower]	タワー
타원형	다에ㅇ께-	[楕円形]	だえんけい
타월	다오루	[towel]	タオル
타이거	다이가-	[taiga]	タイガー
타이르다	다시나메루	[窘める]	たしなめる
타이르다	이이끼까세루	[言い聞かせる]	いいきかせる
타이르다	이사메루	[諫める]	いさめる
타이밍	다이미ㅇ구	[timing]	タイミング
타이어	다이야	[tire]	タイヤ
타이틀	다이또루	[title]	タイトル
타인	다닌	[他人]	たにん
타임카드	다이무까-도	[time card]	タイムカード
타자	바ㅅ따-	[batter]	バッター
타자	다샤	[打者]	だしゃ
타전	다덴	[打電]	だでんする
타진	다신	[打診]	だしんする

타파하다	우치야부루	[打ち破る]	うちやぶる
타파하다	츠끼야부루	[突き破る]	つきやぶる
타협	다꾜-	[妥協]	だきょうする
탁	피샤리		ぴしゃり
탁구	다ㄱ뀨-	[卓球]	たっきゅう
탁구	피ㅁ뽀ㅇ	[ping-pong]	ピンポン
탁류	다꾸류-	[濁流]	だくりゅう
탁상	다꾸죠-	[卓上]	たくじょう
탁아소	다꾸지쇼	[託児所]	たくじしょ
탁월	다꾸에츠	[卓越]	たくえつする
탁음	다꾸오ㅇ	[濁音]	だくおん
탁해지다	니고루	[濁る]	にごる
탄광	다ㅇ꼬-	[炭鉱]	たんこう
탄로 나다	바레루		ばれる
탄생	다ㄴ죠-	[誕生]	たんじょうする
탄소	다ㄴ소	[炭素]	たんそ
탄핵	다ㅇ가이	[弾劾]	だんがいする
탄환	다ㅇ가ㅇ	[弾丸]	だんがん
탈것	노리모노	[乗り物]	のりもの
탈락	다츠라꾸	[脱落]	だつらくする
탈모	다츠모-	[脱毛]	だつもうする
탈모	다츠보-	[脱帽]	だつぼうする
탈선	다ㅅ세ㄴ	[脱線]	だっせんする
탈세	다츠제-	[脱税]	だつぜいする
탈옥	다츠고꾸	[脱獄]	だつごくする
탈주	다ㅅ소-	[脱走]	だっそうする
탈출	다ㅅ슈츠	[脱出]	だっしゅつする
탈퇴	다ㅅ따이	[脱退]	だったいする
탈환	다ㄱ까ㄴ	[奪還]	だっかんする
탐구	다ㅇ뀨-	[探求]	たんきゅうする
탐나다	호시이	[欲しい]	ほしい
탐내다	무사보루	[貪る]	むさぼる
탐내다	호시가루	[欲しがる]	ほしがる
탐욕	도ㅇ요꾸	[貪欲]	どんよく
탐정	다ㄴ떼-	[探偵]	たんてい
탐하다	무사보루	[貪る]	むさぼる
탐험	다ㅇ께ㄴ	[探検]	たんけんする
탑	다와-	[tower]	タワー
탑승권	도-죠-께ㄴ	[搭乗券]	とうじょうけん
탕	스-뿌	[soup]	スープ

탕수육	스부따	[酢豚]	すぶた
탕탕	즈도ㄴ		ずどん
탕탕	도ㄴ도ㄴ		どんどん
~탓	세-		せい
태국	타이	[Thailand]	タイ
태도	타이도	[態度]	たいど
태도	쵸-시	[調子]	ちょうし
태만	타이마ㄴ	[怠慢]	たいまん
태만하다	나마께루	[怠ける]	なまける
태만히 하다	오꼬따루	[怠る]	おこたる
태반	타이바ㄴ	[胎盤]	たいばん
태반	타이하ㄴ	[大半]	たいはん
태생	우마레	[生まれ]	うまれ
태생	스죠-	[素姓]	すじょう
태세	타이세-	[態勢]	たいせい
태아	타이지	[胎児]	たいじ
태양	타이요-	[太陽]	たいよう
태양계	타이요-께-	[太陽系]	たいようけい
태어나다	우마레루	[生まれる]	うまれる
태연함	헤-끼	[平気]	へいき
태연히	누께누께		ぬけぬけ
태우다	야꾸	[焼く]	やく
태우다	노세루	[乗せる]	のせる
태평양	타이헤-요-	[太平洋]	たいへいよう
태평함	노ㅇ끼	[呑気]	のんき
태풍	타이후-	[台風]	たいふう
택배	타꾸하이	[宅配]	たくはいする
택시	타ㄱ시-	[taxi]	タクシー
택시승강장	타ㄱ시-노리바	[タクシー乗り場]	タクシーのりば
택하다	에라부	[選ぶ]	えらぶ
탤런트	타레ㄴ또	[talent]	タレント
탱크	타ㅇ꾸	[tank]	タンク
~터	하즈		はず
터널	토ㄴ네루	[tunnel]	トンネル
터득	에또꾸	[会得]	えとくする
터무니없음	메챠	[滅茶]	めちゃ
터무니없음	메ㅅ소-	[滅相]	めっそう
터무니없음	베라보-	[箆棒]	べらぼう
터미널	타-미나루	[terminal]	ターミナル
터벅터벅	도보또보		とぼとぼする

터벅터벅	데꾸떼꾸		てくてく
터지다	사께루	[裂ける]	さける
터지다	하지께루	[弾ける]	はじける
터치	다ㅅ치	[touch]	タッチする
터키	도루꼬	[Turco]	トルコ
턱	아고	[顎]	あご
~턱	와께		わけ
털	게	[毛]	け
털가죽	게가와	[毛皮]	けがわ
털다	하따꾸	[叩く]	はたく
털실	게이또	[毛糸]	けいと
털썩	바ㅅ따리		ばったり
털어놓다	우치아께루	[打ち明ける]	うちあける
텅 빔	가라	[空]	から
텅 빔	가라ㅂ뽀	[空っぽ]	からっぽ
텅텅	가라가라		がらがらする
테	와꾸	[枠]	わく
테너	데나-	[tenor]	テナー
테니스	데니스	[tennis]	テニス
~테다!	조		ぞ
테두리	와꾸	[枠]	わく
테두리	후치	[縁]	ふち
테라스	데라스	[terrace]	テラス
테러	데로	[terrorism]	テロ
테마	데-마	[Thema]	テーマ
테스트	데스또	[test]	テストする
테이블	데-부루	[table]	テーブル
테이크아웃	모치가에리	[持ち帰り]	もちかえり
테이프	데-뿌	[tape]	テープ
테크닉	데꾸니ㄱ꾸	[technic]	テクニック
테킬라	데끼-라	[tequila]	テキーラ
텐트	데ㄴ또	[tent]	テント
텔레비전	데레비	[television]	テレビ
텔레비전 방송국	데레비꼬꾸	[television局]	テレビきょく
토끼	우사기	[兎]	うさぎ
토끼띠	우사기도시	[兎年]	うさぎどし
토대	도다이	[土台]	どだい
토대	아시바	[足場]	あしば
토라지다	무꾸레루		むくれる
토라지다	스네루	[拗ねる]	すねる

터벅터벅 ~ 통신판매			
토란	사또이모	[里芋]	さといも
토론	도-로ㄴ	[討論]	とうろんする
토마토	도마또	[tomato]	トマト
토막	하시꾸레	[端くれ]	はしくれ
토막토막	즈따즈따		ずたずた
토목	도보꾸	[土木]	どぼく
토산품	오미야게	[お土産]	おみやげ
토성	도세-	[土星]	どせい
토스터	도-스따-	[toaster]	トースター
토스트	도-스또	[toast]	トースト
토요일	도요-비	[土曜日]	どようび
토의	도-기	[討議]	とうぎする
토지	도치	[土地]	とち
토크쇼	도-꾸바ㅇ구미	[トーク番組]	トークばんぐみ
토하다	하꾸	[吐く]	はく
토함	헤도	[反吐]	へど
토혈	도께츠	[吐血]	とけつする
톤	도ㄴ	[ton]	トン
톱	노꼬기리	[鋸]	のこぎり
톱니바퀴	하구루마	[歯車]	はぐるま
통	오께	[桶]	おけ
통	츠츠	[筒]	つつ
~통	츠-	[通]	つう
통계	도-께-	[統計]	とうけいする
통고	츠-꼬꾸	[通告]	つうこくする
통곡	도-꼬꾸	[慟哭]	どうこくする
통과	츠-까	[通過]	つうかする
통과하다	도오루	[通る]	とおる
통근	츠-끼ㄴ	[通勤]	つうきんする
통근열차	츠-끼ㄴ레ㅅ샤	[通勤列車]	つうきんれっしゃ
통나무	마루따	[丸太]	まるた
통념	츠-네ㄴ	[通念]	つうねん
통로	츠-로	[通路]	つうろ
통로 쪽	츠-로가와	[通路側]	つうろがわ
통보	츠-호-	[通報]	つうほうする
통상	츠-쇼-	[通商]	つうしょうする
통속	츠-조꾸	[通俗]	つうぞく
통솔	도-소츠	[統率]	とうそつする
통신	츠-시ㄴ	[通信]	つうしんする
통신판매	츠-시ㄴ하ㅁ바이	[通信販売]	つうしんはんばい

통역	츠-야꾸	[通訳]	つうやくする
통역가	츠-야ㄱ까	[通訳家]	つうやくか
통용	츠-요-	[通用]	つうようする
통원하다	츠-이ㄴ스루	[通院する]	つういんする
통일	도-이츠	[統一]	とういつする
통장	츠-쵸-	[通帳]	つうちょう
통제	도-세-	[統制]	とうせいする
통조림	가ㄴ즈메	[缶詰]	かんづめ
통지	츠-치	[通知]	つうちする
통째로 빨다	마루아라이스루	[丸洗いする]	まるあらいする
통째로 삼킴	마루노미	[丸呑み]	まるのみする
통쾌	츠-까이	[痛快]	つうかい
통통하다	포ㅅ챠리시떼이루		ぽっちゃりしている
통하게 하다	도오스	[通す]	とおす
통하다	츠-지루	[通じる]	つうじる
통학	츠-가꾸	[通学]	つうがくする
통행	츠-꼬-	[通行]	つうこうする
통행금지	츠-꼬-도메	[通行止め]	つうこうどめ
통화	츠-까	[通貨]	つうか
통화권 밖	게ㅇ가이	[圏外]	けんがい
통화중	하나시츄-	[話し中]	はなしちゅう
통화중	츠-와츄-	[通話中]	つうわちゅう
퇴각	다이꺄꾸	[退却]	たいきゃくする
퇴근	다이샤	[退社]	たいしゃする
퇴근	다이끼ㄴ	[退勤]	たいきんする
퇴사	다이샤	[退社]	たいしゃする
퇴역	다이에끼	[退役]	たいえきする
퇴원	다이이ㄴ	[退院]	たいいんする
퇴임	다이니ㄴ	[退任]	たいにんする
퇴장	다이죠-	[退場]	たいじょうする
퇴직	다이쇼꾸	[退職]	たいしょくする
퇴짜 맞다	후라레루	[振られる]	ふられる
퇴출	다이슈츠	[退出]	たいしゅつする
퇴치	다이지	[退治]	たいじする
퇴학	다이가꾸	[退学]	たいがくする
퇴화	다이까	[退化]	たいかする
툇마루	에ㅇ가와	[縁側]	えんがわ
투고	도-꼬-	[投稿]	とうこうする
투구	가부또	[兜]	かぶと
투기	도-끼	[投機]	とうきする

투덜투덜	부츠부츠		ぶつぶつ
투명	도-메-	[透明]	とうめい
~투성이	다라께		だらけ
투수	도-슈	[投手]	とうしゅ
투수	피ㅅ챠-	[pitcher]	ピッチャー
투숙	도-슈꾸	[投宿]	とうしゅくする
투어	츠아-	[tour]	ツアー
투입	도-뉴-	[投入]	とうにゅうする
투자	도-시	[投資]	とうしする
투쟁	도-소-	[闘争]	とうそうする
투표	도-효-	[投票]	とうひょうする
투하	도-까	[投下]	とうかする
툭툭	도ㄴ또ㄴ		とんとん
툭하면 잊다	와스레ㅂ뽀이	[忘れっぽい]	わすれっぽい
툭하면 화내는 성격이다	오꼬리ㅂ뽀이	[怒りっぽい]	おこりっぽい
퉁명스러움	부ㄱ끼라보-		ぶっきらぼう
퉁명스럽다	소ㄱ께나이		そっけない
퉁소	샤꾸하치	[尺八]	しゃくはち
튀겨지다	아가루	[揚がる]	あがる
튀기다	아게루	[揚げる]	あげる
튀김	데ㅁ뿌라	[天ぷら]	てんぷら
튜브	츄-부	[tube]	チューブ
튤립	츄-리ㅂ뿌	[tulip]	チューリップ
트러블	도라부루	[trouble]	トラブル
트럭	도라ㄱ꾸	[truck]	トラック
트럼펫	도라ㅁ뻬ㅅ또	[trumpet]	トランペット
트럼프	도라ㅁ뿌	[trump]	トランプ
트렁크	도라ㅇ꾸	[trunk]	トランク
트로피	도로휘-	[trophy]	トロフィー
트리트먼트	도리-또메ㄴ또	[treatment]	トリートメント
트림	게ㅂ뿌		げっぷ
트윈룸	츠이ㄴ루-무	[twin room]	ツインルーム
트윈룸	츠이ㄴ	[twin]	ツイン
트윈침대	츠이ㄴ베ㅅ도	[twin bed]	ツインベッド
특강	도ㄱ꼬-	[特講]	とっこう
특권	도ㄱ께ㄴ	[特権]	とっけん
특급	도ㄱ뀨-	[特急]	とっきゅう
특급	도ㄱ뀨-	[特級]	とっきゅう
특급열차	도ㄱ뀨-레ㅅ샤	[特急列車]	とっきゅうれっしゃ
특기	도꾸기	[特技]	とくぎ

특명	도꾸메-	[特命]	とくめい
특별	도꾸베츠	[特別]	とくべつ
특별	가꾸베츠	[格別]	かくべつ
특별요리	도꾸베츠료-리	[特別料理]	とくべつりょうり
특별함	나미하즈레	[並外れ]	なみはずれ
특별히	베츠니	[別に]	べつに
특사	도꾸시	[特使]	とくし
특색	도ㄱ쇼꾸	[特色]	とくしょく
특성	도ㄱ세-	[特性]	とくせい
특수	도ㄱ슈	[特殊]	とくしゅ
특유	도꾸유-	[特有]	とくゆう
특이	도꾸이	[特異]	とくい
특정	도ㄱ떼-	[特定]	とくてい
특종	도꾸다네	[特種]	とくだね
특집	도ㄱ슈-	[特集]	とくしゅう
특징	도ㄱ쵸-	[特徴]	とくちょう
특허	도ㄱ꾜	[特許]	とっきょ
특히	도꾸니	[特に]	とくに
특히	고또니	[殊に]	ことに
특히	도리와께		とりわけ
튼튼함	죠-부	[丈夫]	じょうぶ
틀니	이레바	[入れ歯]	いれば
틀리다	마치가우	[間違う]	まちがう
틀리다	마치가에루	[間違える]	まちがえる
틀리다	치가우	[違う]	ちがう
틀림없음	다이죠-부	[大丈夫]	だいじょうぶ
틀림없이	데ㄱ끼리		てっきり
틀어박히다	도지꼬모루	[閉じこもる]	とじこもる
틀어박히다	다떼꼬모루	[立て籠る]	たてこもる
틀에 박힌 말	기마리모ㅇ꾸	[決まり文句]	きまりもんく
틈	스끼	[隙]	すき
틈	아이마	[合間]	あいま
틈	히마	[暇]	ひま
틈	이또마	[暇]	いとま
틈새	아이다	[間]	あいだ
틈이 나다	스꾸	[透く]	すく
티끌	치리	[塵]	ちり
티끌	미지ㄴ	[微塵]	みじん
티셔츠	디-샤츠	[T-shirts]	ティーシャツ
티슈	디ㅅ슈	[tissue]	ティッシュ

티슈	디ㅅ슈뻬−빠−	[tissue paper]	ティッシュペーパー
티켓	치께ㅅ또	[ticket]	チケット
팀	치−무	[team]	チーム
팁	치ㅂ뿌	[tip]	チップ

프

파	네기	[葱]	ねぎ
파국	하꾜꾸	[破局]	はきょく
파격	하까꾸	[破格]	はかく
파견	하껜	[派遣]	はけんする
파견사원	하껜샤이О	[派遣社員]	はけんしゃいん
파괴	하까이	[破壊]	はかいする
파노라마	파노라마	[panorama]	パノラマ
파는 물건	우리모노	[売り物]	うりもの
파는 사람	우리떼	[売り手]	うりて
파다	호루	[掘る]	ほる
파도	나미	[波]	なみ
파라다이스	파라다이스	[paradise]	パラダイス
파란	하란	[波瀾]	はらん
파란색, 파랑	아오	[青]	あお
파랗다	아오이	[青い]	あおい
파래	아오노리	[青のり]	あおのり
파래지다	아오자메루	[青ざめる]	あおざめる
파르페	파훼	[parfait]	パフェ
파리	파리	[Paris]	パリ
파리	하에	[蝿]	はえ
파마	파-마	[permanent]	パーマ
파멸	하메츠	[破滅]	はめつする
파문	하몬	[波紋]	はもん
파묻다	우즈메루	[埋める]	うずめる
싸묻히다	우즈마루	[埋まる]	うずまる
파병	하헤-	[派兵]	はへいする
파산	하사ㄴ	[破産]	はさんする
파생	하세-	[派生]	はせいする
파손하다	소꼬나우	[損なう]	そこなう
파수꾼	미하리	[見張り]	みはり
파스	시브뿌	[湿布]	しっぷする
파슬리	파세리	[parsley]	パセリ
파악	하아꾸	[把握]	はあくする

파열	하레츠	[破裂]	はれつする
파운데이션	화ㄴ데ー쇼ㄴ	[foundation]	ファンデーション
파워	파와ー	[power]	パワー
파이프	파이뿌	[pipe]	パイプ
파인애플	파이나ㅂ뿌루	[pineapple]	パイナップル
파일	화이루	[file]	ファイル
파일럿	파이로ㅅ또	[pilot]	パイロット
파자마	파쟈마	[pajamas]	パジャマ
파출소	고ー바ㄴ	[交番]	こうばん
파충류	하쥬ー루이	[爬虫類]	はちゅうるい
파칭코	파치ㅇ꼬		パチンコ
파킹	파ー끼ㅇ구	[parking]	パーキング
파탄	하따ㄴ	[破綻]	はたんする
파트	파ー또	[part]	パート
파트너	파ー또나	[partner]	パートナー
파티	파ー띠ー	[party]	パーティー
파파야	파빠이아	[papaya]	パパイア
파헤치다	아바꾸	[暴く]	あばく
판결	하ㅇ께츠	[判決]	はんけつする
판권	하ㅇ께ㄴ	[版権]	はんけん
판다	파ㄴ다	[panda]	パンダ
판단	하ㄴ다ㄴ	[判断]	はんだんする
판로	하ㄴ로	[販路]	はんろ
판매	세ー루스	[sales]	セールス
판매	하ㅁ바이	[販売]	はんばいする
판명	하ㅁ메ー	[判明]	はんめいする
판별	하ㅁ베츠	[判別]	はんべつする
판별하다	와끼마에루	[弁える]	わきまえる
판사	하ㄴ지	[判事]	はんじ
판자	이따	[板]	いた
판정	하ㄴ떼ー	[判定]	はんていする
판화	하ㅇ가	[版画]	はんが
팔	우데	[腕]	うで
팔꿈치	히지	[肘]	ひじ
팔다	우루	[売る]	うる
팔다리	데아시	[手足]	てあし
팔랑팔랑	하라하라		はらはら
팔랑팔랑	히라히라		ひらひら
팔레트	파레ㅅ또	[palette]	パレット
팔리다	우레루	[売れる]	うれる

팔림새	우레유끼	[売れ行き]	うれゆき
팔목	우데구비	[腕首]	うでくび
팔베개	히지마꾸라	[肘枕]	ひじまくら
팔짱	우데구미	[腕組み]	うでぐみ
팔찌	부레스레스또	[bracelet]	ブレスレット
팔찌	우데와	[腕輪]	うでわ
팔팔한	파리빠리		ぱりぱり
팜플릿	파ㅁ후레ㅅ또	[pamphlet]	パンフレット
팝송	포ㅂ뿌스	[pops]	ポップス
팝콘	포ㅂ뿌꼬ーㄴ	[popcorn]	ポップコーン
팥	아즈끼	[小豆]	あずき
팥소	아ㅇ꼬	[餡こ]	あんこ
팥찰밥	세끼하ㄴ	[赤飯]	せきはん
패랭이꽃	나데시꼬	[撫子]	なでしこ
패망	하이보ー	[敗亡]	はいぼうする
패배	하이보꾸	[敗北]	はいぼくする
패션	화ㅅ쇼ㄴ	[fashion]	ファッション
패스	파스	[pass]	パス
패스워드	파스와ー도	[password]	パスワード
패스트푸드	화스또후ー도	[fast food]	ファストフード
패스포트	파스뽀ー또	[passport]	パスポート
패전	하이세ㄴ	[敗戦]	はいせんする
패전국	하이세ㅇ꼬꾸	[敗戦国]	はいせんこく
패턴	파따ーㄴ	[pattern]	パターン
패하다	마께루	[負ける]	まける
패하다	야부레루	[敗れる]	やぶれる
팩	파ㄱ꾸	[pack]	パック
팩시밀리	화ㄱㄱ스	[fax]	ファックス
팬	화ㄴ	[fan]	ファン
팬티, 팬츠	파ㄴ츠	[pants]	パンツ
팻말	후다	[札]	ふだ
팽개치다	호ー루	[放る]	ほうる
팽나무버섯	에노끼다께		エノキダケ
팽이	고마	[駒]	こま
팽이치기	고마마와시	[駒回し]	こままわし
팽창	보ー쵸ー	[膨張]	ぼうちょうする
퍼뜨리다	히로마루	[広まる]	ひろまる
퍼석퍼석	바사바사		ばさばさする
퍼센트	파ーセㄴ또	[percent]	パーセント
퍼스트클래스	화ー스또꾸라스	[first class]	ファーストクラス

팔림새 ~ 평등			
퍼올리다	구무	[汲む]	くむ
퍼즐	파즈루	[puzzle]	パズル
퍼지다	히로가루	[広がる]	ひろがる
펀치	파ㄴ치	[punch]	パンチする
펄럭이다	하따메꾸		はためく
펄럭펄럭	히라히라		ひらひら
펄프	파루뿌	[pulp]	パルプ
펑	포ㄴ		ポン
펑크	파ㅇ꾸	[puncture]	パンク
페달	페다루	[pedal]	ペダル
페이지	페-지	[page]	ページ
펜	페ㄴ	[pen]	ペン
펜던트	페ㄴ다ㄴ또	[pendant]	ペンダント
펜촉	페ㄴ사끼	[ペン先]	ペンさき
펠리칸	페리까ㄴ		ペリカン
펴다	히로게루	[広げる]	ひろげる
펴다	노바스	[伸ばす]	のばす
펴지다	노비루	[伸びる]	のびる
~편	비ㅇ	[便]	びん
~편	호-		ほう
편견	헤ㅇ께ㄴ	[偏見]	へんけん
편곡	헤ㅇ교꾸	[編曲]	へんきょくする
편도	가따미치	[片道]	かたみち
편도선	헤ㄴ또-세ㄴ	[扁桃腺]	へんとうせん
편리	베ㄴ리	[便利]	べんり
편성	헤ㄴ세-	[編成]	へんせいする
편안함	라꾸	[楽]	らく
편안히	라꾸라꾸	[楽々]	らくらく
편의	베ㅇ기	[便宜]	べんぎ
편의점	고ㅁ비니	[convenience store]	コンビニ
편지	데가미	[手紙]	てがみ
편지지	비ㄴ세ㄴ	[便箋]	びんせん
편집	헤ㄴ슈-	[編集]	へんしゅうする
편찬	헤ㄴ사ㄴ	[編纂]	へんさんする
편히 지내다	구츠로구	[寛ぐ]	くつろぐ
펼치다	히로게루	[広げる]	ひろげる
평가	효-까	[評価]	ひょうかする
평균	헤-끼ㄴ	[平均]	へいきん
평년	헤-네ㄴ	[平年]	へいねん
평등	뵤-도-	[平等]	びょうどう

평론	효-로ㄴ	[評論]	ひょうろんする
평방미터	헤-호-메-또루	[平方meter]	へいほうメートル
평범	헤-보ㅇ	[平凡]	へいぼん
평범함	츠끼나미	[月並]	つきなみ
평사원	히라샤이ㅇ	[平社員]	ひらしゃいん
평상시, 평소	후다ㄴ	[普段]	ふだん
평생	이ㅅ쇼-	[一生]	いっしょう
평소	히고로	[日頃]	ひごろ
평소	츠네즈네	[常々]	つねづね
평야	헤-야	[平野]	へいや
평온	헤-오ㄴ	[平穏]	へいおん
평온함	오다야까	[穏やか]	おだやか
평일	헤-지츠	[平日]	へいじつ
평탄함	다이라	[平ら]	たいら
평판	효-바ㄴ	[評判]	ひょうばん
평평함	다이라	[平ら]	たいら
평행	헤-꼬-	[平行]	へいこうする
평행선	헤-꼬-세ㄴ	[平行線]	へいこうせん
평화	헤-와	[平和]	へいわ
폐	하이	[肺]	はい
폐기	하이끼	[廃棄]	はいき
폐렴	하이에ㄴ	[肺炎]	はいえん
폐막	헤-마꾸	[閉幕]	へいまく
폐병	하이뵤-	[肺病]	はいびょう
폐쇄	헤-사	[閉鎖]	へいさする
폐암	하이가ㄴ	[肺癌]	はいがん
폐업	하이교-	[廃業]	はいぎょうする
폐인	하이시ㄴ	[廃人]	はいじん
폐점	헤-떼ㄴ	[閉店]	へいてんする
폐점중	쥬ㅁ비쮸-	[準備中]	じゅんびちゅう
폐지	하이시	[廃止]	はいしする
폐하	헤-까	[陛下]	へいか
폐허	하이꾜	[廃虚]	はいきょ
포개다	가사네루	[重ねる]	かさねる
포개어 쌓다	츠미까사네루	[積み重ねる]	つみかさねる
포개지다	가사나루	[重なる]	かさなる
포격	호-게끼	[砲撃]	ほうげきする
포경	호-께-	[包茎]	ほうけい
포기하다	아끼라메루	[諦める]	あきらめる
포도	부도-	[葡萄]	ぶどう

포도주	부도-슈	[葡萄酒]	ぶどうしゅ
포동포동	후ㄱ꾸라		ふっくらする
포렴	노레ㄴ	[暖簾]	のれん
포로	도리꼬	[虜]	とりこ
포병	호-헤-	[砲兵]	ほうへい
포부	호-후	[抱負]	ほうふ
포상	호-비	[褒美]	ほうび
포스터	포스따	[poster]	ポスター
포옹	호-요-	[抱擁]	ほうようする
포위	호-이	[包囲]	ほういする
포인트	포이ㄴ또	[point]	ポイント
포장	니즈꾸리	[荷造り]	にづくりする
포장마차	야따이	[屋台]	やたい
포장하다	츠츠무	[包む]	つつむ
포즈	포-즈	[pose]	ポーズ
포지션	포지쇼ㄴ	[position]	ポジション
포크	훠-꾸	[fork]	フォーク
포크커틀릿	도ㅇ까츠	[豚カツ]	とんカツ
포크커틀릿덮밥	가츠도ㅇ	[カツ丼]	かつどん
포테이토칩	포떼또치ㅂ뿌	[potato chip]	ポテトチップ
포트	포ㅅ또	[pot]	ポット
포플러	포뿌라	[poplar]	ポプラ
포함되다	후꾸마레루	[含まれる]	ふくまれる
포함시키다	후꾸메루	[含める]	ふくめる
포함하다	후꾸무	[含む]	ふくむ
폭	하바	[幅]	はば
폭격	바꾸게끼	[爆撃]	ばくげきする
폭군	보-꾸ㄴ	[暴君]	ぼうくん
폭도	보-또	[暴徒]	ぼうと
폭동	보-도-	[暴動]	ぼうどう
폭락	보-라꾸	[暴落]	ぼうらくする
폭력	보-료꾸	[暴力]	ぼうりょく
폭력단	보-료꾸다ㄴ	[暴力団]	ぼうりょくだん
폭로	바꾸로	[暴露]	ばくろする
폭로하다	바라스		ばらす
폭로하다	스ㅂ빠누꾸	[すっぱ抜く]	すっぱぬく
폭로하다	아바꾸	[暴く]	あばく
폭발	바꾸하츠	[爆発]	ばくはつする
폭신폭신	후까후까		ふかふか
폭우	보-우	[暴雨]	ぼうう

폭주족	보-소-조꾸	[暴走族]	ぼうそうぞく
폭죽	하나비	[花火]	はなび
폭탄	바꾸다ㄴ	[爆弾]	ばくだん
폭파	바꾸하	[爆破]	ばくはする
폭포	다끼	[滝]	たき
폭풍	보-후-	[暴風]	ぼうふう
폭풍	아라시	[嵐]	あらし
폭풍우	보-우-	[暴雨]	ぼうう
폭행	보-꼬-	[暴行]	ぼうこうする
폴더	훠루다	[folder]	フォルダ
폴란드	포-라ㄴ도	[Poland]	ポーランド
폴리에스테르	포리에스떼루	[polyester]	ポリエステル
퐁	스뽀ㄴ		スポン
표	기ㅂ뿌	[切符]	きっぷ
표	후다	[札]	ふだ
표	시루시	[印]	しるし
표고버섯	시-따께	[椎茸]	しいたけ
표기	효-끼	[表記]	ひょうきする
표류하다	다다요우	[漂う]	ただよう
표면	우와베	[上辺]	うわべ
표면	효-메ㄴ	[表面]	ひょうめん
표면상, 표면화함	오모떼무끼	[表向き]	おもてむき
표명	효-메-	[表明]	ひょうめいする
표백	효-하꾸	[漂白]	ひょうはくする
표백제	효-하꾸자이	[漂白剤]	ひょうはくざい
표범	효-	[豹]	ひょう
표본	효-호ㄴ	[標本]	ひょうほん
표시	시루시	[印]	しるし
표시	메지루시	[目印]	めじるし
표시하다	시루스	[印す]	しるす
표어	효-고	[標語]	ひょうご
표적	마또	[的]	まと
표정	효-죠-	[表情]	ひょうじょうする
표정	가오츠끼	[顔付き]	かおつき
표제	미다시	[見出し]	みだし
표제	다이또루	[title]	タイトル
표준	효-쥬ㄴ	[標準]	ひょうじゅん
표준어	효-쥬ㅇ고	[標準語]	ひょうじゅんご
표지	효-시	[表紙]	ひょうし
표현	효-게ㄴ	[表現]	ひょうげんする

표현하다	아라와스	[表す]	あらわす
표현하다	이이아라와스	[言い表わす]	いいあらわす
푸념	구치	[愚痴]	ぐち
푸다	구무	[汲む]	くむ
푸드 프로세서	후-도뿌로세ㅅ사-	[food processor]	フードプロセッサー
푸딩	푸리ㄴ	[pudding]	プリン
푸르다	아오이	[青い]	あおい
푸른 하늘	아오조라	[青空]	あおぞら
푸른 하늘	세-우ㄴ	[青雲]	せいうん
푹	구사리또		ぐさりと
푹	도ㅂ뿌리		どっぷり
푹	스ㅂ뽀리		すっぽり
푹	구ㅅ스리		ぐっすり
푹 삶다	니꼬무	[煮込む]	にこむ
푹신푹신	후ㅇ와리		ふんわりする⒱
푹 익히다	니꼬무	[煮込む]	にこむ
푹 익힌 것	웨루다ㄴ	[well-done]	ウェルダン
푹 잘 수 없다	네구루시이	[寝苦しい]	ねぐるしい
푹푹	무시무시		むしむしする⒱
풀	구사	[草]	くさ
풀	노리	[糊]	のり
풀다	도꾸	[解く]	とく
풀다	호도꾸	[解く]	ほどく
풀다	후리호도꾸	[振り解く]	ふりほどく
풀리다	도께루	[解ける]	とける
풀베기	구사까리	[草刈り]	くさかり
풀어지다	유루무	[緩む]	ゆるむ
풀이 죽다	쇼게루		しょげる
풀이 죽다	시오레루	[萎れる]	しおれる
풀이 죽어서	시오시오		しおしお
풀잎	구사바	[草葉]	くさば
풀장	푸-루	[pool]	プール
풀코스	후루꼬-스	[full-course]	フルコース
품	후또꼬로	[懐]	ふところ
품	데마	[手間]	てま
품격이 높다	게다까이	[気高い]	けだかい
품다	다꾸	[抱く]	だく
품목	히ㅁ모꾸	[品目]	ひんもく
품사	히ㄴ시	[品詞]	ひんし
품위가 있음	죠-히ㄴ	[上品]	じょうひん

한국어	발음	일본어	읽기
품이 들다	데마도루	[手間取る]	てまどる
품절	시나기레	[品切れ]	しなぎれ
품종	히ㄴ슈	[品種]	ひんしゅ
품질	히ㄴ시츠	[品質]	ひんしつ
품행	히ㅇ꼬ー	[品行]	ひんこう
풋내기	시ㅁ마이	[新米]	しんまい
풋내기	와까조ー	[若造]	わかぞう
풋내기	헤보		へぼ
풍경	후ー께ー	[風景]	ふうけい
풍뎅이	고가네무시	[黄金虫]	こがねむし
풍로	고ㄴ로	[焜炉]	こんろ
풍만	호ー마ㄴ	[豊満]	ほうまん
풍부	호ー후	[豊富]	ほうふ
풍부함	유따까	[豊か]	ゆたか
풍선	후ー세ㄴ	[風船]	ふうせん
풍속	후ー조꾸	[風俗]	ふうぞく
풍속화	우끼요에	[浮世絵]	うきよえ
풍습	후ー슈ー	[風習]	ふうしゅう
풍운	후ー우ㄴ	[風雲]	ふううん
풍자	후ー시	[風刺]	ふうしする
풍작	호ー사꾸	[豊作]	ほうさく
풍족함	유따까	[豊か]	ゆたか
풍치	후제ー	[風情]	ふぜい
풍토	후ー도	[風土]	ふうど
프라이드	푸라이도	[pride]	プライド
프라이드치킨	후라이도치끼ㄴ	[fried chicken]	フライドチキン
프라이드포테이토	후라이도뽀떼또	[fried potato]	フライドポテト
프라이버시	푸라이바시ー	[privacy]	プライバシー
프라이팬	후라이빠ㄴ	[frypan]	フライパン
프랑스	후라ㄴ스	[France]	フランス
프랑스요리	후라ㄴ스료ー리	[フランス料理]	フランスりょうり
프랑스인	후라ㄴ스지ㄴ	[フランス人]	フランスじん
프런트	후로ㄴ또	[front]	フロント
프레젠테이션	푸레제ㄴ떼ー쇼ㄴ	[presentation]	プレゼンテーション
프로	푸로	[professional]	プロ
프로그램	바ㅇ구미	[番組]	ばんぐみ
프로그램	푸로구라무	[program]	プログラム
프로듀서	푸로듀ー사ー	[producer]	プロデューサー
프로젝트	푸로제ㄱ또	[project]	プロジェクト
프로포즈	푸로뽀ー즈	[propose]	プロポーズ

품이 들다 ~ 피하다

프로필	푸로휘-루	[profile]	プロフィール
프롤로그	푸로로-구	[prologue]	プロローグ
프린터	푸리ㄴ따-	[printer]	プリンター
프린트	푸리ㄴ또	[print]	プリントする
플래시	후라ㅅ슈	[flash]	フラッシュ
플랜	푸라ㄴ	[plan]	プラン
플레이	푸레-	[play]	プレーする
플루트	후루-또	[flute]	フルート
피	치	[血]	ち
피고	히꼬꾸	[被告]	ひこく
피고인	히꼬꾸니ㅇ	[被告人]	ひこくにん
피곤하다	츠까레루	[疲れる]	つかれる
피곤해서 녹초가 됨	구따꾸따		くたくた
피난	히나ㄴ	[避難]	ひなんする
피너츠	피-나ㅅ츠	[peanut]	ピーナッツ
피다(꽃이)	사꾸	[咲く]	さく
피라미드	피라미ㅅ도	[pyramid]	ピラミッド
피로연	히로-에ㄴ	[披露宴]	ひろうえん
피로하다	츠까레루	[疲れる]	つかれる
피를 토함	도께츠	[吐血]	とけつする
피리	후에	[笛]	ふえ
피망	피-마ㅇ	[piment]	ピーマン
피부	히후	[皮膚]	ひふ
피부	하다	[肌]	はだ
피부가 죄어들다	히끼츠루	[引き攣る]	ひきつる
피부과	히후까	[皮膚科]	ひふか
피부 관리	에스떼	[esthetique]	エステ
피부 반점	아자	[痣]	あざ
피비린내 나다	치나마구사이	[血腥い]	ちなまぐさい
피서	히쇼	[避暑]	ひしょ
피시방	이ㄴ따-네ㅅ또까훼	[Internet cafe]	インターネット・カフェ
피아노	피아노	[piano]	ピアノ
피아니스트	피아니스또	[pianist]	ピアニスト
피우다(담배 등을)	스우	[吸う]	すう
피우다	다꾸	[焚く]	たく
피임	히니ㄴ	[避妊]	ひにんする
피자	피자	[pizza]	ピザ
피크	피-꾸	[peak]	ピーク
피크닉	피꾸니ㄱ꾸	[picnic]	ピクニック
피하다	사께루	[避ける]	さける

피하다	노가레루	[逃れる]	のがれる
피해	히가이	[被害]	ひがい
피해서 물러남	다이사ㄴ	[退散]	たいさんする
피해자	히가이샤	[被害者]	ひがいしゃ
픽	바ㅅ따리		ばったり
핀셋	피ㄴ세ㅅ또	[pincette]	ピンセット
필기	히ㄱ끼	[筆記]	ひっきする
필기도구	히ㄱ끼요-구	[筆記用具]	ひっきようぐ
필독	히츠도꾸	[必読]	ひつどくする
필름	휘루무	[film]	フィルム
필리핀	휘리삐ㄴ	[Philippines]	フィリピン
필명	히츠메-	[筆名]	ひつめい
필사	히ㅅ시	[必死]	ひっし
필수	히ㅅ스	[必須]	ひっす
필수과목	히ㅅ슈-까모꾸	[必修科目]	ひっしゅうかもく
필시	오소라꾸	[恐らく]	おそらく
필요	히츠요-	[必要]	ひつよう
필요 없음	무요-	[無用]	むよう
필요하다	이루	[要る]	いる
필요함	뉴-요-	[入用]	にゅうよう
필자	히ㅅ샤	[筆者]	ひっしゃ
필적	히ㅅ세끼	[筆跡]	ひっせき
필적	히ㅅ떼끼	[匹敵]	ひってきする
필통	후데바꼬	[筆箱]	ふでばこ
필통	후데이레	[筆入れ]	ふでいれ
핏기	치노께	[血の気]	ちのけ
핏줄	치스지	[血筋]	ちすじ
핑계	리꾸츠	[理屈]	りくつ
핑계	이이와께	[言い訳]	いいわけする
핑계	고-지츠	[口実]	こうじつ
핑크색	피ㅇ꾸	[pink]	ピンク
핑크색	피ㅇ꾸이로	[pink色]	ピンクいろ

하교	게꼬-	[下校]	げこうする
~하군	조		ぞ
하급관리	시따야꾸	[下役]	したやく
~하기도 하고	다리		たり, だり
하나	이치	[一]	いち
하나로 뭉뚱그리다	구루메루		くるめる
하느님	가미사마	[神様]	かみさま
~하는 김에	츠이데니		ついでに
~하는 김에	가떼라		がてら
하는 방법	야리까따	[やり方]	やりかた
하늘	소라	[空]	そら
하늘색	미즈이로	[水色]	みずいろ
하다	스루		する
하다	야루		やる
하다(겸양어)	이따스	[致す]	いたす
하드디스크	하-도디스꾸	[hard disk]	ハードディスク
하락	게라꾸	[下落]	げらくする
하루	이치니치	[一日]	いちにち
하루종일	이치니치쥬-	[一日中]	いちにちじゅう
하룻밤	히또바ㅇ	[一晩]	ひとばん
하류	가류-	[下流]	かりゅう
하마	가바		かば
하모니카	하-모니까	[harmonica]	ハーモニカ
하물며	마시떼		まして
하반신	가하ㄴ시ㄴ	[下半身]	かはんしん
하소연하다	구도꾸	[口説く]	くどく
하수	게스이	[下水]	げすい
하숙	게슈꾸	[下宿]	げしゅくする
하순	게쥬ㄴ	[下旬]	げじゅん
하시다	나사루		なさる
하양	시로	[白]	しろ
하얗다	시로이	[白い]	しろい
하여간	도-세		どうせ

하와이	하와이	[Hawaii]	ハワイ
하이킹	하이끼ㅇ구	[hiking]	ハイキングする
하이힐	하이히-루	[high-heeled shoes]	ハイヒール
하지	게시	[夏至]	げし
하지만	데모		でも
하지만	게레도모		けれども
하지만	게레도		けれど
~하지만	게레도모		けれども
~하지만	게도		けど
~하지만	게레도		けれど
하차	게샤	[下車]	げしゃする
하찮다	구다라나이		くだらない
하청	시따우께	[下請け]	したうけする
하품	아꾸비		あくび
학	츠루	[鶴]	つる
학계	가ㄱ까이	[学界]	がっかい
학과	가ㄱ까	[学科]	がっか
학교	가ㄱ꼬-	[学校]	がっこう
학급	가ㄱ뀨-	[学級]	がっきゅう
학기	가ㄱ끼	[学期]	がっき
학대	갸ㄱ따이	[虐待]	ぎゃくたいする
학력	가꾸레끼	[学歴]	がくれき
학문	가꾸모ㄴ	[学問]	がくもん
학부형	후께-	[父兄]	ふけい
학비	가꾸히	[学費]	がくひ
학사	가꾸시	[学士]	がくし
학살	갸ㄱ사츠	[虐殺]	ぎゃくさつする
학생	가ㄱ세-	[学生]	がくせい
학생(중고생)	세-또	[生徒]	せいと
학설	가ㄱ세츠	[学説]	がくせつ
학술	가꾸쥬츠	[学術]	がくじゅつ
학습	가ㄱ슈-	[学習]	がくしゅう
학습자	가ㄱ슈-샤	[学習者]	がくしゅうしゃ
학용품	가꾸요-히ㄴ	[学用品]	がくようひん
학원	쥬꾸	[塾]	じゅく
학원	가꾸이ㅇ	[学院]	がくいん
학원(학교)	가꾸에ㄴ	[学園]	がくえん
학위	가꾸이	[学位]	がくい
학자	가ㄱ샤	[学者]	がくしゃ
학점	다ㅇ이	[単位]	たんい

하와이 ~ 한번 더

학회	가ㄱ까이	[学会]	がっかい
~한	가기리	[限り]	かぎり
한가로움	노도까	[長閑]	のどか
한가롭게	노ㅁ비리		のんびりする
한가운데	마ㄴ나까	[真ん中]	まんなか
한가함	히마	[暇]	ひま
한 개, 한 살	히또츠	[一つ]	ひとつ
한겨울	마후유	[真冬]	まふゆ
한결	히또시오	[一入]	ひとしお
한결같음	이치즈	[一途]	いちず
한결같이	모ㅂ빠라	[専ら]	もっぱら
~한 결과	아게꾸	[挙げ句]	あげく
한계	게ㅇ까이	[限界]	げんかい
한국	가ㅇ꼬꾸	[韓国]	かんこく
한국어	가ㅇ꼬꾸고	[韓国語]	かんこくご
한국음식	가ㅇ꼬꾸료-리	[韓国料理]	かんこくりょうり
한국인	가ㅇ꼬꾸지ㄴ	[韓国人]	かんこくじん
한기	사무께	[寒気]	さむけ
한기	오까ㄴ	[悪寒]	おかん
~한 나머지	아게꾸	[挙げ句]	あげく
한나절	하ㄴ니치	[半日]	はんにち
한 단계	이치다ㄴ	[一段]	いちだん
한대	가ㄴ따이	[寒帯]	かんたい
한데 섞다	마제아와세루	[混ぜ合わせる]	まぜあわせる
한데 섞음	챠ㅁ뽀ㅇ		ちゃんぽん
한동안	시바라꾸	[暫く]	しばらく
한동안	히또또끼	[一時]	ひととき
한동안	히또시끼리	[一頻り]	ひとしきり
한때	이치지	[一時]	いちじ
한때	히또또끼	[一時]	ひととき
한때	히또꼬로	[一頃]	ひところ
한류	가ㄴ류-	[寒流]	かんりゅう
한마디 말	히또꼬또	[一言]	ひとこと
한 면	이치메ㄴ	[一面]	いちめん
한문	가ㄴ부ㄴ	[漢文]	かんぶん
한밤중	마요나까	[真夜中]	まよなか
한방	가ㄴ뽀-	[漢方]	かんぽう
한 번	히또따비	[一度]	ひとたび
한 번	이치도	[一度]	いちど
한번 더	모-이치도	[もう一度]	もういちど

651

한복판	다다나까	[直中]	ただなか
한 사람	히또리	[一人]	ひとり
한숨	다메이끼	[ため息]	ためいき
한심스럽다	나사께나이	[情けない]	なさけない
한심스럽다	나게까와시이	[嘆かわしい]	なげかわしい
한약	가ㅁ뽀-야꾸	[漢方薬]	かんぽうやく
한여름	마나츠	[真夏]	まなつ
한의사	가ㅁ뽀-이	[漢方医]	かんぽうい
한자	가ㄴ지	[漢字]	かんじ
한 잔	이ㅂ빠이	[一杯]	いっぱい
한정	게ㄴ떼-	[限定]	げんていする
한정식	가ㄴ떼-쇼꾸	[韓定食]	かんていしょく
한쪽	이ㅂ뽀-	[一方]	いっぽう
한쪽	가따가와	[片側]	かたがわ
한쪽 눈	가따메	[片目]	かため
한차례	히또시끼리	[一頻り]	ひとしきり
한창	모나까	[最中]	もなか
한창때	모나까	[最中]	もなか
한창때	다다나까	[直中]	ただなか
한창때의 젊은이	와까떼	[若手]	わかて
한창인 때	사이쥬-	[最中]	さいちゅう
한층	이ㅅ소-	[一層]	いっそう
한층 더	히또끼와	[一際]	ひときわ
한층 더	히또시오	[一入]	ひとしお
한탄스럽다	나게까와시이	[嘆かわしい]	なげかわしい
한탄하다	나게꾸	[嘆く]	なげく
한턱내다	오고루		おごる
한파	가ㄴ빠	[寒波]	かんぱ
한편	이ㅂ뽀-	[一方]	いっぽう
한패	레ㄴ쥬-	[連中]	れんちゅう
한패	구루		ぐる
한패가 되다	구루니나루		ぐるになる
할당	와리아떼	[割り当て]	わりあて
할당	와께마에	[分け前]	わけまえ
할머니	오바-사ㅇ	[お祖母さん]	おばあさん
할머니	소보	[祖母]	そぼ
할부	부ㅇ까츠바라이	[分割払い]	ぶんかつばらい
할 수 없다	야리끼레나이		やりきれない
할 수 없이	시부시부		しぶしぶ
할 수 있다	데끼루		できる

652

할아버지	오지-사ㅇ	[お祖父さん]	おじいさん
할아버지	소후	[祖父]	そふ
할아버지	오지-사ㅇ	[お爺さん]	おじいさん
할인	와리비끼	[割引]	わりびき する
할인	네비끼	[値引き]	ねびき する
할인하다	와리비꾸	[割り引く]	わりびく
할짝할짝	페로뻬로		ぺろぺろ
할퀴다	히ㄱ까꾸	[引っ掻く]	ひっかく
핥다	나메루	[嘗める]	なめる
함께	이ㅅ쇼니	[一緒に]	いっしょに
함께	도모니	[共に]	ともに
함께 쓰러짐	도모다오레	[共倒れ]	ともだおれ する
함께 하다	도모나우	[伴う]	ともなう
함대	가ㄴ따이	[艦隊]	かんたい
함락	가ㄴ라꾸	[陥落]	かんらく する
함락하다	오치이루	[陥る]	おちいる
함박스테이크	하ㅁ바-구	[hamburg steak]	ハンバーグ
함부로	무야미니	[無闇]	むやみに
함부로 함	조ㄴ자이		ぞんざい
함정	오또시아나	[落し穴]	おとしあな
합격	고-까꾸	[合格]	ごうかく する
합계	고-께-	[合計]	ごうけい する
합동	고-도-	[合同]	ごうどう
합리적	고-리떼끼	[合理的]	ごうりてき
합석	아이세끼	[相席]	あいせき
합성	고-세-	[合成]	ごうせい する
합숙	가ㅅ슈꾸	[合宿]	がっしゅく する
합승	노리아이	[乗合い]	のりあい
합의	고-이	[合意]	ごうい する
합주	가ㅅ소-	[合奏]	がっそう する
합창	가ㅅ쇼-	[合唱]	がっしょう する
합창	고-라스	[chorus]	コーラス
합쳐지다	아우	[合う]	あう
합치다	아와세루	[合わせる]	あわせる
핫도그	호ㅅ또도ㄱ구	[hot dog]	ホットドッグ
핫케이크	호ㅅ또께-끼	[hotcake]	ホットケーキ
항공	고-꾸-	[航空]	こうくう
항공권	고-꾸-께ㄴ	[航空券]	こうくうけん
항공우편	에아메-루	[airmail]	エアメール
항공편	고-꾸-비ㅇ	[航空便]	こうくうびん

항공회사	고-꾸-가이샤	[航空会社]	こうくうがいしゃ
항구	미나또	[港]	みなと
항내	고-나이	[港内]	こうない
항만	고-와ㄴ	[港湾]	こうわん
항목	고-모꾸	[項目]	こうもく
항문	고-모ㄴ	[肛門]	こうもん
항복	고-사ㄴ	[降参]	こうさんする⒱
항복	고-후꾸	[降伏]	こうふくする⒱
항상	이츠모		いつも
항상	츠네니	[常に]	つねに
항상	다에즈	[絶えず]	たえず
항상	아사유-	[朝夕]	あさゆう
항생물질	고-세-부ㅅ시츠	[抗生物質]	こうせいぶっしつ
항아리	츠보	[壷]	つぼ
항의	고-기	[抗議]	こうぎする⒱
해	히	[日]	ひ
해	도시	[年]	とし
해결	가이께츠	[解決]	かいけつする⒱
해결되다	스무	[済む]	すむ
해고	가이꼬	[解雇]	かいこする⒱
해군	가이구ㄴ	[海軍]	かいぐん
해녀	아마	[海女]	あま
해당	소-또-	[相当]	そうとう
해독	게도꾸	[解毒]	げどく
해돋이	히노데	[日の出]	ひので
해뜰 무렵	아사가따	[朝方]	あさがた
해머	하ㅁ마-		ハンマー
해명	가이메-	[解明]	かいめいする⒱
해명	모우시와께	[申し訳]	もうしわけ
해물	시-후-도	[seafood]	シーフード
해바라기	히마와리	[向日葵]	ひまわり
해발	가이바츠	[海抜]	かいばつ
해방	가이호-	[解放]	かいほうする⒱
해버리다	시데까스		しでかす
해변	우미베	[海辺]	うみべ
해부	가이보-	[解剖]	かいぼうする⒱
해빙	유끼도께	[雪解け]	ゆきどけ
해산	가이사ㄴ	[解散]	かいさんする⒱
해산물	가이사ㅁ부츠	[海産物]	かいさんぶつ
해삼	나마꼬		なまこ

해상	가이죠-	[海上]	かいじょう
해서는 안 된다	이께나이		いけない
해석	가이샤꾸	[解釈]	かいしゃくする
해설	가이세츠	[解説]	かいせつする
해소	가이쇼-	[解消]	かいしょうする
해수욕	가이스이요꾸	[海水浴]	かいすいよく
해수욕장	가이스이요꾸죠-	[海水浴場]	かいすいよくじょう
해안	가이간	[海岸]	かいがん
해약	도리께시	[取消し]	とりけし
해약	가이야꾸	[解約]	かいやくする
해양의 날	우미노히	[海の日]	うみのひ
해열제	게네츠자이	[解熱剤]	げねつざい
해왕성	가이오-세-	[海王星]	かいおうせい
해외	가이가이	[海外]	かいがい
해외여행	가이가이료꼬-	[海外旅行]	かいがいりょこう
해외여행보험	가이가이료꼬-호께ㄴ	[海外旅行保険]	かいがいりょこうほけん
해이해지다	다루무	[弛む]	たるむ
해일	츠나미	[津波]	つなみ
해적	가이조꾸	[海賊]	かいぞく
해전	가이세ㄴ	[海戦]	かいせん
해제	가이죠	[解除]	かいじょする
~해 주세요	쵸-다이	[頂戴]	ちょうだい
해질 녘, 해질 무렵	유-구레	[夕暮]	ゆうぐれ
해질 무렵	히구레	[日暮れ]	ひぐれ
해체	가이따이	[解体]	かいたいする
해초	가이소-	[海藻]	かいそう
해충	가이츄-	[害虫]	がいちゅうする
해치우다	야ㅅ츠께루		やっつける
해커	하ㄱ까-	[hacker]	ハッカー
해태	고마이누	[狛犬]	こまいぬ
해피먼데이	하ㅂ삐-마ㄴ데-	[happy Monday]	ハッピーマンデー
해협	가이꾜-	[海峡]	かいきょう
핵심	가ㄱ시ㄴ	[核心]	かくしん
핵심	즈보시	[図星]	ずぼし
핸드백	하ㄴ도바ㄱ꾸	[handbag]	ハンドバック
핸들	하ㄴ도루	[handle]	ハンドル
핸디캡	하ㄴ디꺄ㅂ뿌	[handicap]	ハンディキャップ
핸섬	하ㄴ사무	[handsome]	ハンサム
햄	하무	[ham]	ハム
햄버거	하무바-가-	[hamburger]	ハンバーガー

햇볕, 햇살	히자시	[日差し]	ひざし
~행	유끼	[行き]	~ゆき
행동	후루마이	[振舞]	ふるまい
행렬	교ー레츠	[行列]	ぎょうれつ
행방	유꾸에	[行方]	ゆくえ
행방불명	유꾸에후메ー	[行方不明]	ゆくえふめい
행복	시아와세	[幸せ]	しあわせ
행복	고ー후꾸	[幸福]	こうふく
행사	교ー지	[行事]	ぎょうじ
행선지	다비사끼	[旅先]	たびさき
행선지	유꾸사끼	[行く先]	ゆくさき
행실	교ー기	[行儀]	ぎょうぎ
행운	고ー우ㄴ	[幸運]	こううん
행위	고ー이	[行為]	こうい
행정	교ー세ー	[行政]	ぎょうせい
행주	후끼ㄴ	[布巾]	ふきん
행진	고ー시ㄴ	[行進]	こうしんする
행하다	오꼬나우	[行う]	おこなう
향	세ㅇ꼬ー	[線香]	せんこう
향기	니오이	[匂い]	におい
향기	가오리	[香り]	かおり
향상	죠ー따츠	[上達]	じょうたつする
향상	고ー죠ー	[向上]	こうじょうする
향수	노스따루지아	[nostalgia]	ノスタルジア
향수	고ー스이	[香水]	こうすい
향신료	야꾸미	[薬味]	やくみ
향신료	고ー시ㄴ료ー	[香辛料]	こうしんりょう
향토요리	지모또료ー리	[地元料理]	じもとりょうり
향토요리	교ー도료ー리	[郷土料理]	きょうどりょうり
향하다	무까우	[向かう]	むかう
향하다	무께루	[向ける]	むける
허가	교까	[許可]	きょかする
허가하다	유루스	[許す]	ゆるす
허겁지겁	아따후따		あたふた
허공	고꾸ー	[虚空]	こくう
허덕허덕	후ー후ー		ふうふう
허둥대다	우로따에루	[狼狽える]	うろたえる
허둥지둥	아따후따		あたふた
허둥지둥하다	아와떼후따메꾸	[慌てふためく]	あわてふためく
허락하다	유루스	[許す]	ゆるす

허리	고시	[腰]	こし
허리띠	오비	[帯]	おび
허무	교무	[虚無]	きょむ
허무하다	하까나이	[儚い]	はかない
허물	누께가라	[抜け殻]	ぬけがら
허물없다	나레나레시이	[馴れ馴れしい]	なれなれしい
허브	하-부	[herb]	ハーブ
허브티	하-부띠-	[herb tea]	ハーブティー
허세를 부리는 사람	미에ㅂ빠리-	[見栄っ張り]	みえっぱり
허수아비	가까시	[案山子]	かかし
허술	소마츠	[粗末]	そまつ
허영	교에-	[虚栄]	きょえい
허우적거리다	모가꾸		もがく
허전하다	고꼬로보소이	[心細い]	こころぼそい
허점	누께메	[抜け目]	ぬけめ
허튼 소리	우와고또	[うわ言]	うわごと
허풍쟁이	호라후끼	[法螺吹き]	ほらふき
헌금	게ㅇ끼ㄴ	[献金]	けんきんする
헌법	게ㅁ뽀-	[憲法]	けんぽう
헌병	게ㅁ뻬-	[憲兵]	けんぺい
헌옷	후루기	[古着]	ふるぎ
헌책방	후루호ㅇ야	[古本屋]	ふるほんや
헐겁게	유ㅅ따리		ゆったりする
헐겁다	유루이	[緩い]	ゆるい
헐떡이다	아에구	[喘ぐ]	あえぐ
헐떡헐떡	후-후-		ふうふう
헐뜯다	게나스	[貶す]	けなす
헐렁함	루-즈	[loose]	ルーズ
헐렁헐렁	부까부까		ぶかぶか
험담	가게구치	[陰口]	かげぐち
험하다	게와시이	[険しい]	けわしい
헛간	모노오끼	[物置]	ものおき
헛간	나야	[納屋]	なや
헛걸음	무다아시	[無駄足]	むだあし
헛돎	가라마와리	[空回り]	からまわりする
헛되다	무나시이	[空しい]	むなしい
헛됨	무다	[無駄]	むだ
헛들음	소라미미	[空耳]	そらみみ
헛소리	우와고또	[うわ言]	うわごと
헛소리	소라고또	[空言]	そらごと

헛수고	무다보네	[無駄骨]	むだぼね
헝겊	누노기레	[布切れ]	ぬのぎれ
헤드라이트	헤ㅅ도라이또	[headlight]	ヘッドライト
헤드폰	헤ㅅ도호ㄴ	[headphone]	ヘッドホン
헤매다	마요우	[迷う]	まよう
헤매다	사마요우	[さ迷う]	さまよう
헤어브러시	헤아부라시	[hairbrush]	ヘアブラシ
헤어스타일	헤아스따이루	[hair style]	ヘアスタイル
헤어지다	와까레루	[別れる]	わかれる
헤어짐	와까레	[別れ]	わかれ
헤어코팅	헤아마니큐아	[hair manicure]	ヘアマニキュア
헤엄치다	오요구	[泳ぐ]	およぐ
헤쳐나가다	노리끼루	[乗り切る]	のりきる
헤하리다	오시하까루	[推し量る]	おしはかる
헥타르	헤ㄱ따-루	[hectare]	ヘクタール
헬리콥터	헤리꼬뿌따-	[helicopter]	ヘリコプター
헬멧	헤루메ㅅ또	[helmet]	ヘルメット
헷갈리기 쉽다	마기라와시이	[紛らわしい]	まぎらわしい
헷갈리다	마기레루	[紛れる]	まぎれる
헹구다	스스구	[濯ぐ]	すすぐ
혀	시따	[舌]	した
혀를 참	시따우치	[舌打ち]	したうちする
혁명	가꾸메-	[革命]	かくめい
혁신	가ㄱ시ㄴ	[革新]	かくしんする
현관	게ㅇ까ㄴ	[玄関]	げんかん
현금	게ㅇ끼ㄴ	[現金]	げんきん
현금카드	갸ㅅ슈까-도	[cash card]	キャッシュカード
현기증	메마이	[目眩]	めまいする
현대	게ㄴ다이	[現代]	げんだい
현명	게ㅁ메-	[賢明]	けんめい
현명하다	가시꼬이	[賢い]	かしこい
현명함	리하츠	[利発]	りはつ
현미	게ㅁ마이	[玄米]	げんまい
현미경	게ㅁ비꾜-	[顕微鏡]	けんびきょう
현상	게ㄴ쇼-	[現象]	げんしょう
현상	게ㄴ죠-	[現状]	げんじょう
현상	게ㄴ쇼-	[懸賞]	けんしょう
현수막	다레마꾸	[垂れ幕]	たれまく
현실	게ㄴ지츠	[現実]	げんじつ
현역	게ㅇ에끼	[現役]	げんえき

헛수고 ~ 형사

현장	게ㅁ바	[現場]	げんば
현재	게ㄴ자이	[現在]	げんざい
현저하다	이치지루시이	[著しい]	いちじるしい
현저히	메ㄱ끼리		めっきり
현지	게ㄴ치	[現地]	げんち
혈관	게ㄱ까ㄴ	[血管]	けっかん
혈구	게ㄱ뀨-	[血球]	けっきゅう
혈기	게ㄱ끼	[血気]	けっき
혈색	게ㅅ쇼꾸	[血色]	けっしょく
혈안	치마나꼬	[血眼]	ちまなこ
혈압	게츠아츠	[血圧]	けつあつ
혈액	게츠에끼	[血液]	けつえき
혈액형	게츠에끼가따	[血液型]	けつえきがた
혈연	게츠에ㄴ	[血縁]	けつえん
혈전	게ㅅ세ㄴ	[血栓]	けっせん
혈족	게츠조꾸	[血族]	けつぞく
혈족 관계	치츠즈끼	[血続き]	ちつづき
혈통	치스지	[血筋]	ちすじ
혈통	스죠-	[素姓]	すじょう
혈통	게ㅅ또-	[血統]	けっとう
혐오	게ㄴ오	[嫌悪]	けんおする
혐의	게ㄴ기	[嫌疑]	けんぎ
협동	쿄-도-	[協同]	きょうどうする
협력	쿄-료꾸	[協力]	きょうりょくする
협박	쿄-하꾸	[脅迫]	きょうはくする
협상	쿄-쇼-	[協商]	きょうしょうする
협상	코-쇼-	[交渉]	こうしょう
협소하다	세마이	[狭い]	せまい
협의	우치아와세	[打ち合わせ]	うちあわせする
협정	쿄-떼-	[協定]	きょうていする
협회	쿄-까이	[協会]	きょうかい
형	오니-사ㅇ	[お兄さん]	おにいさん
형	아니	[兄]	あに
형광등	게-꼬-또-	[蛍光灯]	けいこうとう
형광색	게-꼬-쇼꾸	[蛍光色]	けいこうしょく
형기	게-끼	[刑期]	けいき
형무소	게-무쇼	[刑務所]	けいむしょ
형벌	게-바츠	[刑罰]	けいばつ
형법	게-호-	[刑法]	けいほう
형사	게-지	[刑事]	けいじ

ㅎ

659

형성	게-세-	[形成]	けいせいする
형수	아니요메	[兄嫁]	あによめ
형식	게-시끼	[形式]	けいしき
형용	게-요-	[形容]	けいよう
형제	쿄-다이	[兄弟]	きょうだい
형태	가따치	[形]	かたち
형태	게-따이	[形態]	けいたい
형편	츠고-	[都合]	つごう
형편	구아이	[具合]	ぐあい
형편없이 됨	다이나시	[台無し]	だいなし
형편이 좋음	고-츠고-	[好都合]	こうつごう
형편이 좋지 못함	후츠고-	[不都合]	ふつごう
혜성	스이세-	[彗星]	すいせい
호기심	고-끼시ㄴ	[好奇心]	こうきしん
호되게	사ㄴ자ㄴ		さんざん
호되다	데고와이	[手強い]	てごわい
호두	구루미	[胡桃]	くるみ
호락호락	무자무자		むざむざ
호랑이	도라	[虎]	とら
호랑이띠	도라도시	[虎年]	とらどし
호령	고-레-	[号令]	ごうれいする
호르몬	호루모ㄴ	[Hormon]	ホルモン
호리병박	효-따ㄴ	[瓢箪]	ひょうたん
호박	가보챠		かぼちゃ
호색	고-쇼꾸	[好色]	こうしょく
호색한	스께베	[助平]	すけべ
호소하다	우ㅅ따에루	[訴える]	うったえる
호수	미즈우미	[湖]	みずうみ
호스피스	호스삐스	[hospice]	ホスピス
호언장담	고-게ㄴ	[広言]	こうげんする
호언장담	오-구치	[大口]	おおぐち
호외	고-가이	[号外]	ごうがい
호우	고-우	[豪雨]	ごうう
호의	고-이	[好意]	こうい
호인	히또요시	[人好し]	ひとよし
호적	고세끼	[戸籍]	こせき
호주	오-스또라리아	[Australia]	オーストラリア
호주머니	후또꼬로	[懐]	ふところ
~호차	고-시츠	[号室]	~ごうしつ
호텔	호떼루	[hotel]	ホテル

호평	고-효-	[好評]	こうひょう
호프집	비야호-루	[beer hall]	ビヤホール
호화	고-까	[豪華]	ごうか
호흡	고큐-	[呼吸]	こきゅうする
호흡	이끼	[息]	いき
혹	고부	[瘤]	こぶ
혹성	와ㄱ세-	[惑星]	わくせい
혹시	효ㅅ또스루또		ひょっとすると
혹은, 혹시	아루이와	[或いは]	あるいは
혹은	마따와		または
혹은	모시꾸와		もしくは
혼기	도시고로	[年頃]	としごろ
혼내다	시까루	[叱る]	しかる
혼내주다	고라시메루	[凝らしめる]	こらしめる
혼담	에ㄴ다ㄴ	[縁談]	えんだん
혼동	고-도-	[混同]	こんどうする
혼동되다	마기레루	[紛れる]	まぎれる
혼란	고ㄴ라ㄴ	[混乱]	こんらんする
혼선	고ㄴ세ㄴ	[混線]	こんせんする
혼용	고ㅇ요-	[混用]	こんようする
혼자	히또리	[一人]	ひとり
혼잡	히또고미	[人込み]	ひとごみ
혼잡	고ㄴ자쯔	[混雑]	こんざつする
혼잡하다	고무	[込む]	こむ
혼잣말	히또리고또	[独り言]	ひとりごと
혼쭐나다	다마게루	[魂消る]	たまげる
혼합	미ㄱㄱㅅ	[mix]	ミックスする
혼합	챠ㅁ뽀ㅇ		ちゃんぽん
혼합	고ㅇ고-	[混合]	こんごうする
혼합하다	마제아와세루	[混ぜ合わせる]	まぜあわせる
홀	호-루	[hall]	ホール
홀가분함	기라꾸	[気楽]	きらく
홀딱	조ㄱ꼬ㄴ		ぞっこん
홀로	히또리	[独り]	ひとり
홀수	기스-	[基数]	きすう
홀연히	고츠제ㄴ	[忽然]	こつぜん
홀짝홀짝	치비치비		ちびちび
홈페이지	호-무뻬-지	[homepage]	ホームページ
훗카이도	호ㄱ까이도-	[北海道]	ほっかいどう
홍보	고-호-	[広報]	こうほう

홍수	고-즈이	[洪水]	こうずい
홍역	하시까	[麻疹]	はしか
홍일점	고-이ㅅ떼ㄴ	[紅一点]	こういってん
홍차	고-챠	[紅茶]	こうちゃ
홍학	후라미ㅇ고	[flamingo]	フラミンゴ
홑겹	히또에	[一重]	ひとえ
화가	가까	[画家]	がか
화가 치밀다	무까츠꾸		むかつく
화기애애함	나고야까	[和やか]	なごやか
화내다	오꼬루	[怒る]	おこる
화단	가다ㄴ	[花壇]	かだん
화랑	갸라리-	[gallery]	ギャラリー
화려함	하나야까	[華やか]	はなやか
화려함	하데	[派手]	はで
화를 냄	리ㅂ뿌꾸	[立腹]	りっぷくする
화면	가메ㄴ	[画面]	がめん
화목	와	[和]	わ
화물	가모츠	[貨物]	かもつ
화물열차	가모츠레ㅅ샤	[貨物列車]	かもつれっしゃ
화분	우에끼바치	[植木鉢]	うえきばち
화사함	하나야까	[華やか]	はなやか
화산	가자ㄴ	[火山]	かざん
화살	야	[矢]	や
화살표	야지루시	[矢印]	やじるし
화상	야께도	[火傷]	やけどする
화상	가조-	[画像]	がぞう
화상	에-조-	[映像]	えいぞう
화석	가세끼	[化石]	かせき
화성	가세-	[火星]	かせい
화술	와쥬츠	[話術]	わじゅつ
화실	가시츠	[画室]	がしつ
회실	아또리에	[atelier]	アトリエ
화요일	가요-비	[火曜日]	かようび
화원	하나조노	[花園]	はなぞの
화이트	호와이또	[white]	ホワイト
화장	가소-	[火葬]	かそうする
화장	게쇼-	[化粧]	けしょうする
화장대	도레ㅅ사-	[dresser]	ドレッサー
화장대	게쇼-다이	[化粧台]	けしょうだい
화장비누	게쇼-세ㄱ께ㄴ	[化粧石鹸]	けしょうせっけん

화장실	도이레	[toilet]	トイレ
화장실	오떼아라이	[お手洗い]	おてあらい
화장지(티슈)	디ㅅ슈뻬-빠-	[tissue paper]	ティッシュペーパー
화장지	도이레ㅅ또뻬-빠-	[toilet paper]	トイレットペーパー
화장품	게쇼-히ㄴ	[化粧品]	けしょうひん
화장품가게	게쇼-히ㄴ떼ㄴ	[化粧品店]	けしょうひんてん
화재	가지	[火事]	かじ
화제	와다이	[話題]	わだい
화창한 가을 날씨	아끼바레	[秋晴れ]	あきばれ
화창함	우라라까	[麗らか]	うららか
화초	구사바나	[草花]	くさばな
화투	하나후다	[花札]	はなふだ
화폐	가헤-	[貨幣]	かへい
화풀이를 함	하라이세	[腹癒せ]	はらいせ
화학	가가꾸	[化学]	かがく
화학섬유	가가꾸세ㅇ이	[化学繊維]	かがくせんい
화학섬유	가세ㄴ	[化繊]	かせん
화학자	가가ㄱ샤	[化学者]	かがくしゃ
화해	나까나오리	[仲直り]	なかなおりする
화환	하나와	[花輪]	はなわ
확고	가ㄱ꼬	[確固]	かっこ
확대	가꾸다이	[拡大]	かくだいする
확대경	무시메가네	[虫眼鏡]	むしめがね
확률	가꾸리츠	[確率]	かくりつ
확립	가꾸리츠	[確立]	かくりつする
확보	가꾸호	[確保]	かくほする
확신	가ㄱ시ㄴ	[確信]	かくしんする
확실	가꾸지츠	[確実]	かくじつ
확실함	다시까	[確か]	たしか
확인하다	다시까메루	[確かめる]	たしかめる
확장	가꾸쵸-	[拡張]	かくちょうする
확정	가ㄱ떼-	[確定]	かくていする
환	가와세	[為替]	かわせ
환갑	가ㄴ레끼	[還暦]	かんれき
환경	가ㅇ꾜-	[環境]	かんきょう
환대하다	모떼나스	[持て成す]	もてなす
환멸	게ㅁ메츠	[幻滅]	げんめつする
환불	하라이모도시	[払戻し]	はらいもどしする
환상	게ㄴ소-	[幻想]	げんそうする
환상	마보로시	[幻]	まぼろし

환승	노리까에	[乗り換え]	のりかえ
환영	게ㅇ에-	[幻影]	げんえい
환영	가ㅇ게-	[歓迎]	かんげいする
환영	마보로시	[幻]	まぼろし
환영회	가ㅇ게-까이	[歓迎会]	かんげいかい
환율	가와세레-또	[為替rate]	かわせレート
환자	가ㄴ쟈	[患者]	かんじゃ
환자	뵤-니ㄴ	[病人]	びょうにん
환전	료-가에	[両替]	りょうがえする
환전소	료-가에죠	[両替所]	りょうがえじょ
환절기	기세츠노까와리메	[季節の変わり目]	きせつのかわりめ
환풍기	가ㅇ끼세ㄴ	[換気扇]	かんきせん
환하다	아까루이	[明るい]	あかるい
환호	가ㅇ꼬	[歓呼]	かんこする
활	유미	[弓]	ゆみ
활기	가ㄱ끼	[活気]	かっき
활동	가츠도-	[活動]	かつどうする
활력	가츠료꾸	[活力]	かつりょく
활발	가ㅂ빠츠	[活発]	かっぱつ
활약	가츠야꾸	[活躍]	かつやくする
활용	가츠요-	[活用]	かつようする
활자	가츠지	[活字]	かつじ
홧김에	구야시마기레	[悔し紛れ]	くやしまぎれ
황공하다	오소레오오이	[恐れ多い]	おそれおおい
황금	오-고ㄴ	[黄金]	おうごん
황소자리	오우시자	[牡牛座]	おうしざ
황송함	교-슈꾸	[恐縮]	きょうしゅく
황실	고-시츠	[皇室]	こうしつ
황제	고-떼-	[皇帝]	こうてい
황혼	유-구레	[夕暮]	ゆうぐれ
황혼	다소가레	[黄昏]	たそがれ
황홀	고-꼬츠	[恍惚]	こうこつ
황홀	우ㅅ또리		うっとり
홰치다	하바따꾸	[羽ばたく]	はばたく
햇불	다이마츠	[松明]	たいまつ
~회	가이	[回]	かい
회견	가이께ㄴ	[会見]	かいけんする
회계	가이께-	[会計]	かいけい
회계사	가이께-시	[会計士]	かいけいし
회고	가이꼬	[回顧]	かいこする

한국어	발음	한자	일본어
회기	가이끼	[会期]	かいき
회담	가이다ㅁ	[会談]	かいだん
회답	가이또-	[回答]	かいとうする
회람	가이라ㄴ	[回覧]	かいらんする
회복	가이후꾸	[回復]	かいふくする
회비	가이히	[会費]	かいひ
회사	가이샤	[会社]	かいしゃ
회사	가ㅁ빠니-	[company]	カンパニー
회사원	가이샤이ㅇ	[会社員]	かいしゃいん
회사의 용무	샤요-	[社用]	しゃよう
회색	하이이로	[灰色]	はいいろ
회색	구레-	[gray]	グレー
회수	가이슈-	[回収]	かいしゅうする
회오리바람	다츠마끼	[竜巻]	たつまき
회오리바람	츠무지까제	[旋風]	つむじかぜ
회원	가이이ㅇ	[会員]	かいいん
회의	가이기	[会議]	かいぎする
회장	가이쵸-	[会長]	かいちょう
회장	가이죠-	[会場]	かいじょう
회전	가이떼ㄴ	[回転]	かいてんする
회진	가이시ㄴ	[回診]	かいしんする
회초리	무치	[鞭]	むち
회춘	와까가에리	[若返り]	わかがえり
회합	아츠마리	[集まり]	あつまり
회합	가이고-	[会合]	かいごうする
회합	미-띠ㅇ구	[meeting]	ミーティングする
회화	가이와	[会話]	かいわする
회화체	하나시꼬또바	[話し言葉]	はなしことば
획득	가ㄱ또꾸	[獲得]	かくとくする
횡단	오-다ㄴ	[横断]	おうだんする
횡단금지	오-다ㄴ끼ㄴ시	[横断禁止]	おうだんきんし
횡단보도	오-다ㄴ호도-	[横断歩道]	おうだんほどう
횡령	요꼬도리	[横取り]	よこどりする
횡령	오-료-	[横領]	おうりょう
효	고-	[孝]	こう
효고현	효-고께ㄴ	[兵庫県]	ひょうごけん
효과	기께메	[効き目]	ききめ
효과	가이	[甲斐]	かい
효과	고-까	[効果]	こうか
효과가 있다	기꾸	[効く]	きく

효과가 있다	기꾸	[利く]	きく
효능	기께메	[効き目]	ききめ
효도	고-꼬-	[孝行]	こうこうする⒱
효험	기께메	[効き目]	ききめ
후계자	아또메	[跡目]	あとめ
후둑후둑	파라빠라		ぱらぱら
후련한	스ㄱ끼리		すっきり
후리가나	후리가나	[振り仮名]	ふりがな
후배	고-하이	[後輩]	こうはい
후보	고-호	[候補]	こうほ
후보자	고-호-샤	[候補者]	こうほしゃ
후불	아또바라이	[後払い]	あとばらい
후비다	호지꾸루		ほじくる
후사	아또츠기	[跡続ぎ]	あとつぎ
후시경	바ㄱ꾸미라-	[back mirror]	バックミラー
후식	데자-또	[dessert]	デザート
후유	호ㅅ또		ほっとする⒱
후유증	고-이쇼-	[後遺症]	こういしょう
후지산	후지사ㄴ	[富士山]	ふじさん
후진국	고-시ㅇ꼬꾸	[後進国]	こうしんこく
후추	고쇼-	[胡椒]	こしょう
후쿠시마현	후꾸시마께ㄴ	[福島県]	ふくしまけん
후쿠오카	후꾸오까	[福岡]	ふくおか
후쿠오카현	후꾸오까께ㄴ	[福岡県]	ふくおかけん
후쿠이현	후꾸이께ㄴ	[福井県]	ふくいけん
후텁지근하다	아츠꾸루시이	[暑苦しい]	あつくるしい
후퇴	고-따이	[後退]	こうたいする⒱
후퇴시키다	시리조께루	[退ける]	しりぞける
후회	고-까이	[後悔]	こうかいする⒱
후회하다	구이루	[悔いる]	くいる
훈계	이께ㄴ	[意見]	いけんする⒱
훈계하다	이이끼까세루	[言い聞かせる]	いいきかせる
훈계하다	이마시메루	[戒める]	いましめる
훈련	구ㄴ레ㄴ	[訓練]	くんれんする⒱
훈시	구ㄴ지	[訓示]	くんじする⒱
훈장	구ㄴ쇼-	[勲章]	くんしょう
훌륭하다	스바라시이	[素晴らしい]	すばらしい
훌륭하다	에라이	[偉い]	えらい
훌륭함	리ㅂ빠	[立派]	りっぱ
훌륭함	미고또	[見事]	みごと

훌륭함	죠-또-	[上等]	じょうとう
훌륭함	게ㄱ꼬-	[結構]	けっこう
훌쩍훌쩍	메소메소		めそめそする
훌쩍훌쩍	시꾸시꾸		しくしく
훌훌	파라빠라		ぱらぱら
훔치다	누스무	[盗む]	ぬすむ
훔치다	후꾸	[拭く]	ふく
훨씬	즈ㅅ또		ずっと
훨씬	하루까	[遥か]	はるか
훼손시키다	게가스	[汚す]	けがす
휘몰아치다(바람이)	후끼마꾸루	[吹きまくる]	ふきまくる
휘발유	가소리ㄴ	[gasoline]	ガソリン
휘두르다	후리마와스	[振り回す]	ふりまわす
휘젓다	가끼마와스	[かき回す]	かきまわす
휘청거리다	부라츠꾸		ぶらつく
휘청거리다	요로메꾸	[蹌踉めく]	よろめく
휘파람	구치부에	[口笛]	くちぶえ
휩쓸다	사라우	[攫う]	さらう
휴가	규-까	[休暇]	きゅうか
휴게소	사-비스에리아	[service area]	サービスエリア
휴게실	규-께-죠	[休憩所]	きゅうけいじょ
휴대, 휴대전화	게-따이	[携帯]	けいたいする
휴대전화	게-따이데ㅇ와	[携帯電話]	けいたいでんわ
휴대하다	다즈사에루	[携える]	たずさえる
휴머니즘	휴-마니즈무	[humanism]	ヒューマニズム
휴식	야스미	[休み]	やすみ
휴식	규-소꾸	[休息]	きゅうそくする
휴업	규-교-	[休業]	きゅうぎょうする
휴일	야스미	[休み]	やすみ
휴일	야스미노히	[休みの日]	やすみのひ
휴일	규-지츠	[休日]	きゅうじつ
휴전	규-세ㄴ	[休戦]	きゅうせんする
휴지	치리가미	[塵紙]	ちりがみ
휴지	가미꾸즈	[紙屑]	かみくず
휴지통	치리바꼬	[塵箱]	ちりばこ
휴진	규-시ㄴ	[休診]	きゅうしんする
휴학	규-가꾸	[休学]	きゅうがくする
흉계	와루다꾸미	[悪巧み]	わるだくみ
흉내	마네	[真似]	まねする
흉내내다	마네루	[真似る]	まねる

흉악	교-아꾸	[凶悪]	きょうあく
흐려지다	니고루	[濁る]	にごる
흐르다	나가레루	[流れる]	ながれる
흐르다(시간이)	헤루	[経る]	へる
흐리다	구모루	[曇る]	くもる
흐림	구모리	[曇り]	くもり
흐물흐물	구냐구냐		ぐにゃぐにゃする
흐뭇하다	호호에마시이	[微笑ましい]	ほほえましい
흐지부지함	츄-또하ㅁ빠	[中途半端]	ちゅうとはんぱ
흐트러지다	미다레루	[乱れる]	みだれる
흑두루미	나베즈루	[鍋鶴]	なべづる
흑막	구로마꾸	[黒幕]	くろまく
흑백	시로꾸로	[白黒]	しろくろ
흑설탕	구로자또-	[黒砂糖]	くろざとう
흑자	구로지	[黒字]	くろじ
흑점	고ㄱ떼ㄴ	[黒点]	こくてん
흔들다	후루	[振る]	ふる
흔들다	유사부루	[揺さ振る]	ゆさぶる
흔들다	유스부루	[揺す振る]	ゆすぶる
흔들리다	유레루	[揺れる]	ゆれる
흔들리다	후루에루	[震える]	ふるえる
흔들리다	구라츠꾸		ぐらつく
흔들흔들	구라구라		ぐらぐら
흔적	아또까따	[跡形]	あとかた
흔적	나고리	[名残]	なごり
흔히	조꾸니	[俗に]	ぞくに
흘낏	지로리또		じろりと
흘리다	나가스	[流す]	ながす
흙	츠치	[土]	つち
흘리다	고보스	[零す]	こぼす
흙먼지	츠치께무리	[土煙]	つちけむり
흙탕물	도로미즈	[泥水]	どろみず
흙투성이	도로마미레	[泥まみれ]	どろまみれ
흠뻑	비ㅅ쇼리		びっしょり
흠뻑	시ㅂ뽀리		しっぽり
흠뻑 젖음	비쇼누레	[びしょ濡れ]	びしょぬれ
흠이 있는 것	기즈모노	[傷物]	きずもの
흠칫	비꾸비꾸		びくびくする
흠칫흠칫	오소루오소루		おそるおそる
흡사	아따까모	[恰も]	あたかも

흡수	규-슈-	[吸収]	きゅうしゅうする
흡연	기츠에ㄴ	[喫煙]	きつえんする
흡연실	기츠에ㄴ시츠	[喫煙室]	きつえんしつ
흥망	코-보-	[興亡]	こうぼう
흥망성쇠	후치ㄴ	[浮沈]	ふちんする
흥미	쿄-미	[興味]	きょうみ
흥분	코-후ㄴ	[興奮]	こうふんする
흥신소	코-시ㄴ죠	[興信所]	こうしんじょ
흥정	가케히끼	[駆引き]	かけひきする
흥행	코-교-	[興行]	こうぎょう
흩날리다	마우	[舞う]	まう
흩날리다	치라츠꾸		ちらつく
흩뜨리다	치라스	[散らす]	ちらす
흩뿌리다	바라마꾸	[ばら蒔く]	ばらまく
흩어 놓다	치라스	[散らす]	ちらす
흩어지다	치루	[散る]	ちる
흩어지다	치라바루	[散らばる]	ちらばる
희극	기쿄꾸	[戯曲]	ぎきょく
희다	시로이	[白い]	しろい
희망	키보-	[希望]	きぼうする
희미함	카스까	[微か]	かすか
희생	기세-	[犠牲]	ぎせい
희생물	에지끼	[餌食]	えじき
희석주	미즈와리	[水割り]	みずわり
희수(77살)	기쥬	[喜寿]	きじゅ
흰 파도	시라나미	[白波]	しらなみ
흰머리	시라가	[白髪]	しらが
흰색	시로	[白]	しろ
흰색	호와이또	[white]	ホワイト
히간	히가ㄴ	[彼岸]	ひがん
히나마츠리	히나마츠리	[雛祭り]	ひなまつり
히라가나	히라가나	[平仮名]	ひらがな
히로시마현	히로시마께ㄴ	[広島県]	ひろしまけん
히스테리	히스떼리-	[Hysterie]	ヒステリー
히죽히죽	니야니야		にやにや
히죽히죽	니따니따		にたにたする
히터	히-따-	[heater]	ヒーター
히트	히ㅅ또	[hit]	ヒットする
히히잉(말)	히히-ㄴ		ヒヒーン
힌두교	히ㄴ즈-꾜	[ヒンズー教]	ヒンズーきょう

힐끗	지로리또		じろりと
힘	치까라	[力]	ちから
힘겹다	데고와이	[手強い]	てごわい
힘껏	세-이ㅂ빠이	[精一杯]	せいいっぱい
힘껏	오모리끼리	[思い切り]	おもいきり
힘껏	구ㄴ또		ぐんと
힘껏	치까라이ㅂ빠이	[力一杯]	ちからいっぱい
힘껏 깨물다	가미시메루	[噛みしめる]	かみしめる
힘쓰다	하게무	[励む]	はげむ
힘이 센 사람	치까라모치	[力持ち]	ちからもち
힘주다	리끼무	[力む]	りきむ
힘주어 단숨에 하는 모양	구ㅅ또		ぐっと
힘줄	스지	[筋]	すじ

그외

1	이치	[一]	いち
1번	이치바ㄴ	[一番]	いちばん
1월	이치가츠	[一月]	いちがつ
1일	츠이따치	[一日]	ついたち
1차 산업	이치지사ㅇ교-	[一次産業]	いちじさんぎょう
2	니	[二]	に
2월	니가츠	[二月]	にがつ
2일	후츠까	[二日]	ふつか
2차산업	니지사ㅇ교-	[二次産業]	にじさんぎょう
2차회	니지까이	[二次会]	にじかい
2층 침대	니다ㅁ베ㅅ도	[二段ベッド]	にだんベッド
3	사ㄴ	[三]	さん
3월	사ㅇ가츠	[三月]	さんがつ
3일	미ㄱ까	[三日]	みっか
4	시	[四]	し
4	요ㄴ	[四]	よん
4월	시가츠	[四月]	しがつ
4일	요ㄱ까	[四日]	よっか
5	고	[五]	ご
5월	고가츠	[五月]	ごがつ
5일	이츠까	[五日]	いつか
6	로꾸	[六]	ろく
6월	로꾸가츠	[六月]	ろくがつ
6일	무이까	[六日]	むいか
7	시치	[七]	しち
7	나나	[七]	なな
7월	시치가츠	[七月]	しちがつ
7일	나노까	[七日]	なのか
8	하치	[八]	はち
8월	하치가츠	[八月]	はちがつ
8일	요-까	[八日]	ようか
9	규-	[九]	きゅう
9월	구가츠	[九月]	くがつ

9일	고꼬노까	[九日]	ここのか
10	쥬-	[十]	じゅう
10억	쥬-오꾸	[十億]	じゅうおく
10월	쥬-가츠	[十月]	じゅうがつ
10일	도-까	[十日]	とおか
11	쥬-이치	[十一]	じゅういち
11월	쥬-이치가츠	[十一月]	じゅういちがつ
12	쥬-니	[十二]	じゅうに
12개	다-스	[dozen]	ダース
12월	쥬-니가츠	[十二月]	じゅうにがつ
14일	쥬-요ㄱ까	[十四日]	じゅうよっか
20	니쥬-	[二十]	にじゅう
20살	하따치	[二十歳]	はたち
20일	하츠까	[二十日]	はつか
24일	니쥬-요ㄱ까	[二十四日]	にじゅうよっか
30	사ㄴ쥬-	[三十]	さんじゅう
30일	사ㄴ쥬-니치	[三十日]	さんじゅうにち
70살(고희)	고끼	[古希]	こき
77살	기쥬	[喜寿]	きじゅ
80살	사ㄴ쥬	[傘寿]	さんじゅ
88살(미수)	베-쥬	[米寿]	べいじゅ
99살	하꾸쥬	[白寿]	はくじゅ
100	햐꾸	[百]	ひゃく
200	니햐꾸	[二百]	にひゃく
800	하ㅂ빠꾸	[八百]	はっぴゃく
CD플레이어	시-디-데ㄱ끼	[CD deck]	CDデッキ
TV만화	아니메	[animation]	アニメ